Buchwissenschaftliche Beiträge

Herausgegeben von Christine Haug,
Gerhard Lauer und André Schüller-Zwierlein

Band 102

Harrassowitz Verlag · Wiesbaden · 2022

Simon Portmann

Zwischen Wissensverbreitung und wirtschaftlichem Profit: Eine ‚Nachdrucker-Gesellschaft' in der zweiten Hälfte des 18. Jahrhunderts

Harrassowitz Verlag · Wiesbaden · 2022

Gedruckt mit Unterstützung
der Internationalen Buchwissenschaftlichen Gesellschaft (IBG) und
der Waldemar Bonsels Stiftung.

Bibliografische Information der Deutschen Nationalbibliothek
Die Deutsche Nationalbibliothek verzeichnet diese Publikation in der Deutschen Nationalbibliografie; detaillierte bibliografische Daten sind im Internet über https://dnb.dnb.de abrufbar.

Bibliographic information published by the Deutsche Nationalbibliothek
The Deutsche Nationalbibliothek lists this publication in the Deutsche Nationalbibaliografie; detailed bibliographic data are available on the internet at https://dnb.dnb.de.

Informationen zum Verlagsprogramm finden Sie unter
http://www.harrassowitz-verlag.de

Gedruckt auf alterungsbeständigem Papier
Druck und Verarbeitung: Memminger MedienCentrum
Printed in Germany

ISSN 0724-7001
eISSN 2751-7284
ISBN 978-3-447-11890-3
eISBN 978-3-447-39305-8

Inhalt

Danksagung

Zu Beginn dieses Buches über den „Büchernachdruck" ist es mir eine besondere Freude, denjenigen zu danken, die bewusst oder unbewusst am erfolgreichen Gelingen der Dissertation beigetragen haben. Hierbei möchte ich meinen ersten Dank meiner Doktormutter Prof. Dr. Helga Schnabel-Schüle aussprechen. Seit dem Sommer 2012 an meiner Seite, weckte Sie in mir das Interesse für die Vielfältigkeit der Epoche der Frühen Neuzeit und schaffte es mit Ihrer unverwechselbaren Art vermeintlich randständige Themen in ein neues Licht zu rücken oder bereits ausgeforschte Themen kritisch zu hinterfragen. Während meiner gesamten Promotionsphase hatten Sie stets ein offenes Ohr und gute Ratschläge, wenn es mal hakte. Für die Freiheit, meine eigenen Ideen verwirklichen zu können, die zahlreichen interessanten Gespräche auch über das Projekt hinaus bin ich Ihnen sehr dankbar!

Dank gilt gleichfalls meinem Zweitgutachter Herrn Prof. Dr. Stephan Laux, der mir hilfreiche Ideen und neue Perspektiven eröffnet hat und mich ermutigte, auch neue Verbindungen zu knüpfen. Ich schätze Ihre offene und vertrauensvolle Zusammenarbeit sehr! Herrn PD Dr. Simon Karstens, Herrn Prof. Christian Jansen und den vielen anderen tollen Kontakten am Lehrstuhl, an der Universität Trier und im Promotionskolloquium *PROMT* möchte ich für die hilfreichen Anmerkungen danken, die in diese Arbeit miteingeflossen sind.

Ein ganz besonderer Dank gilt an dieser Stelle Frau Prof. Dr. Christine Haug und PD Dr. Johannes Frimmel vom Zentrum für Buchwissenschaft der Ludwig-Maximilians-Universität München, die nicht nur meine Arbeit mit Ihrer Expertise bereichert, sondern auch zahlreiche Möglichkeiten des Austauschs geboten haben. Für die Aufnahme in die Reihe der *Buchwissenschaftlichen Beiträge* und die unentwegte Begleitung danke ich Ihnen sehr! Ausdrücklich möchte ich mich auch bei der Waldemar-Bonsels-Stiftung für die finanzielle Unterstützung bei der Drucklegung bedanken. Für die redaktionelle Begleitung danke ich mich bei Herrn Specht und Frau Guthmüller vom Harrassowitz Verlag.

Stellvertretend für die Archive und Bibliotheken, die ich während meiner Recherchen besucht habe, möchte ich dem Generallandesarchiv Karlsruhe namentlich Herrn Dr. Brüning, wie Herrn Dr. Deigendesch vom Stadtarchiv Reutlingen ebenso wie den Mitarbeiterinnen und Mitarbeitern des Universitätsarchivs Tübingen und des Haus-, Hof- und Staatsarchivs Wien und Ihre Mithilfe danken.

Für die finanzielle Unterstützung und den gedanklichen Austausch „über den Tellerrand hinaus" bedanke ich mich bei der Konrad-Adenauer-Stiftung und namentlich Herrn Dr. Michael Schmitz sehr.

Meinen Dank dafür, dass sie sich zum Korrekturlesen bereit erklärt haben, möchte ich neben anderen Jort Blazejewski, Stefan Weispfennig und Dr. Markus Christopher Müller aussprechen.

Abschließend möchte ich meinen Eltern Anja und Clemens und meinen Geschwistern Lukas und Jonas Portmann sowie meinen Verwandten, Freunden und Wegbegleitern herzlich für ihre Unterstützung und ihr Verständnis während dieser intensiven Phase danken. Zu guter Letzt gilt mein Dank meiner wundervollen Frau und Mutter unseres Sohnes Theo Marie; ohne Ihre Geduld und Unterstützung wäre diese Arbeit nie möglich gewesen! Ihr sei das Buch gewidmet.

Bonn, im Juli 2022 Simon Portmann

1 Einleitung

1.1 Gegenstand, Eingrenzung und Fragestellung

Im Jahr 1780 erschien im *Deutschen Museum* in der Rubrik „Auszüge aus Briefen" ein auf den 3. Oktober 1779 datierter Brief eines anonymen Verfassers, in dem er gegen den Büchernachdruck und vornehmlich die Nachdrucker im Südwesten des Alten Reiches giftete:

> Zum Beschluß will ich ein Verzeichnis anhängen, was unsre litterarischen Strassenräuber, namentlich Schramm, Frank, Christian Gottfried und Johann Ulrich Cotta zu Tübingen; Johann Georg und Johann Jakob Fleischhauer zu Reutlingen und Schmieder zu Karlsruhe nur seit einem Jahre nachgedruckt haben.[1]

Zur Warnung des Publikums vor dem Kauf der Nachdrucke waren mehr als 40 Titel angefügt, die er als unrechtmäßige Kopien identifizierte, darunter die Werke Johann Wolfgang von Goethes (1749–1832), Friedrich Heinrich Jacobis (1743–1819), Albrecht von Hallers (1708–1777) oder die Gedichte Gottfried August Bürgers (1747–1794).[2]

Der Büchernachdruck, also der zumeist unautorisierte Abdruck eines bereits publizierten Werkes,[3] war insbesondere in der zweiten Hälfte des 18. Jahrhunderts im soge-

---

1 N. N.: Auszüge aus Briefen, in: Deutsches Museum 1780,1, S. 98–104, hier S. 102.

2 Darunter „Bürgers Gedichte [...], Göthens Schriften [...] Jakobi sämtliche Werke [...] Hallers Gedichte. – Dessen Usong – Dessen Fabius und Cato – dessen Alfred. – Dessen Briefe über die Offenbarung. [...]" Ebd., S. 102f.

3 Im Folgenden soll mit den zeitgenössisch genutzten Begriffen „Büchernachdruck" und „Nachdruck" operiert werden, die den Vorgang des Abdruckens eines bereits gedruckten Werkes bezeichnen. Der von der Forschung vielfach verwendete Begriff des ‚Raubdrucks', also der strafbare Diebstahl eines Werkes zum Zweck des Wiederabdrucks, ist für das 18. Jahrhundert nicht belegbar. Die Nachdrucker an sich wurden hingegen – wie im obigen Zitat – durchaus als Räuber, Diebe oder Piraten bezeichnet (vgl. hierzu Kap. 4.6.4.). Während Zedler im *Universal-Lexicon* im Artikel „Nachdruck derer Bücher" schreibt, dass der Nachdruck „eigentlich nicht viel besser, als ein heimlicher, wo nur nicht öffentlicher Diebstahl" sei (Zedler, Johann Heinrich: Nachdruck derer Bücher, in: Grosses vollständiges Universal-Lexicon aller Wis-senschaften und Künste, Bd. 23, Halle/Leipzig 1740, Sp. 60–79, hier Sp. 60), definiert Krünitz in seiner *Oekonomischen Encyclopädie* 1805 den Nachdruck so: „Ist der Nachdruck sowohl die Handlung, da eine Schrift von neuem gedruckt wird, wo es doch im engern Verstande am üblichsten ist, von einem solchen wider Willen des rechtmäßigen Verlegers unternommenen Drucke, als auch von einer auf solche Art nachgedruckten Schrift selbst." (Krünitz: Nachdruck, in: Oekonomische Encyklopädie, Bd. 99, 684–781 hier S. 688). Für den ‚modus operandi' des Büchernachdrucks ist der Begriff ‚Raubdruck' demnach wenig zutreffend, zumal die hier dargestellten Nachdrucker ein Druckprivileg besaßen und in dem Fall schwerlich von Raubdrucken gesprochen werden kann. Aus genannten Gründen wird der wertungsfreiere Begriff ‚Büchernachdruck' verwendet. Zu den Begrifflichkeiten vgl. Bog-

nannten ‚Nachdruckzeitalter' virulent.[4] Dies hing nicht zuletzt mit den im obigen Zitat genannten Nachdruckpersönlichkeiten zusammen, die mit ihren Nachdrucksammlungen unter anderem die populärsten Werke der Spätaufklärung nachdruckten und dabei sogar vom Kaiser des Heiligen Römischen Reiches mit kaiserlichen Druckprivilegien ausgestattet wurden.[5] Dadurch zogen die Nachdrucker nicht nur die Animositäten der Originalverleger oder Schriftsteller auf sich, sondern auch derjenigen, die im Büchernachdruck eine generelle Verletzung des noch nicht existierenden Eigentums an immateriellen Gütern sahen.[6] Der Streit zwischen denen, die den Nachdruck aufgrund der positiven Auswirkungen wie der Verbreitung von aufklärerischer Literatur und kritischen Ideen aufgrund des günstigen Preises befürworteten und denjenigen, die im Nachdruck den ‚Raub' am Eigentum und dem ‚Untergang des Buchhandels' sahen, eruptierte gegen Ende des 18. Jahrhunderts und führte zu einer intensiv geführten Debatte über das Für und Wider des Büchernachdrucks. An dieser nahmen nicht nur die Originalverleger, Schriftsteller, Rechtswissenschaftler oder Philosophen, sondern auch die Nachdrucker selbst teil.

In einer Phase der Auseinandersetzung des ‚Reichsbuchhandels' mit dem nordostdeutschen Buchhandel, der Emanzipation der Autoren vom ‚Hofdichter' zum ‚freien' Schriftsteller und der Aktivierung eines lesenden und Bücher kaufenden Publikums entwickelte sich der Büchernachdruck zu einer zentralen Thematik.[7] Das Phänomen des Nachdrucks als intrinsischer Faktor des Buchhandels ermöglichte dabei neuartig struk-

---

hardt, Martin: „Meiner Freundin gewidmet". Buchdruck, Raubdruck, Nachdruck, dargestellt am Beispiel von Klopstocks Messias, in: Leipziger Jahrbuch zur Buchgeschichte 2 (1992), S. 43–53.

4 Laut Wittmann begann das ‚Nachdruckzeitalter' 1765 und endete 1785. Über eine mögliche zeitliche Ausdehnung wird in dieser Arbeit diskutiert, im Grunde deckt dieser Zeitraum aber den Höhepunkt des Büchernachdrucks ab, vgl. hierzu Wittmann, Reinhard: Der gerechtfertigte Nachdrucker? Nachdruck und literarisches Leben im achtzehnten Jahrhundert, in: Wittmann, Reinhard (Hg.): Buchmarkt und Lektüre im 18. und 19. Jahrhundert. Beiträge zum literarischen Leben 1750–1880 (= Studien und Texte zur Sozialgeschichte der Literatur; 6), Berlin 1982, S. 69–92.

5 Lehne, Friedrich: Zur Rechtsgeschichte der kaiserlichen Druckprivilegien. Ihre Bedeutung für die Geschichte des Urheberrechts, in: Mitteilungen des Österreichischen Instituts für Geschichtsforschung 53 (1939), S. 323–409.

6 Zu früheren Auseinandersetzungen mit dem Büchernachdruck und der Erörterung von urheberrechtlichen Gedanken, die in dieser Arbeit eine untergeordnete Rolle spielen, vgl. in Auswahl: Eichacker, Thomas: Die rechtliche Behandlung des Büchernachdrucks im Nürnberg des 17. Jahrhunderts. Ein Beitrag zur Frühgeschichte des Urheberrechts in Deutschland (= Schriften zur Rechtsgeschichte; 162), Berlin 2013; Gergen, Thomas: Druck und Nachdruck von Büchern und Zeitungen im gegenreformatorischen Köln. Ein Beitrag zum Umbruch der Wissensgesellschaft in der Frühen Neuzeit, in: Archiv für Urheber-Film-Funk- und Theaterrecht (UFITA) 1 (2013), 87–151; Pahlow, Louis / Eisfeld, Jens (Hrsg.): Grundlagen und Grundfragen des geistigen Eigentums. Diethelm Klippel zum 65. Geburtstag (= Geistiges Eigentum und Wettbewerbsrecht), Tübingen 2008. Zur Begriffsunterscheidung des Eigentums und der Eigentümlichkeit, vgl. Plumpe, Gerhard: Eigentum – Eigentümlichkeit. Über den Zusammenhang ästhetischer und juristischer Begriffe im 18. Jahrhundert, in: Archiv für Begriffsgeschichte 23,2, (1979), S. 175–196.

7 Zu den Veränderungen des Buchhandelssystems im 18. Jahrhundert vgl. Kap. 2.2.1., eine Einführung bietet zudem: Wittmann, Reinhard: Geschichte des deutschen Buchhandels, München 1999, S. 82–217.

turierte Produktions-, Distributions- und Rezeptionsverhältnisse, die in eine Umbruchphase des Buchhandels fielen und sich aufgrund der ändernden sozioökonomischen und wirtschaftlichen Bedürfnisse besonders entfalteten.

Daher soll in dieser Arbeit in einem ersten Schritt gefragt werden, wie die Nachdrucker in das Beziehungsgeflecht zwischen Autor, Originalverleger und Publikum eindrangen, ob und wie sie es veränderten, um daraufhin zu untersuchen, welche Konsequenzen sich daraus wirtschaftlich, politisch und sozio-kulturell ergaben.

Hierzu werden drei Nachdruckunternehmen analysiert, die bereits im Eingangszitat aufgezählt wurden: Christian Gottlieb Schmieder in Karlsruhe, Wilhelm Heinrich Schramm, Christian Gottlieb Frank und sein Nachfolger Johann Friedrich Balz in Tübingen und Johann Jakob und Johann Georg Fleischhauer in Reutlingen. Diese Nachdrucker gehörten nicht nur zu den berühmtesten Nachdruckern des Alten Reiches,[8] sondern pflegten untereinander geschäftliche Beziehungen, da sie als Buchhändler und Buchdrucker divergierende Voraussetzungen für die Produktion und Distribution von Nachdrucken mitbrachten. So bildeten sie eine „Nachdrucker-Gesellschaft", [9] die nicht nur als Zusammenschluss gegen die Handelspraxis der nordostdeutschen Verleger fungierte,[10] sondern auch produktions- und vertriebstechnische Vorteile brachte, ein Umstand, der bislang in der Forschung kaum oder nur unzureichend herausgestellt wurde und zugleich exemplarisch für die komplexe buchhändlerische Situation im Alten Reich stand.

Die hier untersuchten Nachdrucker repräsentierten in besonders hohem Maße den extensiven Büchernachdruck im Alten Reich. Dies schlug sich auch in den diskursiven Äußerungen zum Büchernachdruck nieder, in dem die genannten Nachdrucker immer wieder Zielscheibe der Angriffe der Nachdruckgegner wurden.

In Rückgriff auf die Nachdruckunternehmungen wird der Untersuchungszeitraum auf die Zeitspanne von circa 1740 bis etwa 1806 begrenzt. Die zeitlichen Grenzen orientieren sich zum einen an der Etablierung und Auflösung der Nachdruckfirmen und dem zeitgleichen Aufkommen der diskursiven Schriften zum Büchernachdruck, zum anderen an der Auflösung des Alten Reiches und dem damit verbundenen Ende der für den Büchernachdruck zuständigen Institutionen wie dem Reichshofrat oder der kaiserlichen Bücherkommission.

8 Ausgenommen sind hier die habsburgischen Erblande. Die Stellung der habsburgischen Erblande im 18. Jahrhundert unter Berücksichtigung des Nachdrucks beleuchteten Bachleitner, Norbert / Eybl, Franz M. / Fischer, Ernst: Geschichte des Buchhandels in Österreich (= Geschichte des Buchhandels; 6), Wiesbaden 2000, S. 103–200.

9 In Bezug auf die Tübinger Nachdrucker Schramm und Frank konstatierte ein unbekannter Verfasser: „da der Universtitäts-Antiquar Johann Ulrich Cotta, und der privatisierende Buchdruckergeselle Christian Gottfried Cotta, beyde zu Tübingen, mit jenen zween [i. e. Frank und Schramm] und dem Stadtbuchdrucker Fleischhauer zu Reutlingen und Buchhändler Schmieder zu Karlsruhe die bekannte Nachdrucker-Gesellschaft formiren", Avertissement, in: Magazin des Buch- und Kunsthandels 1781, 1. St., S. 68. Der Verweis auf Christian Gottfried Cotta konnte so nicht stimmen, da dieser bereits 1768 verstorben war.

10 Vgl. zu den Entwicklungen Kap. 2.2.1.

Aus genannten Gründen beschränkt sich die Analyse auf den deutschsprachigen Raum, da die Voraussetzungen beispielsweise in England und Frankreich ohnehin anders konstituiert waren.[11]

Der Buchhandel im Alten Reich unterlag im Verlauf des 18. Jahrhunderts strukturellen Veränderungen, die den extensiven Büchernachdruck in der zweiten Hälfte des 18. Jahrhunderts erst ermöglichten. Diese Voraussetzungen und Entwicklungen werden zunächst in den Blick genommen und es wird dargelegt, welche Institutionen in der Auseinandersetzung mit dem Büchernachdruck relevant waren, ehe die Veränderungen im Buchhandelssystem bis etwa 1750 kurz vorgestellt werden. Anschließend werden die spezifischen Grundlagen für den Büchernachdruck in den Territorien skizziert, in denen die hier untersuchten Nachdrucker tätig waren: die Markgrafschaft Baden, das Herzogtum Württemberg und die Reichsstadt Reutlingen.

Daran schließt das erste Hauptkapitel an, in dem die Nachdruckfirmen in den jeweiligen Städten Karlsruhe, Tübingen und Reutlingen einzeln analysiert werden. Hierbei wird aufgezeigt, wie die Buchhändler- und Drucker zum Nachdruck gekommen sind, mit wem sie kooperierten, welche Werke sie wann nachgedruckt haben und in welche Auseinandersetzungen sie gerieten. Es stellt somit eine Chronik der Nachdruckunternehmen dar, die die Vorgehensweise und die spezifische Ausrichtung der Nachdrucksammlungen illustriert.

Darauf baut das zweite Hauptkapitel auf, das die im ersten Hauptteil dargestellten Nachdruckunternehmungen mit der Diskussion über den Büchernachdruck in Verbindung bringt. Der Diskurs über den Nachdruck vollzog sich nicht nur auf sprachlicher, sondern auch auf praktischer Ebene: Die Verschränkung von der Artikulation einerseits und praktischem Handeln andererseits führte dazu, dass „Diskursen ein materieller Charakter eigen" war.[12] Transferiert man diese Annahme nun auf die Nachdrucke, so

11 Die Entwicklungen in England und Frankreich verliefen im 16. und 17. Jahrhundert nahezu parallel zu denen im Alten Reich, in allen Ländern unterlagen Druckwerke der Zensur und erhielten zum Schutz gegen Nachdruck Privilegien, die dort aufgrund der territorialen Geschlossenheit deutlich effektiver waren als im Reich. Im 18. Jahrhundert wurde der Nachdruck in England durch das *Statue of Anne* 1709/10 (*An Act for the Encouragement of Learning, by Vesting the Copies of Printed Books in the Authors or Purchasers of such Copies, during the Times therein mentioned*) geregelt, in dem den Autoren oder Erwerbern des Werkes ein zeitlich befristetes Recht (zunächst 14 Jahre mit optionaler Verlängerung) amWerk zugestanden wurde. In Frankreich „funktionierte das Privilegiensystem, mit der Zensur eng verbunden" bis ins 18. Jahrhundert „offenbar noch recht gut". Mit dem *Arrêt du Conseil du Roi* von 1777/78 konnten königliche Druckprivilegien ‚à perpétuité', also auf ewig, vergeben werden. Im Zuge der Französischen Revolution wurde dieser ‚Gnadenakt' ebenso wie andere Privilegien abgeschafft. In den Revolutionsgesetzen von 1791 und 1793 wurde ein geistiges Eigentum (‚propriéte littéraire et artistique') anerkannt, „allerdings als im öffentlichen Interesse in seiner Geltungsdauer begrenztes Recht", Gieseke, Ludwig: Vom Privileg zum Urheberrecht. Die Entwicklung des Urheberrechts in Deutschland bis 1845, Göttingen 1995, S. 137–144. Da sich die Nachdruckgegner dies auch für den deutschen Buchmarkt wünschten, veröffentlichte ein anonymer Verfasser die Entwicklungen in Frankreich für das deutsche Publikum unter dem Titel: N. N.: Dekret des französischen National-Konvents gegen den Bücher-Nachdruck, in: Deutsches Magazin, Bd. 6 (1793), S. 1243–1245.

12 Landwehr, Achim: Historische Diskursanalyse, Frankfurt a. M. / New York 2009, S. 95.

wurde in den Diskursen über den Büchernachdruck auch über deren Preis und Materialität verhandelt. Zahlreiche negative Äußerungen über das Papier, den Satz und den Druck der Nachdrucke wurden zur habituellen Charakteristik der Nachdruckgegner.

In einem nächsten Schritt erfolgt die Analyse der Distribution und Rezeption der Nachdrucke: Wer vermittelte die Nachdruckexemplare und wer war der Abnehmer und Käufer? Eng damit verbunden war das Interesse der Obrigkeit am Büchernachdruck im Sinne einer intendierten Buchhandelspolitik. Die Protektion der Nachdrucker beruhte schließlich auch auf einer merkantilistischen Wirtschaftspolitik, bei dem die Herrschenden den Buchhandelssektor als wirtschaftliche Säule des eigenen Herrschaftsgebietes betrachteten.

In einem letzten Schritt stehen die literarischen und bildlichen Verarbeitungen des Nachdrucks im Vordergrund. Sie sollen veranschaulichen, wie über die verschiedenen publikums- und öffentlichkeitswirksamen Mittel versucht wurde, die Nachdrucker systematisch zu diffamieren.

Dass mit der Auflösung des Alten Reiches und dem Ende der hier untersuchten Nachdruckunternehmungen die Problematiken des Nachdruckens und der Diskurs darüber noch nicht abgeschlossen waren, soll der Ausblick auf das 19. Jahrhundert in aller Kürze aufzeigen.

1.2 Methodische Vorgehensweise

Wie aus der Kurzbeschreibung der Kapitel hervorgeht, orientiert sich die Arbeit im zweiten Hauptteil an der sozioökonomischen Dreiteilung zwischen Produktion, Distribution und Konsumption.

Im Jahr 2017 erschien das Sammelwerk „Books in Motion in Early Modern Europe" mit dem Untertitel „Beyond Production, Circulation and Consumption",[13] welcher auf Robert Darntons *Communication Circuit* aus dem Jahr 1982 rekurierte.[14] In diesem Kommunikationsmodell legte Darnton in einem sechsteiligen Kreislaufmodell dar, wie ein Buch in der frühen Neuzeit produziert,[15] distribuiert und konsumiert wurde und wie und von wem die einzelnen Teilbereiche beeinflusst wurden.[16] In diesem Beziehungsgeflecht geht es um die Verschränkungen der drei Hauptbereiche, die nicht isoliert zu betrachten sind, wie es etwa noch ältere Forschergenerationen taten, sondern interdisziplinär:

13 Bellingradt, Daniel / Nelles, Paul / Salman, Jeroen (Hrsg.): Books in Motion in Early Modern Europe. Beyond Production, Circulation and Consumption (= New Directions in Book History), Cham 2017.

14 Darnton, Robert: What is the history of books?, in: Daedalus 111,3 (1982), S. 65–83.

15 Er sieht die Grenze seines Modells mit dem Übergang in das 19. Jahrhundert, in dem sich die Produktions-, Distributions- und Rezeptionsverfahren änderten, vgl. Ebd.

16 Der Ausgangstext wird von den Autoren an die Verleger übergeben, die ‚Printers' produzieren die Werke, während die ‚Shippers' und schließlich die ‚Booksellers' für deren Distribution zuständig sind, um dem Publikum die Literatur zur Verfügung zu stellen, vgl. den *Communication Circuit*, in: Ebd., S. 68.

> Book History concerns each phase of this process and the process as a whole, in all its variations over space and time and in all it relations with other systems, economic, social, political and cultural, in the surrounding environment.[17]

Während Darnton zuvorderst die Personen hervorhob, die am *Communication circuit* beteiligt sind, rückten Thomas R. Adams und Nicolas Barker in ihrem Aufsatz „A New Model for the Study of the Book" das Buch in den Vordergrund der Analyse und fokussierten sich auf den Einfluss der Gesellschaft auf das Buch und nicht – wie bei Darnton – den Einfluss des Buches auf die Gesellschaft. Hierzu wählten sie ebenfalls ein Modell, dass die fünf zusammenhängenden Stationen („events") eines Buches – ‚Publication', ‚Manufacture', ‚Distribution', ‚Reception' und ‚Survival' – in den Mittelpunkt einer ‚socio-economic conjuncture' stellen.[18] Diese fünf Stationen unterlagen jeweils vier äußeren Einflüssen, die auf jeden Teilbereich wirkten[19] und ein Buch zu einem ‚bibliographical document' machen.[20]

Bezug nehmend auf die neuen Impulse veröffentlichte Darnton 2007 eine überarbeitete Version seines Aufsatzes.[21] In diesem lobte er einerseits den Zusatz des „survival" durch Baker und Adams, andererseits konkretisierte, beziehungsweise ergänzte er einige Aspekte seines Modells.[22] So fehlten beispielsweise die Nachdrucker in seinem Konstrukt gänzlich. In seinem überarbeiteten Aufsatz identifizierte er die Bedeutung des Nachdrucks (‚Piracy') zwar, ordnet ihn aber nicht in das Modell ein.[23]

Die Buchwissenschaftler Bellingradt, Nelles und Salman erweiterten das Konzept des ‚Communication Circuit' mit den Eckpfeilern Produktion, Zirkulation und Konsumption und deren Personeninteraktion um die Ebenen ‚Materiality', ‚Spatiality' und ‚Sociality'. Mithilfe dieser Addition sollte eine ‚materielle Kommunikationsforschung' erreicht werden, die nicht nur die dem Modell immanenten Kommunikationsprozesse erfasst, sondern darüber hinaus die Materialität in den Blick nahm.[24] Exemplifiziert wurde dies anhand der ‚Materiality', so wurde innerhalb der Produktion (production) nach der Materialität des Papiers, der Typen, der Farbe und des Druckes gefragt. Um die Druckwerke zu transportieren (circulation) wurden Bücherfässer verwendet, die wiederum auf Kutschen, Wägen oder Schiffen deponiert wurden. Und schließlich ließen die

---

17 Ebd., S. 67.

18 Adams, Thomas R. / Barker, Nicolas: „A New Model für the Study of the Book", in: Barker, Nicolas (Hg.): A Potencie of Life: Books in Society, London 1993, S. 5–43.

19 Zu diesen zählen „Policital, legal and religious influences", „Commercial pressures", „Social behaviour and taste" und „Intellectual Influences", vgl. Ebd., S. 14.

20 Ebd., S. 13.

21 Darnton, Robert: „What is the history of books?" revisited, in: Modern Intellectual History 4,3 (2007), S. 495–508.

22 „The last box in the Adams-Baker diagram, „survival", represents a significant improvement over mine. I had made room for libraries, but I failed to take into consideration the reworking of texts through new editions, translations, and the changing contexts both of reading and of literature in general.", Ebd., S. 504.

23 Ebd., S. 500.

24 Vgl. Bellingradt / Salman: Books in Motion, S. 9.

Rezipienten (consumption) ihre Bücher – zumeist vor Ort – in Leder banden oder versahen ihre Werke mit handgeschriebenen Zetteln und Notizen. Lasen sie bei Kerzenschein in einem extra angefertigten Lesesessel oder auf einem Stuhl in einer Bibliothek?[25]

Wie bereits angedeutet, ist die Stellung der Nachdrucker in diesem Modell nicht eindeutig geklärt, nichtsdestoweniger birgt die Erweiterung ein Potenzial, welches auch in dieser Arbeit Anwendung finden soll, da neben der Produktion, Zirkulation und Konsumption auch die Materialität der Nachdrucke dargestellt werden kann.[26]

Die Fokussierung auf die ‚Sachen der Aufklärung' ist ein Forschungsansatz, der in den vergangenen Jahren zunehmend an Bedeutung gewann:[27]

> Für das 18. Jahrhundert kann man von den ‚Sachen der Aufklärung' sprechen, muss dabei aber die im engeren Sinne auf Literatur, ihre Produktion, Distribution und Rezeption bezogene eigene Materialität von jenen Dingen (‚things') unterscheiden, die – gerade im Verlauf der Aufklärung – eine zunehmend wichtige Rolle innerhalb der Wissensgeschichte, der Produktion, Distribution, Zirkulation von ‚sachbezogenem' Wissen spielen.[28]

Bremer fasst dies unter dem Begriff der ‚Materialitätsdiskurse der Aufklärung' zusammen, wobei gerade den Büchern eine tragende Rolle zukommt.[29] Doch auch in diesem Kontext wurde der Büchernachdruck bislang noch nicht gesondert betrachtet.

---

25 Die ‚Spatiality' also die Räumlichkeit ist ebenfalls allen drei Eckpfeilern inhärent: Räumlichkeiten, an denen die Druckerpressen stehen und in denen Bücher hergestellt werden (‚production'), aber auch die geographische Verbreitung von Büchern durch ganz Europa (‚circulation') und schließlich Räume, in denen Bücher gelesen werden, also private oder öffentliche Räumlichkeiten, im Bett oder in der Bibliothek, auf dem Marktplatz oder alleine bei Kerzenlicht. Die Sociality ist schließlich der Nukleus des Communication Circuit, also das Beziehungsgeflecht derjenigen, die am Buch beteiligt sind (‚gens du livre'), sowohl die Buchproduzenten als auch die Transporteure und Verkäufer und schließlich die Rezipienten, vgl. Bellingradt / Salman: Books in Motion, S. 3–10.

26 Bereits 1958 fokussierten sich Febvre und Martin im Sinne der Annales-Schule auf eine Druckgeschichte, die die vielschichtigen Aspekte des Buches in den Blick nahmen, darunter die Produktion, aber auch die Fragen des Marktes und der Verbreitung, vgl. Febvre, Lucien / Martin, Henri-Jean: L'Apparition du Livre, Paris 1958.

27 Vgl. Berndt, Frauke / Fulda, Daniel (Hrsg.), Die Sachen der Aufklärung. Beiträge zur Jahrestagung 2010 der Deutschen Gesellschaft für die Erforschung des 18. Jahrhunderts, Hamburg 2012. Für das 15. bis 17. Jahrhundert vgl. Cieslik, Karin / Perplies, Helge / Schmid, Florian (Hrsg.): Materialität und Formation: Studien zum Buchdruck des 15. bis 17. Jahrhunderts: Festschrift für Monika Unzeitig, Bremen 2016.

28 Bremer, Thomas (Hg.): Materialitätsdiskurse der Aufklärung. Bücher – Dinge – Praxen (= Wissensdiskurse im 17. und 18. Jahrhundert; 4), Halle an der Saale 2016, S. 10.

29 Vgl. Ebd., S. 19ff. Einen textzentrierteren Ansatz der „materiellen Textualität" wählte erst vor kurzem Spoerhase, der die Verhältnisbestimmung von literarischen Formen und materiellen Formaten untersuchte vgl. Spoerhase, Carlos: Das Format der Literatur. Praktiken materieller Textualität zwischen 1740 und 1830, Göttingen 2018 und Benne, Christian / Spoerhase, Carlos: Materialität. Von Blättern und Seiten, in: Dies. (Hrsg.): Kodex. Jahrbuch der Internationalen Buchwissenschaftlichen Gesellschaft, Bd. 9: Materialität. Von Blättern und Seiten, Wiesbaden 2019, S. 3–6.

Aus diesem Grund wird im zweiten Hauptteil der Diskurs in Verbindung mit der Praxis analysiert. Ein Ansatz, der Achim Landwehrs *Historischer Diskursanalyse* folgt. Dabei strich Landwehr zwei Dinge besonders heraus, nämlich dass Diskurse einerseits nicht für sich selbst existieren und dass sie andererseits Wirklichkeiten erst hervorbringen. Die Diskurse sind somit keine historischen Faktizitäten, die durch Quellenanalysen erst dechiffriert werden müssen, sondern sie sind selbst an der Produktion der historischen Wirklichkeit beteiligt: „Diskurse bilden Wirklichkeit also keineswegs ab, sondern bringen sie überhaupt erst mitsamt dem dazu gehörigen Wissen hervor“.[30] In Verbindung mit der Praxis sind es somit nicht nur sprachliche Zusammenhänge, die als Praktiken relevant werden es ist vielmehr so, „dass es keine Tätigkeit gibt, die nicht auch diskurskonstruierend ist“.[31] Landwehr löst somit den Diskurs von der sprachlichen Ebene und überträgt ihn gleichzeitig auf die handelnde, wirklichkeitskonstruierende Ebene in der Praxis.[32]

1.3 Der Büchernachdruck in der Forschung

Im Börsenblatt für den deutschen Buchhandel vom 18. August 1938 konstatierte ein anonymer Verfasser mit dem Initial ‚B.‘ unter der Überschrift „Der Büchernachdruck als buchgeschichtliches Problem“, dass der Büchernachdruck ein von der Forschung „selten in Angriff genommenes Thema“ sei, obwohl es „sich nicht um ein rein buchgeschichtliches, sondern um ein literarisch und geistesgeschichtlich nicht minder reizvolles Gebiet“ handele.[33] Die Gründe für die Absenz– für dieses „schwierig zu beackernde Feld“ – lägen in der ‚Verästelung‘ des Themas, modern ausgedrückt, in der Interdisziplinarität, die dem Büchernachdruck immanent ist.[34] Der Zusammenhang zwischen rechtswissenschaftlichen, literaturwissenschaftlichen, wirtschaftshistorischen, soziologischen und kulturwissenschaftlichen Aspekten führte dazu, dass zumeist lediglich Teilaspekte des Nachdrucks in der jeweiligen Disziplin behandelt wurden. So stellte Reinhard Siegert auch 2005 noch fest, dass der Büchernachdruck zu den „Stiefkindern der Buchhandelsgeschichte“ gehöre.[35]

Eine grundlegende Veränderung der Betrachtung auf das Nachdruckphänomen im 18. Jahrhundert initiierte Reinhard Wittmann 1981 mit seinem Aufsatz: *Der ge-*

30 Landwehr: Historische Diskursanalyse, S. 21.

31 Ebd., S. 95.

32 „Arbeitsdiskurse formieren sich nicht nur auf einer mehr oder weniger intellektuellen Ebene, sondern in der alltäglichen Praxis – also bei der Arbeit“, Landwehr: Historische Diskursanalyse, S. 95.

33 N. N. [Initiale B.]: Der Büchernachdruck als buchgeschichtliches Problem, in: Börsenblatt für den deutschen Buchhandel, 18.8.1938, Nr. 191, 105 Jahrgang, S. 643–644, hier S. 643.

34 „Nimmt man zu diesen Fragen noch die wirtschaftliche Seite des Büchernachdrucks hinzu, so wird deutlich, wie verästelt das Thema ist, ganz abgesehen von seiner literar- und geistesgeschichtlichen Bedeutung“, Ebd.

35 Siegert, Reinhart: Nachdruck und Reichsbuchhandel. Zu zwei Stiefkindern der Buchhandelsgeschichte, in: Estermann, Monika / Schneider, Ute / Fischer, Ernst (Hrsg.): Buchkulturen. Beiträge zur Geschichte der Literaturvermittlung; Festschrift für Reinhard Wittmann, Wiesbaden 2005, S. 265–282.

rechtfertigte Nachdrucker?,[36] in dem er eine Neuakzentuierung des Büchernachdrucks anstrengte: Anstelle der Entwicklung des Urheberrechts rückt er „die Bedeutung des Nachdrucks für die Entwicklung des Lesepublikums im Zeitalter der Aufklärung in den Mittelpunkt" und besonders des Publikums, die auf die Literaturversorgung durch den Reichsbuchhandel angewiesen war.[37] Mit der Fokussierung auf die Auswirkungen des Büchernachdrucks auf das lesende Publikum änderte sich auch die Lesart der gebetsmühlenartig wiederholten negativen Implikationen des ‚schändlichen Nachdruckers', die über Jahrhunderte tradiert wurde, zu einem neuen Blickwinkel auf den Nachdruck und die Nachdrucker als Literaturlieferanten im Reichsbuchhandel. In diesem Kontext wurden die Nachdrucker als Förderer der Aufklärung in bürgerlichen wie bäuerlichen Schichten und somit von der sozialwissenschaftlichen Forschung her betrachtet. Mit den umfassenden Arbeiten Siegerts[38] und Bönings[39] zur ‚Volksaufklärung'[40] wurde auch der Nachdruck in ein neues Licht gerückt, der volksaufklärerische Schriften in die Peripherie des Reiches distribuieren konnte und gleichzeitig den Rezipienten in den Mittelpunkt eines Prozesses setzte.[41]

Partiellen Einzug fand der Nachdruck in Arbeiten über Verleger, Buchhändler und Autoren im 18. Jahrhundert, die als Gegner des Nachdrucks auftraten, wie der Leipziger Verleger Philipp Erasmus Reich (1717–1787)[42] oder am Buchhandel partizipieren wollten wie Friedrich Gottlieb Klopstock (1724–1803).[43]

Über den Büchernachdruck in rechtshistorischer und hierbei vor allem urheberrechtlicher Perspektive wurde intensiv schon seit dem 18. Jahrhundert diskutiert. Die moderne Forschung untersuchte den Nachdruck im Verhältnis zu Rechtsinstitutionen

36 Wittmann: Der gerechtfertigte Nachdrucker, siehe Fn. 4.

37 Siegert: Nachdruck und Reichsbuchhandel, S. 265.

38 Siegert, Reinhart: Aufklärung und Volkslektüre. Exemplarisch dargestellt an Rudolph Zacharias Becker und seinem „Noth- und Hilfsbüchlein", in: Archiv für Geschichte des Buchwesens 19 (1978), Sp. 566–1344.

39 Böning, Holger: Aufklärung auch für das Volk? Buchhandel, Verleger und Autoren des 18. Jahrhunderts entdecken den gemeinen Leser (= Vorträge – Reden – Berichte / Bibliotheksgesellschaft Oldenburg, Nr. 25), Oldenburg 1998.

40 Böning, Holger / Siegert, Reinhart: Die Genese der Volksaufklärung und ihre Entwicklung bis 1780 (= Volksaufklärung, biobibliographisches Handbuch zur Popularisierung aufklärerischen Denkens im deutschen Sprachraum von den Anfängen bis 1850; 1), Stuttgart-Bad Cannstatt 1990. Vgl. auch Knudsen, Jonathan B.: On Enlightenment for the Common Man, in: Schmidt, James (Hg.): What is Enlightenment? Eighteenth-Century Answers and Twentieth-Century Questions, Berkeley 1996, S. 270–290.

41 Vgl. Kap. 4.4.1.

42 Vgl. Lehmstedt, Mark: „Ein Strohm, der alles überschwemmt…" Dokumente zum Verhältnis von Philipp Erasmus Reich und Johann Thomas von Trattner. Ein Beitrag zur Geschichte des Nachdrucks in Deutschland im 18. Jahrhundert, in: Bibliothek und Wissenschaft 25 (1991), S. 176–267.

43 Vgl. Pape, Helmut: Klopstocks Autorenhonorare und Selbstverlagsgewinne, in: Archiv für Geschichte des Buchwesens 10 (1970), Sp. 1–268. Generell zur Thematik vgl. Berg, Gunter: Die Selbstverlagsidee bei deutschen Autoren im 18. Jahrhundert, in: Archiv für Geschichte des Buchwesens 6 (1966), Sp. 1371–1396.

und zu Rechtsnormierungen der Gesetzgebungsgeschichte, die unmittel- oder mittelbar mit dem Nachdruck in Verbindung standen. Hierbei besonders hervorzuheben sind die Zusammenhänge zwischen dem Nachdruck und der Zensur und den Druckprivilegien. Über die Zensur im 18. Jahrhundert gibt der einschlägige Sammelband von Wilhelm Haefs und York-Gothart Mix Aufschluss.[44] Einen Zugang der literarischen Überwachung wählt Bodo Plachta und untersucht neben der Aufsicht der Schriftwerke auf Reichsebene auch die Zensur in den Universitäten, Theatern, Lesegesellschaften und in den Periodika.[45] Im Kontext dieser Arbeit liegen für die territorialen Spezifika der württembergischen Zensur Beiträge Gunther Franz',[46] Schreiner-Eickhoffs[47] und Hans Widmanns vor.[48] Die Zensurverhältnisse in Baden nimmt Martin M. Arnold in den Blick, dessen Fokus jedoch auf dem 19. Jahrhundert liegt.[49]

Die Erforschung der Privilegien, der Institutionen der Privilegien- und Zensurpraxis, inklusive der Druckprivilegien, ist umfassend. So erfreuen sich die Untersuchungen des Reichshofrates und der kaiserlichen Bücherkommission und dessen Aufgabenbereiche ungebrochener Beliebtheit, wie die jüngsten Publikationen beweisen.[50] Einschlägige Arbeiten sind die Werke Eisenhardts,[51] Giesekes,[52] Raabes[53] und Wadles.[54] Insbesondere

44 Haefs, Wilhelm / Mix, York-Gothart (Hg.): Zensur im Jahrhundert der Aufklärung. Geschichte – Theorie – Praxis (= Das achtzehnte Jahrhundert Supplementa; 12), Göttingen 2007.

45 Plachta, Bodo: Damnatur – Toleratur – Admittitur. Studien und Dokumente zur literarischen Zensur im 18. Jahrhundert (= Studien und Texte zur Sozialgeschichte der Literatur; 43), Tübingen 1994.

46 Franz, Gunther: Bücherzensur und Irenik. Die theologische Zensur im Herzogtum Württemberg in der Konkurrenz von Universität und Regierung, in: Brecht, Martin (Hg.): Theologen und Theologie an der Universität Tübingen. Beiträge zur Geschichte der Evangelisch-Theologischen Fakultät (= Contubernium; 15), Tübingen 1977, S. 123–194.

47 Schreiner-Eickhoff, Anette: Die Bücher- und Pressezensur im Herzogtum Württemberg (1495–1803), Hagen 1981.

48 Widmann, Hans: Zur Geschichte der Zensur in Tübingen, in: Gutenberg-Jahrbuch (1969), S. 168–173.

49 Er gibt dennoch einen Überblick über die Zensurverhältnisse in der Markgrafschaft Baden bis 1815, vgl. Arnold, Martin M.: Pressefreiheit und Zensur im Baden des Vormärz. Im Spannungsfeld zwischen Bundestreue und Liberalismus (= Juristische Zeitgeschichte; 15) Berlin 2003, besonders S. 45–60.

50 Vgl. Gergen, Thomas (Hg.): Vom Reichshofrat zur Reichsfilmkammer. Privilegienpraxis und Urheberrechte an Büchern und Filmen (16.–20. Jahrhundert) (= Schriften zur Rechtsgeschichte; 186), Berlin 2019; Einen multiperspektiverischen Blick wählten: Denzler, Alexander / Amend-Traut, Anja / Bongartz, Josef / Franke, Ellen / Stodolkowitz, Stefan Andreas: Unter der Linde und vor dem Kaiser. Neue Perspektiven auf Gerichtsvielfalt und Gerichtslandschaften im Heiligen Römischen Reich (= Quellen und Forschungen zur höchsten Gerichtsbarkeit im Alten Reich; 73), Gottingen 2019.

51 Vgl. Eisenhardt, Ulrich: Die kaiserliche Aufsicht über Buchdruck, Buchhandel und Presse im Heiligen Römischen Reich Deutscher Nation (1496–1806). Ein Beitrag zur Geschichte der Bücher- und Pressezensur, Karlsruhe 1970.

52 Vgl. Gieseke: Vom Privileg zum Urheberrecht, wie Fn. 11.

53 Vgl. Raabe, Paul / Haasis, Hellmut G. (Hrsg.): Der Zensur zum Trotz. Das gefesselte Wort und die Freiheit in Europa (= Ausstellungskataloge der Herzog-August-Bibliothek; 64), Weinheim 1991.

54 Vgl. Wadle, Elmar: Der langsame Abschied vom Privileg: Das Beispiel des Urheberrechts, in: Dölemeyer, Barbara (Hg.): Das Privileg im europäischen Vergleich (= Ius commune Sonderhefte, Studien zur europäischen Rechtsgeschichte; 93), Frankfurt am Main 1997, S. 377–400.

Eisenhardts Untersuchung der kaiserlichen Aufsicht über die Bücher- und Pressezensur und Giesekes Ausführungen zum Nachdruck und den Druckprivilegien illustrieren die Verknüpfung von Rechtsinstitutionen und dem Büchernachdruck. Neben diesen widmen sich weitere unzählige rechtshistorische Beiträge der Urheberrechtsgeschichte.[55] Den Zusammenhang zwischen Urheber- und Verlagsrecht im Zeitraum zwischen 1450 und 1850 arbeitet Martin Vogel heraus.[56] Anhand einiger Autoren verdeutlicht Vogel die Entwicklung der Rechte von Autoren und Verlegern, wobei ein nicht unerheblicher Teil seiner Analyse die Regelungen des Allgemeinen Preußischen Landrechts (ALR) betreffen.[57]

Den Nexus zwischen Buchmarkt und den Rechten der Autoren an ihrem Eigentum nimmt Michael Bülow in den Blick, der die Veränderungen des Buchmarktes ab der Mitte des 18. Jahrhunderts mit dem Entstehen der Idee des freien Schriftstellers in Zusammenhang bringt.[58] Neben weiteren Beiträgen zur Thematik wurde 2018 die umfassende Analyse Ulrike Anderschs über die *Diskussion über den Büchernachdruck in Deutschland um 1700 bis 1815* veröffentlicht.[59] Andersch untersucht auf Grundlage eines umfassenden Schriftenkorpus‘ über den Büchernachdruck ihr Konzept des „derivativen Verlegereigentums“. Sie definiert dies als eine „eigenständige Zwischenstufe“ in der „Theorie des Verlagseigentums“ und des späteren geistigen Eigentums im genannten Untersuchungszeitraum.[60] In dieses Konzept inkorporiert sie die Diskurslinien über die Druckprivilegien, die Reform des Buchhandels oder das Sacheigentum. Mit ihrer Studie legt Andersch eine umfassende rechtshistorische Untersuchung über den Diskurs über den Büchernachdruck vor. Aus diesem Grund soll die juristische Kontroversliteratur über den Büchernachdruck und die Recht- beziehungsweise Unrechtmäßigkeit in dieser Arbeit wei-

55 Dittrich, Robert (Hg.): Woher kommt das Urheberrecht und wohin geht es? Wurzeln, geschichtlicher Ursprung, geistesgeschichtlicher Hintergrund und Zukunft des Urheberrechts (= Österreichische Schriftenreihe zum gewerblichen Rechtsschutz, Urheber- und Medienrecht; 7), Wien 1988; Fürst, Rainer: Die Diskussion um Nachdruck und Urheberrecht, in: Müller-Wirth, Christof / Wagner, Christina (Hrsg.): Code Napoléon – Badisches Landrecht. Wegbereiter deutscher Rechtsgeschichte: Ausstellung in der Badischen Landesbibliothek anläßlich des 200. Jahrestages der Gründung des Verlages C. F. Müller 1797, Heidelberg 1997, S. 96–107; Meder, Stephan (Hg.): Geschichte und Zukunft des Urheberrechts (= Beiträge zu Grundfragen des Rechts; 26), Göttingen 2018; McCarthy, John A.: Literatur als Eigentum: Urheberrechtliche Aspekte der Buchhandelsrevolution, in: MLN 104,3 (1989), S. 531–547; Götz von Olenhusen, Irmtraud / Götz von Olenhusen, Albrecht: Geistiges Eigentum – von der Piratenflagge zum globalen Spinnennetz, in: Dies. / Ders. (Hrsg.): Von Goethe zu Google. Geistiges Eigentum in drei Jahrhunderten, Düsseldorf 2011, S. 17–30.

56 Vogel, Martin: Deutsche Urheber- und Verlagsrechtsgeschichte zwischen 1450–1850. Sozial- und methodengeschichtliche Entwicklungsstufen der Rechte von Schriftsteller und Verleger, in: Archiv für Geschichte des Buchwesens 19 (1978), Sp. 1–190.

57 Ebd., Sp. 89–113.

58 Vgl. Bülow, Michael: Buchmarkt und Autoreneigentum. Die Entstehung des Urhebergedankens im 18. Jahrhundert (= Buchwissenschaftliche Beiträge aus dem Deutschen Bucharchiv München; 30), Wiesbaden 1990.

59 Andersch, Ulrike: Die Diskussion über den Büchernachdruck in Deutschland um 1700 bis 1815 (= Geistiges Eigentum und Wettbewerbsrecht; 138), Tübingen 2018.

60 Ebd., S. 92.

testgehend unberücksichtigt bleiben. Hingegen stellt die Untersuchung der praktischen Seite des Büchernachdrucks, deren ökonomischen, kulturpolitischen und sozialen Auswirkungen ein Forschungsdesiderat dar, welches diese Arbeit zu beheben versucht.

Die Forschung zu den Nachdruckern im 18. Jahrhundert kann als ambivalent betrachtet werden.[61] Als vergleichsweise gut erforscht gilt der ‚Nachdruckerfürst' und österreichische Hofdrucker Thomas von Trattner.[62] Da in den habsburgischen Erblanden aber andere strukturelle Voraussetzungen für den Nachdruck herrschten, bildeten die österreichischen Nachdrucker einen Sonderfall.[63] Ähnlich verhielt es sich mit den schweizerischen Nachdruckern und typographischen Gesellschaften,[64] die anderen Voraussetzungen unterlagen als die Reichsbuchhändler, aber dennoch am deutschen Buchmarkt partizipierten.[65]

Die Schwierigkeit bei den Nachdruckern liegt darin zu unterscheiden, welcher Verleger, Buchhändler oder Buchführer seriell nachdruckte, nur einzelne Nachdrucke herstellte oder nur Nachdrucke verkaufte. Es liegen Einzelstudien einiger Buchhändler und Verleger vor, die eindeutig als Nachdrucker in der zweiten Hälfte des 18. Jahrhunderts tätig waren.[66] In Bezug auf die hier zu untersuchenden Nachdrucker Fleischhauer,

61 Einen Überblick bietet: Rauscher, Otto: Der Büchernachdruck in Österreich, in: Zentralblatt für Bibliothekswesen 54 (1937), S. 236–240.

62 Giese, Ursula: Johann Thomas Edler von Trattner. Seine Bedeutung als Buchdrucker, Buchhändler und Herausgeber, in: Archiv für Geschichte des Buchwesens 3 (1961), Sp. 1013–1454; Bender, Helmut: Thomas Trattner – „Klassiker" unter den Nachdruckern, in: Aus dem Antiquariat 33 (1977), A12-A15; Lehmstedt: „Ein Strohm"; Jaklin, Ingeborg: Das österreichische Schulbuch im 18. Jahrhundert. Aus dem Wiener Verlag Trattner und dem Schulbuchverlag (= Buchforschung; 3), Wien 2003; Frimmel, Johannes: Trattner und die Materialität des Nachdrucks, in: Frimmel, Johannes/ Augustynowicz, Christoph (Hg.): Der Buchdrucker Maria Theresias. Johann Thomas Trattner (1719–1798) und sein Medienimperium (= Buchforschung; 10) 2019, S. 131–146.

63 In Österreich griff der „Staat in mehreren Schritten durch, die jeweils verschiedene Bereiche betrafen und einen Prozess der Verrechtlichung, Zentralisierung und Modernisierung in Gang setzten". Dazu gehören neben einer merkantilistischen Reformpolitik unter Joseph II. eine gelockerte Zensurpolitik, eine Buchhandelsordnung, Zolltarife und Importverbote und eine dezidierte Förderung des Nachdrucks, zu den genannzen Aspekten Bachleitner et. Al.: Geschichte des Buchhandels in Österreich, S. 103–142. Vgl. auch Heydemann, Klaus: Ein anderer Trattner. Zu den Anfängen der sogenannten Troppauer Bücherausgabe, in: Leipziger Jahrbuch zur Buchgeschichte 2 (1992), S. 115–133.

64 Vgl. zur Nachdruckgesellschaft in der Schweiz Darnton, Robert: Glänzende Geschäfte. Die Verbreitung von Diderots „Encyclopedie", oder: Wie verkauft man Wissen mit Gewinn?, Berlin 1993 und Bösinger, Stephan: Aufklärung als Geschäft. Die Typographische Gesellschaft Bern, in: Berner. Zeitschrift für Geschichte 73,1 (2011), S. 3–46.

65 Für eine Übersicht über den deutsch-schweizerischen Buchmarkt vgl. Thomke, Hellmut (Hg.): Helvetien und Deutschland. Kulturelle Beziehungen zwischen der Schweiz und Deutschland in der Zeit von 1770–1830 (= Amsterdamer Publikationen zur Sprache und Literatur; 109), Amsterdam 1994.

66 Behrens, Klaus: Der Buchdrucker Ludwig Bernhard Friederich Gegel und der Nachdruck in Südwestdeutschland Ende des 18. Jahrhunderts, Speyer 1989; Walther, Karl Klaus: „Eine kleine Druckerei, in welcher manche Sünde geboren wird". Bambergs erster Universitätsbuchhändler; die Geschichte der Firma Göbhardt (= Bamberger Studien und Quellen zur Kulturgeschichte; 1), Bamberg 1999.

Schmieder und Frank, Schramm und Balz gibt es Untersuchungen, die hauptsächlich in den späteren 1960er Jahren angefertigt wurden.[67] Die Wiederentdeckung des Nachdruckphänomens und des Urheberrechts ist hierbei im Kontext der 1968er-Raubdruckbewegung zu sehen.[68]

Die erste umfassendste Analyse des Nachdruckunternehmens Schmieders war die Arbeit Bernd Breitenbruchs aus dem Jahr 1969.[69] In dieser Hausarbeit, die im *Archiv für Geschichte des Buchwesens* erschienen ist, befasste sich Breitenbruch eingehend mit den rechtlichen Auseinandersetzungen Schmieders mit geschädigten Autoren und Verlegern sowie dem Nachdruckprogramm der Sammlung. Zudem fügte Breitenbruch seiner Arbeit eine elaborierte Bibliographie der Schmieder-Nachdrucke an, die bis heute einschlägig ist.[70] Eine Einordnung Schmieders in die generelle Auseinandersetzung mit dem Büchernachdruck sowie die Berücksichtigung der diskursiven Schriften, in denen Schmieder behandelt wurde, fehlt hingegen bislang.

Die Forschung zu Schmieder ruhte, ehe der Bibliothekar Rainer Fürst sich im Zuge der Ausstellung „Buch und Druck in der Residenz. Verlage in Karlsruhe 1719–1806" in einem Begleitband den Karlsruher Verlegern und Buchdruckern widmete und in diesem konstatierte:[71] „es scheint doch nötig, vom wirtschaftlichen und kulturpolitischen Standpunkt aus eine Neubewertung vorzunehmen".[72] Fürsts Leistung bestand darin, die

---

67 Zuvor erfolgte mit der Geschichte der Haupt- und Residenzstadt Karlsruhe von Karl Gustav Fecht die erste historiographische Auseinandersetzung mit Schmieder im Kontext der Stadtgeschichte am Ende des 19. Jahrhunderts, wobei dies schließlich nur im Zusammenhang der Buchdruckerei, des Buchhandels und der Literatur knapp geschah, vgl. Fecht, Karl Gustav: Geschichte der Haupt- und Residenzstadt Karlsruhe, Karlsruhe 1887.

68 „Der Nachdruck fand Mitte des 20. Jahrhundert, verstärkt in den 1960er Jahren, erneut besondere Beachtung. [...] Neu war es auch, dass der Raubdruck, wenigstens in seiner ersten Phase (1967/68), Teil einer antiautoritären, auf subversivprovokative ‚Aktionsöffentlichkeit' gerichteten Studentenbewegung war, die ‚sich nicht mehr mit der ihr vom System zugewiesenen Rolle [begnügte], Produktionskraft und Konsumentenschar für den kapitalistischen Markt zu sein', sondern eine ‚lebendige Alternative zum Bestehenden' verkörpern wollte." Thiel, Carmen Maria: Das Urheberrecht und die 68er-Bewegung: Quantitative und qualitative Untersuchungen zur Rezeption und Bedeutung der Raubdruckbewegung zwischen 1967 und 1973 in der BRD, Leipzig 2007, [Masterarbeit] online unter: https://www.cultiv.net/cultranet/1220989347Thiel_MA.pdf. [letzter Abruf 22.11.2020]. Zum Raubdruck in der 68er-Bewegung vgl. auch Götz von Olenhusen, Albrecht: „Aufklärung durch Aktion. Kollektiv-Verlage und Raubdrucke, in: Estermann, Monika / Lersch, Edgar (Hrsg.): Buch, Buchhandel und Rundfunk 1968 und die Folgen, Wiesbaden 2003, S. 196–212.

69 Breitenbruch, Bernd: Der Karlsruher Buchhändler Christian Gottlieb Schmieder und der Nachdruck in Südwestdeutschland im letzten Viertel des 18. Jahrhunderts, in: Archiv für Geschichte des Buchwesens 9 (1969), Sp. 643–732.

70 Vgl. Ebd., Sp. 699ff.

71 Der Begleitband baut auf einen gleichnamigen Artikel Fürsts aus dem Jahr 1997 auf, der im Zuge des 200. Jahrestages der Gründung des Verlages C.F. Müller in einem Sammelband erschien, vgl. Fürst, Rainer: Buch und Druck in der Residenz, in: Müller-Wirth / Wagner (Hg.): Code Napoléon – Badisches Landrecht, S. 14–23.

72 Fürst, Rainer: Buch und Druck in der Residenz. Verlage in Karlsruhe 1719–1806. Von den Anfängen bis zur Gründung des Großherzogtums. Mit einem Ausblick auf das 19. Jahrhundert, Karlsruhe 2012, S. 48.

buchhändlerische Situation in Karlsruhe auch in Bezug auf Schmieder mit neuen Erkenntnissen zu versehen. So stellte er die geschäftlichen Verbindungen Schmieders zum Karlsruher Verleger Macklot heraus und revidierte teilweise bisherige Annahmen wie der Nachdruckerzuschreibung Goethes in *Dichtung und Wahrheit*,[73] während andere Vermutungen Fürsts nicht zutreffend waren, wie die Urheberschaft der Nachdruckapologie Schmieders.[74] Darüber hinaus existieren Forschungen, die Schmieder nicht explizit zum Thema haben, er aber im badischen Kontext der Reformpolitik Karl Friedrichs eine Rolle spielte, wie etwa bei Gerald-Maria Landgraf[75] oder in der Auseinandersetzung zwischen dem norddeutschen Schriftsteller Johann Gottwerth Müller und Schmieder.[76]

Ähnlich wie die Arbeit Breitenbruchs existieren bei den Tübinger Nachdruckern Schramm, Frank und dessen Nachfolger Balz ebenfalls Untersuchungen, die Ende der 1960er, Anfang der 1970er Jahre angefertigt wurden.[77] Die Buchdruckerfamilie Schramm nimmt Heinrich Mohr de Sylva, der eine familiäre Verbindung zur Familie Schramm besitzt,[78] in einem biographischen Aufsatz in den Blick, worin er im Hinblick auf den Büchernachdruck Schramms noch von der lange tradierten Ansicht einer „leidi-

73 Fürst stellt heraus, dass das bislang tradierte Zitat Goethes: „Denn nicht allein in Berlin hielt man den Nachdruck für etwas Zulässiges, ja Lustiges, sondern der ehrwürdige, wegen seiner Regententugenden gepriesene Markgraf von Baden, der zu so vielen Hoffnungen berechtigende Kaiser Joseph, begünstigten, jener seinen Macklot, dieser seinen Edlen von Trattner und es war ausgesprochen, dass die Rechte, sowie das Eigentum des Genies dem Handwerker und Fabrikanten unbedingt preisgegeben seien.“ Eben doch Macklot meinte und nicht wie bislang angenommen Macklot mit Schmieder verwechselt hat, vgl. hierzu Ebd., S. 63f. Zitat: Goethe, Johann Wolfgang von: Aus meinem Leben. Dichtung und Wahrheit, Hrsg. von Guth, Karl-Maria, Berlin 2016, S. 562.

74 Hierauf wird an den jeweiligen Stellen noch intensiver einzugehen sein.

75 Landgraf, Gerald Maria: „Moderate et prudenter“. Studien zur aufgeklärten Reformpolitik Karl Friedrichs von Baden (1728 – 1811), ungedruckte Dissertation, Regensburg 2008, online unter: urn:nbn:de:bvb:355-opus-9333 [Letzter Abruf am 10.12.2020].

76 Münch, Paul: Nachdruck und literarischer Markt im späten 18. Jahrhundert. J.G. Müllers, J.A.H. Reimarus, A.v. Knigge und die ‚Schmiederey‘, in: Ritter, Alexander (Hg.): J[ohann] G[ottwerth] Müller von Itzehoe und die deutsche Spätaufklärung. Studien zur Literatur und Gesellschaft im 18. Jahrhundert (= Steinburger Studien; 1), Heide in Holstein 1978, S. 228–247; Ritter, Alexander: „In tiefster Devotion ersterbe ich Ew. Königlichen Hoheit unterthänigster Johann Gottwerth Müller“. Zur Existenzkrise des freien Schriftstellers um 1800; seine Abhängigkeit von einem Amt, Schmieders Nachdruckerhonorare, fürstlichem Mäzenat und adliger Mietfreiheit, in: Lichtenberg-Jahrbuch 2007, S. 177–212.

77 Nur kurz zu nennen sind ältere Arbeiten aus dem Ende des 19. und Anfang des 20. Jahrhunderts, die sich mit dem Büchergewerbe in Tübingen und Württemberg auseinandersetzten. In diesem wurde der Nachdruck noch als „Folge der Rechtslosigkeit“ angesehen und dem „Bücherwesen völliges Verderben“ drohte, Roth, Rudolf: Das Büchergewerbe in Tübingen vom Jahr 1500 bis 1800, Tübingen 1880, S. 31; Siebeck, Werner: Der Tübinger Buchhandel um 1800, in: Tübinger Blätter 19 (1927/28), S. 4–15.

78 Die Familie Mohr de Sylva hat eine familiäre Beziehung zu Schramm, da die Tochter Wilhelmine Friederike Schramm einen Vorfahren aus der Familie Mohr de Sylva geheiratet hat, hierzu Fn. 941.

gen Seite der Tübinger Druckwerke, gerade auch von Frank und Schramm" spricht, jedoch genealogische Nachforschungen der Familie bis ins späte 19. Jahrhundert leistete.[79]

Für den Buchhandel insgesamt und insbesondere für Württemberg mit Tübingen und Reutlingen machte sich Hans Widmann verdient. Nachdem er 1965 eine Quellensammlung zum deutschen Buchhandel herausgeben hatte,[80] veröffentlichte er Arbeiten zur Verlags- und Buchhandelsgeschichte in Württemberg: Neben einer ersten Abhandlung der Nachdrucker Schramm und Frank in Tübingen, verfasste Widmann umfassende Studien zum Buchwesen in Reutlingen[81] und zur Verlagsstadt Tübingen.[82] In chronologischer Reihenfolge legte Widmann darin das Tübinger Druck- und Verlagswesen dar. Im sechsten Kapitel des Werkes beleuchtete er den Nachdruck in Tübingen, wobei er auf seinen vorherigen Aufsatz zum Büchernachdruck in Württemberg zurückgreifen konnte.[83] Überdies untersuchen weitere Arbeiten Aspekte, die mit dem Büchernachdruck im Zusammenhang stehen, wie die Lesefähigkeit, der Bücherbesitz oder die Universität Tübingen, die hier nicht einzeln aufgeführt werden sollen.

Der Buchverlag Fleischhauer aus Reutlingen firmierte noch bis 2009 unter dem Verlagsnamen Fleischhauer und Spohn, ehe der Verlag verkauft wurde. Jakob Noa Fleischhauer (1802–1881) setzte das Gründungsjahr des Verlages in das Jahr 1840, obwohl die Buchdruckerei von seinem Vater Justus Jakob Fleischhauer schon in den 1790er Jahren begründet wurde.[84]

> Wenn Noa Fleischhauer die Vorgeschichte von Druckerei, Buchhandlung und Verlag nicht berührt hat, so wollte er sich wohl damit von der weit und breit bekannten Tätigkeit der Reutlinger Buchdrucker und besonders seiner eigenen Vorfahren als Nachdrucker absetzen.[85]

Mit diesen Worten eröffnete Werner Fleischhauer den Sammelband zum 150-jährigen Verlagsbestehen Fleischhauer und Spohn aus dem Jahr 1980. Es ist unverkennbar, dass der Name Fleischhauer mit der berühmten Nachdruckerfamilie verwachsen ist. Die Forschung zur Familie Fleischhauer ist – auch aufgrund der Quellenlage – überschaubar. Die Beiträge Widmanns sind dabei diejenigen, die sich gesondert mit dem Nachdrucker der

79 Mohr de Sylva, Heinrich: Die akademischen Buchdruckerherren Schramm in Tübingen von 1728 bis 1823, in: Tübinger Blätter (1967), S. 9–21, hier S. 16.

80 Widmann, Hans: Der deutsche Buchhandel in Urkunden und Quellen, 2 Bde., Hamburg 1965.

81 Widmann, Hans: Vom Buchwesen der alten Reichsstadt Reutlingen, in: Archiv für Geschichte des Buchwesens 9 (1969), Sp. 449–490.

82 Widmann, Hans: Tübingen als Verlagsstadt (= Contubernium; 1), Sigmaringen 1971.

83 Widmann, Hans: Vom Büchernachdruck in Württemberg zu Ende des Achtzehnten Jahrhunderts, in: van der Vekene, Emil (Hg.): Refugium Animae Bibliotheca. Festschrift für Albert Kolb, Wiesbaden 1969, S. 511–527.

84 Justus Jakob Fleischhauer ehelichte Wilhelmine Cordula Spohn, deren Name im Verlagsnamen bestand hatte.

85 Fleischhauer, Werner: Vorgeschichte und Aufstieg des Fleischhauer & Spohn Verlages, in: Stammler, Wolfgang (Hg.): Damals für Heute. Historisches und Nachdenkliches zum 150jährigen Bestehen des Verlages, Reutlingen 1980, S. 5–32.

Fleischhauer jedoch in geringem Umfang beschäftigen.[86] Weitere relevante Erörterungen finden sich lediglich in stadtgeschichtlichen oder biographischen Studien, die einen konkreten Bezug zu Reutlingen haben.[87]

All die bisherigen Untersuchungen, die sich zuvorderst mit den Nachdruckern beschäftigten, analysieren diese zumeist im lokalen Kontext und fokussieren sich auf die Auseinandersetzungen um den Nachdruck oder dessen Unrechtmäßigkeit.

Eine Öffnung der Perspektive auf das gesamte Buchhandelssystem und dessen kommunikative und wirtschaftliche Interdependenz fehlt indes weitgehend. Die Geschäftsverbindung unter den Nachdruckern selbst wurde bis auf die Beziehung zwischen Fleischhauer und Schmieder sowie die Einbeziehung der ökonomischen und kulturpolitischen Folgen des Nachdrucks für den Buchhandel, die Autoren und speziell das Publikum bislang nicht vorgenommen.

Somit fügt sich die Arbeit in aktuelle geschichts- und kulturwissenschaftliche Forschungen ein, die eine interdisziplinäre Verknüpfung zu einer „materiellen Kommunikationsforschung" schaffen möchten.[88] Dieser Forschungsansatz, der beispielsweise durch das DFG-geförderte Projekt „Publizistik als Handels. Transregionale Märkte, Räume und Netzwerke im frühneuzeitlichen Europa, 1750–1800" von Daniel Bellingradt maßgeblich vorangetrieben wurde,[89] versucht einen interdisziplinären Grundsatz zu verfolgen, in dem mehrere methodische Ansätze miteinander verknüpft werden, die – wie gezeigt – auch in dieser Arbeit Einzug erhalten.

1.4 Quellen

Die erste Anlaufstelle für eine Untersuchung über den Büchernachdruck und die beteiligten Buchhändler, Verleger und Autoren im Alten Reich bildet das österreichische Haus-, Hof- und Staatsarchiv (HHStA) in Wien, da der Reichshofrat für den kaiserlichen Schutz vor Nachdruck und für die Überwachung von Druckprivilegien zuständig war. Wenn es zu Anträgen für die Druckprivilegien, Ablehnungen, Privilegienverletzungen, oder zu Auseinandersetzungen um Druckprivilegien sowie Buchbeschlagnahmungen

86 Widmann, Hans: Aus der Geschichte des Reutlinger Druck- und Verlagwesens, in: Hebsaker, Joachim Ulrich (Hg.): Rückblick für die Zukunft. Berichte über Bücher, Buchhändler und Verleger zum 150. Geburtstag des Ensslin-Verlages, Reutlingen 1968, S. 27–106; Widmann, Hans: Die Beschimpfung der Reutlinger Nachdrucker durch Christian August Vulpius. Mit einem Rückblick auf die württembergischen Verordnungen zum Nachdruck, in: Archiv für Geschichte des Buchwesens 14 (1974), Sp. 1535–1588.

87 Hierzu nennen sind die Reutlinger Geschichtsblätter, die seit 1890 herausgegeben werden. Forschungen finden sich überdies zu einem der berühmtesten Söhne der Stadt des 18. Jahrhunderts Johann Jakob Fezer vgl. Junger, Gerhard: Johann Jacob Fezer als Spätaufklärer und frühliberaler Publizist im Zeitalter der Französischen Revolution in Reutlingen und Wien (1760–1844), Reutlingen 1988.

88 Bellingradt, Daniel: Vernetzte Papiermärkte. Einblicke in den Amsterdamer Handel mit Papier im 18. Jahrhundert, Köln 2019, S. 12.

89 Vgl. Bellingradt el. al.: Books in Motion.

kam, gingen diese Akten beim Reichshofrat ein und sind heute unter den ‚Impressorien' verzeichnet. In 80 Kartons mit jeweils etwa 500 Blättern sind diese – zumeist in alphabetischer Reihenfolge der jeweiligen Antragsteller – geordnet. Die Originale der Schutzbriefe sind nur in den seltensten Fällen vorhanden, da diese den Privilegierten Buchhändlern, Verlegern oder Buchdruckern zugesandt wurden und so allein die Abschriften oder Copia überliefert sind. Soweit vorhanden, finden sich auch ältere Abschriften von bereits erteilten Privilegien in den Anlagen, wenn ein Antragsteller beispielsweise ein Verlängerungsgesuch des Privilegs erbat. Koppitz trug die meisten Antragsgesuche und Privilegienerteilungen zusammen und verzeichnete sie mit den angehängten Indices.[90]

Da die hier untersuchten Nachdrucker allesamt ein Privileg über ihre Sammlung beim Reichshofrat ersucht und erhalten haben, sind diese in den Akten des HHStA belegt. Doch nicht nur die Anträge auf die Privilegiengesuche, sondern auch Auseinandersetzungen mit involvierten Buchdruckern und Verlegern, die gegen die Nachdrucker geklagt haben, sind in den Archivakten dokumentiert.

Über die Schwierigkeiten der – ebenfalls für den Nachdruck interessanten – *Judicialia* des Reichshofrates wurde erst kürzlich erneut berichtet.[91] Die Ordnung der Prozessakten, die auch einige Nachdruckerprozesse verhandelten, stammen zum größten Teil noch von der Arbeit des Registrators Nikolaus Wolf, der Ende des 18. Jahrhunderts ein Ordnungssystem etablierte, welches er nicht mehr vollenden konnte. Die Neubearbeitung der Alten Prager Akten wurde in den vergangenen Jahren analog und digital vollzogen.[92]

Für die Nachdruckunternehmungen selbst bilden – neben dem HHStA – die regionalen Landes- und Stadtarchive den zweiten Baustein der Quellengrundlage. Die Gemeinsamkeit aller hier zu untersuchenden Nachdrucker ist das Fehlen jeglicher Rechnungs-, Geschäfts-, Kauf- oder Korrespondenzbücher, die einen substanziellen Einblick in die Handlungsweise ermöglichen würden.[93] Informationen über Teile der Geschäftspraktiken, Nachdruckprojekte, Auflagenhöhe, Preise und Distribution konnten daher nur partiell über Zeitungsannoncen, Briefe oder Publikationen rekonstruiert werden. In der Quantität und Qualität der Quellen gibt es zwischen den Nachdruckern in Karlsruhe, Tübingen und Reutlingen jedoch deutliche Unterschiede.

90 Zu den kaiserlichen Druckprivilegien im Haus-, Hof- und Staatsarchiv vgl. Koppitz, Hans-Joachim (Hg.): Die kaiserlichen Druckprivilegien im Haus-, Hof- und Staatsarchiv. Verzeichnis der Akten vom Anfang des 16. Jahrhunderts bis zum Ende des Deutschen Reichs (1806) (= Buchwissenschaftliche Beiträge aus dem Deutschen Bucharchiv München; 75), Wiesbaden 2008, S. XIIf.

91 Vgl. Just, Thomas: Das Haus-, Hof- und Staatsarchiv im Verbund des Österreichischen Staatsarchivs, in: Elbel, Petr (Hg.): Die österreichischen Archive. Geschichte und Gegenwart (= Opera Facultatis philosophicae Universitatis Masarykianae; 498), Brno 2019, S. 73–138, hier S. 81f.

92 Vgl. Sellert, Wolfgang (Hg.): Die Akten des kaiserlichen Reichshofrats – Alte Prager Akten, Bd. 1–5, Berlin 2009–2019.

93 Wie ertragreich diese sein können hat Schellmann mit einer betriebswirtschaftlichen Studie über ein Lagerbuch des Verlagshauses Stern zu Lüneburg in der Barockzeit bewiesen und herausgestellt welche Bücher zu welchem Preis in welcher Auflagenhöhe produziert und wie diese vertrieben wurden, vgl. Schellmann, Wolfgang: Betriebswirtschaftliche Analyse eines Lagerbuchs aus dem Buchgewerbe des frühen 18. Jahrhunderts, in: Archiv für Geschichte des Buchwesens 71 (2016), S. 43–82.

Für Christian Gottlieb Schmieder liefert das Generallandesarchiv in Karlsruhe umfassendes Quellenmaterial, da Karlsruhe nicht nur der Wohn- und Geschäftssitz Schmieders war, sondern zudem die Residenzstadt des Markgrafen von Baden. In einer Archivaliensammlung des Generallandesarchivs trug man sowohl die Korrespondenzen Schmieders, als auch alle Archivalien, die mit ihm in Verbindung gebracht werden konnten, in einem Faszikel geordnet und foliiert zusammen.[94] Weitere relevante Quellen zu Schmieder finden sich ebenfalls im Generallandesarchiv, darunter seine Anstellung beim Markgrafen, seine Auseinandersetzungen mit der Karlsruher Konkurrenz als auch sein Engagement in der Karlsruher Lesegesellschaft. Das Stadtarchiv Karlsruhe hingegen verzeichnet keine relevanten Einträge über Schmieder.

Die Recherche über die Tübinger Buchdrucker Schramm, Frank und Balz erbrachte im Universitätsarchiv Tübingen (UAT) zahlreiche Ergebnisse, da die Buchdrucker als Universitätsverwandte der Rechtsprechung der Universität unterstanden und somit Aktenmaterial, welches in Bezug zu ihnen steht, im Universitätsarchiv verwahrt ist. Die Universitätsverwaltung wiederum stand im engen Austausch mit der herzoglichen Regierung, dessen Archivmaterial im Hauptstaatsarchiv Stuttgart (HStASt) liegt, weshalb dort die Korrespondenz zwischen Universität und Regierung über die Nachdrucker überliefert ist. Dieser Umstand ermöglicht ein wechselseitiges und somit vollständigeres Bild über die Abläufe und Handlungsweisen, wie mit den Nachdruckern in Tübingen umgegangen wurde.

Punktuelle Erkenntnisse lieferte das Stadtarchiv Tübingen (StATb), insbesondere durch die dort verwahrten *Inventuren und Teilungen*, die einen Einblick in das bürgerliche Leben und den Besitzstand der Bürger, darunter auch des hier behandelten Nachdruckers Schramm, gewährte.[95]

Die Recherche zu Johann Jakob und Johann Georg Fleischhauer war deutlich diffiziler und die Ergebnisse dadurch spärlicher. Neben einigen amtlichen Überlieferungen im Hauptstaatsarchiv Stuttgart lieferte das Stadtarchiv Reutlingen (StARt), gleichfalls Wohn- und Arbeitsort der Buchdrucker, vergleichsweise wenige Informationen. Neben der Ratskorrespondenz, den Akten über die Buchdrucker und die *Inventuren und Teilungen* haben sie nur wenige Spuren hinterlassen.

All die hier herangezogenen archivalischen Quellen wurden bislang entweder noch gar nicht oder aber noch nicht in Verbindung mit den anderen Nachdruckern analysiert.[96]

Die zweite Quellengrundlage der Arbeit bilden die diskursiven Schriften über den Büchernachdruck, zuvorderst in der zweiten Hälfte des 18. Jahrhunderts. Die Anzahl

---

94 GLA 206,702.

95 Vgl. Bidlingmaier, Rolf: Inventuren und Teilungen. Entstehung und Auswertungsmöglichkeiten einer Quellengruppe in den württembergischen Stadt- und Gemeindearchiven, in: Bickhoff, Nicole / Trugenberger, Volker (Hrsg.): Der furnehmbste Schatz. Ortsgeschichtliche Quellen in Archiven, Stuttgart 2001, S. 71–81.

96 Breitenbruch schildert in seiner Abhandlung von der Geschäftsverbindung Schmieders zu anderen Druckern wie Fleischhauer und Cotta, ging diesen aber nicht weiter nach. Bei den anderen Nachdruckern aus Tübingen und Reutlingen existierten bislang noch keine Untersuchungen über die Geschäftsverbindung zu den anderen Nachdruckern.

der Schriften, die als eigenständige Werke oder in der periodischen Presse abgedruckt den Büchernachdruck behandelten, stieg ab 1750 enorm an, sodass es zu Äußerungen über die Vielzahl der Schriften über den Büchernachdruck kam.[97] Schon um 1800 begannen die ersten Kompilatoren damit, die zahlreichen Schriften ‚Wider und Für den Büchernachdruck' zusammenzutragen. Der Leipziger Verleger Ernst Martin Gräff (1760–1802), der sich selber am Diskurs beteiligte, veröffentlichte bereits 1794 ein *Kritisches Verzeichniß aller deutschen besonderen Schriften und in periodischen und anderen Werken stehenden Auffsätze über das Bücherwesen überhaupt, und den Büchernachdruck insbesondere,* welches er seiner Schrift als Beilage anhängte.[98] 1795 veröffentlichte der Bibliograph Johann Georg Meusel (1743–1820) seine *Materialien zu einer Geschichte des Buchhandels,* in denen er ebenfalls Schriften über den Büchernachdruck kompilierte.[99]

Im 19. Jahrhundert rissen, aufgrund der weiterhin ungeklärten rechtlichen Lage, die Bibliographien über den Diskurs und Auseinandersetzungen über den Büchernachdruck nicht ab.[100] Dabei wurde auf die lange Tradition der Auseinandersetzung verwiesen. Der Oberpostrat Otto Dambach publizierte 1873 das Schriftenverzeichnis *Wider den Nachdruck! Aussprüche berühmter deutscher Gelehrter, Schriftsteller, Dichter etc. älterer und neuerer Zeit über Nachdruck und Nachbildung*, in denen er die Aussagen von 19 Personen über den Büchernachdruck zusammenstellt, darunter Albrecht Dürer, Martin Luther, Johann Wolfgang von Goethe und Friedrich Schiller.[101]

Mit Hellmuth Rosenfelds Bibliographie über den Büchernachdruck aus dem Jahr 1971[102] und dem Quellenverzeichnis Ulrike Anderschs über die Diskussion über den Büchernachdruck liegen zwei umfassende Bibliographien vor,[103] die – ergänzt durch Rezensionsorgane und Literaturzeitschriften wie die Zeitschriftendatenbank *Gelehrten Journale*[104] und die *Zeitschriften der Aufklärung*[105] – die Quellengrundlage des diskursiven Teils dieser

97 Vgl. Kap. 4.1.

98 Gräff, Ernst Martin: Kritisches Verzeichniß aller deutschen besonderen Schriften und in periodischen und anderen Werken stehenden Auffsätze über das Bücherwesen überhaupt, und den Büchernachdruck insbesondere, in: Ders.: Versuch einer einleichtenden Darstellung des Eigenthums und der Eigenthumsrechte des Schriftstellers und Verlegers und ihrer gegenseitigen Rechte und Verbindlichkeiten, Leipzig 1794.

99 Meusel, Johann Georg: Materialien zu einer Geschichte des Buchhandels, Leipzig 1795, S. 68–89.

100 1843 legte Höpfner in seiner Abhandlung *Der Nachdruck ist nicht rechtswidrig* ein Literaturverzeichnis mit Schriften über den Büchernachdruck vor, Höpfner, Ludwig: Der Nachdruck ist nicht rechtswidrig. Eine wissenschaftliche Erörterung, Grimma 1843, S. 1–9.

101 Dambach, Otto: Wider den Nachdruck! Aussprüche berühmter deutscher Gelehrter, Schriftsteller, Dichter etc. älterer und neuerer Zeit über Nachdruck und Nachbildung, Berlin 1872.

102 Rosenfeld, Hellmuth: Zur Geschichte von Nachdruck und Plagiat. Mit einer chronologischen Bibliographie zum Nachdruck von 1733–1824, in: Archiv für Geschichte des Buchwesens XI (1971), Sp. 337–372.

103 Vgl. Andersch: Büchernachdruck, wie Fn. 59.

104 Das Projekt „Retrospektive Digitalisierung wissenschaftlicher Rezensionsorgane und Literaturzeitschriften des 18. und 19. Jahrhunderts aus dem deutschen Sprachraum" der Universitätsbibliothek Bielefeld in Verbindung mit der Akademie der Wissenschaften zu Göttingen ist online verfügbar.

105 Die Erschließung der Gelehrten Journale und Zeitung des 18. Jahrhunderts werden von der Göttinger Akademie der Wissenschaften, der Niedersächsischen Staats- und Universitätbibliothek

Arbeit bilden. Bei der Auswahl der hier analysierten Schriften ging es jedoch primär nicht darum, die Recht- oder Unrechtmäßigkeit des Nachdrucks nachzuvollziehen, sondern darum Einblicke in die Praxis der Nachdrucke und Nachdrucker zu geben und die hauptsächlichen Anklagepunkte, die abseits der juristischen Erörterung stattfanden, herauszufiltern. Aus diesem Grund reduziert sich die Anzahl der zu untersuchenden diskursiven Schriften auf diejenigen Traktate, die ebenjene Charakteristika hinreichend behandeln.

Die dritte Säule bilden diejenigen Quellen, die entweder den Nachdruck und die Nachdrucker oder einen erweiterten Einblick in die Praxis des Nachdrucks bieten. Dazu gehören Quellen aus Geschäftsarchiven wie dem Verlagsarchiv Gebauer und Schwetschke in Halle[106] oder dem Cotta'schen Verlagsbuch,[107] die einerseits in Verbindung mit den hier behandelten Nachdruckern standen, andererseits auch Auskünfte über die Geschäftspraxis eines Verlags im 18. Jahrhundert geben. In Ermangelung von Rechnungsbüchern seitens der Nachdrucker können dadurch zumindest Näherungswerte hergeleitet werden. Aus den im Untersuchungszeitraum erschienenen Periodika lassen sich teils auch Geschäftsannoncen der Nachdrucker nachweisen, so beispielsweise im *Frankfurter Journal, dem Badischen Intelligenzblatt* oder der Münchener periodischen Presse wie den *Münchner Staats-, gelehrte, und vermischte Nachrichten, aus Journalen, Zeitungen und Correspondenzen*, in denen Schmieder inserierte.

Quelleneditionen ermöglichen eine Erweiterung der Betrachtungsweise im Umgang mit dem Büchernachdruck, da verschiedene Quellen zum Buchhandel zusammengetragen sind, die die Perspektive der Autoren, Verleger und am Buchhandel beteiligten Personen aufzeigen. So wie die Quelleneditionen der *Deutsche Buchhandel in Urkunden und Quellen* Hans Widmanns[108] und die *Quellen zur Geschichte des Buchwesens* Reinhard Wittmanns.[109] Mithilfe dieser Quelleneditionen können einerseits die facettenreichen Aspekte des pluralistischen Buchhandelskonstruktes aufgezeigt werden, [110] andererseits

Göttingen, der Universitätsbibliothek Leipzig und der Bayrischen Staatsbibliothek München durchgeführt, vgl. hierzu Löffler, Katrin (Hg.): Wissen in Bewegung. Gelehrte Journale, Debatten und der Buchhandel der Aufklärung, Stuttgart 2020.

106 Für diesen Zeitraum ist die Geschäftskorrespondenz Johann Jacob Gebauers von besonderem Interesse, die Firmen Gebauer, Hammerde und Schwetschke vereinten sich im Laufe des 18. und 19. Jahrhunderts. Das Verlagsarchiv Gebauer-Schwetschke wurde mithilfe des Stadtarchivs Halle und von der DFG gefördert als Online-Datenbank erschlossen, vgl. www. http://www.gebauer-schwetschke.halle.de/

107 Deutschen Literaturarchiv Marbach / Fischer, Bernhard (Hrsg.): Johann Friedrich Cottas Verlagsbuch von 1787 bis 1806, Stuttgart 2011. Es existiert eine transkribierte Online-Ausgabe unter Mitarbeit von Eva Oßwald und Birgit Slenzka, das im Folgenden: Fischer: Cottas Verlagsbuch zitiert wird, online unter: https://www.dla-marbach.de/fileadmin/redaktion/Archiv/Cotta-Archiv/Downloads/cotta-verlagsbuch.pdf [letzter Abruf 05.10.2020].

108 Widmann: Der deutsche Buchhandel in Urkunden und Quellen (wie Fn. 80).

109 Wittmann, Reinhard: Quellen zur Geschichte des Buchwesens, 22 Bde., München 1981.

110 Eine in der DDR gedruckte Quellenedition des Reclam Verlags von Evi Rietzschel steht in der Tradition der beiden genannten Quellenditionen und stellt Quellen zum Verhältnis von Schriftsteller und Verleger zur Verfügung, bei dem auch der Nachdruck im zweiten Teil behandelt wird, vgl.

können dadurch bereits in Vergessenheit geratene Schriften einem breiteren Publikum zugänglich gemacht werden.

Darüber hinaus bieten Brief- und Tagebucheditionen einen Einblick in die Lebenswirklichkeit der Autoren, Verleger und Buchhändler, die sich intensiv mit dem Nachdruck auseinandersetzten und ihre Erfahrungen damit persönlich niederschrieben.[111] In den Briefen wetterten die Verleger gegen die Nachdrucke und die Protektion der Fürsten (vgl. Kap. 4.5.) und die Schriftsteller monierten die ‚Verstümmelung' ihrer literarischen Werke (vgl. Kap. 4.2.). So kam es dazu, dass neben literarischen Aufarbeitungen mit der Nachdruckthematik auch bildliche Zeugnisse die Debatte über den Büchernachdruck demonstrieren (vgl. Kap. 4.6.3.).

Schließlich geben die Nachdrucke, die in den öffentlichen und privaten Bibliotheken überliefert sind, einen Eindruck davon, welche Werke nachgedruckt wurden und wie weit die Verbreitung der Nachdrucke war. Neben Lesegesellschaften, Leihbibliotheken und privaten Bibliotheken, finden sich viele Exemplare – häufig in digitalisierter Form – in den öffentlichen Bibliotheken wieder.[112] Aus diesem Grund bilden auch deren Bibliothekskataloge ebenso wie Online-Datenbanken wie die *Digitalisierung und Erschließung der im deutschen Sprachraum erschienenen Drucke des 18. Jahrhunderts* (VD 18) die Grundlage, die nachgedruckten Schriften zu identifizieren.[113] Die Erfassung der privaten Bibliotheken wie auch der Autorenbibliotheken ist diffiziler. Einige der Bibliotheks- und Auktionskataloge, die einen Einblick in den Bücherbestand der Privatbibliotheken geben, wurden teilweise durch Forschungsbeiträge aufgearbeitet.[114]

Rietzschel, Evi (Hg.): Gelehrsamkeit ein Handwerk? Bücherschreiben ein Gewerbe? Dokumente zum Verhältnis von Schriftsteller und Verleger im 18. Jahrhundert in Deutschland, Leipzig 1982.

111 Beispielhaft sei hier der reiche Briefnachlass Friedrich Nicolais angeführt, vgl. Habersaat, Sigrid: Verteidigung der Aufklärung. Teil 2: Editionsband: Friedrich Nicolai (1733 – 1811) in Korrespondenz mit Johann Georg Zimmermann (1728–1797) und Christian Friedrich von Blanckenburg (1744–1796); Edition und Kommentar, Würzburg 2001, zu den Möglichkeiten der Briefedition vgl. Falk, Rainer: Crowdsourcing: Möglichkeiten der (Zusammen-)Arbeit an Brief-Editionen im Internet, in: Bohnenkamp-Renken, Anne / Richter, Elke (Hrsg.): Brief-Edition im digitalen Zeitalter (= editio, Beihefte; 34) Berlin / Boston 2013, S. 35–42, hier S. 37f.

112 Explizit zu nennen sind in diesem Kontext die Badische und Württembergische Landesbibliothek, die viele der gedruckten Nachdruckexemplare in ihren Beständen erahlten haben.

113 Das VD18-Projekt ist eines der Erschließung und Digitalisierungsprogramme, die die Drucke des 18. Jahrhunderts katalogisiert und digitalisiert, online verfügbar unter: www.vd18.de. Die Titelnummern wurden nicht einzeln im Quellenverzeichnis aufgeführt.

114 Auf die Problematik wird in Kap. 4.4.2.4. Ein Katalogverzeichnis fertigte Gerhard Loh in neun Teilen an, die den Zeitraum zwischen 1607 und 1841 abdecken, vgl. Loh, Gerhard: Verzeichnis der Kataloge von Buchauktionen und Privatbibliotheken aus dem deutschsprachigen Raum, 9 Bde., Leipzig 1995–2020. Eine Online-Datenbank „Forschungsgruppe zu den privaten philosophischen Bibliotheken der Neuzeit" der Universitäten Pisa und Cagliari hat viele italienische, aber auch deutsche Bücherverzeichnisse von Philosophenbibliotheken digitalisiert, was einen barrierefreien Zugang zu den Bibliothekskatalogen ermöglicht, vgl. http://picus.unica.it/index.php?page=Home&lang=de [letzter Abruf am 11.02.2020].

2 Voraussetzungen für den Büchernachdruck im Alten Reich bis zur Mitte des 18. Jahrhunderts

2.1 Die Aufsicht über das Bücher- und Pressewesen

Der Buchdruck und damit auch der Büchernachdruck unterlag nahezu in der gesamten Frühen Neuzeit der obrigkeitlichen Kontrolle. Der Begriff ‚Bücher- und Presswesen' umschrieb dabei alles, was mit der Produktion und Verbreitung von schriftlichen Medien zusammenhing. Um dieses ‚Bücherwesen' zu überwachen, standen dem Kaiser und den lokalen Obrigkeiten verschiedene Institutionen und Instrumente zur Verfügung, die im Folgenden kurz erläutert werden.

Die Aufsicht über das Bücher- und Pressewesen des Alten Reiches leitete sich aus dem kaiserlichen Bücherregal ab. Dieses Recht, das als *regalia maiora* – also als grundsätzlich unveräußerliches Hoheitsrecht – angesehen wurde, stand zunächst ausschließlich dem Kaiser zu. Ob dies aber im 16. Jahrhundert noch zutraf, kann bezweifelt werden, da der Kaiser mit dem Reichsabschied von 1524 den Landesherren die Aufgabe übertragen hatte, die Aufsicht über den Buchdruck in den eigenen Territorien zu überwachen.[1] Dabei ging es weniger darum, dass der Kaiser die Absicht hatte, sein Hoheitsrecht partiell abzutreten, als vielmehr darum, dass die Landesfürsten die ihnen zugesprochenen Pflichten „auch als Rechte ansahen".[2] Ein Erklärungsversuch für die „theils bestrittenen Regalien" liefert Georg Gottfried Strelins *Realwörterbuch für Kameralisten und Oekonomen*: Das Bücherregal wäre

> wenn die Erfindung der Buchdruckerey um etliche Jahrhunderte älter wäre, nach der ehemaligen Verfassung des deutschen Reichs, ohne Zweifel ein kayserliches Regal, ungefähr in der Maase, wie das Münzregal geworden, und den Reichständen nur durch eigene Belehnungen und besondere Konceßionen verliehen worden [...]. Da aber diese Erfindung in einen späteren Zeitpunkt fiel, so nahm jeder deutsche Reichstand und jede Reichstadt, die bei ihm oder in ihr errichtete Druckerey nebst dem Bücherwesen in ihren besonderen landesherrlichen Schutz und erklärte Reichsgesetze [...] sie in der Folge dazu berechtigt [...]. Von oberster Policeyaufsicht wegen hingegen blieb jedoch der kayserlichen Gewalt auch die höchste Aufsicht über das Bücherwesen im Reich [...]. Das kayserliche Bücherregal stehet also mit dem

1 Eisenhardt: Aufsicht, S. 8f. Vgl. dazu auch Kap. 2.3.
2 Ebd., S. 9.

> landesherrlichen ungefähr in eben dem Verhältnisse, wie die kayserliche höchste Gerichtsbarkeit mit dem landesherrlichen Gerichtszwang eines Reichstandes.[3]

Zur Überwachung des Büchernachdrucks standen dem Kaiser mehrere Institutionen zur Verfügung.

2.1.1 Die kaiserlichen Aufsichtsorgane in Bezug auf den Nachdruck

Der Reichshofrat

Die Geschichte des Reichshofrates hatte ihren Ursprung in der Hofordnung Maximilians I. 1497/98.[4] Die endgültige Ausformung des kaiserlichen Reichshofrates erfolgte unter Ferdinand I. (1503–1564) zunächst für die habsburgischen Erblande, dann für das gesamte Reichsgebiet.[5] Um sich seines Aufsichtsrechts zu bedienen, war der Reichshofrat das wichtigste Organ. Die Reichshofratsordnung von 1654 legte die Grundstrukturen fest: So war der Kaiser der oberste Richter, dessen Vertreter war der Reichshofratspräsident. Zur Entscheidungsfindung tagte das Plenum, welches sich aus einer Herrenbank und einer Gelehrtenbank zusammensetzte und bei dem nach dem Mehrheitsprinzip votiert wurde. Das Visitationsrecht besaß der Kurfürst von Mainz.

Der Reichshofrat war das Oberaufsichtsorgan des kaiserlichen Bücher- und Pressewesens, da ihm die kaiserliche Bücherkommission in Frankfurt unterstellt war und ihm die Listen der Neuerscheinungen und die Abgabe der Pflichtexemplare zugesandt wurden, sodass der Reichshofrat über die Drucktätigkeit im Reich am ehesten informiert war. Zudem war er für die Ausstellung der kaiserlichen Privilegien zuständig, auf das weiter unten noch genauer einzugehen sein wird.[6]

Bei Verletzung von Reichsgesetzen auf dem Gebiet des Bücher- und Pressewesens konnte der Reichshofrat „als Regierungsorgan des Reiches oder als Reichsgericht" tätig werden.[7] Ersteres beispielsweise durch die Überwachung der korrekten Durchfüh-

3 Strelin, Georg Gottfried: Realwörterbuch für Kameralisten und Oekonomen, Bd. 2, Nördlingen 1785, S. 618–619. Der letzte Abschnitt über die Gerichtsbarkeit entstammt aus Pütter, Johann Stephan: Der Büchernachdruck nach ächten Grundsätzen des Rechts geprüft, Göttingen 1774, S. 168. Hierzu auch Kap. 4.1.1.

4 Gschließer, Oswald von: Der Reichshofrat. Bedeutung und Verfassung, Schicksal und Besetzung einer obersten Reichsbehörde von 1559 bis 1806. Mit einer Vorbemerkung von Wolfgang Sellert, Wien 1970, S. 1f. Zwei Jahre nach dem Reichstag zu Worms 1495 und der Errichtung des Reichskammergerichts wurde von Maximilian I. das ständige Hofratskolleg als Gegenstück zum Reichskammergericht errichtet, Westphal, Siegrid: Der Reichshofrat – kaiserliches Machtinstrument oder Mediator?, in: Auer, Leopold (Hg.): Höchstgerichte in Europa. Bausteine frühneuzeitlicher Rechtsordnungen (= Quellen und Forschungen zur höchsten Gerichtsbarkeit im Alten Reich; 53), Köln 2007, S. 115–138.

5 Gschließer: Reichshofrat, S. 3–5; Eisenhardt, Ulrich: Der Reichshofrat als kombiniertes Rechtsprechungs- und Regierungsorgan, in: Hausmann, Jost / Krause, Thomas (Hrsg.): Zur Erhaltung guter Ordnung. Beiträge zur Geschichte von Recht und Justiz. Festschrift für Wolfgang Sellert zum 65. Geburtstag, Köln 2000, S. 245–267, hier S. 249.

6 Vgl. Wadle, Elmar: Privilegia Impressoria vor dem Reichshofrat – eine Skizze, in: Auer (Hg.): Höchstgerichte in Europa, S. 203–214.

7 Eisenhardt: Aufsicht, S. 93.

rung der Reichgesetze durch die Landeherren und bei Missachtung oder Verletzung der Appellation oder Sanktion. Als Reichsgericht trat der Reichshofrat auf, wenn Reichshoffiskal eine Person verklagt hatte, der gegen die Reichgesetze verstoßen hatte: „Der Reichshoffiskal war der vom Kaiser ernannte Interessenvertreter des Reiches beim Reichshofrat".[8] Dieser schritt bei Verletzungen gegen die Reichsgesetze ein, wie bei der Verletzung der kaiserlichen Privilegien oder beim Druck derjenigen Schriften, die gegen das Reichsgesetz verstießen.[9] In dieser Funktion trat der Reichshofrat auch als Gericht in Erscheinung und leitete eine nicht unerhebliche Anzahl an Strafprozessen, die eine Privilegieninjuration als Grund hatten.[10] Insgesamt besaß der Reichshofrat in Bezug auf das kaiserliche Bücherregal mehrere Funktionen: Er war Gericht, aber auch Regierungsorgan des Kaisers, dem die Erteilung und Aufsicht der Impressorien unterstellt war. Dabei erhielt er die Unterstützung von einer weiteren Behörde, der kaiserlichen Bücherkommission in Frankfurt, die dem Reichshofrat direkt zugewiesen war.

Die kaiserliche Bücherkommission in Frankfurt am Main

Spätestens in der zweiten Hälfte des 16. Jahrhunderts wurde in Frankfurt am Main die kaiserliche Bücherkommission gegründet.[11] Die Ursachen hierfür waren nicht zuletzt auf die vermehrt aufkommenden polemischen Schriften zurückzuführen, die auf dem Bücherumschlagsplatz und Buchhandelsmetropole Frankfurt am Main in das gesamte Reichsgebiet verteilt wurden.

Die Jahre zwischen 1569 und 1579 waren gekennzeichnet von der Auseinandersetzung zwischen dem Frankfurter Rat und dem Kaiser, um die Zuständigkeitsbereiche der Bücherkommission und der Mitwirkung des Rates daran. 1579 verkündete Kaiser Rudolf II. (1552–1612) schließlich, dass er den kaiserlichen Fiskal am Reichskammergericht Johannes Vest (vor 1536–1601) zum Bücherkommissar ernannt hatte und dieser die Überwachung der Drucker und Buchläden bei der Messe vollziehen sollte. Hierfür musste der Frankfurter Rat zwei Mitglieder zur Unterstützung abstellen.[12]

Mit Aufnahme seiner Tätigkeit begann Vest damit, den auf der Messe versammelten Buchdruckern und Buchhändlern den Eid abzunehmen und auf die Reichsgesetze bezüglich des Bücher- und Presswesens, hierbei besonders die Vorzensur, zu achten. Ein Jahr später, zur Frühjahrsmesse 1580, waren bereits zwei Bücherkommissare ernannt

8 Ebd., S. 94.

9 Obersteiner, Gernot Peter: Das Reichshoffiskalat 1596 bis 1806. Bausteine zu seiner Geschichte aus Wiener Archiven, in: Baumann, Anette / Oestmann, Peter / Wendehorst, Stephan / Westphal, Siegrid (Hrsg.): Reichspersonal. Funktionsträger für Kaiser und Reich (= Quellen und Forschungen zur höchsten Gerichtsbarkeit im Alten Reich; 46), Köln 2003, S. 89–164.

10 Darüber informieren die Gerichtsakten im Fiskalarchiv und der Judicalia im Haus-, Hof- und Staatsarchiv Wien.

11 Es geht um den Entstehungszeitraum zwischen 1569 und 1579. Die Auffassungen sind zusammengetragen bei Eisenhardt: Aufsicht, S. 64.

12 Vgl. Brauer, Adalbert: Die kaiserliche Bücherkommission und der Niedergang Frankfurts als Buchhandelsmetropole, in: Genealogisches Jahrbuch 19 (1979), S. 185–199, hier S. 187f.

worden, Vest und Johann Steinmetz, Dechant der kaiserlichen Stiftskirche zu St. Bartholomae in Frankfurt, um die erhöhte Anzahl der Druckwerke zu überwachen.[13]

Nicht nur die personelle Aufstockung, auch das Vorgehen unterschied sich zu den vorherigen Messen: Alle Buchdrucker und Händler mussten, bevor sie ihre Stände aufbauten, eine Liste aller Bücher aushändigen und ein Exemplar jeweils abliefern. Zwischen 1580 und 1596 schien die Tätigkeit der Bücherkommissare auf ein Minimum reduziert worden zu sein, ehe 1596 Johannes Vest der Auftrag erteilt wurde, ohne zeitliche Begrenzung die Wahrung der kaiserlichen Rechte auf der Büchermesse zu überwachen, damit wurde spätestens 1596 der kaiserliche Bücherkommissar zu einer ständigen Einrichtung.[14] 1597 wurde die Ausrichtung und Besetzung der Bücherkommission festgelegt. Sie bestand nunmehr aus zwei Personen: Einerseits aus dem Reichskammergerichtsfiskal, der sich allerdings nur während der beiden Jahresmessen in Frankfurt aufhielt, andererseits aus einem Mitglied, das ständig in Frankfurt residierte und zumeist aus katholischen Geistlichen requiriert wurde. Diesem wurde

> fast stets ein Adjunktus beigegeben, der beim Ableben des Bücherkommissars in der Regel die Nachfolge antrat. Das hatte den Vorteil, daß der Nachfolger für sein Amt bestens vorbereitet und eingearbeitet war. Die Bestellung eines Adjunkten nahm der Kaiser vor.[15]

Häufig war der Bücherkommissar gleichsam ein apostolischer Kommissar, der in Personalunion fungierte. Damit hatte die römische Kurie direkten Einfluss auf die im Alten Reich erschienen Bücher und konnte bei Bedarf eingreifen.

Die Aufgabenbereiche der Bücherkommission waren über die Jahrhunderte, in denen sie bestand, nie klar umrissen. Sie operierte als eine Art Messpolizei, deren Ziel es war, die Buchdrucker und -händler an die Reichsgesetze – hierbei besonders die Reichspolizeiordnung von 1577 – zu erinnern und zu überwachen, dass keine verbotenen Buchtitel auf der Messe gehandelt wurden. Dazu visitierten sie die Stände und Buchläden einheimischer wie auswärtiger Buchführer und noch bevor diese ihren Laden oder Stand eröffnen durften, wurde ihnen anbefohlen, eine Bücherliste, einen sogenannten Index mit dem zum Verkauf stehenden Schriften vorzuzeigen.[16] Dieser ‚Meßkatalog' wurde zum wichtigen Instrument für die Buchmessen. Einerseits diente er als Übersicht, was überhaupt verkauft wurde, andererseits wurde er zur Kontrolle genutzt: Fanden sich dort verbotene oder gegen das Reichsgesetz zuwiderlaufende Schriften, konnten diese mithilfe des Frankfurter Rates konfisziert werden.[17]

Besonders die Wahrung der kaiserlichen Druckprivilegien hinsichtlich unerlaubter Nachdrucke fiel auf den Messen in den Aufgabenbereich der Bücherkommission. Zu-

13 Obwohl der größte Teil der Frankfurter Bevölkerung seit 1533 lutherisch war, waren die Stifte 1547 nach dem Schmalkaldischen Kriegen rekatholisiert worden. Dabei war der St. Bartholomäusdom seit 1562 die Krönungskirche römisch-deutscher Könige.

14 Eisenhardt: Aufsicht, S. 68.

15 Ebd., S. 69.

16 Ebd., S. 70.

17 Ebd., S. 71.

sätzlich sorgten die Bücherkommissionäre für die Abgabe der Pflichtexemplare, die sie mit den Indices und Berichten an den Reichshofrat sandten.[18]

Mit dem beginnenden Niedergang der Frankfurter Buchmesse am Ende des 17. Jahrhunderts bis zur Mitte des 18. Jahrhunderts verlor die Bücherkommission ebenfalls an Bedeutung, dabei war die Kommission einer der Gründe dafür.[19] In dieser Art und Weise fungierte der Bücherkommissar als Messepolizei, die eine Nach-,[20] jedoch keine Vorzensur vornehmen durfte.[21] 1709 protestierten zahlreiche Buchhändler gegen die Anordnung der kaiserlichen Regierung, Pflichtexemplare von Büchern einzufordern, die nicht privilegiert waren.[22] Die kaiserliche Bücherkommission hielt sich bis zum Ende des Alten Reiches, doch war mit der Übernahme des Protestanten Johann Konrad Deiner 1780 die Personalunion zwischen den Ämtern des apostolischen und kaiserlichen Bücherkommissars beendet.[23]

Das Reichskammergericht und die Leipziger Bücherkommission

Das Reichskammergericht war ebenfalls befugt, Personen zu verurteilen, die gegen die reichsgesetzlichen Bestimmungen des Bücher- und Pressewesens verstießen. Der Reichskammergerichtsfiskal war gleichzeitig Mitglied der Frankfurter Bücherkommission und dadurch mit dem Bücherwesen während und zwischen den Messzeiten bestens vertraut. Darüber hinaus konnten auch der Reichstag sowie der Reichserzkanzler – der Kurfürst von Mainz – Einfluss auf die Überwachung des Bücher- und Pressewesens des Reiches nehmen.[24]

In Kursachsen wurde die landesherrliche Aufsicht über das Buchwesen von der Leipziger Bücherkommission durchgeführt, die sich aus einem Mitglied des Leipziger Rats und Vertretern der Professorenschaft der Universität konstituierte.[25] Ihr oblag auch die Ausstellung der landesherrlichen Druckprivilegien. Anders als die Frankfurter Bücherkom-

18 Vgl. Ebd.

19 Illustrieren lässt sich dies am Beispiel aus dem Jahr 1685: Der apostolische Bücherkommissar Kaspar Vollmar erhielt am 11. Mai 1685 ein Schreiben der Jesuiten aus Wien, worin ihm „anbefohlen wurde (‚benigne serioque jubemus'), die in Salzburg erschienene Schrift des Peter Fischer ‚Jesuiticum Nihil' genau zu prüfen, da darin nachteilig von den Jesuiten gesprochen worden sei, und wenn er etwas der Ehre der Gesellschaft Jesu Nachteiliges darin fände, alle auffindbaren Exemplare unverzüglich einzuziehen und ein Belegstück an den Reichshofrat zwecks weiterer Anordnungen einzuschicken", Brauer: Kaiserliche Bücherkommission, S. 194.

20 „Versteht man unter Nachzensur also eine Kontrolle der bereits ausgedruckten Schriften im Hinblick darauf, ob sie ordnungsgemäß zensiert worden waren und ihr Inhalt nicht den Bestimmungen der Reichsgesetze widersprach, so stand der Bücherkommission die Befugnis zu, eine Nachzensur über alle im Druck erschienenen Schriften auszuüben", Eisenhardt: Aufsicht, S. 73.

21 Vgl. Eisenhardt: Aufsicht, S. 72.

22 Brauer: Kaiserliche Bücherkommission, S. 195.

23 Eisenhardt: Aufsicht, S. 89.

24 Vgl. zu diesen beiden Institutionen und deren Aufgabenbereichen Ebd., S. 96ff.

25 Vgl. Gramlich, Jürgen: Rechtsordnungen des Buchgewerbes im Alten Reich. Genossenschaftliche Strukturen, Arbeits- und Wettbewerbsrecht im deutschen Druckerhandwerk, Frankfurt am Main 1994, S. 117f.

mission wandelte sich die Leipziger Kommission hingegen zu einem Interessensorgan der Leipziger Buchhändler und Buchdrucker.[26] Im Bestreben, Leipzig zum Buchhandelszentrum des Reiches zu machen, war der Leipziger Rat und die Kommission darauf bedacht, die Messe möglichst frei von allen beschränkenden Einflussnahmen zu halten.[27]

2.1.2 Die Druckprivilegien als Schutzinstrument gegen den Nachdruck

Bereits in der zweiten Hälfte des 15. Jahrhunderts kam es in Norditalien wie Mailand und Venedig zu Bestrebungen, Druckwerke vor Nachdruck für einen begrenzten Zeitraum und über lokale Grenzen hinweg zu schützen.[28] Das Schutzinstrument, welches einen Rechtsschutz garantieren sollte, wurde als Privileg von Obrigkeiten erteilt:[29] Sogenannte Druckprivilegien, *Privilegia impressoria* oder kurz *Impressoria*. Der Inhalt des Druckprivilegs war das zugunsten des Antragsstellers ausgesprochene befristete Verbot, eine bestimmte Schrift nachzudrucken, diese Nachdrucke zu verkaufen oder in andere Territorien einzuführen und dort zu veräußern.[30]

Den umfassendsten Schutz boten die kaiserlichen Druckprivilegien, die ein Werk im gesamten Reichsgebiet vor Nachdruck schützte. Daneben konnten auch geistliche wie weltliche Fürsten und die Reichsstädte Schutzbriefe ausstellen, dessen Schutz jedoch zumeist auf das jeweilige Territorium beschränkt blieb.[31] Von besonderer Bedeutung waren hierbei diejenigen Privilegien, die in buchhändlerisch bedeutenden Territorien ausgestellt wurden, wie etwa Sachsen, Brandenburg-Preußen oder der Kurpfalz.

Antragsteller- und Empfänger waren bei Einzelprivilegien für gewöhnlich Verleger, Drucker oder Buchhändler und Autoren, wobei Übersetzer und Kompilatoren ebenso zu den Autoren gezählt wurden.[32] Ferner stellten aber auch Buchbinder oder Bearbeiter, bei illustrativen Werken Kupferstecher oder Kartographen und bei musi-

26 Vgl. Ebd., S. 118.

27 Vgl. Ebd.

28 Kapp, Friedrich: Geschichte des deutschen Buchhandels, Bd. 1: Geschichte des deutschen Buchhandels bis in das siebzehnte Jahrhundert, Leipzig 1886, S. 189. Zu der vierbändigen Geschichte des deutschen Buchhandels von Kapp und Goldfriedrich und der Geschichtsschreibung des Buchhandels vgl. Estermann, Monika: Buchhandelsgeschichte in kulturhistorischer Absicht. Johann Goldfriedrich und Friedrich Kapp, in: Dies. Et. Al.: Buchkulturen (wie Fn. 35), S. 1–36.

29 Bereits seit der Mitte des 15. Jahrhunderts gab es Gewerbeprivilegien, die bestimmte Erfindungen, zum Teil auch gedruckte Werke schützten. Der Venezianer Johann von Speyer erhielt 1479 das Recht eine Druckerei betreiben zu dürfen, vgl. Koppitz: Die kaiserlichen Druckprivilegien, S. XI.

30 Gieseke: Vom Privileg zum Urheberrecht, S. 39.

31 Koppitz: Privileg, S. IX.

32 Koppitz stellte heraus, dass je nach Untersuchungszeitraum zwischen einem Viertel und einem Drittel der Antragsteller Autoren waren. Dies konterkariert die gängige Meinung, dass nur Drucker--Verleger oder Buchhändler Privilegien für ihre Werke beantragt haben, vgl. Koppitz, Hans-Joachim: Zur Form der Anträge auf Bewilligung kaiserlicher Druckprivilegien durch den Reichshofrat und zu den Gründen ihrer Ablehnung, in: Dölemeyer, Barbara (Hg.): Das Privileg im europäischen Vergleich (= Ius commune Sonderhefte, Studien zur europäischen Rechtsgeschichte; 93), Frankfurt am Main 1997, S. 347–376, hier S. 354f.

kalischen Werken Komponisten Anträge auf ein kaiserliches Privileg.[33] Es war zudem möglich, dass mehrere Personen oder Personenkreise beziehungsweise Gruppen einen gemeinsamen Antrag stellten: Als familiär oder geschäftlich nahestehende Personen, als eine Geschäftsfirma mit teilweise geographisch entfernten Offizien oder als religiöse Gemeinschaft. Zu diesen gehörten die Jesuiten, die ein Generalprivileg erhielten, aber auch andere Ordensgemeinschaften wie die Dominikaner, Franziskaner oder auch das Kloster Göttweig.[34] Dabei konnte der Antragsteller von einem Anwalt vertreten werden, der häufig auch bei Privilegienverletzungen tätig wurde.

Die Privilegia Impressoria selbst waren formell aufgebaut wie Urkunden. Nach der publicatio (promulgatio, notificatio), also dem Hinweis, dass der Text beispielsweise auf Buchhandelsmessen verlesen werden sollte, folgten die Arenga und die Narratio, also der Gründe für Ausstellung des Schutzbriefes an, worauf die Dispositio folgte, die Erklärung des Willens des Erteilers.[35] In der Poenformel wurde eine Strafe festgesetzt, die zwischen zwei und 15 Mark lötigen Geldes betrug.[36] Wurde gegen das Druckprivileg verstoßen, so konnte die Obrigkeit eine Geldstrafe und Konfiskation der nachgedruckten Bücher verhängen:

> Die Geldstrafe war dabei häufig sowohl eine echte Geldstrafe, verhängt wegen der Nichtachtung eines obrigkeitlichen Gebotes, als auch eine Buße zu Händen des Privilegierten anstelle von Schadensersatz.[37]

Die Fristdauer der Privilegien betrug zwischen drei, fünf und zehn Jahre, in Ausnahmefällen deutlich länger bis zu 30 Jahre, während die Generalprivilegien in der Regel zeitlich unbefristet vergeben wurden. Die häufigste und insbesondere am Ende des Reiches am meisten gewährte Fristdauer war jedoch zehn Jahre. Nach Ablauf der Frist konnte der Antragsteller eine Erneuerung des Privilegs durch eine Verlängerung ersuchen. Des Weiteren war auch eine Veräußerung, Vererbung oder Verpachtung gegen eine Gebühr möglich.[38] So war auch der Tod des Herrschers ein nicht unproblematischer Fall des Endigungsgrundes eines Privilegs.[39] Andere Gründe für den Ablauf beziehungsweise das Erlöschen eines Privilegs waren Verzicht, Missbrauch, Verjährung, Nichtgebrauch und Widerruf durch die Obrigkeit.[40] Insbesondere der Widerruf oder die Kassation eines

33 Vgl. Koppitz: Druckprivilegien, Indices.

34 Koppitz: Druckprivilegien, Indices S. 684.

35 Koppitz: Anträge auf Bewilligung, S. 363ff.

36 Ebd., S. 369. Das höchste Strafmaß war wohl 30 Mark, wie Lehne herausstellte, vgl. Lehne: Rechtsgeschichte, S. 388.

37 Gieseke: Vom Privileg zum Urheberrecht, S. 39.

38 Hanzely, Vincenz: Grundlinien der heutigen Reichshofrathspraxis im Allgemeinen, mit erläuternden Anmerkungen und Beyspielen, Frankfurt/Leipzig 1785, S. 64, 68.

39 Eine eindeutige Antwort auf diese Frage gab es indes nicht. In der Praxis wurde jedenfalls kein neues Privileg nötig, wenn ein Herrscher gestorben war, vgl. Lehne: Zur Rechtsgeschichte der kaiserlichen Druckprivilegien, S. 385f.

40 Andersch nutzt hier die unklare Bezeichnung des Herrschers in Bezug auf die Privilegien, wobei durchaus auch andere Obrigkeiten wie die Magistrate der Reichsstädte Privilegien ausstellen konnte, Andersch: Büchernachdruck, S. 30.

Privilegs,[41] eine ‚revocatio privilegiorum', war eines der Probleme des Privilegienrechts, welches für die Erteilung von Privilegien für Nachdrucke intensiv diskutiert wurde und worauf noch gesondert einzugehen sein wird.[42]

Ähnlich wie bei anderen Privilegien musste auch für das Druckprivileg eine Gebühr, eine sogenannte Taxe entrichtet werden. Für das Impressorium eines Druckwerkes für ein Jahr lag die Taxgebühr bei zwei bis drei Gulden, je nach Gestalt des Werkes,[43] konnte aber je nach Umfang der Bücher bis zu 20 Gulden betragen.[44]

Der Antragsteller musste neben der Taxe eine gewisse Anzahl an Exemplaren des privilegierten Werkes an den Reichshofrat senden. Gewöhnlich war bei gedruckten Werken eine Anzahl von fünf Exemplaren im 18. Jahrhundert erforderlich, bei Periodika bis zu 20 Ausfertigungen,[45] was durch den kaiserlichen Bücherkommissar streng überwacht wurde.

Die finanziellen Einkünfte durch die Erteilung der Privilegien dürfen ebenso wie die Pflichtexemplare in ihrer Bedeutung nicht unterschätzt werden. Während Erstere dem kaiserlichen Fiskus regelmäßige Einnahmen bescherten, bestückten die Pflichtexemplare nicht selten diverse fürstliche oder private Bibliotheken.

Eine besondere Stellung nahm Österreich auch bei den kaiserlichen Privilegien ein, für die die kaiserlichen Privilegien seit 1740 – wenn nicht ausdrücklich angesprochen – nur beschränkt galten.[46] Ebenso ersuchten Drucker, Verleger und Autoren aus Gebieten, die im Laufe der Jahrhunderte aus dem Reichsverband ausschieden, um kaiserliche Druckprivilegien, die ihnen zumeist ohne Probleme gewährt wurden. So beantragten Drucker-Verleger aus den schweizerischen Druckorten Schaffhausen, Bern, Basel, Genf, Zürich kaiserliche Privilegien, obwohl die Schweiz seit dem Schwabenkrieg 1499 beziehungsweise rechtlich endgültig seit 1648 nicht mehr zum Reichsgebiet gehörte. Des Weiteren fanden sich auch Privilegienanträge im Haus-, Hof- und Staatsarchiv, die aus italienischen oder französischen Städten wie Rom, Venedig, Ferrara, Padua oder Paris stammten. Insgesamt sind es knapp 140 Städte, die verzeichnet sind.[47]

41 Vgl. Diestelkamp, Bernhard: Zur ausschließlichen Zuständigkeit des Reichshofrates für die Kassation kaiserlicher Privilegien, in: Auer (Hg.): Höchstgerichte in Europa, S. 163–176.

42 Zedler: Privilegien, in: Universal-Lexicon, Bd. 29, 1741, S. 589–593; Klippel, Diethelm: Das Privileg im deutschen Naturrecht des 18. und 19. Jahrhunderts, in: Dölemeyer, Barbara (Hg.): Das Privileg im europäischen Vergleich, Frankfurt am Main 1997, S. 329–346, hier S. 336.

43 Vgl. Schmauss, Johann Jacob: Corpus Iuris publici S.R. Imperii Academicum, enthaltend des Heil. Röm. Reichs deutscher Nation Grund-Gesetze, nebst einem Auszuge der Reichs-Abschiede anderer Reichs-Schlüsse und Vergleiche, Leipzig 1774, S. 1044.

44 Koppitz: Anträge auf Bewilligung, S. 369. Die Preise sind den Taxbüchern zu entnehmen, die im Haus-, Hof- und Staatsarchiv Wien verwahrt sind. Eine eingehende Analyse der Taxbücher steht indes noch aus, vgl. Ebd., S. 348 und HHStA, Reichstaxbücher.

45 Zuvor waren im 16. Jahrhundert drei Bücherexemplare notwenig, im 17. Jahrhundert wurde die Anzahl auf vier und schließlich auf fünf erhöht. Ebenso verhielt es sich mit den Periodika, zunächst waren 15 Exemplare erforderlich, dann 18 bis 20.

46 Koppitz: Druckprivilegien, S. XVI.

47 Neben den deutschen Druckern und Verlegern, die im Ausland tätig waren und über eine Verbindung zum deutschen Buchhandel verfügt haben, waren es auch persönliche Verbindungen zum Kaiserhof, die zu einer Privilegierung geführt haben. Die Gründe für das Privileg waren der Schutz

Mit Erteilung des Privilegs musste der Empfänger das kaiserliche Privileg in seinem Werk abdrucken und öffentlich bekannt machen, dass er privilegiert wurde. Diese Insinuation, oder auch ‚legale Notiz', erfolgte zumeist auf den Buchhandelsmessen in Frankfurt oder Leipzig durch den Aktuar der Bücherkommission.[48] Inwieweit eine ordentlich durchgeführte Insinuation obligatorisch für den Schutz über das privilegierte Werk war, konnte bislang nicht eindeutig nachgewiesen werden.[49] Zutreffend war jedoch, dass eine fehlende Insinuation durchaus als Einrede geltend gemacht werden konnte und die legale Notiz in Nachdruckverfahren eine Strafvoraussetzung war, die im 17. und 18. Jahrhundert berücksichtigt worden ist.[50] Geklagt wurde nicht gegen den Nachdruck *per se*, sondern gegen die Privilegienverletzung bei fehlender Insinuation.

2.1.3 Die Zensur

„Die Bücherzensur ist das bequemste Mittel, unbequemen, durch die Schrift sich äußernden Widerspruch oder Tadel zu unterdrücken".[51] Eng verbunden mit dem Privilegienwesen im Alten Reich ist die Bücherzensur. Auf die Verzahnung der beiden Institutionen wird noch eingegangen.

Das Instrument der Überwachung und des Verbots von Schriften verfestigte sich im Zuge der Reformation, wobei das Wormser Edikt Ende Mai 1521 von der Forschung einhellig als Beginn der frühmodernen weltlichen Zensur im Alten Reich veranschlagt wird.[52] Es wurden nicht nur die Schriften Luthers verboten, sondern auch alle Schriften, die sich gegen die Kirche, den Papst oder ihre Lehre wandten.[53] Mit dem Wormser Edikt trat neben dem Papst, der zuvor als höchste Institution der Zensur angesehen wurde, der Kaiser für das Alte Reich auf: „Wie Rom die Wiege der Bücherzensur für die ganze Welt, so ist Worms ihre Geburtsstätte für Deutschland".[54]

Mit dem Reichstagsabschied vom 18. April 1524 wurde „jede oberkeit" auferlegt die Zensur selbstständig in ihren Territorien zu vollziehen, „damit schmachschrifte und gemelde hinfürter genzlich abgethan und nit weiter ausgeprait werde".[55] Das wiederum

vor Nachdruck und der Möglichkeit ihre Werke im Reichsgebiet abzusetzen zu können, vgl. Koppitz: Anträge auf Bewilligung, S. 352f und Lehne: Rechtsgeschichte, S. 350ff.

48 Dies an „vermuteten Nachdrucksorten durch eigens entsendete Notare, und zwar auf dem Rathaus vor dem versammelten Buchgewerbe oder in den einzelnen Läden", Lehne: Rechtsgeschichte, S. 392.

49 Ebd. Der erste Fall dieser Art ereignete sich 1594. Damals beriefen sich drei Buchhändler aus Wittenberg, Magdeburg und Helmstädt bei einem Nachdruckverfahren darauf, dass „ihnen die betreffenden Fälle ‚niemals gebührlich insinuiert worden' seien", Goldfriedrich, Johann: Geschichte des deutschen Buchhandels, Bd. 2: Geschichte des deutschen Buchhandels vom Westfälischen Frieden bis zum Beginn der klassischen Literaturperiode (1648–1740), Leipzig 1908, 176.

50 Andersch: Büchernachdruck, S. 35; Lehne: Rechtsgeschichte, S. 392; Goldfriedrich: Geschichte des deutschen Buchhandels, Bd. 2, S. 176.

51 Kapp: Geschichte des deutschen Buchhandels, Bd.1, S. 522.

52 Friedrich Kapp verweist als erster auf den Beginn der frühmodernen Zensur, vgl. Kapp: Geschichte, des deutschen Buchhandels, Bd. 1, S. 536.

53 Eisenhardt: Aufsicht, S. 27.

54 Kapp: Geschichte des deutschen Buchhandels, Bd. 1, S. 539.

55 Historische Kommission der Königlichen Akademie der Wissenschaften (Hrsg.): Deutsche Reichstagsakten. Jüngere Reihe, Bd. 4, bearb. von Adolf Wrede, Gotha 1905, S. 618.

bedeutete nichts weniger, als die partielle Übertragung des Zensurrechts des Kaisers auf Fürsten und Stände des Reiches.

Mit dem Reichstagsabschied zu Speyer von 1529 wurden amtliche Zensoren hinzubestellt, was de facto einer institutionalisierten Vorzensur der zu druckenden Schriften bedeutete.[56] Ein Jahr später, im Reichstagsabschied von Augsburg 1530, wurde energisch an die Zuwiderhandlung appelliert und die Strafen wiederum in Kaiser Karls *Constitutio Criminalis Carolina* von 1532 unter Artikel 110 aufgeführt.[57] Außerdem wurde eine Impressumspflicht veranlasst, bei der fortan Drucker und Druckort angegeben werden mussten. Dies erleichterte das Auffinden des Druckers, sobald eine Schrift verboten wurde.

Obwohl es beim Reichstagsabschied zu Augsburg 1555, auf dem der Religionsfrieden beschlossen wurde, keine explizite Zensurbestimmung gab, wurden in den darauffolgenden Jahrhunderten Schriften verboten und konfisziert, die sich gegen die Konfessionen und deren Anhänger wandten.[58]

Gegen die ‚Winkeldruckereien und Winckelgießereien' also Betriebe, in denen meist Personen ohne vorherige Druckausbildung tätig waren und die als Ursprung aufrührerischer Schriften angesehen wurde, erging mit dem Abschied des Reichstages zu Speyer 1570 die Regelung, dass Druckereien nur noch in Residenz-, Reichs- und Universitätsstädten zugelassen wurden und eine regelmäßige Visitation der Druckereien zu erfolgen hatte. Mit der Frankfurter Polizeiregelung von 1577

> war das staatliche Zensur- und Kontrollsystem im Alten Reich praktisch abgeschlossen, das letzten Endes bis zu dessen Auflösung im Jahr 1806 Bestand haben sollte. Es wurde bis dahin jedoch im Verlauf des 18. Jahrhunderts vor allem in Wahlkapitulation und kaiserlichen Edikten wiederholt und bekräftigt.[59]

Unmittelbar nach der Einführung der Zensur durch den Kaiser im Alten Reich trat der Kaiser die Rechte der Überwachung und Verfolgung der Zensur an seine Landesherren ab. Ihm und seinem Justiz- und Verwaltungsapparat oblag aber weiterhin die Möglichkeit, bei mangelnder Konsequenz durch die Potentaten selbst einzugreifen und das Aufsichtsrecht durchzusetzen. Denn die Reichstagsabschiede, Polizeiordnungen, Edikte und Gesetze im 16. Jahrhundert zeigten, dass es immer wieder zur mangelnden Durchsetzung der Direktiven durch die Regenten kam. Aus diesem Grund wurde den kaiserlichen Organen ausdrücklich das Recht zugesprochen, selbst gegen Buchdrucker, Händler oder Käufer vorzugehen, gemäß dem Fall, dass landesherrliche Behörden dies versäumten.[60] Die wichtigsten Institutionen, die ihm dafür zur Verfügung standen, waren der Reichshofrat in Wien und die kaiserliche Bücherkommission in Frankfurt am Main.

---

56 Die Vorzensur als solche wurde schon im Edikt von Worms 1521 angedeutet, 1529 verfestigt, vgl. Eisenhardt: Aufsicht, S. 6.

57 Vgl. Ebd., S. 29f.

58 Ebd., S. 32.

59 Wilke, Jürgen: Pressezensur im Alten Reich, in: Haefs / Mix: Zensur im Jahrhundert der Aufklärung, S. 27–44, hier S. 29.

60 Eisenhardt: Aufsicht, S. 34.

Die Kommission war dafür zuständig, die Pflichtexemplare eines privilegierten Druckwerks auf der Frankfurter Messe einzutreiben. Es herrschte die Ansicht, dass die Erteilung eines Privilegs gleichzeitig eine verdeckte Zensur darstellte. Dabei wurden Impressorien nicht als Druckerlaubnis ausgestellt, enthielten aber zumeist eine Vorzensur, die dem Bittgesuch beigefügt wurde und somit eine Art Druckerlaubnis bedeuteten. Der Zusammenhang zwischen Privilegienerteilung und Überwachung war somit durchaus gegeben. Schon in der Frühzeit der Druckprivilegien unter Maximilian I. gab es eine solche jedoch nicht routinemäßige oder institutionalisierte Korrelation, dass mit der Vergabe der Privilegien eine Überwachung vorgenommen wurde.[61] Während Lehne davon ausging, dass sich eine Korrelation von Privileg und Zensur bereits im 17. und 18. Jahrhundert etablierte,[62] vertrat Eisenhardt die Ansicht, dass vor 1760 Privilegien erteilt wurden, ohne dass eine Unbedenklichkeitserklärung einer Zensurbehörde vorgelegen habe.[63]

Franz I. (1708–1765) ordnete 1753 zwar an, immer Zensurgutachten bei der Erteilung von Privilegien einzuholen, in der Praxis etablierte sich dies wohl erst im Verlauf der 1760er Jahre.[64] Die Herkunft der Zensurgutachten war nicht eindeutig festgelegt. Die Vorzensur oblag der Obrigkeit, die diese aber häufig an andere Institutionen weiterleitete.[65] Waren zunächst Zensurbehörden damit beauftragt, konnten beispielsweise auch Universitäten Zensurbescheinigungen ausstellen. Unter Joseph II. (1741–1790) etablierte sich die Abgabe der Zensurgutachten nahezu routiniert, wobei der Titel sowie der Inhalt der Schrift kaum näher begutachtet wurde.[66] So kam es teils zu einem verbesserten Verwaltungsapparat, da die Bescheinigungen obligatorisch angefordert und katalogisiert wurden, teils konnte der Reichshofrat bei der enormen Anzahl der zu begutachtenden und zu privilegierenden Schriften am Ende des 18. Jahrhunderts kaum eine adäquate Prüfung vornehmen.[67]

61 Gergen, Thomas: Kaiserliche Privilegien gegen den Nachdruck unter Maximilian I. (1493–1519): Frühneuzeitliches Urheberrecht, humanistische Bildungspolitik, habsburgische memoria-Kultur?, in: UFITA 2 (2012), S. 425–444.

62 Lehne: Rechtsgeschichte, S. 375.

63 Eisenhardt: Kaiserliche Bücheraufsicht, S. 11f.

64 Vgl. Andersch: Büchernachdruck, S. 38.

65 Vgl. Karstens, Simon: Lehrer – Schriftsteller – Staatsreformer. Die Karriere des Joseph von Sonnenfels (1733 – 1817) (= Veröffentlichungen der Kommission für Neuere Geschichte Österreichs; 106), Wien 2011, S. 218.

66 Vgl. Andersch: Büchernachdruck, S. 39.

67 „Die praktische Durchführung von Zensurmaßnahmen wurde zunehmend schwieriger. Allein schon das gestiegene Titelaufkommen und der entsprechend expandierende grenzüberschreitende Handel mit Büchern stellten die zuständigen Instanzen vor eine Aufgabe, die mit den bisherigen Mitteln und Methoden nicht bewältigt werden konnte – oder nur um den Preis einer empfindlichen Einschränkung des Handels mit Büchern." Fischer, Ernst: „Immer schon die vollständigste Preßfreiheit"? Beobachtungen zum Verhältnis von Zensur und Buchhandel im 18. Jahrhundert, in: Haefs / Mix: Zensur im Jahrhundert der Aufklärung, S. 61–78, hier S. 77.

2.2 Die Entwicklungen des Buchmarktes bis zur Mitte des 18. Jahrhunderts

Buchdruck und Buchhandel waren – im Gegensatz zu vielen anderen Gewerben der Frühen Neuzeit – ein junges Handwerk ohne zünftische Verfassung oder Institution. Aus diesem Grund differenzierten sich erst im Laufe der Jahrhunderte gesonderte Produktionstypen, Absatzmärkte und Käufergruppen heraus. Daher sollen die Buchproduktion, die Distribution, der Einfluss der Schriftsteller und schließlich die Rezeption in Grundzügen dargestellt werden, da diese im Zusammenhang mit dem Büchernachdruck standen.

Vereinte der Buchdrucker zunächst noch die Setzerei, den Druck und den Vertrieb bei einer geringen Anzahl an Lesern zumeist in einer Person, differenzierte sich das Gewerbe ab den 1480er Jahren aus und Buchdrucker, Verleger und Buchführer traten als selbstständige, voneinander getrennte Gewerbetreibende auf. Im Verlauf des expandierenden Buchmarktes differenzierten sich auch diese in weitere einzeln gegliederte Geschäftsfelder auf. Doch wer stellte die Bücher her, wer handelte mit den Büchern und wer brachte diese an das Publikum?

Die erste Gruppe bildeten die Buchdrucker, die für die Herstellung der Bücher zuständig waren. Das Buchdruckgewerbe wurde im Gegensatz zu anderen handwerklichen Berufen als freie Kunst angesehen und unterlag keiner Zunftordnung. In einigen Fällen gliederten sich die Buchdrucker Zünften an, die ihrer Berufung am nächsten standen. So gehörten in Köln die Buchdrucker der Gaffel der Goldschmiede an.[68]

Im 17. Jahrhundert bildeten sich Buchdruckergesellschaften heraus, in denen sich Buchdrucker in einigen Städten zu Sozietäten freiwillig zusammenschlossen, um sich in gewerblichen und rechtlichen Angelegenheiten zu unterstützen.[69]

Die Buchdrucker organisierten zunächst alle Produktionsschritte, die für ein gedrucktes Buch notwendig waren, also die Anschaffung des Papiers, den Satz und den Druck selbst. Hierfür mussten sich bei gesteigerter Buchproduktion Lehrjungen anstellen, die eine Profession erlernten und als Gesellen so beispielsweise ausgebildete Drucker, Setzer und schließlich Faktor werden konnten und die jeweiligen Produktionsschritte selbstständig übernahmen. Das Arbeitspensum der Drucker, welche als eine der wenigen Handwerker Nachtarbeit in den Wintermonaten betreiben durften,[70] lag im 16. Jahrhundert bei 3.000 Bogen pro Presse als täglicher Arbeitssoll. Der Druckergeselle, der die Presse bediente, auch Pressmeister genannt, überwachte den Druck und musste dafür sorgen, dass ein Bogen nicht doppelt oder umgekehrt gedruckt wurde.[71] Zudem hatte er die Aufgabe, falsch gesetzte Zeilen aus der eingeschobenen Setzform zu heben.

---

68 Gramlich, Jürgen: Rechtsordnungen, S. 24.

69 Ebd., S. 25.

70 Die Gründe für ein Nachtarbeitsverbot lagen an den Gefahren, die durch die Kerzen und die damit verbundene Brandgefahr ausging. Den Buchdruckern wurde dies teilweise, so in Frankfurt, ausdrücklich erlaubt, vgl. Ebd., S. 54.

71 Vgl. zur Buchdruckerkunst und der Arbeit der Buchdrucker: Oschilewski, Walther G.: Der Buchdrucker. Brauch und Gewohnheit in alter und neuer Zeit, Itzehoe 1955.

Die Setzer wiederum mussten seine Arbeit meist abends dem Druckergesellen übergeben, damit dieser einen Probedruck anfertigen konnte, der – wenn vorhanden – Korrektor mithilfe des Setzers überprüft wurde.[72]

> Zu einer weiteren Arbeitspflicht der Setzergesellen gehörte das richtige Ausrechnen der Zeilenlängen, um bündig zu drucken. Trat ein von dem Setzergesellen verursachter Fehler auf, so mußte man den Drucksatz ‚überheben' und unter Umständen den ganzen Bogen neu setzen. Die dadurch entstehenden Kosten mußte der Setzergeselle tragen.[73]

Der Setzer verdiente aufgrund der kostenintensiveren und aufwendigeren Arbeit mehr als ein Drucker.

Wenn ein Korrektor in einer Offizin hauptberuflich angestellt war, dann zumeist in finanzstarken Druckereien. Konnten sie sich keinen Korrektor leisten, wurden diese befristet angestellt oder andere „Fachgelehrte" angeworben, die eine akademische Bildung besaßen und gegen Freiexemplare oder ein geringes Honorar die Tätigkeit des Korrektors übernahmen. [74] In vielen Fällen verzichtete man gänzlich auf einen externen Korrektor und ließ den Setzer die Korrektur vornehmen, was besonders im Falle der Nachdrucke zum Angriffsziel der Nachdruckgegner wurde.[75]

Für das 18. Jahrhundert kann man bei einer kleinstädtischen Druckerei davon ausgehen, dass diese insgesamt zwischen zwei und fünf Pressen besaßen und diese – je nach Auslastung und Auftragslage – gleichzeitig bedient werden konnten.[76] Nachdem der Satz vorgenommen wurde, konnten pro Stunde auf einer Presse approximativ 250 Bögen bedruckt werden. Einige Druckereien erhielten eine Privilegierung beispielsweise als Hof- Kanzlei- oder Universitätsdruckerei, was für die Druckereien kontinuierliche Druckaufträge bedeutete, da alle gedruckten Schriftstücke, wie Verordnungen oder Dissertationen, bei der Druckerei gedruckt wurden.[77] Teilweise ging damit auch ein Ausschließlichkeitsrecht auf bestimmte Druckwerke wie Kalender, Schul- oder Gesangsbücher einher, die ebenfalls eine persistente Einnahmequelle für den Druckereibetrieb war.

Nachdem das Buch fertiggestellt wurde, musste dieses gehandelt und an den Leser gebracht werden. Hierzu standen den Buchführern verschiedene Vertriebswege zur Verfügung, die sich teilweise überschnitten. Wittmann teilt diese in vier Hauptgruppen mit einem spezifischen ‚Marktsegment' ein.

---

72 Gramlin: Rechtsordnungen, S. 65.

73 Ebd.

74 Ebd., S. 66.

75 Vgl. Kap. 4.2.3.

76 Vgl. Mayer, Anton: Wiens Buchdrucker-Geschichte 1482–1882, Bd. 2, Wien 1887, S. 71.

77 Zu Buchhändlerprivilegien in Preußen vgl. Reichelt, Dieter: „... da den hießigen Buchführern kein Jus contradicendi zustehet": zur Vergabe von königlich-preußischen Buchhändlerprivilegien in Berlin im 18. Jahrhundert, in: Leipziger Jahrbuch zur Buchgeschichte 10 (2000), S. 11–60.

Die erste Hauptgruppe war der messfähige Buchhändler, der mit seinen Berufsgenossen im Tausch- oder Changeverkehr stand und somit Verlegersortimenter war.[78] Darunter waren diejenigen Buchhändler zu verstehen, die die zwei Mal jährlich stattfindenden Buchmessen besuchten und dort ihre Waren mit den anderen Buchhändlern tauschten. Im Jahr 1740 waren dies 187 Firmen und circa gleich viele Messbesucher, die nicht regelmäßig an den Messen teilnahmen und „die dortigen Novitäten zum größten Teil durch Barzahlung erwerben mussten".[79]

Die zweite große Gruppe stellten die Druckerverleger, in den etwa 330 deutschen Druckorten dar.[80] Sie waren nicht direkt auf den Buchhandel angewiesen, weil sie mit ihrer Tätigkeit als Drucker ein gesichertes Auskommen hatten, insbesondere, wenn sie als privilegierte Buchdrucker tätig waren. Sie fokussierten sich auf die vielfach zitierten ‚Brotartikel', also Gebetbücher, Kalender, Bibeln, Erbauungsbücher, Flugschriften oder Ratgeber, die sie sich häufig privilegieren ließen oder für die sie ein Monopol – meistbietend von der Obrigkeit – erwirken konnten. Dies konnte zumeist in hohen Auflagen absatzsicher auf Jahrmärkten oder über Hausierer abgesetzt werden. Obwohl den Druckerverlegern in den meisten Reichsterritorien der Handel nur mit eigenen Druckerzeugnissen gestattet war, hielten sich die meisten nicht daran, zum Ärgernis der buchhändlerischen Konkurrenz.[81]

Die Winkeldruckereien besetzten trotz ihres Verbotes einen klandestinen Absatzmarkt. In den meist in der Provinz gelegenen Winkeldruckereien wurden diejenigen Bücher hergestellt, die abseits des regulären Buchmarktes vertrieben wurden, da sie gegen die Reichsgesetze verstießen.[82]

Distribuiert wurde diese Literatur teilweise durch die dritte Gruppe der Buchbinder. Die im Gegensatz zu den Buchdruckern und Buchhändlern zünftig und korporativ organisierten Kleingewerbetreibenden waren besonders für die Literaturverbreitung im ländlichen Raum essenziell. Sie hatten das ausschließliche Recht, gebundene Bücher auf Märkten und Messen anzubieten und konnten so auch kleinere verlegerische Tätigkeiten übernehmen. Deutlich häufiger fungierten die Buchbinder aber als Vermittler zwischen Stadt- und Landbuchhandel. So war der Wanderhandel, neben der Buchbinderei in den Städten, das eigentliche Geschäft der Buchbinder, die als Krämer nicht nur Bücher, Bibeln, Flugschriften und später auch Romane anboten, sondern zudem Hausierartikel.

78 Goldfriedrich: Geschichte des Buchhandels, Bd. 2, S. 89.

79 Wittmann: Geschichte des Buchhandels, S. 86. Sie handelten mit gelehrter, meist lateinischer Literatur, die die Themengebiete Theologie, Jurisprudenz oder Medizin umfassten.

80 Vgl. Ebd., S. 88.

81 Vgl. Ebd., S. 89.

82 Vgl. Haug, Christine: Einleitung. Topographie des literarischen Untergrunds im Europa des 18. Jahrhunderts: Produktion, Distribution und Konsumption von „verbotenen Lesestoffen", in: Dies. / Mayer, Franziska / Schröder, Winfried (Hrsg.): Geheimliteratur und Geheimbuchhandel in Europa im 18. Jahrhundert (= Wolfenbütteler Schriften zur Geschichte des Buchwesens; 47), Wiesbaden 2011, S. 9–48.

Schließlich mischten viertens die ‚Auchbuchhändler' im Sortimentsbuchhandel mit. Diese bislang in der Forschung völlig vernachlässigte Gruppe waren Personenkreise, die bei passender Gelegenheit in das Buchhandelssystem eindrangen. Das konnten Studenten, Geistliche, Kupferstecher, Kaufleute oder Gelehrte sein,[83] die Bücher besonders über den Wanderhandel vertrieben und teilweise die Druckwerke von Buchhändlern und Buchdruckern zur Verfügung gestellt bekamen.[84]

2.2.1 Der Übergang vom Tausch- zum Nettohandel

Die Überschrift suggeriert einen kontinuierlichen Übergang zweier Handelssysteme im Buchhandel, die sich abgelöst haben und in sich geschlossen zwei Perioden der Buchhandelsgeschichte darstellten. Dass dies nicht der Fall war, soll dieses Kapitel aufzeigen, da diverse Faktoren diesen Übergang bedingten und verschiedene Charakteristika sich beibehielten oder mit anderen vermischten.

Ohne auf die buchhändlerischen Entwicklungen der Früh- und Reformationszeit einzugehen,[85] da sie in diesem Kontext kaum Relevanz haben, begann das eigentliche Meß- und Tauschzeitalter des Buchhandels nach dem Dreißigjährigen Krieg. Das buchhändlerische Zentrum des Reiches war Frankfurt am Main, ehe es von Leipzig abgelöst wurde. Im territorial zersplitterten Reich war es notwendig, einen zentralen Ort des Buchhandels zu etablieren, auf dem die Buchhändler aus allen Territorien des Reiches ihre Ware anbieten konnten. Doch anders als in zentralistisch regierten Ländern, die

83 Wittmann: Geschichte des Buchhandels, S. 91.

84 Vgl. Kap. 4.3.1. Innerhalb dieser Gruppierungen muss letztlich noch auf ein Forschungsdesiderat hingewiesen werden, nämlich die bislang unzureichend erforschte Rolle der Frauen im Buchhandel, die häufig den Betrieb weiterführten, wenn der Buchdrucker oder Verleger verstorben war. So kam den Witwen eine besondere Rolle zu. So führten die Witwen das Geschäft häufig weiter und schafften es zu angesehenen, durchsetzungsfähigen und erfolgreichen Verlegerinnen zu werden. Für das 18. Jahrhundert seien hier nur die berühmtesten Beispiele Anna Vandenhoecks in Göttingen und die Witwe Dyck in Leipzig herausgegriffen, die hartnäckig gegen den Nachdruck vorgingen. Da häufig die Anzahl der Buchdrucker und Buchhändler in den Städten begrenzt war, verheirateten sich Faktoren oder ledige Buchhändlergesellen mit den Witwen, um eine bereits bestehende Druckerei oder Buchhandlung übernehmen zu können. Auch die Einheirat auswärtiger Buchhändler und Drucker war keine Seltenheit, sodass buchhändlerische Verknüpfungen erfolgten. Bislang erfolgte Werke zur Thematik: Lösel, Barbara: Die Frau als Persönlichkeit im Buchwesen. Dargestellt am Beispiel der Göttinger Verlegerin Anna Vandenhoeck (1709–1787) (= Buchwissenschaftliche Beiträge aus dem Deutschen Bucharchiv München; 33), Wiesbaden 1991 und Ziegler, Edda: Buchfrauen. Frauen in der Geschichte des deutschen Buchhandels, Göttingen 2014. Eine Untersuchung der Witwe Dyck bleibt hingegen ein Forschungsdesiderat.

85 Zur Geschichte des Buchhandels im 15. und 16. Jahrhundert, vgl. umfassend Kapp: Geschichte des deutschen Buchhandels, Bd. 1. Zur Geschichte des Reformationsbuchhandels und der Buchdrucker vgl. Weber, Hanna-Christina: Buchdrucker, in: Schnabel-Schüle (Hg.): Reformation. Historisch-Kulturwissenschaftliches Handbuch, Stuttgart 2017, S. 93–108; Göpfert, Hebert G. / Vodosek, Peter / Weyrauch, Erdmann / Wittmann, Reinhard (Hrsg.): Beiträge zur Geschichte des Buchwesens im konfessionellen Zeitalter (= Wolfenbütteler Schriften zur Geschichte des Buchwesens; 11), Wiesbaden 1985. Für das 17. Jahrhundert vgl. Raabe, Paul (Hg.): Bücher und Bibliotheken im 17. Jahrhundert in Deutschland (=Wolfenbütteler Schriften zur Geschichte des Buchwesens; 6), Hamburg 1980.

mit einer merkantilistischen Wirtschafsdoktrin den Wettbewerb im Herrschaftsgebiet förderten und den Export subventionierten, stand das Alte Reich vor einem Dilemma, denn der Buchvertrieb war auf grenzüberschreitenden Verkehr angewiesen.[86] Die Lösung lag im Tausch- oder Changehandel, bei dem die Buchführer ihre Werke quasi ohne Geldverkehr verrechnen konnten. Das Prinzip war es, auf den Messen in Leipzig und Frankfurt „alle Neuerscheinungen der einzelnen Verlage ohne Rücksicht auf ihren jeweiligen Inhalt bogenweise zu tauschen, quasi auf der Basis gleichen Papierwertes".[87] So konnten medizinische gegen theologische oder juristische gegen philosophische Schriften eins zu eins getauscht werden. Diese Handelspraxis erforderte, dass jeder Buchhändler, der die Messen besuchte, Verleger und Sortimenter in Personalunion sein musste, sodass die Gruppe Sortimentsverleger genannt wurde. Obwohl es teilweise zu Bargeldverkehr kam, wurde der Tauschhandel von den Beteiligten dennoch als großer Vorteil angesehen, da er kostengünstig und unkompliziert war. Aufgrund des zumeist freundschaftlichen Verhältnisses unter den Buchhändlern kam es nur in den seltensten Fällen zu Geldverrechnungen. Der endgültige Ladenpreis wurde dann durch die Sortimentsverleger aufgrund ihrer Unkosten für die Messe festgesetzt, also durch Messtaxe, Spesen, Verpackung, Transport und Lagerung vor Ort.

Der Kunde konnte unmittelbar nach den zwei Mal jährlich stattfindenden Messeterminen die neue Ware bei ihren lokalen Buchhändlern erwerben und erhielt – zumindest theoretisch – durch den ‚umgewälzten' Warenaustausch Literatur aus allen Fachbereichen und aus allen Landesteilen des Reiches. Mit dem Tauschhandelssystem ging aber auch ein Zwang einher, immer neue und in höheren Auflagen Literatur zu produzieren, um diese mit anderen Novitäten tauschen zu können. Dieser Exigenz konnten nicht alle Sortimentsverleger folgen und so produzierte der Verleger teilweise weniger für das Publikum als für den Buchhandel.[88] Immer mehr und immer neuere Fluten an ‚unnützen' Büchern überschwemmten geradezu die Buchhandelsmessen, die in den Gewölbekellern meist vergeblich auf einen Eintausch warteten.[89] Um diese wieder absetzen zu können, stellten die Buchführer Lagerkataloge ihres Sortiments her oder versuchten die Bestände über Bücherauktionen und Bücherlotterien unter das Volk zu bringen.[90]

Viele Schriften, die etwa im letzten Viertel des 17. Jahrhunderts veröffentlicht wurden, befassten sich mit der Reform des Buchhandels. Der Merkantilist Johann Joachim Becher (1635–1682) kritisierte in seinem Werk *Politischer Discurs* von 1688 die minderwertige Qualität der Druckwaren, die durch das Tauschgeschäft befördert werde, da es

86 Wittmann: Geschichte des Buchhandels, S. 98.

87 Ebd., S. 99.

88 Vgl. Goldfriedrich: Geschichte des Buchhandels, Bd. 2, S. 402.

89 Goldfriedrich verglich dies so: „Das Tauschsystem hatte so weiter zur Folge, daß sich Jahr für Jahr die Fluten des neuen Verlags fast ganz ungereinigt, mit allen Steinen und Blöcken, allem Schlamm und Sand, in Hunderte verschiedene Becken ergossen. Und sie ergossen sich dahin nicht, um darin geklärt oder filtriert und in ausgeschiedenen Bestandteilen dorthin zurückbefördert zu werden, woher sie gekommen waren. Sondern so, wie sie hineingeströmt waren, so bleiben sie auch in jedem dieser Becken, es mehr und mehr verschlammend, Ebd.

90 Dies jedoch in der Anfangszeit, um 1750 in den Mittel- und Norddeutschen Gebieten, weniger im katholischen Süden, vgl. hierzu in Bezug auf den Nachdruck Kap. 4.3.1.

keinen wirtschaftlichen Zwang von außen gebe, gute Bücher herzustellen, im Gegensatz zu den merkantilistisch geführten Nachbarländern:

> Die Holländer nehmen den Teutschen leichtlich den Preiß in der Truckerey / dann sie nicht allein sauber Papier / guten format, saubere Littern / Schrifften / und fleissige Arbeit machen / sondern auch auf die Correctur wol Achtung geben / da hingegen in Teutschland die Trücker-Gesellen meisten theils nur vermeinen / ihre Kunst bestehe in Feyertag machen / rauffen / sauffen / und darvon lauffen / dannenhero sie auch nunmehr in den Reichs-Abschieden unter die Handwercke gerechnet werden / worbey das wüste Papier / so meistentheils zum Truck genommen wird / und die ohnzahlbare Vitia auß Mangel der Correctur dem Käuffer / und Leser nicht wenig unannehmlich seyn.[91]

Darüber hinaus äußerten sich Ahasver Fritsch (1629–1701) im Jahr 1675 im *Tractatus*[92] und 1690 Adrian Beier (1634–1712) in *Kurtzer Bericht von Der Nützlichen und Fürtrefflichen Buch-Handlung und Deroselben Privilegien*[93] ebenfalls über den gegenwärtigen Zustand des Buchhandels und forderten darin eine stärkere obrigkeitliche Aufsicht über den Buchhandel.[94] Bemerkenswert deutlich wandte sich Gottfried Wilhelm Leibniz (1646–1716) gegen den kommerziellen Charakter des Buchhandels. Er plante eine „societas subscriptoria der Gelehrten, damit Werke ohne Profitgier der Buchhändler erscheinen konnten".[95] Diese Idee griff Klopstock in ähnlicher Art und Weise einhundert Jahre später im Jahr 1773 erneut auf.[96]

Das Handelsvolumen der Buchproduktion steigerte sich im Verlauf des 18. Jahrhunderts kontinuierlich. Ein Indikator hierfür bildeten die Meßkataloge, die die Neuheiten auf den Leipziger und Frankfurter Messen anzeigten: Während 1721 und 1763 256 Novitäten auf den Messen erschienen, verzehnfachte sich im Zeitraum zwischen 1763 und 1805 die Zahl der Novitäten auf 2821 neue Bücher.[97] Gleichzeitig veränderte sich auch der Lesegeschmack des Publikums. Die Zahl der auf Latein publizierten Werke redu-

---

91 Die besten Bücher werden seiner Ansicht nach in Frankreich gefertigt: „die beste materien auß Handen in Holland/ und Franckreich gehen/ und die schlechteste zurück bleiben/", Becher, Johann Joachim: Politischer Discurs Von den eigentlichen Vrsachen/ deß Auf- und Abnehmens/ der Städt/ Länder/ und Republicken in specie, Wie ein Land Volckreich und Nahrhaft zu machen/ und in eine rechte Societatem civilem zu bringen, Frankfurt 1688, S. 61. Vgl. zur Qualität der Nachdrucke Kap. 4.2.

92 Fritsch, Ahasver: Tractatus De Typographis, Bibliopolis, Chartariis, Et Bibliopegis, Hamburg 1675.

93 So kritisiert Beier, dass viel zu viele Exemplare eines Werkes gedruckt werden, die in dieser großen Anzahl nur kaum abgesetzt werden können:„Do heut zu Tag ein anderthalb biß 2. tausend Exemplarien/ als viel manichmal die Uflag eines Buchs ist/ ein Jahr zehen/ zwantzig und mehr zum Vertreib haben will." Beier, Adrian: Kurtzer Bericht von Der Nützlichen und Fürtrefflichen Buch-Handlung und Deroselben Privilegien, Jena 1690, S. 29.

94 Vgl. zu beiden Schriften: Stein-Karnbach, Annegret: G.W. Leibniz und der Buchhandel, in: Archiv für Geschichte des Buchwesens 23 (1982), Sp. 1189–1416, hier 1243ff.

95 Wittmann: Geschichte des Buchhandels, S. 102. Die Äußerungen Leibniz weisen deutliche Parallelen zu Becher auf, sodass Leibniz sein Werk rezipiert hatte, vgl. Stein-Karnbach: Leibniz, Sp. 1227.

96 Vgl. Kap. 4.1.

97 Wittmann: Geschichte des Buchhandels, S. 121f.

zierte sich im Zeitraum zwischen 1740 und 1770 von etwa 28 % auf 14 % und betrug am Jahrhundertende nur noch knappe 4 %. Hingegen erhöhte sich der Anteil der deutschsprachigen Literatur mehr und mehr:[98]

> Besonders deutlich zeigt sich die tiefgreifende Umwälzung der Marktstruktur an der schönen Literatur. 1740 nahm sie mit knapp 6 % in der Rangordnung der Sachgruppen den sechsten Platz ein, 1770 stand sie mit 16,5 % bereits an zweiter Stelle, und im Jahr 1800 hatte sie mit 21,45 % den ersten Rang erreicht und die Theologie überflügelt".[99]

Die Produktionsorte der modernen und vielgefragten Literatur lagen in Sachsen, Preußen und Norddeutschland. In diesem Zusammenhang erschien es einleuchtend, dass die sächsischen Verleger dem Tauschhandel ablehnend gegenüberstanden, da dieser für sie bedeutete gefragte Literatur gegen – im schlechtesten und häufigsten Fall – Ladenhüter einzutauschen. Die Buchführer des Reichsbuchhandels, also Firmen aus Österreich, der Schweiz, Süddeutschland und dem Rheingebiet,[100] erkannten ebenfalls, dass der Tauschverkehr unter diesen Bedingungen kaum konkurrenzfähig war und ergänzten ihn durch den Konditionsverkehr, bei dem sie sich das ganze Jahr über ihre Neuerscheinungen ‚pro novitate' zusandten:[101] „Konnte der Empfänger diese binnen einer vereinbarten, meist jährlichen Frist nicht absetzten, ließ er sie zurückgehen wie beim heute gebräuchlichen Remissionsrecht".[102] Bei diesem Handelsverkehr wurde nach der Remittierung auch in bar bezahlt, was abgesetzt werden konnte, sodass ein „Mittelding zwischen Tausch- und Bezahlungshandel" entstand.[103]

Das Auseinandergehen zwischen dem Reichbuchhandel und dem nordostdeutschen Buchhandel wurde in der Folge immer offensichtlicher. In Sachsen und Brandenburg-Preußen mit den Universitäten Jena, Leipzig, Halle und Wittenberg wurde der Vorsprung der protestantischen Aufklärung ab dem Ende des 17. Jahrhunderts gegenüber

98 Ebd., S. 122f. Diese Entwicklung spiegelte sich auch in den Sachgebieten der Literatur wieder. Während die akademischen Disziplinen Jurisprudenz und Medizin ein ähnliches Niveau von etwas über fünf bis acht Prozent behielten, verringerte sich der Anteil der theologischen und religiösen Werke in den Jahren zwischen 1770 und 1800 von 25 % auf etwa 13,5 %. Dabei behielt der Süden des Reiches eine besondere Stellung, da dort theologische und religiöse Literatur einen konstanten Absatzmarkt fand.

99 Ebd.

100 „Unter ‚Reichsbuchhandel' sind dabei die Firmen in den österreichischen Erblanden, der Schweiz und im bayrischen, schwäbischen, fränkischen, ober- und niederrheinischen Kreis zu verstehen – insgesamt um die Mitte des 18. Jahrhunderts wohl nicht mehr als 70 bis 80 Buchhandlungen." Wittmann: Der gerechtfertigte Nachdrucker, S. 72.

101 Hierzu auch Donato, Clorinda: From Switzerland to Europe through Leipzig. The Swiss Book Trade and the Leipziger Messe 1770–1780, in: Leipziger Jahrbuch zur Buchgeschichte 4 (1994), S. 103–133.

102 Wittmann: Geschichte des Buchhandels, S. 125.

103 Goldfriedrich: Geschichte des deutschen Buchhandels, Bd. 2, S. 191. Beide Handelsformen, also Tauschhandel und Konditionsverkehr, bestanden jedoch noch lange parallel nebeneinander, sodass der reine Changehandel auch noch im 19. Jahrhundert bestand hatte.

den südwestlichen katholischen Territorien deutlich. Damit änderte sich auch der Lesegeschmack des Publikums, denn den

> wichtigen und auch -buchhändlerisch erfolgreichen Autoren wie Christian Wolff (1679–1754) und Gottsched hatten die katholischen Territorien, deren Gelehrsamkeit noch einem barocken Polyhistorienideal huldigte und die überdies eher einer musikalisch-bildnerischen als einer verbal-literarischen Kultur zuneigte, wenig entgegenzusetzen.[104]

Goldfriedrich subsumierte dieses Auseinandergehen zwischen dem Reichsbuchhandel und dem ‚sächsischen' Buchhandel unter dem Begriff der „bibliopolischen Zweiteilung".[105]

Nach dem Ende des Siebenjährigen Krieges erfolgte der endgültige Bruch zwischen Reichsbuchhandel und dem sächsischen Buchhandel, der sich zuvor schon angebahnt hatte. Auf Betreiben des Leipziger Verlegers Philipp Erasmus Reich, der seit 1745 Geschäftsführer beim Leipziger Großverleger Weidmann war und später unter dem Verlag „Weidmanns Erben und Reich" firmierte, kam es zu einem Wechsel des Handelsverkehrs, der weitreichende Änderungen mit sich brachte und schließlich zum Niedergang der Frankfurter Messe führte.[106]

Reich, der zwar zeitlebens Angestellter bei Weidmann blieb, setzte sich hartnäckig für eine Reform des Buchhandels ein.[107] Aus diesem Grund lehnte er den bislang praktizierten Tausch- beziehungsweise Konditionshandel ab und begann damit, den mitunter vereinzelt verübten Nettohandel, auch Kontakthandel, für die Abwicklung seiner Werke einzusetzen. Dabei konnte die Ware ausschließlich bar bezahlt werden, es gab kein Rückgaberecht und nur einen geringen Rabatt.

Schon 1760 begann Reich damit, seine Ware im Preis zu erhöhen, woraufhin auch andere Buchhändler anfingen, seinem Weg zu folgen. Im Jahr 1764 besuchte Reich zum letzten Mal die Frankfurter Buchmesse und löste noch während der Messe sein Lager auf.[108] Damit war der Bruch zwischen Frankfurt und Leipzig endgültig vollzogen und das buchhändlerische Zentrum des Reiches verlagerte sich nach Leipzig. Somit endete auch ein Modernisierungsprozess der sächsischen Staatsreformer, die das enorme wirtschaftliche Potenzial des Buchgewerbes im eigenen Territorium fördern wollten und die Dominanz des sächsischen Buchhandels gegenüber dem Reichsbuchhandel untermauerten.

In der Folgezeit reduzierten die sächsischen Buchhändler gegenüber den Reichsbuchhändlern den Rabatt von 25 % auf 16 % bei Barzahlung, gewährten ebenfalls keine Rabat-

104 Wittmann: Der gerechtfertigte Nachdrucker, S. 72.

105 Goldfriedrich: Geschichte des deutschen Buchhandels, Bd. 2, S. 336ff. Mit eingeschlossen in dem Begriff waren schließlich auch die anderen, schon aufgeführten Faktoren wie etwa die Hinwendung zur deutschen Sprache, das Beharren auf den alten Tauschverkehr etc., vgl. zum Begriff in der Diskussion, Wittmann: Der gerechtfertigte Nachdrucker, S. 94.

106 Zum Verlag Weidmann vgl. Brauer, Adalbert: Weidmann, 1680–1980: 300 Jahre aus der Geschichte eines der ältesten Verlage der Welt, [Zürich] 1980, für diesen Zeitraum S. 21–68.

107 Vgl. Lehmstedt: Philipp Erasmus Reich.

108 Im März 1764 wurde Joseph II. zum König in Frankfurt gewählt. Die Aktion Reichs muss in diesem Zusammenhang somit als ein „unmißverständlicher Affront gegen die kaiserlichen Behörden" gewertet werden, Lehmstedt: Reich, S. 72.

te und kein Rücknahmerecht. Hinzu kamen für die auswärtigen Buchhändler die teureren Transport- und Handlungskosten bei der Leipziger Messe. Für die Reichsbuchhändler waren diese Kosten nicht mehr gewinndeckend, sodass ein Messbesuch in Leipzig für sie zum Verlustgeschäft wurde. Als legitimes Mittel, diesem Unrecht entgegenzusteuern, sahen die Reichsbuchhändler und allen voran Thomas von Trattner, Franz Varrentrapp (1706–1786) oder Franz Joseph Eckebrecht (1749–1788) den Nachdruck an.[109]

Um diesem wiederum entgegenzuwirken, initiierte Reich ein Jahr nachdem er die Frankfurter Messe verlassen hatte, in Leipzig zur anstehenden Ostermesse am 10. Mai 1765 eine „Buchhandlungsgesellschaft", der sich insgesamt 56 Buchhändler aus Nordostdeutschland anschlossen.[110] Die Gesellschaft war nicht nur ein Schutzbündnis gegen den Nachdruck, sondern hatte vorrang zum Ziel, den Nachdruck mit allen Mitteln zu bekämpfen. Dies spiegelte sich auch im ‚Grundgesetz' der Sozietät wider, bei der sich drei der zehn Paragraphen dem Nachdruck widmeten.[111] Eine Methode, die die Sozietätsmitglieder anwenden sollten, wenn ein Nachdruck ihrer Verlagswerke erschien, war der Vergeltungsnachdruck.[112]

Die Gründung einer eigenen Sozietät ohne kurfürstlich-sächsische Erlaubnis, die eigene Gesetze erließ, missfiel der sächsischen Obrigkeit, sodass Reich sich auch vor dieser verantworten musste, aber keine Unterstützung erfuhr.[113] Infolgedessen zerfiel die Buchhandlungsorganisation binnen kurzer Zeit wieder, ebnete aber gleichzeitig den Weg für eine kursächsische Initiative gegen den Büchernachdruck, die 1773 im Kursächsischen Mandat mündete.[114] Als Schutzregulativ vor Nachdrucken derjenigen Bücher, die in sächsischen Landen gedruckt worden sind, war das kursächsische Mandat ein Gesetz, welches jeglichen Nachdruck in Sachsen verbot und einen Schadensersatz bei Missachtung gewährte.[115] Dieses wirtschaftspolitische Schutzinstrument sicherte in vorderster Linie die

---

109 Zu Eckebrecht vgl. Kap. 4.1.1.

110 Lehmstedt, Mark: Die Erste Buchhandelsgesellschaft in Deutschland, in: Aus dem Antiquariat. NF 13,2 (2013), S. 57–66.

111 In der Art, dass alle Mitglieder „einer dem andern ihren Verlag gegen allen Nachdruck ohne Unterschied dergestalt garantiren, daß sie alle für einen und einer für alle einstehen, und allenfalls nach Befinden auch so weit gehen wollen, dem Nachdrucker das beste Buch, das er hat, zur revange abdrucken, und demselben zum Nachtheil Namens der Societät debitiren zu lassen". „Paragraph 5 forderte die sofortige gegenseitige Benachrichtigung über nachgedruckte Schriften, Paragraph 6 verpflichtete die Mitglieder, heglichen buchhändlerischen Verkehr mit Nachdruckern aufzuheben bzw. auf einen Handel gegen sofortige Barzahlung zu beschränken", Lehmstedt: „Ein Strohm", S. 200.

112 Das ist gleichsam der siebte Paragraph. „Erstes Grundgesetz der neuerrichteten Buchhandlungsgesellschaft in Deutschland", zitiert nach Ebd.

113 So monierte die sächsische Landes-Ökonomie-, Manufactur- und Kommerziendeputation insbesondere den siebten Paragraphen des Grundgesetzes, vgl. Ebd., S. 201.

114 Vgl. Rosenstrauch, Hazel: Buchhandelsmanufaktur und Aufklärung. Die Reformen des Buchhändlers und Verlegers Philipp Erasmus Reich (1717–1787). Sozialgeschichtliche Studie zur Entwicklung des literarischen Marktes, in: Archiv für Geschichte des Buchwesens 26 (1985), S. 1–129.

115 Um als auswärtiger Verleger diesen Schutz genießen zu können, bedurfte es entweder eines kursächsischen Druckprivilegs oder einer Eintragung in das Protokoll der sächsischen Bücherkommission, das einem Privileg gleichkommt, vgl. Goldfriedrich, Johann: Geschichte des deutschen Buchhandels, Bd. 3: Geschichte des deutschen Buchhandels vom Beginn der klassischen Litera-

Interessen der sächsischen Verleger. Mit den Reich'schen Reformbestrebungen und dem kursächsischen Mandat vollzog sich die Entfernung des sächsischen vom Reichsbuchhandel, die zu einer intensiv geführten Auseinandersetzung führte und schließlich den Einstiegspunkt für Nachdrucker aus dem Südwesten des Reiches darstellte.

2.2.2 Die Entstehung des ‚freien' Schriftstellertums

Mit den Veränderungen des Buchmarktes und des Lesegeschmackes des Publikums änderten sich auch die Rolle und der Stellenwert des Schriftstellers. Bis zur Mitte des 18. Jahrhunderts waren sie zum größten Teil ständische Dichter, da „weder der Buchhandel so organisiert noch [...] die Leserschaft so zahlreich [war], daß sie eine unabhängige schriftstellerische Existenz ermöglicht hätte".[116] Entweder waren die Dichter abhängig von den Gönnern an Fürsten- oder Adelshöfen sowie vom Patriziat oder sie waren durch Tätigkeiten als Lehr- oder Staatsbediensteter oder dank ihres sozialen Ranges in der Lage, nebenberuflich Literatur zu produzieren.[117]

Obwohl die ständischen Dichter nicht auf ein Honorar ihrer Arbeit angewiesen waren, schrieben sie ab der ersten Jahrhunderthälfte des 18. Jahrhunderts für ein aufstrebendes bürgerliches Lesepublikum. Johann Christoph Gottsched (1700–1766) oder Johann Jakob Bodmer (1698–1783) veröffentlichten *Moralische Wochenschriften* oder *Ratschläge zur praktischen Lebensführung*, die das Publikum in einem breiteren Kreis rezipierte und diskutierte.[118]

Ab etwa 1750, parallel verlaufend zu den einschneidenden Änderungen auf dem Buchmarkt, begann die „Inkubationszeit" des freien Schriftstellers.[119] Vertreter dieser Übergangsphase waren die für das 18. Jahrhundert bedeutenden und vielgelesenen Autoren Klopstock und Christian Fürchtegott Gellert (1715–1769).[120] Anhand ihrer Verlagswerke lässt sich das Auseinandergehen von Autorenhonorar auf der einen und wirtschaftlicher Profit der Verleger auf der anderen Seite deutlich nachzeichnen, was nicht zuletzt zur Kritik am Verlagswesen und zur Idee des Selbstverlags führte.[121]

Die Schriftsteller begannen damit, für eine adäquate Honorierung ihrer Leistungen zu kämpfen und wählten hierfür unterschiedliche Vorgehensweisen. In den 1760er

---

turperiode bis zum Beginn der Fremdherrschaft (1740–1804), Leipzig 1909, S. 43. Zu den älteren kursächsischen Privilegien gegen Nachdruck vgl. Kirchhoff, Albrecht: Zur älteren Geschichte der kursächsischen Privilegien gegen Nachdruck, in: Archiv für Geschichte des deutschen Buchhandels 7 (1882), S. 146–162 und 1883, S. 28–48.

116 Wittmann: Geschichte des Buchhandels, S. 155.

117 So konnten Autoren wie Johann Christoph Gottsched (1700–1766), Albrecht von Haller, Gottlieb Wilhelm Rabener (1714–1771) oder Friedrich von Hagedorn (1708–1754) „bürgerliche Aufklärung" betreiben, ohne, dass ihre Reputation darunter litt, Ebd., S. 156.

118 Vgl. Mulsow, Martin: Freigeister im Gottsched-Kreis. Wolffianismus, studentische Aktivitäten und Religionskritik in Leipzig 1740–1745, Wallstein, Göttingen 2007.

119 Wittmann: Geschichte des Buchhandels, S. 156.

120 Zu Gellert vgl. anstatt vieler Fink, Wolfgang (Hg.): Vernunft und Gefühl: Christian Fürchtegott Gellert und die Umbruchperiode der deutschen Aufklärung (1740–1763) (= Wissensdiskurse im 17. und 18. Jahrhundert; 7), Halle a.d. Saale 2020.

121 Vgl. Bermann, Hans: Autorenhonorare und Verlegergewinne, Frankfurt am Main 1933.

und Anfang der 1770er Jahre beschritten Autoren den Weg, ihre Werke autonom und ohne Verlag im Selbstverlag herauszubringen und somit den gesamten Ertrag ihrer Werke für sich zu generieren. Lessing oder der unter dem geringen Honorar leidende Klopstock griffen diese Idee auf. Klopstock initiierte im Jahr 1773 für seine Gelehrtenrepublik einen Subskriptionsaufruf,[122] dessen Ursprung auf Leibniz' Idee einer ‚societas subscriptoria' zurückging und ebenfalls die Habgier der Verleger einschränken sollte.[123] Die Versuche eines Selbstverlages scheiterten an falscher Kalkulation und der fehlenden wirtschaftlichen Verbindung des ‚freien Schriftstellers' an das anonyme Publikum.[124]

Abseits der Selbstverlagsidee suchten die Autoren – je nach Erfolg der eigenen Bücher – bessere Bedingungen und höhere Honorare für sich zu fordern. Zahlreiche Untersuchungen widmeten sich bereits dem Thema der Honorarentwicklung und dem monetären Verhältnis zwischen Autor und Verleger.[125] Bosse fasste unter dem Begriff des „marktwirtschaftlichen Honorars" die Entwicklungen zusammen, die bis zum Ende des Jahrhunderts von den Autoren vorangetrieben wurden. Vorzugsweise die sächsischen Verleger konnten aufgrund der Bargeldzahlung und der Preiserhöhung der Verlagswerke ihren Autoren beträchtlichere Honorare zahlen. Doch vielen Autoren reichte diese einmalige Vergütung nicht, sie forderten, in höherem Maße am Gewinn ihrer Geistesprodukte beteiligt zu werden. Die Forderungen reichten von einer Absatzbeteiligung, einer erneuten Beteiligung bei weiteren Auflagen oder eines Nachschusses bei erfolgreichem Absatz der Werke, wie dies beispielsweise Johann Friedrich Cotta bei Goethe und Schiller tat.[126] Den Schaden eines Nachdrucks trugen nur die Verleger, da im Zeitpunkt des Erscheinens eines Nachdrucks die Schriftsteller ihr Honorar in der Regel schon erhalten hatten und sich ihr wirtschaftliches Risiko minimierte.[127] Umgekehrt nahmen die Verleger den Büchernachdruck als Argument dafür, niedrige Autorenhonorare zu zahlen.

Im kursächsischen Mandat von 1773 wurde dem Schriftsteller keine merkantil relevante Funktion zugedacht, sie fungierten als ‚Literaturlierferanten', die nach Bezahlung

---

122 Vgl. Kap. 4.1.1.

123 Rahmede, Stephanie: Die Buchhandlung der Gelehrten zu Dessau. Ein Beitrag zur Schriftstelleremanzipation um 1800 (= Mainzer Studien zur Buchwissenschaft; 16), Wiesbaden 2008, S. 39; Barner, Wilfried / Grimm, Gunter E. / Kiesel, Helmuth / Kramer, Martin / Badstübner, Volker: Lessing. Epoche – Werk – Wirkung (= Arbeitsbücher zur Literaturgeschichte), München 1998, S. 75. Zu den Gelehrtenbuchhandlungen vgl. Meyer, F. Hermann: Die genossenschaftlichen und Gelehrten-Buchhandlungen des achtzehnten Jahrhunderts, in: Archiv für Geschichte des deutschen Buchhandels 1879,2, S. 68–124.

124 Vgl. Berg: Die Selbstverlagsidee bei deutschen Autoren im 18. Jahrhundert, Sp. 1390.

125 Aus einer Reihe zahlreicher Studien sei auf folgende einschlägige verwiesen: Mikus, Renate: Die Entwicklung der Honorarbeziehung zwischen Verleger und Verfasser und die verlegerische Treuepflicht, Freiburg 2002; Krieg, Walter: Materialien zu einer Entwicklungsgeschichte der Bücher-Preise und des Autoren-Honorars vom 15. bis zum 20. Jahrhundert, Wien 1953; Pape, Klopstocks Autorenhonorare; Bosse, Heinrich / Lucius, Wulf D. von: Autorschaft ist Werkherrschaft. Über die Entstehung des Urheberrechts aus dem Geist der Goethezeit, Paderborn 2014.

126 „Cotta überweist zwischen 1795 und 1803 siebenmal größere Beträge an Schiller als ‚Nachtrags-Erkenntlichkeit', 1808 ebenso 705 Rth für die Ausgabe der Werke", Bosse: Autorschaft ist Werkherrschaft, S. 90.

127 Andersch: Büchernachdruck, S. 167.

des Honorars keine wirtschaftspolitische Rolle mehr spielten. Unterstützten die Autoren in der Anfangsphase die Verleger in ihrem Kampf gegen den Büchernachdruck, wandten sie sich gegen Ende des Jahrhunderts mehr gegen ihre Verleger als gegen den Büchernachdruck.[128] In der Auseinandersetzung um den Büchernachdruck forderten die Schriftsteller eine Honorierung ihrer Geistesprodukte, die von der Genieästhetik und dem individuellen Wert des literarischen Produktes abhing. Ein umfassendes Recht am eigenen Werk wurde den Autoren jedoch erst im 19. Jahrhundert zugesprochen.[129]

Die Kritik der Autoren an mangelndem Honorar und ihrem emanzipatorischen Selbstbewusstsein war jedoch nur die eine Seite der Medaille. Die andere war die Anzahl der Schriftsteller, die sich im letzten Drittel des Jahrhunderts ihren Unterhalt mit der Schriftstellerei verdienen wollten. Die Kritik an der ‚Vielschreiberey' wurden in den Diskussionen über den Buchhandel ausgiebig geäußert. So formulierte ein Anonymus 1791 in seinem Aufsatz *Von den Ursachen der überhandnehmenden Vielschreiberey in Deutschland*: „Wie viele würden alsdenn ihre Finger zu andern ihnen angemessern Arbeiten brauchen, wenn sie keine Verleger bekommen könnten!".[130] Die Zahl der im Reich tätigen Schriftsteller schwankte von über 3.000,[131] zu über 6.000[132] bis hin zu 10.000,[133] die als Skribenten tätig waren. Dabei galt es immer auch dem Lesegeschmack des Publikums zu folgen, welcher sich im genannten Zeitraum ebenfalls grundlegend änderte.

2.2.3 Das lesende Publikum

Ohne zu sehr die soziale Schichtung der Leser zu beleuchten, wird in diesem Kapitel kurz auf das veränderte Leseverhalten des Publikums eingegangen.

Die Lesergeschichte innerhalb der Literaturgeschichte verortet in der Mitte des 18. Jahrhunderts eine Zäsur des Leseverhaltens. Engelsing beschreibt diesen Prozess als den Übergang von der „intensiven" zur „extensiven" Lektüre.[134] Ein Umstand, der gerade für den Büchernachdruck essenziell war. Doch was bedeutete dies nun genau?

---

128 Wittmann hat herausgestellt, dass die Autoren häufiger über zu niedrige Honorare klagten als über den Büchernachdruck, Wittmann: Geschichte des Buchhandels, S. 127f.

129 Vgl. Kap. 5.

130 N. N.: Von den Ursachen der überhandnehmenden Vielschreiberey in Deutschland, in: Journal von und für Deutschland, 8. Jhg., 7. St. 1791, S. 701–704, hier S. 704. Das Schriftsteller sich aber auch vergeblich um Verleger bemühten stellte Löffler heraus: Löffler, Katrin: Manuskripte in der Schublade. Autor sucht Verleger, in: Dies. (Hg.): Wissen in Bewegung, S. 91–106.

131 N. N.: Betrachtungen eines aufmerksamen Weltbürgers über den Verfall der Litteratur und des Buchhandels in Deutschland, in: Der Weltbürger oder deutsche Annalen der Menschheit und Unmenschheit, der Aufklärung und Unaufgeklärtheit, der Sittlichkeit und Unsittlichkeit für die Jetztwelt und Nachwelt / gesammelt von Freunden der Publicität, 2. Bd. 1792, S. 3–27; 288–298 und Fortsetzung 3. Bd., S. 541–550; 611–617, hier S. 288.

132 Kayser, Albrecht Christoph: Die Abstellung des Büchernachdrucks als ein in der neuesten kaiserlichen Wahlkapitulation der reichsoberhauptlichen Abhilfe eben so nöthig als undbedenklich zu übertragender Gegenstand, Regensburg 1790, S. 16.

133 N. N.: Litteratur und Buchhandel, am Schlusse des XVIII. Jahrhunderts, in: Allgemeiner Litterarischer Anzeiger 1801, Nr. 8. Sp. 65–70, hier Sp. 65.

134 Engelsing, Rolf: Der Bürger als Leser: Lesergeschichte in Deutschland 1500–1800, Stuttgart 1974, S. 182f.

Las der „intensive" Leser eine meist nur sehr geringe Anzahl an Werken wiederholend und rezipierte vornehmlich die Lektüre,[135] die einen Rückbezug zu seinen weltlichen oder geistlichen Problemen oder seiner Wirklichkeit bot, wie Bibeln, Erbauungsbücher, Katechismen, Traktate oder Kalender, die zudem meist über Generationen weitervererbt worden sind, so änderte sich dieses Leseverhalten hauptsächlich bei der bürgerlichen Bevölkerung, während diese Form bei der bäuerlichen oder unterbäuerlichen Bevölkerung bis weit ins 19. Jahrhundert Bestand hatte.[136]

Mit dem Aufkommen der Periodika Ende des 17. und des Intelligenzblattes Anfang des 18. Jahrhunderts,[137] begann auch eine neue Form des Lesens. Aus England und Frankreich kommend, erfreute sich die periodische Presse bis zur Mitte des 18. Jahrhunderts eines immer größer werdenden bürgerlichen Publikums: „Hier überlagerte sich die Wiederholungslektüre des periodisch erscheinenden Mediums mit der einmaligen, extensiven Lektüre der jeweils aktuellen Ausgabe".[138]

Der Bibliothekar der Wiener Hofbibliothek Michael Denis (1729–1800) sah in der „unendlichen Bücherflut, die täglich noch immer höher anschwillt" insbesondere bei den Buchführern und Buchdruckern eine steigende „Gewinnsucht", die zu diesem Anstieg führte.[139] Dabei schreckten die Buchhändler nicht davor zurück, aus Profitgier bereits ertauschte und nicht absetzbare Werke aus ihren Lagern mit neuen Titeln und Jahreszahlen zu versehen, um diese dann an den anonymer werdenden Leser zu bringen.[140]

---

135 Erich Schön bezeichnete diese Form als ‚ritualisierendes Lesen', vgl. Schön, Erich: Der Verlust der Sinnlichkeit oder die Verwandlungen des Lesers. Mentalitätswandel um 1800 (= Greif-Bücher; 12), Stuttgart 1987, S. 40.

136 Es stellt ohnehin eine Schwierigkeit dar, dass Leseverhalten der bäuerlichen Bevölkerung – wenn überhaupt gelesen wurde – darzustellen. Wittmann weist darauf hin, dass Lesegewohnheiten bei der handwerklichen und bäuerlichen Bevölkerung einer größeren Konstanz unterlagen, vgl. Wittmann, Reinhard: Der lesende Landmann. Zur Rezeption aufklärerischer Bemühungen durch die bäuerliche Bevölkerung im 18. Jahrhundert, in: Berindei, Dan / Gesemann, Wolfgang / Ischreyt, Heinz (Hrsg.): Der Bauer Mittel- und Osteuropas im sozio-ökonomischen Wandel des 18. und 19. Jahrhunderts. Beiträge zu seiner Lage und deren Widerspiegelung in der zeitgenössischen Publizistik und Literatur (= Studien zur Geschichte der Kulturbeziehungen in Mittel- und Osteuropa; 2), Köln 1973, S. 142–196.

137 Böning, Holger: Aufklärung und Presse im 18. Jahrhundert, in: Jäger, Hans-Wolf (Hg.): „Öffentlichkeit" im 18. Jahrhundert (= Das achtzehnte Jahrhundert Supplementa; 4), Göttingen 1997, S. 151–164.

138 Im Norden und in den Handelsstädten Sachsens begann ab 1720 die Rezeption der ‚moralischen' Wochenschriften, die bürgerliche Tugendlehre und aufklärerischen Ideen in ein bürgerlich geprägtes Publikum in Abkehr zum höfisch-galanten Lebensideal brachte. Wie erfolgreich die Periodika ab der Jahrhundertmitte waren, lässt sich anhand der Neugründungen von Zeitschriften nachzeichnen: „Zwischen 1741 und 1750 sind 260 Neugründungen von Zeitschriften nachweisbar, zwischen 1751 und 1760 nochmals 331". In ihnen wurden neben allen Wissensbereichen diverse Literaturformen veröffentlicht, Preisfragen gestellt und beantwortet oder über gesellschaftliche Fragen diskutiert, Wittmann: Geschichte des Buchhandels, S. 188.

139 Denis, Michael: Einleitung in die Bücherkunde, 1. Th.: Bibliographie, Wien: Trattner 1777, S. 231.

140 „So kann man sich es denn endlich wohl erklären, wie es zugehe, daß eine so ungeheure Anzahl von Schriften in unsern Zeiten jährlich erscheinen. Man sehe nur das allgemeine Bücherverzeichniß, welches in jeder Oster- und Michaelismesse herauskommt, und man wird nicht wenig

Die Verleger und Buchhändler förderten diese Entwicklung durch das serielle Drucken immer neuerer Schriften und damit einer Herausbildung einer Schriftstellerklasse, die diesen Markt durch das schnelle Abfassen von literarischen Werken bedienen sollte.[141]

Einen negativen Einfluss hatte – laut zeitgenössischer Meinung – das vermehrte Lesen auch auf das Publikum:

> Die Lesesucht [...] ist das Bestreben, das Lesen zu der Hauptbeschäftigung zu machen und alle nützlichen Beschäftigungen zu scheuen; und Modelesesucht ist das Bestreben alles zu lesen, was in der Mode läuft. [...] Thorheiten und Fehler durch sie in das gesellige Leben eingeführt und darinnen erhalten, nützliche Wahrheiten entkräftet, Irrthümer und Vorturtheile begünstigt und vermehrt werden. Verstand und Herz gewinnt nichts dabey, weil das Lesen mechanisch wird; der Geist verwildert, anstatt veredelt zu werden. Man liest ohne Zweck alles durch einander, man genießt nichts, und verschlingt alles; nichts wird geordnet, alles nur flüchtig gelesen und eben so flüchtig vergessen, was freylich bey Vielen sehr nützlich ist [...]. Die Klasse der Modeleser besteht aus Frauenzimmern, aus Jünglingen und aus Männern nach der Mode".[142]

Die Begriffe ‚Lesesucht' oder „Lesewuth"[143], die in der Forschung nicht unumstritten sind,[144] zeugten jedoch von dem Bedürfnis, Literatur extensiv zu lesen und zu besitzen. Dabei verlagerte sich der Fokus auch auf Leserkreise, die zuvor nur marginal dem Lesepublikum zugeordnet wurden: das weibliche und das jugendliche Lesepublikum.[145]

---

erstaunen – und doch ist es nicht einmal ganz vollständig. Viele Bücher lassen die Verleger mit Fleis nicht einrücken, von vielen andern werden die Verzeichnisse zu spät eingesendet, um davon Gebrauch machen zu können. – Ein Buchhändler hat oft einige dreißig neue Artikel. Das Wort Neu in der Bedeutung genommen, wie man es hier von Büchern zu brauchen pflegt: Neue Titel, neue Jahrzahl. Denn mit denjenigen Werklein, die nur vor wenigen Jahren erschienen sind, aber keinen Abgang gefunden haben, wird gemeiniglich ein Versuch gemacht, sie wieder in Cours zu bringen. Der alte Titel wird abgeschnitten, oder der ganze Titelbogen umgedruckt, ein neuer kommt an dessen Stelle, und so wird es abermals ausgeboten." N. N. [Büschel, Johann Gabriel Bernhard]: Ueber die Charlatanerie der Gelehrten seit Menken, Leipzig 1791, S. 66f.

141 Vgl. weiter oben die ‚Vielschreiberey' und Kiesel, Helmuth / Münch, Paul: Gesellschaft und Literatur im 18. Jahrhundert. Voraussetzungen und Entstehung des literarischen Markts in Deutschland, München 1977, S. 77–103.

142 Hoche, Johann Gottfried: Vertraute Briefe über die jetzige abentheuerliche Lesesucht, und über den Einfluß derselben auf die Verminderung des häuslichen und öffentlichen Glücks, Hannover 1794, S. 68f.

143 „Ueberdieß ist das Publikum beyderley Geschlechts mit der Lesewuth behaftet; jedermann will eine Bibliothek aufstellen. Es giebt keinen Flecken, der nicht seine Lesebibliothek hätte", Villers, Charles de: Der gegenwärtige Zustand der deutschen Literatur, in: Minerva 1799,4, S. 377–426, hier S. 408.

144 So meint Schenda, die zeitgenössischen Klagen über eine „in allen Ständen grassierende Lesesucht' waren sicherlich eine ideologische Fälschung", hierzu Schenda, Rudolf: Volk ohne Buch: Studien zur Sozialgeschichte der populären Lesestoffe 1770–1910, Frankfurt am Main 1970, S. 88.

145 Die belletristische Literatur, die in der zweiten Hälfte des 18. Jahrhunderts einen immer größer werdenden Anteil an der literarischen Gesamtproduktion ausmachte, wurde häufig von Frauen rezipiert. Dabei war die gemeinsame Lektüre und das Vorlesen ein gesellschaftliches Ereignis, die

Die Orte der Lektüre reichten vom gesellschaftlich-kommunikativen Lesen in öffentlichen Räumen in Lesegesellschaften oder Leihbibliotheken und privaten Räumen wie Sälen oder Privatbibliotheken mit anderen anwesenden Personen, über das zurückgezogene Lesen in die häusliche Privatsphäre, bis hin zur völligen Abgeschiedenheit in der Natur.[146] War das freizeitliche Rezipieren zunächst auf die Abendstunden bei geringer Lichtquelle beschränkt, integrierte der bürgerliche Leser die Lektüre mehr und mehr in seinen Alltag. Dementsprechend änderten sich auch der Hausrat und die Einrichtungsgegenstände, die dem Leser deutlich mehr Komfort boten als die Lektüre an einem Pult über einen dickbändigen und schweren Folianten. Es gab Bewegliche Bibliotheken auf Rollen,[147] „Chaises longues" mit eingebautem Lesepult[148] oder eine Damenbibliothek, die in der

als Freizeitgestaltung durchaus populär waren, vgl. Becker-Cantarino, Barbara: Schriftstellerinnen der Romantik. Epoche – Werke – Wirkung (= Arbeitsbücher zur Literaturgeschichte), München 2000, S. 35. Auch das jugendliche Publikum las vornehmlich philanthropistische Literatur. Ziel des Philanthropismus war es, die Leseerziehung schon mit der Kinder- und Jugendlektüre zu beginnen. Werke und Zeitschriften der Philanthropisten Johann Bernhard Basedow (1724–1790), Christian Gotthilf Salzmann (1744–1811) oder Joachim Heinrich Campe (1746–1818), die, auch Ziel der hier dargestellten Nachdrucker wurden, erfreuten sich ab 1775 größerer Beliebtheit. Kinder- und Jugendromane wie Ritter- und Geistergeschichten, Entdeckungsgeschichten oder Geographien, die häufig bebildert waren, erfreuten die jungen Leser, was wiederum Kritik hervorrief, vgl. Wrage, Henning: Jene Fabrik der Bücher. Über Lesesucht, ein Phantasma des medialen Ursprungs und die Kinder- und Jugendliteratur der Aufklärung, in: Monatshefte 102,1 (2010), S. 1–21. So urteilte Beneken: „Niemand bedarf mehr Vorsicht und Müßigkeit als ein solcher Jüngling; reißt ihn die Lesewuth mit fort, will er Alles lesen, was ihm in die Hände fällt, und ist er dabey vollends so unglücklich, sich an die Mode-Näschereien zu gewöhnen – Freund! so ist er verlohren – ohne Rettung verloren", Beneken, Friedrich Burchard: „Vielleserey" in: Weltklugheit und Lebensgenuß; oder praktische Beiträge zur Philosophie des Lebens, 1. Bd., Hannover 1806, 247–255, hier S. 252. Die Schwächung des Geistes, sogar des gesamten „Staatskörpers" könne durch den individuellen Verfall des jugendlichen Lesers bedroht sein: „Schließlich wirkt der individuelle Verfall auf den Staatskörper zurück. Vor allem Heinzmann und Hoche sorgen sich aus einer gesamtgesellschaftlichen Perspektive um die Stabilität des ‚politischen Gebäude[s]', warnen vor der Ausbreitung des durch die Lektüre geförderten Egoismus und die Korruption des Nationalgeistes", zitiert nach Wrage: Jene Fabrik der Bücher, S. 11.

146 Vgl. Koebner, Thomas: Lektüre in freier Landschaft. Zur Theorie des Leseverhaltens im 18. Jahrhundert, in: Arbeitsstelle 18. Jahrhundert (Hg.): Leser und Lesen im 18. Jahrhundert, Heidelberg 1977, S. 40–57.

147 „Nichts ist für den Geschäfftsmann und Gelehrten, der oft zu seinen Arbeiten am Schreibtische mehrere aufgeschlagene größere und kleinere Bücher, Risse, Charten, Bände, Akten und Rechnungen, und dergleichen braucht, unbequemer, als dieser Apparat. Dieß alles auf dem Schreibtische und neben sich liegen zu haben und aufzubauen, verengt diesen oft so sehr, daß kein Plätzchen zum Schreiben mehr übrig bleibt. Oft fehlt die Zeit, alle diese Materialien, die man zu einer Arbeit als Hülfsmittel gebraucht, und oft mühsam zusammengesucht hat, nach Beendigung des Geschäfts wieder wegzuräumen; es kommt ein zweytes, drittes dringendes dazu, der Apparat des ersten bleibt liegen, und so entstehen dann auf Tischen, Stühlen, in den Fenstern und auf der Erde, Schichten über Schichten und Berge von Büchern, Papieren, Akten, Briefen, Charten Kupfern, Instrumenten, hoch mit Staube bedeckt, kurz das ganze schreckliche Chaos, das so manche Studier- und Arbeitszimmer der thätigsten Gelehrten und Geschäftsmänner famos machte [...], „Eine Bewegliche Bibliothek", in: Journal des Luxus und der Moden 13. 1798. S. 102f. Taf. 6.

148 „Sonst waren die sogenannten Chaises longues, die weyland der Luxus und Sybaritismus von

Art eines Sekretärs die „Lieblingsbücher“ beherbergt, „ohne sich das nachteilige Ansehen zu geben, die gelehrte Frau zu spielen“.[149] Ergänzt wurden die Mobiliare durch Schreib- und Bibliotheksutensilien, wie Federkiele aus Gänse- oder Schwanenfedern, Tintenfässer, Papierbögen, Messer und Schreibsandbüchsen.

Das Vorlesen blieb im 18. Jahrhundert ein fester Bestandteil der hausväterlichen Pflichten, wobei diese Aufgabe auch von den Frauen, den Hausboten oder von den gebildeten Kindern selbst übernommen wurde und Textstellen vor der Familie vorgetragen wurden.[150]

Bei all diesen Überlegungen darf nicht vergessen werden, über welchen Anteil an Lesern im Gegensatz zur Gesamtbevölkerung gesprochen wurde und aus welcher sozialen Schicht diese stammten. „Die Bildungssituation und die Sozialstruktur des 18. Jahrhunderts lassen kaum mehr als zehn Prozent Leser unter der Erwachsenen-Bevölkerung erwarten“, konstatierte Rudolf Schenda zur Lesefähigkeit im Alten Reich.[151] Stieg die Zahl der lesefähigen Bewohner um 1770 auf circa 15 % und gegen Ende des Jahrhunderts auf etwa 25 % an, war der Großteil der Bevölkerung jedoch nicht in der Lage zu lesen oder gar zu schreiben.[152] Die Menge der Analphabeten war auf dem Land eminent hoch und da über 90 % der deutschen Bevölkerung rural lebte, lag es nahe, dass dort nur ein sehr geringer Teil lesen konnte.[153] Den Leser des 18. Jahrhunderts musste man in den Kleinstädten und Städten des Reiches verorten: der niedere Adel und das höhere und mittlere Bürgertum.[154] Im von Habermas umrissenen Strukturwandel der Öffentlichkeit manifestierte sich dieser Bewusstseinswandel einer gesellschaftlichen, literarischen und kul-

---

Paris erfand, blos zum Schlafen und Faulenzen bestimmt; hier ist eine Chaise longue von anderer Art zum Lesen und Studiren eingerichtet. Oft hat man, wenn man krank ist, oder lange am Schreibtische mit zusammengedrückten Unterleibe gesessen hat, Ruhe und der Körper eine liegend ausgestreckte Stellung nöthig. Man will in dieser Stellung vielleicht gern einen Quartband einer neuen Reisebeschreibung, den man nicht in den Händen halten kann lesen, oder ein naturgeschichtliches Kupferwerk und dergl, zur Erholung durchblättern […]“, „Langer Stuhl zum Lesen eingerichtet“, in: Journal des Luxus und der Moden, 14. 1799, S. 107, Taf. 6.

149 „Jedes Frauenzimmer von guter Erziehung und Cultur hat gewiß immer einige Lieblingsbücher und Schriftsteller zur Unterhaltung und Nahrung ihres Geistes in einsamen Stunden, und kann also, ohne sich das nachtheilige Ansehen zu geben, die gelehrte Frau zu spielen, einen kleinen Bücherschrank in ihrem Zimmer haben, der ihre litterarischen Lieblinge, so wie auch, wenn sie Liebhaberin der Kunst ist, Kupfer und Zeichnungen in sich faßt. Daß eine solche kleine Damen-Bibliothek ein schönes, bequemes und gefälliges Meuble seyn müssen, versteht sich ohnedieß“, „Eine Damen-Bibliothek“, in: Journal des Luxus und Moden, 11. Bd. 1796, S. 381, Taf. 21.

150 Hierzu auch Kap. 4.4.1.

151 Schenda: Volk ohne Buch, S. 443.

152 Um 1830 konnte fast die Hälfte der Bevölkerung lesen, um 1870 75 % und um 1900 90 %, vgl. Ebd., S. 444.

153 Hierzu im Kontext mit den Nachdrucken vgl. Kap. 4.4.1.

154 „Dabei war das Bürgertum kein einheitlicher Stand im Sinne eines tiers état, sondern überaus inhomogen. Zu ihm zählten nach wie vor die traditionellen städtischen Mittel- und Oberschichten der Kaufleute und Zunftregenten und die Spitze des Handwerks, hinzu kam ein ebenfalls städtisches, innovativ-unternehmerisches Wirtschaftsbürgertum; vor allem aber spielte das ‚Bildungsbürgertum‘ der Beamten mit akademischer Ausbildung und der ‚Gelehrten‘, das heißt der Intellektuellen, eine tragende Rolle.“ Wittmann, Reinhard: Gibt es eine Leserevolution am Ende

turellen Verbürgerlichung.[155] Ausdruck dieses Strukturwandels waren nicht zuletzt die seit der Mitte des 18. Jahrhunderts etablierten Leihbibliotheken, Lesegesellschaften und Lesezirkel, die bis um 1800 in nahezu jedem städtischen Zentrum des Alten Reiches vorzufinden waren.[156] Damit begründete sich eine „bürgerliche Mediengesellschaft“,[157] die mehr gedruckte Literatur als je zuvor rezipierte und somit zu einer Kommerzialisierung und literarische Ausdifferenzierung des Büchermarktes beitrug.[158]

2.3 Voraussetzungen für den Büchernachdruck in Baden, Württemberg und Reutlingen

Die Voraussetzungen für den Büchernachdruck waren im Herzogtum Württemberg gänzlich anders als in der Reichsstadt Reutlingen oder der ab 1771 wieder vereinigten Markgrafschaft Baden. Im Folgenden wird jeweils knapp dargestellt, wie sich die zuvor dargestellten Veränderungen des Alten Reiches auf die Reichsterritorien ausgewirkt haben und welche spezifischen Besonderheiten Baden, Württemberg und Reutlingen für die Herausbildung des Büchernachdrucks aufwiesen.

2.3.1 Die Markgrafschaft Baden und die Residenzstadt Karlsruhe

Nach dem Tod des Markgrafen August Georg Simpert von Baden (1706–1771) vereinten sich, im Zuge des badischen Erbvertrages, die Markgrafschaft Baden-Baden und Baden-Durlach unter Karl Friedrich (1728–1811) zur Markgrafschaft Baden.[159] Die erst 1715 errichtete Stadt Karlsruhe wurde ab 1771 die Residenzstadt des Markgrafen und zählte in der Mitte des 18. Jahrhunderts noch nicht mehr als 3.000 Einwohner.[160] Der Großteil der Bevölkerung Badens um 1770 war lutherischer Konfession (circa 80 %), gefolgt von Katholiken (circa 12 %), Juden (circa 6 %) und Reformierten (circa 2 %).[161]

des 18. Jahrhunderts?, in: Chartier, Roger / Cavallo, Guglielmo (Hrsg.): Die Welt des Lesen. Von der Schriftrolle zum Bildschirm, Frankfurt am Main 1999, S. 419–454, hier S. 424.

155 Vgl. Habermas, Jürgen: Strukturwandel der Öffentlichkeit. Untersuchungen zu einer Kategorie der bürgerlichen Gesellschaft, Neuwied 1962.

156 Vgl. hierzu eingehend Kap. 4.4.2.

157 Vgl. Faulstich, Werner: Die bürgerliche Mediengesellschaft (1700–1830) (= Die Geschichte der Medien; 4), Göttingen 2002.

158 Bödeker, Hans Erich: Die bürgerliche Literatur- und Mediengesellschaft, in: Hammerstein, Notker / Herrmann, Ulrich (Hrsg.): Handbuch der deutschen Bildungsgeschichte: Bd. 2: 18. Jahrhundert. Vom späten 17. Jahrhundert bis zur Neuordnung Deutschlands um 1800 (= Handbuch der deutschen Bildungsgeschichte; 2), München 2005, S. 499–520.

159 Zur Geschichte Badens vgl. Schwarzmaier, Hansmartin: Baden, in: Ders. / Taddey, Gerhard (Hrsg.): Handbuch der baden-württembergischen Geschichte. Band 2: Die Territorien im alten Reich. Hrsg. im Auftrag der Kommission für geschichtliche Landeskunde in Baden-Württemberg, Stuttgart 1995, S. 164–246.

160 Müller, Christina: Karlsruhe im 18. Jahrhundert. Zur Genese und sozialen Schichtung einer residenzstädtischen Bevölkerung (= Forschungen und Quellen zur Stadtgeschichte; 1) Karlsruhe 1991, S. 20f.

161 Ebd., S. 35.

Der Buchhandel spielte bis circa 1750 eine eher untergeordnete Rolle in der Wirtschaft der Markgrafschaft Baden-Durlach, sodass nur wenige Buchhändler und Verleger nachweisbar waren. In der vormaligen Residenz Durlach gab es jedoch schon seit dem ersten Drittel des 16. Jahrhunderts Drucker, die teilweise auch als Hofbuchdrucker tätig waren.[162] Mit der Erhebung Karlsruhes zur Residenzstadt verlagerte sich auch das buchhändlerische Zentrum dorthin.

Doch gab es vor dem Regierungsantritt Karl Friedrichs beispielsweise nur vage ausgewiesene Zensurverordnungen in Baden-Durlach, was letztlich auch dem unterdurchschnittlichen publizistischen Medienaufkommen geschuldet war.[163] Eine Ordnung aus dem Jahr 1629 beauftragte den Kirchenrat damit, die theologischen Werke zu zensieren:

> Erst 1733 wurde die Verordnung wieder in Zusammenhang von antikatholischen Schriften des protestantischen Klerus in Erinnerung gerufen, ein Hinweis darauf, dass zu dieser Zeit noch das theologische Schrifttum bzw. konfessionelle Streitschriften einen Hauptteil der politisch relevanten Traktate ausmachten.[164]

Auch die Zuständigkeitsbereiche der kirchlichen Zensur waren bis zur Mitte des 18. Jahrhunderts nicht eindeutig geklärt, sodass es kein einheitliches Zensurkollegium gab, sondern vielmehr einzelne Räte die Zensur „als Nebenbeschäftigung“ ausübten:[165]

> Man sah in Baden während der ersten Regierungsperiode Karl Friedrichs die Zensur nicht als staatstragende Angelegenheit an, vielmehr wurde etwa dem Sekretär Molter die Zensur der *belles lettres,* quasi als Ehrenamt, auf dessen eigenes Ersuchen übertragen. Molter glaubte wohl in dieser Funktion schneller in den Genuss einer regulären Besoldung zu kommen, denn bisher wurde ihm lediglich aus der Handkasse Karl Friedrichs eine geringe Summe für seine Dienste als Bibliothekar der fürstlichen Privatbibliothek ausgeworfen. Außer der sehr vagen Instruktion für die Zensoren, Sorge dafür zu tragen, dass nichts die Zensur passiere, was in *respectu tam morali quam politico* anstößig sei, legte man nur sehr grob gewisse fachliche Zensurzuständigkeiten fest.[166]

Bedingt durch den Aufschwung des Buchhandelssektors ab der Mitte des 18. Jahrhunderts mussten auch neue Zensurverordnungen erlassen werden. Dafür stellte Karl Friedrich zunächst Hofräte ab, die die Zensur betreuten. So gab es einen Zensor für die geistlichen und theologischen Traktate, einen für die schönen Wissenschaften und einen für

162 Vgl. Fürst: Buch und Druck, S. 9f.

163 „In den Karlsruher Aktenbeständen findet sich kein Hinweis darauf, dass beim Regierungsantritt Karl Friedrichs eine funktionierende Zensur bestanden hätte. Angesichts des Fehlens eines politischen Blatts im Land bzw. der Zurückhaltung der damaligen Räte, selbst publizistisch tätig zu werden, wird man darauf schließen können, dass tatsächlich niemand mit der Wahrnehmung dieser Aufgabe betraut war.“, Landgraf: Moderate, S. 89.

164 Landgraf: Moderate et Prudenter, S. 90.

165 So wurde den Priestern 1741 deutlich gemacht, dass sie für ihre gedruckten Predigten ebenfalls die Zensurbescheinigung bräuchten, ohne dass sich die Kirchenräte hierfür zuständig fühlten, vgl. Ebd.

166 Ebd., S. 92.

alle übrigen Fachbereiche. Erst 1766 erließ der Markgraf eine Zensurverordnung, die in den späten 1790er Jahren modifiziert wurde.[167]

Mit der merkantilistischen Politik Karl Friedrichs rückte auch der Buchhandel sichtlich in den Fokus der Wirtschaftspolitik.[168] So bat 1766 Moses Wormser darum, eine hebräische Druckerei in Karlsruhe errichten zu dürfen, was zu einer jahrelangen Auseinandersetzung mit den Karlsruher Buchdruckern Lotter und Macklot führte.[169] Ebenjener Macklot war es auch, der zuvor 1757 das erste periodisch erscheinende *Karlsruher Wochenblatt* herausbrachte und sich dies privilegieren ließ. Der Druck und Verlag der Kirchen- und Schulbücher wurde ab 1750 dem Karlsruher Gymnasium übergeben, welches Macklot pachtweise übernahm.[170] Die Verlagerung der Buchmesse nach Leipzig stellte die hiesigen Buchhändler aber vor ebenso große Probleme wie die anderen Reichsbuchhändler. Aufgrund der Distanz nach Leipzig waren die Messen für die badischen Buchhändler schlichtweg unrentabel.

2.3.2 Das Herzogtum Württemberg und die Universitätsstadt Tübingen

Mit der Erhebung Württembergs von einer Grafschaft zum Herzogtum 1495 war die jahrhundertelange Einigung der württembergischen Herrschaften zu einem geschlossenen Territorium weitestgehend abgeschlossen.[171] Die grundlegenden Veränderungen der Landesverwaltung fanden im 17. Jahrhundert statt. 1629 wurde der Geheime Rat als ständige Behörde errichtet und übernahm eine Mittelstellung zwischen Herzog und den Ständen. Die oberste Administration lag bei den herzoglichen Landeskollegien, dem Oberrat als Regierungs- und Verwaltungsbehörde, der Rentkammer als Verwalter des Kammerguts und der Kirchenrat als Verwalter des Kirchenguts. [172] Das beginnende 18. Jahrhundert war durch Kriege, hohe Staatsausgaben und der Auseinandersetzung zwischen dem Herzog und den intermediären Gewalten geprägt. Nachdem die württembergischen Herzöge eine absolutistische Politik betrieben und die Landstände in ihren Rechten beschnitten hatten, änderte sich dies mit dem Ende des Siebenjährigen

---

167 Vgl. Ebd., S. 98ff.

168 Vgl. Eckardt: Baden, S. 38f.

169 Fecht: Geschichte Karlsruhes, S. 316f. und Fürst: Buch und Druck, S. 39ff.

170 Fecht: Geschichte Karlsruhes, S. 320. Zur Macklot'schen Druckerei vgl. auch Müßle, Otto: 175 Jahre Macklot'sche Druckerei und Verlag Karlsruhe in Baden, Karlsruhe 1932.

171 Kein Vierteljahrhundert später versuchte 1519 Herzog Ulrich von Württemberg (1487–1550) das Territorium dennoch um die Reichsstadt und Bundesmitglied Reutlingen zu erweitern und belagerte und eroberte die Stadt. Ulrich wurde daraufhin mithilfe des schwäbischen Bundes vertrieben und verbannt, doch bereits 1534 mithilfe des hessischen Landgrafen Philipp I. (1504–1567) restituiert und zu einem evangelisch geprägten Territorium, vgl. Laux, Stephan: Reformatorische Räume, in: Schnabel-Schüle: Reformation, S. 132–210, hier S. 185–189.

172 Die Verwaltung des Kirchendienstes und der Schulen wurden vom Konsistorium übernommen. „Durch die Kanzleiordnung vom 1. September 1660 wurde die gesamte Landesverwaltung dem Geheimen Rat unterstellt", Schreiner-Eickhoff: Bücher- und Pressezensur, S. 8.

Krieges 1763 und dem daran anschließenden ‚Erbvergleich' von 1770, bei dem die Stände ihre landständische Verfassung zurückerhielten.[173]

Eine besondere Rolle für die Buchproduktion in Württemberg spielte Tübingen, das seit 1477 eine durch Graf Eberhard gegründete Universität beheimatete.[174] Die Buchhändler- und Drucker und die Universität standen in einem Wechselverhältnis, mit der Pflichten, aber auch Freiheiten verbunden waren. Die ersten Buchhändler, Buchdrucker und Buchbinder ließen sich ab dem Ende des 15. Jahrhunderts nachweisen, sie kamen nicht zuletzt auch aus umliegenden Ortschaften wie Reutlingen nach Tübingen, um dort das Buchhandwerk auszuüben.[175]

Tübingen entwickelte sich im 16. Jahrhundert als Druck- und Verlagsort zu einer produktiven Buchhandelsstadt.[176] Obwohl die Anzahl der vor Ort ansässigen Buchführer begrenzt war, produzierten die Drucker zum einen Werke für die heimischen Studierenden der Universität, zum anderen exportierten sie ihre Druckwerke in das gesamte Herzogtum. Durch die Gründung der Karlsschule durch Karl Eugen im Jahr 1770 büßte Tübingen ab 1781 seine Stellung als einzige Universitätsstadt in Württemberg ein und die ohnehin sinkenden Studierendenzahlen an der Universität Tübingen gingen zurück.[177] Das neue geistige und kulturelle Zentrum wurde Stuttgart, nachdem Karl Eugen die Akademie von der ‚Solitude' dorthin verlegt hatte.[178] Mit der Aufhebung der Hohen Karlsschule 1794 wurde Tübingen schließlich wieder der universitäre Mittelpunkt Württembergs.
Die ‚Buchführer' gehörten zum Kreis der Universitäts-Verwandten, die damit von den Privilegien der Universitätsangehörigen profitierten. So unterstanden sie der Gerichtsbarkeit der Universität, auf die noch gesondert einzugehen sein wird, und waren teilwei-

173 Vgl. zur Verfassungsgeschichte im 18. Jahrhundert: Schwarzmaier/Taddey (Hrsg.): Handbuch der baden-württembergischen Geschichte, Bd. 1,2, S. 318ff.

174 Vgl. Setzler, Wilfried: Tübingen hat keine Universität, sondern ist eine Universität, in: Wehling, Hans-Georg (Hg.): Wegmarken südwestdeutscher Geschichte, Stuttgart 2004, S. 240–251.

175 Zu der terminologischen Unterscheidung zwischen Buchdruckern, Buchhändlern und Buchbindern vgl. weiter oben Kap. 2.2.1.

176 „Zwischen 1591 und 1619 erschienen in Tübingen 506 Werke, im Durchschnitt eines Jahres somit rd. 18. Damit konnte sich Tübingen etwa neben Marburg (347 Werke) und Freiburg i. Brsg. (216 Werke) sehen lassen. Die Prädominanz der Universitätsstadt Tübingen im damaligen Zeitraum auf dem Gebiet des Buchverlags ist aber auch innerhalb des Landes bemerkenswert (in Stuttgart erschienen zu jener Zeit durchschnittlich 49, in Ulm 32 Werke im Jahr)", Widmann: Tübingen als Verlagsstadt, S. 99.

177 Obwohl Karl Eugen ab 1744 versuchte die Universität Tübingen durch Reformen und eine neue Sternwarte und ein Laboratorium zu reüssieren. Er wurde ab 1767 Rektor und gab der Universität ab 1769 den Namen Eberhardo-Carolina, vgl. Eisenbach, Heinrich Ferdinand: Beschreibung und Geschichte der Stadt und Universität Tübingen, Tübingen 1922, S. 64ff.

178 Quarthal äußerte, dass die Einwohnerzahl von 15.000 auf 17.000 Einwohner stieg. „Wichtiger noch war die Verbreiterung der geistigen Oberschicht der Stadt durch die Professorenschaft der Carlsschule, die in das geistige Leben der Stadt einen völlig neuen Zug brachte." Quarthal, Franz: Die „Hohe Carlsschule", in: Jamme, Christoph (Hg.): „O Fürstin der Heimath! Glükliches Stutgard": Politik, Kultur und Gesellschaft im deutschen Südwesten um 1800 (= Deutscher Idealismus; 15), Stuttgart 1988, S. 35–54, hier S. 42.

se von Zoll und Abgaben befreit.[179] Gleichzeitig wurden die Buchführer über die Universitätsstatuten an die Pflichten und Zensurverhältnisse erinnert, die – insbesondere ab der Mitte des 16. Jahrhunderts – immer strenger wurden. Schon unmittelbar nach der Gründung der Universität wurde ein Verbot der „Schmäh oder Schmachschriften (libelli famosi)“ erlassen.[180] Mit der Reformation wurden die Zensurregelungen in den Universitätsstatuten von 1537 umfassend festgehalten. So unterlagen alle gedruckten Schriften der Vorzensur des Rektors und den vier Dekanen der jeweiligen Fakultäten Jura, Theologie, Medizin und Artistenfakultät.[181]

Mit den Universitätsstatuten von 1601 wurde die Einfuhr der Pflichtexemplare beschlossen, bei denen von jedem neuen Druckwerk zwei bis drei Exemplare an die Universitätsbibliothek abgegeben werden musste. „Diese Bestimmungen wurden 1710 auf das ganze Herzogtum Württemberg ausgedehnt, mit der Maßgabe, daß an die Regierungsrat-Bibliothek abgeliefert werden soll“.[182] Obwohl diese Verordnung im Verlauf des 18. Jahrhunderts angepasst wurde – so durch ein Reskript vom 22. Mai 1739 – war diese Regelung eine stetige Belastung für die Buchführer.[183] Mit dieser Anordnung konnte man nicht nur die universitäre und herzogliche Bibliothek auffüllen,[184] sondern auch die Zensur über im Land gedruckte Schriften verüben, die wider die Reichsgesetze verstießen oder sektiererisch waren.

Diese Zensurbestimmungen wurden den im Buchgewerbe arbeitenden – die durch das Mandat von 1601 auf zwei Buchführer, ein Disputationshändler, vier Buchdrucker und acht Buchbinder beschränkt wurden – auch im 18. Jahrhundert unablässig eingeschärft.[185] 1722 erschien das von Herzog Eberhard Ludwig erlassene Reskript, das beinhaltete, dass alle universitären Druckwerke vorher zensiert werden mussten. Im Jahr 1752 erhielt die Universität Tübingen neue Statuten, die für die Buchführer in einem

179 Vgl. Geldner, Ferdinand: Die ältesten Buchdrucker als „Cives academici“. Ein Nachtrag, in: AGB 11 (1971), Sp. 373–380.

180 Franz: Bücherzensur und Irenik, S. 126.

181 Zu einer schematischen Darstellung der Zensur vgl. Schad: Buchbesitz, S. 21.

182 Auch der Verweis auf die zugesicherte Befreiung der Abgabepflicht für Universitätsverwandte war hiervon nicht betroffen. Brinkhus, Gerd: Zwischen Privilegien und Zensur. Das Verhältnis von Buchgewerbe und Universität, in: Brinkhus, Gerd/Lagler, Wilfried/Schreiner, Klaus (Hg.): Eine Stadt des Buches. Tübingen 1498–1998 (= Tübinger Kataloge; 50), Tübingen 1998, S. 11–20, hier S. 16.

183 Widmann: Eine Stadt des Buches, S. 95.

184 Pust, Hans-Christian: Frühe Pflichtablieferungen an die Herzogliche Öffentliche Bibliothek, in: Trost, Vera / Pust, Hans-Christian (Hrsg.): Carl Eugens Erbe. 250 Jahre Württembergische Landesbibliothek; eine Ausstellung der Württembergischen Landesbibliothek aus Anlass ihrer Gründung am 11. Februar 1765 vom 11. Februar bis 11. April 2015 (= Jahresgabe der Württembergischen Bibliotheksgesellschaft; 2015), Stuttgart 2015, S. 90–95; Kottmann, Carsten: Wissensspeicher für das lutherische Württemberg – Die Konsistorialbibliothek, in: Trost / Pust (Hrsg.): Carl Eugens Erbe, S. 62–69.

185 Vgl. Widmann: Zur Geschichte der Zensur in Tübingen, S. 168–173.

„besonderen Kapitel [...] aufgeführt und noch eigens verdeutscht" wurden.[186] In diesen wurde erneut verlangt, dass die Universitätsverwandten einen Eid leisteten und nichts ohne vorherige Zensur drucken sollten und die Vorzensur durch die Fakultäten weiterhin bestehen blieb:[187] „Neu ist in den Satzungen von 1752 [...] daß die Zahl der einschlägigen Berufe innerhalb der Universitätsstadt begrenzt wird: vier Buchdruckereien (typographi) und zwei Verlagsbuchhandlungen (bibliopolia) werden vorgesehen".[188] Dies bedeutete für die ansässigen Buchdrucker und Buchhändler eine gewisse Sicherheit vor neuer Konkurrenz.

Der Zensur der theologischen Literatur in der Universitätsstadt galt ein besonderes Augenmerk, wobei es „wie in Württemberg immer wieder zu Spannungen zwischen der Landesuniversität und der Regierung kommen" konnte.[189] Zur Abwehr des landesherrlichen Kirchenregiments gegen die ‚Sekten' wurden scharfe Zensurbefehle erlassen, die eine Verbreitung der sektierischen Literatur verboten. Davon waren in Württemberg zunächst die calvinistischen Schriften betroffen, ab Ende des 16. Jahrhunderts wurde „das Verbot sektiererischer Bücher auch auf katholische Kontroversliteratur ausgedehnt".[190] Mit den Universitätsstatuten von 1601 wurde das Verbot der sektiererischen und katholischen Bücher erneuert.

Für theologische Literatur war neben „der Zensur der theologischen Fakultät die Genehmigung durch das Stuttgarter Konsistorium und die Regierung vorgesehen".[191]

Diese doppelte Zensur zwischen Fakultät und Konsistorium, wie Gunther Franz sie beschreibt, führte schließlich zu Spannungen zwischen den Theologen der Landesregierung und der Universität bis zum Übertritt der württembergischen Herzöge zum Katholizismus 1733.[192] Das Sumepiskopat ruhte und kirchliche Kompetenzen gingen schließlich 1734 an den Geheimen Rat über, womit der Herzog auch die „letzte Entscheidung der geistlichen Bücherzensur" verlor.[193] In der Folge existierten fortan zwei geistliche Zensurbehörden im Herzogtum, die konsultiert werden konnten, nämlich die Fakultät und das Konsistorium und die zuvor praktizierte doppelte Zensur fiel fort.

Durch ein herzogliches Dekret vom Oktober 1731 wurde festgelegt, dass die in Tübingen verfassten und gedruckten Bücher zunächst nur der Zensur der theologischen

186 „Am Anfange jeden Semesters wurden die Buchführer (nebst den Apothekern u. s. w., cives academici illiterati honoratiores) und die cives vulgares (Buchdrucker, Buchbinder, Illuminierer, Maler u. s. w.) zusammenberufen und ihnen die Statuten, darunter die Censurbestimmungen, unter Ermahnungen in deutsch vorgelesen." Friedrich Kapp: Geschichte des Deutschen Buchhandels Bd. 1, S. 586.

187 Darüber hinaus musste Literatur, die von den Messen mitgebracht wurde, in Verzeichnisse mitsamt dem Preis angezeigt werden. Der Preis durfte nicht zu hoch angesetzt sein – eine Schwierigkeit bestand sicherlich darin, dies zu beziffern und zu überwachen – und die anstößigen Werke durften nicht verkauft werden.

188 Widmann: Tübingen als Verlagsstadt, S. 122.

189 Franz: Bücherzensur und Irenik, S. 126.

190 Ebd., S. 135.

191 Ebd., S. 137.

192 Ebd., S. 137ff.

193 Ebd., S. 173.

Fakultät unterlagen. Sollte es zu Beschwerden kommen, konnte der in Stuttgart ansässige Geheime Rat konsultiert werden, dem auch das Konsistorium unterstand.[194] Das Konsistorium hingegen hatte die Aufsicht über die außerhalb Tübingens geschriebenen und gedruckten theologischen Schriften. Gegen Ende des Jahrhunderts schwankte die Zensur in Württemberg zwischen Laissez-faire und dem Bestreben, keinen Anlass zur Intervention von außerhalb zu geben. So ermunterte die Regierung Drucker, ihre Druckwerke trotz reichsrechtlichen Verbotes, ohne Angabe von Druckort und Druckername zu veröffentlichen.[195]

Im Kontext der Französischen Revolution und der Zeit der politischen Sensibilität lag der Fokus weniger auf theologischer als vielmehr auf politischen Schriften. Aus diesem Grund wurde 1797 ein Zensurkollegium in Stuttgart gebildet, welches aus den fünf Bibliothekaren der herzoglichen Bibliothek bestand.[196] Die Überwachung der theologischen Literatur blieb hingegen weiterhin bei der theologischen Fakultät oder dem Konsistorium.

Zusammenfassend lässt sich konstatieren, dass die „Zensurverhältnisse in Altwürttemberg […] von den Tagen des Wormser Edikts bis zum Machtantritt Friedrichs Ende des Jahres 1797 als ein mikrokosmisches Abbild der Zensurverhältnisse des Reiches [erscheinen]“.[197]

2.3.3 Die Reichsstadt Reutlingen

Die Reichsstadt Reutlingen, im Südwesten des Alten Reiches gelegen, erhielt ihre Reichsunmittelbarkeit um 1500 durch Maximilian I. (1459–1519) und behielt diese bis September 1802, ehe sie dem Herzogtum Württemberg als Oberamtsstadt eingegliedert wurde.[198] Das Verhältnis zwischen der Reichsstadt und dem Herzogtum, das Reutlingen territorial gänzlich umschloss, war ambivalent.[199] Einerseits profitierte man vom wechselseitigen Handel und nicht zuletzt besonders im ‚konfessionellen Zeitalter‘ von der gemeinsamen lutherischen Konfession.[200] Andererseits wurden bei Differenzen und wirtschaftlichen Krisenzeiten schnell protektionistische Maßnahmen seitens Württemberg ergriffen, um sich von den Reutlinger Waren abzuschotten.[201]

194 Ebd., S. 174.

195 Ebd., S. 185.

196 Ebd., S. 186.

197 Fuchs, Karlheiz: Bürgerliches Räsonnement und Staatsräson: Zensur als Instrument des Despotismus dargestellt am Beispiel des rheinbündischen Württemberg (1806–1813), Göppingen 1975, S. 96.

198 Vgl. Gemeinhardt, Heinz Alfred: Reutlingen, in: Schwarzmaier / Taddey (Hrsg.): Handbuch der baden-württembergischen Geschichte, Bd. 2, S. 697–703.

199 Davon zeugen auch die Akten zum Verhältnis zwischen Reutlingen und Württemberg im Stadtarchiv Reutlingen, bspw. im Handel mit Württemberg und dessen Handelssperren StARt, A1, Bd. 3.

200 Reutlingen war neben Nürnberg die einzige Reichsstadt, die die Confessio Augustana unterzeichnete. Bis 1802 gehörte die Anerkennung der Confessio Augustana zum Erwerb des Bürgerrechts in Reutlingen.

201 Vgl. Fritz, Thomas: Die Reichsstadt Reutlingen im 16. und 17. Jahrhundert, in: Dillinger, Johannes / Fritz, Thomas / Mährle, Wolfgang (Hrsg.): Zum Feuer verdammt. Die Hexenverfolgungen in der Grafschaft Hohenberg, der Reichsstadt Reutlingen und der Fürstpropstei Ellwangen

Der Reutlinger Stadtbrand war ein einschneidendes Ereignis in der Stadthistorie. Am 23. September 1726 brach im Stadtzentrum ein Feuer aus, welches innerhalb von fast zwei Tagen zwei Drittel der Stadt niederbrannten.[202] Trotz der Hilfsbereitschaft konnte die Stadt den Wiederaufbau nur schwer leisten, die Wirtschaft lag am Boden und die Schulden waren so drückend, dass die Kreisabgaben auch nach den verstrichenen zehn Jahren nicht gezahlt werden konnten. Infolgedessen wurden 1740 kaiserliche Kommissare und württembergische Beamte in die Stadt geschickt, um die Finanzen zu überprüfen und die antiquierte und aufgeblähte Verwaltungsstruktur zu verbessern.[203]

(= Hexenforschung; 2), Stuttgart 1998, S. 170–182, hier S. 172. Dass Württemberg Reutlingen gerne in seine Herrschaft eingegliedert hätte, bewiesen mehrere Versuche die Stadt einzunehmen: 1247 und 1377 belagerten die Württemberger die Stadt vergeblich. Ein erneuter Versuch des württembergischen Herzogs Ulrich die Stadt zu überfallen, erfolgte im Jahr 1519. Nach siebentägiger Belagerung musste die Stadt kapitulieren und fiel an Württemberg. Mithilfe des Schwäbischen Bundes, in dem Reutlingen als Reichsstadt Mitglied war, gelang die Restitution der Stadt, vgl. Jung, Wolfgang: Der Niedergang der Reichsstadt, in: Borth, Wilhelm / Breyvogel, Bernd / Jung, Wolfgang: Reutlingen. Vergangenheit trifft Zukunft. Von der Reichsstadtherrlichkeit zur selbstbewussten Großstadt, Reutlingen 2013, S. 97–126, hier S. 97ff.

202 Marstaller, Tilmann: „Phönix" aus der Asche. Der Wiederaufbau der Reutlinger Altstadt nach dem Stadtbrand 1726 im Vergleich mit Beispielen aus Kirchheim unter Teck und Herrenberg, in: Reutlinger Geschichtsblätter NF 55 (2016), S. 67–118. Der Reutlinger Brand war ein Ereignis, welches auf hohes Interesse und daraus resultierender Spendenbereitschaft stieß. Neben Spenden von anderen Reichsstädten wurden drei große Kollektenreisen vom Reutlinger Rat initiiert „bis in die Schweiz, nach Danzig und Kopenhagen [...]. 1729 verzichteten Kaiser und Schwäbische Kreis für 20 bzw. 10 Jahre auf die allgemeinen Umlagen, die Reutlingen hätte zahlen müssen, sowie auf die Stellung des üblichen Kontingents zum Kreisheer" und auch die Nachbarländer leisteten materielle wie finanzielle Unterstützung, vgl. Jung: Der Niedergang der Reichsstadt, S. 110. Der Stadtbrand war jedoch auch ein Medienereignis: So wurde nicht nur die Brandpredigt des Spitalpfarrers Michael Fischer gedruckt, der besonders die Sünden der Reutlinger Bürger als Strafe Gottes für den Brand verantwortlich machte: „Und wann ich die Umstände der entsetzlichen Brunst selber betrachte, so erblicke ich überall GOttes Finger, GOttes Zorn, GOttes Ungnade [sic]. Alle Umstände rufften: Wehe!". Der städtische Rat missbilligte die Predigt, da „er befürchtete, er werde die Spendenbereitschaft dämpfen. Ihre Wirkung war unterschiedlich: In Straßburg lehnte es ein Geistlicher ab, den sündigen Reutlingern zu helfen, in Augsburg wurde von sechs Kanzeln verkündet, dass die Bußfertigkeit der Reutlinger, die die Predigt zeige, ein zusätzlicher Grund für reichlich Spenden sei". Borth et. al.: Reutlingen, S. 109. Auch der Druck und die Verbreitung der Stiche des Stadtbrandes wie des „Bettelplans" des Augsburger Ratherren Thomas von Rauners oder der *Brand der Stadt* von Gabriel Bodenehr dem Älteren (1664–1758) von 1726 (ebenfalls mit dem Verweis „Dein Sünd – O Reutlingen – Dein Brand) sorgten für eine illustrative Darstellung, die zum Spenden animieren sollte, vgl. Ströbele, Werner: Stadt – Bild – Geschichte: Reutlingen in Ansichten aus fünf Jahrhunderten: Katalog und Ausstellung zum Stadtjubiläum „900 Jahre Reutlingen", Reutlingen 1990.

203 Die Maßnahmen bewirkten nur bedingt Erfolge: Zwar wurden Ämter abgeschafft oder zusammengelegt und die Steuern wurden nicht mehr vom Steuerherrn aus dem Rat verwaltet, sondern durch den vom Kreis eingesetzten Steuerkassierer und „fast alle Einnahmen der Stadt flossen in seine Steuerkasse". Doch eine moderne Administration nach dem Vorbild Württembergs wurde nicht erreicht, die Ämter wurden weiterhin jährlich verteilt und der Verdacht der Korruption blieb weiterhin bestehen. Nicht zuletzt die Divergenz zwischen der Obrigkeit und der ärmeren Stadtbevölkerung im Zuge dieser Periode führte zu Bürgerunruhen im Jahr 1749. Umso wichtiger

Es sei nun kurz in Grundzügen die Regierungsverwaltung Reutlingens erklärt:[204]

In Reutlingen besaßen die zwölf Zünfte, aufgrund des Status als Handelsstadt, eine führende Stellung in der Ratsverfassung.[205] Der Reutlinger Magistrat setzte sich insgesamt aus 28 Personen zusammen: Das Siebenerkollegium, ein Zusammenschluss aus drei Zunftmeistern und vier Zunftrichtern, welche den ‚Kleinen Rat' wählten.[206] Dieser bestand aus vier alten Räten, zwölf jungen Räten und zwölf Stadtrichtern. Der Große Rat, der sich insgesamt aus 50 bis 52 Personen zusammensetzte, jeweils aus zwölf Stadtrichtern, den vier alten Räten, den zwölf Zunftmeistern und 24 Zunfthüten (die zuvor von den Zünften gewählt worden waren), wählte aus dem Kleinen Rat die drei Bürgermeister, die für ein Jahr die Geschicke der Stadt leiteten. Mit der Wahl einhergingen die zeremoniellen Eidesleistungen und Siegelübergaben.[207]

Im 18. Jahrhundert ließ sich eine ‚Oligarchisierung' der führenden Reutlinger Handelsfamilien feststellen, weil die Wahlen zumeist Formsache waren und ein gewähltes Ratsmitglied diesen Status meist lebenslang behielt.[208]

Die Bevölkerung Reutlingens belief sich im Verlauf des 16. und 17. Jahrhunderts auf rund 5.000 Einwohner. Im 18. Jahrhundert erhöhte sich die Einwohnerzahl auf circa 6.500 Einwohner, bei einer Volkszählung von 1803, unmittelbar nach dem Anschluss an das Herzogtum Württemberg wurden 7.798 Bewohner gezählt.[209] Damit war Reutlingen eine mittelgroße Reichsstadt mit einer weitgehend homogenen, kaufmännisch-handwerklich geprägten Bürgerschaft.[210]

Reutlingen gehörte schon zur Inkunabelzeit zu den Druckorten des Alten Reiches, der erste Reutlinger Druck verließ 1476 die Druckerpressen.[211] Die Auftragslage schien in der Reichsstadt über die Jahrhunderte hinweg aber durchaus wechselhaft gewesen zu

wurden Handelssektoren, die die angeschlagene Wirtschaftslage der Reichsstadt besserten, und dazu gehörte der Buchhandel in hohem Maße, Jung: Der Niedergang der Reichsstadt, S. 113f.

204 Für die Entwicklungen bis zum 18. Jahrhundert vgl. Lütcke, Klaus-Peter: Das Haushalts- und Rechnungswesen der Freien Reichsstadt Reutlingen im 18. Jahrhundert, Tübingen 1981, S. 12f.

205 Die Stellung konnten die Zünfte gegen die Patrizier behaupten. Die zwölf Zünfte waren: Bäcker, Gerber, Krämer, Küfer, Metzger, Schmiede, Schneider, Kürschner, Schuhmacher, Tucher Weingärtner, Karcher.

206 Die Wahl der Zunftmeister und Zunftrichter fand zuvor innerhalb der Zünfte statt.

207 Der sogenannte ‚Schwörtag' war der Höhepunkt des politischen Lebens in der Stadt und gehörte zum festen Ritual des städtischen Bewusstseins.

208 Dies führte schließlich zum Ende des 18. Jahrhunderts unter den Auswirkungen der französischen Revolutionen zu Auseinandersetzungen zwischen Bevölkerung und Amtsträgern. Neben den politisch-sozialen Spannungen und der konfliktgeladenen Administration treten immer wieder auch finanzielle Engpässe auf, die Johann Jacob Fezer (1760–1844) als Bürgermeister und einer der berühmtesten Persönlichkeiten der Stadt, zu lösen versuchte, Lütcke: Haushalts- und Rechnungswesen, S. 24.

209 Vgl. Wittmann, Rudolf: Die Entwicklung der wirtschaftlichen Verhältnisse der Freien Reichsstadt Reutlingen 1648–1803, Reutlingen 1926, S. 4f.

210 Die äußerst günstige Lage an der Nord-Süd-Handelsverbindung sorgte dafür, dass die Waren bis nach Oberitalien und über Neckar und Rhein in den Nordwesten Europas transportiert werden konnten, vgl. Fritz: Die Reichsstadt Reutlingen, S. 173.

211 Widmann: Vom Buchwesen der alten Reichsstadt Reutlingen, Sp. 454.

sein, sodass die Drucker häufig nach nur wenigen Jahren wieder fortzogen. Der Ahnherr, der hier behandelten Fleischhauerfamilie Johann Justus I. Fleischhauer (1675–1709), ließ sich in Reutlingen nieder, nachdem er aus Schmalkalden hergezogen war und begründete damit eine Firmengeschichte, die bis ins 20. Jahrhundert reichte.[212] Ähnlich wie in anderen Reichsstädten, beispielsweise in Esslingen, gab es keine eigene Buchdrucker- oder Buchhändlerzunft.[213] Dieses – im Vergleich mit den anderen Zünften – moderne Gewerbe musste sich in die vorhandenen Zünfte integrieren, wie dies bereits im Kapitel 2.2. aufgezeigt wurde. In Reutlingen gehörten die Buchhändler- und Buchbinder der Kramerzunft, die Buchdrucker der Tuchmacherzunft an.

Anfang des 19. Jahrhunderts waren in der Tuchmacherzunft 16 Buchdrucker verzeichnet, von denen sieben eine eigene Druckerei und teilweise auch einen Verlag hatten. In der Kramerzunft waren sieben Buchbinder und zwei Buchhändler mit Verlag und Sortiment aufgelistet: Insgesamt betrachtet eine recht hohe Anzahl vor allem für eine vergleichsweise kleine Stadt.[214]

Ein weiterer und für den Buchhandel essenzieller Erwerbszweig der Reichsstadt war die Papierherstellung, die bis weit über die territorialen Grenzen hinaus für die gute Qualität gelobt wurde. Bei der Papierherstellung ließen sich Äquivalenzen zur Buchherstellung feststellen, denn schon um 1480 fanden sich die ersten Papiermacher in Reutlingen.[215] Da die Papierer keine eigene Zunft bildeten,[216] gehörten sie, gleichfalls wie die Buchhändler und -binder, der Kramerzunft an. Und auch eine dritte Konstante teilten sich die Papierer wie Buchhändler: Schon ab der Mitte des 16. Jahrhunderts wanderten einige Buchhändler wie Papierer, aufgrund der großen Konkurrenz innerhalb der Stadt und dem daraus resultierenden mangelndem Arbeitsangebot, in andere Territorien aus.

212 Ebd., Sp. 483.

213 Vgl. Borst, Otto: Buch und Presse in Esslingen am Neckar: Studien zur städtischen Geistes- und Sozialgeschichte von der Frührenaissance bis zur Gegenwart, Esslingen, 1975, S. 259f.

214 Zum Vergleich: Die schwäbische Reichsstadt Esslingen am Neckar mit einer ähnlichen Einwohnerdichte wie Reutlingen von circa 5.500 Menschen Ende des 18. Jahrhunderts, besaß lediglich einen Buchdrucker. Dieser gehörte zunächst der Weingärtnerzunft an, wurde 1720 aber der Lade der Barbiere zugeteilt, vgl. Ebd., S. 353ff.

215 Sporhan-Krempel, Lore: Vier Jahrhunderte Papiermacherei in Reutlingen (ca. 1465–1863), in: Archiv für Geschichte des Buchwesens 13 (1973), Sp. 1513–1586.

216 Sie schlossen sich 1527 zu einer „Papierbruderschaft“ zusammen und gaben sich eigene Statuten, die sie sich vom Rat bestätigen ließen. Da Papiermacherei als eine „freie Kunst“ galt, also keine Lehre voraussetzte, wurde sie auch von der Obrigkeit nicht als Handwerk anerkannt. Durch die Anerkennung durch den Rat hatten die Papierer in Reutlingen zumindest eine „lokale Sicherheit“, Ebd., Sp. 1524.

3 Die Nachdruckunternehmungen in Karlsruhe, Tübingen und Reutlingen

Nachdem die Voraussetzungen für den Büchernachdruck in den zu untersuchenden Territorien dargestellt wurden, soll dazu übergegangen werden, die Nachdruckunternehmungen in Karlsruhe, Tübingen und Reutlingen zu analysieren und aufzuzeigen, wann und wie die Buchhändler und -drucker ihre Nachdrucktätigkeit aufnahmen, welche Artikel sie nachgedruckt haben, in welche Auseinandersetzungen sie gerieten und welche geschäftlichen Kooperationen sie eingingen, um den Nachdruckbetrieb zu optimieren.

3.1 Das Karlsruher Nachdruckunternehmen Christian Gottlieb Schmieders

Christian Gottlieb Schmieder wurde am 20. Dezember 1750 in Stuttgart geboren, sein Vater war Johann Jakob Schmieder, Kammerdiener des Herzogs Karl Eugen von Württemberg.[1] Schmieder wurde – bis er 20 Jahre alt war – im württembergischen Herzogtum sozialisiert, ehe er 1770 nach Karlsruhe zog, wo er als Faktor in der Lotter'schen Druckerei arbeitete.[2] Ob er zuvor in Stuttgart oder einer umliegenden Druckerei schon als Faktor angelernt wurde, ließ sich nicht nachweisen. Es lag jedoch nahe, dass er als etwa Zwanzigjähriger entweder im Druckerei- oder Buchhandelsbetrieb tätig gewesen ist.

Schmieder übernahm 1771 eine der beiden Buchhandlungen in Karlsruhe, nachdem er Catharina Wirsum geheiratet hatte.[3] Schon kurz nach Übernahme der Buchhand-

1 Breitenbruch: Schmieder, Sp. 651.

2 Lotter führte die Druckerei vom gebürtigen Reutlinger Johann Jakob Ludwig Held, der 1756 verstarb, weiter, ehe er diese 1762 für 3.000 fl. erwarb. Vgl. Fecht: Residenzstadt Karlsruhe, S. 315ff.

3 Diese war die Tochter Max Wirsums, der die erste Buchhandlung in Karlsruhe bis zu seinem Tod führte, welche zuvor vom Tübinger Johann Georg Cotta als Filiale gegründet worden und dessen Schwiegersohn Wirsum war. Johann Georg Cotta hatte auch in Pfozheim eine Niederlassung, über die Firmengründung in Karlsruhe und Max Wirsums Tätigkeit. Nach dem Tod Wirsums wurde das Geschäft zunächst vom Angestellten Boecklin, daraufhin von Johann Georg Cottas Sohn Johann Jacob Cotta (1726–1775) geführt, welcher den Buchhandel in Tübingen gelernt hatte. Diese Episode endete jedoch ebenfalls nach kurzer Zeit, sodass Michael Macklot das Geschäft übernahm: „Bereits im Oktober oder Anfang November 1756 wurde Michael Macklot aus Frankfurt am Main als Faktor der Wirsum'schen Buchhandlung berufen. Er hatte jedoch von Anfang an ganz offensichtlich nur seine eigenen Projekte im Kopf und versuchte sogar, die Schließung der Wirsum'schen zugunsten einer eigenen Buchhandlung zu veranlassen. Daher dauerte es nur fünf Monate, bis am 10. März 1757 Johann Georg Cotta den Behörden meldete, daß er Macklot

lung begann Schmieder damit, einen eigenen Verlag aufzubauen und das erste Buch zu verlegen, welches jedoch kein Nachdruck war. Es handelte sich um einen Sammelband Karl Friedrich Gerstlachers (1732–1795), den Schmieder 1773 veröffentlichte. Bemerkenswert war der Druckort, der am Ende des ersten Bandes angeführt war: „Tübingen, gedruckt bei Joh. Adam Sigmund".[4] Schmieder, der zeitlebens über keine eigene Druckerei verfügt hatte, wandte sich für den Druck an einen Drucker in seiner ehemaligen württembergischen Heimat.[5] Möglicherweise kam über diesen Weg die Verbindung zum Buchdrucker Johann Georg Fleischhauer zustande. Schmieder plante sicherlich spätestens 1773 die Erstellung seiner Nachdrucksammlung und suchte hierfür einen geeigneten Geschäftspartner, sehr wahrscheinlich auch für die künftig anstehenden Druckaufträge. Die Auseinandersetzungen zwischen Reichsbuchhandel und den sächsischen Verlegern, die im Kursächsischen Mandat 1773 gipfelten, bildeten gleichzeitig den Einstieg für Schmieder, sich auf den Nachdruck zu spezialisieren.[6]

Dabei beschritt Schmieder einen anderen Weg als andere Nachdrucker der Zeit und suchte zunächst nicht den offenen Konflikt mit den sächsischen Verlegern und besuchte nicht die Hanauer Nachdruckmesse,[7] sondern verkaufte seine Bücher fernerhin auf der

entlassen habe". Unmittelbar nach der Entlassung ersuchte Macklot um die Errichtung einer eigenen Buchhandlung, die ihm vom Markgrafen von Baden-Durlach Karl Friedrich 1757 gewährt wurde. Aufgrund der Konkurrenzsituation folgte eine monatelange Auseinandersetzung zwischen Cotta und Macklot, die darin endete, dass beide Buchhandlungen nebeneinander in Karlsruhe Bestand hatten. Nach dem Tod der Witwe Wirsums übernahm die Tochter, Catharina Wirsum das Geschäft, ehe durch die Heirat mit Schmieder dieser Buchhändler in Karlsruhe wurde, hierzu Fürst: Buch und Druck in der Residenz, S. 15–25. „Johann Jacob Cotta hatte testamentarisch sein Vermögen, das aus Bargeld und Liegenschaften im Wert von 17820 fl. 28 kr. und aus der Buchhandlung bestand [...] zu je einem Viertel seinen beiden Brüdern Johann Georg und Christoph Friedrich, seiner Schwester [...] und seiner Nichte, der Frau des Karlsruher Buchdruckers Schmieder vermacht", Lohrer, Liselotte: Cotta – Geschichte eines Verlags, 1659–1959, Stuttgart 1959, 45. Schmieder war entgegen der Annahme Lohrers Buchhändler und kein Buchdrucker.

4 Gerstlacher, Karl Friedrich: Sammlung aller Baden-Durlachischen, das Kirchen- und Schulwesen, das Leben und die Gesundheit der Menschen [...] und endlich die Aufnahme der Professionen und Handwerker betreffenden Anstalten und Verordnungen, Carlsruhe, [zu finden in der Schmiederischen Buchhandlung] 1773, S. 546.

5 Über das Zustandekommen des Kontaktes zu Sigmund lässt sich nur spekulieren. Womöglich empfahl Gerstlacher den Kontakt, da er zwischen 1761 und 1767 Professor in Tübingen war. Gerstlacher selbst ließ während seiner Zeit in Württemberg hingegen bei Johann Benedikt Metzler in Stuttgart drucken.

6 Möglicherweise sah er sich auch durch finanzielle Not und Teuerung dazu gezwungen, neue Vertriebswege und Akquisemöglichkeiten für seine Buchhandlung zu suchen, da in den Jahren zwischen 1770 bis 1772 eine Hungerkrise Mitteleuropa und auch Baden erschütterte. Es ist augenfällig, dass man in Krisenzeiten am ehesten auf Kulturgüter wie Bücher verzichten konnte und dadurch der Absatzmarkt einbrach. Zur Situation in Baden in den 1770er Jahren vgl. Zimmermann, Clemens: ‚Noth' und ‚Theurerung' im badischen Unterland: Reformkurs und Krisenmanagement unter dem aufgeklärten Absolutismus, in: Aufklärung 2,1 (1987), S. 95–119. Überblick zur Hungerkrise 1770–1772 vgl. Collet, Dominik: Die doppelte Katastrophe. Klima und Kultur in der europäischen Hungerkrise 1770–1772 (= Umwelt und Gesellschaft; 18), Göttingen 2018.

7 Die Hanauer Nachdruckmesse war eine kurzfristige Messe, bei der insbesondere Nachdrucke gehandelt werden durften, vgl. hierzu Kap. 4.5.3.

„zur gänzlichen Bedeutungslosigkeit herabgesunkenen Frankfurter Messe im Laden von Johann Christian Ruff" und inserierte im Frankfurter Journal seine Verlagsanzeigen.[8] Damit handelte er ganz im Sinne des Reichshofrates und der kaiserlichen Bücherkommission, die sich gegen das kursächsische Mandat und die Hanauer Nachdruckermesse wandte und das Ziel verfolgte das Privilegien- und Pflichtexemplarwesen weiterhin durchzusetzen.[9]

3.1.1 Die Privilegierung der *Sammlung der besten deutschen prosaischen Schriftsteller und Dichter*

Am 30. September 1773, circa zwei Jahre nach der Übernahme der Buchhandlung in Karlsruhe und kurz nach dem ersten von ihm verlegten Buch, beantragte Schmieder über seinen Anwalt Johann Friedrich von Fischer, Edler von Ehrenbach beim Reichshofrat ein Privilegium Impressorium über eine *Sammlung der besten prosaischen Schriftsteller und Dichter.*[10] In dem Bittgesuch an den Kaiser erläuterte der Advokat die Gründe für das Ersuchen, nämlich „wider alle Eingriffe des schädlichen Nachdrucks hinlänglich gesichert zu seyn".[11] Die übliche Zensurbescheinigung, – „gewöhnliche Censur" –, die dem Antrag beigefügt werden musste, entfiel laut Fischer von Ehrenbach, da sie „eines Theils überflüßig, und anderen Theils nicht zu erhalten seyn würde". Was dies genau bedeutete, erklärte er anhand von zwei Punkten: Erstens war die Sammlung kein ganz neues Werk, sondern sie bestand nur aus bereits gedruckten Teilen, die die Zensur längst passiert hätten. Zweitens seien die Teile der Sammlung noch nicht gedruckt worden, sie hofften aber, „daß solches viele Jahre hindurch continuieren, und gar viele Bände ausmachen werde".[12] Diese beiden Gründe machten die „Herbeyschaffung einer Censur unmöglich", – die geforderten fünf Pflichtexemplare würden erst dann nachgereicht werden können.[13]

Der Reichshofrat ließ sich von der Argumentation des Anwalts nicht überzeugen und forderte den Bittsteller auf, die gewöhnliche Zensur beizubringen, ehe weitere kaiserliche Verfügungen stattfinden könnten.[14] Daraufhin forcierte Schmieder ein Zensurgutachten, welches ihm der badische Hofrat und Zensor Friedrich Molter am 14. Januar 1774 ausstellte und in knappen Worten bescheinigte, dass der Druck der Sammlung gestattet

8 Breitenbruch: Schmieder, Sp. 652.

9 „Er (=Reichshofrat) that es in fünf vom 7. Juli 1775 datierten Reskripten, die zusammen das große Ziel verfolgten, das kaiserliche Privileg- und Pflichtexemplarwesen am Leben zu erhalten. Zwei Reskripte mußten deshalb abwehrender Natur sein: das eine wendete sich gegen das kursächsische Mandat, das andere gegen die Hanauer Messe. Die drei übrigen Reskripte gaben positive Bestimmungen, um dem Verfall der Frankfurter Büchermesse zu steuern." Goldfriedrich: Geschichte des deutschen Buchhandels, Bd. 3, S. 68f.

10 Vgl. zu den Druckprivilegien Kap. 2.1.2.

11 HHStA, 62, 2, 12.

12 HHStA, 62,2, 12.

13 Ebd. HHStA 62,2,12.

14 So geht es aus dem Antwortschreiben hervor „Würde Implorant die gewöhnliche Censur beybringen, so erfolgt weitere kaiserliche Verordnung", HHStA 62,2,12.

werden könne.[15] Einen Monat nach Einreichung des Gutachtens bekam Schmieder am 21. Februar 1774 sein kaiserliches Druckprivileg über zehn Jahre verliehen.[16]

Es war sicherlich kein Zufall, dass am 8. Mai 1774, also kurz nach der Ausstellung des kaiserlichen Privilegs für Schmieder, ein Gesuch des Reutlinger Buchdruckers Johann Georg Fleischhauer beim Reichshofrat eintraf, eine *Sammlung der poetischen und prosaischen Schriften der schönen Geister in Teutschland* zu privilegieren.[17] Fleischhauers Anwalt Johann Gottfried von Reck nutzte dabei nahezu identische Formulierungen im Bittgesuch wie Schmieders Anwalt. Der größte Unterschied bestand jedoch darin, dass Fleischhauer seinem Bittgesuch die Zensurgutachten aus Tübingen und Reutlingen direkt mitlieferte.[18] Daher erteilte der Reichshofrat Fleischhauer einen Monat später am 6. Juni 1774 ebenfalls das Impressorium.

Ohne Zweifel bestand eine Verbindung zwischen Schmieder und Fleischhauer, die innerhalb kürzester Zeit ihre Anthologien privilegieren ließen. Es konnte vermutet werden, dass Schmieder zunächst die Möglichkeiten der Erteilung eines Privilegs auslotete, ehe Fleischhauer – nach erfolgreicher Ausstellung – ebenfalls ein kaiserliches Privileg ersuchte. Es fanden sich keine Hinweise darauf, woher Schmieder und Fleischhauer die Idee nahmen, ihre *Sammlungen* zu konzipieren. Es schien naheliegend, dass der Inspirationsgeber der Nachdruckerfürst Thomas von Trattner gewesen sein könnte, da dieser Gellerts *Sammlung der sämmtlichen Schriften* 1773 nachgedruckt hatte.[19] Es waren dann auch die Werke Gellerts, die bei Schmieder als erste Nachdrucke in der Sammlung implementiert wurden.[20]

---

15 „In Gefolg des von Hoher Regierung erhaltenen Auftrages habe ich die teutsche Schriften, welche der Buchführer Schmieder allhier in einer vollständigen Sammlung herauszugeben willens ist, untersucht und kann der Druck gedachter Schriften gestattet werden." HHStA, 62,2,12.

16 Breitenbruch gibt fälschlicherweise an, dass Schmieder sein Privileg am 21. September 1774 erhielt, an ebenjenem Datum geriet er bereits in die Auseinandersetzung mit Philipp Erasmus Reich, vgl. Breitenbruch: Schmieder, Sp. 653 und HHStA 62,2,12.

17 Vgl. Kap. 3.3.1.

18 Vgl. Ebd.

19 Giese: Trattner, Sp. 1356. Zwischen 1756 und 1769 erschien in zwei Teilen und mehreren Auflagen in der Weidmann'schen Buchhandlung in Leipzig die *Sammlung vermischter Schriften von C.F. Gellert*, die Trattner wiederum nachdruckte. Außerdem ist das Verlagsprogramm Trattners am ähnlichsten zu den späteren Nachdrucken Schmieders und Fleischhauers, vgl. die Bibliographien der Nachdrucke von Giese und Breitenbruch.

20 Auffallend ist die Ähnlichkeit des Reihentitelblattes bei der Weidmann'schen *Sammlung vermischter Schriften* und bei Fleischhauers *Sammlung der poetischen und prosaischen Schriften der schönen Geister in Teutschland*, beispielsweise bei Fleischhauers Nachdruck der Schriften Wielands von 1775 und die Sammlung Gellerts bei Weidmann von 1756, die einen ähnlichen Aufbau und ein ähnliches Erscheinungsbild aufweisen.

Erste Klage Philipp Erasmus Reichs gegen den Büchernachdruck

Ein halbes Jahr nach Erteilung der Privilegien erfolgte im September 1774 die erste Klage seitens der Originalverleger vom Leipziger Verleger Philipp Erasmus Reich,[21] der den Nachdruck ebenjener Werke Gellerts durch Fleischhauer und Schmieder zunächst bei der kaiserlichen Bücherkommission anzeigte, welche daraufhin am 26. September dem Reichshofrat übermittelt wurde.[22] Reich hatte sich bereits 1773 in zwei Schriften kritisch gegenüber dem Nachdruck geäußert,[23] da Trattner ihm 1773 die Sammlung der Schriften Gellerts nachgedruckt hatte. Daher wollte Reich unbedingt verhindern, dass sich gleich zwei neue Nachdruckzentren im südwestdeutschen Raum etablierten, die sein Geschäft und seinen Absatzmarkt schmälerten.[24]

In seinem Schreiben zeigte er an, dass das kaiserliche Privileg von den beiden Buchführern „erschlichen" wurde.[25] Was bezweckte Reich damit? Mit der Anschuldigung eines ‚erschlichenen' Privilegs – ein privilegia sub- et obreptiva – wurde dem Reichshofrat die Möglichkeit gegeben, das Privileg wieder aufzuheben.[26] Da es sich bei dem Impressorium um einen kaiserlichen Gnadenakt handelte, bedurfte es auch einer hoheitsrechtlichen Aufhebung durch den Kaiser, einer „revocatio privilegiorium".[27]

Drei Tage nachdem die Insinuation den Reichshofrat erreicht hatte, mussten die beiden Nachdrucker sich zum Fall binnen zwei Monaten äußern und verfügten im Sinne der kaiserlichen Bücherkommission, dass während dieser Zeit keine weiteren Bücher gedruckt werden durften. Beide Buchdrucker kamen der Aufforderung nach und taten dies in enger, gemeinsamer Absprache, da beide eine ähnlich lautende Rechtfertigung abgegeben hatten. Sie verkündeten, dass sie die Werke Gellerts nur innerhalb der Sammlung verkaufen und diese unproblematisch „nebeneinander bestehen könnten".[28] Auf Grundlage dieser Rückmeldung aus Karlsruhe und Reutlingen beschloss der Reichshofrat am 10. Februar 1775, Reich davon in Kenntnis zu setzen und ihn ebenfalls zur Stellungnahme binnen zwei Monaten aufzufordern.[29]

21 Reich hatte die Weidmann'sche Buchhandlung in Leipzig als Geschäftsführer übernommen, firmierte unter dem Namen Weidmanns Erben und Reich unter den Verlagswerken, war jedoch zeitlebens Angestellter, vgl. Lehmstedt: Reich.

22 Vgl. auch Buchner, Karl: Beiträge zur Geschichte des deutschen Buchhandels, 2. Heft: Aus dem Verkehr einer deutschen Buchhandlung mit den Geschäftsgenossen, Gießen 1874, S. 54–65.

23 Dies im Zuge der ‚Gelehrtenrepublik' Klopstocks, vgl. Kap. 4.1.

24 Da die Werke Gellerts sich ernormer Beliebtheit erfreuten, war Reich darauf bedacht, jeglichen Nachdruck zu unterbinden. Zur Popularität Gellerts vgl. umfassend Witte, Bernd (Hg.): Ein Lehrer der ganzen Nation: Leben und Werk Christian Fürchtegott Gellerts, München 1990.

25 Vgl. HHStA, Impr. 62,12,2.

26 Mohnhaupt, Heinz: Erteilung und Widerruf von Privilegien nach der gemeinrechtlichen Lehre vom 16. bis 19. Jahrhundert, in: Dölemeyer: Das Privileg im europäischen Vergleich, S. 93–121, hier S. 114ff.

27 Der Widerruf von Privilegien wurde intensiv und kontrovers diskutiert, vgl. hierzu Andersch: Büchernachdruck, S. 30 und S. 230ff.; Klippel: Das Privileg im deutschen Naturrecht des 18. und 19. Jahrhunderts, in: Dölemeyer: Das Privileg im europäischen Vergleich, S. 329–345, hier S. 336.

28 Zitiert nach Breitenbruch: Schmieder, Sp. 671.

29 Ebd.

In Wien befand sich der Reichshofrat in einer schwierigen Situation, da sie Schmieder und Fleischhauer – womöglich übereilig – das Privileg verliehen hatten und diese ganz im Sinne ihres Privilegs die Werke Gellerts innerhalb ihrer Sammlung verkauften.[30] In dieser Zwickmühle entschied man sich für die gängige Praxis des Vergleichs zwischen den Parteien.[31]

Da sich Schmieder offensichtlich durch das Impressorium bestätigt fühlte, druckte er weiter nach, sodass sich Reich wiederum an den Reichshofrat wandte und beklagte, dass Schmieder in der

> Stuttgard. Privilegierten Zeitung [...] inserieren und darinn öffentlich declarieren lassen, daß indem in cocl[uso] caes[areo] de 10. Febr. A[nn]i curr[entis] die inhibition nicht nochmahlen bestätiget worden, er mit dem Abdruck der Gellert[ischen] Schriften fortfahren werde.[32]

Auf dieser Grundlage verfügte der Reichshofrat am 16. Mai 1775 eine Inhibition der Schmieder'schen Drucke, womit Reich sein vorläufiges Ziel, die Unterbindung der Nachdrucke Gellerts, erreicht hatte und nachfolgend keine Eile hatte, an diesem Zustand etwas zu ändern.[33] Anders stellte sich die Situation bei Schmieder dar, der den Streit mit Reich baldmöglichst zu einem Ende bringen wollte, um die finanzielle Existenz seines noch jungen Unternehmens nicht zusätzlich zu gefährden. Aus diesem Grund wandte er sich am 7. Oktober 1775 an den Markgrafen von Baden, um ihn um Vermittlung und Protektion zu bitten. Er schrieb einleitend:

> Da ich vor ungefähr einem Jahr den Entschluß faßte, eine Samlung der besten deutschen prosaischen Schriftsteller und Dichter aufzulegen, und da durch ein dem publico sehr nüzlich Buch in die Hände gelifere, so ware diß dabei meine erste Sorge, daß [...] zerschiedene Buchhändler einige der vorzüglichsten deutschen Schriftsteller unter dem Schuz eines kaysl. Privilegii gedruckt [haben].[34]

Als Legitimationsmittel hierfür nahm er

> einen Reuttlinger Buchdrucker, welcher zu gleicher Zeit eben eine solche Sammlung ein kaysl. Privilegium erhalten, hierinnen die Erlaubniß bekommen, selbige die Gellertschen und andere mit einem kayserl. Privilegio schon versehene Schriften einzurücken.[35]

30 Ebd.

31 „Die im Verhältnis zum großen Anfall an Streitsachen geringe Menge von formellen Urteilen in der obigen Darstellung ist aber nicht so sehr auf Saumseligkeit des Rhrs. zurückzuführen, sondern hängt vielmehr mit der bei ihm üblichen Praxis zusammen, in der Mehrzahl der Fälle nicht einen ordentlichen Prozeß einzuleiten, sondern den Beklagten in einem Reskript zur Klaglosstellung oder Berichterstattung aufzufordern", Gschließer: Der Reichshofrat, S. 39.

32 RHR, Impr. 62.

33 RHR, Impr. 62. Reich ernannte in der Folgezeit keinen Bevollmächtigten für die Schlichtungskommission und reichte immer wieder neue Terminvorschläge ein.

34 GLA 206,702.

35 GLA 206,702.

Er versuchte dem Markgrafen glaubhaft zu machen, dass der Reutlinger Buchdrucker zuvor schon die Erlaubnis bekommen hatte, die Schriften nachzudrucken, er dies *bona fide* nun auch tat.[36]

Schmieder argumentierte schon zu Beginn seiner Tätigkeit mit der Unterteilung zwischen den Vorteilen für das Publikum, welches er beförderte und dem restriktiven Verhalten der Originalverleger: Während er einerseits prognostizierte, dass die Nachdrucke „welche wegen ihres großen nuzens und weil der Verf. Gelert bey dem publico ungemein beliebt ist, einen fast unglaublich schnellen Abgang finden“ werden, handelten Weidmanns Erben und Reich andererseits „aus schändlichem Geiz und suchten uns den Abdruck wiederzulegen“.[37] Aus dieser Maxime leitete Schmieder auch die zweifache Inhibation seiner Sammlung, die „namenhafte Androhung einer Geldbuße“ und die „Confiscation“ ab, die Reich gegen ihn durch den Reichshofrat und die kaiserliche Bücherkommission vorbrachte. Im letzten Teil der Bittschrift wurde deutlich, wie sehr die Verfügung Schmieder einschränkte, weiteren Absatz zu generieren.[38] Daher pochte Schmieder auf die Unterstützung des Markgrafen, die Sammlung wenigstens in den badischen Landen absetzen zu dürfen und kehrte die Vorteile hervor:

> Da ich durch den Abdruck derselben höchst dero hochfürstlichen Landen nicht nur einen großen Nuzen neu schaffe, weswegen solche sehr stark gesucht werden, und ich sie in dem praenumerations Preis von 4 fl verkauffe, der sonsten in denen Buchläden 10 fl davor bezahlet werden muß, mithin das publicum nicht nur mehr als das altrum tantum erstehet, sondern auch das Geld durch meinen Druck im Land erhalten, darüber auch denen darinnen sich etablierten Buchdruckern ein ansehnliches Stück Brod von mir zugewendet wird [...].[39]

Die Rechtfertigungsstrategie, die Schmieder hier anwendete, fügte sich in die allgemeine Auffassung der süddeutschen Buchhändler- und Drucker ein, den Nachdruck als eine Art Notwehr gegen die Leipziger und nordostdeutschen Verleger zu sehen, die durch ihre viel zu hohen Bücherpreisen dem Publikum die Möglichkeit nahmen, die populäre Literatur zu konsumieren. Schmieder hoffte, dass der Markgraf zu seinen Gunsten intervenierte, sei es, um seinen Untertan zu schützen und somit die finanzielle Absicherung durch den Absatz der Nachdrucke im badischen Territorium zu ermöglichen oder um die eigenen wirtschaftspolitischen Absatzmöglichkeiten zu erhalten und gegebenenfalls

36 „[...] nehme ich bona fide die Gellertsche Schriften zu meiner Samlung zuerst in Abdruck“, GLA 206,702.

37 GLA 206,702.

38 „Als werden nicht weniger mir zu meinem größten Schaden in den Verkauf und der Fortsetzung meiner Sammlung der besten deutschen prosaischen Schriftsteller und Dichter von ihnen Hindernisse in den Weg gelegt.“ GLA 206,702.

39 Fürst stellte heraus, dass Schmieder eine geringe Menge bei Macklot drucken ließ, was Schmieder in diesem Kontext anführt, den Hauptteil seiner Drucke besorgte er jedoch bei Fleischhauer. Dies konnte er aber in diesem Kontext nicht zugeben, da er von seinem eigentlichen Buchdrucker Fleischhauer zuvor schon distanziert gesprochen hat, um sein Argument des Nachdrucks der Schriften Gellerts zu stützen. Gleichzeitig beweist diese Aussage, dass Schmieder selber über keine eigenen Pressen verfügt hat. GLA 206,702; Fecht: Buch und Druck, S. 55.

auszubauen. Beides geschah – und dies sei vorweggenommen – nicht, wobei die Gründe hierfür nicht genannt wurden. Man kann sich nur auf die „PrivatGedanken [sic] über den Schmiederschen Nachdruck“ des Hofrates Johann Christian Griesbachs stützen, der am 23. November 1788 über die Beweggründe des Markgrafen spekulierte:

> Schmieder hat, wie ich mich deutlich erinnere gleich beim Anfang seines Unternehmens diesseitiges Hochfürstliches Privilegium mehrmalen gefordert, aber nie bekommen, worüber Auswärts verschiedentlich geurtheilt worden. Warum man es ihm abgeschlagen, weiß ich nicht, so viel ist aber leicht zu erachten, daß man seine gute Ursache gehabt hat. Unter mehreren dürften folgende Beweggründe mitobgewaltet haben.
> 1. Dem Schmieder diesseitiges Privilegium nicht zu geben, um sich gegen auswärtige Klagen sicher zu stellen.
> 2. Demnach aber dem Unternehmen zu conivieren, weil S^mus^ kein Monopolium in Ihren Landen gestatten, das die Sachsen im Bücherhandel so meisterlich gegen den übrigen Theil des Reichs ausgeübt haben.
> 3. Weil in diesseitigen Landen der sonst anderwärts übliche Fiscal, der auf dergleichen öffentlichen Anstalten, und deren Contravention zu wachen, und sein fiscalischen Processe anzustellen hat, nicht existiert.
> 4. Weil Schmieder lange vor seinem angefangenen Nachdruck hier bürgerlich war und kein Beweggrund obwaltet ihn zu verstoßen, da er seinen Nachdruck kraft seines Privilegiums in jeder Reichsstadt, der er sehr willkom sein wird treiben kann“.[40]

Es waren sicherlich die abzusehenden juristischen Verwicklungen, die Karl Friedrich davon abhielten, den Buchhändler zu unterstützen – allen voran die Klagen aus Leipzig, aber auch die Einmischung in einen laufenden Prozess des Reichshofrats. Bei dem zweiten und vierten Punkt handelte es sich weniger um eine Entschuldigung, wie von Breitenbruch behauptet, als vielmehr um die Laissez-faire-Haltung des Markgrafen gegenüber dem Nachdruck.[41] Denn sowohl das „conivieren“, also die Duldung des Schmieder'schen Nachdruckunternehmens, als auch die in Punkt vier angemerkte Absicherung des Nachdrucks durch das kaiserliche Privileg, deuteten darauf hin, dass der Markgraf schlichtweg keinen Beweggrund sah, am Status quo etwas zu ändern.

Der zweite Punkt verwies auf eine Lücke in der Territorialverfassung, die schon in den 1750er Jahren Anlass für Kritik gab: „So ließ der Markgraf beispielsweise 1752 fiskalische Prozesse seiner Untertanen ohne vorherige fürstliche Einwilligung beim Hofgericht zu – gegen den vehementen Widerstand insbesondere der Kammer“.[42] Hier offenbarte sich die Haltung Griesbachs, der als Hofrat an diesem Vorgehen direkt beteiligt gewesen sein dürfte und dies nochmals in Bezug zu Schmieder zur Sprache bringen wollte. Insgesamt handelt es sich zwar lediglich um die Mutmaßungen bezüglich der

40 PrivatGedanken über den Schmiederschen Nachdruck vom 23. November 1788, GLA 206, 702.
41 Vgl. Breitenbruch: Schmieder, Sp. 673.
42 Landgraf: Moderate, S. 78.

Gründe des Markgrafen, die zur Ablehnung des Ersuchens Schmieders in der Auseinandersetzung mit Philipp Erasmus Reich geführt haben könnten. In Ermangelung anderer Gründe erscheinen diese hier angeführten ‚PrivatGedanken' durchaus plausibel, da sie die Haltung des Markgrafen in der frühen Phase des Schmieder'schen Nachdruckunternehmens aufzeigten.

Es ist nicht überliefert, ob Karl Friedrich Schmieder auf seine erste Bittschrift antwortete. Daher musste der Brief vom 24. Oktober 1774, den Schmieder erneut an den Markgrafen sandte, entweder als Antwortschreiben auf einen möglichen Brief des Markgrafen verstanden werden, oder aber als erneute Bittschrift Schmieders – was aufgrund des Inhaltes des Schreibens plausibler erschien.

Unverhohlen erklärte Schmieder, wie er seiner Sammlung – mithilfe des Impressoriums –Werke in seine Sammlung aufnehmen könne und er „glücklich" sei, „solches auf mein unterthänigstes Ansuchen ohne die geringste Einschränkung zu erhalten".[43] Aus den Zeilen war durchaus die Verwunderung zu lesen, dass der Reichshofrat ihm das Privileg für die Sammlung ausgestellt hat, obwohl es sich um Nachdrucke anderer privilegierter Verlagsartikel handelte. Doch betonte er, die Schriften nicht einzeln zu verkaufen, was wider das kaiserliche Privileg wäre, sondern der Käufer es „sich gestatten laßen muß, die ganze Sammlung sich anzuschaffen".[44] Im Kern des Gesuches ging es Schmieder aber um folgendes: Er wurde bei „der obwaltenden kayserlich allerhöchsten inhibition an den Absaz meiner Sammlung behindert" und bat nun darum „durch meinen Agenten schon wiederholten eingelegtes Gesuch um Beschleunigung der Sache mittelst eines dahin zu erlassenden Intercessions-Schreibens mit höchst dero Vorwort zu begleiten".[45] Das zweite Bittgesuch wiederholte die Sachlage, in der Schmieder steckte und betonte zugleich, wie dringend die Klärung der Streitsache war. Dafür benötigte er aber das Intervenieren des Markgrafen, welches auch im zweiten Versuch unerhört blieb.[46]

Anders als der Markgraf intervenierte der badische Ministerresident und geheime Legationsrat in Wien Jakob Friedrich von Stockmaier (1736–1788) mit einem Extrakt, welches er am 11. November 1775 vorlegte.[47] In Bezug auf den Nachdruck fremder Verlagswerke, die Schmieder sich durch sein Impressorium berechtigt sah, erwiderte Stockmaier,

> daß man zwar nicht mitbekommt, daß das Schmiederische Privilegium ohne einige Einschränkung ertheilt worden seyn, daß man aber hier wiederum dafür hält, daß es sich von selbsten verstehe, daß es nicht zum Nachtheil älterer Privilegien gereichen könne".[48]

---

43 GLA 206,702.
44 GLA 206,702.
45 GLA 206,702.
46 Es ist, wie schon nach dem ersten Brief, kein Antwortschreiben des Markgrafen oder der Regierung überliefert.
47 Stockmayer wurde ab circa 1772 badischer Ministerresident und geheimer Legationsrat in Wien, ehe er 1782 vom Herzog von Württemberg mit Aufträgen in Wien betreut wurde, vgl. Adam, Albert Eugen: Artikel Stockmayer, in: Allgemeine deutsche Biographie, Bd. 54, Nachträge bis 1899, Leipzig, 1908, S. 536–542, hier S. 539.
48 GLA 206,702.

Offensichtlich hatte man bei der Erteilung des Privilegs einen Fehler gemacht, sodass nun im Nachhinein darauf hingewiesen werden musste, dass privilegierte Bücher nicht nachgedruckt werden dürften. Die „Fortsetzung der übrigen Sammlung“, also der Werke, die nicht von anderen privilegierten Buchhändler stammten, konnte hingegen weiterbetrieben werden.[49] Stockmaier, der als badischer Interessenvertreter in Wien tätig war, versuchte Schmieder vor weiteren Klagen zu warnen und setzte sich darüber hinaus für den Karlsruher ein.[50]

Es dauerte zwei Jahre, ehe das Vergleichsverfahren zwischen Reich und Schmieder fortgesetzt wurde. In der Zwischenzeit war Schmieder alles andere als untätig geblieben, denn trotz der ‚Inhibition‘ und des weiterhin laufenden Verfahrens druckte er zwischen 1775 und 1777 viele der berühmtesten deutschen Dichter nach und hielt sich eben nicht an den Rat, den ihm Stockmaier aus Wien gegeben hatte. Bei der Herausgabe der Werke wechselte er sich mit Fleischhauer aus Reutlingen ab: Die von Schmieder zwischen 1775 und 1777 nachgedruckten Autoren waren Gottlieb Wilhelm Rabener (1714–1771), Friedrich von Hagedorn (1708–1754), Salomon Gessner (1730–1788), Friedrich Gottlieb Klopstock, Johann Peter Uz (1720–1796), Christoph Martin Wieland (1733–1813), Gotthold Ephraim Lessing (1729–1781) und Justus Friedrich Wilhelm Zachariae (1726–1777). Innerhalb dieser Bandbreite von Schriftstellern setzte Schmieder Schwerpunkte: So waren es vor allem Klopstock und Wieland, deren sämtliche Werke Schmieder nachdruckte,[51] wobei von anderen Autoren nur deren berühmtesten oder ausgewählten Schriften nachgedruckt wurden.[52] Schmieder missbrauchte

49 GLA 206,702.

50 Breitenbruch stellte es so dar, dass Stockmayer als Sprachrohr des Kaisers fungierte, wobei dieser genuin als badischer Interessensvertreter in Wien tätig war und somit als Vermittler zwischen Wien und Karlsruhe auftrat. Breitenbruch: Schmieder, Sp. 673f. In einem weiteren Extrakt vom 29. April 1776 schilderte Stockmayer seine Bemühungen: „Bisher diesem wird den Buchführer Schmieder ohne Zweifel dasjenige allbereits angezeigt haben, waswegen seinen Angelegenheit bey der vor 14. Tagen abgehaltenen Hof Comission vorgenommen und leider nicht nach dessen Wunsch ausgefallen ist. Ich hatte dahero auch, so bald ich es vorgestern von dessen Agenten erfahren hatte, so gleich mit denen Referenten dasselben sprechen wollen, von ihnen aber die Entschuldigung erhalten, daß er mich Unpässlichkeithalber nicht annehmen könnte. In dessen werde ich eine die Sache, so viel nur immer möglich ist, weiteres angelegen seyn lassen, ob ich gleich noch zur Zeit aller Orten vielen Wiederspruch gefunden habe, und dahero ohnmaßgeblich glauben sollte, daß Schmieder nicht übel thun dürfte, wenn er einige nähere Vorschläge zur gütlichen Auskunft seinenen Agenten antragen würde.“ GLA 206,702.

51 Angeblich soll Schmieder 1780 den Nachdruck von Wielands *Oberon* zunächst ausgesetzt haben, „als er hörte, der rechtmäßige Verleger Hofmann sei todt und habe Witwe und Kinder hinterlassen“. So schildert es angeblich Johann Georg Büttner, der sich zu der Zeit in Karlsruhe aufgehalten haben soll. Wielands *Oberon* erschien beim Karlsruher dann jedoch zwei Jahre später 1782, vgl. Starnes, Thomas C.: Christoph Martin Wieland. Leben und Werk, aus zeitgenössischen Quellen chronologisch dargestellt Bd. 2: „Der berühmteste Mann in Teutschland“, Sigmaringen 1987, S. 495. Umfassend zu Wieland vgl. Ungern-Sternberg, Wolfgang von: Christoph Martin Wieland und das Verlagswesen seiner Zeit: Studien zur Entstehung des freien Schriftstellertums in Deutschland (= Archiv für Geschichte des Buchwesens; 14, Sonderdruck), Frankfurt am Main 1974.

52 Vgl. Breitenbruch: Schmieder, Sp. 702–708.

> sein Privilegium immer mehr. Von 1776 an häuften sich die Drucke ohne Reihentitelblatt. Damit verkaufte er nicht nur effektiv, sondern mit voller Absicht die Teile der Sammlung einzeln. Trotzdem ist in der Zeit bis zum Jahr 1780, in der fast die Hälfte der Sammlung erschien, nicht eine einzige Beschwerde bei den Obrigkeiten in Wien und Karlsruhe nachweisbar, sodass Schmieder sein Unternehmen ungehindert weiterführen konnte.[53]

Schmieder war dazu übergegangen, den Nachdruck effizient und progressiv zu betreiben und sich ungeachtet des Verfahrens mit Reich daran gemacht hatte, viele der gewinnbringenden Schriftsteller als Nachdruck in seiner Sammlung zu deutlich erschwinglicheren Preisen anzubieten. Konträr zu dieser Entwicklung waren die ausbleibenden Klagen der geschädigten Verleger und Autoren auf die Nachdrucke seiner Sammlung. Die Gründe für die fehlenden Insinuationen der geschädigten Verleger und Autoren sind nicht zu identifizieren. Womöglich warteten sie auf eine Entscheidung im Prozess mit Reich – oder sie trauten sich angesichts des kaiserlichen Privilegs nicht, gegen Schmieder vorzugehen, da Kaiser Joseph II. eindeutig ein Befürworter des Nachdrucks war und daher die Aussicht auf Erfolg als gering eingeschätzt wurde. Der Vergleichsprozess zwischen Schmieder und Reich dauerte noch bis 1784, da Schmieder durch seinen Advokaten verlauten ließ, sich nicht über die Inhibition hinweggesetzt zu haben und auch nicht bereit war, eine von Reich geforderte Summe von 2000 Reichstalern zu bezahlen. Am 7. Mai 1784 trat die Schlichtungskommission erneut zusammen und setzte fest, dass Schmieder und Fleischhauer in Reutlingen die Gellert'schen Schriften nicht mehr einzeln und außerhalb der Sammlung verkaufen dürften und eine Summe von 500 Reichstalern für Schmieder und 200 Reichstalern für Fleischhauer als Entschädigung an Reich zahlen müssten. „Fleischhauer zeigt beim Reichshofrat am 19. Dezember 1783, Schmieder am 13. Februar 1784 an, daß man sich auf der Basis des Vorschlags der Kommission mit Weidmanns Erben und Reich geeinigt habe".[54] Mit dieser Entschädigungszahlung war der Streit zunächst beigelegt.

Der Nachdruck des ‚Don Quixote' Friedrich Justin Bertuchs

Anders als die Auseinandersetzung mit Philipp Erasmus Reich in Leipzig, der Schmieder wegen des Nachdrucks der Schriften Gellerts und deren separaten Verkauf außerhalb seiner privilegierten Sammlung angeklagt hatte, beruhte der Konflikt mit dem Weimarer Verleger, Übersetzter und Schriftsteller Friedrich Justin Bertuch (1744–1822) nicht auf der Grundlage der *Sammlung*, sondern auf dem Nachdruck nicht privilegierter Einzelwerke.[55] De facto ging es um die Bertuch übersetzten *Don Quixote*-Ausgabe, die

53 Ebd., Sp. 675.

54 Ebd., Sp. 676.

55 Zu Friedrich Justin Bertuch vgl. Steiner, Walter / Kühn-Stillmark, Uta: Friedrich Justin Bertuch. Ein Leben im klassischen Weimar zwischen Kultur und Kommerz, Köln / Weimar / Wien 2001, hier bes. S. 25–41 und Kaiser, Gerhard R. / Seifert, Siegfried (Hrsg.): Friedrich Justin Bertuch (1747 –1822): Verleger, Schriftsteller und Unternehmer im klassischen Weimar, Tübingen 2000.

zunächst in Weimar und dann in Leipzig erschienen war.[56] Mit der deutschen Übersetzung und der Fortsetzung des *Avellaneda* traf Bertuch den Lesegeschmack des Publikums und die Ausgabe fand reißenden Absatz.[57] Aus diesem Grund war es nicht verwunderlich, dass Schmieder die Übersetzung außerhalb seiner Sammlung publizierte. Auch der Zeitpunkt der Publikation war, wie schon bei dem Nachdruck des Werks *Gellerts Leben*, unmittelbar nach der Veröffentlichung der Originalausgabe. So wurde *Don Quixote* zwischen 1775 und 1777 in sechs Bänden veröffentlicht, und mit einer Verzögerung von circa einem halben Jahr, erschien daraufhin der Nachdruck bei Schmieder in den Jahren 1776 bis 1778.

Am 19. August 1776 wandte sich Bertuch an den Markgrafen von Baden, der Anlass hierfür war ein *Avertissement*, welches am 12. Juni 1776 erschienen war und Schmieders Namen trug.[58] Dies tat der Übersetzer und Verleger, auch im Namen seines rechtmäßigen Verlegers Caspar Fritsch – was eine Eigenart darstellt, da üblicherweise der Verleger für die Interessen und den Schutz der Werke und Schriftsteller eintrat. Bertuch hatte mit Fritsch die Arbeitsteilung beschlossen, dass er sich um Text, Redaktion und Druck kümmerte und Fritsch um den Vertrieb.[59] Bertuch trat offen für sein Werk ein, ein Indiz für das „schriftstellerische Selbst und Marktbewusstsein", aus dem heraus Bertuch sich selbst und sein Werk vor dem Nachdruck schützen wollte.[60]

Bertuch konstatierte im Hinblick auf das rasche Erscheinen der Nachdrucke Schmieder: Der Schaden des „durch mehrere Nachdrucke nur allzu bekannten Mannes, ist umso größer und auffallender, da kaum erst 4 Theile des übersetzten Don Quixote und also noch nicht einmal das gantze Buch, herausgekommen ist".[61] Er forderte die Unterlassung des Nachdrucks und eine Bestrafung Schmieders. Im Gegensatz zu Reich wandte sich Bertuch direkt an den badischen Fürsten und nicht an den Reichshofrat,

56 Der vollständige Titel lautete: *Leben und Taten des weisen Junkers Don Quixotte von Mancha. Neue Ausgabe, aus der Urschrift des Cervantes, nebst der Fortsetzung des Avellaneda*, vgl. Breitenbruch: Schmieder, Sp. 721. Bertuch hatte 1769 bei Ludwig Heinrich Bachof von Echt (1725–1792), der dänischer Gesandter in Madrid gewesen war, Spanisch gelernt und übersetzte den *Don Quixote* für das deutsche Publikum.

57 Vgl. Kaiser: Bertuch, S. 151f. Der zeitgenössische Begriff ‚Übersetzungsfabriken' charakterisiert diese Entwicklung sehr genau. Das Publikum war ab dem letzten Drittel des 18. Jahrhunderts hungrig nach ausländischen Büchern, die ins Deutsche übersetzt wurden, vgl. Scherl, Sophia: Die deutsche Übersetzungskultur in der zweiten Hälfte des 18. Jahrhunderts, Berlin 2014, S. 25–45.

58 GLA 206, 702.

59 Seifert, Siegfried: „Commißiorischer Debit" statt „ewigem Verlagsrecht". Die Hoffmannsche Buchhandlung in Weimar, in: Greiling, Werner / Seifert, Siegfried (Hrsg.): „Der entfesselte Markt". Verleger und Verlagsbuchhandel im thüringisch-sächsischen Kulturraum um 1800, S. 59–106, hier S. 71.

60 Wittmann: Buchhandel, S. 155. Die hier aufgezeigte Tendenz steht natürlich nicht per se für alle Literaten des ausgehenden 18. Jahrhunderts, doch zeigt sich an der Person Bertuchs, wie die Schriftsteller sich selbst wahrnahmen und argumentierten. Biographisch unterlegt wird dieses Selbstbewusstsein Bertuchs schließlich durch seine eigene verlegerische Tätigkeit, die er ab 1780 aufnahm, vgl. Schulz, Helga: Der Verleger Friedrich Justin Bertuch als Kaufmann und Literaturpolitiker, in: Kaiser, Gerhard R. (Hg.): Friedrich Justin Bertuch (1747 –1822): Verleger, Schriftsteller und Unternehmer im klassischen Weimar, Tübingen 2000, S. 331–350.

61 GLA 206,702.

da Bertuch kein Privileg für seine Übersetzung besaß. Folglich appellierte Bertuch eindringlich an die Gerechtigkeits- und Billigkeitsliebe des Markgrafen. Auch die Tatsache, dass sich nicht der Verleger Caspar Fritsch, sondern eben der Autor beziehungsweise Übersetzer gravierte, ließ darauf schließen, dass es sich um eine Beschwerde und eben nicht um eine rechtliche Auseinandersetzung handelte, für die der Reichshofrat zuständig gewesen wäre.[62]

Der Geheime Rat entschied am 26. August Schmieder zu vernehmen. Dieser wiederum sandte am 5. September ein Schreiben an den Markgrafen, indem er sich gegen die Vorwürfe Bertuchs verteidigte. Schmieder argumentierte, es sei nicht verboten, Bücher ohne Privileg nachzudrucken „und es finden sich täglich häufige Beyspiel daß solcher geschieht".[63] Um seine These zu stützen, griff er zu einem Winkelzug:

> Ich habe mir ebenfalls es gefallen laßen müßen, daß mir andere auswärts schon Bücher nachgedruckt worden, die ich aufgelegt habe. Die von mir herausgegebene Druck Samlung [...] ist ein redendes Beyspiel davon, welche mir, ob sie gleich mit einem kayserlichen allerhöchsten Privilegio versehen ist, der Buchdrucker Fleischhauer zu Reidlingen nachgedruckt, und auch Kraft erhaltenen kayserlichen allerhöchsten Genehmigung um deswillen nachdrucken darf, weil derselbe besagte Schriftsteller nur in einer anderen Ordnung als ich in eine Sammlung bringt.[64]

Schmieder versuchte dem Markgrafen glaubhaft zu machen, dass Fleischhauer seine Sammlung nachdrucke, dies aber legitimiert war, weil er sie nicht parallel zu Schmieder herausbrachte. Für Schmieder und Fleischhauer war dies die logische Konsequenz und Vereinbarung, um sich nicht gegenseitig den Markt zu verderben. In diesem Kontext aber, diente es dazu, Schmieders Nachdrucke von der badischen Obrigkeit legitimiert zu bekommen.[65] Die weitere Argumentationsgrundlage bildete die Preisgestaltung, einerseits der hohen Preise der Originalverleger,[66] andererseits seine günstigen Nachdrucke, die besonders für das Publikum förderlich seien.[67]

Eine Einordnung der Erklärungen Schmieders nahm der badische Hofgerichtsassessor Carl Friedrich Gerstlacher vor, ebenjener Gerstlacher, dessen Werk Schmieder bereits 1773 herausgegeben hatte.[68] Er habe Schmieder, wohl in freundschaftlicher Absicht, „die seinen Nachdruck entgegenstehende rechtliche und politische Grunde zu Gemüthe geführet, und ihn deßen abzubringen mich bemühet".[69] In einem ersten Schritt legte Gerstlacher die rechtlichen Gründe dar. Obwohl es kein Reichsgesetz über den Büchernachdruck gebe, so sei für ihn verständlich, dass man die Arbeit eines anderen

62 Vgl. Avertissement vom 19.8.1776, GLA 206,702.
63 GLA 206,702.
64 GLA 206,702.
65 Dies ist die erweiterte Lesart zu Breitenbruch: Schmieder, Sp. 654.
66 Vgl. Kap. 4.2.1.
67 Vgl. Kap. 4.4.
68 Gerstlacher ließ seine Werke bei Schmieder drucken, wie bereits angesprochen, war Schmieders erstes Verlagswerk aus der Feder Gerstlachers.
69 GLA 206,702.

nicht stehle, um einen eigenen Profit daraus zu erzielen, insbesondere wenn dadurch der literarische Markt behindert würde, da niemand mehr nützliche Werke schreibe.[70] In politischer Hinsicht verwies er auf das fehlende kaiserliche Privileg für das Werk, was einen Nachdruck ermöglichte. Hinzu kam die Tatsache, dass der Nachdruck von Übersetzungen klassischer Werke ohnehin anders zu behandeln war als Nachdrucke deutscher Autoren.[71] Zur Beilegung der Streitsache riet der Assessor, dass man Bertuch die Aussage Schmieders übermitteln solle und er die Nachdrucke nur an den Orten verkaufe, an die die Bertuch'sche Auflage ohnehin nicht hingekommen wäre, um schließlich ein Vergleich zwischen beiden anzustellen.[72]

Die Haltung Gerstlachers gegenüber dem Nachdrucker kann als durchaus ambivalent beschrieben werden: Zum einen sah er die Praxis des Nachdrucks als unmoralisch an und auch die von Schmieder vorgebrachten Gründe, wie die „Freyheit des Comercii" sei „kein hinlänglicher Grund".[73] Zum anderen war der Nachdruck rechtlich nicht verboten, sodass er nur moralische Motive anbringen konnte. Ob es zu einem Vergleich kam, das fehlende Privileg eine weitere Untersagung des Nachdrucks den Ausschlag gab oder ob Bertuch eingestand, dass er wohl den südwestdeutschen Absatzmarkt Schmieder überlassen musste, ist nicht weiter überliefert. Schmieder hingegen druckte zwischen 1776–1778 den *Don Quixote* weiterhin nach und es erfolgte kein Einwand aus Weimar oder Leipzig.[74]

3.1.2 Konflikt und Kooperation: Die Zusammenarbeit mit dem Tübinger Drucker Johann Ulrich Cotta

Ungefähr in der Zeit der Nachdrucke des *Don Quixote* arbeitete Schmieder neben Fleischhauer mit einem weiteren Buchdrucker zusammen: Johann Ulrich Cotta aus Tübingen.[75]

> Die kurze Zeit der Verbindung mit diesem – 1777 bis 29. Juli 1779 – bedeutete für Schmieders Verlag einen später nie mehr erreichten Höhepunkt. Die Sammlung wurde 1777 um 27 Bände vermehrt, außerdem wurden 7 Teile, die bereits 1775 aufgenommen worden und inzwischen wohl vergriffen waren, abermals nachgedruckt.[76]

70 Vgl. GLA 206,702.

71 Nachdrucke von Übersetzungen galten gemeinhin als erlaubt, vgl. hierzu Hartwieg, Ursula: Nachdruck oder Aufklärung? Die Verbreitung englischer Literatur durch den Verlag Anton von Kleins am Ende des 18. Jahrhunderts, in: Archiv für Geschichte des Buchwesens 50 (1998), S. 1–146.

72 GLA 206,702. Dazu auch Breitenbruch: Schmieder, Sp. 677.

73 Auch die anderen von Schmieder vorgebrachten Gründe wurden abgetan: „Allein obschon er hierauf weitere nichts erwidern könne, als daß seine Auflage viele Liebhaber finde, die er nicht im Schaden lassen könne, so ist doch auch dieser Zuspruch nicht vermögend gewesen, ihm von seinem Vorhaben abzubringen." GLA 206,702.

74 Vgl. Breitenbruch: Schmieder, Sp. 677. Bertuch hatte mit der Ausgabe, auch ohne den Nachdruck, einen enormen finanziellen Erfolg: „Die Resonanz war wie erwartet positiv und brachte großen Gewinn – fast das Siebenfache seines Jahresgehalts, nämlich 2000 Taler", Hohenstein, Sieglinde: Friedrich Justin Bertuch (1774–1822) – bewundert, beneidet, umstritten, Berlin / New York 1989, S. 46.

75 Vgl. Lohrer: Cotta, S. 38ff.

76 Breitenbruch: Schmieder, Sp. 659.

Dies war wohl einer der Gründe, warum Schmieder sich einen weiteren Drucker gesucht hatte, da Fleischhauer, der neben den Schmieder'schen Druckwerken seine eigene Sammlung druckte, ausgelastet war. Ein Blick in die Druckproduktion der Jahre 1777 bis 1779 bestätigt diese Annahme.[77] Parallel zu Schmieder war gleichfalls die Produktion Fleischhauers auf einem Höhepunkt angelangt, sodass die Verbindung zwischen Fleischhauer, Cotta und Schmieder zu einer ‚Nachdrucker-Gesellschaft' überaus produktiv war.[78] Ein weiterer Grund für die Zusammenarbeit mit Cotta war der kurz zuvor gescheiterte Kauf der Lotter'schen Druckerei 1776: Schmieder versuchte selbst in den Besitz der Druckerei zu kommen, in der er selbst als Faktor gearbeitet hatte, jedoch erhielt sein Karlsruher Konkurrent Michael Macklot den Zuschlag für die Druckerei für einen Kaufpreis von 5200 Gulden, die Schmieder nicht aufbringen konnte.[79]

Über die Geschäftsverbindung geben die Archivalien *Denegata recentiora* des Haus-, Hof- und Staatsarchives Auskunft. Demnach wurde Cotta „als Consocius die Besorgung und Druckerey" übertragen, obendrein besorgte Cotta wohl auch den Vertrieb in Tübingen und Umgebung.[80] Anders als es vermuten ließ, war Cotta eben kein Lohndrucker Schmieders, sondern gleichberechtigt an Investition, Gewinn und Risiko beteiligt.[81] Dies führte wohl schließlich auch zum jähen Ende der Geschäftskooperation im Juli 1779. Sie verglichen sich mit der Vereinbarung, dass Schmieder die bereits gedruckten Exemplare behalten durfte, Cotta im Gegenzug eine Abschlagszahlung in Höhe von 3.500 fl. in vier Halbjahreszahlungen á 875 fl. erhielt, dafür aber „nichts von diesem Verlag [zu] drucken oder auf der Mess [zu] verkaufen" sollte.[82] Da Cotta sich aber nicht an die Vereinbarung hielt und Teile der Sammlung weiterhin vertrieb und „sogar den Verkauf derselben dem Stuttgarter Buchhändler Erhard in Kommission aufgetragen" habe, stellte Schmieder nach zwei Halbjahreszahlungen die weitere Zahlung ein.[83] Es folgte eine rechtliche Auseinandersetzung zwischen Schmieder und Cotta, die bis in den Februar 1783 reichte – insgesamt also fast vier Jahre – und die schließlich damit endete, dass Schmieder die noch ausstehenden Saldierungen leisten musste und dies wohl akzeptierte.[84]

77 Vgl. Breitenbruch: Schmieder, Bibliographie.
78 Avertissement, in: Magazin des Buch- und Kunsthandels 1781, 1. St., S. 68. Auch Friedrich Nicolai beschrieb bei seiner Reise durch Deutschland und die Schweiz die Verbindung Johann Ulrich Cottas zu beiden (!) Fleischhauer: „[...] Schramm und Frank. Die beiden letzern waren vor einiger Zeit durch das schändliche Gewerbe des Nachdruckens übel berüchtigt, welches auch, wie man versicherte, damals der Antiquar Cotta unter der Decke der beiden Buchdrucker Fleischhauer in Reutlingen trieb. Ich hoffe, er schämt sich jetzt einem so ehrlosen Gewerbe Vorschub zu leisten.", Nicolai, Friedrich: Beschreibung einer Reise durch Deutschland und die Schweiz im Jahre 1781. Nebst Bemerkungen über Gelehrsamkeit, Industrie, Religion und Sitten, 11. Bd., Berlin / Stettin 1796, S. 171.
79 GLA 206/699, vgl. dazu auch Fürst: Buch und Residenz, S. 70 und Fecht: Karlsruhe, S. 315f.
80 HHStA Deneg. Rec. Kart. 1770/1.
81 Breitenbruch: Schmieder, Sp. 660.
82 HHStA Deneg. Rec. Kart. 1770/1.
83 Breitenbruch: Schmieder, Sp. 660.
84 Zumindest endet die Auseinandersetzung 1783, Ebd., Sp. 661.

3.1.3 Die Nachdrucksammlung *Recueil des Œuvre choisies des beaux esprits de la France tant prosaiques que poetiques*

Die zwischenzeitliche Zusammenarbeit mit Johann Ulrich Cotta bedeutete nicht, dass die Verbindung zwischen Fleischhauer und Schmieder aufgelöst wurde. Ganz im Gegenteil: Schon 1777 wurden die Vorbereitungen für ein neuerliches gemeinsames Projekt getroffen, welches in einer erneuten Antragstellung eines Privilegs beim Reichshofrat gipfelte. Am 12. Februar 1778 richteten Schmieder und Fleischhauer gemeinsam ein Gesuch an Kaiser Joseph II. für ein Privileg über eine neue Sammlung: *Recueil des* Œuvre *choisies des beaux esprits de la France tant prosaiques que poetiques – Sammlung der besten französischen Schriftsteller und Dichter*. Es dauerte nur etwas mehr als einen Monat, ehe die beiden Nachdrucker am 24. März 1778 ihr Privileg erteilt und ausgestellt bekamen. Bis die ersten Bände erschienen waren, verging jedoch noch ein ganzes Jahr. Dies könnte zwei Gründe gehabt haben. Erstens kam die zügige Ausstellung des Privilegs für die Nachdrucker überraschend, sodass sie die Auswahl der Literatur, den Satz und den Druck zunächst noch erarbeiten und anpassen mussten. Zweitens könnten die Druckerpressen durch die Sammlungen ausgelastet genug gewesen sein, sodass sie warteten, bis sie genügend Kapazitäten besaßen, die Sammlung adäquat drucken zu können. Für Letzteres sprach, dass Schmieder noch am 25. Februar 1779 eine Anzeige im *Allgemeinen Intelligenz- und Wochenblatt* veröffentlichte, in dem er seine *deutsche Sammlung* sowie den Nachdruck des *Don Quixote* bewarb.[85]

Im Gegensatz dazu annoncierten Schmieder und Fleischhauer ab Anfang März 1779 die „künftige Sammlung“,[86] deren erste Bände Jean De La Fontaines (1621–1695) *Contes et nouvelles* und *Fables choisies* darstellten.[87] Es wurden beide Verlagsorte und Verleger sowie das kaiserliche Privileg auf Französisch genannt, sodass auch das grenznahe, französische Absatzgebiet inkludiert werden konnte.[88]

Trotz der neuen Anthologie war das Schmieder'sche Nachdruckunternehmen schon ein Jahr später in finanzielle Schieflage geraten. Womöglich durch das Ausscheiden Cottas und dessen Abschlagszahlung und durch die vermehrten Kosten für Druck, Satz und Vertrieb der Sammlung, annoncierte Schmieder im Mai 1780 im badischen Intelligenzblatt:

---

85 Vgl. Allgemeines Intelligenz- und Wochenblatt für sämtliche Hochfürstliche Badische Lande vom 25. Februar 1779.

86 „In Karlsruh bei Schmieder und in Reutlingen bei Fleischhauer kommt künftig eine Sammlung der besten poetischen und prosaischen Schriftsteller in originalfranzösischer Sprache heraus, unter dem Titel: Recueil des oeuvres choisis des beaux esprits de la France, tant prosaiques, que poetiques. Eine Nachahmung der teutschen Sammlung von dieser Art. Das Alph. für 24kr.“ Schwäbisches Magazin von Gelehrten Sachen auf das Jahr 1779, Erstes Stück, Stuttgart 1779, S. 134.

87 Vgl. VD18 90754514.

88 Dabei spielt es keine unerhebliche Rolle, wer die erste und wer die zweite Position besetzt. So deutet alles darauf hin, dass Schmieder, der an der ersten Position genannt wird, der eigentliche treibende Faktor hinter der Sammlung war. Äquivalent zu der deutschen Sammlung war Schmieder für die inhaltliche Ausrichtung verantwortlich, während Fleischhauer für den Druck und das Kapital aufkam. Auch die Namen und das Privileg wurden ins Französische übertragen: „Avec Privilége de Sa Majesté Imperiale. A Carlsrouhe, Chez Chretien Theoph. Schmieder, & A Reutlingue, Chez Jean George Fleischhauer“.

Der Buchhändler, Herr Schmieder, ist gesonnen sein in der Adlergaß stehenden ganz von Stein neu erbautes Eckhaus zu verkauffen, und in seinem Wohnhaus in der Waldhorngasse den 22sten dieses Monaths, Montags Vormittags um 8 Uhr zur öffentlichen Steigerung bringen zu lassen. Liebhaber werden hierzu höflichst invitirt, und können wegen der Zahlung billiger Bedingung versichert seyn.[89]

Sein Haus verkaufte er schließlich, da er mit dem Erlös das finanzielle Tief kurzzeitig verlassen konnte, sodass die Sammlung 1780 „um 13 Teile vermehrt, das Recueil [...] weitergeführt und auch der Originalverlag mit zwei Schriften von Heinrich Sander gepflegt" werden konnte.[90] Doch hielt diese Entwicklung nicht ganz ein Jahr, denn schon 1781 sank der Absatz drastisch. Die Gründe hierfür waren vielfältig, lagen aber nicht zuletzt an der erhöhten Konkurrenzsituation auf dem Buchmarkt und besonders hinsichtlich anderer Nachdrucker im Reich. Neben den wechselseitigen Verkäufen der Sammlung von Schmieder und Fleischhauer konkurrierten sie mit anderen Nachdruckern: Thomas von Trattner bediente den österreichischen und teilweise auch deutschen Markt, in Bamberg druckte Tobias Göbhardt viele der Verlagstitel, die auch im Schmieder'schen Verlag zu finden waren, ebenfalls nach. Darunter Gellerts Schriften, mit denen Göbhardt ebenso wie Schmieder in Auseinandersetzungen mit Weidmanns Erben und Reich gekommen war.[91] Und in Frankenthal druckte Bernhard Friedrich Gegel „zwischen 1779 und 1782 auch die umfangreiche Verlagsproduktion Anton von Kleins".[92]

Es ergaben sich zwei Konkurrenzsituationen, gegen die Schmieder vorging, um seine französische Sammlung vor dem Aus zu bewahren. Ebenjener Klein hatte 1778 mit dem Legationsrat und Postsekretär Johann Caspar Becké die *Gesellschaft der Herausgeber der alten klassischen Schriftsteller und ausländischen schönen Geister zu Mannheim* gegründet[93]

89 Allgemeines Intelligenz- und Wochenblatt für sämtliche Hochfürstlich Badische Lande vom 11. Mai 1780. Es ließ sich zunächst kein Käufer finden, denn am 18. Mai wurde die Anzeige wiederholt eingestellt. Der Niedergang hatte sich schon im Oktober 1779 angekündigt, dort bot Schmieder ebenfalls im Intelligenzblatt seine „Behausung in der Adlergasse [...] zum verlehnen" an, Allgemeines Intelligenz- und Wochenblatt für sämtliche Hochfürstlich Badische Lande vom 7. Oktober 1779. Schon Ende Januar 1780 wurde das Haus in der Adlergasse von Schmieder geräumt, vgl. Allgemeines Intelligenz- und Wochenblatt für sämtliche Hochfürstlich Badische Lande vom 3. Februar 1780.

90 Breitenbruch: Schmieder, Sp. 662. Die beiden Schriften lauteten: *Von der Güte und Weisheit Gottes in der Natur* und *Predigt gehalten in der Schloßkirche zu Carlsruhe am Charfreytag Nachmittag 1780*, vgl. Ebd. Sp. 723.

91 Walther: „Eine kleine Druckerei, in welcher manche Sünde geboren wird", S. 66–70.

92 Behrens: Der Buchdrucker Ludwig Bernhard Friederich Gegel, S. 34.

93 Gleichsam im Jahr 1778 veröffentlichten die Schweizer Verleger Orell, Gessner, Füssli & Comp. den *Briefwechsel über den Nachdruck von Shakespears Theater*, in denen sie sich gegen den Nachdruck ihrer Übersetzungen durch Klein und Becké dadurch wehrten, dass sie gleich den gesamten Schriftverkehr der Öffentlichkeit zugänglich machten. In dem Werk sind die Briefe der beiden Parteien aus den Jahren 1777 und 1778 abgedruckt, in denen über den Nachdruck und besonders über den Urheber des Nachdrucks gestritten wird, vgl. Orell, Gessner, Füssli und Comp.: Briefwechsel über den Nachdruck von Shakespears Theater, [vermutlich Zürich] 1778.

und beantragte 1779 für die *Schriften* ein Privileg,[94] welches ihm dann auch gewährt wurde.[95]

In den Akten des Archives des Reichshofrates liegt eine Ankündigung Kleins über eine Sammlung *Choix des Philosophes François, et des meilleurs ouvrages de leurs critiques et apologistes* vor, die, wie sich herausstellte, nie veröffentlicht wurde. Doch allein mit diesem Avertissement Kleins stürzte er Schmieder in eine existenzielle Unternehmenskrise und stellte ihn vor die Notwendigkeit,[96] gegen die Konkurrenz mit rechtlichen Mitteln vorzugehen.[97] Der finanzielle Notstand Schmieders verschärfte die Situation immens, sodass es von großer Wichtigkeit war, dass Schmieder das alleinige Anrecht auf den Nachdruck der französischen Autoren hatte. Aus diesem Grund kam es am 24. Juni 1779 zu einem Kuriosum: Der Nachdrucker Christian Gottlieb Schmieder, vertreten durch seinen Anwalt Fischer von Ehrenbach, verklagte Anton von Klein wegen Nachdrucks, denn dessen Sammlung sei „ein Werck, worinnen alle diejenigen Schriftsteller als: Montesquieu, Montagne, Rousseau, Saint-Real, d'Aquesseau, Fénélon, Terrasson, Fontenelle, Maupertuis, Voltaire, d'Alembert, Diderot, Marmontel, Thomas etc. namentlich enthalten" waren.[98]

Die Klage wurde jedoch vom Reichshofrat abgewiesen. Die Gründe reichten von der Seriosität der Firmen – die Nachdrucker Schmieder und Fleischhauer auf der einen, der seriösere Unternehmer Anton von Klein auf der anderen Seite – bis zur inhaltlichen Ausrichtung der Sammlungen.[99]

---

94 Krükl, Karl: Leben und Werke des elsässichen Schriftstellers Anton von Klein. Ein Beitrag zur Geschichte der Aufklärung in der Pfalz, Strassburg im Elsass 1901, S. 31.

95 Die Verlagsgeschichte Anton von Kleins und seiner ausländischen Übersetzungen ist sehr gut erforscht, vgl. hierzu Hartwieg: Nachdruck oder Aufklärung? und Willenberg, Jennifer: Distribution und Übersetzung englischen Schrifttums im Deutschland des 18. Jahrhunderts, München 2008, S. 211f.

96 So der Wortlaut: „Gegen die Michaelis Messe wird erscheinen: Choix des philosophes francois et des meilleurs ouvrages de leurs critiques et apologistes. Der Anfang wird mit den Werken des Montesqieu gemacht. Der Band kostet 1 fl. auf Pränumeration aber 40 fr. an Orte, die ausser Deutschland, oder doch sehr weit von Mannheim gelegen sind, kann man wegen schwerem Porto eine geringe Zahl von Exemplarien nicht wohl versenden, es sey denn, daß man warte, bis mehrere Bände zusammen kommen.", vgl. Avertissement, in: Warbuton, William (Hg.): Sammlung der poetischen und prosaischen Schriften ausländischer schöner Geister, Bd. 8, Mannheim 1779, S. 8.

97 Verglichen mit dem Vorgehen Schmieders gegen Bertuch, indem er eine solche Anzeige geschaltet hatte, schien es sich nun so darzustellen, dass sich die Lage umgekehrt hatte und Schmieder nun in der benachteiligten Position war.

98 RHR, Impr. Fasz. 62. „Tatsächlich deckt sich diese Autorenliste weitgehend mit dem Programm des Receuil, das aus einem – wohl nicht von Schmieder gedruckten – Verzeichnis von französischen Werken, das dem Gesuch vom 12. Februar 1778 beiliegt, geschlossen warden kann. Dort sind die Namen Voltaire, La Fontaine, Montesquieu und Fénélon mit Tinte unterstrichen", Breitenbruch: Schmieder, Sp. 663.

99 Ebd.

Der zweite Konkurrent, der einen Anteil am Markt für französische Literatur anstrebte, kam aus Paris: Pierre Augustin Caron de Beaumarchais (1732–1799).[100] Er hegte die Absicht, in Kehl – in der Grenzregion zwischen der Markgrafschaft Baden und Frankreich gelegen – eine Druckerei zu eröffnen,[101] um dort die Schriften Voltaires für den deutschen Markt zu drucken.[102] Beaumarchais entsandte den Architekten Louis Le Tellier (gest. 1785), der die Druckereileitung übernahm, mit der Bitte um Errichtung einer Typographischen Gesellschaft in Kehl an den Karlsruher Hof. Nachdem die Bedingungen geklärt wurden, unter denen sich die Typographische Gesellschaft niederlassen durfte, erklärten sich beide Parteien am 10. März 1780 mit den Regelungen einverstanden.[103]

Die Typographische Gesellschaft bedeutete für Schmieder zwei enorme Widrigkeiten: Zum einen der Druckort in Kehl, also in seinem kontrollierten badischen Absatzgebiet und zum anderen der Druck der Schriften Voltaires, die einen nicht unerheblichen Anteil im *Recueil* bildeten. Die Beschwerde Schmieders beim Markgrafen folgte auf dem Fuße, da er sich wieder einmal gegen die Konkurrenz verteidigen musste und am 21. März 1780 in einem Brief schrieb:

> [...] so ist mir auch von diesem allerhöchsten Ort [gemeint ist Wien] ein Privilegium ertheilt worden, meine Sammlung der besten bell-lettrischen französischen Schriftsteller [...] Nachdem ich nun aber vernommen, daß ein hiesiger Franzos aus Paris sich um die gnädigste Erlaubnis bei Euer Hochfürstl. Durchlaucht bewirbt, in Kehl die sämtlichen Voltairschen Schriften nachdrucken zu dürfen, und dieses, wenn es zu seiner Würcklichkeit kommen sollte, mir in meinem allerhöchst privilegierten Vorhaben äußerst nachtheilig seyn würde, zumalen ich schon hierinnen den Anfang gemacht habe: So soll Euer Großfürstl. Durchlaucht ich hierdurch unterthänigst implorieren, jenes Gesuch des mit dem Namen nach

100 Zu Beaumarchais, seinem Engagement sich in die Buchdruckerkunst einzuarbeiten und insbesondere seiner Voltaireausgabe in Kehl vgl. Bettelheim, Anton: Beaumarchais. Eine Biographie, Frankfurt am Main 1886, S. 422–452.

101 Vgl. Zum Standort Kehl auch für den französischen Markt: Dittler, Erwin: Kehl als Druckort in den Meßkatalogen 1782–1786, in: Die Ortenau 53 (1973), S. 178–189.

102 Nachdem Voltaire 1778 gestorben war, wollte Beaumarchais einer in Russland geplanten Gesamtausgabe der Schriften zuvorkommen und wählte Kehl als Standort, vgl. Hesse, Carla: Revolution in the printing trades. Economic Upheavals in Publishing, in: Robert Darnton / Daniel Roche (Hg.): Revolution in Print. The Press in France 1775–1800, Berkeley 1989, S. 69–97, hier bes. S. 91.

103 So versprach Le Tellier im Auftrag Beaumarchais der badischen Regierung „1) das Alles, was mit Angabe des Druckortes erscheint, die ordentliche Censur passire 2) dass allen sonstigen Publikationen Blasphemieen oder Angriffe gegen gekrönte Häupter ausgeschlossen bleiben 3) dass der Markgraf frei bleibe von Schadensersatzansprüchen irgendwelcher Art 4) dass Le Tellier und seine Vollmachtgeber niemals Serenissimum vor französischen Gerichten belangen 5) dass die Pucelle, die Paraphrase des hohen Liedes und der Candide niemals die Kehler Pressen verlassen würden“. Insbesondere der letzte Zusatz, die drei Schriften Voltaires nicht drucken zu dürfen, war eine Bedingung des Markgrafen, Bettelheim: Beaumarchais, S. 429f. Mit der Ansiedlung der Druckerei beginnt Le Tellier auch damit, weitere Häuser, Kasernen und Güter in Kehl aufzukaufen, vgl. GLA 37/2477 und 37/2481.

> unbekannten Parisers nicht zu gestatten, sondern vielmehr mein auf die französische belles lettres erhaltenes Kaiserl. Privilegum gnädigst zu bestätigen.[104]

Es wird deutlich, in welch schwieriger Situation sich Schmieder befand, da er so offensichtlich die Unterstützung des Markgrafen ersuchte, um einen direkten Konkurrenten, der noch nicht einmal aus Baden kam, sondern aus Frankreich, nicht in seinem Vorhaben zu unterstützen. Vielmehr sollte Karl Friedrich ihn fördern und vor den Einflüssen des Parisers schützen, da er sowohl ein Privileg besaß, als auch Untertan des Markgrafen war, was in diesem Brief überproportional stark betont wird. Das Ratsprotokoll vom 11. Mai 1780 gab schließlich Auskunft darüber, wie im Geheimen Rat über Schmieder gedacht wurde:

> dem Schmieder zu bedeuten, dass in dem Fall, wo er sich befinde, diese Bitte unziemlich seye. Das OA C.ruhe hat dem Buchführer Schmieder, der sich nicht geschämt hat, gegen ein zwar noch nicht zu Stande gekommenes Druck Etablissement zu Kehl unter Anführung seines selbstigen Nachdruckes eine Vorstellung einzureichen, diese leztere loco Resolutionis alles Ernstes zu verweisen.[105]

Eine solche Zurückweisung der Bitte Schmieders offenbarte die Haltung, die man bei Hofe mittlerweile gegenüber dem Nachdrucker einnahm. Der Bogen war offensichtlich überspannt – wohl auch dadurch, dass Schmieder Beaumarchais des Nachdrucks seiner Werke beschuldigte, was jedoch nicht der Fall war, da Beaumarchais unveröffentlichte Manuskripte Voltaires druckte.[106] Aus diesem Grund war die badische Regierung wohl nicht bereit, Schmieder in seinem Unternehmen zu befördern. Ganz im Gegenteil:

> Anfang der 1780er Jahre avancierte Kehl mit der Ansiedlung der beaumarchaisschen Druckerei im Zusammenhang der Herausgabe der Werke Voltaires zu einem Zentrum der badischen Publizistik. Nach längeren Verhandlungen wurde badischerseits eine Spezialzensurkommission eingerichtet, die den Verlegern eine fast unbeschränkte Druckfreiheit für die Werke Voltaires garantierte. Bezeichnenderweise wurde selbst die Bedingung des Markgrafen, die *Pucelle d'Orleans* und den *Candide* nicht in Kehl zu drucken, ohne irgendwelche Konsequenzen für die Verleger, nicht eingehalten.[107]

Nach dem Tod Le Telliers 1785 übernahm Jacques Gilbert de la Hogue die Druckereileitung.[108] Nur fünf Jahre später musste die Gesellschaft „durch veränderte Zeiten und

104 Brief Christian Gottlieb Schmieders an den Markgrafen Karl Friedrich vom 21. März 1780, GLA 206,702.

105 Ratsprotokoll vom 11. Mai 1780, GLA 206,702.

106 Vgl. Breitenbruch: Schmieder, Sp. 663.

107 Landgraf: Moderate et Prudenter, S. 95f.

108 Brown, Gregory S.: A field of honor. Writers, court culture and public theater in French literary life from Racine to the Revolution, New York 2014, S. 298; Birn, Raymond: Forging Rousseau. Print, commerce and cultural manipulation in the late Enlightenment (= Studies on Voltaire and the eighteenth century, 2001:08), Oxford 2001, 195f.

Umstände", also den Ereignissen der Französischen Revolution, den zunächst auf zwanzig Jahre geschlossenen Vertrag mit dem badischen Markgrafen vorzeitig aufkündigen.[109]

Aufgrund der mangelnden Unterstützung der markgräflichen Landesregierung, der Konkurrenzunternehmen und der Druckerei in Kehl, die die für ihn so essenziellen Voltaire'schen Schriften für den Westen des Reiches monopolisierte und druckte, gab Schmieder das Projekt einer französischen Sammlung gänzlich auf und fokussierte sich einerseits wieder mehr auf seine buchhändlerische Tätigkeit in Karlsruhe und anderseits auf die Fortsetzung seiner *Sammlung der deutschen Schriftsteller*.

3.1.4 Badische Protektion vor den königlich-preußischen Buchhändlern

Schmieder hatte mit seinem *Recueil* einen herben Rückschlag erlitten, nicht nur in gewerblicher Hinsicht, sondern auch hinsichtlich des Verhaltens der markgräflichen Regierung ihm gegenüber. 1780 musste Schmieder sich erneut für seine Nachdrucke verantworten, dieses Mal jedoch nicht vor dem Reichshofrat oder vor Privatpersonen, sondern vor dem Geheimen Rat Preußens, der stellvertretend für Berliner Buchhändler Beschwerde bei der badischen Regierung einlegte.[110] Ursächlich hierfür war der Nachdruck Berliner Verlagsartikel, darunter Lessings *Lust- und Trauerspiele* und Mendelssohns *Philosophische Schriften* vom Verleger Christian Friedrich Voß und zum Teil der Nachdruck der Schriften Goethes durch Friedrich Himburg (1733–1801).[111]

Aus diesem Grund erreichte die markgräfliche Regierung am 25. Juni 1780 ein Schreiben, wonach sie gegen Schmieder – dessen Name allein schon durch die Schreibung mehrfach deutlich aus dem restlichen Text herausgehoben wurde – wie folgt vorgehen sollte: „dem Unfug des Nachdrucks auf das auf das Würcksamste zu steuern, und zu dem Ende die Verfügung gefälligst zu treffen, daß alle nachgedruckten Exemplarien weggenommen und confisciert werden mögen".[112] In diesem Fall wurde wieder deutlich, dass die Vorgehensweise ausschließlich gegen Schmieder ging und Fleischhauer nicht

109 GLA 37/2478. Im Auflösungsvertrag vom 10. September 1791 wurden die weiteren Schritte geklärt, wie beispielswiese die angemieteten Gebäude fortan genutzt werden sollten.

110 Breitenbruch: Schmieder, Sp. 677.

111 Die Geschäftsbeziehung zu Lessing wurde durch Voß initiiert: „Das Geschäft in Berlin nahm einen lebhaften Aufschwung, besonders in Folge der Verbindung, in welche V[oß]. durch Vermittlung des Gelehrten Christlob Mylius mit dessen Freund Gotthold Ephraim Lessing gekommen war. In dem Vossischen Verlage erschienen unter vielen anderen Werken 1749 das Gedicht von Gotthold Ephraim Lessing, ‚Der Eremit, Kerapolis' 1749, und ‚Die alte Jungfer', 1753/54 Gotthold Ephraim Lessings gesammelte Schriften, 6 Bändchen, 1766 der ‚Laokoon', 1767 ‚Minna von Barnhelm', 1759 ‚Wie die Alten den Tod gebildet', 1772 ‚Emilia Galotti', 1779 ‚Nathan der Weise', 1780 ‚Die Erziehung des Menschengeschlechts.", Historische Kommission der Bayerischen Akademie der Wissenschaften (Hg.): Voß, Christian Friedrich, in: Allgemeine Deutsche Biographie, Bd. 40 (1896), S. 328–334. Umso fragwürdiger war die Sachlage bei Himburg, der selbst als Nachdrucker in Berlin tätig war und Goethes ‚Werther' unautorisiert nachdrucken ließ, vgl. Rosenfeld: Nachdruck, S. 285.

112 Schreiben der „königlich-preußischen Wirklichen Geheimen Etats-Räthe" an den markgräflichen Rat vom 25. Juni 1780, GLA 206,702.

erwähnt wurde, ganz im Gegensatz zum *Receuil*, in dem beide ihre Interessen gegenüber Anton von Klein vertraten und gemeinschaftlich agierten.

Beim Geheimen Rat griffen sie, wie zuvor im Falle Bertuchs, zum Mittel der Befragung Schmieders, was am 10. Juli im Ratsprotokoll angeordnet und wofür erneut Gerstlacher beauftragt wurde. Dieser stellte Schmieder lediglich die Frage, ob er Berliner Verlagswerke gedruckt habe oder vorhabe, diese zu drucken. Auf diese Frage antwortete Schmieder,

> daß er sich bisher von selbst so viel möglich in Acht genommen habe, u. auch künfitg in Acht nehmen werde, königlich-preußische Buchhändler Verlagswerke nachzudrucken; doch in Ansehung solcher Schriften, die in seiner Sammlung gehörten, u zu denen Vollständigkeit nöthig seyen, gedenke er sich an sein kayserl. Privilegium zu halten und könne in sich also die Hände nicht binden lassen.[113]

Unter den Verlagswerken, die er nachgedruckt hatte, waren Heinrich von Kleists (1777–1811) Werke vom Buchhändler Voß und die *Geschichte Karl Ferdiners* von Johann Jacob Dusch (1725–1787). Ebenso verschwieg Schmieder die Nachdrucke der anderen oben genannten Werke, die er nachgedruckt hatte. Gerstlacher begnügte sich wohl mit der Antwort und konstatierte lediglich, dass Schmieder ja keine privilegierten Buchhändler nachdrucke.[114]

Daraufhin trat der Geheime Rat am 24. Juli erneut zusammen, um auf Grundlage des Gutachtens vom 10. Juli zu beratschlagen und kam zu dem Schluss:

> Da der Schmieder hiernach selbst gestehe, Kleists Wercke ein Verlagsbuch eines Berliner Buchhändlers nachgedruckt zu haben, so scheine dessen Versicherung mit dem anderen Ausgaben nicht übereinzustimmen, und da, wann einmal denen Berliner Buchhändler gegen den Nachdruck eine Versicherung gegeben werde man solche anderen in den Preußischen mit Billigkeit nicht wohl versagen könne […] da hierbey das äußerste Menagement räthlich, er Geheimer Referendar Gerstlacher seine Gedanken auch über diese Anstände und die Mittel zu deren Hebung zu eröffnen.[115]

Sie trauten den Versicherungen Schmieders offenbar nicht und betreuten erneut Gerstlacher damit, ein Gutachten über die Situation zu verfassen, welches er am 2. August 1780 vorlegte. In diesem forderte er das Verbot der Nachdrucke privilegierter Buchhändler – ein Status quo der derzeitigen Situation. Des Weiteren schlug er aber vor – in Anbetracht der unklaren rechtlichen Situation mit dem Reichshofrat und dem Schmieder'schen Privileg –

113 GLA 206,702.

114 „Da übrigens das Schreiben des königlichen Ministerii blos allein auf die Berliner privilegierten Buchhändler geht, so scheint auch der Absicht des königlichen Miniserii durch die Versicherung des Schmieder die Schriften der privilegierten Berliner Buchhändler nicht nachdrucken würde, wenigstens noch zur Zeit ein Genüge zu geschehen, worauf also der Schmieder ausgewiesen werden könnte", GLA 206,702.

115 GLA 206,702.

> höchst dieselbe als ein samt so gerechter Fürst den Nachdruck in dero Landen duldeten und unterstützen. Noch mehr aber würde Serenissimus so wohl gegen den Berliner Ministerio als vor der ganzen Welt eine öffentliche Probe dero Gerechtigkeits-Liebe darlegen, wen höchst dieselbe bey dieser Gelegenheit den Berliner Miniserio den Wunsch zu äußern geruhen wollten, daß die Marterie vom Nachdruck auf den Reichstag gebracht und daselbst sein sicheres Regulatis hierüber abgefast würde.[116]

Gerstlacher sah im Markgrafen die Persönlichkeit, die auf dem Reichstag den Vorschlag eines einheitlichen und ‚sicheren' Reichsgesetzes über den Büchernachdruck einbringen könne.[117] Im Umkehrschluss bedeutete dies für ihn aber nicht, den Nachdruck per se zu verbieten, insbesondere unter der Prämisse, dass der Buchhandel ein wichtiger Wirtschaftsfaktor im Reich war.[118] Es sollten klare Regeln geschaffen werden, die den Nachdruck erlaubten oder verboten: Ein derzeitiger Zustand, in dem selbst der Reichshofrat Druckprivilegien für Nachdrucke ausgab, sorgte beim Juristen Gerstlacher für Schwierigkeiten, die Rechtslage beurteilen zu können.[119]

Der Geheime Rat trat am 3. August wieder zusammen und beschloss nach Gerstlachers Anweisung, dass Schmieder untersagt werde, alle privilegierten Berliner Buchhändler nachzudrucken.[120]

Schmieder hingegen sah sich trotz der Warnungen und Hinweise durch Gerstlacher und den Geheimen Rat im Recht, die Verlagsartikel seiner Sammlung hinzufügen zu

116 GLA 206,702.

117 Und dies zum Ruhm seiner Person: „Und an Euch möchte dan der Sache etwas werden oder so würde der bloße Gedanke, die blosse Besserung des guten Willens und Wunsches Serenissimo jetzt und nach Jahrhunderten noch bey der Fürsten Nachwelt unsterblichen Dank, Ruhm und Ehre bringen. Sollte vollends aus der Sache etwas werden, würde es eine That seyn, welche Serenissmus unter die glänzendsten dero Regierung zählen könnte." GLA 206,702.

118 „Sie ist vielmehr so wichtig, daß, wie das Berliner Ministerium sehr erlauchtest anmerkt, der Zustand des Buchhandels in Teutschland (eines gar wirklich weit wichtigen Handlungs-Zweig als vielleicht man her denkt) ja der Wissenschaften selbst davon abhängt. [Einschub, gekennzeichnet durch *] Man kann auch ein solches Regulatis nicht vor unnöthig abthun, da die Fälle des Nachdrucks gar verschieden seyn können, Fälle nämlich, da, wie das Berliner Ministerium meldet die wohl Rechte der Buchhändler auf das empfindlichste gekränkt werden, aber auch Fälle, wo der Nachdruck noch wohl zu vertheidigen seyn möchte. Ich bin über dies versichert, daß nicht nur Chur-Brandenburg, sondern auch Chur-Sachsen, Chur-Braunschweig, u. viel andere Stände darauf eingehen würden." GLA 206,702.

119 Noch schwieriger wurde die Situation dadurch, dass Gerstlacher ein „Freundschafts-Fall" mit Schmieder verband, wobei Breitenbruch dabei herausstellte, dass dies weniger zur Sachlage beitrug als die unklare rechtliche Situation. Doch bemerkte Gerstlacher am Ende seiner Einschätzung zum Rat: „seine Person in der ganzen Sache soweit als möglich aus dem Spiele zu lassen", Breitenbruch: Schmieder, Sp. 678.

120 Vgl. Ebd., Sp. 679. Dieser weist auch darauf hin, dass die „markgräfliche Regierung ohne die gemäßigten Ratschläge Gerstlachers schärfer vorgegangen" wäre.

dürfen, und berief sich in einem Brief an den Markgrafen auf sein kaiserliches Privileg.[121] Daraufhin schaltete sich Gerstlacher am 13. September erneut ein und urteilte:

> Da dem Berliner Ministerio die Zusicherung geschehen, daß dem Buchhändler Schmieder aller Nachdruck von Verlagsbüchern privilegierter Berliner Buchhändler ernstlich untersagt worden sey, so wird dabei wohl sein Verbleiben haben. Doch könnte nicht schaden, wenn der Schmieder unter der Hand vom Oberamt belehret würde, wie sehr er hierunter so viel mir möglich gewesen, begünstiget worden sey, da einestheils das Verbott nur auf die privilegierten Berliner Buchhändler gehe, andererntheils das königliche Ministerium verlangt habe, ihm alle nachgedruckten Exemplarien wegnehmen und confiscieren zu lassen, welches man aber diesseits möglichst abgelehnet habe.[122]

Es war augenscheinlich, welche Absicht Gerstlacher damit verfolgte. Er wollte Schmieder unmittelbar verständlich machen, wie sehr er durch die markgräfliche Regierung verwarnt wurde. Sobald er weitere Nachdrucke der Berliner Verlage – und Gerstlacher bezog sich ausschließlich auf die Berliner Verlage, wie er durch eine Unterstreichung im Dokument hervorhob – produzieren würde, könne er nicht mehr mit dem Schutz der Regierung rechnen und die bisher milde Vorgehensweise ihm gegenüber würde umschlagen. Inwieweit Gerstlacher schon wusste, dass Schmieder unlängst damit begonnen hatte, weitere „Berliner autoris",[123] in diesem Fall die Werke Moses Mendelssohns (1729–1786) und Karl Wilhelm Ramlers (1725–1798), nachzudrucken, blieb fragwürdig.[124]

Schmieder schrieb wiederum am 30. Oktober 1780 an den Markgrafen und zeigte sich deutlich defensiver. Er begründete die Fortsetzung seiner bereits angefangenen Nachdrucke damit, weil sie ohnehin schon in Reuttlingen gedruckt worden, und also wegen der wohlfeil des Preißes ihme ohnehin einer maßen viel mehr dafür fordern" und „weil ich bereits das Buch schon angekündigt, einen solchen Stoß gehen würde, daß meine ganze Handlung dadurch nothleiden und geschwächt werden müßte".[125]

Zum wiederholten Male nutzte Schmieder Fleischhauers gleichzeitig gedruckten Nachdruck dazu, den Markgrafen von der Legitimität seiner Nachdrucke zu überzeugen: Dadurch, dass das Werk ohnehin schon nachgedruckt worden ist, wäre sein eigener Nachdruck legitim. Er deutete hier an, bereits Berliner Verlagsartikel zu haben, explizit nannte er aber nur Moses Mendelssohns Werke *Phaidon* und dessen *Philosophische Werke*, obwohl er bereits Karl Wilhelm Ramlers *Lyrische Gedichte* nachgedruckt hatte.[126]

121 Vgl. Brief vom 28. August 1780, GLA 206,702.

122 GLA 206,702.

123 Brief Christian Gottlieb Schmieder an Markgraf Karl Friedrich vom 30. Oktober 1780, GLA 206,702.

124 Vgl. Breitenbruch: Schmieder, Sp. 711.

125 GLA 206,702.

126 Vgl. BLB Sig. 98 B 83874. Zur Wirkungsgeschichte Ramlers vgl. Lütteken, Laurenz (Hg.): Urbanität als Aufklärung: Karl Wilhelm Ramler und die Kultur des 18. Jahrhunderts (= Das Gleimhaus; 2), Göttingen 2003.

Das *Conclusum* des Geheimen Rates vom 16. November spiegelt die ambivalente Haltung der Regierung deutlich wider:

> Bei denen vorliegenden Umständen und um großen Schaden vor dem Buchhändler Schmieder als einem fürstl. Unterthan abzuwenden sein bei auf zu gestattende Einschränkung des besagten Berliner Verlagsbuchs in die Schmiedersche Sammlung mit zu unterlassender Aufsetzung einer Jahrzahl

zu drucken.[127] Ein Vorschlag, der nicht gegen die Reichsgesetze verstieß, da nur Verfassername, Druckort und Verlagsangaben deutlich gemacht werden mussten.[128] Tatsächlich erschienen sowohl Mendelssohns Schriften als auch Ramlers Gedichte – obwohl sie im Schreiben Schmieders keine Erwähnung fanden – ohne Jahreszahl.[129] Die Regierung billigte diese Art der Täuschung, da das Verbot erst nach Beginn des Druckes ausgesprochen wurde.

An dieser Stelle sei ein erstes kurzes Zwischenfazit des Schmieder'schen Unternehmens gezogen: Wie bewertet man das Schmieder'sche Unternehmen nach den ersten zehn Jahren? Wie verhielt sich die markgräfliche Regierung?

Schmieder erlebte nach etwa zehn Jahren schon viele Herausforderungen, wirtschaftliche Auf- und Abstiege sowie Geschäftskooperationen. Während seine *Sammlung der besten deutschen prosaischen Schriftsteller und Dichter* durchaus erfolgreich war, was auch angesichts der insgesamt wohlwollenden Haltung der Regierung zusammenhing, wie nicht zuletzt die Episode der Berliner Verlagsartikel bewies. Insbesondere die *Sammlung ausgewählter französischer Schriftsteller und Dichter* erwies sich hingegen als wirtschaftliches und in Bezug auf die Gunst der Regierung ebenso eindeutiges Fiasko. Symptomatisch erschien der Wunsch nach mehr Profit durch neue Vertriebswege auf der einen Seite und der fehlenden Kapazitäten und personellen, materiellen und industriellen Ressourcen auf der anderen Seite. Diese versuchte Schmieder durch die Kooperation mit Johann Ulrich Cotta aufzuwiegen, was jedoch aus ungeklärten Gründen scheiterte.

Die Kritik an den Nachdrucken äußerte sich in dieser ersten Phase anhand der Gerichtsverfahren durch den Reichshofrat oder mittels Appellationen und Gravamina an den badischen Markgrafen und die Regierung. Das kaiserliche Druckprivileg fungierte als Schutzmechanismus, den Schmieder an geeigneter Stelle benutzte, um seine Nachdrucke vertreiben zu können. Lediglich bei bereits privilegierten Verlagswerken reichte dieser Schutz nicht mehr aus, um Schmieder vor Insinuationen zu protegieren. Doch selbst dann konnte er sich auf die badische Regierung verlassen, die protektionistisch im Sinne Schmieders handelte.

127 GLA 206,702.

128 Einen ähnlichen Ratschlag gab man auch den Tübinger Nachdruckern Ende des 18. Jahrhunderts, vgl. Kap. 3.2.5.

129 Bayrische Staatsbibliothek: P.o.germ. 1208–145 und VD18 90025660.

3.1.5 Neuer Anfang oder schleichendes Ende? Die Erneuerung des kaiserlichen Privilegs 1784

Nachdem Schmieder im Geschäftsjahr 1783 wieder angefangen hatte, seine Kompilation um deutlich mehr Titel als im Vorjahr zu erweitern,[130] stellte er 1784 einen Antrag beim Reichshofrat, sein kaiserliches Privileg für die Sammlung um weitere zehn Jahre zu verlängern, was ihm unter Auflagen gestattet wurde.[131] Trotz der Widrigkeiten, die der Reichshofrat nach der Ausstellung des ersten Privilegs für Schmieder 1774 mit Klagen gegen ebendiesen hatte, wurde ihm nun erneut ein Impressorium gewährt. Für die Buchhändler, Verleger und Autoren präsentierte sich dieser Fakt als besonderes Ärgernis, da man schon kurz nach dem ersten Privileg gesehen hatte, welche Konsequenzen das Privileg für sie und den Buchhandel nach sich zog. Die Gründe für die erneute Ausstellung dürften nicht zuletzt an der Person des Kaisers beziehungsweise an der generellen Handhabung des Nachdrucks unter Joseph II. gelegen haben, der ein Förderer des Nachdrucks war und somit in Schmieders Arbeit keine Gefahr für den Buchmarkt sah.

Gleichwohl konnte die erneute Privilegierung der Sammlung als eine Zäsur angesehen werden, welche die Art und Weise der Auseinandersetzung mit dem Nachdruck modifizierte. Waren die Nachdruckgegner in der ersten Phase zunächst noch vornehmlich mit rechtlichen Mitteln oder der Anzeige beim Markgrafen gegen Schmieder vorgegangen, so änderte sich dies in der zweiten Phase nach der erneuten Ausstellung des Privilegs dahingehend, dass sie zwar noch immer versuchten, mit solchen Mitteln gegen Schmieder zu operieren, sie aber mehr und mehr zu einer publizistisch-diskursiven Auseinandersetzung übergingen.

Was die Verbindung mit Fleischhauer zum Zeitpunkt der Ausstellung des erneuten Privilegs anging, so schien sich die Allianz der beiden stark gelockert zu haben, „schon seit 1780 reiht Fleischhauer nur noch etwa jeden 4. Titel der Schmieder'schen Sammlung in die seine ein, seit 1784 überhaupt keinen mehr, während er in den siebziger Jahren nur ganz ausnahmsweise einen nicht aufgenommen hatte".[132] Die Druckproduktion Fleischhauers nahm generell ab den 1780er Jahren deutlich ab, womöglich aufgrund der zunehmenden Aufgaben als reichsstädtischer Repräsentant. Spätestens ab 1785 war Johann Georg Fleischhauer einer der Amtsbürgermeister Reutlingens, der ein beträchtliches Vermögen aufgebaut hatte und den Nachdruck nicht mehr als Lebensgrundlage benötigte.[133]

130 Für das Jahr 1783 fügte Schmieder 23, für das folgende Jahr 21 neue Werke seiner Sammlung hinzu.

131 Die Auflage war: „kein Buch außer derselben zu verkaufen, so ergebe sich daraus, ‚daß die Einverleibung in das Ganze der Sammlung für eine solche Metamorphose angenommen worden, die die Anwendbarkeit der älteren Privilegien auf ein solches in der Sammlung [zu] verkaufendes Buch wegfallen mache, Diesem zufolge hänge also die Frage, ob er ein Buch seiner Sammlung einverleiben dürfe bloß von folgenden 4 requisiten ab, a) daß es ein original Teutsches Werk sey, b) daß die Censur desselben bey ReichsHofrath annehmlich erfunden werde, c) daß er es als integrierenden Theil der Sammlung mithin einen dieses bezeichnenden Generaltitel drucken lasse, und d) daß er die aus priviliegierten Werken entstandenen Theile nicht außer der Sammlung verkaufe', zitiert nach Breitenbruch: Schmieder, Sp. 686.

132 Breitenbruch: Schmieder, Sp. 667.

133 Junger: Johann Jacob Fezer, S. 21.

Wo Schmieder daraufhin druckte, ließ sich nicht zweifelsfrei nachweisen. Breitenbruch zeichnete eine Verbindung zu Johann Benedikt Metzler nach und Schmieder ließ auch erneut beim Tübinger Johann Adam Sigmund drucken, worauf noch einzugehen sein wird.[134] In dieser Situation suchte Schmieder wohl neue Vertriebswege und Kontaktpersonen, die er unter anderem in Georg Philipp Wucherer (1734–1805) fand.

Die Verbindung nach Wien: Georg Philipp Wucherer als Kommissionär Schmieders

Georg Philipp Wucherer wurde am 15. Januar 1734 als Sohn eines evangelischen Pfarrers unweit der Reichsstadt Reutlingen in Oferdingen geboren. 1765 eröffnete er in Reutlingen eine Warenhandlung und war schnell in der Reutlinger Bürgerschaft etabliert, da er knapp zwei Jahre später als Deputierter nach Wien reisen durfte, um dort vor dem Reichshofrat eine Streitigkeit zwischen dem Magistrat und der Bürgerschaft in der Frage der Ratswahl zu klären.[135] Nach Beilegung des Streites kehrte Wucherer jedoch nicht nach Reutlingen zurück, sondern verblieb in den habsburgischen Erblanden. Nach Anstellungen in Klosterneuburg und Graz erhielt Wucherer 1779 das Angebot, Teilhaber beim Wiener Großhändler und Fabrikanten Joseph Schwarzleitner zu werden und erwirtschaftete nach nur zwei Jahren ein großes Eigenkapital und verließ das Geschäft Schwarzleitners als reicher Mann.[136] Mit diesem Geld konnte er sich um eine Großhandelsfreiheit bewerben, welche er 1783 von der niederösterreichischen Regierung bewilligt bekam. Wucherer entwickelte ein Interesse für den Buchhandel und sah in Wien die ideale Möglichkeit, „Marktlücken", das bedeutete vor allem der Handel mit deutscher Literatur sowie mit verbotener Literatur, zu schließen.[137] Obwohl er ein Gewerbefremder war, etablierte er in der Wiener Innenstadt eine Warenhandlung, die er zu einer Buchhandlung umfunktionierte. Etwa um diese Zeit knüpften Wucherer und Schmieder eine geschäftliche Verbindung, die beinhaltete, dass Wucherer Schmieders Nachdrucke in Wien auf Kommission verkaufe.[138] Über die Vorgänge zwischen Schmieder und Wucherer berichtet ein anonymer Autor in den *Briefen über den gegenwärtigen Zustand der Litteratur und des Buchhandels in Oesterreich* von 1788:[139]

134 Breitenbruch: Schmieder, Sp. 667.

135 Winter, Michael: Georg Philipp Wucherer (1734–1805). Großhändler und Verleger, in: Archiv für Geschichte des Buchwesens 37 (1992), S. 1–98, hier S. 7. Zu den Auseinandersetzungen der Bürger mit dem Rat vgl. auch Kap. 2.3.3.

136 Daraufhin verkaufte er sein Haus in Reutlingen und ließ sich in Wien nieder, vgl. Junger, Gerhard: Georg Philipp Wucherer (1734–1805). Ein Reutlinger Kaufmann als Großbuchhändler, Nachdrucker und Verleger in Wien zur Zeit Maria Theresias und Josephs II. (1768–1789), in: Reutlinger Geschichtsblätter NF 27 (1988), S. 31–57, hier S. 36.

137 Winter: Wucherer, S. 11.

138 Winter stellt einerseits heraus, dass Wucherer möglicherweise bereits zu seiner Zeit bei Schwarzleitner bereits Kontakte zum Karlsruher geknüpft und dessen Verlagsartikel auf Kommission verkauft habe. Andererseits wäre es ebenso möglich, dass Wucherer erst als Großhändler, also ab Mai 1783 als Kommissionär für Schmieder arbeitete, vgl. Ebd.

139 Bei dem anonymen Autor handelte es sich aller Voraussicht nach um einen Setzer aus dem Reichsgebiet, der in Wien arbeitet und an seinen daheim lebenden Bruder schreibt. Der Name des Setzers wird mit dem Pseudonym ‚Full' angegeben, vgl. Winter: Wucherer, S. 14.

> Weimar bekam am Anfange seines Hierseyns verschiedene Bestellungen von der Karlsruhersammlung zu besorgen. Da er zufälligerweise hier einen Landsmann, Großhändler Wucherer hatte, der Verkehr nach Karlsruhe, und mit dem Sammlungsverleger Schmieder Bekanntschaft hatte, so wendete er sich an diesem, ihm die bestellte Artikel zu schreiben.[140]

Der hier erwähnte Weimar war der Buchdrucker Johann Martin Weimar (1755–1798), der in Tübingen seine Druckerlehre absolviert und 1783 als Faktor in einer Wiener Druckerei gearbeitet hatte. Da 1784 zwei Gesuche Wucherers abgelehnt worden waren, eine eigene Druckerei in Wien zu eröffnen, streckte er Weimar das Kapital vor, diese für ihn in Wien zu eröffnen und ist somit „gewissermaßen [zu] Wucherers Hausdrucker geworden".[141] Wucherer begann damit in das Kommissionsgeschäft mit Schmieder einzusteigen, nachdem er herausgefunden hatte, wie viel er daran verdienen könnte: [142]

> Wucherer trug sich izt Schmiedern an, seine Sammlung in Kommission zu nehmen; Schmieder war dieß zufrieden, besonders da er in Wucherer einen Mann wußte, der Geld hatte: und weil letzterer immer solchen Vorschuß brauchte, und ersterer gerne, gegen ein Kaufmannsmäßiges pro Cento, darstreckte, so war beyden Korn auf der Mühle [...].[143]

Die Verbindung zwischen Schmieder und Wucherer schien durchaus ertragreich und beständig gewesen zu sein. So annoncierte Wucherer ab 1786 in der Wiener Zeitung, dass bei ihm die Karlsruher Sammlung zu haben sei.[144] Als Kommissionär konnte Wucherer große Gewinne einfahren, da er neben dem Währungsunterschied noch 15 Prozent Rabatt erhielt, sodass er – laut den Berechnungen in den *Briefen* – von den Schmieder'schen Geschäftseinahmen in Wien in Höhe von 4000 Gulden immerhin 1420 Gulden für sich beanspruchen konnte.[145]

---

140 [Full]: Briefe über den gegenwärtigen Zustand der Litteratur und des Buchhandels in Oesterreich, o.O. 1788, S. 43.

141 Junger: Wucherer, S. 37; Zu Weimar vgl. auch Frank, Peter R./Frimmel, Johannes: Buchwesen in Wien 1750–1850. Kommentiertes Verzeichnis der Buchdrucker, Buchhändler und Verleger (= Buchforschung; 4), Wiesbaden 2008, S. 213.

142 Wucherer wollte herausfinden, wie viel er am Kommissionsgeschäft verdienen könne und welche Vertragsbedingungen mit Schmieder möglich wären. Daher versuchte er, die Informationen von Weimar zu bekommen: „Wucherer [...] lud ihn (= Weimar) einigemal zu Tische, trank ihm einige Stutzen Ofner zu, und wenn er merkte, daß das Schwäbel benebelt war, so fraschelt' er nach und nach so viel heraus, als er wissen wollte – und da er einmal wußte, wie viel Prozente die Buchhändler gaben, und wieder gaben; so sprach er in seinem Herzen: Deo gratias!", [Full]: Briefe, S. 43.

143 Ebd., S. 44.

144 Winter: Wucherer, S. 11.

145 „[...] was der Verleger im Reich für 1. fl. Reichsgeld, das ist, im 24. Guldenfuß verkauft, das verkauft der Kommißionär in Wien für einen Kaisergulden, oder Zwanzigguldenfuß, bekommt noch 15. vom 100. Pro Cent, und verrechnete ihm alles in Reichsgeld – das wirft jährlich einen ungeheuren Profit ab. Da Wucherer [...] jährlich immer für 4000 fl. verkauft; so hat er schon am Gelde 800 fl. Gewinn, nun noch 15. von 100., das macht 620 fl., zusammen 1420 fl. von 4000 fl., die wir annehmen", [Full]: Briefe, S. 44. Vgl. hierzu auch Ebd.

Auf Grundlage dieses erfolgreichen Modells baute Wucherer „überregionale Handelsbeziehungen zu anderen Buchhändlern im Reich systematisch“ aus.[146] Neben Schmieder pflegte er Kontakt zu Buchdruckern aus der ehemaligen Heimatstadt Reutlingen: zu dem jungen Johannes Grözinger und zu Johann Georg Fleischhauer, aber auch zu Tübinger Druckereien.[147] Insgesamt werden etwa 40 Kommissionäre genannt, mit denen Wucherer Geschäftsbeziehungen pflegte.[148]

Der Großhändler zog jedoch schnell die Missgunst der anderen Wiener Buchdrucker und Sortimentshändler auf sich, da er beispielsweise mit den gleichen Nachdruckartikeln wie Trattner handelte und dessen direkter Konkurrent wurde und neben Nachdrucken auch „geschwärzte Waare“, das waren zumeist verbotene, radikale Schriften aus dem Ausland, nach Wien brachte.[149] Die Kritik an der Handlungsweise Wucherers und dessen Mitwirken bei Johann Jakob Fezers Szekely-Broschüre[150] mündete schließlich in mehreren *Klaglibellen* gegen den Großhändler.[151] Der Satiriker und Hofagent Joseph Rautenstrauch (1746–1801) veröffentlichte 1786 die Schrift *Wie lange noch? Eine Patriotenfrage an die Behörde über Wucherers Skarteken Großhandel.*[152] In dieser klagte er den „eingeschlichenen Fremdling“ Wucherer mehrerer Vergehen an,[153] darunter auch die Schmieder'schen Nachdrucke in Österreich zu verkaufen:

146 Junger: Wucherer, S. 37.

147 Eine konkrete Verbindung zu den Nachdruckern Schramm und Frank, beziehungsweise Balz lässt sich nicht nachweisen, vgl. Schlesinger, Eugen: Johann Rautenstrauch. Biographischer Beitrag zur Geschichte der Aufklärung in Österreich, Wien 1897, S. 137.

148 Vgl. Winter: Wucherer, S. 18.

149 So schreibt das Pseudonym Full: „Auch Aloisia von Blumenau hat Wucherer vom Schönfeldischen Kaßier an sich gehandelt; dieser hatte das Ding, wie ich dir im vorigen Briefe schrieb, auf seine Kosten drucken lassen; aber weil es verboten ist, und er sich nicht recht traute, mit verbotenen Waaren zu handeln, so war auch der Abgang nicht groß. Wucherer wird diese Waaren, wie alle dergleichen, schon besser in alle Welt zu senden wissen; denn der Mann weiß, als Kaufmann, daß geschwärzte Waare die meisten Procente trägt, und darum sind solche verbotene Sachen seine Lieblingskinder“, [Full:] Briefe, S. 92, hierzu vgl. Winter: Wucherer, S. 18.

150 Es geht um den Fall des Gardisten Ladislaus Szekely, der wegen schwerer Veruntreuung verurteilt worden war. Joseph II. verschärfte dieses Urteil um eine Prangerstrafe, was dazu führte, dass über die Mildtätigkeit des Kaisers diskutiert wurde. Die von Wucherers Reutlinger Freund Johann Jakob Fezer veröffentliche Broschüre *Freymüthige Bemerkungen über das Verbrechen und die Strafe des Garde-Obristlieutnantt Szekely, von einem Freund der Wahrheit*, o. O. 1786 griff Joseph II. harsch an: „Unglücklicher Mann! Du Opfer der Laune des Monarchen! Du grausames Opfer eines unmenschlichen, tyrannischen Herzens! Sagt, Männer von Gefühl, sagt, Männer der Gerechtigkeit! Welcher Monarch kann Urtheile verstrengen? – ein Tyrann! Welcher Monarch kann die Rechte der Menschheit mit Füßen treten? – ein Tyrann!! Welcher Monarch kann Gesetze und Gerechtigkeit verlachen! – ein Tyrann!!! Welcher Monarch kann in Kriminal-Sachen nach eigener Willkür handel? – ein Tyrann!!!!“, aus ebd., S. 10f. Vgl. ausführlich hierzu: Winter: Wucherer, S. 48; Junger: Johann Jacob Fezer.

151 Vgl. hierzu Winter: Wucherer, S. 51.

152 Rautenstrauch, Joseph: Wie lange noch? Eine Patriotenfrage an die Behörde über Wuchrerers Skarteken Großhandel, Wien 1786.

153 So den Import verbotener Werke, das Verbreiten von Pamphleten gegen den Kaiser oder die Ein-

> Er erfuhr, daß der bekannte Nachdrucksgroßhändler Schmieder zu Karlsruhe etwas sehr erträgliches unternommen habe, alle Buchhändler und Schriftsteller Deutschlands zu bestehlen, und so entstand der Gedanke in ihm, auf eine ähnliche leichte Art sein eben so leicht erhaschtes Großhandlungskapital in Kürze zu verdoppeln. Um nun unvermerkt wenigstens den Schein des Rechts zum Buchhandel zu erlangen, nahm er vorläufig die Karlsruher Nachdrücke in Kommission.[154]

Die Reaktion Wucherers erfolgte prompt: Wucherer gelang es innerhalb kürzester Zeit ein Exemplar des Libells zu beschaffen und konnte einen Nachdruck veranstalten, in dem er die Anklagepunkte mit Anmerkungen versah.[155] So war nahezu zeitgleich eine kommentierte Fassung der Anklageschrift erhältlich.[156] Neben dieser erschienen zwei weitere Verteidigungsschriften, die die Anklagepunkte Rautenstrauchs relativierten: Fezers *Wucherers Vertheidigung gegen Rautenstrauch*[157] und die *Denkschrift für den Groß- und Buchhändler Georg Philipp Wucherer gegen das Klaglibell „Wie lange noch" etc. etc.*[158] Alle Schriften versuchten, „die Ausdrucksformen radikaler Kritik durch die legalisierten Möglichkeiten der ‚Preßfreiheiten' doch noch zu retten".[159]

Der Strom der Kritik an Wucherer riss auch im darauffolgenden Jahr 1787 nicht ab.[160] Es erschienen weitere Schriften kaisertreuer Autoren gegen Wucherer, darunter die Epistel *Warum bekommt Wucherer nicht fünfzig Prügel???*[161] und ein besonderer Kunstgriff Karl von Güntherodes (1740–1795):[162] Dieser veröffentlichte in drei Bänden unter

---

fuhr von ‚geschwärtzen Matritzen' für die Weimarer Druckerei, die eigentlich Wucherer führt, vgl. hierzu Junger: Wucherer, S. 37.

154 Rautenstrauch: Wie lange noch?, S. 9f.

155 Wucherer, Georg Philipp: Eine Beilage zum Pasquill von dem Verläumdeten. Samt dem angehängten und mit Erläuterungen versehene Pasquille, Wien 1786.

156 Vgl. Winter: Wucherer, S. 53.

157 [Fezer, Johann Jakob]: Wucherers Vertheidigung gegen Rautenstrauch, o. O. 1786. Hierzu Winter: Wucherer, S. 53.

158 N. N.: Denkschrift für den Groß- und Buchhändler Georg Philipp Wucherer gegen das Klaglibell „Wie lange noch" etc. etc, Wien 1786. Der anonyme Autor schreibt zu der Kommissiontätigkeit Wucherers: „Ein Mensch von Kopf macht Läppereyen nicht zum Gegenstand einer Galgenklage. Es gehört wahrlich viel Schafheit dazu, in diesen zeiten, unter diesen Umständen jemanden ein Staatsverbrechen, oder nur gar eine legale Eigenthums-Beeinträchtigung aus dem Nachdruck eines Buchs zu machen. Wer druckt nicht nach? Und wer wird nicht nachgedruckt? Ich vermeide die Albernheit, den Inkonsequenzen des Klägers einen Gefallen eine Alltagsdisseration über den Nachdruck zu schreiben. Ich will nur bemerken, daß man ein hitziges Fieber, oder einen sehr bösen Sinn haben muß, wenn man in Wien einen Buchhändler darüber anklagt, daß er Büchernachdrücke verkaufe", ebd., S. 9f.

159 Winter: Wucherer, S. 53.

160 Vgl. zur Diskreditierung der Nachdrucker Kap. 4.6., bei der auch Wucherer Ziel der Kritik war.

161 N. N.: Warum bekommt Wucherer nicht fünfzig Prügel??? Ein Pendant zu der Frage: warum wird Kaiser Joseph von seinem Volke nicht geliebt? Nebst einer vertrauten Epistel an Wucherer von seinem Geheimsetzer, o. O. 1787.

162 Güntherode war Servitenpater und Kirchengeschichtsprofessor an der Universität Innsbruck, wurde jedoch seines Amtes enthoben, weil er gegen die Dogmen der Kirche schrieb und sich selbst als Aufklärer verstand.

dem Titel *Korrespondenz der Heiligen aus dem Mittelalter; und Briefe der Narren aus den neueren Zeiten* fiktive Briefe, in denen er neben kirchenkritischen und aufklärerischen Aspekten eben auch den Nachdruck behandelte.[163] So ließ er Wucherer einen fiktiven Brief an den Karlsruher Nachdrucker Schmieder schreiben,[164] in dem er Schmieder die Auseinandersetzung zwischen ihm und Rautenstrauch schilderte[165] und Schmieder aufforderte, seine Schrift *Eine Beilage zum Pasquill* zu verbreiten und dafür im Gegenzug „die Verbreitung Ihrer nachgedruckten Bücher bestens werde anlegen".[166]

Die Tätigkeiten Wucherers in Wien werden hier nicht weiter verfolgt. Nachdem er Anfang August 1789 in Untersuchungshaft genommen wurde, musste er Ende 1789 Wien verlassen, nahm nach 1791 aller Voraussicht nach ein Kirchenratsamt in Tübingen an und beendete seine kaufmännischen Unternehmungen und damit auch die Geschäfte mit Schmieder.[167] Für den Karlsruher wiederum hatte die Geschäftsverbindung mit Wucherer kurzzeitige finanzielle Vorteile, da sich sein Absatzgebiet auf die habsburgischen Erblande erweiterte.

Erneute Auseinandersetzung mit Philipp Erasmus Reich

Wie schon kurz nach der ersten Ausstellung des Privilegs 1774, erfolgte auch 1785 die erste Insinuation gegen Schmieder von Weidmanns Erben und Reich. Reich hatte 1785 beim Reichshofrat Klage eingereicht, aufgrund eines Nachdrucks einer „außerhalb der Sammlung herausgebrachten Neuausgabe von Gellerts Werken, die der Hamburger Buchhändler Reuß vertreibe".[168] Zwei Informationen waren hierin enthalten: Erstens soll Schmieder außerhalb seiner Sammlung Werke verlegt haben und zweitens soll der Buchhändler Reuss in Hamburg diese daraufhin verkauft haben.[169]

---

163 Der Buchhändler Wucherer in Wien an den Nachdrucker Schmieder in Karlsruhe, in: Güntherode, Karl von: Korrespondenz der Heiligen aus dem Mittelalter; und Briefe der Narren aus den neueren Zeiten, 2. Paket, Leipzig 1787, S. 38–41.

164 So beschreibt er fiktiv die Anzahl der Nachdruckgegner: „Mein Herr Kollega! Gratulieren Sie mir zur neuen Ehrenstelle, denn ich bin jetzt ein Autor geworden. Wahrlich! Seit der eingeführten Preßfreyheit haben wir es hier schon recht weit gebracht; ohngeachtet der unzähligen Wische unserer Kleinschreiberlein, mit deren Produkten man die ganze Donau bis Peterwardein anschwellen könnte, wachset jetzt das literarische Geschmiere in solcher Menge, daß man gar bald neue Druckereien wird anlegen müssen [...]", Ebd., S. 38f.

165 „Ich bin jetzt in einem litterarischen Zweikampf mit Herrn Rautenstrauch aufgetreten, der nach meinem Vermuthen die ganze Litteratur erschüttern wird. [...]", Ebd., S. 39.

166 Ebd., S. 41.

167 Vgl. zum weiteren Verlauf: Junger: Wucherer, S. 44ff.; Winter: Wucherer, S. 68ff.

168 Breitenbruch: Schmieder, Sp. 681. Über den Buchhändler Johann Philipp Christian Reuß ist nichts weiter bekannt, außer dass er auch eine Sammlung 1775 herausgebracht hat mit dem Titel *Deutschlands Originaldichter*, in der äquivalent zu Schmieder auch die Werke der Dichter Gleim, Gellert, von Haller etc. enthalten waren, vgl. VD18 90391837.

169 „Nachdem kaysl. von denen auf Gellerts Schriften privilegierten Leipziger Buchhändlern Weidmanns Erben und Reich die allunth. Anzeige geschehen sey, welchergestalt der Hamburger Buchhändler Reus besagte von dem Buchhändler Schmieder in Carlsruhe in 10. Theilen verlegte Gerllerische Werke unter dem Titul einer von verbesserten und mit einem kayserlichen Druck Privilegio versehenen Auflage zum öffentlichen Verkauf angekündigt, auch auf dem 11. Februa-

Die von Reich eingebrachte Klage sorgte beim Reichshofrat für Empörung, da kurz zuvor Schmieder unter der Auflage, keine Bücher außerhalb der Sammlung zu verkaufen, das Privileg erneut ausgestellt wurde und er es somit verletzt hatte. Aus diesem Grund wurde „Excitetur fiscalis imperialis aulicus gegen den Buchhändler Schmieder in Karlsruhe, et moneatur oficii sui".[170] Auch an den Markgrafen zu Baden wurde in dem Schreiben appelliert, „nachdem der Buchhändler Schmieder in Karlsruhe zur Verletzung der Leipziger Buchhändler Weidmanns Erben und Reich über sämtliche Gellertsche Schriften darliegenden kayserlichen Druck Privilegien" beigetragen hatte, drohten Schmieder nun drakonische Strafen: Ihm sollten alle Exemplare weggenommen, eine Strafe verhängt und seine Buchhandlung gänzlich gesperrt werden.[171]

Der kaiserliche Reichhoffiskal Johann Paul Boulanger von Ehrentritt (1733–1800) soll sogar in Abwesenheit des Markgrafen eine noch schärfere Sanktion gefordert haben: In einem Brief an den Kaiser vom 6. Juni 1785, von dem ein Duplikat an den Markgrafen ging, empfahl er,

> diesen oft benamten Schmieder [...] einverleibte Strafe von 5 Mark lötigen Goldes mit Vorsezung eines gewissen Termini zur Erfüllung fällig zu erklären, sodann auch die demselben über die Sammlung ... allermildest erneuerte Druckfreyheit wegen mit vermessenlichem Ungehorsam überschrittener Bedingnuss anwieder gänzlich zu cassiren.[172]

Mit dieser Forderung präsentierte sich die divergierende Haltung des Reichshoffiskals, denn mit dieser Konsequenz ging man bisher nicht gegen den Nachdrucker vor.

Am 19. Juli 1785 erfolgte die Mitteilung an die badische Regierung, dass Schmieders Frist zur Rechtfertigung „verstrichen" war, ohne eine Äußerung seinerseits. Sie erwarten dringend eine Klärung, um Schmieder zur „Verantwortung und Strafe" zu ziehen.[173]

Die Sachlage änderte sich jedoch mit einer unerwarteten Wendung. Aus einem Schreiben an den Reichshofrat vom 19. September 1785, von dem eine *Copia* im Generallandesarchiv überliefert ist, ging hervor, dass der in der Anklage genannte Buchhändler

---

rii dieses Jahres würklich verkaufet habe. Als befehlen kaysl. Magistrat hiermit dem gedachten reußischen Verlage so fort die genaueste Untersuchung anzustellen, und sämtliche unter dem besonderen Titul Blatt einer verbesserten Ausgabe vorfindlichen Exemplarien biß auf weitere kaysl. Verordnung in gerichtlichem Beschlag zu nehmen und wie er dieses befolget", GLA 206,702.

170 Kaiserliche Verfügung vom 8. April 1785, GLA 206,702. Es wurde also dem Reichshoffiskal die Verantwortung übertragen, gegen Schmieders Geschäfte vorzugehen.

171 „Als wollen kaiserliche Majestät ihme Herrn Marggrafen andurch auch zugleich den gemessenen Auftrag ertheilt haben, nicht nur Angesichts dieses nach vorgäniger genauesten Visitation gedachter Schmiederischen Bücherverlags sämtlich darinn unter dem obbgesaten Titel und Auflage vorhandene Exemplarien in Beschlag zu nehmen, sondern mehrerwehrten Schmieder auch [...] allen fernern Debit dieses Werkes ausser der Sammlung unter ausaubleiblicher Strafe der gänzlichen Sperrung seines Gewölbes zu untersagen [...]", GLA 206,702.

172 Zitiert nach Breitenbruch: Schmieder, Sp. 681. Die hier angedeutete Strafe von fünf Mark lötigen Goldes war nicht, wie Breitenbruch schlussfolgerte, im Ermessensspielraum des Reichshoffiskals, sondern war für Nachdruckvergehen festgelegt worden.

173 GLA 206,702.

Reuss verschiedene Bücher in Kommission nahm, darunter eben auch Schriften von seiner „Bekanntschaft" in Karlsruhe:

> Unter mehreren sandte jener ihm seine mit allerhöchste kayserlichen Privilegium geschütztes Verlagsbuch [...] denen erster Theil Gellerts Fabeln und die nächstfolgenden Theile desselben Autors übrigen Schriften enthalten, und schon seit anno 1774 gedruckt sind: zum Debit für Hamburgs Gegenden ein.[174]

Da die Schmieder'sche Sammlung in Hamburg und Umgebung nicht bekannt war, annoncierte Reuss die *Sammlung*, was zu der Annahme führte, Reuss besäße die von Schmieder außerhalb der Anthologie gedruckten Werke Gellers nun selbst in seiner Buchhandlung.[175] Eine Täuschung, die sich gegen die Mittelsmänner Schmieders und gegen ihn selbst richtete.

Reuss äußerte seine Vermutung, wer hinter dieser „Fallbrücke" steckte: Sein Hamburger Buchhändlerkonkurrent Carl Ernst Bohn (1749–1827), in Verbindung mit Weidmanns Erben und Reich.[176] So glaubt Reuss, dass Bohn

> von guten Autoren keine Schriften bekommt, seit dieser Zeit machiniert der Neid; und nachdem die Aufhetzung der Berlinischen Buchhändler dem Impetraten keine Wunden angebracht hat, so sind von Hamburg aus, alda fabrizierter Stoff nach Leipzig geschickt, welcher zur Klage gegen ihn dienen soll und womit kaisl. Königl Maj. Allerhöchste Ungnade und geschärfte Befehle gegen ihn erzielet werden wollen und wodruch er somit in Verderben gestürzt werden soll.[177]

Doch nicht nur gegen den Hamburger Konkurrenten richtete sich diese ‚Fallbrücke', auch Schmieder sollte der Nachdruck endlich verboten werden. Neben Reich, der ohnehin vom Nachdruck betroffen war, litt auch der Hamburger Bohn unter den Aktivitäten des Karlsruhers. So hatte Schmieder 1784 Bohn die Gedichte Höltys (1748–1776), dessen Originalverleger der Hamburger war, nachgedruckt.[178]

174 GLA 206,702.

175 Neben den elf Schriften Gellerts führte er aus Schmieders Sammlung auch die Werke Meißens und Rabeners. Auch zum Abgang konnte er Angaben machen: „Von den Theilen dieser Carlsruher Sammlung, welche Gellerts Schriften enthalten, sind 6. Exemplare nach Hamburgs nahe gelegenen Orten von dem Impetraten versandt und 5. Exemplare an unbekannte Leute aus seinem Hauße gegen baares Geld abgeholet worden, mithin wahrscheinlich in Hamburg geblieben." GLA 206,702.

176 Vgl. Brauer, Adalbert: Die Hamburger Buchhändlerfamilie Bohn und ihre Verzweigungen, in: Archiv für Geschichte des Buchwesens 11 (1971), Sp. 1769–1772.

177 GLA 206,702.

178 Interessanterweise gab es eine solche ‚Fallbrücke' bereits im Jahr 1766, ebenfalls unter Beteiligung Bohns, dort aber in Verbindung mit dem Karlsruher Michael Macklot. Dieser hatte schon 1766 im Namen Bohns beim Tübinger Senat gegen die Buchdrucker Christian Gottfried Cotta und Ludwig Friedrich Fues wegen Nachdrucks von Anton Friedrich Büschings *Erdbeschreibung* erfolglos eine ähnliche Beschwerde eingereicht. Macklot hatte bei seiner Beschwerde sogar den falschen Buchdrucker Reus beschuldigt, „Welchergestalten die beede dißseitige cives academicii und Buchdrucker Christian Gottfried Cotta und Ludwig Friedrich Fues allhier (alß welche beede nicht aber auch wie Macklot angegeben den Buchdrucker Reus die Sache betrifft)". Da „Macklot

Die Sache schien nach der Klärung auf sich zu beruhen, ehe ein Jahr später eine ähnliche Klage gegen den Lübecker Buchbinder Krahnstöver wiederum von Weidmanns Erben und Reich initiiert wurde. Dieser wurde, wie bereits Reuß zuvor, verdächtigt, die von Schmieder angeblich außerhalb der Sammlung gedruckten Schriften Gellerts zu vertreiben.[179] Dem Magistrat der Reichsstadt Lübeck wurde aufgetragen, das Warensortiment Krahnstövers zu durchsuchen und sämtliche „unter einem besonderen Titelblatt vorfindlichen Exemplarien gedachter Gellertischen Schriften" sofort in Beschlag zu nehmen.[180] Auch in diesem Fall konnten jedoch keine Exemplare gefunden werden, die gegen das Druckprivileg Schmieders verstoßen hätten. Ungeachtet der erfolglosen Versuche Reichs gegen Schmieder und dessen Nachdrucknetzwerk vorzugehen, versuchte eine andere Leipziger Verlegerin ebenfalls dem Karlsruher das Nachdrucken zu untersagen.

Eine Klagewelle gegen den Büchernachdruck: Die Witwe Dyck

Durch die Klagen des Leipziger Reich und des Reichshofratsagenten Franz Xaver Matt ermutigt, legte zum Beginn des Jahres 1786 auch die Witwe Regine Elisabeth Dyck (1723–1793) aus Leipzig „wegen des Nachdrucks von Rabeners Satiren, der allerdings schon 1775 erfolgte und 1779 zum letztenmal wiederholt worden war" Beschwerde beim Reichhofrat ein.[181] Der Beschwerdeführer Dycks war ebenjener Agent Matt, sodass Breitenbruch folgerichtig den Schluss zieht: „Matt hat es im Auftrag von Reich unternommen, den andern Buchhändlern die Augen über Schmieder zu öffnen und hat die Witwe Dyck veranlaßt, gegen diesen klagbar zu werden".[182] Hier lohnte sich ein Blick in die Reichshofratsakten, da anhand der Wortwahl Matts deutlich wurde, dass weniger Dyck als vielmehr Matt nun gegen Schmieder vorgehen wollte:

> Alle Buchhändler im Reich müssen nunmehro anfangen gegen den Schmieder in Carlsruhe seine Anhänger und Mithelfer aufmerksam zu werden, nachdene es ein kündige Sache ist, daß derselbe ohngescheut mehrere kaiserl. Privilegia impres. violiert, daß er um des willen bestrafet und zur rechtl. Entschädigung angehalten worden, ja sogar, daß derselbe gegen schriftliche Reverse und heilige Versicherungen seinen Schleichhandel weiter fortsetze und werden auf kaiserl. Inhibitiones noch die Warnung seiner eigenen Obrigkeit sich irre machen lassen,

weder eine Vollmacht von gedachten Buchführer Bohnen zu dieser Sache beygebracht, noch sich selbsten alß einen privilegierten Verleger dieses Buchs angegeben oder legitimirt nichthin auf solche Weiße hierbey keineswegs interessiert seye" und „ohne einige Legitimation und aus purem Neid, daß ihme solcher Profit nicht eingeräumt worden wollen, diese Klage worden Bohnen wider beede Buchdrucker gantz ohnbefugter Dingen erhoben", UAT 44/118,5, Nr. 87.

179 „[...] daß derselbe (=Krahnstöver) die von dem Buchhändler Schmieder in Karlsruh verlegte Gellertische Schriften, welche er kraft des blos über die Sammlung erhaltenen Druck-Privilegii ausser derselben zu debitiren keineswegs befugt sey, diesem gerade zuwider einzelnweise und unter besondern Titel feilgeboten und würklich verkauft habe." Reuß, Johann August: Teutsche Staatskanzley, 18. Theil, Ulm 1791, S. 359f.

180 Ebd., S. 360.

181 Breitenbruch: Schmieder, Sp. 683.

182 Ebd. Sp. 683f.

seine unerlaubte Gewinnsucht von sich abzulegen, vielmehr solche durch all erdenkliche Kunstgriffe zu befördern suche.[183]

Neben des wirtschaftlichen Schadens, den der „famose […] Usurpant Schmieder" für den Buchhandel im Reich und insbesondere für die Witwe Dyck durch seine Nachdrucke heraufbeschwor, zeigte der Anwalt Matt auch einen seiner Helfer an, „daß dieser bekannte kayserl. Privilegienstöhrer Schmieder Rabeners Werke auch in Lübeck verlege und daß der dasige Buchbinder Nic. Ber. Krahnstöver dem Verschleiß davon gleich mehreren privilegierten Werken auf sich habe".[184] Ohne weitere Informationen über Krahnstöver zu besitzen, fungierte er als einer von Schmieders lokal ansässigen Kontaktpersonen, über die er seine Nachdrucke verkaufte. Anhand der Absatzgebiete, in denen Schmieders Sammlung zu haben war, offenbarte sich, dass er über ein weitverbreitetes Netz an Absatzpersonen im Reich verfügte, so schilderte auch Matt von den Helfern Schmieders in „Hamburg, [und an] anderen Orthen".[185] Unter ihnen waren wie in diesem Fall Buchbinder, aber auch Buchhändler,[186] Pfarrer oder Lehrer.[187] Schließlich forderte der Anwalt der Witwe, dass sowohl dem Markgrafen als auch dem Magistrat in Lübeck per Reskript mitgeteilt werden sollte, die bei Schmieder und Krahnstöver befindlichen Exemplare zu konfiszieren, den Druck zu verbieten und Dyck eine Entschädigung zukommen zu lassen.

Anders als es Breitenbruch darstellte, war die Auswahl für die Klage gegen Schmieder nicht willkürlich, da Dyck „im ersten Augenblick nicht gewusst haben mag", gegen welchen ihrer Verlagswerke sie klagen sollte, obwohl andere Werke später durch Schmieder nachgedruckt worden sind. Es lag am kaiserlichen Privileg, das sie für Rabeners Schriften erlangt, und gegen das Schmieder mit seinem Nachdruck verstoßen hatte.[188] So verwies ebenfalls der Anwalt im ersten Satz auf die Verletzung des kaiserlichen Privilegs.[189] Nichtsdestotrotz wirkte die Klage zu dem Zeitpunkt seitens des Anwalts intentional, da, wie er selbst schrieb, „Rabeners Werke schon seit mehreren Jahren unter einer frembden Auflag erscheinen".[190] Warum entschied man sich daher erst jetzt dagegen zu operieren? Die einzige plausible Vermutung könnte eben die Breitenbruchs sein, dass der

183 RHR Fiskalarchiv 15–35.

184 RHR Fiskalarchiv 15–35. Dies erwähnt Breitenbruch erstaunlicherweise nicht in seiner Ausführung.

185 RHR Fiskalarchiv, 15–35.

186 Ein Beispiel für den Buchhändler stellt der bereits erwähnte Hamburger Buchhändler Reuss dar.

187 Hierauf wird im Kap. 4.3.1. näher eingegangen.

188 Breitenbruch: Schmieder, Sp. 685. Die Witwe Dyck hatte schon 1765 Rabeners sämtliche Schriften, 1772 Rabeners Briefe nebst Nachrichten von seinem Leben und 1778 nochmals Rabeners Briefe nebst dem Leben des Verfassers von C.F. Weis[s]e privilegieren lassen, vgl. Koppitz: Die kaiserlichen Druckprivilegien, S. 100f.

189 Die Witwe Dyck hat „[…] ein allerhöchst kaiserl. Privilegium de dato 10. Januarii 1778 erhalten, Gottlieb Wilhelm Rabeners samtl. Schriften nebst dem Leben des Verfaßers allein drucken, verlegen und verkaufen zu lassen, unter den höchstgedachten Privilegio gegen die […] festgesetzten Strafen." RHR Fiskalarchiv, 15–35.

190 RHR Fiskalarchiv, 15–35.

Anwalt die Klage als Erweiterung zum bereits artikulierten Protest Weidmanns Erben und Reich sah und die Witwe angespornt hatte, ebenfalls Demarche einzureichen, um gewissermaßen eine Klageflut beim Reichshofrat zu initiieren: Dies wurde in seiner Aussage deutlich, dass alle Buchhändler im Reich Schmieders Nachdrucke anzeigen sollten. Doch das Echo auf die Klagewelle blieb aus, denn die Prozesse bei Reich wie auch bei Dyck verliefen resultatlos.

Georg Joachim Göschen als neuer Konkurrent gegen den Büchernachdruck

Durch den Misserfolg seiner französischen Sammlung und durch die anhaltenden Prozesse gegen Philipp Erasmus Reich zermürbt, suchte Schmieder neue und gut verkäufliche Verlagsartikeln. Diese fand er in der gerade erst gegründeten Verlagsbuchhandlung Georg Joachim Göschens (1752–1828), der sich aber umgehend gegen den Nachdruck zur Wehr setzte.[191]

Die Grundlage, auf die Göschen seinen Verlag aufbaute, war zu einem großen Teil durch den vielfach genannten Philipp Erasmus Reich geprägt worden. So schloss Hazel Rosenstrauch:

> Reich hatte die Organisationsformen, das Rechtsbewußtsein und die Handlungsart modelliert, an die jüngere Verleger, vor allem Cotta und Göschen, anknüpften, auch wenn sie und spätere Buchhändler ihr berufliches Selbstverständnis stärker im ideellen Bereich ansiedelten.[192]

Diese Maxime hatte die weitere Auseinandersetzung mit dem Nachdruck für das letzte Jahrhundertdrittel maßgeblich geprägt und wurde mehr und mehr diskursiv und ideell geführt, sowohl von den Verlegern als auch zunehmend von den Schriftstellern selbst.

Im Falle Göschens schien es sich um eine ungeheuerliche Nachdruckserie gehandelt zu haben, da sich Göschen sowohl brieflich an den Markgrafen wandte, als auch öffentlich gegen Schmieder Anklage erhob:

> Christian Gottlieb Schmieder in Carlsruhe hat die beyspiellose Bosheit begangen, und 6 neue Bücher aus meinem Verlage auf einmal nachgedruckt. Ich klage diesen Menschen hiermit öffentlich eines unerhörten Raubes an und warne jedermann der so unglücklich ist und mit ihm in Geschäften zu stehen oder in Verhältnisse zu kommen sich für diesen Bösewicht wohl in Acht zu nehmen. Ein Mann ohne Redlichkeit, ohne Ehre, ohne Gewißen ist der gefährliche Mensch in jedem Verhältnisse des Lebens. Ich hoffe, daß jeder redliche Buchhändler gegen diese That den größten Unwillen faßen wird. Sollte sich aber jemand mit

191 Göschen zog 1770 nach Leipzig und war dort beim bereits bekannten Crusius tätig, ehe er zwischen 1783 und 1788 auch die Gelehrtenbuchhandlung in Dessau leitete. Währenddessen gründete er 1785 seine Verlagsbuchhandlung, bei der er die berühmtesten Autoren der Weimarer Klassik wie Goethe, Schiller und Wieland im Verlag hatte. Ein biographischer Abriss vgl. Zänker, Eberhard: Georg Joachim Göschen: Buchhändler, Drucker, Verleger, Schriftsteller, Beucha 1996, insb. S. 16–75 und Struck, Andreas: Verlagspolitik in Leipzig: exemplarisch dargestellt am Verlag Georg Joachim Göschen in der zweiten Hälfte des 18. Jahrhunderts, Marburg 2005, S. 37–69.

192 Rosenstrauch: Reich, S. 110.

> dem Verkaufe dieser Nachdrucke beschmutzen, so werd' ich, sobald ich Beweise davon erhalte, ihn in öffentlichen Blättern, als Helfershelfer und Mitgenoßen dieses Diebes nennen.[193]

Diese Wutschrift erschien im *Journal des Luxus und der Moden* im Jahr 1787, welches erst ein Jahr zuvor durch Friedrich Justin Bertuch ins Leben gerufen worden war, der mittlerweile als Verleger in Weimar tätig war und mit Göschen Bekanntschaft gemacht hatte. Bertuch bot Göschen eine publizistische Plattform für seine Anzeige an, nicht zuletzt, da er längst durch den Karlsruher Nachdruck geschädigt worden war. Bereits zuvor hatte Göschen den Text schon zu Wieland gesandt, der diesen in seinem Teutschen Merkur abdrucken sollte.[194] Wieland bat ihn jedoch um „verbale Mäßigung" und bot ihm an, seinen Text zu modifizieren: „Wieland bemühte sich – bei allem Verständnis in der Sache – Göschen deutlich zu machen, daß die Rechtslage eben nicht eindeutig ist".[195] Wieland hat den Text nicht abgedruckt, woraufhin sich Göschen an ebenjenen Bertuch wandte, der diesen schließlich veröffentlichte.

Anhand der Wortwahl Göschens kann deutlich gezeigt werden, in welcher Art und Weise nunmehr die Diskussion über den Nachdruck geführt wurde. Eine solche Artikulation, wie Göschen sie hier benutzte, bedeutete zweierlei. Zum einen sah man sich aufgrund der mangelhaften und häufig nicht wirksamen gerichtlichen Vorgehensweisen gegen den Nachdruck nicht mehr in der Lage, anders als über eine möglichst breitenwirksame diskursive Ebene gegen den Nachdruck vorzugehen. Zum anderen kristallisierte sich eine qualitative Differenzierung heraus, die sich ebenfalls in diesem Text wiederfinden lässt: Man war entweder ein ‚redlicher Buchhändler' oder ein ‚Helfershelfer und Mitgenoße eines Diebes'.[196]

Doch zurück zu der zentralen Aussage der Anklage: So lautete der Hauptvorwurf, dass sechs Bücher Göschens nachgedruckt wurden.[197] Für ein so junges Unternehmen war dies natürlich ein enormer finanzieller Rückschlag und zudem ein besonderes Är-

193 Georg Joachim Göschen: Anklage gegen Christian Gottlieb Schmieder, in: Journal des Luxus und der Moden – Intelligenzblatt, Jahrg. 2, Oktober 1787, S. 78–79.

194 Zum Verhältnis Wielands und Göschens vgl. Buchner, Karl: Wieland und Georg Joachim Göschen, Stuttgart 1874.

195 Füssel, Stephan: Georg Joachim Göschen, Bd. 1: Studien zur Verlagsgeschichte und zur Verlegertypologie der Goethe-Zeit: Ein Verleger der Spätaufklärung und der deutschen Klassik, Berlin 1999, S. 271.

196 Vgl. dazu Kap 4.6.

197 Es handelte sich um drei Werke, die in die Sammlung aufgenommen wurden: 1) Friedrich Leopold zu Stolbergs Schauspiele, 2) Johann Baptist von Alxinger: *Doolin von Maynz. Ein Rittergedicht*, 3) Friedrich Schiller: *Dom Karlos Infant von Spanien* und drei, die außerhalb der Sammlung nachgedruckt wurden: 1) Henry Fielding: *Geschichte des Thomas Jones eines Findelkindes*, 2) Anton Wall (d. i. Christian Leberecht Heyne): *Erzählungen nach Marmontel*, 3) Robert Dodsleys: *Die Weisheit an die Menschen durch einen begeisterten Braminen*, vgl. Breitenbruch: Schmieder, Sp. 719 u. 725f. Des Weiteren veröffentlichte Göschen auch die Übersetzung von *Figaros Hochzeit*, des hier schon erwähnten Beaumarchais.

gernis, da die meisten Werke gerade erst auf der Leipziger Ostermesse vorgestellt worden waren und daher erstmalig im Verkauf waren. Der separate Verkauf des *Dom Karlos* von Schiller ließ dabei auf einen außerordentlichen pekuniären Gewinn hoffen, da dieser zuvor nur in der *Thalia* erschienen war. Die anderen beiden Werke, die innerhalb der Sammlung aufgenommen wurden, waren die *Schauspiele mit Chören* der Brüder Christian (1748–1821) und Friedrich Leopold Grafen zu Stolberg (1750–1819) sowie Johann Baptist von Alxingers (1755–1797) *Doolin von Maynz – Ein Rittergedicht.*[198] Außerhalb der Sammlung vertrieb Schmieder Henry Fieldings *Geschichte des Thomas Jones eines Findelkindes*, Anton Walls (Pseudonym für Christian Leberecht Heyne) *Erzählungen nach Marmontel* und Robert Dodsleys *Die Weisheit an die Menschen durch einen begeisterten Braminen.*[199]

Schmieder wurde aufgefordert, sich zu den Nachdrucken zu äußern, in seinem Brief vom 20. Oktober 1787 setzte er sich insbesondere mit dem Verhältnis von Sachsen zum Reichsbuchhandel auseinander. So bemerkte er:

> Mir gefiel es nicht unter dem sächsischen Druck der Buchhändler länger zu schmachten und weil ich hier ganz und gar keine Aussichten zum Buchhandel hatte, sondern lange in Dürftigkeit lebte, so musste der Gedanke einer solchen Samlung die auch des Ausland liebt [...] um so schätzbarer seyn, da nicht jeder wegen unvermögen originalis kaufen könnte, auch nicht allein mir, sondern vielen Menschen in Euer hochf. Durchlaucht Landen selbst diese Sammlung viele Nahrung schaffe. Es ist nur mehr als zu wahr, daß die sächsische Buchhändler das Monopolium dieses Handels lange genug ausmachten, und andere Buchhändlern wenig genug zu ihrem Fortkommen übrig ließen.[200]

Schmieder bezog sich auf sein kaiserliches Privileg, aber die Tatsache, dass er in diesem Schreiben explizit auf das, seiner Meinung, disparate Verhältnis zu Sachsen hinwies und daraus folgerte, dass der Nachdruck rechtens sei, war in dieser Ausdrücklichkeit bisher nicht erfolgt. Er ging ebenfalls auf die Wutschrift Göschens ein, den er in seinem Brief konsequent ‚Gösche' nennt: „Um sich aber sein vermeintes Recht selbst zu schaffen beging er [...] in den Journalen diesen niedrigen Unfug wieder mich".[201]

Der Geheime Rat beschloss am 29. Oktober Göschen die Abschrift der Erklärung zu übersenden.[202] Dies zum Anlass nehmend, wandte Göschen sich am 20. Dezem-

198 Alxingers *Doolin von Maynz* war neben *Bliomberis* das wichtigste Werk Alxingers und ging auf einen französischen Ritterroman zurück. „Er erweiterte die Geschichte um eine Nebenhandlung, die er nach Wielandschem Muster mit der Haupthandlung verknüpfte. In sprachlicher und stilistischer Hinsicht is auch Klopstock als Vorbild erkennbar", womit er nahezu perfekt in die Schmieder'sche Sammlung passte, Riege, Helmut: Friedrich Gottlieb Klopstock Briefe 1783–1794, Bd. 2 Apparat/Kommentar, Berlin / New York 1999, S. 575.

199 Breitenbruch: Schmieder, Sp. 724ff. und Füssel, Stephan: Verlagsbibliographie Göschen 1785 bis 1838 (= Georg Joachim Göschen Ein Verleger der Spätaufklärung und der deutschen Klassik; 2), Berlin / New York 1998, S. 9; 14; 17; 26.

200 GLA 206,702.

201 GLA 206,702.

202 Eine Randnotiz im Protokoll, die unscheinbar wirkt, offenbarte die Spitzfindigkeit des Nachdrucks. Dort findet sich neben dem Satz: „wenn aber der Buchhändler Schmieder, außer seiner

ber 1787 an den Markgrafen und schrieb, dass Schmieder außerhalb seiner Sammlung seine Werke nachgedruckt habe.[203] „Zum Beweis, daß Herr Schmieder all diese [...] gedruckt hat", hatte Göschen seinem Brief sowohl einen Ausschnitt aus Schmieders Verlagsbüchern als auch ein Avertissement aus dem *Frankfurter Journal*, datiert auf den 20. August 1787, angehängt.[204]

In diesen waren alle drei Werke enthalten, die außerhalb der Sammlung gedruckt worden waren. Hierzu bemerkte Göschen gegenüber dem Markgrafen: Schmieder „muß kein Kaufmann seyn, wenn er sich nicht selbst überzeugen kann, daß er mich dadurch entsetzlich zu Boden geworfen hat. Es ist nicht die Rede wen der Samlung der besten deutsche Schriftstellern. Darunter gehört der Thomas Jones nicht".[205] Göschen insistierte vehement, dass Schmieder die ihm oben genannten nachgedruckten Werke „einzeln gedruckt hat, und einzeln verkauft".[206]

Schmieder gab in seiner Vernehmung vom 12. März 1788 an, dass er über den *Tom Jones* vom Reichshofrat privilegiert worden sei, dieses dem Schreiben auch angefügt habe und ergänzte:[207]

> Hätte ich aber auch kein Privilegium darauf, so hat ja Herr Gösche auch keins, und ich kenne noch kein Reichs-Gesetz, das unprivilegirte Bücher den Nachdruck verwehret hat".[208] Dies wurde Göschen durch den badischen Geheimen Rat übermittelt, mit der Anmerkung, dass man „diesem Privilegio zuwider nichts verfügen könne.[209]

Doch der junge Buchhändler Göschen ließ sich davon erstens nicht zurückweisen und zweitens intensivierte dies nur seine Bemühung, gegen den Nachdrucker Recht zu bekommen. Er wandte sich durch seinen Anwalt Schumann an den Reichshofrat, um sich nach dem vermeintlichen Privileg Schmieders zu erkundigen und ihm den Nachdruck zu verbieten.[210] Doch als Göschen 1789

---

kayserlich privilegierten Sammlung priviligirte Verlagsschriften nochmalen drucken und besonders herausgeben würden auf diesfalsige Beschwerde nach Beschaffenheit der Umstände alle Gerechtigkeit und Satisfaktion würden angedeihen lassen.", der Zusatz ‚privilegierte' neben dem Wort Verlagsschriften. Denn Verlagsschriften durfte er per se nachdrucken, jedoch keine zuvor privilegierten Verlagsschriften, eine Unterscheidung, die an dem einen Wort hing und hier erst nachträglich hinzugefügt werden musste, vgl. GLA 206,702.

203 GLA 206,702.

204 GLA 206,702.

205 So empfand Göschen die Übersetzung des *Tom Jones* des englischen Schriftstellers Fielding als nicht adäquat in der Sammlung der deutschen Schriftsteller. Er wollte damit zeigen, wie willkürlich Schmieder nachdruckte und seine Sammlung *qua nomen* diese Schrift nicht beinhalten dürfe.

206 GLA 206,702.

207 Das Antwortschreiben Schmieders ist nur in Kopie und das beiliegende Privileg gar nicht überliefert.

208 GLA 206,702.

209 GLA 206,702.

210 „Es ist bekannt, daß der Chursächsische Hof- und Legathionsrat Johann Joachim Christoph Bode zu Weimar mit der größten Müh' und Accuratesse eine deutsche Übersetzung des Tom

> um ein kaiserliches Privileg nachsuchen will, erfährt er zu seinem größten Erstaunen, daß sich Schmieder bereits am 20. August 1787 ein solches Privileg erschlichen hatte. Der Anwalt legte als Beweis ein Schreiben von Bode vom 10. Dezember 1788 vor, in dem er bestätigt, am 24. May 1785 in Weimar mit einem schriftlichen Kontrakt die Übersetzung Göschen ‚als Eigenthum zum Verlag' überlassen zu haben und ‚mit Niemand [...], am allerwenigsten aber mit dem Nachdrucker Christian Gottlob Schmieder zu Carlsruhe jemahls die geringste Abrede, weder schriftlich noch mündlich, genommen, gehandelt oder gepfleget zu haben.[211]

Ende Januar 1789 wurde festgesetzt, dass dem Gesuch Göschens das Schmieder'sche Privileg zu kassieren und zu inhibieren nicht stattgegeben wurde. Die Niederlage, die Göschen gegen Schmieder, dem Markgrafen und dem Reichshofrat erlitt, stachelte ihn an, „offensiv gegen die Nachdrucker vorzugehen".[212] Für den Buchhändler war diese Niederlage besonders bitter, wie er in seinem Brief an den Markgrafen schrieb:

> Was mich anbetrifft, ich habe mit fremden Gelde angefangen und solches auf die Schriften größtentheils verwandt, welche mir Herr Schmieder nachgedruckt hat. Er muß kein Kaufmann seyn, wenn er sich nicht selbst überzeugen kann, daß er mich dadurch entsetzlich zu Boden geworfen hat.[213]

Die Geschäftszahlen belegten seine Befürchtungen, so beziffert er „seinen ‚Verlust an Honorario, Druck und Papier der 7 Bände des Tom Jones' auf immerhin 4634 Gulden".[214]

Wie sehr Göschen in seiner Existenz bedroht war, ließ er mehr als zehn Jahre später auch Friedrich Gottlieb Klopstock wissen. In einem Brief schrieb er über seine Situation:

> Als ich zu handeln anfing druckte dieser Schmieder mir 5 Artikel auf einmal nach Tom Jones von Bode, Alxingers Doolin, Anton Walls Erzähl., Meißners Florian und 1 Buch von Jünger. Dieses setzte mich in solche Verlegenheit daß mich die Verzweiflung bis an dem Rand der Pleiße trieb. Die gütige Vorsehung rettete mich; aber ich kann an diesen Gaudieb nie ohne Groll denken.[215]

Jones von Fielding in mehreren Bänden selbst bearbeitet hat. Um nun das Publicum zu befriedigen, machte er Anno 1785 mit Anwaldts Prinzipalen, dem Buchführer Georg Joachim Göschen zu Leipzig wegen des Verlags einen accord mittels dessen der Author gegen ein stipulirtes Honorarium das Eigenthum demselben zu Verlag überlassen hat. Anwaldts Prinzipal fieng also an, dieses tituolo oneroso erworbene Buch mit schwersten Kosten drucken zu lassen, wovon der beklagte Christian Gottlob Schmieder zu Carlsruhe ein Exemplar unter der Hand erhalten haben muß.", RHR, Kart. 2711, zitiert nach Stephan Füssel (Hg.): Georg Joachim Göschen, Bd. 1, S. 275.

211 Füssel: Göschen, S. 275.

212 Ebd., S. 276.

213 Ebd.

214 Zitiert nach Ebd., S. 275.

215 Brief Göschens an Friedrich Gottlieb Klopstock vom 30. März 1798, in: Gronemeyer, Horst et. al. (Hrsg.): Friedrich Gottlieb Klopstock Werke und Briefe. Historisch-Kritische Ausgabe, Abt. IX,1 Briefe 1795–1798, Berlin / New York 1993, S. 233–234, hier S. 234.

Fasst man die Auseinandersetzung zwischen Göschen und Schmieder zusammen, so muss man konstatieren, dass Schmieder sich mit dem Nachdruck des Göschen'schen Verlagsprogramms einen erbitterten Feind gemacht hatte: Nicht nur, indem er den Jungunternehmer zu Beginn seiner Tätigkeit durch seine Drucke in finanzielle Schwierigkeiten gebracht hatte, sondern auch, dass er im weiteren Verlauf selbst keine Einbußen hinnehmen musste und unbeirrt mit dem Nachdruck fortfahren konnte. Dies lag letztlich an der rechtlichen Absicherung, die er durch sein Privileg nachweisen konnte, aber auch an der mangelnden Konsequenz, mit der der Reichshofrat gegen ihn vorging. Für Schmieder war der Nachdruck des *Tom Jones* ausnahmslos ein Erfolg. Er gehörte dadurch zu den ersten Buchhändlern, die eine deutsche Übersetzung für das südwestdeutsche Publikum anbieten und zu einem günstigen Preis verkaufen konnte.

Die Auseinandersetzung mit Friedrich Gotthold Jacobäer

Eine der letzten Beschwerden über Schmieder, die bei der badischen Obrigkeit eingegangen ist und über die die Karlsruher Akten Auskunft geben, stammte vom Schriftsteller Johann Timotheus Hermes (1738–1821) und dessen Verleger Friedrich Gotthold Jacobäer (gest. 1824). Schmieder hatte die Werke Hermes *Für Töchter edler Herkunft* und *Für Eltern und Ehelustige* nachgedruckt. Es ging in erster Linie um den Verkauf der Werke außerhalb der Sammlung. Schmieder nutzte die Praxis auf das Reihentitelblatt den Vermerk des Privilegs zu drucken, auf dem Stücktitelblatt allerdings druckte er es nicht mehr.[216]

Um der permanent vorgebrachten Schutzreaktion Schmieders vorzukommen, er drucke für einen günstigen Preis nach, um auch den unteren Schichten die Lektüre anbieten zu können, führte Jacobäer aus, dass er für sein Verlagswerk *Für Töchter edler Herkunft* ebenfalls drei Auflagen veranstaltet habe:[217]

> Eine á 4 rthl. für Hohe Personen
> Eine á 2,5. rthl für hiesige Lande und
> Eine á 1 rthl. für dortige Reichsbuchhändler
> veranstaltet, und dadurch eine sehr große Summe schuldens verwendet.[218]

Auch den zweiten Einwand der Berufung auf das kaiserliche Privileg, die Schmieder gebetsmühlenartig in seinen Apologien vorbrachte, konterte der Leipziger Verleger damit, dass ihn das nicht davor schütze, sich am Honorar für den Autoren zu beteiligen. Schließlich profitierte Schmieder ebenfalls davon, sodass er zum „Mitverleger" am Werk

216 Vgl. Breitenbruch: Schmieder, Sp. 685f.

217 Das Werk wandte sich an ein gemischtes Publikum, besonders aber an weibliche Leser und wurde auch als solches vom Publikum verstanden. Bald darauf erschien eine Gegenschrift für die männliche Jugend, nämlich *Für* Jünglinge jedes Standes. Traurige Wahrheiten im Romangewande. Ein Pendant zu dem Buche: *Für* Töchter edler Herkunft von 1790. Es ging bei dem Werk um die richtige Erziehung der Mädchen und Jungen, Grenz, Dagmar: Mädchenliteratur. Von den moralisch-belehrenden Schriften im 18. Jahrhundert bis zur Herausbildung der Backfischliteratur im 19. Jahrhundert (= Germanistische Abhandlungen; 52) Stuttgart 1981, S. 119.

218 GLA 206,702.

wurde.[219] Bevor Jacobäer forderte, dass Schmieder „Ersatzforderungen“ leisten solle und der Nachdruck untersagt werde, erfolgte eine bissige Anspielung auf die Sammlung:

> Will gedachter Schmieder weniger seinen kaysl. Privilegii ein privilegierter Nachdrucker seyn; so muß er alles nachdrucken und nicht nur blos was Abgang findet; Dies erweist den Diebstahl sonnenklahr. Wie erst drucken wir 20. Bücher nacheinander und bringen nicht die Hälfte unser Kosten heraus, so schön und gelehrt sie auch sind, und als die besten Schriften empfohlen worden: diese druckt **Schmieder nicht nach** obgleich in seinem Privilegio steht, die **besten**, nicht die **gangbarsten**.[220]

Nachdem der Geheime Rat und das Oberamt Karlsruhe sich mit der Klage befasst hatten, übertrugen sie es dem Hofrat, in seiner Position als oberste Gerichtsbehörde, darüber zu entscheiden.[221] Dieser verfasste am 23. September eine endgültige Stellungnahme, die im Grunde die permissive Haltung der markgräflichen Regierung gegenüber Schmieder untermauerte. Der Hofrat berief sich auf die Entscheidungen des Reichshofrates in Bezug auf das ausgestellte kaiserliche Privileg. Es ging um die Frage, welche Werke der Sammlung einverleibt werden dürfen und welche nicht, da dies die Auflage des 1784 ausgestellten Privilegs war:

> der Jenige, wer bey Nachdruck eines privilegierten Buches nur soviel obwohl außerwesentliche Veränderungen vornehme, daß dadurch die metaphysische Identität des nachgedruckten Buches mit dem Original wegfalle, vor einen Übertreter des Privilegii nicht geachtet werde.[222]

Auf dieser Grundlage wurden vier Kriterien festgelegt, die für die Einverleibung in die Sammlung von Bedeutung waren:

> a) daß es ein Original teutsches Werk sey, b) daß die Bücher desselben bey Reichshofrath annemlich erfunden worden, c) daß er es als integrierenden Theil der Sammlung mithin mit einem dieses beziehenden generaltitul drucken lasse und d) daß er die aus privilegierten Wercken entstehenden Theile nicht ausser der Sammlung verkaufe.[223]

---

219 „[…] was der Autor dafür angefangen hat, wenigstens zur Hälfte zu zahlen; da er sich zum Mitverleger macht. Diese meine Forderung ist immer noch zu billig; dem der Verleger der ächten Ausgabe hat ins Risico dem gehörte auch der Gewinn allein, um welchen ich immer wenn mir auch die Hälfte des Honorarii erstattet wird, noch zu kurz komme.“ GLA 206,702.

220 GLA 206,702. Der Fettdruck der Wörter aus der Originalakte wurde übernommen.

221 Vgl. Breitenbruch: Schmieder, Sp. 686.

222 GLA 206,702 und weiter: „Sich deutlich ergeben, daß die Einverleibung in das ganze der Sammlung für eine solche Metamorphoseangenommen worden, die die Anwendbarkeit der älteren Privilegien auf ein solches in der Sammlung verkaufendes Buch wegfallen machen.“

223 GLA 206,702.

Die Kriterien für a) bis c) galten seitens des Hofrats als erfüllt, sodass sie auf d) schlussfolgerten, wenn der Leipziger Buchhändler Jacobäer kein Privileg nachweisen könne, man nichts verfügen könne.[224]

Die Verantwortung zwischen Reichshofrat und badischer Zuständigkeit glich einem Wechselspiel und so war die Haltung in Baden, dass aufgrund des Privilegs nichts gegen Schmieder verfügt werden konnte und begnügte sich damit, einen laissez-faire-Stil zu beizubehalten. Das Urteil übermittelte der Rat zu Hermes und Jacobäer nach Leipzig und auch hierauf folgten keine weiteren, überlieferten, Folgeklagen oder Anfechtungen der Entscheidung.

Es stellt sich die Frage, warum Jacobäer die Schrift Hermes nicht beim Reichshofrat privilegieren ließ, da er dies zuvor ebenfalls schon gemacht hatte.[225] Vermutlich lag der Grund in der Ausführung, die der Buchhändler gemacht hatte: Von 20 Schriften, die er drucken ließ, wird keines nachgedruckt, die 21. Schrift – oder in diesem Falle das Werk Hermes – wird dann jedoch kopiert. Unter wirtschaftlichen Aspekten war daher der Absatzverlust durch den Nachdruck geringer als der Aufwand und die Kosten der Privilegien für die Werke.

Die letzte überlieferte auswärtige Klage stammt erneut von „Berliner Buchhändlern", die wegen Nachdruck ihrer Verlagswerke klagten, ohne weitere Angaben zum Sachverhalt zu machen.[226] Die Entscheidung gegen Schmieder beinhaltete lediglich, dass er den „Separatverkauf einzelner mit seinem Verlag gedruckten Wercke nicht überschreiten solle". Es hatte sich also an der Vorgehensweise der badischen Regierung in den drei Jahren zwischen der Klage Jacobäers und der Berliner Buchhändlern in Bezug auf Schmieder kaum etwas geändert.

Wie den letzten Klagen entnommen werden konnte, war Schmieder in der Zeit zwischen 1790 bis 1792 noch einmal geschäftstüchtig. So druckte er in diesem Zeitraum viele seiner Nachdrucke erneut oder fügte neue Nachdrucke seiner Anthologie hinzu, ohne dass es zu erneuten Klagen kam. Darunter die Werke Johann Wilhelm Archenholz', Johann Gottfried Herders *Ideen zur Philosophie der Geschichte der Menschheit*, August von Kotzebues (1761–1819) *Kleine gesammelte Schriften*, August Gottlieb Meißners *Alcibiades*, Wielands *Geheime Geschichte des Philosophen Peregrinus Proteus*, zum

224 So zum Beispiel für Punkt b): „Schmieders anderer relatione Saz sey, daß er unter „zwey Tituln, nemlich unter general Titul, der er als Theil der Sammlung qualificirt, und unter dem ihm eigenthümlichen Titel der also möglich macht mittelst Wegschneidung des General Titels sich einzelne Theile, als besonderer Completer Werkce eines autoren bedienen zu können, das Buch zu drucken das Recht habe. Dies erscheint zuvor ihnen neue Auslegung nach denen er nur Samlung drucken darf im Wege zu stehen. Allein ermöge man daß aber wegen der buchstäbl. Auslegung des als Theil der Sammlung betrachtet werden mus, was unter solchen general titel erscheint, und dagegen der special titel nur als ein Theil des abgedruckten Werkes selbst hinzugekommen zu seyn, dahendirt werden kann wiewohl in diesem Fall fraglich nicht Schmieder seinen Verlag und Druckort au den Sepcial Titel sezen müsste [...], GLA 206,702.

225 So ersuchte Jacobäer 1782 um ein Impressorium für Hermes *Andachtsschriften* in vier Bänden, was ihm für zehn Jahre gewährt wurde, vgl. HHStA RHR Impressoria 33–3.

226 Es ist lediglich die Entscheidung des Rates auf einer Seite in den Akten überliefert, sodass die genauen Umstände und Inhalte nicht rekonstruiert werden konnten.

wiederholten Male Schillers *Dom Karlos* oder den *Siegfried von Lindenberg* Johann Gottwerth Müllers. Letzterer zog eine Auseinandersetzung nach sich, die nicht auf rechtlicher, sondern auf literarische Ebene ausgetragen wurde.[227]

Der Niedergang des Geschäfts begann spätestens seit 1793, da die „Vermehrungsrate der Sammlung ganz stark rückläufig" war.[228] Hinzu kam ein neuer Konkurrent, der das Geschäft Schmieders bedrohte.

3.1.6 Niedergang und Auflösung des Schmieder'schen Unternehmens: Die Konkurrenz mit Christian Friedrich Müller

Gegen Ende des Jahrhunderts trat ein neuer Buchhändler in Karlsruhe in Erscheinung, der für das Geschäft Schmieders außerordentlich gefährlich war. Zumindest lassen dies die Akten über die Verlagsgeschichte Christian Friedrich Müller vermuten, denn sie zeigen auf, mit welcher Vehemenz Schmieder gegen den jungen Buchhändler agierte und zu welchen Mitteln er griff, um sein eigenes, im Zerfall befindliches Geschäft vor dem Ruin zu retten.

Am 1. September 1797 erhielt der junge Buchhändler Christian Friedrich Müller ein badisches Privileg, eine Buchhandlung in Karlsruhe eröffnen zu dürfen. Was auf dieses Vorgehen seitens der bereits in Karlsruhe ansässigen Buchhändler Schmieder und Carl Friedrich Macklot (1760–1812) – der Sohn Johann Michael Macklots (1728–1794) – folgte, war der erbittert geführte Versuch, die Entscheidung des Magistrats rückgängig zu machen und den neuen Konkurrenten gemeinsam zu diskreditieren.

Müller wurde am 10. März 1776 als achtes Kind des Hofbuchbinders Christian Andreas Müller (1734–1792) und der Maria Elisabeth, geb. Burkhart, in Karlsruhe geboren.[229] Müller lernte das Buchbindergewerbe seines Vaters und vertiefte seine Kenntnisse im Buchgewerbe unter anderem durch Anstellungen in Stuttgart beim Buchbinder Friedrich Uebel, in Leipzig, Berlin und zuletzt in Prag beim Buchhändler August Geers. Mitte des Jahres 1796 begann Müller damit, die Voraussetzungen für eine Buchhandlung in Karlsruhe herzustellen, indem er einen Laden mietete, Bücherregale bauen ließ

227 Zu den Werken vgl. Breitenbruchs Bibliographie der Werke Schmieders, Breitenbruch: Schmieder, Sp. 699ff. Zu Müller vgl. Kap. 4.6.1.

228 Breitenbruch: Schmieder, Sp. 667. Der Begriff der Trivialliteratur ist in der Forschung nicht unumstritten. So war der Begriff eine zeitlang negativ behaftet und wurde mit ‚Kitschliteratur' gleichgesetzt. Andere Begrifflichkeiten wie ‚populäre Lesestoffe' oder ‚Massenliteratur' „sind als Antwort auf diese nur die ästhetische Qualität von Texten bewertende Verwendung des Kitschbegriffs entstanden und versuchen gerade die gesellschaftliche Bedeutung trivilaer Texte für die Befriedigung vorhandender oder auch erst kürzlich erzeugter Leserbedürfnisse in den Blick zu rücken". Der Begirff Trivialliteratur soll in diesem Kontext dennoch verwendet werden, da er „sowohl den ästethischen Aspekt (das Triviale als das leicht Eingängige) als auch den gesellschaftlichen Aspekt (das Triviale als das weit Verbreitete)" in sich vereinbart. Zur Begrifflichkeit der Trivialliteratur und dessen Genese Nusser, Peter: Trivialliteratur (= Sammlung Metzler; 262), Stuttgart 1991, S. 1–9; 45–100, für die Zitate S. 2f.

229 Fürst: Residenz, S. 74. Zu Müller weiterhin: Fürst, Rainer: Christian Friedrich Müller. Ein Lebensbild, in: Müller-Wirth / Wagner (Hrsg.): Code Napoléon – Badisches Landrecht, S. 42–61.

und erste Verlagsartikel einkaufte.[230] Am 12. Dezember 1796 sandte er ein Schreiben an das Hofratskollegium mit der „Unterthänigsten Vorstellung des Bürgers und Buchhändlers Müller dahier die Errichtung seines Buchhandels betreffend", worin er deutlich machte, dass er die nötige Erfahrung für den Buchhändlerberuf durch seine Reise gesammelt hatte.

> Schon in der Mitte dieses Jahres kam ich von meinen Reisen aus Leipzig, Berlin, Dresden, Prag und andern des Buchhandels wegen berühmten Städten Deutschlands zurück, wo ich mir nicht nur die zu meinem Fache nöthigen Kenntniße gesammelt habe, sondern auch hinlängliche Bekanntschaften machte, so daß ich mit den vorzüglichsten Häußern in Correspondenz stehe und Geschäfte mit ihnen machen kann. Gleich bei meiner Hieherkunft habe ich mich bei dem hießigen Stadtrath um die Annahme als Bürger und Buchhändler gemeldet, die mir auch um so weniger verweigert wurde, da ich eines Bürgers Sohn bin. Seitdeme habe ich mir nun die vorzüglichsten und gangbarsten Schriften, in soweit es meine Umstände für den Anfang erlaubt haben, angeschafft [...]. Weil ich hingegen unterrichtet worden bin, daß ich zu vollkommener Erreichung meiner Absicht und hierinn auf keinerley Weise gehindert zu werden, die Erlaubniß Euer Hochfürstlichen Durchlaucht noch vordersammst ebenfalls einholen zu müßen, so bitte ich um dieselbe in jener tiefsten Unterwerfung, mit der ich zeitlebens ersterbe.[231]

Müller verwies in seinem Bittschreiben auf die Erfahrungen, die er gesammelt hatte und beispielsweise mit einem Zeugnis des Buchhändlers Geers vom 24. April 1796 nachwies.[232] In erster Linie der Hinweis auf seine „Correspondenz" mit anderen Verlegern aus den buchhändlerisch bedeutendsten Städten des Reiches wie Berlin oder Leipzig, zeigte an, mit welchem Elan er sein neues Geschäft errichten wollte und verdeutlichte damit, dass die Buchhändler in Karlsruhe gänzlich von den Buchhandelszentren im Nordosten abgeschnitten waren.

Darüber hinaus hatte Müller die erforderlichen Schritte eingeleitet, ein Geschäft in Karlsruhe führen zu dürfen. Dazu gehörte einerseits die Erteilung des Bürgerrechts, welches am 10. Juni 1796 erteilt wurde,[233] andererseits die ersten Maßnahmen zur Errichtung einer Buchhandlung, also die bereits angesprochenen ersten gekauften Verlagsartikel und die getroffenen baulichen Aktionen. Müller fehlte nun nur noch die Erlaubnis der landesfürstlichen Regierung, um sein Geschäft eröffnen zu können. Doch bevor die Angelegenheit im Hofrat behandelt wurde, „wurde der Inhalt dieses Schrei-

230 In einer Rechnung für das Jahr 1796 sind die Posten eingetragen, die Müller im Zeitraum zwischen Mai und Dezember ausgab, darunter auch 8 fl. 9 kr. für Bücherregale und andere Schreinearbeiten, um die Grundvoraussetzungen für eine Buchhandlung zu schaffen, vgl. Müller, Max: Geschichte der Chr. Fr. Müller'schen Hofbuchhandlung in Karlsruhe: 1797–1897, Karlsruhe 1897, S. 5.

231 GLA 69 Verlag CFM, Nr. 41.

232 GLA 69 Verlag CFM, Nr. 42.

233 StAKa 2/R 134, Bürgermeisterrechnung 1769/1797, vgl. dazu auch Fürst: Residenz, S. 74.

bens schon den Rivalen, deren Beziehungsgeflecht bis in die Regierungsspitze reichte, zugetragen".[234]

Am 30. Dezember 1796, also keine drei Wochen nach Müllers Schreiben an die Regierung, wandten sich Macklot und Schmieder an den Markgrafen mit einer „Unterthänigsten Bitte um gnädigste Abweisung des Müllerischen Gesuchs zur Errichtung einer Buchhandlung in hiesiger Residenz", ein Vorgehen, welches man von Schmieder schon in der Konkurrenzsituation mit Beaumarchais kannte.

Das Schreiben konnte als Schlaglicht auf den Zustand der Buchhändler in Karlsruhe gegen Ende des 18. Jahrhunderts gesehen werden und gab tiefe Einblicke in die Lebenswelt der beiden Buchhändler vor der drohenden neuen Konkurrenzsituation.

Das Schreiben begann mit der Feststellung, dass, obwohl Müller die Buchhandlung nicht erlernt hatte, er sich in Karlsruhe niederlassen wollte und dazu nicht einmal „eine gnädigste Erlaubnis erhalten" hatte. „Dieses beweisen wir durch seine gedruckten Ankündigungen laut Anlagen No. 1.2. unter der Firma C. Fr. Müller und Comp. Buchhändler in Carlsruhe, welche er hie und da austheilt".[235] Die beiden Buchhändler hatten also Beweise für die unrechtmäßigen Handlungen Müllers, schon vor Erteilung eines Privilegs, das Müller in den Stand versetzen würde, Bücher zu vertreiben, nämlich der Verkauf bereits gedruckter Werke.

Die beiden Anlagen 1) und 2) waren Reklamezettel Müllers. Bei dem Ersten handelte es sich um eine anonyme Schrift mit dem Titel: *Briefe deutscher Bürger und Landleute über das Betragen der Franzosen in Deutschland im Sommer und Spätjahr 1796* mit dem Erscheinungsort Beiertheim bei Karlsruhe.[236] Der zweite Reklamezettel

> listete 32 Bücher auf, die entweder durch ihr Erscheinungsjahr oder durch die Angabe eines weit entfernten Verlagsortes nicht als eigener Verlag angesehen werden können. Sie dürften nur als Angebot aus seiner bereits eingerichteten Sortimentsbuchhandlung in Frage kommen.[237]

Gerade der erste angefügte Titel gab Macklot und Schmieder Anlass genug, ihren neuen Konkurrenten auf vielfacher Ebene zu schädigen:

> [...] In No. 1 posaunt er eine Skartecke aus, welche er auch, ohne vorherige hochfürstliche Censur bey Hofbuchdrucker Sprinzing in Rastatt drucken lies und womit er schon in einigen Orten hausieren ging. Der Inhalt dieses elenden Wisches mit einem eben so elenden Holzschnitt neben dem Titel besteht blos aus groben und plumben persönlichen Beledigungen, welche hiesige Stadt und dem ganzen Lande, hauptsächlich auch von unser ewig bleibenden Nachbarin Frankreich, besonders in dem itzigen kritischen Zeitpunkt höchst unangenehme Folgen nach sich ziehen kann und wird, wenn dieseswegen keine Aenderung ge-

234 Ebd., S. 75.

235 GLA 69 Verlag CFM, Nr. 183.

236 Der fingierte Druckort Beiertheim bei Karlsruhe werden von Schmieder und Macklot schnell identifiziert und dem Hofbuchdrucker Sprinzing in Rastatt zugedacht.

237 Fürst: Residenz, S. 77.

> troffen wird, weil wir vermuthen, er werde künftighin mit mehreren dergleichen Wischen, die er gar keiner Censur aussetzt, erscheinen […].[238]

Nicht nur der Tatbestand, dass Müller Bücher ohne vorherige Zensur vertreibe, vielmehr die Tatsache, dass er wissentlich politisch gefährliche Schriften in Umlauf bringe, zeigten Schmieder und Macklot beim Markgrafen an.[239] Ein Umstand, der das Ziel hatte, das junge Unternehmen Müllers intendiert ins Wanken zu bringen: „hauptsächlich auch von unser ewig bleibenden Nachbarin Frankreich, besonders in dem itzigen kritischen Zeitpunkt höchst unangenehme Folgen nach sich ziehen kann und wird".[240]

Denn die politischen Umstände des ersten Koalitionskrieges der Jahre 1796 und 1797 für Karlsruhe und die Markgrafschaft Baden waren zu heikel, als dass eine solche Schrift geduldet werden durfte. Im Mai 1796 endete der Waffenstillstand zwischen Frankreich und Österreich und die französischen Truppen überquerten am 24. Juni bei Kehl den Rhein. Am 6. Juli floh Markgraf Karl Friedrich aus Karlsruhe und suchte zunächst in Heidelberg, dann Anspach Schutz, ehe am 11. Juli französische Truppen in Karlsruhe einmarschierten. Im Pariser Separatfrieden vom August 1796 wurden neben Gebietsabtretungen und Säkularisationen erhebliche Kontributionen verhandelt, die Baden leisten musste. Die Friedensverhandlungen waren zum Zeitpunkt des Schreibens also kein halbes Jahr her und die Tatsache, dass die endgültigen Verhandlungen erst auf dem Rastatter Kongress im Dezember 1797 getroffen wurden, zeigten die Brisanz, die eine solche Schrift hervorrufen konnte und genau darauf zielten die Buchhändler mit ihrer Anzeige beim Markgrafen ab. Auch in den folgenden Jahren bestand trotz des Friedensvertrages eine latente Spannung zwischen Frankreich und Baden und die Situation für einen jungen Buchhändler waren diffizil. 1799 marschierten französische Truppen abermals durch Durlach und fielen dann in Karlsruhe ein, worunter die Wirtschaft im Land enorm litt.[241]

Abseits der fadenscheinigen Gründe, die dem Zweck dienten, Müller zu denunzieren, offenbaren Schmieder und Macklot ihre wahren Beweggründe im zweiten Teil des Schreibens:

> Jetzt vernehmen wir auch, dieser junge Müller habe bereits bey Eure Hochfürstliche Durchlaucht um Ertheilung eines gnädigsten Privilegii zur Errichtung einer Buchhandlung in hiesig fürstliche Residenz unterthänigst angesucht. Wir finden uns deswegen nothgedrungen aus Pflicht für unsere noch viele unversorgte Kinder und zur Ehre des Buchhandels dagegen förmlich zu protestieren und Eure Hochfürstliche Durchlaucht unterthänigst zu bitten, diesen Müller mit seinem Gesuch nicht nur ganz gnädigst abzuweisen, sondern ihm auch den bisherigen Misbrauch ein vor allemal und zwar in einem Zeitpunkt zu untersa-

238 GLA 69 Verlag CFM, Nr. 183.

239 Vgl. Wagner, Christina: Der Verlag C.F. Müller und die badische Zensur, in: Müller-Wirth / Wagner (Hrsg.): Code Napoléon – Badisches Landrecht, S. 82–95.

240 GLA 69 Verlag CFM, Nr. 183.

241 Müller: Hofbuchhandlung, S. 7.

> gen, wo man ohnehin beschäftigt ist, alle Handwerkseingriffe ganz zu vertilgen. Er Müller soll seine Nahrung auf diejenige Profession suchen, die er erlernt hat. Wir hoffen dieses von der Gerechtigkeitsliebe Ewr. Hochf. Durchlaucht daja, wie bereits evident erwiesen ist, zwey Buchhandlungen im Land nicht Brod haben, viel weniger ein dritter subsistieren kann, sondern am Ende blos dem Land zur Last fallen müsste; dieses würde auch umso eher gewis erfolgen, da er, als unwissend in der Buchhandlung auch die dazu nöthigen Subsidien nicht besitzt und folglich in kurzer Zeit nur einen traurigen Pandant zur Geschichte des bekannten verdorbenen Buchdrucker Müllers von Kehl unausbleiblich liefern würde.[242]

Macklot und Schmieder verweisen hiermit auf die prekäre Lage des Buchhandels in Karlsruhe, der gerade imstande sei, zwei Buchhändler in Lohn und Brot zu setzen und Müller sich auf seinem Gebiet des Buchbinders beschränken solle:

> Weil es ins Argumentationsschema paßt, wird auch ein bereits abgewirtschafteter – oder auch weniger begünstigter – Kollege ins Spiel gebracht: J. G. Müller ist zwar gut genug gewesen, Michael Macklots Stelle im wenig aussichtsreichen Vertrag mit dem Gymnasiumsverlag einzunehmen, nun muß er aber dazu herhalten, das Schreckgespenst eines aus gewerblichem Unvermögen Bankrott gehenden Staatsschädlings heraufzubeschwören.[243]

Es war Schmieder, der der Sache am 7. Januar erneut beim Oberamt Ausdruck verlieh. Die Gründe für das forsche Vorgehen hierfür könnten in der wirtschaftlichen Lage seines Geschäftes liegen. Er hatte kaum mehr Nachdrucke veranstaltet und stand vermutlich finanziell noch schlechter da als Macklot. In den Jahren 1793 bis 1798, also im Zeitraum, in dem Müller seine Buchhandlung gründete, fanden sich bei Schmieder keine Nachdrucke mehr außerhalb der Sammlung. Im Jahr 1794 lief auch das Impressorium Schmieders aus und da kein Verlängerungsgesuch in den Wiener Akten verzeichnet ist, hat Schmieder wohl um keine Verlängerung mehr ersucht. Es gab letztlich auch keine Gründe dafür, da es weder zu auswärtigen Klagen gegen ihn kam, noch fügte er seiner Sammlung eine Vielzahl neuer Titel hinzu.

Weniger der Umstand, dass Schmieder „von allen guten Geistern verlassen" wurde,[244] führte zur Niederschrift des Briefes, als vielmehr der wirtschaftliche Niedergang und die Existenzangst, die Schmieder umtrieben. In dem Brief selbst verwies Schmieder mehr als fünf Mal auf den Umstand, dass Müller das Handwerk des Buchhandels nicht erlernt habe, und vermutete hinter dem Vorhaben eine Protektion gegen die etablierten Buchhändler: „wann dieser junge Buchbinder Müller nicht einen Hinterhalt von

242 GLA 69 Verlag CFM, Nr. 183.

243 Fürst: Residenz, S. 76. Johann Gottlieb Müller, auch Bärstecher in Kehl steht in keiner familiären Verbindung zu Christian Friedrich Müller. Er war ehemaliger Hof- und Kanzleibuchdrucker und wurde mit dem Gymnasiumsverlag beauftragt.

244 Fürst: Residenz, S. 77.

Unterstützung zum grösten Nachtheil und zu augenscheinlicher Kränkung beyder hier etablierten Buchhandlungen hätte".[245]

Diese Anschuldigung erschien schwerwiegend, da doch Schmieder von der badischen Regierung des Öfteren, wie man aus der Geschäftschronik schließen konnte, vor auswärtigen Klagen zumindest in Schutz genommen oder aber vorgewarnt wurde.

Gleichzeitig verwies Schmieder auf seine Erfahrung als Buchhändler:

> Als gelernter 30 Jahre erfahrner Buchhändler wünsche und bitte ich daher Eine hohe Obrigkeit gehorsamst das Unglük, das sich der junge Müller durch den ungelernten Buchhandel hier bereiten will, von ihm durch Abweisung seines Gesuchs abzuleiten, damit er im Gegentheil über die Erlaubniß dieses one gelernt zu habenden gefahrvollen Handels nicht zu seufzen, und Diejenige, welche ihm zu seinem unerfahrnen Handel Geld anzuvertrauen gesonnen sind, solches nicht zu bereuen Ursache haben möchten.[246]

Speziell der „gefahrvolle Handel", den Schmieder hier herausstellte, erläuterte er noch genauer:

> wenn er mit Unbesonnenheit und one Kentniß geführt wird, öfters einem ganzen Lande zumal im Krieg den größten Schaden und Nachtheil bringen kann, davon der junge Buchbinder Müller bereits durch seinen elenden der Residenz nichts als Schand machenden, und bis zum Ekel gedrukten Wisch [...] womit er auf den Dörfern herumzog.[247]

Es war der erneute Verweis Schmieders auf die prekäre Lage in der Markgrafschaft aufgrund des ersten Koalitionskrieges, indem jedwede Provokation zu möglichen Auseinandersetzungen führen könnte. Ein Argument, welches in Zeiten der politischen Zensur und der Überwachung der Schriften im Land durchaus evident wirkte, im Grunde jedoch nur bezweckte, dass das Müller'sche Gesuch abgelehnt werden sollte.

Die Stoßrichtung, die Schmieder hier vorgab, war eindeutig: Eine Ablehnung des Privilegiengesuchs Müllers aufgrund der nicht vorhandenen Ausbildung des Handwerkes im Buchhandel und der Gefahr für die Markgrafschaft Baden durch politisch gefährliche Schriften.

Nach einer Vorladung Müllers zum Verhör durch das Oberamt wurde konstatiert, dass Müller zwei „Attestate" – das sind die beiden Gutachten von Geers aus Prag und Uebel aus Stuttgart – vorbringen konnte, die die erforderlichen Kenntnisse für den Buchhandel bezeugten.[248]

> Das Geplänkel zwischen Hofrat und Oberamt fand seine Fortsetzung in der Rückfrage des ersteren: [...] ob nicht viel mehr Müller die Buchbinderei bei hiesiger Zunft ordnungsmäßig erlernt, und auf diese sich zu beschränken habe [...]

245 Abgedruckt bei Ebd., S. 78.
246 Zitiert nach Ebd.
247 Zitiert nach Ebd.
248 Vgl. Ebd., S. 79.

> ob Üebel zu Stuttgardt denn wirklich ein Buchhändler, oder ein bloßer Buchbinder seiner Profession sey? [...] den 31ten Januar 1797.[249]

Aus dem Protokoll des Oberamts mit den Äußerungen Müllers vom 3. März 1797 ging dann hervor, dass der

> Buchhändler Übel zu Stuttgardt, der zwar ehemalen Academie-Buchbinder gewesen, in der Folge aber mit Aufgebung dieses Metier sich dem Nachdruck ebenso wie Schmieder gewidmet habe, und gegenwärtig in allen Cathalogis als Buchhändler anerkannt seye.[250]

Weiterhin wurde festgehalten:

> Als Buchbinder könne er sich schlechterdings hier nicht etabliren, weil er dabey seine Nahrung nicht finden würde; hingegen da, wo 7–8. Buchbinder arbeiten, könnten auch wenigstens 3. Buchhandlungen hinlängliche Nahrung haben, wovon er erforderlichen falls der richtigen Proportion halber den Beweis von mehrern wichtigen Städten beibringen könne.[251]

Die Äußerungen zeugten von der Courage des jungen Buchbinders, der sich nicht durch die Konkurrenz einschüchtern ließ und die markgräfliche Regierung von seiner Expertise durch die Aufenthalte in buchhändlerisch wichtigen Standorten überzeugen wollte. Mehr noch, einen Monat später am 10. April 1797 übersandte Müller ein Schreiben an den Markgrafen, in dem er offen mit seinen Konkurrenten ins Gericht ging und umfassende Kenntnisse über die Sachlage seines Gesuchs aufwies.

In Bezug auf das Gewerbe des Buchhändlers stellte Müller heraus, dass das Handwerk keiner Zunftordnung unterliege und daher eine freie Kunst sei.[252] Müller sah umso mehr einen Vorteil darin, wenn Buchhändler das Handwerk nicht gelernt hatten, und führte Beispiele aus anderen Städten wie Wien, Leipzig oder Halle an, „wo der Buchhandel blühet [...] deren Besizzer Professionisten oder sonstige Speculaten sind und die Handlung nicht – nach Schmiederischen und Macklotischen Gesezzen – ordentlich erlernt haben".[253]

Nachdem er seine Ausführungen zum Buchhandel gemacht hatte, ging er zum Angriff gegen seinen Konkurrenten über, besonders seinen Taufpaten Schmieder bedachte Müller mit süffisanten Bemerkungen über seinen eigenen Werdegang im Buchhandel. Der von Schmieder heraufbeschworenen ‚Vaterlandsliebe' entgegnete Müller lakonisch, Schmieder sei ja selbst ein Fremdling in Baden, weil Schmieder erst mit 20 Jahren von Stuttgart nach Karlsruhe gekommen sei.[254] Und auch sein weiterer Lebensweg sei nicht erstrebenswert:

249 Ebd.
250 Ebd.
251 Ebd., S. 80.
252 Vgl. GLA 69 Verlag CFM, Nr. 35–36, vgl. zu diesem Aspekt auch Kap. 2.2.
253 GLA 69 Verlag CFM, Nr. 35–36.
254 GLA 69 Verlag CFM, Nr. 35–36.

> Mein gedachter Herr Taufbathe sollte ferner nur bedenken, daß er in seiner Lehre – wo er mehr auf dem Postklepper Staffeten ein hertrug als am Pulte oder im Gewölbe arbeitete, wie er selbst in seiner einfältigen Offenheit mehrmals gestanden – ohnmöglich kann viel gelernt haben und daß seine bekannte Heyrath allein im Stande war, ihm aus seiner Verlegenheit zu helfen. Daß er nicht viel gelernt habe beweist hinlänglich, daß er sich auf das Nachdrucker Handwerk legen müßte, welches ander Orten Schuster und Frißeurs mit eben dem Gewinst getrieben haben wie er – Wallishauser war ein Frißeur, Haas ein Schustergeselle beide in Wien.[255] Mein mehrmals besagter Herr Taufbathe will mich zur Buchhändlerschande unseres Vaterlands aufstellen, die er – kein Mensch wird es bezweifeln – in der literarischen Welt durch sein Handwerk geworden ist, so daß er vor jedem Schuhlerjunge [sic] – der lesen kann – schamroth werden sollte. Müller zu Itzehoe und eine Menge anderer ehrlicher Männer, die er zum theil vom Wohlstand an Bettlerstab gebracht hat, beweisen dies sehr evident.[256]

Schmieder beschwor die Ehre des Buchhandels, doch war es gerade er, der durch seine Nachdrucke Anfeindungen erfuhr.[257] In dieses Argumentationsschema fiel auch der letzte Satz des Quellenauszuges, die Andeutung auf die Auseinandersetzung zwischen Christian Gottlieb Schmieder und Johann Gottwerth Müller, genannt von Itzehoe, dem Schmieder durch seine Nachdrucke die Lebensgrundlage entzogen haben soll.[258] Inwieweit Karl Friedrich von dem Disput zwischen Schmieder und Müller von Itzehoe wusste, blieb offen. Es war zu vermuten, dass er im Bilde war, da dieser auch über die Landesgrenzen hinaus Anlass zur Diskussion über den Nachdruck gab.

Die ‚Skartecke' Müllers, die von Schmieder und Macklot als Bedrohung der politischen Verhältnisse in Baden eingeordnet wurde, wurde von Müller selbst als Handelsspekulation abgetan:

> Diese Flugschrift mag nun sein, wie sie will, es war Handelsspekulation, der Kaufmann gewinnt lieber an Färberroth – mit einem gleichen Risico 30 Caro-

255 Zu Wallishauser vgl. Bauer, Werner M.: Die Verleger und Drucker Joseph Vinzenz Degen und Johann Baptist Wallishauser und ihre Stellung in der österreichischen Literatur ihrer Zeit, in: Zeman, Herbert (Hg.): Die österreichische Literatur. Ihr Profil an der Wende vom 18. zum 19. Jahrhundert (1750–1830), Graz 1979, S. 179–202.

256 GLA 69 Verlag CFM. Franz Haas (1762–1811) und sein Sohn Carl Haas (1790–1826) produzierten viele Nachdrucke, darunter Gellert, Herder, Knigge oder Hölty, aber auch Gespenster-, Ritter- oder Schauergeschichten sowie Kinderliteratur, vgl. Frank/ Frimmel: Buchwesen in Wien, S. 69f. Johann Baptist Wallishauser d. Ä. (1757–1810) und sein Sohn Johann Baptist Georg Wallishauser (1790–1831) waren ebenfalls Nachdrucker in Wien. Vater Wallishauser begründete 1785 in Wien zunächst ein Antiquariat, ehe er 1790 als Buchhändler tätig war, vgl. Bauer: Wallishauser, S. 179–202.

257 Ein Aspekt, der sich wie ein roter Faden durch die Diskussion über den Nachdruck zog, das Selbstverständnis der Buchhändler zwischen den ‚redlichen' Buchhändlern und den unredlichen Nachdruckern, beziehungsweise Dieben, Räubern et cetera. vgl. Kap. 4.6.

258 Vgl. hierzu Kap. 4.6.1.

> lin als an Carmin 3. Meine beiden Gegner befürchten soviel deswegen von der Nachbarin Frankreich, während Herr Macklott die Nachbarin Philippsburg [...] darüber ganz vergisst.[259]

Letztlich hatte Müller auch nicht allzu viel zu befürchten, schließlich war die Zensur der badischen Beamten über die Presse in Zeiten der revolutionären Unruhen in direkter Nachbarschaft zu Frankreich vergleichsweise lasch und man fuhr „bei der Überwachung der in Baden herausgekommenen Druck- und Verlagswerke [...] einen pragmatischen Kurs".[260] Auch in dieser Sache schien seitens der Regierung keine weitere Unternehmung gegen Müller gemacht worden zu sein.

---

259 GLA 69 Verlag CFM, Nr. 35–36. Was es mit der ‚Nachbarin Philippsburg' genau auf sich hatte, ließ sich weder in den Akten noch in der Literatur eindeutig erschließen. Die Festung Philippsburg war im Dreißigjährigen Krieg und bei der Belagerung von 1734 mehrfach von Franzosen eingenommen worden. Vermutlich spielte Müller hier auf die Frankophilie Macklots an, der in seiner Zeitung dem *Karlsruher Wochenblatt* über die Ereignisse in Frankreich berichtete. Ihm wurde vorgeworfen, Demokrat und „Neufranke" zu sein, weswegen er sich genötigt sah, im November 1791 dem Markgrafen Bericht darüber abzulegen. Hier geriet er in Streit mit dem Kehler Drucker Müller über seinen Absatzmarkt, den Macklot bedroht sah: „Hinsichtlich der Karlsruher Zeitung wiederholte er dabei frühere Äußerungen, dass dieselbe bis zum Ausbruch der Revolution einen guten Absatz gefunden habe, seit zwei Jahren aber einen Absatzverlust von insgesamt 3.000 fl. zu verzeichnen gehabt habe. In diesem Zusammenhang kritisierte er nicht zuletzt das Privileg für seinen Mitkonkurrenten Müller auf eine politische Zeitung, das angeblich seinen Debit schmälerte. Müller, so Macklot, habe von vorneherein beabsichtigt, durch die Wahl des Druckorts Kehl ihm seinen eigenen Hauptabsatzmarkt, das heißt das Elsass und Lothringen, abspenstig zu machen und dergestalt die Karlsruher Zeitung zu ruinieren. Die weiteren, fast polemischen Ausfälle gegen Müller unterstreichen, dass Macklot alles andere als ein Anhänger einer freien Presse war. Vielmehr ging es ihm hauptsächlich um die Verteidigung seiner ökonomischen Existenz durch einen von der Regierung garantierten Absatzmarkt. Er schreckte dabei nicht davor zurück, seinen ehemaligen Konkurrenten als frechen und im Dunkeln agierenden Revolutionsdrucker zu diskreditieren, der mit seinen Blättern den eigentlichen Grundstein für die Revolutionszeitungen und die eingerissene Pressfrechheit in Straßburg gelegt habe. Macklot beklagte sich bitter über die Untätigkeit der Behörden, die sein angeblich exklusives Privileg auf eine politische Zeitung in Baden nicht schützten. Seinen Ausführungen nach unternahm Macklot dabei kurzzeitig selbst den Versuch, an einer Zeitungsneugründung in Straßburg mitzuwirken, was ihm nun den Ruf einbrachte, ein Demokrat zu sein". Landgraf: Moderate et Prudenter, S. 158f. Ein Indiz auf den Vergleich mit Philippsburg, dem Bischofssitz der Speyerer Bischöfe seit 1371, könnte aus dem Februar 1791 stammen: „Im Februar 1791 war nämlich in der Karlsruher Zeitung ein polemischer, gegen das katholische Episkopat insgesamt gerichteter Artikel aus einem französischen Blatt übernommen und von Macklot noch mit einem zustimmenden Kommentar versehen worden. [...] Der Speyerer Bischof protestierte nicht ohne Grund am 16.2. gegen diese, wie er meinte, die Grundfesten des Katholizismus attackierenden Thesen. Der Artikel verstoße außerdem gegen die Reichsgesetze und die letzte kaiserliche Wahlkapitulation, indem er gegen die öffentliche geistliche Staatsverfassung, die integraler Bestandteil der Reichsverfassung sei, gehässig polemisiere. Der Speyrer Bischof forderte deswegen eine Bestrafung Macklots." Diese erfolgte aber nicht und die Sache schien auch von Speyerer Seite aus nicht weiter verfolgt worden zu sein. Landgraf: Moderate et Prudenter, S. 153f.

260 Ebd., S. 160ff.

Es wurde schon durch Schmieder und Macklot herausgestellt, dass Johann Jacob Sprinzing (gest. 1823) in Rastatt die Schrift gedruckt hat. Ebenjener Sprinzing hatte 1791 die Rastatter Hofbuchdruckerei übernommen, nachdem er die Witwe des 1789 verstorbenen Besitzers der Druckerei Johann Wolfgang Dorner, geehelicht hatte.[261] Interessanterweise war es eben Carl Friedrich Macklot, der sich nach dem Tod Dorners vergeblich um die Nachfolge der Druckerei in Rastatt beworben hatte, das Privileg dafür aber zunächst auf die Witwe und dann auf Sprinzing übertragen wurde.[262] Danach gab es ebenfalls Auseinandersetzungen zwischen Macklot und Sprinzing bezüglich der Herausgabe eines Rastatter Wochenblattes.[263] Dieser wollte 1794 ein Wochenblatt gründen, welches ihm aber aufgrund der Rechte Macklots, die Michael Macklot 1775 käuflich am Rastatter Wochenblatt erworben hatte, verwehrt wurde.[264] Inwieweit dies zu einer Konkurrenz zwischen den beiden Personen geführt hatte, ließ sich nicht nachweisen. Es blieb jedoch zu vermuten, dass Macklot mit der Anschuldigung gegen Müller gleichzeitig auch seinem Konkurrenten in Rastatt Satisfaktion für seine verpasste Chance erteilen und ihn beim Markgrafen in Missgunst bringen wollte.

Mit dem Schreiben Müllers vom April 1797 schien für einige Monate Ruhe in der Sache zwischen ihm, Macklot, und Schmieder eingekehrt zu sein. Doch noch kurz vor Ausstellung des markgräflichen Privilegs am 1. September 1797, intervenierten Schmieder und Macklot erneut gegen Müllers Buchhandel. Zunächst am 18. August 1797, dann zwei Tage vor Erteilung des Privilegs pochten die Konkurrenten auf die Entfernung des ausgehängten „Tableaus = Firmenschilds“, das Müller zu Unrecht schon an seinen Laden gehängt habe, da er hierfür noch kein Privileg besäße.[265] Diese Vorgehensweise verdeutlichte, wie die beiden bis zuletzt versucht haben, gegen den jungen Kontrahenten vorzugehen und ihn, wann immer es möglich war, bei der Regierung anzuschwärzen.

Dabei standen für die beiden Buchhändler die ökonomischen Interessen ihrer Geschäfte im Vordergrund. Beide Buchhandlungen steckten – auch aufgrund der politisch angespannten Situation in Baden – in finanziellen Schwierigkeiten: Macklot bat 1798 um Unterstützung bei der Tilgung der „Kapitalschuld von 4000 Gulden nebst ca. 800 Gulden Zinsen“.[266] Auch Schmieders Tätigkeit nahm deutlich ab. Er schien sich in dieser Zeit weniger auf den Nachdruck als zunehmend auf das Buchhandelsgeschäft konzentriert zu haben.

Für Schmieder keimte Anfang des Jahres 1800 nochmals Hoffnung auf, da sein Konkurrent Müller zunächst beim Markgrafen ein Gesuch eingereicht und in dem er um ein Darlehen in Höhe von 200 Gulden gebeten hatte, ohne das er sein Geschäft nicht

261 Er war in der Rastatter Druckerei als Faktor angestellt gewesen, eine Geschäftsübernahme, welche man aus der Schmiederschen Biographie ebenfalls kennt.

262 Vgl. Fürst: Buch und Druck in der Residenz, 1997, S. 18.

263 Vgl. Landgraf: Moderate et Prudenter, S. 124ff.

264 Michael Macklot starb 1794 und damit erloschen auch seine Privilegien. Sein Sohn Carl Friedrich übernahm die Geschäfte und konnte ein Fortwirken der Privilegien erwirken.

265 GLA 69 Verlag CFM, Nr. 802 und 804.

266 Fürst: Buch und Druck, S. 20.

weiter betreiben könne, – dieses Gesuch wurde abgelehnt.[267] Aus diesem Grund verlegte Müller seine Buchhandlung und Buchdruckerei nach Pforzheim „wo er die ‚Pforzheimer wöchentlichen Nachrichten' druckte und herausgab; vorher (seit 1794) wurde die Zeitung in der Macklot'schen Hofbuchdruckerei hergestellt".[268]

Inwieweit dies zu einem Aufschwung des Schmieder'schen Geschäfts geführt hatte, blieb fraglich: Zwar waren für das Jahr 1800 nochmals drei Teile der *Sammlung* publiziert worden und es erschienen wiederholt bereits veräußerte Nachdrucke, insgesamt betrachtet schien aber selbst dies den Untergang des Geschäftes nicht aufzuhalten.[269] Spätestens nach der Rückkehr Müllers nach Karlsruhe im Jahr 1803 und den vielfachen Initiativen Müllers, die bedeutendste Buchhandlung und Druckerei in Karlsruhe zu werden, musste Schmieders Unternehmen „so gut wie tot gewesen sein".[270]

Für die Zeit nach 1800 geben die Karlsruher Akten – in Bezug auf seine buchhändlerische Tätigkeit – keine Auskunft mehr.[271] Mit der Rückkehr Müllers im Jahr 1803 war die Resistenz Schmieders endgültig gebrochen. Aus Zeitungsannoncen ging hervor, dass er neben der Buchhandlung auf den Verkauf mit anderen Handelswaren auswich, – so waren bei ihm „Cichorien-Caffee" [272] und „ächte und kostbare Weine" zu haben.[273]

Ein Zeitungsinserat vom 4. Juli 1809 im *Allgemeinen Anzeiger der Deutschen* bringt Licht in das bislang ungeklärte Ende der Schmieder'schen Buchhandlung. Unter der Überschrift „Ende von Schmieder's Nachdruckgewerbe" wurde anonym veröffentlicht, dass der Buchhändler Bernhard Körner (1776–1829) [274] aus Frankfurt am Main sämtlichen Verlag Schmieders gekauft habe und „daß keine Artikel mehr neu aufgelegt

---

267 Vgl. Ebd.

268 Ebd.

269 Vgl. Breitenbruch: Schmieder, Sp. 667.

270 Breitenbruch: Schmieder, Sp. 668. Müller übernahm nicht nur das Carlsruher Wochenblatt von Macklot und brachte es unter dem Namen „Provinzial-Blatt der Badischen Markgravschaft" heraus, sondern erhielt auch den Titel eines Hofbuchdruckers. Er unterhielt zwei Druckerpressen und konnte dazu eine Kupferdruckerei errichten und 1805 schon einen Bauplatz kaufen. Das Vorgehen Müllers in den Jahren nach 1806 ähnelt dem der ehemaligen Konkurrenten Schmieder und Macklot: Gegen jeden auswärtigen Buchhändler, der sich in Karlsruhe niederlassen möchte, legte Müller Beschwerde ein, um sein Geschäft zu schützen, so bspw. zunächst 1809 gegen Gottlieb Braun.

271 Der letzte Hinweis auf eine Tätigkeit Schmieders datierte von 1809. In dem Jahr druckte er den zweiten Band August Gottlieb Meissners (1753–1807) *Erzählungen und Dialoge*, den er bereits 1788 gedruckt hatte.

272 „Bey Buchhänder Schmieder ist ächter Cichorien-Caffee, das Pfund zu 12 und 20 kr., in Viertel und halben Viertel zu haben", Provinzal-Blatt der Badischen Markgraffschaft, 1805, S. 202.

273 „Bey C.G. Schmieder sind folgende ächte und kostbare Weine zu haben: Rüdesheimer 1783er Rheinwein; Niersteiner 1783er; Laubenheimer 1788er; Steinwein 1783er; Oberländer; Burgunder Romance; Burgunder Vollney 1802er; Muscat weißer, rother; Champagner weißer, rother; Mallaga; Pfalzburger Liquer", Provinzal-Blatt der Badischen Markgraffschaft, 25. Mai 1805, S. 187.

274 Bernhard Körners Sohn Gustav Philipp Körner (1809–1896) war als deutscher Revolutionär Teilnehmer des Hambacher Festes und Organisator des Frankfurter Wachensturms am 3. April 1833. Nach seiner Ausreise in die Vereinigten Staaten von Amerika wurde er 1856 Mitbegründer der Republikanischen Partei und unter anderem Gouverneur von Illinois, vgl. zu Gustav Körner: Rattermann, Heinrich: Gustav Körner, deutsch-amerikanischer Jurist, Staatsmann, Diplomat

werden".[275] Diese Anzeige veranlasste einen Leser mit den Initialen „C.B." am 9. September 1809 zu der Nachfrage, ob es erlaubt sein könne, dass der Käufer „offenbar gestohlene Sachen" erwerbe, da er infolgedessen in die Kategorie eines „Diebeshehlers" falle.[276] Aufgefordert durch diese Anfrage meldete sich der Käufer Körner am 26. September selbst zu Wort. Er habe die Schmieder'sche Buchhandlung bestehend aus dem Sortiments-Lager,[277] dem Verlag und „weil alles zusammen gehen mußte, auch den Vorrath von schmieder'schen Nachdrücken" erworben.[278] Körner wolle die Nachdrucke jedoch nur so lange verkaufen, ehe der „kleine Vorrath daure".[279] Der Bestand an Nachdrucken sei so gering, da bereits zuvor „mehr denn hundert ehrliche Männer und Buchhändler [...] lange vor mir dem Schmieder und selbst zwey Jahre lang [...] diese Bücher abkauften".[280]

Diese Aussage deckt sich mit den badischen Zeitungsnachrichten ab 1807, die vom wirtschaftlichen Niedergang Schmieders berichteten. So musste er zunächst seine Wohnung vermieten,[281] ehe es bereits Mitte Oktober 1807 zu einer „Schulden-Liquidation" kam.[282] Mit dem damit zusammenhängenden Ausverkauf seiner Sammlung kehrte er dem Buchhandel den Rücken und bemühte sich um eine neue Anstellung. In den badischen Dienst-Nachrichten vom 12. Dezember 1807 wurde vermeldet,[283] dass Schmieder eine Stelle als Ministerialkanzlist annahm, was ihm nicht zuletzt noch Spott einbrachte: In Karl Julius Webers (1767–1832) Reisebericht *Deutschland oder Briefe eines in Deutschland reisenden Deutschen* schrieb er: der „berühmteste Mann zu Carlsruhe [...] nach Karl

---

und Geschichtsschreiber. Ein Lebensbild nach seiner unveröffentlichten Autobiografie, seinen Schriften und Briefen. Selbstverlag, Cincinnati (Ohio) 1902.

275 Der anonyme Verfasser fügte lakonisch an „Ob der brave Schmieder selbst noch lebe, ist dem Einsender nicht bekannt", Allgemeiner Anzeiger der Deutschen vom 4. Juli 1809, S. 2037.

276 „Da es in dem Lande des verehrten Fürsten Primas nicht erlaubt seyn kann, offenbar gestohlne Sachen zu kaufen, und da jener Kauf zur öffentlichen Runde gekommen ist: so wird gefragt: ob die dortige Justiz-Behörde hieran zu Genüge hat, um ex officio gegen den Käufer – welcher in der Kategorie eines Diebeshehlers ist – zu verfahren; oder ob sie deshalb eine ausdrückliche Anklage abwarten müsse? – Die gute Organisation der öffentlichen Verwaltungszweige läßt inzwischen das erstere erwarten." Passenderweise wurde die Anfrage der Justiz- und Polizey-Sachen der Zeitung zugeordnet. Allgemeiner Anzeiger der Deutschen vom 9. September 1809, S. 2726.

277 Als Verlagswerke Schmieders gibt er Klinkhardts *Ideen zur Philosophie* von 1792 und Posselts *Geschichte Gustavs III.* an, vgl. zu den Verlagswerken auch Breitenbruchs Bibliographie.

278 Allgemeiner Anzeiger der Deutschen, vom 26.09.1809, S. 2892.

279 Ebd., S. 2893.

280 Ebd.

281 Provinzal-Blatt der Badischen Markgraffschaft, 9. August 1804.

282 „Zur Liquidation der Schulden des in Ganz gerathenen hiesigen Bürgers und Handelsmanns, Christian Gottlieb Schmieder, wird andurch Termin auf den 21. October dieses Jahrs vormittags um 8 Uhr anberaumt; Sämmtliche Gläubiger desselben werden deßwegen hierdurch aufgefordert, bey Strafe des Ausschlusses an gedachtem Tag entweder in Person oder durch Bevollmächtigte auf dahtesigem Rathhaus zu erscheinen, um unter Vorlegung der nöthigen Beweise ihre Forderung zu liquidiren und sich auf die ihnen gemacht werdenden ZahlungsVorschläge zu erklären. Verordnet Kalrsruhe bey Oberamt den 13. Sept. 1807." Provinzal-Blatt der Badischen Markgraffschaft, Nr. 76, 23. September 1807, S. 367.

283 Provinzal-Blatt der Badischen Markgraffschaft, 12. Dezember 1807, S. 472.

Friedrich [war] – Schmieder, der viel zu gut für einen Nachdrucker endete, denn man gab ihm, als er in Dürftigkeit sank, eine Kanzlistenstelle".[284]

3.2 Die Tübinger Nachdrucker Wilhelm Heinrich Schramm, Christian Gottlieb Frank und Johann Friedrich Balz

Seit der Mitte des 17. Jahrhunderts war der Buchhandel in Tübingen eng mit dem Firmennamen Cotta verknüpft,[285] ehe die Firma 1810 endgültig nach Stuttgart übersiedelte und 1816 ihre letzte Tübinger Filiale verkaufte.[286] In der von Johann Georg III. Cotta (1693–1770) betriebenen Druckerei arbeitete der aus Petershagen in Westfalen zugezogene Drucker Johann Heinrich Philipp Schramm (1692–1776). Dieser erschien zum ersten Mal in der Universitätsmatrikel in Tübingen am 19. April 1728, nachdem er zwischen 1708 und 1714 die Buchdruckerkunst unweit seiner Heimatstadt in Rinteln erlernt hatte.[287] Er heiratete 1729 in Tübingen die Witwe des Buchdruckers Hiob Frank Anna Sara Frank und „wurde dadurch 1731 selbständiger Buchdruckerherr".[288] Damit betrieb Schramm eine der fünf Offizinen in Tübingen zur Jahrhundertmitte und genoss damit auch das Recht des ‚cives academici' und war der Rechtsprechung des Universitätssenats untergeordnet.[289]

Durch die Heirat Schramms mit Anna Frank wurde Johann Peter Gottlieb Frank (1716–1763), der später ebenfalls eine Offizin in Tübingen zusammen mit Johann David Bauhof (1700–1769) betrieb, zu Schramms Stiefsohn.[290] Das Verhältnis zwischen

284 Weber, Karl Julius: Deutschland, oder Briefe eines in Deutschland reisenden Deutschen. Bd. 1, Stuttgart 1826, S. 375. Der Sohn Christian Gottlieb Schmieders Gustav Schmieder wurde Kaufmann und handelte mit unterschiedlichen Waren zunächst mit Salz, dann Mahagoniholz und schließlich mit italienischen, französischen und englischen Speisewaren in seiner Gemischtwarenhandlung. Er war ebenfalls Haupt-Collecteur einer Güter-Lotterie in den 1820er Jahren.

285 Johann Georg I Cotta (1631–1692) übernahm die Tübinger Buchhandlung von Philibert Brunn, der 1658 verstarb, indem er die Witwe Brunns heiratete. Nach dem Tod Cottas übernahm dessen Sohn Johann Georg II Cotta (1663–1712) das Geschäft und führte es ebenso erfolgreich fort, ehe sein Sohn Johann Georg III Cotta (1693–1770) dem Verlag auch eine Druckerei anschloss, die er mit seinem Bruder Christian Gottfried Cotta (1703–1768) betrieb. Cotta III war es auch, der die Druckerei als Hof- und Kanzleibuchdrucker bei der Rückverlagerung der Residenz von Ludwigsburg nach Stuttgart 1735 unter Karl Alexander (1684–1737) übersiedelte und seinem ältesten Sohn übergab, vgl. Lohrer: Cotta.

286 Siebeck: Der Tübinger Buchhandel um 1800, S. 10.

287 Mohr de Sylva: Schramm, S. 9.

288 Ebd. Hiob Frank, Buchdrucker aus Erfurt erwarb 1708 die Kerner'sche Druckerei in Tübingen und ersuchte die Aufnahme das akademische Bürgerrecht in Tübingen.

289 Vgl. hierzu Kap. 2.3.2.

290 Johann David Bauhof wurde 1700 in Bühl bei Baden-Baden geboren, sein Vater war Johann Baptist Anton Bauhof, ein Kavallerieoffizier. 1714 ging Bauhof in die Lehre bei Johann Georg Füßing in Reutlingen und danach arbeitete er in verschiedenen Städten des Reiches, darunter 1720 in Mainz. 1727 hat er sich in Stuttgart verheiratet und arbeitete dort in der Hof-Buchdruckerei als Faktor, ehe er 1738 nach Tübingen ging und dort mit Georg Friedrich Pflick(en) gemeinsam eine

beiden schien dabei äußerst angespannt zu sein: Frank „hat einst sogar seinen Stiefvater Schramm mit dem Messer angegriffen".[291] Doch nicht nur körperliche Angriffe, auch juristische Auseinandersetzungen wurden zwischen den Buchdruckern geführt, wie im Folgenden noch zu zeigen sein wird.

Nachdem die ersten beiden Ehen kinderlos blieben, wurde er in dritter Ehe mit Regine Dorothea Roth am 6. November 1758 im Alter von 66 Jahren Vater von Wilhelm Heinrich Schramm (1758–1823), womit der Fortbestand der Druckerei gesichert war.

Mit der Übernahme der Druckerei 1729 begann Johann Heinrich Philipp Schramm seine selbständige Druckertätigkeit. Schon in den ersten Jahren schien er durchaus als Heißsporn aufgetreten zu sein: So beschwerte sich 1737 die Witwe Christina Elisabeth Wölfflin beim Rektor der Universität Johann Friedrich Mögling (1690–1766) über Schramm, dass er seine schwarze Druckerfarbe „kübelweise gegen ihr Haus" schütte und sich vom Rektor nichts befehlen lasse. Die Witwe bat den Rektor Schramm wie einen „in die Irre gehenden Esel" den rechten Weg zu weisen.[292] Es existiert eine bunte Fülle solcher Streitigkeiten in den Universitätsakten, die Schramm mit seinen Konkurrenten in und außerhalb Tübingens ausgefochten hatte.[293]

Am 30. April 1740 erbat Johann Heinrich Philipp Schramm beim Tübinger Senat in einem Gesuch „Bücher auf seine Kosten praevia Censura mit oder ohne Praenumeration nach- oder zuerst trucken und zugleich verlegen zu dörffen".[294] Diese Eingabe unternahm Schramm nicht ohne Hintergründe: Bereits 1739 trafen mehrere Beschwerdebriefe beim akademischen Senat in Tübingen ein, die sich gegen die Nachdrucke Schramms richteten. Darunter auch ein Gesuch des Magistrates der Reichsstadt Hamburg, der im Namen des Schriftstellers Barthold Heinrich Brockes (1680–1747) und dessen Verleger Christian Herold (gest. 1761) eine Unterlassung der Nachdrucke Schramms forderten, da dieser die gesammelten Schriften Brockes nachgedruckt haben soll.[295] Tatsächlich konnte ein Druck Brockes durch Schramm für das Jahr 1739 nachgewiesen werden.[296]

Druckerei betrieb, vgl. Klemm, Johann Christian: Das Angedencken des dritten Jubel-Fests der Edlen Buchdrucker-Kunst auf der Universität Tübingen, Tübingen 1740. Pflicken verstarb im Jahr 1742, die Witwe heiratete Johann Peter Gottlieb Frank. Anschließend suchte Bauhof sich einen neuen Geschäftspartner, den er in ebenjenem Frank fand, ehe diese Kooperation scheiterte, vgl. weiter unten.

291 Klage an die Universität vom 16.3.1752, abgedruckt bei Mohr de Sylva: Schramm, S. 10.

292 UAT 7/6, Nr. 27.

293 Vgl. UAT 44/118,1 und 2.

294 UAT 44/118,1 (2), Nr. 29,1. ‚Praevia Censura', d.h., ohne vorherige Zensur, wie es eigentlich vorgeschrieben war, vgl. zur Zensur in Württemberg Kap. 2.3.2.

295 Vgl. 44/118,1 (2), Nr. 26,1–6.

296 Man erhält für das Jahr 1739 einen Treffer im Verzeichnis Deutscher Drucke des 18. Jahrhunderts [VD18] unter dem Titel: „Hrn. B.H. Brockes, Lt. Com. Palat. Caes. und Raths-Herrn der Stadt Hamburg, verteutschter Bethlehemitischer Kinder-Mord des Ritters Marino: nebst des Hrn. Ubersetzers eigenen Wercken, auch vorgedrucktem Vorbericht, Leben des Marino und beygefügten Anmerckungen" gedruckt und verlegt in Tübingen bei Joh. Heinr. Schramm 1739 mit kaiserlichem Privileg, vgl. VD18 1042749X. In dem über 600- seitigem Werk sind neben der Übersetzung des Kinder-Mordes von Giambattista Marino (1569–1625) original aus dem Jahr 1633 (Originaltitel: *La strage degli innocenti*) erstmalig 1715 übersetzt erschienen, auch die Wer-

Schramm hatte das Werk als eine *von seiner Röm. Kayserl. Majestät allergnädigst privilegirte Auflage* gedruckt. Hierzu hatte er am 22. Januar 1739 einen Antrag beim Reichshofrat in Wien gestellt und vom Kaiser Karl VI. (1685–1740) ein fünfjähriges Privileg über Brockes *Sämtliche Poetische Schriften* erhalten.[297] In den kommenden Jahren erhielt Schramm zwei weitere Privilegien für die Drucke Brockes, welche ihm jeweils für zehn Jahre gewährt wurden.[298] Schramm verfolgte damit die Strategie, vielversprechende, zumeist auswärtige Verlagsartikel entweder vor den Originalverlegern privilegieren zu lassen oder aber sie zumindest in Tübingen drucken zu dürfen. [299] In diesem Zusammenhang muss auch das Gesuch Schramms an den Senat gesehen werden, der sich erhoffte, ein *privilegium exclusivum* zu erhalten, welches ihm ermöglichte, Nachdrucke in Tübingen herstellen zu können.

Auf das Gesuch folgte am 29. Mai 1740 die positive Antwort des Herzogs an den akademischen Senat zu Tübingen,[300] dass er sich

> gnädigst entschloßen, daß ermeltem Supplicanten Schramm sowohl als anderen Buchtruckern bey Euch erlaubt sein solle, neue Bücher praevia Censura auflegen, auch anderwärts getruckte, bey denen die Verleger kein Jus prohibendi haben, auf ihre Kosten in Tübingen nachtrucken zu dörffen; jedoch das letztere unter dem austrücklichen Anhang, daß sie ein solches zu Vermeidung allerhand Weitläufigkeiten vorhero bei Euch dem Senatu Academico anzeigen und Euer Einwilligung darüber suchen sollen.[301]

Darüber hinaus „daß nicht solcherley Stücke aufgelegt werden, von welchem vermuthlich anderwärts Widerwärttigkeiten und Stritt entstehen können".[302] Schramm hatte damit sein primäres Ziel erreicht: Nachdrucke von Schriften zu drucken, die keinen Einschränkungen, das hieß in diesem Kontext keinem kaiserlichen Privileg, unterlagen.

---

ke Brockes enthalten, darunter seine Gedichte, vgl zu Brockes: Dünnhaupt, Gerhard: Barthold Heinrich Brockes d. Ä. (1680–1747) in: Ders. (Hg.): Personalbibliographien zu den Drucken des Barock, Bd. 2. Stuttgart 1990, S. 816–838.

297 RHR Konv. 64, Nr. 12, Bl. 62 und 71. Koppitz (Hg.), Die kaiserlichen Druckprivilegien im Haus-, Hof- und Staatsarchiv, 2008, S. 484.

298 RHR, Kar. 64, Nr. 13, Bl. 72–83 aus dem Jahr 1746 über 10 Jahre für Brockes' Poetische Schriften in etlichen Bänden in Octav und Nr. 15, Bl. 94–100 aus dem Jahr 1749 für zehn Jahre für Brockes' *Irdisches Vergnügen in Gott, Bethlehemischer Kindermord, Landleben in Ritzenbüttel* und *Thomasons Jahreszeiten*, vgl. dazu auch Koppitz: Druckprivilegien, S. 484.

299 Für die Zeit vor 1739 sind keine Beschwerden und keine auswärtigen Nachdrucke bekannt. 1737 kam es zu einem Vergleich zwischen Schramm und Joseph Sigmund mit Schramms ehemaligen Druckherren Johann Georg III Cotta, über einen Bibeldruck, den sich Cotta privilegieren ließ, UAT 44/118,1, Nr. 23, 1–8. Zuvor beschränkte sich das Geschäft Schramms auf den Druck Tübinger Verlagsartikel, besonders Universitätsdrucke.

300 Unter der Vormundschaft von Karl Friedrich von Württemberg-Oels (1690–1761), der ab 1738 für Herzog Karl Eugen die Geschäfte bis zu seiner erklärten Volljährigkeit 1744 führte, dazu HStASt G 205, Bü 2.

301 UAT 44/118, Nr. 29,1.

302 UAT 44/118, Nr. 29, 2, abgedruckt bei Widmann: Tübingen als Verlagsstadt, S. 139.

Er konnte damit zwar kein *privilegium exclusivum* erreichen, da es allen Buchdruckern erlaubt wurde, ein Erfolg war diese Zusage indes schon.

Mit der Anweisung des Herzogs wurde auch die bestehende Ordnung vom 18. Februar 1601 abgelöst, die den Nachdruck förmlich verbot.[303] Widmann ordnet dieses Gesuch als Erlaubnis für den Nachdruck für eine Zeitspanne von über 70 Jahren ein:

> Zwei Jahresmarken heben sich heraus: 1740 und 1815; beide Male nämlich wurde, wenn auch bei verschiedenen Anläßen, der Nachdruck – mit nur geringen Einschränkungen – in aller Form erlaubt. Geschah dies 1740 in Gestalt eines herzoglichen Bescheids auf das Gesuch eines Tübinger Drucker-Verlegers, so 1815 durch ein Gesetz, das dem Namen nach den Nachdruck einschränkte, ihn aber de facto legalisierte".[304]

Offenkundig wurde die Diskrepanz zwischen Universitätsverwaltung und Landesregierung: auf der einen Seite die Bemühung, den Nachdruck zu unterbinden, auf der anderen Seite der herzoglich genehmigte Freibrief für die Nachdrucker. Man kann dieses Gesuch somit als Startpunkt für den von der Regierung tolerierten Tübinger Nachdruck ansehen, den der Vater Schramm initiiert hatte und den der Sohn – in Verbindung mit seinem Stiefcousin Johann Christian Gottlieb Frank – fortgeführt und extensiviert hatte.

Zu den berühmtesten gedruckten Werken Schramms gehörten sicherlich die Veröffentlichungen des schwäbischen Pietisten Johann Albrecht Bengel (1687–1752), darunter der *Gnomon Novi Testamenti* sowie die teilweise prächtig gestalteten Hand- und Foliobibeln.[305]

Johann Heinrich Philipp Schramm starb 1776 im hohen Alter von 84 Jahren. Zwei Jahre später ersuchte sein Sohn Wilhelm Heinrich die Universität, um eine „vorzeitige Mündigkeitserklärung wegen der Übernahme des von seinen Eltern hinterlassenen Buchdrucker-Officin", die ihm gestattet wurde.[306] Bereits im Jahr 1777 druckte er *Sämtliche Geistreiche Bücher* Johann Arndts (1555–1621) und übernahm somit schon mit 19 Jahren die Druckerei. Wie groß die Druckerei zu diesem Zeitpunkt gewesen war, konnte nicht eindeutig geklärt werden. Aus einem Vermögenszeugnis aus dem Jahr 1811 ging hervor, dass Schramm insgesamt sieben Druckerpressen besessen hatte.[307] Es erschien evident, dass ihm zum Beginn seiner Tätigkeit deutlich weniger Druckerpressen zur Verfügung standen.[308]

---

303 Vgl. Kap. 2.3.2.

304 Widmann: Tübingen als Verlagsstadt, S. 138. Zu der Verordnung von 1815 vgl. Kap. 5.

305 Zu Bengel vgl. Mälzer, Gottfried: Johann Albrecht Bengel. Leben und Werk, Stuttgart 1970. Zu den Handbibeldrucken HStASt A 213, Bü 7437.

306 UAT 44/147c, Nr. 162.

307 Vgl. hierzu weiter unten Kap. 4.2.3.

308 Er brauchte Ende des 18. Jahrhunderts deutlich mehr Pressen, da er eine neue Geschäftsverbindung mit Cotta eingegangen war, vgl. hierzu Kap. 3.2.5.

Die Familie Frank

Über die Geschichte der Familie Frank wiederum ist nicht so viel bekannt, wie über die bereits gezeigte Verbindung, die mit der Heirat der Witwe Hiob Franks mit Johann Heinrich Philipp Schramm früh geknüpft worden war.[309] Johann Peter Gottlieb Frank heiratete nach 1742 Maria Barbara, die Witwe des Buchdruckers Georg Friedrich Pflicke (1688–1742), sodass er die Offizin übernahm. Schon 1738 verkaufte Pflicke eine Hälfte der Druckerei an Johann David Bauhoff, sodass zunächst die Bauhof-Pflicke'sche und ab 1744 die Bauhof-Frank'sche Druckerei entstand.[310] Im Jahr 1752 schrieb Bauhof an den akademischen Senat, dass er seine Verbindung zu Frank lösen wollte, da Frank wiederholt gewalttätig gegen seine Frau, seinen Stiefsohn Schramm und ihn geworden war.[311] In dieser Kombination kam es wiederholt zu Auseinandersetzungen mit Franks Stiefvater Schramm.[312] Obwohl 1752 die Auflösung beantragt wurde, fanden sich weiterhin auf den Titelblättern beide Druckernamen. Sicher war nur, dass nach dem Tod Johann David Bauhofs 1769 beide Witwen – Maria Barbara Frank (gestorben um 1774) und Friederike Margarethe Bauhof – zusammen arbeiteten.[313]

Die Nachdruckertätigkeit Franks beschränkte sich, ähnlich wie bei Schramm, in der ersten Hälfte des 18. Jahrhunderts auf einige wenige Nachdrucke, vornehmlich auf die im eigenen Land nicht privilegierten Verlagsartikel wie Erbauungsbücher und die Arti-

309 Die Tochter des Buchdruckers Hiob Frank, Christine Frank, „heiratete den Bahlinger Kaufmann Friedrich Heerbrandt, der dieser Ehe entsprossene Sohn Jakob Friedrich Heerbrandt (1742–1812) schlug die buchhändlerische Laufbahn ein und erwarb 1778 die Bergersche Buchhandlung in Tübingen", Widmann: Tübingen als Verlagsstadt, S. 117.

310 Zumindest sind ab 1744 die ersten gedruckten Bücher Franks und Bauhofs nachweisbar, das erste könnte *Hydrophthalmia Sive Hydrops Oculi* des Mediziners Burkhard David Mauchart (1696–1751) vom Februar 1744 sein.

311 Die Schilderungen Bauhofs an den Senat sind plastisch. Er schilderte, dass es „ohnmöglich seye, länger mit meinem Mit-Consorten Johann Gottlieb Frank in gemeinschafft zu stehen, in dem er nicht nur mit seiner Ehefrau in beständiger Uneinigkeit mit foltern und Schlägen lebet, sondern auch mit und den meinigen aller ersichtliche drangsahlen anthut, daß fast niemahlen vor ihme sicher entweder mit ihme in Zanck und Steit zu leben [...] Sonntag 5th. Martii: Da er bloß 2 Tag vorhero seine Ehefrau zu Boden geschlagen, ihro das Gesicht mit blauen Mählen ziemlich verletzt, mithin noch in der völligen Hitz gewesen zu mir in meine Stube gekommen, und verlangt ich solle mit ihm zu dem Buchbinder Blifers gehen und abmahnen [...]. Ich warnte ihn aber er solle sich am Sonntag menagieren und mich in meiner Stube nicht also angreifen und sollte bedenken, daß er mich schon etliche mahl so injurirt und jederzeit nicht bestanden, sondern sich aufs Maul schlagen müssen. Deßen ohngeachtet hielt er nicht frieden, [...] daß ich gezwungen wurde, ihme auf die Seite zu stoßen; er fuhre auf mich zu griffe mir nach dem Halse, und schlug zum öfteren nach mir [...] Dann so er seine eigene Frau schon oft und vielmahl in seinem Gram übel tractirt wie viel mehr wäre er mit mir umgegangen, weil ich nicht im Stande bin ihm in seinem Zorn Widerstand zu leisten" UAT 8/2, Nr. 161,1.

312 UAT 44/118,2, Nr. 53 und 8/2,2, Nr. 163.

313 Dies ging aus einem Gesuch der beiden Frauen hervor, das sie an die Universität Tübingen richteten, um Fürsprache bei der Stadt Reutlingen zu erbitten, um die Bezahlung von Gebetbüchern zu erhalten, vgl. UAT 25/3,3, Nr. 328–331.

kel anderer württembergischer Buchdrucker wie Kirchen, Gesangs- und Schulbücher.[314] Exemplarisch spiegelt sich dies in der Auseinandersetzung um das Landesgesangbuch wieder: 1757 ging eine Beschwerde des Stuttgarter Hof- und Kanzleibuchdruckers Christoph Friedrich Cotta (1724–1807) beim akademischen Senat in Tübingen gegen Bauhof und Frank ein, da sie das württembergische Landesgesangbuch nachgedruckt hätten. Karl Friedrich von Württemberg-Oels (1690–1761) hat am 18. November 1741 in einem Generealreskript angeordnet, dass ein allgemeines Landesgesangbuch eingeführt werden sollte, um die geistlichen Lieder „nicht schlechterdings eines jeden Kirchendieners eigener Willkühr zu überlassen".[315] 1742 wurde in kleinem Oktavformat das Landesgesangbuch öffentlich gemacht, welches ab 1748 bis nach 1792 von Christoph Friedrich Cotta verlegt wurde, der hierfür das herzogliche Privileg erhielt.[316] Der Absatzmarkt für Cotta war – auch im Anbetracht der Dauer – eine sichere Einnahmequelle, die er vor Nachdruck schützen wollte. Ähnlich gelagerte Fälle finden sich bis 1763, in denen Bauhoff und Frank allen voran Stuttgarter Verlagsartikel nachdrucken, darunter das *ABC-Büchlein* des Stuttgarter Buchdruckers Christoph Gottfried Mäntlers.[317]

1763 starb Johann Peter Gottlieb Frank. Er wurde am 23. Januar beerdigt.[318] Zum Zeitpunkt des Todes war sein Sohn Johann Christian Gottlieb Frank erst 14 Jahre alt, sodass nach dem Tod zunächst die Witwe das Geschäft übernahm und es in Gemeinschaft mit Johann David Bauhof, nach seinem Ableben 1769 dann mit der Witwe Bauhof weiterführte. Vermutlich lernte und arbeitete der Sohn Christian Gottlieb in der Zeit dort ebenfalls.[319] Ab 1773 beziehungsweise 1775 trat Frank als alleiniger Drucker auf.[320]

Folglich begannen Mitte der 1770er Jahre beide Buchdruckersöhne Frank und Schramm ihre Druckertätigkeit: Beide auf sich allein gestellt, beide in einem Umfeld, in dem etablierte Buchhändler und -drucker um Absätze konkurrierten und in dem jeder mit den Schwierigkeiten des Reichsbuchhandels und der ‚bibliopolischen Zweiteilung'

314 Vgl. Lohrer: Cotta, S. 37.

315 Zitat abgedruckt bei Koch, Eduard Emil: Geschichte des Kirchenlieds und Kirchengesangs mit besonderer Rücksicht auf Württemberg, Bd. 1, Stuttgart 1847, S. 352.

316 Vgl. Ebd. Koch gab an, dass das Gesangbuch bis 1791 in Gebrauch war, doch fand sich auch für das Jahr 1792 ebendieses Gesangbuch von Cotta verlegt, ‚Mit herzogl. höchster Freyheit wider das Nachdrucken'. Metzger fand Bestände des Württembergischen Gesangsbuches bei Joh. Fr. Cotta bis 1807, vgl. Metzger, Heinz Dietrich: Gesangbücher in Württemberg. Bestandsverzeichnis (= Repertorien zur deutschen Literaturgeschichte; 20), Berlin / Heidelberg / Stuttgart / Weimar 2002, S. 83.

317 Vgl. UAT 44/118,4, Nr. 84.

318 Laut des Totenregisters wurde Frank „46 Jahr, 3 Monats" alt, Landeskirchliches Archiv Stuttgart, Kirchenbücher des Kirchenbezirks Tübingen, Band 52 Totenregister 1737–1766, Nr. 356.

319 Vgl. Löffler: Landesbibliothek, S. 17. Für 1765 lässt sich beispielsweise eine juristische Schrift nachweisen, die bei Johann David Bauhof und „Vidvae Franckii" gedruckt wurde, vgl. UBT, L XV 12.2, 41. Stück.

320 Das erste Buch *Betrachtung über die Verheissung des Trösters, des Heiligen Geistes, in einer Predigt über das Evangelium am Sonntag Exaudi, den 23 May 1773. Der Gemeinde des Herrn vorgetragen von Christoph Friedrich Sartorius* wurde 1773 mit den Frankischen Schriften gedruckt. Eine 1775 gedruckte medizinische Dissertation von Gottlieb Konrad Christian Storr (1749–1821) und Johann Christoph Plebst führt dann alleinig Christian Gottlieb Frank als Drucker auf.

zu kämpfen hatte. Für die jungen Drucker waren dies widrige Startbedingungen, die sie mit der gemeinsamen Druckkooperation und der Gründung einer Sammlung verbessern wollten. Die Parallelen zum Karlsruher Christian Gottlieb Schmieder waren hierbei offenkundig: Schmieder war bei der Ausstellung des Privilegs auf seine Sammlung ebenfalls Mitte 20, hatte Geschäftsverbindungen nach Reutlingen gesucht und in Johann Georg Fleischhauer gefunden und sah gleichermaßen im Nachdruck die Möglichkeit, Geld zu verdienen.

Die Auseinandersetzungen mit Johann Jakob Fleischhauer

Es kam im Januar 1777 vonseiten Christian Gottlieb Franks zu einer Beschwerde gegen Johann Jacob Fleischhauer in Reutlingen, der den *Sendbrief* Joseph Schaitbergers (1658–1733) unerlaubterweise gedruckt und vertrieben hatte.[321] Auf diese Anschuldigung hin wurde Fleischhauer durch den Magistrat verhört. Dieser gab an, er habe den Sendbrief

> von dem Hr. Frank gekauft, und würde ihm niemals beygegangen seyn, solchen selbsten zu drucken, wann nicht Hr. Frank solchen Druck lange unterlaßen und ihn dadurch in seinem Comercio sehr gehindert hätte. Übrigens habe Hr. Frank kein größeres Recht, gedachten Sendbrief zu drucken, als jeder andere Buchdrucker, in dem er kein Privilegium aufzuweisen im Stande seyn: und von einem Vergleichs-Vorschlag den ihm dißfals solle gemacht worden seyn, wiße er gar nichts: auch schade sein Druck dem Hr. Frank deswegen nichts, weil er quest. Druck nicht in die herzogl. Würtembgl. Lande verschließe. Bey so bewandten Umständen, und im Fall Hr. Buchdrucker Frank kein kays. Privilegium exclusivum aufzuweisen vermag; so ist man dermalen außer Stand, demselben in seinem Petito zu willfahren.[322]

Neben der fehlenden Privilegierung des Werkes pochte Fleischhauer auf die lange Zeitspanne, in der Frank keine Auflage des *Sendbriefes* mehr gedruckt habe. Tatsächlich findet sich in der württembergischen Landesbibliothek eine Ausgabe des *Sendbriefes* aus dem Jahr 1753, die noch unter der Firmenbezeichnung Bauhof und Frank, also Peter Gottlieb Frank und Johann David Bauhof, erschienen war.[323]

Frank und Bauhoff druckten auch für ein Publikum, welches erst vor Kurzem in das Herzogtum emigriert war, wie die Salzburger Exulanten. Diese zogen 1731/32

321 Joseph Schaitberger gehörte zur ersten Gruppe der Salzburger Exulanten, der protestantischen Glaubensflüchtlinge, die das Fürsterzbistum in den Jahren 1684/85 und 1731/32 entgegen der Westfälischen Friedensbestimmungen verlassen mussten, vgl. allgemein zu den Salzburger Exulaten und die historischen Umstände Emrich, Gabriele: Die Emigration der Salzburger Protestanten 1731–1732. Reichsrechtliche und konfessionspolitische Aspekte, Münster 2002. Ab 1691 erschien Schaitbergers Sendbrief in Nürnberg „Neu vermehrter ev. Sendbrief, in welchem vier u. zwanzig nützliche Büchlein enthalten sind, Geschrieben an die Landsleute in Salzburg", eine Mischung aus Bekenntnissen, Polemiken, theologischen Auslegungen, Liedern und Andachtselementen, das über das Salzburger Land hinaus als eine Art Hausbuch fungierte und ab 1732 häufig nachgedruckt wurde.

322 UAT 8/2,3, Nr. 186,2.

323 Württembergische Landesbibliothek, Sig. Theol.oct.15579.

> über Ulm nach Tübingen, wo sie ihre Ansiedlungserlaubnis in verschiedenen Orten des Herzogtums erhalten sollten [...]. Im Mai 1732 kamen wiederum 867 Exulanten mit 40 bespannten Wagen in Ulm an [...] und steuerten das Herzogtum Württemberg an.[324]

Die Glaubensflüchtlinge brachten ihr Vermögen nach Württemberg, von dem nicht zuletzt die für sie wichtige Erbauungs- und Moralliteratur gekauft wurde, welches die Tübinger Drucker im Sortiment hatten.[325]

Neben den Exulanten, die sich mittlerweile im Herzogtum niedergelassen hatten, war es besonders das protestantisch-pietistische Lesepublikum, auf das die Drucker abzielten.[326] Christian Gottlieb Frank hatte sich die Rechte für den *Sendbrief* von den Bauhof'schen Erben 1772 erkauft, es erscheint möglich, dass Frank nach 1772 also keine Ausgabe mehr druckte.[327]

Fleischhauer argumentierte, dass er ohnehin nicht für den württembergischen Absatzmarkt drucke und sie sich somit nicht gegenseitig den Markt verderben würden. Dies war hingegen nur schwer vorstellbar, ungeachtet der Tatsache, dass Fleischhauer ein gutes Vertriebsnetz gehabt hatte,[328] war der Absatz für die Sendbriefe im protestantischen Herzogtum Württemberg doch am höchsten einzuschätzen.[329]

Nach der ernüchternden Antwort des Reutlinger Magistrats ließ Frank die Sache auch nicht auf sich beruhen und intensivierte sein Vorgehen gegen Johann Jakob Fleischhauer. Dazu mobilisierte er neben Schramm die Tübinger Buchdrucker und Buchhändler Johann Adam Sigmund, Georg Heinrich Reis und Ludwig Friedrich Fues, um gegen eine Winkeldruckerei im Dorf Wankheim vorzugehen, in der Johann Jakob Fleischhauer druckte. Denn schon drei Tage nach der Absage aus Reutlingen erging ein Schreiben

---

324 Fritz, Eberhard: Christliche Nächstenliebe oder ökonomisches Kalkül? Probleme der Aufnahme von Salzburger Exulanten im Herzogtum Württemberg, in: Blätter für württembergische Kirchengeschichte 110 (2010), S. 241–263, hier S. 257f.

325 Es liegt nahe, dass möglicher Besitz wie dickbändige Bücher und Bibeln, aufgrund der Transportsituation, nicht mitgenommen werden konnten und vor Ort neu angeschafft werden mussten.

326 So hat Petra Schad exemplarisch für die Wildberger Nachlassinventare im Zeitraum von 1740–1799 insgesamt 31 Exemplare des Sendbriefes ausfindig machen können, wobei ab 1760 die Anzahl sprunghaft ansteigt. Damit gehörte Schaitberger zu den häufig gelesenen Autoren in Wildberg, vgl. Schad: Buchbesitz, S. 128 und 230. Auch in Tübingen sind mehrere Exemplare des Sendbriefes überliefert, vgl. Neumann, Hildegard: Der Bücherbesitz der Tübinger Bürger von 1750 – 1850, München 1978, S. 22.

327 UAT 8/2,3, Nr. 187,2, im Originalzitat: „Joseph Schaitbergers Evangelischen Sendbrief, weßen Verlag der hiesige Buchdrucker Frank von denen hiesigen Buchdrucker Buhofischen Erben an sich verkauffet in A. 1772".

328 Vgl. Kap. 4.3.

329 Neben Wildberg (s. Fn. 37) konnten beispielsweise auch im herzoglich-württembergischen Laichingen, zwischen Reutlingen und Ulm gelegen, im Zeitraum von 1748–1820 211 Exemplare der Schaitberger'schen Werke nachgewiesen werden. Anhand dieser Zahlen der beiden württembergischen Orte lässt sich illustrieren, wie hoch der Absatzmarkt für die Drucker allein in Württemberg war, vgl. Schad: Buchbesitz, S. 135.

an das Prorektorat der Universität Tübingen mit der Beschwerde gegen die Druckerei.[330] Am 31. Januar 1777 folgte dann die Klage beim herzoglichen Geheimen Rat und der Universitätsvisitationskommission. Dort monierten die Antragsteller:

> Euer herzoglichen Durchlaucht können wir nicht umhin aller unterthänigkeit vorzutragen wasmaßen in dem einer Stund von hier gelegenen Dorf Wanckheim Baron von St. Andreischer Herrschaft, woselbst weder diese, noch derselben verordneter Amtmann sich aufhält, seit einiger Zeit eine Winckel-Buchdruckerey zum Schaden und Nachtheil wie des gemeinen als auch des dießeitigen Universitätswesens überhaupt und insbesondere derer hiesigen fünf Buchdrucker aufgerichtet.[331]

Wankheim, zwischen Tübingen und Reutlingen gelegen, war seit 1760/65 im Besitz der hugenottischen Adelsfamilie der Freiherren von Saint-André, die im 17. Jahrhundert Besitzungen im südwestdeutschen Raum erwarben.[332] Dort wurde vermutlich ab 1773 zunächst von Johann Conrad Dürr eine Druckerei betrieben, die unmittelbar nach ihrer Aufrichtung schon Ziel mehrerer Beschwerden wurde.[333] Die Gründe hierfür waren eindeutig und wurden auch vom Tübinger Quintett offengelegt:

> da nemlich die zwey Besitzer dieser Buchdruckerey alle ihnen in den Sinn kommenden Schrifften ohne auswahl, ohne eine vorläufige Censur, ohne alle Aufsicht, meist ohne Beysetzung des wahren Ortes und unter der gewöhnlichen Tax zu drucken.[334]

Nicht nur, dass von zwei Besitzern die Rede war, was vermuten lässt, dass neben Dürr auch Johann Jakob Fleischhauer dort Inhaber oder Teilhaber war, sondern die Winkeldruckerei auch gegen mehrere Reichsgesetze verstieß: Neben der fehlenden Impressums- und Zensurpflicht war es das Betreiben von Winkeldruckereien, die mit dem Reichstagsabschied zu Speyer 1570 verboten worden sind und Druckereien ausschließlich in Residenz-, Reichs- und Universitätsstädten aufgerichtet werden durften.[335] Damit waren die Petenten freilich im Recht und konnten dies mit den passenden Reichsgesetzen untermauern, einschließlich des Edikts vom 18. Juli 1715 und des Patents vom 10. Februar 1746,[336] die im Wesentlichen „eine Wiederholung und Zusammenfassung dessen [wa-

330 Erstaunlicherweise wird Schreiben an das Prorektorat von Widmann nicht erwähnt.

331 UAT 8/2,3.

332 Im Zuge der Mediatisierung ging das Dorf Wankheim 1805 in württembergischen Besitz über, vgl. zur Adelsfamilie Saint-André: Cast, Friedrich: Historisches und genalogisches Adelsbuch des Königreichs Württemberg, Stuttgart 1844, S. 312ff.

333 Staatsarchiv Ludwigsburg D 41 Bü 5096.

334 UAT 8/2,3, Nr. 187.

335 Darüber hinaus sollen in der Winkeldruckerei auch Kalender gedruckt worden sein. Kalenderdrucke wurden als Privileg vom Herzog gegen eine Gebühr und Liquiditätsnachweisen vergeben. Das unerlaubte Drucken der Kalender wurde seit 1775 mit einer Strafe von 10 fl. belegt, vgl. Baur, Louis: Der städtische Haushalt Tübingens vom Jahre 1750 bis auf unsere Zeit, Tübingen 1863, S. 66.

336 „ […] woferne diesem reichs-Constitutions-widrigen und verpoenten Unwesen nicht gesteuert und abgeholfen würde, da zumalen in denen Teutschen Reichs-Gesetzen, und zuvor in den

ren], was [die] in den Jahrhunderten zuvor erlassenen reichgesetzlichen Bestimmungen" verabschiedet worden war.[337]

Nachdem gegen die Winkeldruckerei und die betreibenden Drucker Beschwerde eingelegt wurde, gingen die Kläger auf die eigentliche Problematik ein, dass

> anderer Buchdrucker Verlags-Bücher, e.o. Joseph Schaitbergers Evangelischen Sendbrief, weßen Verlag der hiesige Buchdrucker Frank von denen hiesigen Buchdrucker Bauhofischen Erben an sich verkauffet in A. 1772, vor sich selbsten oder vor anderer Buchdrucker, e. g. vor denin der unter Euer Herzoglich-Durchlauchtigem Schutz und Schirm stehenden benachbarten ReichsStatt Reutlingen wohnhaften Buchdrucker Johann Jacob Fleischhauer den jüngeren, um einen weit geringeren Preiß nachzudrucken sich nicht scheue, eben dadurch aber anderer rechtmäßiger und zumalen denen hiesigen Buchdruckern Erwerb auff eine diese und dem gantzen Publico höchst nachtheilige Weise dato hemmen und endlich in Zukunfft größentheils an sich ziehen dörften.[338]

Zunächst ist festzuhalten, dass es sich nicht, wie bei Widmann angenommen, um Johann Justus II. Fleischhauer handelte, der zu dem Zeitpunkt bereits im hohen Alter von 72 Jahren war, sondern um ebenjenen Nachdrucker des *Sendbriefes* Johann Jakob Fleischhauer.[339] Über dessen Nachdrucktätigkeit beschwerte man sich unter Berufung der Rechtmäßigkeit und des Preiskampfes und hoffte, dass ihm seine noch vorrätigen Bücher abgenommen werden mögen und die Winkeldruckerei geschlossen werde.[340] Inwieweit die Kommission und der Rat der Bitte der fünf Buchdrucker entsprochen haben, lässt sich nicht klären, da keine weiteren Akten zu der Causa vorhanden sind. Womöglich entschieden diese aber ganz im Sinne des Reutlinger Magistrates, dass man

---

Reichsabschied dat. 1570 die weil p. 155 et in Reformatione politica a 1577 von Buchdruckern 35 ineinem neuen kayserlichen Edict dd 18. Jul. 1715 Edict p 334 versehen und verordnet: theils daß außer denen Residenz-Universitäts Reichs- oder anderem Stätte, wo obrigkeitlich obsicht gehalten wird, in keinem anderen Ort und alß am aller wenigsten in einem Dorff: eine Buchdruckerey gestaltet, sondern eine solche alß eine Winckel-Druckerey abgestellet und geschafet werden solle: theils daß ein jeder Buchdrucker sich der Obrigkeit des Orts Vermittelst und pflichten verbindlich nach solle sich im dem Reichs-Satzungen gemäß bezeugen zu wollen: theils: daß von der Obrigkeits des Orts bey aller jede Buchdruckerey verständige und gelehrte Censoren damit nemlich nichts wieder Gott den Staats und gute Sittten gedruckt werde, und auch derselben Obrigkeits der Autor angezeiget nicht weniger neben bach selbsten die Statt und Jahr, woronnen daßselbe gedruckt worden beygesetzt werden solle und dergleichen mehr, bey sonstem zu habender Reichs-gerichtl. Straffe auch verlust der Buchdruckerey und rechten, Adv. Kays. General-Patent dd. 10. Febr. 1746 cir. Loc. P. 115", UAT 8/2,3, Nr. 187. Zu den kaiserlichen Bestimmungen vgl. Kap. 2.1.

337 Eisenhardt: Aufsicht, S. 40f.

338 UAT 8/2,3, Nr. 187.

339 Die Annahme Widmanns ist auf einen Transkriptionsfehler zurückzuführen, leider nicht der einzige in seinem Text, so ist – neben mehreren Auslassungen und Umstellungen – nicht die Rede von „ohne Oberaufsicht", sondern „ohne alle Aufsicht", vgl. Widmann: Büchernachdruck in Württemberg, S. 516f und UAT 8/2,3.

340 UAT 8/2,3, Nr. 187.

gegen den Nachdruck des *Sendbriefes* nichts unternehmen könne, da dieser keinem Privileg unterlag. So finden sich nach 1777 weitere Ausgaben des Sendbriefes, die von Fleischhauer gedruckt wurden, beispielsweise aus dem Jahr 1781, was die hier aufgestellte Vermutung bestätigt.[341]

Anders als Widmann, der die Winkeldruckerei als das maßgebliche Problem sah, steckte die tatsächliche Intention hinter der Klage im Verbot des Drucks des *Sendbriefes*, die Fleischhauer in Wankheim vornahm. Denn wie ließe es sich sonst erklären, dass drei Tage nach der Absage aus Reutlingen eine Beschwerde gegen eine Winkeldruckerei in Wankheim vorgetragen wurde, in der Fleischhauer druckte, die nach Recherchen Widmanns selbst aber schon seit 1773 betrieben wurde?[342] Die Beschwerde gegen die Druckerei diente vorrangig dem Unterbinden des Nachdrucks des *Sendbriefes*, damit verband sich das Ziel, den Konkurrenten aus direkter Nachbarschaft zu schaden. Beide Intentionen brachten, unter Berücksichtigung des weiteren Verlaufes, nur mäßige Erfolge.

3.2.1 Die Privilegierung der *Sammlungen philosophischer und theologischer Schriften*

Die Vermutung liegt nahe, dass aufgrund der Auseinandersetzung mit Fleischhauer rund um den Schaitberger'schen *Sendbrief* Frank und Schramm die Initiative ergriffen, eine *Sammlung der theologischen und philosophischen Schriften* herauszubringen und somit Bücher drucken zu können, die keinem Privileg unterlagen – also genau die Sentenz, die Fleischhauer für seine Verteidigung des Nachdrucks des *Sendbriefes* beim Reutlinger Magistrat nutzte. Möglicherweise ließ sich Schramm aber auch von Christian Gottlieb Schmieders Anthologie inspirieren: Aus der Vermögensbeschreibung der Tübinger Bürger – den Inventuren und Teilungen[343] – welche anlässlich der Heirat Wilhelm Heinrich Schramms mit Catharina Elisabetha Metz (1747–1797) angefertigt wurde, geht hervor, dass er im Besitz der *Sammlung der besten deutschen prosaischen Schriftsteller und Dichter* Christian Gottlieb Schmieders war.[344]

Spätestens im Sommer 1778 entschlossen sich Frank und Schramm dazu, eine Nachdrucksammlung herauszugeben. Die Gründe für ihr Vorhaben erörterten Schramm und Frank in der möglichen Vorlage an den Kaiser vom 22. August 1778, in der sie ihrem Publikum die Literatur gerne zu einem günstigeren Preis anbieten wollten, sodass auch „minder bemittelte Käufer im Stand seyn möchten" sich die Literatur anzuschaffen und die

---

341 Württembergische Landesbibliothek, Sig. HBF 6194.

342 Vgl. Widmann: Tübingen als Verlagsstadt, S. 143.

343 Inventuren und Teilungen sind Vermögensbeschreibungen, die in Württemberg seit dem 16. Jahrhundert für Einwohner gesetzlich vorgeschrieben waren. Sie wurden „zur Vermeidung von Erbschaftsstreitigkeiten jeweils bei der Heirat (Inventuren) oder beim Tod eines Einwohners (Teilungen)" erstellt. Es beinhaltet die Auflistung des gesamten Vermögens, einschließlich Liegenschaften, Geld, Schmuck, Wäsche, Bücher, Möbel, Lebensmittel etc. mit der jeweiligen Werteinschätzung, Bidlingmaier: Inventuren und Teilungen, S. 71–81.

344 Es geht nicht hervor, welche Bände er besaß, der Wert der Sammlung wird mit 20 Gulden angegeben, StATbg E101, Bd. 236.

> vorhabende Bücher Collection [...] nach einander in una serie erscheinen, und mithin die Leser alles, was dahero aus zerschiedenen Büchern erlernt werden müßte, beyeinander und zusamen gedruckt antreffen – auch wie oben allerunterthänigst gedacht worden, in billig leidentlichsten Preiß erkaufen können.[345]

Die Nachdrucker stellten die Vorteile insbesondere für die Leserschaft in den Vordergrund: der günstige Preis und die Vorzüge einer Kollektion. Mit dieser Programmatik wurden die Tübinger am 8. Oktober 1778 beim kaiserlichen Reichshofrat in Wien vorstellig und ersuchten den Kaiser um ein Privileg für die „Monatliche Collationes theologischer und philosophischer Schriften".[346] Nach nur vier Tagen verlieh Joseph II. am 12. Oktober 1778 das Druckprivileg über zehn Jahre an die Tübinger Buchdrucker.[347]

Denunziation und Konkurrenz: Johann Georg Cotta und Jacob Friedrich Heerbrandt

Vor dem Hintergrund der Auseinandersetzungen um die Nachdruckthematik in den späten 1770er Jahren verwundert es nicht, dass unmittelbar nach Erteilung des Impressoriums die ersten Klagen beim akademischen Senat gegen Frank und Schramm eingingen. Am 18. November 1778 erging an den Prorektor der Universität Tübingen ein Schreiben der Buchhändler Johann Georg Cottas und Jacob Friedrich Heerbrandts. Diese klagten die „Broddieberei" des Nachdrucks der beiden Buchdrucker an:

> Sie haben ein „kaysel. allerhöchstes Privilegium [...] krafft deßen sie die Freiheit genießen sollen alle und jede so wohl theologische und Schul- als andere Bücher, die nicht mit einem kayserl. Privilegio versehen sind, frei und ungehindert nach zudrucken.[348]

Die Kläger wussten auch bestens über das Verlagsprogramm der Konkurrenz Bescheid. Sie zeigten an, dass der *Bibelfreund* von Gabriel Christoph Benjamin Mosche (1723–1791) und der *Kinderfreund* von Christian Felix Weiße (1726–1804)[349] – herausgegeben von Buchhändler Siegfried Leberecht Crusius (1738–1824) aus Leipzig – nachgedruckt werden würden.[350]

345 UAT 44/118,5 Nr. 97, 1.

346 HHStA, RHR, Impr., Fasz. 20–23.

347 HHStA RHR, Impr. 20–22.

348 UAT 8/2,3, Nr. 189. Die Unterstreichungen finden sich ebenso im Original.

349 Vgl. Hurrelmann, Bettina: Jugendliteratur und Bürgerlichkeit. Soziale Erziehung in der Jugendliteratur der Aufklärung am Beispiel von Christian Felix Weißes „Kinderfreund" 1776–1782 (= Informationen zur Sprach- und Literaturdidaktik; 5), Paderborn 1974 und Dettmar, Ute: Aufgeklärte Kindheit. Christian Felix Weiße als Autor für Kinder, in: Löffler, Katrin / Stockinger, Ludwig (Hrsg.): Christian Felix Weiße und die Leipziger Aufklärung, Hildesheim 2006, S. 71–94.

350 „Sie haben aus Veranlaßung dieses extrahierten kayserl. Privilegii auch würklich mehrere Theile von dem unrechtmäßigen Verlag des Buchhändlers Crusius von Leipzig heraus gekommenen KinderFreund nachgedruckt und scheuen sich nicht, nunmehro auch von dem in eigenem Verlag das autoris nemlich des ehrwürdigen Hr. Senioris D. Mosche von Frankfurt am Mayn herausgekommenen Biebel Freund einen ebenmäßigen Nachdruck zu veranstalten, und auf solchen wirklich Subscription anzunehmen." UAT 8/2,2. Bereits im Antragstext für das Druckprivileg gaben die

Bei den beiden Nachdrucken handelte es sich jeweils um Wochenschriften:[351] Der *Bibelfreund*, eine theologische Wochenschrift, die seit 1770 in Arnstadt, ab 1778 bis zur letzten Ausgabe 1779 in Frankfurt am Main erschien, unternahm den Versuch der Exegese einzelner Bibelstellen auf deutscher Sprache.[352] Der *Kinderfreund* erschien von 1775 bis 1782 in 24 Bänden. Er war an junge Kinder beiden Geschlechts gerichtet und verfolgte die Absicht, Kinder zu vergnügen und zu unterrichten.[353] Am 23. Oktober 1779, also ein Jahr nach dem Nachdruck Schramms und Franks, erhielt Crusius das Druckprivileg[354] über zehn Jahre für Christian Gotthilf Salzmanns *Unterhaltungen für Kinder und Kinderfreunde*[355] und Weißens *Kinderfreund* in acht Oktav.[356]

Nachdrucker an, den Kinderfreund aufgrund des hohen Preises nachdrucken zu wollen: „So würde zum Beweiß der Kinderfreund, welcher bis nun zu 10th. kostet, um etwa 2 th. bey dieser Einrichtung entweder besonders, oder mit der ganzen Collection zu haben seyn". UAT 44/118,5, Nr. 91,1.

351 Zu den Wochenschriften vgl. Maar, Elke: Bildung durch Unterhaltung: Die Entdeckung des Infotainment in der Aufklärung. Hallenser und Wiener Moralische Wochenschriften in der Blütezeit des Moraljournalismus, 1748–1782 (= Bochumer Frühneuzeitstudien; 3), Herbolzheim 1995.

352 „Die Absicht des Herrn Verfassers [d. i. Mosche] gehet dahin, daß er einigen gewöhnlichen Mängeln durch welche jetzt viele abgehalten werden, die heil. Schrift gehörig zu verstehen, und die schuldige Hochachtung für sie und ihren Inhalten zu haben, abhelfen will. Er beschäftigt sich vornehmlich mit der Erklärung solcher Schriftstellen, deren Sinn, zumalen aus unserer deutschen Übersetzung, nicht von einem jeden, der auch mit gehöriger Achtsamkeit die Schrift lieset, erkant wird." N. N. Rezension zu Der Bibelfreund, eine theologische Wochenschrift, in: Johann Friedrich Hirt: Orientalische und Exegetische Bibliothek, 1. Theil, Jena 1772, S. 162–187, hier S. 164.

353 „Weiße hat die Darstellung der Familie Mentors so gestaltet, daß die Kinder im Lauf der Jahre, in denen der Kinderfreund erscheint, älter werden." So nimmt Mentor im 24. Band Abschied von den Lesern und stellt fest, dass die Kinder zum Teil schon ins jugendliche Alter gekommen seien, vgl. Wild, Reiner: Die Vernunft der Väter: zur Psychographie von Bürgerlichkeit und Aufklärung in Deutschland am Beispiel ihrer Literatur für Kinder, Stuttgart 1987, S. 151; zum Kinderfreund allgemein: Ewers, Hans-Heino/Brüggemann, Theodor: Handbuch zur Kinder- und Jugendliteratur. Von 1750 bis 1800, Stuttgart 1982, S. 137–155; Fankhauser, Gertrud: Der Kinderfreund: (1775–1784) Die Kinderzeitschrift von Christian Felix Weisse als Spiegelbild der Erziehungs- und Gesellschaftsideale des deutschen Bürgertums am Ende des Aufklärungszeitalters, New York 1975.

354 Die Privilegierung war möglich, da keine konkurrierenden Privilegien für die Schriften vorlagen. Frank und Schramm hatten nur ein Privileg für ihre Sammlungen, nicht aber für ein einzelnes Werk. Eine nachträgliche Privilegierung eines Werkes, wie in diesem Fall, war eher unüblich, da das Werk bereits nachgedruckt worden war.

355 Es findet sich ein Exemplar der Unterhaltungen in der Bayrischen Staatsbibliothek, auf dessen Titelblatt schon ein röm. Kayserliches Privilegium auf das Jahr 1778 datiert ist, in der abgedruckt und vorangestellt eingefügten Privilegienerteilung Josephs II. das Datum 23. Dezember 1779 angegeben ist. Daraus ergibt sich die Frage, ob es sich um ein altes Titelblatt handelte oder ob Crusius bewusst eine Täuschung vorgenommen hat, vgl. Bayrische Staatsbibliothek: Paed.pr. 2984–1/2.

356 HHStA, Impressorium 12–25. Ab dem 14. Teil wurde es mit dem kaiserlichen und kursächsischen Privileg vertrieben, bis zum 13. Teil erschien es ohne Privileg, vgl. Meyer, Reinhart: Bibliographia dramatica et dramaticorum: kommentierte Bibliographie der im ehemaligen deutschen Reichsgebiet gedruckten und gespielten Dramen des 18. Jahrhunderts nebst deren Bearbeitungen und Übersetzungen und ihrer Rezeption bis in die Gegenwart, Abt. 1, Bd. 3, Tübingen 1986, S. 1100.

Cotta und Heerbrandt sahen sich durch den Nachdruck um ihren Absatz betrogen, denn sie hatten selbst Exemplare des *Bibelfreundes* in ihrer Offizin, die aber aufgrund des günstigeren Preises nicht mehr absetzbar wären, da die Kunden auf die Nachdrucke zurückgriffen. Dies war für die Buchhändler in zweifacher Hinsicht ein verlustreiches Geschäft: Nicht nur der fehlende Vertrieb schlug ins Kontor, sondern auch die Kosten, um die Bücher von „letzern auswärtigen Meßen“ nach Tübingen zu transportieren.[357]

Um ihrem Anliegen die notwendige juristische Legitimation zu verleihen, referierten sie auf Johann Stephan Pütter (1725–1807), der mit seiner Schrift *Der Büchernachdruck nach ächten Grundsetzen des Rechts geprüft* aus dem Jahr 1774 eine viel beachtete Abhandlung über die Rechtmäßigkeit des Büchernachrucks schrieb:[358]

> Der geheime Justiz Rath Pütter beschloss die Vorrede von seinem Traktat über den Bücher Nachdruck mit den Worten: ‚Ein sicheres Mittel, beides Gelehrsamkeit und Buchhandel zu ersticken ist der Bücher-Nachdruck!‘ Er beweist auf die gründlichste Art, daß der Nachdruck, so wie ihn Frank und Schramm vorhaben, ein Falsum und mit nachgewägter falscher Münze in größester Ähnlichkeit, ja sowohl theologisch- als juridischem Verstand ein wahrer Diebstahl seie

und fügten pathetisch hinzu: „daß Tübingen auch auswärts für einen Ort angesehen werde, wo man ohne Rücksicht auf ehrliche und rechtschaffene Leute Eigenthum der boßhafften gewinnsucht seinen Lauf laße“.[359]

Schon am 26. November 1778 folgte ein Dekret vom Prorektor der Universität und württembergisches Ratsmitglied Hofmann,[360] indem der Druck der beiden Schriften „von nun an bis auf weiterer dißseitige Verordnung bey sonsten in widirgem ohnverhofften Fall zu befahren habenden Strafe inhibirt“ werde.[361]

Was darauf folgte, war eine ausführliche, 45-Seiten lange Gegenerklärung der Beschuldigten vom 3. Dezember 1778 an den Prorektoren der Universität Tübingen, in dem sie die Anschuldigung zu widerlegen versuchten und behaupteten: „daß außer geflißentlicher Schmäh-Schrift und selbstredender Unwahrheit durchaus nichts übrig bleibt“.[362]

357 „Ebenso gehet es mit anderen Büchern, die wir erst aus letzern auswärtigen Meßen mit schweren Kosten hierhergebracht haben. Unser Unglück hierbei ist um so größer, als sich jene Broddiebe nur allein mit dem Nachdruck derjenigen Bücher abgeben, wovon sie einen schnellen und zahlreichen Verschluß- mithin auch einen gewisen Profit zu hoffen haben, und uns bleiben diese mit anderen kostbaren Wercken die sie nicht nachdrucken können [Einschub: wir aber mit schweren Kosten führen müssen] vollkommen“, UAT 8/2,3, Nr. 189.

358 Vgl. hierzu auch Kap. 4.1.1.

359 UAT 8/2,3, Nr. 189.

360 Es ist nicht ersichtlich, ob der Rechtswissenschaftler Gottfried Daniel Hoffmann (1719–1780) oder sein Sohn Johann Daniel Hoffmann (1740–1814) das Dekret schrieb, beide waren zum Zeitpunkt 1778 geheime Räte. Hofmann junior war 1778 allerdings Rektor an der Universität, sodass man davon ausgehen kann, dass er der Verfasser des Dekretes war.

361 UAT 44/118,5, Nr. 97.

362 UAT 44/118,5, Nr. 97.

Sie argumentierten, dass sie sich aufgrund der schwierigen wirtschaftlichen Situation vor Ort durch die Konkurrenz der heimischen wie auswärtigen Buchdrucker, die ihre Verlagsartikel druckten und kaum Möglichkeiten zum Profit übrig ließen, zum Druck der nicht privilegierten auswärtigen Verlagsartikel entschlossen. Dabei war ihnen bewusst, dass der Nachdruck weder durch ein Reichs- noch durch ein württembergisches Partikulargesetz verboten sei. Um dennoch „den sichersten Weeg" einzuschlagen, bemühten sie sich im August um ein Privileg beim Reichshofrat.[363]

Alsdann gingen sie dazu über, ihre Tübinger Konkurrenten ebenfalls anzuschwärzen und deren Nachdrucke aufzuzählen, da sie „längst nachdruckten, was sie wollten": So habe die „Cottaische Buchhandlung die beede Lavaterische Predigten von Vergifftung des H[eiligen]. Abendmahls öffentlich nachgedruckt und verkaufft".[364] Der Verweis auf die Lavaterischen Predigten entstammten wohl einer Anzeige, die Cotta annoncierte, so findet sich ein Cotta'scher Nachdruck aus dem Jahr 1777, auf den hier verwiesen wird, mit dem Titel *Der Verbrecher ohne seines gleichen und sein Schicksal, bey Gelegenheit der Vergiftung des heil. Nachtmahlweins*, bei Cotta für 9 Kreuzer zu erwerben.[365]

Heerbrandt handelte mit Nachdrucken, die er vom Heilbronner Buchhändler Eckebrecht – auf den an anderer Stelle noch einzugehen sein wird – bezog.[366] So verkaufte Heerbrandt das „in rechtmäßigem Verlag des Buchhändlers Weigand in Leipzig herausgekommen- mit einem ChurSächsischen Privilegium versehenen Buch, Müllers Pastoral Theologie".[367] Hier irrten die Nachdrucker offensichtlich, da kein Nachdruck einer Pastoral-Theologie Müllers im Verlag Johann Friedrich Weygand (1743–1806) existierte. Eckebrecht hatte aber Verlagsartikel Weigands nachgedruckt, nämlich die deutsche Übersetzung *Vollständige Kirchengeschichte des Neuen Testaments* des Theologen Johann Lorenz von Mosheim (1693–1755),[368] von dem 1754 auch eine Übersetzung

---

363 UAT 44/118,5, Nr. 97.

364 UAT 44/118,5, Nr. 97.

365 Der Verweis stammt aus *Neuer vollständiger Catalogus aller Bücher, welche bei George Peter Monath Buchhändler in Nürnberg und Altendorf zu haben sind*, 2. Bd. 1783, S. 546. Bei der ‚Abendmahlsvergiftung' ging es um eine Massenvergiftung am 12. September 1776 in Zürich, bei der der Messwein vergiftet wurde. Aus diesem Anlass erschienen mehrere Predigten, die in ganz Europa verbreitet wurden und aus der sich die Frage ergab, ob es tatsächlich ein Giftanschlag aus der Bevölkerung gewesen sei, wie Lavater behauptete, oder eine Verunreinigung war, wie beispielsweise Gottlieb Emanuel von Haller (1735–1786) einwarf: „Zwo schaudervolle Predigten, die der Verfasser bei gesetzterem Alter gewiß nicht billigen wird; über ein Verbrechen, dessen Daseyn noch nicht erwiesen ist, und vielleicht nur auf blosser Unreinlichkeit beruhet.", Haller, Gottlieb Emanuel von: Bibliothek der Schweizer-Geschichte und aller Theile, so dahin Bezug haben. Bern 1787, Bd. 6, S. 191.

366 Vgl. Kap. 4.1.1.

367 UAT 44/118,5, Nr. 97.

368 Mosheim veröffentlichte seine *Institutiones Historiae Ecclesiasticae Novi Testamenti* zum ersten Mal 1726 [Verlagsort Frankfurt und Leipzig], eine Zwischenausgabe 1737/41 und eine abschließende Ausgabe 1755. Die deutsche Übersetzung der Kirchengeschichte nahm zunächst Johann August Christoph von Einem vor, diese Bände druckte Eckebrecht zum ersten Mal zwischen 1770 und 1780 und ein zweites Mal 1786 nach. Eine zweite Übersetzung der Kirchengeschichte legte der Heilbronner Theologe Johann Rudolf Schlegel zwischen 1770 und 1780 vor, diese er-

der *Pastoral-Theologie* veröffentlicht wurde.[369] Vermutlich bezogen sich die Nachdrucker hierauf, ohne nähere Kenntnisse über die tatsächlichen Nachdrucke zu haben, da sie ebenfalls behaupteten, dass sowohl Heerbrandt als auch Cotta mit einem Nachdruck von Christian Felix Weißes *ABC-Buch* handeln würden, den Eckebrecht unternommen haben soll.[370] Ein solcher Nachdruck konnte indes nicht nachgewiesen werden.

Frank und Schramm betonten, dass sie das Privileg für die theologischen und philosophischen Schriften erhalten hatten und damit eine andere Ausrichtung ihrer Sammlung anstrebten als

> Schmieder in Carlsruhe [der] auf die belles Lettres, auf alle sogenandt-auswärtige schöne Geister und auf alle classische Schriftsteller eine Gesellschaft zu Mannheim ein allergnädigstes- bishero ruhig genossenens Nachdruck-Privilegium impetriert und disorts ist man überhaupt nicht so mißgünstig noch so gewinnsüchtig, alles und mehr als billig wäre zu verlangen.[371]

Neben Schmieder lässt sich die Anspielung auf die Gesellschaft zu Mannheim identifizieren: Eine Geschäftsverbindung zwischen dem Dichter und Professor Anton von Klein, dem Hofrat- und Postsekretär Johann Caspar Becké sowie einem Geldgeber namens Schmülling. Sie fanden sich 1777 zusammen, um die Gesellschaft der Herausgeber der alten klassischen Schriftsteller und ausländischen schönen Geister zu Mannheim ins Leben zu rufen, da aber „die Sorge vor Geschäftseinbußen durch drohende Konkurrenz" sie dazu veranlasste, „die Veröffentlichung ihrer Sammlung so lange zurückzuhalten, bis sie das Verlagswerk mit Privilegienschutz drucken konnten".[372] Im Herbst 1777 erhielten sie dann das kaiserliche Privileg und Anfang 1778 erschien der erste Band der Sammlung.[373] Doch fand die Kooperation der drei Gesellschafter ein schnelles Ende: Schon 1779 kam es zum Zerwürfnis zunächst mit Schmülling, der seinen Zahlungsverpflichtungen nicht nachkam und dann mit Becké, der sich mehr Profit erhofft hatte und daraufhin in die Gesellschaft in Pfalz-Zweibrücken übertrat.[374]

---

schien ebenfalls bei Eckebrecht in Heilbronn, vgl. hierzu Heussi, Karl: Die Kirchengeschichtsschreibung Johann Lorenz von Mosheims, Tübingen 1906, S. 75f. und zur Thematik Fleischer, Dirk: Zwischen Tradition und Fortschritt. Der Strukturwandel der protestantischen Kirchengeschichtsschreibung im deutschsprachigen Diskurs der Aufklärung, Bd. 1, Waltrop 2006.

369 Mosheim, Johann Lorenz von: Pastoral-Theologie von denen Pflichten und Lehramt eines Dieners des Evangelii, Frankfurt/Leipzig [„Auf Kosten guter Freunde"] 1754.

370 UAT 44/118,5, Nr. 97. Vermutlich bezogen sich Schramm und Frank auf das *Neue A,B,C,-Buch, nebst einigen kleinen Uebungen und Unterhaltungen für Kinder* von Weiße, bei Crusius in Leipzig ab 1773 erschienen.

371 UAT 44/118,5, Nr. 97.

372 Hartwieg: Nachdruck oder Aufklärung?, S. 14.

373 Es handelte sich um *Des Alexander Pope Esq. sämmtliche Werke mit Wilh. Warburtons Commentar und Anmerkungen.*

374 Es folgten Auseinandersetzungen zwischen Klein und Becké, einerseits wegen ausbleibender Zahlungen, andererseits, weil Becké versucht hatte, die Subskribenten von Klein abzuwerben, vgl. Krükl: Anton von Klein, S. 32ff.

Beim Verweis auf Karlsruhe liegt es nahe, dass mit Schmieders *Belles Lettres* das 1778 in Zusammenarbeit mit Fleischhauer ins Leben gerufene und am 12. Februar kaiserlich privilegierte *Recueil des* Œuvre *choisies des beaux esprits de la France tant prosaiques que poetiques* gemeint war. Es war ebenjene Sammlung, mit der Schmieder und Fleischhauer im Privilegienstreit mit Anton von Klein waren.[375] Schmieder und Fleischhauer erhielten am 24. März 1778 ihr gemeinsames Privileg für die Sammlung der französischen Schriftsteller, demnach ein paar Monate, nachdem die Mannheimer Gesellschaft ihr Privilegium ersucht hatte.

Die Intention Franks und Schramms andere Nachdrucker und Nachdruckfirmen anzuführen, ist offensichtlich: In anderen Territorien würden die Nachdrucker laut ihrer Aussage protegiert und von der Konkurrenz toleriert, was sie sich schließlich auch für ihr Geschäft wünschten.

Die Anschuldigung des Nachdrucks des *Bibelfreundes* wiesen Schramm und Frank entschieden zurück und nahmen diese Behauptung zum Anlass, sich gegen die Tübinger Konkurrenten zu wehren. Zunächst stellten sie fest, dass es keine Pläne gab, den *Bibelfreund* nachzudrucken und auch keine Pränumeration oder Subskription angenommen wurde. Daraufhin gingen sie dazu über, einige grundsätzliche Hinterfragungen vorzunehmen, die den Büchernachdruck betrafen:

> „Alle und viele Bücher, deren Verleger mit einem Privilegium versehen, dürfen nicht nachgedruckt werden, andere müßen eben nicht so theuer verkauft- vielmehr nicht in so gar erhöhtem Preiß verkauft werden. Und, wo steht dann geschrieben? Daß alles nur auswärts verkauft und auswärts gedruckt und nachgedruckt werden dörfe. Warum mißgönnt man der gegenseite einem Mitbürger das Recht, etwas ehrlich zu erwerben vor seinem Ausländer? […] Warum wirft man mit ungesitteten Schimpf-Wortten um sich? Könnte man nicht auf anderen und erlaubte Art ihme viele Mühe sich freundschafftlich dahin bequemen? Daß von all diesseitigen Nachdruck dem Gegentheil mehr nüzen als Schaden zugegangen- daß von allzukünftigen Meßen her, aus Veranlassung disseitigen Nachdrucks nicht ein Buch mehr verliegen geblieben wäre. Um so größer ist die gegnerische Unverschämtheit, um so augenscheinlicher die Mißgunst“.[376]

Die hier aufgeworfenen Fragen offenbarten die vermeintliche Gefühlswelt der Nachdrucker. Wie bereits zuvor sahen sie in der Preispolitik der Originalverleger die Ursache für den Nachdruck. Und da ohnehin nachgedruckt würde, erhofften sie sich von der Konkurrenz und der Obrigkeit einen Lokalpatriotismus, der die heimischen Nachdrucker vorzöge.

375 HHStA, RHR Impr. 62,2,17.
376 UAT 44/118,5, Nr. 97.

Den von Heerbrandt und Cotta aufgestellten Verweis auf Pütter nahmen Schramm und Frank auf und versuchten den Vorwurf durch Pütters Schrift dahingehend zu widerlegen, dass sie eben nicht vortäuschten, einen Nachdruck als Original auszugeben.[377] Sie verwiesen auf die rechtliche Situation, die weder auf Reichs- noch auf Territorialebene einen Nachdruck verbiete.[378] Frank und Schramm schlossen ihre Verteidigung mit der Bitte an den Herzog, die Klage Heerbrandts und Cottas abzuweisen, die für sie entstandenen Kosten zu ersetzen und den inhibierten Druck des *Kinderfreundes* aufzuheben.

Entscheidend in der Auseinandersetzung mit der Tübinger Konkurrenz war die Vehemenz, mit der Frank und Schramm ihr noch junges Geschäft verteidigten, nicht nur gemessen an der überwältigenden Seitenzahl des Antwortschreibens, sondern auch anhand des Inhalts. Sie führten sowohl das kaiserliche Privileg an, dass sie zum Nachdruck nicht privilegierter Werke berechtigte, als auch eine weitreichende Kenntnis über die Sachlage im Büchernachdruck. So konnten sie argumentativ dem vorgebrachten Zitat Pütters ein Äquivalent für ihre Position liefern. Sie kannten die rechtliche Lage im Reich und die Buchhandelsordnung in Württemberg und stellten heraus, dass die beiden Buchhandelskonkurrenten Cotta und Heerbrandt keinesfalls die rechtschaffenen Buchhändler waren, die sie vorgaben und selbst vielversprechende Nachdrucke in ihren Handlungen verkauften.

In den Aktenbeständen finden sich als Reaktion auf das Schreiben Frank und Schramms mehrere Korrespondenzen zwischen dem Geheimen Rat und Senatsmitgliedern, die sich mit zwei wesentlichen inhaltlichen Fragen auseinandersetzten. Erstens die Frage nach dem Verbot des *Kinderfreundes* aufgrund des Nachdruckes und zweitens die Frage nach dem kaiserlichen Privileg. Die erste Frage wurde durch die Tübinger Senatsmitglieder Johann Friedrich Cotta (1701–1779), Ludwig Josef Uhland (1722–1803), Christoph Friedrich Sartorius (1701–1785), Georg Friedrich Sigwart (1711–1795) und Johann Kies (1713–1781) in folgender Sentenz geklärt:[379] „Vor Einlassung herzogl. gnädigster resolution kann der inhibierte Druck des Kinderfreundes nicht gestattet werden".[380]

Was den Nachdruck weiterhin betraf, so wurde seitens des Senates zum einen auf das Rektoratsdekret vom 22. Mai 1739 verwiesen, also „Die Pflicht, für Drucke jeder Art, auch für Nachdrucke, [eine] vorherige Genehmigung einzuholen", zum anderen wurde der herzogliche Bescheid von 1740 angeführt, den der Vater Wilhelm Heinrich

377 Sie verweisen in ihrem Schreiben auf den 63. Artikel in Pütters schreiben, in dem es heißt: „Wenn der Nachdruck seinen Nachdruck gar für den Originaldruck ausgibt, und in solcher Absicht wohl gar des rechtmässigen Verlergs Namen und Unterscheidungszeichen bey seinem Nachdruck gebraucht (a); so ist der Nachdruck zugleich ein offenbares Falsum. [...] (b) wiewohl die meisten Nachdrucker heutigen Tages nicht eben das Publicum zu überreden verlangen, daß ihr Nachdruck der wahre Originaldruck sey; sondern wenn sie sonst nur ihrem Nachdrucke Abgang verschaffen können, sind sie meist sehr gleichgültig dabey, unter welcher Gestalt auch das Buch gekauft werden möge." Pütter: Büchernachdruck, S. 63f und UAT 44/118,5, Nr. 97.

378 Vgl. UAT 44/118,5, Nr. 97.

379 Interessanterweise ließen die Senatsmitglieder Sigwart, Sartorius und Uhland ihre Werke, darunter die Dissertationen, bereits bei Johann Peter Gottlieb Schramm drucken.

380 UAT 44/118, 5, Nr. 97.

Schramms ersuchte, der es ihm erlaubte Bücher nachdrucken zu dürfen.[381] So wurde verfügt, dass der „U- Bericht in Sachen Frank und Schramm […] so ausgefertiget, wie er conquiert ist, ohne den Befehl von 1740 weitläufiger auszuführen oder gar beyzulegen" und die Verfügung „des Decrets von 1739 beruht einstweilen auf sich".[382]

Die Sache schien also, auf Grundlage der vorherigen Verfügungen, erledigt. Aufmerksamkeit erregte beim herzoglichen Rat aber das kaiserliche Privileg. So fragten sie in einem Schreiben an den akademischen Senat vom 29. Dezember 1778: „Gleichwie wir nun von allen Dingen zu wissen gnädigst verlangen, was es mit diesem Nachdruck und dem von ermelten Buchdruckern vergeblich erhaltenen kaiserl. Privilegio vor eine Beschaffenheit habe?".[383] Die Antwort folgte zwei Tage später am 31. Dezember 1778:

> Die beyde hiesigen cives academicii und Buchdrucker Johann Christ. Gottl. Frank und Wilh. Heinrich Schramm haben, ohne uns die mindeste legale Anzeige davon zu machen, wozu sie jedoch nach denen höchste herzogl. Befehlen sich gründenden ältre Senatsverordnung verbunden waren, unterm 22. Aug. dieses J. bey Kaysl. Maj. ein Privilegium impressorium, alle theologische und philosophische Schriften, die noch mit keinem kayserl. Privilegio versehen, nachdrucken zu dürfe, allerunterthänigst nachgesezt […] und das anliegenden Reichshofratsconclusi dd. 12. Oct. 1778 erhaltenden auch bereits das bekanndte Werck […] Weißes in Leipzig, Kinderfreund betitult, ohne jedoch die eigentliche Ausfertigung dieses kaysl. Privilegii abzuwarten, biß auf den ii. Theil abgedruckt".[384]

Schließlich, am 7. Februar 1779, folgte eine endgültige Entscheidung über den Nachdruck des *Kinderfreundes* und die Sachlage des kaiserlichen Privilegs, nachdem Frank und Schramm dem akademischen Senat der Universität das kaiserliche Privileg am 24. Januar vorgelegt hatten.[385]

> Das beständige Andingen der bey den Buchdrucker Frank und Schramm nöthiget mich amplissimo Senatui ihre Bittschrifft […] vorzulegen, worin sie um die Erlaubnüß nachfügen, den 12. Thl. des Kinderfreunds vollends drucken zu dürfen. Das was sie von denen vielen auswärtigen Anfragen wegen diesen rückständigen Theil anführen, ist der Wahrheit gemäß, und sie haben mir mehren Original-Briefe aus der Schweiz vorgezeigt.[386]

Auf den Vorschlag Hoffmanns folgte die Resolution der anderen akademischen Mitglieder, die beschlossen:

> Ich denke, da das kayserliche Privilegio nunmehr da ist, es könne denen beede Buchdruckern Frank und Schramm um so mehr gestattet werden, den 12ten

381 Widmann: Tübingen als Verlagsstadt, S. 120.
382 UAT 44/118,5, Nr. 97.
383 UAT 44/118,5, Nr. 97.
384 UAT 44/118,5, Nr. 97.
385 Vgl. UAT 44/118,5, Nr. 97.
386 UAT 44/118,5, Nr. 97.

> Theil des Kinderfreundes vollends zu drucken, als durch die Unterbleibung dieses Drucks dem Verleger dieses Buches in Leipzig kein Nüze zugehen, unseren beeden Civibus hingegen ein beträchtlicher Schade geschehen würde; Erdachter Verleger auf seine Klage einen Weg den anderen prosequieren kann.[387]

Die Senatsmitglieder urteilten schließlich ganz im Sinne Franks und Schramms, die in ihrem Schreiben ausführten, dass einheimische ausländischen Druckern vorzuziehen seien. Die Fürsorgepflicht für die Untertanen stehe eindeutig im Vordergrund bei der getroffenen Entscheidung. So wurde unweigerlich darauf hingewiesen, dass die heimischen Buchdrucker einen Schaden erleiden könnten.

Die Haltung der württembergischen Regierung und des akademischen Senates schien also in der Sache – befördert durch das kaiserliche Privileg – durchaus aufseiten Frank und Schramms zu sein. Dass sich hieraus keine allgemeine Verhaltensformel ableiten lässt, zeigte der weitere Verlauf des Nachdruckunternehmens. Die abschließende Bemerkung des Hofrats Hoffmann, dass besonders die Schweizer den ‚rückständigen Theil' sehnsüchtig erwarteten, zeigte an, dass die Tübinger ihre Nachdrucke auch in die Schweiz verkauften. Wahrscheinlich war eine Verbindung Franks und Schramms zum Schaffhauser Buchdrucker Benedikt Hurter (1715–1785). Dieser war bereits früh 1737 an der Universität Tübingen eingeschrieben und stand in Diensten von Christian Gottfried Cotta (1703–1768) und schien eine bleibende Verbindung zu seinem ehemaligen Ausbildungsort zu behalten.[388] Ein gewisser Johann Melchior Hurter (1734–1767), der vermutlich jedoch nicht in direkter Verwandtschaft zu Benedikt Hurter stand,[389] war ebenfalls Buchdrucker, an der Universität Tübingen immatrikuliert und war am „4. Januar 1762 [...] in Condition bey H(errn) Schramm", also Johann Heinrich Philipp Schramm.[390] Darüber hinaus gibt es nur wenige Informationen über Hurter. Ab 1740 arbeitete er wohl in der Druckerei des Vaters Emanuel, danach war er alleiniger Inhaber.[391] Er hatte zwei Söhne, von denen der ältere, David Hurter (1748–1828), die Druckerei übernahm.

Breitenbruch stellte ebenfalls eine Verbindung zwischen Frank, Schramm und Fleischhauer mit dem unter Hurter in Schaffhausen firmierten Drucke heraus und konnte sogar nachweisen, dass die Verlagsvignetten einiger in Schaffhausen gedruckter Werke vom Reutlinger und den Tübinger Nachdruckern kamen. Es wäre somit anzu-

---

387 UAT 44/118,5, Nr. 97.

388 Maissen, Felici / Lieb, Hans: Schaffhauser Studenten an der Universität Tübingen 1477–1914, in: Schaffhauser Beiträge zur Geschichte 75 (1998), S. 183–236, hier S. 199. Mit 12 Jahren war Hurter demnach schon nach Tübingen gekommen, ein sehr junges Alter aber nicht ungewöhnlich, zumal er bei Cotta anscheinend eine Buchdruckerlehrte machte,

389 Vgl. Bartenschlager, Johann Ludwig: Das noch lebende Schaffhausen oder Beschreibung aller dermahlen zu Schaffhausen sich befindenden sowohl Edlen als sonst Burgerlichen Geschlechtern. Wie solche aus denen Regiments- Tauff und Copulations Büchern von Stadt und Land zusammen getragen, Schaffhausen 1744, S. 28–31, 52–53, 68–69, 74–75.

390 Maissen / Lieb: Schaffhauser Studenten, S. 201.

391 Nachfragen im Stadt- und Staatsarchiv Schaffhausen ergaben nur die biographischen Informationen auf Grundlage des genealogischen Registers Johann Ludwig Bartenschlagers (1692–1773).

nehmen, dass Hurter in Schaffhausen als Nachdrucker tätig war. Breitenbruch glaubt jedoch, dass es eine andere Druckerei in Schaffhausen gegeben habe, die mit den Reutlingern und Tübingern zusammenarbeitete, da Hurter die Vignetten nicht in seiner Verlagsproduktion benutzt hat: „Das deutet darauf hin, dass er sich nicht als Nachdrucker betätigt hat".[392] Eine nicht zutreffende Schlussfolgerung:[393] Die Lage schien sich demnach so darzustellen, dass Hurter für die Tübinger und Reutlinger Nachdrucker seine Pressen zur Verfügung gestellt hat. Damit druckte und lieferte Hurter Druckwerke im Auftrag für Schramm, Frank und Fleischhauer.[394] Und auch die weiteren Klagen gegen Schramm und Frank unterstützen diese These.

Die Göttinger Verlegerin und Verleger Anna Vandenhoeck und Johann Christian Dieterich

Noch bevor die abschließende Entscheidung im Februar 1779 in der Auseinandersetzung um Heerbrandt und Cotta gegen Frank und Schramm getroffen wurde, erreichte den Rat Anfang Januar 1779 ein Brief aus Göttingen. Die Verlegerwitwe Anna Vandenhoeck (1709–1787) und der Verleger Johann Christian Dieterich (1722–1800) beschwerten sich beim Rektor der Universität:[395]

> Es haben nehmlich die dasigen Universitäts-Buchdrucker Cotta, Schramm und Frank seit einiger Zeit verschiendene unserer VerlagsBücher als Less PaßionsPredigten deßen Predigten vom Gebet und Erklärung der Evangelien unter Hersetzung des DruckOrts: Schaffhausen bey Hürter nicht nur bereits nachgedruckt, sondern haben noch mehrere auch vom Gh. Hofrath Michaelis zu drucken angekündigt, wodurch wir in den größten Schaden gesetzt werden.[396]

Doch wie kam es zu dieser unerwarteten auswärtigen Klage? Woher wussten die Göttinger Verleger nach so kurzer Zeit von den Tübinger Nachdrucken? Unzweifelhaft war der Tübinger Konkurrent Heerbrandt hieran beteiligt. So schrieb Heerbrandt dem Hallenser Verleger Johann Jakob Gebauer (1745–1818) Mitte März 1779,[397] dass er derzeit

392 Breitenbruch, Bernd: Johann Martin Millers Romane und ihre Nachdrucke. Mit Beiträgen zu den Reutlinger und Tübinger Nachdruckern, in: Jahrbuch des freien deutschen Hochstifts (2013), S. 83–145, hier S. 103.

393 Noch bevor Hurter für Schramm und Frank druckte, war er schon als Nachdrucker tätig und druckte bereits 1773 Klostpcks *Messias* nach, vgl. VD18 15505898.

394 Ob nur Johann Georg, oder auch sein Bruder Johann Jakob Fleischhauer in Verbindung mit dem Schaffhauser standen, bleibt ungeklärt.

395 Zu Dieterich vgl. Willnat, Elisabeth: Johann Christian Dieterich. Ein Verlagsbuchhändler und Drucker in der Zeit der Aufklärung, in: Archiv für Geschichte des Buchwesens 39 (1993), S. 1–254.

396 UAT 44/118,5, Nr. 97. Vandenheock und Dieterich waren zunächst Konkurrenten im umkämpften Buchmarkt in Göttingen, da Dieterich 1760 sich in Göttingen neu niedergelassen hatte. Bereits 1772 vereinten beide Handlungen sich im Kampf gegen den Büchernachdruck, vgl. Fertig, Ludwig: Buchmarkt und Pädagogik 1750–1850. Eine Dokumentation, in: Archiv für Geschichte des Buchwesens 57 (2003), S. 1–142, hier S. 10f.

397 Zum Verlag Gebauer-Schwetschke vgl. Kertscher, Hans-Joachim: Der Verleger Johann Justinus Gebauer. Mit einem Anhang: Ungedruckte Briefe aus dem Geschäftsnachlaß der Druckerei Gebauer & Schwetschke u. a., Halle 1998 und Haug, Christine: Das hallesche Verlagsunternehmen

nichts von Nachdrucken aus Tübingen wisse, sie aber rechtzeitig informieren würde, wenn er neue Informationen über etwaige Nachdrucke habe.[398] Vermutlich verärgert über den Nachdruck seiner Verlagsartikel und der Vergabe eines kaiserlichen Privilegs an die Nachdrucker, begann Heerbrandt damit, gezielt Informationen über die Nachdruckaktivitäten in Tübingen an auswärtige Verleger zu übermitteln. So konnte er die Göttinger vor dem Nachdruck der Verlagsartikel Less bereits im Vorfeld warnen.

Die Werke von Gottfried Less (1736–1797), der seit 1765 als ordentlicher Professor an der theologischen Fakultät der Universität Göttingen lehrte und bei Vandenhoeck seine Bücher verlegen ließ,[399] waren geprägt durch die Verbindung von englischen Aufklärungsideen und christlichem Glauben, wodurch sich seine Werke – und hierbei besonders seine *Passionspredigten* – sich besonderer Beliebtheit erfreuten.[400] Auch die

---

Johann Justinus und Johann Jacob Gebauer: ein Baustein zur transnationalen Buchhandels- und Verlagsgeschichte im 18. Jahrhundert, in: Merkur und Minerva 89 (2014), S. 13–40.

398 „Von den hiesigen Nachdruckern weis ich Ihnen vor diesmal nichts erhebliches zu melden, als das sie täglich die Erlaubniß von unseren Hof erwarten, auf Ihr kaiserl. Privilegium Nachdrucken zu dürfen, was Ihnen ohne Ausnahme billig ist – wen Sie aber auch Anfangen werden so wird es erst drunter und drüber gehen – sie haben bereits 100 ballen Papier bestellt – und sobald sie die Erlaubnis haben, wird frisch drauflos gedruckt werden – Können sie mir nicht sagen was das für eine Creatur ist? – - – Ludwig Meyer littera F. No 48 in Franckfurt – dieser niederträchtige Mensch ist mit der hiesigen Räuberbande verstanden – und geht Ihnen mit Rath und That an die Hand, was sie drucken sollen – folglich werden Sie sehr wohl thun, wen sie auf diesen Consorten ein wachsames Auge haben – indem er alle diejenige Bücher, so die hiesige Diebe drucken werden, Ihnen verschlüßen will, folglich haben sie ein so ohne nöthig drauf Acht zu geben, weil er Ihren Handlung nicht wenig Schaden thut, H. Dr. Mosche wird jetzt wol sicher seyn, das der Bibelfreund nicht nachgedruckt wird. Ich aber werde Ihnen von Zeit zu Zeit Nachricht geben, was in Absicht des Nachdrucks hier vorgeht – Übrigens empfehle nicht bestens in Ihrer Freundschaft und bei mit aller Ergebenheit. P.P. Besagter Ludwig Meyer hat wie Sie wißen werden den 1ten Theil von der Charakteristik der Bibel nachgedruckt, da ihm nun a Costi der Verschluß mag niedergelegt seyn, so hat er dem hiesigen Nachdrucker Frank 600 Exemplare gegen seinen Kinderfreund angebothen.“, Verlagsarchiv Gebauer und Schwetschke, Brief von Heerbrandt vom 12.3.1779, A 6.2.6, Nr. 17089b. Auf den Hinweis aufbauend hatten Gebauer und Schwetschke (und zuvor bereits Heerbrandt) an den Frankfurter Rat geschrieben, diesen Ludwig Meyer (in der Korrespondenz auch Mayer) ausfindig zu machen. Der Frankfurter Ratsherr Johann Ludwig Hetzler (1753–1800) erwiderte, dass man einen solchen Mann in Frankfurt nicht habe ausfindig machen können, vgl. hierzu Verlagsarchiv Gebauer und Schwetschke, A 6.2.6 Nr. 17508 (Kartonnr. 64) und A 6.2.6 Nr. 17097 (Kartonnr. 63).

399 Zu den Verlagsverträgen der Göttinger Verlegerin vgl. Steiner, Harald: „Die löbliche Vandenhoeck-Ruprechtsche Buchhandlung in Göttingen übernimmt (…) unter folgenden Bedingungen in Verlag…“. Die Verlagsverträge des Verlags Vandenhoeck & Ruprecht der Jahre 1741–1850, in: Leipziger Jahrbuch zur Buchgeschichte 5 (1995), S. 135–165.

400 Theologische Lebensfragen wurden mehr und mehr diskutiert und Schriften wie auch theologische Artikel, beispielsweise 1765 in der von Friedrich Nicolai gegründeten „Allgemeinen Deutschen Bibliothek“ bedienten das gestiegene Interesse. So bezog Less auch Stellung zu aktuellen ethischen Fragen der Zeit wie dem Selbstmord, hervorgerufen durch das Werther Fieber, sein 1776 bei Witwe Vandenhoeck erschienenes Werk „Vom Selbstmorde“ behandelt den Suizid unter moralisch-theologischen Aspekten, vgl. Less, Gottfried: Vom Selbstmorde, Göttingen 1776, vgl. zur theologischen Aufklärung mit besonderem Blick auf Less und die Göttinger Theologie Sparn,

Schriften des Orientalisten Johann David Michaelis (1717–1791), primär die *Deutsche Übersetzung des Alten Testaments mit Anmerkungen für Ungelehrte*, die zwischen 1769 und 1783 in dreizehn Bänden bei der Witwe Vandenhoeck erschien, wurden aufgrund seines historisch-philologischen Ansatzes der Bibelauslegung vielfach rezipiert.

Es wurde angedeutet, dass Schramm und Frank den Druckort Schaffhausen unter das Werk gesetzt hatten, um nicht für den Nachdruck verantwortlich gemacht werden zu können. In den Briefen eines Reisenden vom 3. Oktober 1779 einer unbekannten, aber mit den Vorgängen in Tübingen, Reutlingen und Karlsruhe sehr gut vertraute Person, schrieb dazu:

> denn drucken diese Menschen ein privilegiertes Buch nach, so sezen sie auf dem Titel: Schafhausen bei Benedikt Hurter und Sohn, oder bei Johann Konrad Altorfer, und wollte man sie belangen, so schüzen sie vor, sie hätten diese Bücher nur in Kommission.[401]

Hierauf wird noch zurückzukommen sein, doch es sei vorweggegriffen, dass der Verdacht des falschen Druckortes sich nicht erhärten ließ und Schramm und Frank in diesem Fall keine Täuschung vorgenommen hatten.

Sechs Tage später, am 11. Januar 1779, erreicht den akademischen Senat in Tübingen ein in der Sache gleichlautendes Schreiben des Göttinger Professors für Philosophie Lüder Kulenkamp (1724–1794), der eingeschaltet wurde und die Beschwerde der Göttinger Verleger bekräftigte.[402]

Daraufhin ordnete der Senat eine Befragung aller Buchdrucker in Tübingen an, vermutlich aufgrund der intensiven Investigationen der braunschweigisch-lüneburgischen Regierung. Die Protokolle der Verhöre wurden am 20. Januar 1779 erstellt und es wurde schon zu Beginn auf eine mögliche Verbindung der Nachdrucke nach Reutlingen hingedeutet, ohne diese explizit auszuführen.[403]

Die vernommenen Buchdrucker Georg Heinrich Reiß, Gottlieb Friedrich Graff (in Vertretung für Cotta), Ludwig Heinrich Fueß konnten kaum oder nur spärliche Angaben zum Druck und Verkauf des Nachdrucks der Bücher machen. Jacob Friedrich

---

Walter: Vernünftiges Christentum. Über die geschichtliche Aufgabe der theologischen Aufklärung im 18. Jahrhundert in Deutschland, in: Vierhaus, Rudolf: Wissenschaften im Zeitalter der Aufklärung. Aus Anlaß des 250jährigen Bestehens des Verlages Vandenhoeck & Ruprecht, Göttingen 1985, S. 18–57, hier besonders S. 41f. Zur Less als Vermittlungstheologe zwischen Orthodoxie und Aufklärung vgl. Wendebourg, Valentin: Debatten um die Bibel: Analysen zu gelehrten Zeitschriften der Aufklärungszeit (= Beiträge zur historischen Theologie; 193), Göttingen 2020, S. 229–231.

401 N. N.: Auszüge aus Briefen, in: Deutsches Museum, Bd. 1 (1780), S. 98–104, hier S. 100.

402 „In diesem Betracht haben wir dem auch vorgedachten Buchhandlungen die gebethen bey Hülfe um so weniger versagen möge, sondern nehmen uns vielmehr […] die in der Anlage enthaltene Bitte derselben zur besten Beförderung zu empfehlen aber auch die Versicherung hinzuzufügen, wie solche als eine Gefälligkeit mit Dank erkennen und in ähnlichen Fällen gern erwidern werden", UAT 44/118,5, Nr. 97.

403 „[…] wider die in Reuttlingen und hier in Tübingen angeblich befindliche Buchdrucker […]" UAT 44/118,5, Nr. 97. Vermutlich wird hier auf die Verbindung zu Fleischhauer hingedeutet.

Heerbrandt konnte einige Angaben zum Vorfall machen, nämlich dass vier Nachdrucke der Less'schen Predigten und der Michael'schen Bibelübersetzung in seinem Buchladen stehen, die er vom Buchhändler Franz Josef Eckebrecht in Heilbronn bezogen habe. Zudem könne man über Christian Gottfried Cotta Pränumerationen auf Michaelis *Einleitung in das Neue Testament* für 48 kr. das Stück annehmen, welche bei Hurter in Schaffhausen nachgedruckt werden.[404]

Johann Adam Sigmund bestätigt die Aussagen Heerbrandts, dass Hurter und Himling die Drucke veranstaltet haben.[405] Die Buchdrucker Frank und Schramm, die die Göttinger Buchhändler als Initiatoren des Nachdrucks im Visier hatten, konnten zur Causa nichts beitragen, obwohl der akademische Senat Wilhelm Heinrich Schramm gesondert nach dem kaiserlichen Privileg frug: „Ob er auch in Rücksicht auf sein kayserl. Privilegium sich vorgenommen solche Bücher zu drucken?", woraufhin Schramm antwortete „Nein, er habe sich dato überhaupt noch kein Buch vorgenommen. Er hat aber würklich nichts zu schaffen, und wünsche nur daß bald eine herzogl. Geheime RathsResolution wegen dieses Privilegii einlassen möge".[406] Zuletzt wurde Christian Gottfried Cotta befragt, der aussagte, seine Exemplare von Fues erhalten habe und sonst nur wisse, dass die Bücher in Schaffhausen gedruckt worden seien.

Bei der Befragung der Tübinger Buchdrucker zeigte sich, dass die Strategie doch sehr ähnlich war. Man verwies auf auswärtige Buchdrucker und -händler, denen man entweder die Nachdrucke abgekauft hatte oder man druckte diese selbst nach, da sie nicht privilegiert waren.

Am 2. April 1779 erreichte die Universität Göttingen ein Schreiben des Prorektors der Universität Tübingen über die heimische Untersuchung in der Nachdrucksache, wobei festgestellt wurde, dass „weder von des Hofraths und Ritter Michaelis seinen Werken überhaupt, noch von der besonders in die Klage gebrachte Bibelübersetzung hier weder etwas verlegt oder noch gedruckt" wurde. Von den Less'schen Predigten haben zwei Buchhandlungen einzelne Bögen, die ihren Druckursprung aber in Schaffhausen und Heilbronn hatten.[407]

So erhärtet sich auch der Verdacht, dass es eine Verbindung zwischen Benedikt Hurter in Schaffhausen und zu den Tübinger Buchdruckern- und händlern, darunter Frank und Schramm gegebenen hatte. Das Geschäftsmodell sah wohl so aus, dass es einen Austausch an Druckwerken gab, die einerseits in Tübingen gedruckt und in Schaffhausen verkauft wurden, wie dies der Brief vom 7. Februar 1779 bewies, andererseits in Schaffhausen gedruckt und in Tübingen verkauft wurde. Das Prinzip hinter diesem Vertriebsnetzwerk folgt dem Grundsatz der Marktregulierung, denn wenn zu wenig Exemplare produziert wurden und diese hochpreisig oder temporär regional nicht vertrieben werden konnten, druckte ein Verleger die Werke kurzerhand nach. Nicht zu-

404 „Ja, soviel ihme bekannt und zwar alle (!) […] Schaffhausen bey Hurter", UAT 44/118,5, Nr. 97.
405 Sigmund meinte sicherlich Franz Josef Eckebrecht, den Nachfolger der Druckerei, der diese von Himling 1749 übernommen hatte, vgl. Paisey, David L.: Deutsche Buchdrucker, Buchhändler und Verleger: 1701–1750 (= Beiträge zum Buch- und Bibliothekswesen; 26), Wiesbaden 1988, S. 49.
406 UAT 44/118,5, Nr. 97.
407 UAT 44/118,5 Nr. 97.

letzt entwickelte sich hier das Konzept der gegenseitigen Geschäftsverbindung im umkämpften Buchmarkt. Nicht nur, dass Christian Gottlieb Frank und Wilhelm Heinrich Schramm kooperierten, sie suchten darüber hinaus Vertriebswege und Geschäftsverbindungen ins In- und Ausland, um das Absatzgebiet deutlich zu erhöhen.[408] Allerdings beschränkte sich die Geschäftsverbindung nicht nur auf den Austausch von Nachdrucken und Verlagsartikeln, sondern auch auf Produktionsgegenstände wie Verlagsvignetten, auf die im Kapitel 4.2.3. näher eingegangen wird.

3.2.2 Zusammenschluss der Buchhändler gegen den Nachdruck: Die Kollektiveingabe 1779

Der Rektor der Universität Tübingen schloss das Schreiben an die Universität Göttingen vom April 1779 mit einem ihm zugetragenen Gerücht: „wie wir vernehmen, so hat sich bereits eine Gesellschaft sächsischer Buchhandlungen vereinigt, die Aufhebung dieses Privilegii aller höchster Orten [...] zu bewürcken".[409] Offenbar war der Universitätsrektor noch nicht ausreichend über die Vorgänge bei der württembergischen Regierung informiert worden, dort empfing man nämlich bereits am 10. Februar 1779 eine Kollektiv-Eingabe unterschrieben von über 40 der bedeutendsten Buchführern nicht nur aus Sachsen beziehungsweise aus den Buchhandelsstädten Halle und Leipzig, sondern auch aus Göttingen und Berlin. Unter den Unterzeichnern waren jedoch auch die Tübinger Buchdrucker Jacob Friedrich Heerbrandt, Christoph Friedrich Cotta und Johann Benedikt Metzler d. J. (1727–1795), die sich der Klage anschlossen.[410] Sei es, weil sie selbst durch Frank und Schramm geschädigt wurden wie Heerbrandt und Cotta, oder weil man aus Überzeugung gegen den Nachdruck vorging wie Metzler.[411]

Eine solche Kollektiv-Eingabe war selbst für die engagierten Nachdruckgegner ein außergewöhnliches Mittel, um den Nachdruck zu unterbinden. Mit der Eingabe erhofften sie sich, dass aufgrund der Vielzahl und der Geschlossenheit der Buchhändler und Verleger ein Verbot des Nachdrucks erwirkt werden könnte. Allein die Organisation dieses Schreibens erforderte eine Kommunikation und Interaktion der Petenten untereinander, die in der Unterschrift mündete. Doch wer war Initiator dieses Aufstandes gegen die Tübinger Nachdrucker? Hans Widmann wies daraufhin, dass es Heerbrandt und Cotta gewesen seien müssen, die federführend waren, da die Formulierungen von der Kollektiv-Eingabe und die des Gesuches Heerbrandts und Cottas vom 18. November 1778 „vollkommen gleichlautend auftreten".[412]

408 Vgl. hierzu auch Kap. 3.4.

409 UAT 44/118,5 Nr. 97.

410 Wittmann konstatierte, es sei nur Metzler gewesen, der „ als einziger Untertan neben lauter Ausländer gegen die Duldung solch obskurer Gesellen durch den Landesvater" auftrat, vgl. Wittmann: Metzler, S. 244.

411 „Metzler ging auch hier seinen eigenen Weg: er zählte zu der Handvoll ‚Reichsbuchhändler', die sich standhaft weigerten, unrechtmäßige Nachdrucke zu vertreiben", Ebd., S. 243.

412 Widmann: Vom Büchernachdruck in Württemberg, S. 519.

Neben Cotta und Heerbrandt besteht die Möglichkeit, dass es Philipp Erasmus Reich gewesen sein könnte, der hinter der Eingabe stecke.[413] Dieser stand schließlich unter der Firmierung ‚Weidmanns Erben und Reich' als erster Unterzeichner auf dem Schriftstück. Mit seinem weitverzweigten Geschäftsnetzwerk, seinem stetigen Kampf gegen den Büchernachdruck und seiner Expertise wie beim kursächsischen Mandat könnte er der Initiator gewesen sein. Reich, der sich zeitgleich schon in Auseinandersetzungen mit Schmieder in Karlsruhe befand, wollte verhindern, dass ein solches Unternehmen nun auch in Tübingen Fuß fasste. Über die innersächsischen Verbindungen in Leipzig und Halle hinaus schienen die Kontakte zu anderen Buchhändlern geknüpft worden zu sein.[414] So stand Philipp Erasmus Reich in Kontakt mit Anna Vandenhoeck, wie aus einem Brief Karl Friedrich Günther Ruprechts (1730–1817) an Reich vom 12. März 1787,[415] kurz nach dem Tod Anna Vandenhoecks, hervorgeht: „Ew. Hochedlen sind jederzeit so gütig gewesen, der Seligen sowohl als der Handlung dero besondere Gewogenheit und Freundschaft zu schenken, wofür ich Ihnen meinen warmen Dank bringe".[416] Schließlich äußerte schon Adolph Koch 1891, dass nur Reich das Kommunikationsnetzwerk besäße, solch einen Widerstand gegen den Nachdruck durchzuführen.

Ein bislang von der Forschung unbeachteter Brief vom 5. Januar 1779 vom Leipziger Verleger Siegfried Lebrecht Crusius an Gebauer in Halle bringt etwas mehr Klarheit über die Entstehung und das buchhändlerische Vorgehen bei der Kollektiv-Eingabe. In diesem schrieb er, dass er den Hallenser Verlegern ein Memorial übersende, dass an den Herzog von Württemberg adressiert sei, welches sie – wie bereits andere Kollegen zuvor – unterschreiben und an ihn zurücksenden sollen.[417] Daraufhin will er es nämlich „dann nach Göttingen an Mad. Vandenhök senden, um solches von dasigen Handlungen ebenfalls unterschreiben zu lassen. Wir hoffen dadurch den Tübinger Nachdruck Einhalt zu thun".[418]

---

413 So vermutete Adolf Koch „Daß Philipp Erasmus Reich der Veranlasser und auch Concipient dieser Eingabe gewesen ist, ist wohl unverkennbar", Koch, Adolf: Zur Geschichte des Nachdrucks, in: Archiv für Geschichte des deutschen Buchhandels 1891, S. 142–154, hier S. 154.

414 So stand beispielweise Metzler in Geschäftsverbindung mit Caspar Fritsch, ebenfalls Unterzeichner der Eingabe, vgl. Wittmann: Metzler, S. 244.

415 Karl Friedrich Günther Ruprecht war der Nachfolger Anna Vandenhoecks und stand ebenfalls in einem nahezu familiären Verhältnis zu Philipp Erasmus Reich, eine Freundschaft, die durch gegenseitige Besuche und unternehmischem Austausch geprägt war, vgl. Ruprecht, Wilhelm: Väter und Sohne. Zwei Jahrhunderte Buchhändler in einer deutschen Universitätsstadt, Göttingen 1935, S. 99.

416 Ruprecht: Väter und Söhne, S. 98.

417 „Hier nehme ich nun die Ehre ein Memorial an den Herzog in Wirtenberg [sic] [...] zu übersenden, daß ich Ihnen nebest Ihren redlich gesinnten Herren Collegen zu unterschreiben, und mir dann sogleich mit erster Post wiederum anhero zu senden bitte.", Verlagsarchiv Gebauer und Schwetschke, Brief von Siegfried Lebrecht Crusius aus Leipzig vom 5.1.1779, A 6.2.6 Nr. 16846 (Kartonnr. 62).

418 A 6.2.6 Nr. 16846 (Kartonnr. 62).

Crusius war selbst vom Nachdruck betroffen, denn der von ihm verlegte *Kinderfreund* Weißens, wurde von ebenjenen Tübinger nachgedruckt. Ging der Impuls für die Eingabe daher von Crusius aus?

Das von Crusius verwendete Personalpronomen ‚wir' lässt einen großen Interpretationsspielraum zu, sodass es durchaus möglich erscheint, dass die Leipziger Buchhändler und Verleger gemeinsam die Initiative ergriffen haben. Ob nun Reich oder Crusius federführend war, lässt sich nicht endgültig und eindeutig klären. Der Ursprung lag aber sicherlich eher in Leipzig als in Tübingen. Dies wiederum bedeutet aber nicht, dass ein Mitwirken Heerbrandts ausgeschlossen war. Wie bereits aufgezeigt wurde, fungierte er als Informant über die Nachdruckgeschehnisse in Tübingen und stand im engen brieflichen Konnex mit Gebauer in Halle und hat sicherlich bereitwillig seine Unterstützung gegen die Konkurrenz zugesagt.

Der Inhalt der Petition unterschied sich im Vergleich zu anderen Bittschreiben an den Herzog im Wesentlichen durch das Pathos. Nach der huldvollen Grußformel gingen die Petenten dazu über, die Ursache ihres Gesuches unmissverständlich zu benennen:

> Die Buchdrucker Frank und Schramm zu Tübingen haben den boshaften, du dem ganzen deutschen Buchhandel mit der Zeit den völligen Umsturz drohenden Entschluß gefaßt, alle gangbaren und ihrer ungerechten Gewinnsucht angemaßenen Verlagsartikel, die nicht mit besonderem Privilegium begnadigt sind, ungescheut nachzudrucken.[419]

Es wurde ein Argument angeführt, welches ebenfalls in der Auseinandersetzung zwischen Reich und Schmieder und Fleischhauer im Jahr 1774 angesprochen wurde: das Erschleichen des kaiserlichen Privilegs.[420]

Letztlich war der Reichshofrat für das Impressorium zuständig, dennoch lag der Verdacht nahe, dass Frank und Schramm, ebenfalls wie Schmieder, ihre Sammlung als Anthologie eingereicht haben. Dagegen spräche allerdings, dass der Reichshofrat, mittlerweile fünf Jahre nach der Privilegierung der Schmieder'schen Sammlung, aufgrund der Klagen eine gewisse Skepsis gegenüber neuen vorbrachte. Das Erschleichen hatte sich zumindest soweit im allgemeinen Sprachgebrauch verankert, dass in Johann Christoph Adelungs (1732–1806) *Grammatisch-kritisches Wörterbuch der Hochdeutschen Mundart*

419 HStASt A 202, Bü 2539.

420 Vgl. Kap. 3.1.1. Im Wortlaut der Quelle: „Ja! Was noch mehr ist, sie sind in ihrer Kühnheit so weit gegangen, daß sie sogar kayserliche Privilegien über ihren äußerst ungerechten Nachdruck fremder Verlagsschriften zu erschleichen sich erfrechet, und dem Vernehmen nach, über verschiedene Bücher, die einigen unter uns, als rechtmäßigen Verlegern zustehen, was mal wahrscheinlicher Weise, durch eine arglistige und ungegründete Vorstellung, schon in der Art erlangt haben sollen." Und weiter unten „Ob nun gleich diese unbefugten Nachdrucker zur Entschuldigung und Rechtfertigung ihrer ungerechten Handlungen sich auch die erlangten kayserlichen Freyheiten berufen könnten: so gewähren ihnen doch dieselben bey ihrem ungerechten Unternehmen, unsers wenigen Erachtens, nicht den mindesten Schutz, zumal da sie, nach aller wahrscheinlichen Vermuthung, durch eine der Wahrheit ganz wiederlaufende Vorstellung mögen erschlichen worden seyn." HStASt A 202, Bü 2539.

unter dem Lemma ‚erschleichen' folgende Definition zu finden ist: „2) Durch List erhalten […]. Ein erschlichenes Privilegium".[421] Die Petenten hoffen mit dieser Formulierung auf den Widerruf des Privilegs: privilegia sub- et obreptiva.[422] Hier wurde ebenso wie bei Schmieder und Fleischhauer die Aufhebung des Privilegs durch den Kaiser forciert, um so den Nachdruck zu unterbinden.

Die nachgedruckten Werke waren die bereits angesprochenen *Evangelien* Lessens, Mosches *Bibelfreund*[423] und der *Kinderfreund*

> eine Schrift, die insonderheit dem kleinen lesenden Publico gewidmet, und zeither mit einem allgemeinen Beyfall von Kindern und Männern angenommen worden ist, von der sich also diese gewinnsüchtigen Leute einen noch größeren Vortheil zuverlässig versprechen können.[424]

Diese exemplarischen Nachdrucke wurden zum Anlass genommen, in drastischen Worten auf die generelle Situation der Buchhändler im Alten Reich hinzuweisen und den württembergischen Herzog – im Gegensatz zum Markgrafen von Baden – als Nachdruckgegner für ihre Sache zu gewinnen:

> Wir sind daher völlig überzeugt, daß Ew. Durchl. Nach Höchstdenselben preiswürdigen Gerechtigkeitsliebe, den Nachdruck fremder Verlagsbücher als eine Art des Diebstahls, wodurch der Nachdrucker eben so wohl, als ein jeder anderer gemeiner Dieb, das Eigenthum eines anderen aus Gewinnsucht widerrechtlich an sich reißt, in höchsten Ungnaden verabscheuen, und diejenigen höchstderoselben Unerthanen, die sich eines so schändlichen Verbrechens schuldig gemacht, und noch anderweit schuldig zu machen öffentlich erboten haben, in ihrem ungerechten Fürnehmen gewiß nicht ungestraft werden verharren laßen.[425]

Für die Petenten schien insbesondere die Erteilung des Impressoriums ein Zerrbild der gegenwärtigen buchhändlerischen Situation zu sein:

> Denn uns scheint es, nach unseren geringen Einsichten, eine ganz unbegreifliche Sache zu seyn, daß ein mittelbarer Reichsunterthan von kayserl. Maiestät ein Privilegium erlangen könne, wodurch eine anschuldige Menge anderer die in verschiednenen deutschen Reichslanden wohnen und mithin mittelbarer Weise durch ihre besonderen Landesherren gemeinschaftliche Glieder eines großen Staatskörpers sind, in ihren vollkommenen Rechten offenbar verletzt und gekränkt worden.[426]

421 Adelung, Johann Christoph: Grammatisch-kritisches Wörterbuch der hochdeutschen Mundart, Erster Theil, Wien 1793, S. 1935.
422 Dieses wollte Reich vergeblich schon im Falle der Sammlung Schmieders erwirken Vgl. Kap. 3.1.1.
423 Mit der ironischen Bemerkung „[…] der aber allen ächten Bibelfreunden eigentlich sehr verabscheuungswürdig seyn muß […]",HStASt A 202, Bü 2539.
424 HStASt A 202, Bü 2539.
425 HStASt A 202, Bü 2539.
426 HStASt A 202, Bü 2539.

Damit wurde die Frage aufgeworfen, in welchem Verhältnis das kaiserliche und das reichsständische Druckprivileg zueinander standen und welche Befugnisse der Kaiser mit der Erteilung eines Privilegs, bei dem andere Verleger geschädigt wurden, besaß.

Die Tatsache, dass in den einzelnen Reichsterritorien unterschiedlich mit den kaiserlichen Druckprivilegien umgegangen wurde, kann hier zwischen den Zeilen herausgelesen werden.[427] Denn gerade in Sachsen besaßen die Verleger eine ablehnende Haltung gegenüber Impressorien.[428]

> Doch selbst wenn die Geltung der kaiserlichen Buchschutzbriefe grundsätzlich unangefochten bleibt [...] so besteht für den Landesfürsten doch die Möglichkeit, die kaiserliche Norm durch eine widersprechende eigene für sein Territorium außer Kraft zu setzen. Denn Landrecht bricht Reichsrecht.[429]

Dass dabei wirtschaftspolitische Faktoren ebenfalls eine Rolle spielten, wird an anderer Stelle noch zu erörtern sein.[430]

Die Kollektiveingabe schloss mit der gängigen Bitte, die Nachdrucker zur Verantwortung zu ziehen, die bereits gedruckten Werke zu kassieren und zu verhindern, dass weitere Nachdrucke erschienen. Es folgte die umfangreiche Liste der unterzeichnenden Buchhändler und Verleger, darunter neben den erwähnten Reich, Heerbrandt, Cotta, Vandenhoeck und Dieterich auch Johann Gottlob Immanuel Breitkopf (1719–1794), Friedrich Nicolai (1733–1811), Christian Friedrich Himburg, Carl Hermann Hemmerde (1708–1782) oder Gottlieb August Lange (gest. 1796).[431]

Die Reaktion auf die Eingabe fiel verhalten aus. Wie gezeigt wurde, wusste man beim akademischen Senat im März immer noch nicht über die derzeitigen Vorgänge bezüglich des Privilegs Bescheid. Am 11. Februar wurde – aufgrund der Auseinandersetzung mit Vandenhoeck und Dieterich – allen Buchdruckern in Tübingen eingeschärft,

427 So wurde 1674 in einem bayrischen Mandat festgelegt, dass kaiserliche Privilegien in Bayern keine Wirkung haben sollten, vgl. Lehne: Druckprivilegien, S. 395.

428 „Ohne ausdrückliche Festlegung in einer allgemeinen Norm stand die Praxis auch in Sachsen schon seit 1630 allen Versuchen, kaiserliche Nachdrucksverbote zur Geltung zu bringen, regelmäßig ablehnend gegenüber. Die Insinuation kaiserlicher Privilegien in Leipzig wurde dementsprechend durch die kursächsischen Behörden verhindert", Lehne: Druckprivilegien, S. 395f.

429 Lehne: Druckprivilegien, S. 396.

430 Vgl. Kap. 4.5.1.

431 Interessanterweise formierten sich am 6. September 1779, also etwa ein halbes Jahr nach der Kollektiveingabe, erneut insbesondere sächische Buchhändler und Verleger, die ein Promemoria an die kürfürstlich-sächsische Bücherkommission in Leipzig sandten, indem sie sich gegen das Nachdruckprojekt Anton von Kleins und Béckes wandten: „Es sind bereits 6. oder 7. Jahre, daß die Carlsruher und Reutlinger Nachdrucker, Schmieder und Fleischhauer ein Kaiserliches Privilegium über die Schriften der schönen Geister in Deutschland erschlichen [...]. Von diesem glücklichen Erfolg der Carlsruher und Reutlinger Betrüger ermuntert, hat der Herr Legations-Rath Beck [sic] und Consorten den Entschluß gefasst, sich nun auch die ausländischen schönen Geister anzueignen [...]." Unterschrieben ist das Promemoria von vielen Buchhändlern, die auch die Kollektiveingabe unterschrieben haben, darunter Reich, Fritsch, Breitkopf, Heinsius oder Crusius, aber auch die Züricher Orell, Gessner, Füssli & Comp. Dies bedeutete, dass sie weiterhin gegen Nachdruckprojekte jeglicher Art vorgingen, zitiert nach Hartwieg: Nachdruck oder Aufklärung, S. 25.

keine neuen oder bereits gedruckten Bücher ohne vorherige Zensur bei der Fakultät zu drucken oder nachzudrucken, welches sie mit ihrer Unterschrift bestätigen mussten.[432] Dieses wurde daraufhin der württembergischen Regierung übermittelt, die dies zur kurhannoverischen Regierung senden sollten, um den Fall abzuschließen.[433]

Das erste Mal, dass die herzogliche Regierung überhaupt eine Strafe gegen die Buchdrucker Frank und Schramm aussprach, war im Februar 1779. Jedoch nicht wegen der Nachdrucke, sondern aufgrund der Tatsache, dass ohne vorherige Anzeige bei der Regierung um ein kaiserliches Privileg ersucht worden war. Für dieses Vergehen wurden ihnen ‚zwei kleine Frevel' auferlegt, eine Geldstrafe in Höhe von etwa drei Gulden und 15 Kreuzern, die etwa sechs Tagen Kerkerhaft entsprach.[434]

Erst am 22. März 1779, also über einen Monat nach Eingang der Kollektiveingabe, erfolgte eine Reaktion aus Stuttgart. In einem Konzeptschreiben an den Herzog wurde eine Entscheidung bezüglich der Anschuldigungen der in- und auswärtigen Buchhändler getroffen, die überraschend und gleichzeitig sehr bezeichnend war:[435]

> Denn es ist die einige Betrachtung hierbey genug, daß keine fremde Verleger oder Buchhändler ein Recht hat, seine verlegende Bücher in anderen Ländern allein debitieren zu dürfen, woraus die Folge sich ergibt, daß selbige sich nicht beschweren können, ihre Verlags-Bücher in anderen Ländern nachgedruckt werden, als wodurch dem Publico der Vortheil zugehet, die Bücher desto wohlfeiler bekommen zu können, gestalten dann auch die inländischen Verleger sich eben so wohl gefallen laßen müssen, wenn ihre Bücher außer Lands nachgedruckt werden [links daneben der Zusatz]: wie dann wenn auch einer von seinen Landsherrn ein privilegium darüber erhält hätte, solches doch in anderen Herrn Ländern keine Verbindlichkeit nach sich ziehen würde [...]. Gleich denen dißseitig Buchdruckern aller Nachdruck indistincte verbotten werden wollte, so würde derselbe doch nicht abgeschreckt und verhindert werden können wie in Carlsruhe, Reutling, Eßling Mannheim in der Schweiz noch in vielen anderen Orthen und Länder überall nachgedruckt wird.[436]

Anstelle der erhofften Unterstützung gegen den Büchernachdruck durch den Herzog Karl Eugen war das genaue Gegenteil der Fall. Die herzogliche Regierung stellte sogar heraus, welchen Nutzen der Nachdruck für das eigene Territorium hatte, da die Untertanen vom günstigen Preis der Bücher profitierten. Und da in anderen Städten des Alten Reiches und in den Nachbarländern ohnehin nachgedruckt wurde, konnte man es auch

432 UAT 44/118,5, Nr. 97.
433 Bericht vom 20. Februar 1779, vgl. HStASt A 202, Bü 2539.
434 Schreiner-Eickhoff: Bücher- und Pressezensur, S. 181.
435 Obwohl die Kollektiveingabe bei Adolph Koch: Zur Geschichte des Büchernachdrucks, S. 151ff. und besonders bei Widmann: Vom Büchernachdruck in Württemberg, S. 518f. oder auch Wittmann: Metzler, S. 244 thematisiert wurde, geben alle keine Auskunft über den weiteren Verlauf der Petition und die Haltung der württembergischen Regierung, wobei diese doch geradezu exemplarisch für die Situation im letzten Drittel des 18. Jahrhunderts steht.
436 HStASt A 202, Bü 2539.

den eigenen Buchdruckern erlauben und zog gerne die wirtschaftlichen Vorteile für die Staatskasse heraus. Somit verbanden sich die wirtschaftlichen mit den sozial-kulturellen Vorteilen des Nachdrucks für den Landesherren: „Überdies sind die Nachdrucker, ohne es zu wollen noch zu wissen, Wohltäter der einheimischen Handelsbilanz, indem sie dafür sorgen, daß gewaltige Geldsummen im Inland bleiben".[437]

Es wurde seitens der Regierung offen zugegeben, dass die ausländischen Verleger kein alleiniges Recht auf Verkauf im gesamten Reichsgebiet besäßen. Besonders der Verweis auf die anderen Nachdruckorte war ein deutliches Indiz dafür, dass man über die Nachdrucktätigkeiten – und Schmieder als Galionsfigur – Bescheid wusste und man somit nicht plante, progressiv oder auf Anraten außenstehender Buchhändler, gegen den heimischen Nachdruck vorzugehen.

Dass Frank und Schramm sich ebenso wenig wie Schmieder in Karlsruhe und Fleischhauer in Reutlingen von den laufenden Klagen und dem Papierkrieg von ihren Vorhaben abbringen ließen, bewies ein Avertissement vom 23. März 1779. In diesem kündigten sie ihre *Sammlung theologischer und philosophischer Schriften* einem breiten Publikum an. Über die Beweggründe geben die beiden Buchdrucker ebenfalls Auskunft:

> Kaum war unser Entschluss gefasst, eine Sammlung Theologischer und Philosophischer Schriften zu liefern; so wurden wir von sehr vielen Orten her aufgemuntert, dieses Werk, deme es an einer hinlänglichen Anzahl von Liebhabern nicht fehlen würde, zu Stande zu bringen. Nach erhaltenem allerhöchst gnädigst Kayserlichem Privilegio hat unsere Sammlung bereits unter der Aufsicht der beeden hiesigen Fakultäten ihren Anfang genommen.[438]

Dabei entsprach die theologische Sammlung ganz und gar dem Zeitgeist, nämlich der Verbindung von theologischer Lektüre in belletristischer Form.[439]

Die Etablierung der Tübinger Sammlungen

Voller Selbstbewusstsein eröffneten sie dem Publikum ihr Vorhaben, gestützt durch die theologische und philosophische Fakultät der Universität Tübingen und durch den Kaiser privilegiert, wollten sie die Sammlung für einen Preis von 24 Kreuzern pro Band an den Rezipienten bringen. Dabei verfuhren sie wie Schmieder mit einem Reihentitelblatt und dem Stücktitel. Vor allem auf die

437 Volz, Gunter: Schwabens streitbare Musen. Schwäbische Literatur des 18. Jahrhunderts im Wettstreit der deutschen Stämme (= Veröffentlichungen der Kommission für Geschichtliche Landeskunde in Baden-Württemberg Reihe; 107), Stuttgart 1986, S. 73.

438 HStASt A 213, Bü 8936.

439 Subsumiert wurde diese Entwicklung in der Frage der Schrift des katholischen Geistlichen Johann Michael Feders (1753–1824): Soll ein Theologe auch ein Belletrist seyn? Ein Programm, Würzburg 1787. Eine Frage, die ausnahmslos mit ‚Ja' beantwortet wurde, vgl. Siegert, Reinhart: Theologie und Religion als Hintergrund für die „Leserevolution" des 18. Jahrhunderts, in: Friedrich, Hans-Edwin / Haefs, Wilhelm / Soboth, Christian (Hrsg.): Literatur und Theologie im 18. Jahrhundert. Konfrontation – Kontroversen – Konkurrenzen (= Hallesche Beiträge zur Europäischen Aufklärung; 41), Berlin / New York 2011, S. 14–31.

Auswahl und die Beschaffenheit der Werke legten sie ein Augenmerk, nicht zuletzt aufgrund der Kritik an der Qualität der Nachdrucke: Nur Werke von ganz entschiedenem Werthe und weit ausgebreitetem Nutzen sollen aus dem philosophischen Fache sowohl als aus dem theologischen gewählt werden. Bey dem weiten Felde, das wir besonders in dem letztern Fache zu bearbeiten haben, werden wir zwar unser Augenmerk vornehmlich auf solche Bücher richten, die niemand, dessen eigentliches Studium Theologie ist, wohl entbehren kann; doch zugleich auch Rücksicht auf solche Schriften nehmen, die für Freunde dieses Studiums interessant und zum Theile selbst Ungelehrten brauchbar sind.[440]

Sie druckten somit vorrangig auch für den heimischen, studentischen Buchmarkt.

Anders als Schmieder, der bei der Auslese seiner Werke für die Sammlung größtenteils auf seine Expertise vertraute,[441] bauten Frank und Schramm auch auf die Auswahl Auswärtiger.[442] Sollten obendrein Werke vom Publikum explizit gefordert werden, war es dazu aufgerufen, dies bei den Buchdruckern anzuzeigen, – Nachdruck auf Wunsch.[443]

Die Bestellung der Sammlung erfolgte über Subskription und anders als Schmieder, der ein Netzwerk aus Kollekteuren besaß, animierten Frank und Schramm ihre Leser dazu, als Kollekteure zu fungieren.[444] Gerade für Buchdrucker und -händler, die noch über kein weitreichendes Absatznetzwerk verfügten, war dies eine Möglichkeit, ohne ein Kommissionärsnetzwerk oder in entfernteren Gegenden Bücher abzusetzen beziehungsweise in diesem konkreten Fall überhaupt auf ihre Sammlung aufmerksam zu machen. Auch andere Buchhändler und Verleger nutzten diese Form, um in Städten, wo es sonst keine Buchhändler gab, das buchhändlerische Vakuum zu füllen.

440 HStASt A 213, Bü 8936.

441 Über Trattner als Vorbild der Schmieder'schen Sammlung wurde an anderer Stelle schon berichtet, vgl. Kap. 3.1.

442 Schmieder orientierte sich zunächst an Thomas von Trattner, entwickelte mehr und mehr ein eigenes Gespür für die Nachfrage beim Publikum und war zudem darauf bedacht seine Sammlung vollständig zu halten, vgl. Breitenbruch: Schmieder, Sp. 692ff.

443 „Sollten übrigens einige Bücher zurück bleiben, die das Publicum mit Recht von uns erwartete, so werden wir es immer mit dem größten Dank erkennen, wenn sich jemand die verdienstvolle Mühe nehmen wollte, uns solche Bücher anzuzeigen; und sobald sich nur so viele Liebhaber dazu werden gefunden haben, daß wir für die Kosten des Drucks schadlos gehalten werden, so erbieten wir uns, die angezeigten Bücher sogleich in unsere Sammlung einzurücken. Das Publicum bestimmt auf diese Art die Bücher die herauskommen sollen selbst, und wenn uns diese angezeigt werden, so dörffen wir uns desto allgemeinern Beyfall versprechen." HStASt A 213, Bü 8936.

444 Die Aufgabe des Kollekteurs bestand darin „auf briefliche oder in der Subskriptionsanzeige ausgesprochene Bitte des Autors (manchmal auch einer Buchhandlung) Interessenten für ein neu angekündigtes Buch zu werben, diese zur Abnahme zu verpflichten und deren Name sowie die bei Pränumeration vorausbezahlten Gelder nach Abzug der eigenen Unkosten dem Autor oder dessen Beauftragten zu übersenden [...] Als Gegenleistung wurden meist Freiexemplare gewährt, die der Kollekteur für eigenen Gewinn weiterverkaufen konnte". Später wurden, wie auch in diesem Fall, Rabatte in Höhe von 15 bis 20 Prozent oder Freiexemplare gewährt, Wittmann, Reinhard: Die frühen Buchhändlerzeitschriften als Spiegel des literarischen Lebens, in: Archiv für Geschichte des Buchwesens 13 (1973), Sp. 615–931, hier 906f.

> Denn solche Vermittler bahnten ihnen mit persönlichem Einsatz den Weg zu ihrem eigentlichen Publikum: den Bürgern und vor allem Bürgerinnen mittlerer, kleiner und kleinster Städte, wo die Lektüre nicht nur als individuelle Beschäftigung, sondern auch als Geselligkeitskonstituante eine dominierende Rolle spielte [...].[445]

Goldfriedrich stellte heraus, dass schon 1734 über ein Drittel der Kollekteure nicht dem Buchhandelssektor angehörten, sondern Geistliche, Apotheker, Professoren oder Kaufleute waren.[446]

Erst zum Schluss der Werbebroschüre wurde auf das erste Werk *der Sammlung der theologischer Schriften* hingewiesen. Es handelte sich um die „Heßische Schrift vom Leben Jesu, die mehrere von den oben angezeigten Eigenschaften in sich vereinigt".[447] Also die *Geschichte der drei letzten Lebensjahre Jesu* des Züricher Theologen Johann Jakob Hess (1741–1828), die den Grundstein der theologischen Kollektion bildete.[448]

Die erste Reaktion auf das Avertissement folgte wieder direkt aus Tübingen. Am 26. März 1779, ergo drei Tage nach der Veröffentlichung, schrieben die Widersacher Jacob Friedrich Heerbrandt und Christoph Friedrich Cotta einen Brief an den Herzog Karl Eugen. Nur durch diese Klage fand das beigefügte Avertissement den Weg in die Archivakten des Hauptstaatsarchivs Stuttgart. Im Gesuch paraphrasieren sie die einzelnen Bestandteile und kommentieren sie dahingehend, dass sie die wahren Absichten der Nachdrucker aufdecken wollten: „Sie wählen also, nicht sowohl um das Publici, alls um ihres Vortheils willen, alle diejenigen Bücher, die gewiß und allgemein-Verkäuflich- mithin auch sicher vermögend sind, ihre gewinnsüchtige Absichten zu befriedigen".[449] Ganz explizit meinten sie die *Lebensgeschichte Jesu* und das Wochenblatt *Der Kinderfreund*, deren rechtmäßige Verleger in Zürich und Leipzig saßen.

---

445 Ebd., Sp. 908.

446 Vgl. hierzu besonders Kap. 4.3.1. und Goldfriedrich: Geschichte des deutschen Buchhandels, Bd. 2, S. 406.

447 HStASt A 213, Bü 8936.

448 Zunächst den ersten Band 1768 anonym publiziert, schrieb Hess die *Lebensgeschichte Jesus*, die „aus den Umständen der Zeit und des Orts, aus dem Charakter des Volkes mit welchem Jesus umgieng, aus der Denkart und den Absichten seiner Feinde, den Schwachheiten seiner Jünger u.s.w. in die Geschichtsschreibung einfließen ließ", aus: Allgemeine Deutsche Bibliothek 1771, Anh. Bd.1., S. 444–451, hier S. 444. Das von Frank und Schramm 1779 mit dem Impressorium gedruckte zweibändige Werk ließ sich in der Landesbibliothek Baden-Württemberg nachweisen. Dort findet sich auch ein Nachdruck des Wiener Thomas von Trattner, der ebenjenes Werk fünf Jahre nach Schramm und Frank 1784 nachdruckte, was darauf schließen lässt, dass die beiden Buchdrucker schon früh eine gute Auswahl bei dem ersten Band der Sammlung getroffen haben. Zu Hess und seiner Geschichtsschreibung vgl. Ackva, Friedhelm: Johann Jakob Hess (1741–1828) und seine Biblische Geschichte: Leben, Werk und Wirkung des Zürcher Antistes (= Basler und Berner Studien zur historischen und systematischen Theologie; 63), Bern / Frankfurt am Main 1992, S. 90–100.

449 HStASt A 213, Bü 8936.

Um was es den beiden Buchhändlern eigentlich ging, waren aber nicht die Nachdrucke der anderen Verleger, sondern das eigene Sortimentsgeschäft, welches unter dem Verkauf der Nachdrucke litt:

> desto wichtiger hingegen ist für uns, daß seit der heimlichen- und nun öffentlichen Ausbereitung dieser NachdrucksAnstalt, der Sortiments Verschluß, der doch den beträchtlichsten Theil unserer Handlungen ausmacht, nun mehr als die hälfte völlig erligt, und in kurzer Zeit sich gänzlich stecken – folglich den völligen Untergang unserer Handlungen und Familien ganz nothwenig nach sich ziehen muß.[450]

Vordergründig monierten sie demnach den Nachdruck fremder Verlagswerke, eigentlich fürchteten sie aber Geschäftseinbußen ihrer Buchhandlung. Sie pochen auf die Durchsetzung der Verordnung vom 14. Februar 1722, in der es verboten wurde, dass Buchdrucker einen eigenen Verlag haben durften.[451]

Der Verwaltungsapparat der Regierung wurde durch diesen Verweis in Gang gesetzt. Am 6. April 1779 stellte die herzogliche Regierung im Namen des Regierungsrates Kaufmann fest, dass das Reskript vom Februar 1722 in der Registratur nicht zu finden sei und sie den akademischen Senat in Tübingen beauftragten, in ihren Archiven danach zu suchen.[452] Dieser antwortete am 15. April 1779 auf die Anfrage, dass sie das „herzogliche normal Rescript dd. 14. Febr. 1722 des Bücher-Nachdrucks und Verlags in der dißeitigen Universitäts-Registratur nicht vorgefunden" hätten,

> hingegen ein anderweites an Senatum occasione der von dem nun schon längst verstorbenen hiesigen Buchdrucker Hiob Frank unternommenen Verlegung einer Bibel in folio erlaßenes herzogliches Geheimrats-Rescript dd. 28. Nov. 1722 vorgeladen seye, worinnen sich auf ein dem damaligen hiesigen Buchhändler Johann Georg Cotta, gnädigst ertheiltes und unterm 14. Febr. 1722 an Senatum academicum

befunden habe, es jedoch auch kein „Duplicats deßselben" gegeben habe.[453] Das Dekret, auf welches sich Heerbrandt und Cotta bezogen, schien somit weder beim Senat noch

---

450 HStASt A 213, Bü 8936.

451 Johann Georg Cotta hat Anfang des 18. Jahrhunderts versucht, ein Verlagsmonopol für sich zu erlangen. Doch im Dekret von 1722 stand: „daß wir uns, allhiesige Buchdrucker, des Bücher-Verlegens völlig enthalten sollen". Es kam zu erheblichen Beschwerden seitens der Buchdrucker, von Seiten der Regierung wurde keine endgültige Entscheidung getroffen „weßwegen wir uns noch allzeit unserer alten hergebrachten und allgemeinen der Profession zugethanenen Freyheit gebrauchen wollen, in Hoffnung, auch dabey manuteniert zu werden", Widmann: Tübingen als Verlagsstadt, S. 107. Zu diesem Anliegen schrieben Cotta und Heerbandt schon am 20. März 1779 ein ausführliches Schreiben an den württembergischen Herzog, in dem sie auf ebenjene Verordnung pochten, dass kein Buchdrucker einen eigenen Verlag haben dürfe, vgl. HStASt A 213, Bü 8936.

452 Vgl. HStASt A 213, Bü 8936.

453 HStASt A 213, Bü 8936. Dieses Dokument findet sich heute in den Universitätsakten des Universitätsarchivs Tübingen, in denen ebenfalls über die Suche nach dem Reskript vom 14.2.1722

bei der Regierung physisch vorzuliegen, es gab bloß einen Verweis auf ebenjenes. Geschlossen wurde die Untersuchung mit dem Verweis auf die Tatsachenentscheidung vom 28. Januar 1723, in der den Buchbindern und Buchdruckern eingeschärft wurde, kein Buch ohne Erlaubnis des Autors oder der Fakultät zu verlegen oder nachzudrucken.[454]

Verärgert über die Entscheidung des Senates beschritten Heerbandt und Cotta vermutlich bereits bekannte Wege, ihren Widersachern zu schaden. Es schien so, dass sie wieder mal andere Verleger mobilisierten, damit diese ebenfalls Gravamina beim Herzog Karl Eugen vorlegten. Sonst wäre es kaum zu erklären, dass kurz nach Erscheinen der Broschüre eine Schrift mit dem Titel *An die Freunde der Billigkeit und der Buchhändler* publiziert wurde.[455] Dieser achtseitige Aufruf wurde zwar anonym veröffentlich, aufgrund des Inhalts fällt die Verfasserschaft aber unweigerlich auf die Schweizer Verlagsbuchhandlung Orell, Gessner, Füssli & Comp. (OGF) zurück.[456] In diesem wandte

verhandelt wurde, vgl. UAT 44/118,5, Nr. 97. Der Druck der Handbibeln war für die Drucker in Tübingen eine stabile Einnahmequelle. Umso verständlicher schien es, dass gegen das Privileg der Handbibeln vorgegangen wurde. Hiob Frank hatte um ein Privileg ersucht, sein Sohn Johann Peter Gottlieb Frank wollte dieses Privileg 1755 verlängern lassen, vgl. HStASt A 213, Bü 7437 und 7369. Ab den 1770er Jahren entzündete sich ein Streit um den Handbibeldruck, den der Geheime Rat 1777 wie folgt entschied: „Nach dem bisherigen principio wurde zum besten des Publici vor gut gefunden, keinem ein privilegium exclusivum auf den Verlag einer solchen Handbibel zu ertheilen, sondern einem jeden den Druck frey zulassen, wann nur die erforderliche censur und correctur je dabey beobachtet worden.‘ Dieses allgemeine Wohlwollen gegenüber dem Druck der Hl. Schrift war im lutherischen Selbstverständnis, daß jeder Christ seine Bibel lesen können soll, begründet“, abgedruckt in: Schad: Buchbesitz, S. 40.

454 Vgl. HStASt A 213, Bü 8936.

455 Eine andere Möglichkeit wäre, wie auch schon in der Kollektiveingabe, der Hinweis von Philipp Erasmus Reich, der zu OGF & Comp. ebenefalls Kontakte pflegte: Die Zusammenarbeit Reichs gegen den Büchernachdruck beschränkte sich nämlich nicht nur auf inländische Verbündete, wie dies bei der Kollektiveingabe sichtbar wurde, sondern auch auf europäische Verlage: „Den Büchernachdruck in der Schweiz – etwa durch Hurter in Schaffhausen oder durch den ‚Corsaren‘ Heilmann in Biel – wollte Reich jedoch nicht durch kollektive Strafmaßnahmen, sondern in Partnerschaft mit engagierten heimischen Verlegern und konkret in Zusammenarbeit mit OGF & Comp. unterbinden“. Dies geschah obwohl Reich den Vorgänger der Verlagsbuchhandlung OGF & Comp. Johannes Heidegger (1715–1790) des Schleichhandels überführte: „So ließ er 1760 auf der Frankfurter Messe einen Bücherballen des Züricher Verlegers Johannes Heidegger beschlagnahmen, in dem sich 100 Exemplare der Geistlichen Oden und Lieder von Gellert befanden. Mit dem Impressum ‚Frankfurt und Leipzig‘ hatte Heidegger das Leipziger Buch in 500 Exemplaren nachgedruckt; er entschuldigte sich mit dem Argument der starken Nachfrage in der Schweiz, die von Leipzig aus nicht schnell genug habe bedient werden können […]. Bei der Durchsuchung der Bücherballen Heideggers fand der Frankfurter Bücheraktuar auch noch einen Nachdruck der bei Vandenhoeck in Göttingen erschienenen Gedichte Albrecht von Hallers“, Bürger, Thomas: Aufklärung in Zürich. Die Verlagsbuchhandlung Orell, Gessner, Füssli & Comp. in der zweiten Hälfte des 18. Jahrhunderts; mit einer Bibliographie der Verlagswerke 1761–1798 (= Archiv für Geschichte des Buchwesens Sonderdruck; 48), Frankfurt am Main 1997, S. 154.

456 Zur Verfasserschaft der OGF hinter der Schrift vgl. den erneuten Abdruck des Aufsatzes von Leemann-van Elck, Paul: Der Nachdruck aus zürcherischer Sicht (1944), in: Archiv für Theater- und Urheberrecht (UFITA) 2005,2, S. 521–537, hier S. 534. Vgl. zur Firmengeschichte der Verlagsbuchhandlung und ebenfalls zur Verfasserschaft: Bürger: Aufklärung in Zürich, S. 155.

sich die Züricher Verlegergesellschaft gegen die Tübinger Sammlung und besonders gegen den Nachdruck der *Lebensgeschichte Jesu*, der bei ihnen verlegt wurde.[457] In ihrem Aufruf behandeln die Züricher Verleger – exemplarisch an den Tübingern – alle negativen Implikationen des Nachdrucks, – Preis, Auswahl der Werke, Qualität, kaiserliche Privilegien und Rechtsverletzungen.[458] Was die Frank- und Schramm'sche Sammlung betraf, so bemerkten die Prosekutoren:

> Nun sind die Dichter, Theologen und Philosophen alle verpachtet. Nichts bleibt übrig, als daß noch ein paar Banden Nachdrucker in einem Gelehrten-Lexicon, oder in einem Facultäten-Catalogus nachschlagen, Rubriken suchen, und das übrige noch in Pacht nehmen.[459]

Eine inhaltsreiche Aussage, die eindeutig auf die bereits existierenden Sammlungen anspielte, wie beispielweise die ‚dichterische' *Sammlung der besten prosaischen Schriftsteller und Dichter* Schmieders' oder der *Verlag der ausländischen schönen Geister* Anton von Kleins oder die Sammlungen des Frankenthaler Nachdruckers Gegel. Damit apostrophierten sie, dass selbst für die Nachdrucker die Nische für neue Sammlungen immer kleiner wurde und man sich auf ein bestimmtes Themengebiet – in diesem Fall die theologischen und philosophischen Schriften – spezialisieren musste, um sich von den anderen Sammlungen abgrenzen zu können und eine interessierte Käufergruppe zu erreichen.[460]

Für die theologische Sammlung druckten Frank und Schramm im Herbst 1779 Georg Friedrich Sailers (1733–1807) *Ueber den Versöhnungstod Jesu Christi*, der Originalverleger war Schleich in Erlangen, nach.[461] Die Rezension zum Originalwerk in *den Frankfurter Gelehrten Anzeigen* vom Oktober 1778 hob bereits den allgemein verständlichen und damit für die Nachdrucker besonders ertragreichen Charakter des Werkes hervor:

> Wir bleiben bey der allgemeinen Anzeige des Inhalts stehen, da wir hoffen, daß nicht leicht jemand dieses merkwürdige, für Geistliche und Freunde der Religion so vieles Wichtige in sich fassende, und in einer jedem Christen verständlichen Sprache geschriebne Buch ungelesen lassen wird.[462]

---

457 Da die Schrift unheimlichen Erfolg hatte, waren die Verleger gesinnt, gegen jegliche Nachdrucke vorzugehen, vgl. Bürger: Aufklärung in Zürich, S. 67 und 155.

458 Zu diesen Aspekten vgl. Kap. 4.2.

459 N. N. [Orell, Gessner, Füssli & Comp.]: An die Freunde der Billigkeit und der Buchhändler, o. O. 1779, S. 7.

460 Gegel hatte die *Sammlung der Besten Schriftsteller, welche die Geschichte, besondere Rechten, Sitten, und Gewohnheiten der Völker nach ihren Grundsätzen abgehandelt haben* und die *Auserlesene Sammlung der besten Medicinischen und Chirurgischen Schriften* herausgegeben, vgl. Behrens: Gegel, S. 73ff.

461 Das Werk befasste sich, wie der Titel bereits vermuten ließ, mit der Tatsache, dass der Tod Jesu ein Versöhnungstod gewesen sei und stand damit zur gegenteiligen Meinung Johann August Eberhards (1739–1809), der dies in seinem Werk *Neue Apologie des Sokrates oder Untersuchung der Lehre von der Seligkeit der Heiden*, Berlin 1776, behauptete.

462 Frankfurter Gelehrte Anzeige, Nr. 79 vom 2. Oktober 1779, S. 625–626, hier S. 626.

Dies entsprach exakt den Anforderungen für die *Sammlung* und stellte damit unweigerlich ein lohnenswertes Nachdruckobjekt dar.

Aus diesem Grund verwunderte es nicht, dass Frank bei der persönlichen Befragung am 9. November 1779 durch den Universitätsprorektor Gottfried Ploucquet (1716–1790) und den Universitätssekretär Jacob Samuel Hoser (1714–1796) unumwunden auf die Frage antwortete, ob er die Sailer'sche Schrift nachgedruckt habe: „Es seye diese Schrift schon fertig".[463] Schramm konnte aufgrund von Gelbsucht, nicht an der Vernehmung teilnehmen.[464] Bei der Beantwortung der Frage, wer die Erlaubnis zum Nachdruck gegeben habe, verwies Frank auf das kaiserliche Privileg, welches an das Vernehmungsprotokoll angefügt wurde und betonte, dass sie beiden das Werk gemeinschaftlich drucken.

Da keine Geschäftsbücher oder sonstigen Angaben zur Verlagsproduktion überliefert sind, gibt die Aussage im Protokoll einen Einblick in die Auflagenhöhe des Tübinger Druckereiverbandes: So wurden vom *Versöhnungstod Jesu Christi* insgesamt 1900 Exemplare gedruckt, von denen 50 nach Stuttgart verkauft worden sind.[465]

Die Angelegenheit ruhte bis November 1782, ehe der Erlanger Verleger Johann Jacob Palm (1750–1826) erneut eine Beschwerde bei der herzoglichen Regierung einlegte.

3.2.3 Von Göttingen bis Erlangen: Auswärtige Klagen gegen den Nachdruck

Erneute Klage Vandenhoecks und Dieterich

Was für Christian Gottlieb Schmieder zunächst Philipp Erasmus Reich und dann Georg Joachim Göschen gewesen ist, waren für Frank und Schramm die Witwe Vandenhoeck und Dieterich. Mit einem kontinuierlichen Kampf gegen den Büchernachdruck stellte sie Ende 1779 und Anfang 1780 erneut Anträge an die herzogliche Regierung gegen die Tübinger Buchdrucker. Am 2. Dezember 1779 schrieb die Witwe Vandenhoeck:

> Es wird mir nämlich aus Tübingen gemeldet, daß die daßigen berüchtigten Buchdrucker Frank und Schramm, aufs neue bekannt gemacht hätten, daß sie Michaelis Einleitung in das neue Testament in 4 OcatvBänden und Leß christliche Religions-Theorie nachzudrucken willens wären. Da die herzogl. Durchlaucht ein so großer Beschützer der Gelehrsamkeit sind, und da sowohl das hohe herzogl. Ministerium als auch die Universität zu Tübingen die stärksten Versicherungen gegeben, daß dergleichen nicht wieder unternommen werden solle: so schmeichele ich mir, daß es Euer nicht schwer fallen werde, dieses unternehmen

463 UAT 44/118,5, Nr. 97.

464 UAT 44/118,5, Nr. 97.

465 UAT 44/118,5, Nr. 97. Bei dem Abnehmer in Stuttgart handelte es sich um Schramms Vetter Christoph Heinrich Erhardt (1756–1815), der Advokat und Buchdrucker in Stuttgart war. Er war verheiratet mit Friederike Auguste Metzler (1759–1839), Tochter des Johann Benedikt Metzler d. J. (1727–1795). Der Sohn Heinrich Erhard (1796–1873) übernahm die Metzler'sche Verlagsbuchhandlung und führte sie zu einer bedeutenden Verlagsbuchhandlung, vgl. Wittmann: Metzler, S. 315ff.

> zu hintertreiben und zu bewirken, daß diese Herren solches untersaget und solchen womöglich zur Strafe gezogen werden.[466]

Dass hinter der Informationsweitergabe Heerbrandt stecke, dürfte eindeutig dargelegt worden sein.

Bei den Werken handelte es sich erneut um die beiden bei Vandenhoeck im Verlag stehenden Autoren Michaelis und Less.[467] Die Reaktion aus Stuttgart folgte am 19. Januar 1780. Im Schreiben an den akademischen Senat in Tübingen wurde festgehalten, dass sich über den kurhannoverische Legationsrat zum wiederholten Mal die Witwe Vandenhoeck über die Buchdrucker Frank und Schramm beschwert wurde und notiert, dass die Tübinger Drucker kein Buch ohne vorherige Anzeige drucken sollen.[468] Sie erwarteten, dass die Buchdrucker vernommen werden und Rechenschaft darüber abgelegt wird, wie der akademische Senat das Verbot durchzusetzen gedenke.

Der Ton dem Senat gegenüber wurde deutlich schärfer, die Regierungsmitglieder verloren langsam die Geduld, auch dadurch bedingt, dass sie der kurhannoverischen Regierung Rechenschaft ablegen mussten. Der letzte Vorfall lag schließlich erst ein Jahr zurück. Das Schreiben ging beim akademischen Senat ein und man verfügte eine Vernehmung der beiden Buchdrucker in der Causa, welche am 3. Februar 1780 durchgeführt wurde. Im Hauptstaatsarchiv Stuttgart liegt die Kopie hierzu. Die Befragung wurde von Prorektor Karl Christoph Hofacker (1749–1793) und dem Universitätssekretär Hoser durchgeführt.[469] Dieses Mal waren beide Buchdrucker, also Frank und Schramm anwesend und konnten Aussagen zu den Vorwürfen machen. Sie wurden beide danach gefragt, ob sie die zwei Schriften nachgedruckt hätten oder vorhätten, diese nachzudrucken. Die Replik war bei Frank und Schramm fast identisch, was darauf schließen lässt, dass sich beide vor der Befragung abgesprochen haben. Die Antwort Schramms lautete, dass in seinem „Catalogo" keines der beiden Bücher verzeichnet sei.[470] Er verwies auf sein kaiserliches Privileg, dass er dennoch die Schriften nachdrucken dürfe, die nicht privilegiert seien. Daher würde er, bevor er Michaelis *Einleitung* aber drucke, „sich die-

466 HStASt A 202, Bü 2539.

467 Bei Michaelis ging es erneut um die Einleitung in das Neue Testament und bei Less um das *Handbuch der Christlichen Religionstheorie für Aufgeklärte – Versuch einer Praktischen Dogmatik*, zum ersten Mal 1777 erschienen, hier ist die dritte Auflage von 1779 gemeint, welche bei Vandenhoeck für 1 Rthlr. 4 Gr. verkauft wurde. Das Urteil über das Werk fällt ambivalent aus: „Im Ganzen genommen, werden gewiß die meisten Leser mit der Einrichtung dieses Versuchs zufrieden seyn. Man findet darin so vieles, was zur aufgeklärten Kenntnis der Religion Jesu nothwendig und nützlich ist, daß man es gern zu einem Handbuche wird brauchen wollen". Gothaische gelehrte Zeitungen, Nr. 45 (1779), S. 361–367.

468 Vgl. UAT 44, 118,5, Nr. 97.

469 Zu Karl Christoph Hofacker, der an der Universität Göttingen seine Promotion in der Rechtswissenschaft absolvierte, ehe er 1773 wieder an die Universität Tübingen berufen wurde, vgl. die kurz nach seinem Tod veröffentlichte Biographie von Abel, Jakob Friedrich: Ueber Hofackers Leben und Charakter: Ein Denkmal für seine Freunde und ein Beytrag zur Gelehrtengeschichte, Tübingen 1793.

470 HStASt A 202, Bü 2539.

serhalben vorher in wien erkundigen [...] Von dem Leßischen Buch könne er gar keinen Außschlag geben, und wiße er auch nicht, ob die verwittib van den Hoeck auf daßselbe ingleichen privilegirt worden".[471]

Schramm gab unvermittelt Auskunft über seine Nachdruckpläne, insbesondere hinsichtlich des Nachdruckobjektes Michaelis *Einleitung*. Obwohl er das Werk noch nicht gedruckt habe, wollte er zur nächsten Michaelismesse, also dem ersten Sonntag nach Michaelistag – dem 29. September – das Werk drucken.[472] Er begründete seine Entscheidung damit, dass er und Frank schon vor Vandenhoeck das Privileg erhalten hatten. Er berief sich auf ein Schreiben des Bücherkommissarsekretärs Ebenau, welches als Copia im Universitätsarchiv Tübingen überliefert ist, und in dem geraten wurde, das Werk nicht nachzudrucken, obwohl das Frank- und Schramm'sche Privileg älter sei als das Vandenhoeck'sche.[473]

Sicherheitshalber wollte er aber in Wien, also beim Reichshofrat, eruieren, ob er Michaelis *Einleitung* nachdrucken dürfe. Bezüglich Less' *Religionstheorie* gab er an, dass er keine Nachdrucke plane.

Die Quellenrecherche führte weder zu einer Eingabe beim Reichshofrat durch Frank oder Schramm, um nach einem Vandenhoeck'schen Privileg zu erfragen, noch fand sich ein gedrucktes Werk von Less' *Religionstheorie* oder Michaelis *Einleitung in das Neue Testament* der Tübinger. Interessanterweise wurde Less' *Religionstheorie* im Jahr 1781 aber bei dem bereits bekannten Benedikt Hurter in Schaffhausen gedruckt.[474] Aus dieser Tatsache ergeben sich zwei mögliche Deutungsansätze: Die Witwe Vandenhoeck wurde von einem womöglich bald erscheinenden Nachdruck unterrichtet und sie hatte vorsorglich Warnungen an die bekannten Tübinger Buchdrucker verschickt, da sie diese hinter dem Nachdruck vermutete. Möglich wäre auch, dass Frank und Schramm nach dem Einschreiten Anna Vandenhoecks Abstand vom Nachdruck genommen haben und sich die Exemplare von Hurter in Schaffhausen zukommen ließen, um diese zu vertreiben. Die Aussage Schramms, das Buch gar nicht nachdrucken zu wollen und die Parallelen zur Situation im Januar 1779 würden für diese Annahme sprechen.

Am 17. Februar übersandte Prorektor Johann Daniel Hoffmann einen mehrseitigen Abschlussbericht an den Geheimen Rat in Stuttgart,[475] in dem er die Streitlage rund um den Nachdruck der Bücher und der Ausstellung des kaiserlichen Privilegs in sechs

471 HStASt A 202, Bü 2539.

472 Vgl. Dietz, Alexander: Zur Geschichte der Frankfurter Buchmesse 1462/1792, Frankfurt am Main 1921.

473 „Auf dero Verlangen, welche in Eyl, daß das kayserl. Privilegium impress. Über Michaelis Einleitung in das neue Testament d. 18. Dec. 1778 der Frau vanden Hoeck und Dietrich, Buchhändlern in Göttingen, seye ertheilt worden. Obwohl dieses nun jünger ist, als das Ihnen über die Samml. Ertheilte kayserl. Privilegium, so rathe ich doch nicht, daß sie das Buch nachdrucken, zumalen sie solches thun wollen nach darüber erhaltenem privilegio dd. 18. Xbr.", UAT 8/2,3, Nr. 190,5.

474 Vgl. Less, Gottfried: Christliche Religions-Theorie fürs gemeine Leben, oder Versuch einer praktischen Dogmatik, Schaffhausen, 1781, Universitätsbibliothek Freiburg i. Br.: N 3828,a. Auch das Erscheinungsjahr 1781 lässt sich dadurch erklären, dass selbst Schramm zugegeben hatte, erst im September 1780 mit dem Druck anzufangen.

475 In einem Extrakt mussten Frank und Schramm das Urteil des Rektors per Unterschrift bekräftigen, vgl. UAT 44/118,5, Nr. 97.

Punkten zusammenfasste und zu dem Urteil gelangte, dass „auf das nachdrücklichste untersagt [wurde] einen Nachdruck derer beede Bücher Michaelis Einleitung und Lessens Geistliche Religions-Theorie ohne vorläufige Anzeige bey dem dieseitigen ProRectoratamt" zu veranstalten.[476] Und dies, obwohl Frank und Schramm vor Vandenhoeck ein kaiserliches Privileg erhalten hatten, aber das Buch mittlerweile schon mit kaiserlichem Privileg in Göttingen gedruckt worden war und man deswegen befürchtete, dass dies wiederum zu einer erneuten Klage führen könnte und es präventiv untersagte.

Ungeachtet der Tatsache, dass es weitere Nachdrucke Franks und Schramms aus dem Verlagsrepertoire der Witwe Vandenhoeck gab, sind keine zusätzlichen Klagen beim akademischen Senat in Tübingen oder bei der herzoglichen Regierung in Stuttgart verzeichnet. Die Gründe hierfür lassen sich kaum rekonstruieren. Möglicherweise war die mittlerweile 71-jährige Witwe der Auseinandersetzungen überdrüssig und sie kapitulierte, ähnlich wie Philipp Erasmus Reich bei Schmieder, vor dem protektionistischen System der Landesregierung und der Universitätsleitung, getreu dem zuvor schon artikulierten Leitsatz, die hiesigen Buchdrucker den auswärtigen vorzuziehen.[477] Eventualiter lag es jedoch daran, dass die Göttinger Verleger ihre gedruckten Werke immer häufiger mit kaiserlichen Privilegien versahen. So waren nach 1780 mehrere Impressoriengesuche Vandenhoecks und deren Erteilungen im Haus-, Hof- und Staatsarchiv in Wien zu finden.[478] Sie bediente sich offensichtlich mehr und mehr den wenigen zur Verfügung stehenden Mitteln gegen den Nachdruck, da sie auf territorialbehördlichem Weg, wie dargestellt wurde, nur bescheidenen Erfolg hatte.[479] Insbesondere die letzte Auseinandersetzung bewies eindeutig, dass bedingt durch das Impressorium, dem Nachdruck zumindest zu einem gewissen Teil Einhalt geboten werden konnte.

Im weiteren Verlauf des Jahres 1780 wurde die Sammlung theologischer Schriften besonders mit den Werken Gotthilf Traugott Zachariae, unter anderem mit seinem vierbändigen Werk *Biblischer Theologie oder Untersuchung des biblischen Grundes vornehmsten theologischen Lehren*, die zuerst 1771–1775 in Göttingen und Kiel erschienen sind, erweitert. Die *philosophische Sammlung* wurde 1779 mit dem *Spitzbart, eine komitragische Geschichte für unser Pädagogisches Jahrhundert* des Lehrers Johann Gottlieb Schummels (1748–1813) ergänzt. Unmittelbar nach Erscheinen 1779 im Originalverlag bei Weygand in Leipzig druckten die Tübinger das Werk nach.[480] Dieser satirische Roman ergänzte die Sammlung um ein pädagogisch-aufklärerisch Werk,[481] welches sich

476 UAT 8,2,3, Nr. 190,6.

477 Nach ihrem Tod 1787 vermachte die Göttinger Verlegerin ihr Erbe ihrem ehemaligen Lehrling Carl Friedrich Günther Ruprecht (1730–1816), der seit 1748 noch unter Abraham Vandenhoeck seine Lehre begann, vgl. Ruprecht: Väter und Söhne, S. 95–104.

478 Gottfried Less: Über die *Religion*, ihre Geschichte, Wahl und Bestätigung, für das sie am 30. November 1783 ein Privileg ersuchte und am 17. März 1784 erhielt, vgl. HHStA RHR Impressoria 30–46.

479 Vgl. Lösel: Vandenhoeck, S. 35.

480 Vgl. zu Weygand: Wittmann, Reinhard: Der Verleger Johann Friedrich Weygand in Briefen des Göttinger Hains, in: Archiv für Geschichte des Buchwesens 10 (1969), Sp. 319–344.

481 Korber-Kraneis, Beatrix: Spitzbart. Eine komi-tragische Geschichte für unser pädagogisches Jahrhundert, in: Pädagogische Korrespondenz 7 (1990), S. 50–60.

großer Popularität erfreute.[482] Weiterhin wurde die Sammlung mit dem 16. bis 18. Teil des *Kinderfreundes* extendiert. Ähnlich verhielt es sich im Jahr 1781, in dem einerseits die Kinderfreundserie um die Teile 19 bis 22 aufgestockt wurde, während andererseits die *theologische Sammlung* mit den Werken Zachariaes,[483] Christoph Christian Sturms (1740–1786)[484] und Johann Jakob Hess'[485] erweitert wurde.

Am 27. Januar 1781 erreichte den akademischen Senat in Tübingen eine Beschwerde des Berliner Buchhändlers Friedrich Himburg, der seine Unterschrift auch unter die Kollektiv-Eingabe gegen Frank und Schramm gesetzt hatte, über den Nachdruck seines bei ihm schon 1779 verlegten Werkes *Handbuch der Religionen in zwei groß Oktavbänden* von Johann August Hermes (1736–1822).[486] Durch einen unbekannten Druck des Jahres 1781 mit den Verlagsorten Frankfurt und Leipzig hellhörig geworden, erahnte er dahinter die Tübinger Buchdrucker, in deren Verlagsprogramm der Nachdruck des Handbuches sehr gut gepasst hätte.[487] Das in Copia vorliegende Schreiben lautete:

482 Sechs Jahre nach Erscheinen des Spitzbarts erschien 1785 ein zweiter Teil von Johann Wilhelm Andreas Kosmann: *Spitzbart der Zweyte oder die Schulmeisterwahl*, vgl. Birkhold, Matthew H.: Characters before copyright. The rise and regulation of fan fiction in eighteenth-century Germany (= Law and Literature), Oxford 2020, S. 48.

483 Der dreizehnte Band der Sammlung war *Die Paraphrastische Erklärung der Briefe Pauli an die Galater, Epheser, Philipper, Colosser und Thessalonicher*, ein exegetisches Werk, welches 1770 zum ersten Mal erschien.

484 Von Sturm erschien das zweibändige Werk *Betrachtungen über die Werke Gottes im Reiche der Natur und der Vorsehung auf alle Tage des Jahres*, zunächst 1772 bis 1776 verlegt und ins Französische (1788), Dänische, Schwedische (1791) und Englische (1791) übersetzt worden. Die Janusgestalt des Werkes, nämlich nützlich sowohl für nicht studierte Laien, als auch für fortgeschrittene Leser nützlich zu sein, bemerkt ein Rezensent in den Wöchentlichen Nachrichten von gelehrten Sachen: „Er hat dabey eine doppelte Absicht zu erreichen gesucht. Einmal wollte er den Unstudirten die nothwendigen Kenntnisse derjenigen Dinge beybringen, welche uns Gott im Reiche der Natur und der Vorsehung aufgestellt hat. [...] Nachher hat er auch seinen Lesern Anweisung geben wollen, wie sie das Reich der Natur zu einer Schüle für das Herz gebrauchen können; zu dem Ende hat er zuweilen mit ihnen in der Sprache eines Derhame, Plüche, Nieuwentyts, Sulzers, Bonners und anderer Männer von diesem Range geredet", aus: N. N.: Rezension, in: Wöchentliche Nachrichten von gelehrten Sachen auf das Jahr 1772, 3. St., Regensburg 1772, S. 20–21.

485 1781 wurde die Hess'sche *Geschichte und Schriften der Apostel Jesu* in zwei Bänden verlegt. Sie knüpft an die Geschichte Jesu, die ebenfalls bei Frank und Schramm gedruckt wurde, an und berichtet von der Apostelgeschichte in Gänze, vgl. die Rezension, in: Der Teutsche Merkur 1775, 3. St., S. 284–285.

486 Durch den Erfolg des *Handbuchs der Religion*, 1779 bei Himburg erschienen, wurde Nicolai auf Hermes aufmerksam, sodass zwei Jahre später bei ihm Hermes *Predigten über die evangelischen Texte an den Sonn- und Festtagen des ganzen Jahres* erschienen, vgl. Fritsch, Johann Heinrich: Johann August Hermes, Doctor der Theologie, Consistorialrath, Oberhofprediger und Superintendent zu Quedlinburg nach seinem Leben, Charakter und Wirken dargestellt, Quedlinburg/Leipzig 1827, S. 110.

487 Ein Exemplar dieses Werkes findet man beispielsweise in den Beständen der Universitätsbibliothek Tübingen, vgl. UBT, Gi 2946–2.

> Die Buchdrucker Schram und Frank zu Tübingen treiben seit einigen Jahren das unwürdige Handwerck des Bücher Nachdrucks und vergreifen sich auch jetzt an eines meiner VerlagsBücher, betitelt: Hermes Handbuch der Religion, in 2 gros Octav Bänden. Wenn diese Leute von Ihrem durchlauchtigsten Landesherrn das privilegium des schändlichen Büchernachdrucks haben sollten, so schweige ich, und will Ew. Excellenz weiter gar nicht lästig fallen. Ist dies aber nicht, so bitte ich gantz unterthänigst, den Nachdruck des Hermischen Handbuchs der Religion nach dero großen und bekannten Druckungsart, besagten Buchdruckern zu verbiethen und mir wegen des verursachten Schadens Gerechtigkeit angedeyen zu laßen.[488]

Wie bereits bei Schmieder, hat Himburg ein halbes Jahr zuvor in Karlsruhe Beschwerde gegen den Nachdruck seiner Verlagswerke eingereicht und ging hier erneut offensiv gegen den Büchernachdruck vor. Anscheinend wusste Himburg nicht, dass Frank und Schramm ein kaiserliches Privileg besaßen, der Verweis auf das landesherrliche Privileg zeugt davon, – zumindest war das *Handbuch der Religion* seitens Himburg nicht durch ein Impressorium geschützt.[489]

Zehn Tage später wurde die Vernehmung angeordnet, die Gottlieb Conrad Christian Storr (1749–1821) und der Universitätssekretär Hoser am 12. Februar 1782 durchführten. Sie berichteten, dass die Tübinger das Buch zwar aufgrund ihres kaiserlichen und vom Geheimen Rat bestätigten Privilegs drucken wollten, es aber die Zensur der theologischen Fakultät nicht passieren konnte und ihnen der Druck verwehrt wurde und sie es daher nicht mehr – auch nicht auswärts – drucken lassen wollen.[490] Dies wurde der Regierung übermittelt und anschließend an die königlich-preußische Regierung gesandt. Damit gab sich Himburg offensichtlich zufrieden, da keine weitere Mitteilung des Berliner Verlegers erfolgte.

Da Frank und Schramm Hermes‘ *Handbuch* nicht nachgedruckt hatten, kann für die Jahre 1780 und 1781 herausgestellt werden, dass beide weniger für einen überregionalen als vielmehr für den heimischen, besonders studentischen Buchmarkt druckten. Dies bedarf einer Erläuterung: Mit der Gründung der Karlsschule 1770 zunächst auf dem Schloss Solitude und nach dem Umzug nach Stuttgart 1775 verlagerte sich das Interesse des Herzogs Karl Eugen mehr und mehr von der Universität Tübingen, die er zuvor zahlreiche Male besuche und gefördert hatte, zur Karlsschule.[491] 1781, als die Karlsschule durch Joseph II. zur Universität und somit zur ‚Hohen Karlsschule‘ er-

---

488 UAT 8/2,3, Nr. 191.

489 Die Ausgabe von 1780 war durch allergnädigste Privilegien, sprich den Landesprivilegien der preußischen und kurfürstlich-brandenburgischen Landesherren geschützt. Friedrich Nicolai verfuhr anders: Er ließ Hermes Sammlung von Predigten über die Evangelien Texte an Sonn- und Festtagen am 25.6.1781 durch ein kaiserliches Privileg schützen, vgl. Koppitz: Die kaiserlichen Druckprivilegien, S. 400.

490 UAT 8/2,3, Nr. 191.

491 Vgl. auch Kap. 2.3.2.

hoben wurde, reduzierten sich die Tübinger Studierendenzahlen drastisch „Während Tübingen im Jahr 1775 [...] 311 Studirende zählte, so sank die Zahl derselben bis zum Jahr 1791 stufenweise bis auf 188 herab".[492] Der einzige Fachbereich, der davon unberührt blieb, war die theologische Fakultät, da es eine juristische, medizinische, philosophische, militärische, ökonomische sowie eine Fakultät der freien Künste an der Karlsschule gab, aber eben keine theologische.[493] So konnten Frank und Schramm weiterhin für die Studenten der Theologie drucken und deren Nachfrage nach theologischer Grundlagenliteratur bedienen. Erhärten lässt sich diese Annahme dadurch, dass seit 1777 Gottlob Christian Storr (1746–1805) die Professur für Theologie innehatte.[494] Dessen Hauptfach war die Dogmatik, so verwies er für in seiner *doctrinae christianae pars theoretica* von 1793 mehrfach auf Zachariaes *Biblische Theologie,* die in der Offizin Franks und Schramm zu finden war.[495]

Weitestgehend ungeachtet der Entwicklungen der Universität Tübingen waren die Studenten der Theologie auf kostengünstige Drucke ihrer Lehrmaterialien angewiesen, die die beiden ‚cives academici' mit ihren Nachdrucken anbieten konnten. Denn schon 1744 wurde den Professoren eingeschärft, man solle „keine autores citiren, welcher die Studiosi nicht leicht habhaft werden können, sondern ein genügendes Compendium wählen".[496]

Hier bestand der wesentliche Unterschied zu Christian Gottlieb Schmieder darin, dass Frank und Schramm für das heimische, studentische Publikum drucken konnten. Dadurch, dass Karlsruhe keine Universität beheimatete, war das Zielpublikum für Schmieder von Grund auf anders zusammengestellt. Dennoch mussten die Tübinger den Balanceakt schaffen, den regionalen wie auch den überregionalen sowie den ausländischen Markt zu bedienen. Dies gelang in hohem Maße durch religiöse Literatur, – obwohl es auch zu Fehlinvestitionen, wie dies beim *Versöhnungstod Jesu* der Fall war, kommen konnte. Denn – wie schon an früherer Stelle erwähnt – trat nach 1780 Johann Jacob Palm als Verleger auf und hatte ein Interesse daran, seine Verlagswerke vor Nachdruck zu schützen.

---

492 Klüpfel, Carl: Geschichte und Beschreibung der Stadt und Universität Tübingen, Abteilung 2, Tübingen 1849, S. 195.

493 Quarthal: Die „Hohe Carlsschule", S. 50.

494 Storr selbst hat seine Bücher bei Ludwig Friedrich Fues drucken lassen, wie auch viele der anderen Universitätsprofessoren.

495 Vgl. Storr, Gottlob Christian: doctrinae christianae pars theoretica e sacris literis repetita, Stuttgart 1793, S. 68, 207ff, 216.

496 Klüpfel: Universität Tübingen, S. 189.

Die Auseinandersetzung mit den Erlanger Buchdruckern Johann Jakob Palm und Wolfgang Walther

Der *Versöhnungstod Jesu* erschien in einer zweiten Auflage in zwei Bänden bei Palm,[497] da er die Rechte an Sailers Werk nach dem Tod des ersten Verlegers Schleich mitsamt seiner Buchhandlung übernommen hatte.[498] Selbstverständlich wollte er sein frisch erworbenes und gedrucktes Werk weiterhin vor Nachdruck schützen und wandte sich an den fürstlich-ansbachischen Markgrafen Christian Friedrich Karl Alexander von Brandenburg-Ansbach und Brandenburg-Bayreuth (1736–1806).[499] Im Schreiben vom 29. August 1782 verwies Palm zunächst auf die erste Ausgabe des Nachdrucks durch Frank und Schramm und den günstigen Preis, den sie dafür verlangten:

> Ich habe mich dahero genötigt, in vorigen Winter, ein zweyten, von dem Verfasser ganz umgearbeite und vermehrte Auflage zu veranstalten, und machte zugleich, ob ich schon ein Capital von mehr als 1500fl. dazu verwendete, demnach sowohl zur Verhinderung des Nachdrucks, als auch zum besten des Publikums, einen sehr wohlfeilen Preis davon. Gleichwohl aber must ich nach verschiedenen Nachrichten von Tübingen vernehmen, daß dieses Buch von den dortigen Buchdruckern Schramm und Frank zum zweyten mal nachgedruckt worden, und dazu bereits der Anfang gemacht seyn soll.[500]

Palm machte darauf aufmerksam, dass er sich an die öffentlich diskutierte Forderung angepasst hatte, einen niedrigeren Verkaufspreis für das Verlagswerk anzusetzen, um so

---

497 Johann Jakob Palm wurde 1750 in Schorndorf unweit von Stuttgart geboren, er lernte das Buchhandelsgeschäft bei Christoph Erhard in Stuttgart, Sohn des Vetters Schramms Johann Christoph Erhard. Somit wurde er im Umfeld der Tübinger und Stuttgarter Druckereien angelernt. Danach zog es ihn zu Buchhandelsfirmen nach Frankfurt, Augsburg und schließlich nach Erlangen. Dort war er als Universitätsbürger 1780 das erste Mal nachweisbar. Mit der Heirat von Maria Fridolina Schleich kam er in den Besitz der Schleich'schen Buchhandlung in Erlangen, wo er zuvor schon tätig gewesen ist. Da Erlangen über eine noch sehr junge Universität verfügte – sie wurde erst 1743 gegründet – war dies ein idealer Einstieg für einen jungen Buchhändler, der nicht nur für die Universität und die Studenten drucken konnte, sondern auch für den Hofstaat der Markgräfin Sophie Caroline Marie (1737–1817). Palm schaffte es, auch mittels Bücherkatalogen und extensiver Werbung, ein bedeutender Buchhandelssortimenter zu werden und gehörte zu dem Personenkreis, die sich der Nürnberger Schlußnahme von 1788 anschlossen, um gegen die Leipziger Vormachtstellung vorzugehen. Für das Leben und Wirken Palms und die obigen Informationen vgl. Glas, Christine: Johann Jacob Palm (1750–1826). Ein Erlanger Verleger und Buchhändler; mit einer Verlagsbibliographie von 1780 bis 1826 (= Erlanger Studien; 78), Erlangen 1988.

498 Heinsius, Wilhelm: Allgemeines Bücher-Lexicon oder alphabetisches Verzeichniß der in Deutschland und den angrenzenden Ländern gedruckten Büchern, nebst beygesetzen Verlegern und Preisen, Vierter Band S-Z, Leipzig 1793, S. 129.

499 Dieser war bis 1791 Fürst von Ansbach, ehe er die Regierungsgeschäfte des Fürstentums Bayreuth als Ansbach-Bayreuth an Preußen angegliedert wurden. 1806 ging Ansbach an das Königreich Bayern, Bayreuth wurde von den Franzosen besetzt, ehe es 1810 ebenfalls an Bayern fiel, vgl. Puchta, Michael: Mediatisierung „mit Haut und Haar, Leib und Leben": die Unterwerfung der Reichsritter durch Ansbach-Bayreuth (1792–1798), Göttingen 2012.

500 HStASt A 213, Bü 8936.

einen Nachdruck zu verhindern.[501] Woher Palm jedoch die Nachricht über den angeblichen wiederholten Nachdruck erhielt, lässt sich aus dem regierungsinternen Schreiben vom 2. November 1782, in dem neben dem laufenden Nachdruckvorwurf ebenfalls auf die zwei kontinuierlichen Konkurrenten verwiesen wird, nämlich Cotta und insbesondere Heerbrandt.[502] Fest stand, dass es keinen weiteren Nachdruck Schramms und Franks gegeben hatte.

Nichtsdestoweniger erging Anfang September ein Schreiben vom ansbachischen Geheimen Rat an das herzogliche Ministerium, in der die Aufklärung des Sachverhaltes verlangt wurde. Daraufhin wurde seitens der Regierung an den akademischen Senat angeordnet, die beiden Buchdrucker zu vernehmen. Der Professor für Orientalistik Christian Friedrich Schnurrer (1742–1822) und der Universitätssekretär Hoser führten die Anhörung durch und konstatierten, dass Frank und Schramm die Schriften bereits vor zwei Jahren nachgedruckt haben, nun aber nicht vorhatten, die neue Ausgabe des Werkes ebenfalls nachzudrucken. Der Grund hierfür war, dass sie von dem Druck der ersten Ausgabe noch „so viele Exemplarien haben, welche keinen Abgang finden". [503] Für den Fall, dass die alte Ausgabe dennoch vollständig verkauft werden würde, kämen sie nicht umhin, auch die neue Ausgabe „zur Ergäntzung ihrer Sammlung" nachzudrucken.[504]

Drei Jahre nachdem Frank und Schramm das Buch nachgedruckt hatten, besaßen sie noch immer zu viele Exemplare in ihrer Offizin, die bislang keinen Abgang gefunden haben. Zur Erinnerung: Die Auflage betrug 1900 Exemplare, von denen lediglich 50 nach Stuttgart zu Schramms Vetter Christoph Heinrich Erhardt verkauft wurden.[505] Es verwunderte daher nicht, dass Frank und Schramm zunächst nicht beabsichtigten, eine erneute Auflage nachzudrucken. Der letzte Satz verdeutlichte nur, dass man die Sammlung der *theologischen Schriften* lückenlos halten wollte und sie somit gewissermaßen eine Pflicht der Vollständigkeit gegenüber den Subskribenten hatten.

Da es keinerlei konkrete Hinweise auf einen Nachdruck gab und die Nachdrucker ebenfalls zugaben, keinen Nachdruck zu planen, erstatteten die Senatsmitglieder den Bericht an die Regierung mit den Aussagen Schramms und Franks und den konzisen

501 Vgl. für dieses Argument Kap. 4.2.1. Darüber hinaus bittet Palm um die Fürsorgepflicht des Landesherren: „Damit nun aber dieses unterbleiben, und ich nicht in noch größeren Schaden versenktet somit nicht, ehe ich mich kaum in gehörige Positur gesezet, gänzlich zu Grund gerichtet worden möge; als habe ich zu Ewr. Hochfürstl. Durchlaucht Huld und Gnade, womit höchst dieselben so wohl höchst dero getreuen Unterthanen als insbesonderen für die Beförderung und Aufnahme der Handlung in hiesigen Landen zu sorgen gewohnet sind [...]",HStASt A 213, Bü 8936.

502 „[...] was maßen selbst auch von denen Tübinger Buchführern Cotta und Heerbrand wegen Nachdruck, so theologisch-als philosophischen Schriften wider Frank und Schramm schon mehrmalen Klage geführet worden" sind, HStASt A 202, Bü 2539.

503 UAT 44/118,5, Nr. 97.

504 UAT 44/118,5, Nr. 97.

505 „Er Buchdrucker Schramm, der Buchhändler Palm zu Erlangen durch dieses seinen Vetter den Buchdrucker Erhard zu Stuttgart habe versichern lassen [...]", UAT 44/118,5, Nr. 97. Bei Erhard hatte seinerseits Palm seine buchhändlerische Ausbildung absolviert, vgl. Glas: Johann Jacob Palm, S. 10 und 231. Eine Möglichkeit nicht verkäufliche Werke zu veräußern, waren die Bücherlotterien, vgl. hierzu Kap. 4.3.5.

Bemerkungen Christoph Friedrich Sartorius' und Ludwig Josef Uhlands: „Die Deposition derer beeden Buchdrucker enthält neben einer deutlichen Erläuterung zugleich auch einen Beweis für die Wahrheit Ihrer Aussage: der U. Bericht kann also nach derselben abgefaßt werden und wird hinlänglich seyn".[506]

Die württembergische Regierung verfasste am 21. November 1782 die abschließende Stellungnahme auf Grundlage der übermittelten Erkenntnisse aus der Vernehmung und folgte den Annahmen des Senates, dass kein Nachdruck des Traktates seitens der Buchdrucker zu befürchten sei.[507] Es bestehe aber weiterhin die Möglichkeit, dass die Tübinger – im Rahmen ihres kaiserlichen Privilegs – bislang unprivilegierte Werke nachdrucken könnten.

In Erlangen schien man sich mit der Antwort zu begnügen und da keine Nachdrucke zu erwarten waren, folgten keine Beschwerden, zumindest sind keine weiteren Klagen in den Archiven verzeichnet. Dennoch wurde hier die Haltung gegenüber dem Nachdruck im eigenen Territorium einmal mehr deutlich. Man ging nicht zweckgerichtet gegen die Nachdrucker vor, da man aufgrund des kaiserlichen Privilegs keine Handlungsgewalt hatte. Die einzige Möglichkeit der Regulation und Kontrolle war die Zensur durch die Universitätsfakultäten und die Statuen neu zu druckende Werke anzuzeigen.

Im Jahr 1782 druckten Frank und Schramm dennoch ein Erlanger Verlagswerk nach, diesmal jedoch nicht von Johann Jacob Palm, sondern von Wolfgang Walther, dem zweiten Buchhändler in Erlangen.[508] Dieser hatte am 5. April 1773 für die Dauer von zehn Jahren ein kaiserliches Privileg für die Schrift *Religion der Unmündigen* in acht Oktav beantragt und erhalten.[509] Kurz vor Ende der Schutzfrist 1783 druckten Frank und Schramm das Buch „Mit allerhöchst-gnädigst Kayserl. Privilegio" nach. Aufgrund der auslaufenden Schutzfrist gab es keine Beschwerden seitens des Erlanger Verlegers. Interessant war jedoch, was auf dem Titelblatt abgedruckt war: Neben dem Verlagsort Tübingen und den Druckern Frank und Schramm war zu lesen: „in Kommission, bey Joh. Jak. Fleischhauer, Buchdr. in Reutlingen".[510] Dies war ebenjener Johann Jakob Fleischhauer, den man 1777 noch wegen der Winkeldruckerei in Wankheim angezeigt hatte. Da dieser seit mindestens 1781 mit Tübinger Verlagsartikeln handelte, bestand

506 UAT 44/118,5, Nr. 97.

507 „[...] wenn diese 2 Buchdrucker sich auf ihr erlangtes obgedachtes kayserlichen Privilegium berufen, und auf dessen Ausübung bestehen sollten, man ihnen den weiteren Nachdruck dieses mit einem kayerlichen Privilegio wider den Nachdruck noch nicht versehenen Werks so schlechterdings nicht gänzlich wiederzulegen und zu verbieten vermöge", HStASt A 202, Bü 2539.

508 Es „existieren zwo Buchhandlungen, die aber durch ihre starken Büchervorräthe, durch ihre Thätigkeit und Connexionen von mehr Belang sind, als bisweilen ein halbes Dutzend zusammen genommen. Man kennt sie unter den Namen: die Waltherische und Palmische. In beiden erscheinen eben so kostbare, als weit sich verbreitende Verlagsartikel", Papst, Johann Georg Friedrich: Gegenwärtiger Zustand der Friedrich Alexanders Universität zu Erlangen, Erlangen 1791, S. 104.

509 Gleichzeitig ließ er sich Seilers Schrift *Kurze Geschichte der geoffenbarten Religion* privilegieren, vgl. Koppitz: Die kaiserlichen Druckprivilegien, S. 582 und HHStA RHR Impressoria 75–3, 9/11 und 12.

510 Vgl. VD18 11878991.

die Verbindung als Kommissionsbuchhändler vermutlich bereits länger.[511] Ein Fakt, der 1786 noch zu rechtlichen Auseinandersetzungen führte, doch darauf wird an späterer Stelle zurück zu kommen sein.

3.2.4 Der Tod Christian Gottlieb Franks und die Zusammenarbeit mit Johann Friedrich Balz

Wirft man einen Blick auf das Verlagsprogramm in den Jahren von 1782 bis Ende 1784, so lässt sich Folgendes registrieren: Die Druckertätigkeit nahm insgesamt gesehen, besonders aber im Geschäftsjahr 1784 ab. Die Sammlung wurde um weitere Teile der Schriften Christoph Christian Sturms und Johann Jakob Hess' erweitert.[512] Des Weiteren begannen die Arbeiten an der Fortsetzung der *Skizzen* August Gottlieb Meißners (1753–1807), die in den Jahren 1783 und 1784 nachgedruckt wurden. Kurz zuvor hatte Christian Gottlieb Schmieder ebenfalls damit angefangen, die ersten drei Teile Meißners *Skizzen* nachzudrucken und zu verkaufen.[513] Hieraus lässt sich schließen, dass Anfang der 1780er Jahren eine hohe Nachfrage an den *Skizzen* herrschte, was die zahlreichen Nachahmungen bewiesen.[514]

Frank und Schramm begannen immer häufiger die Werke auch außerhalb ihrer Sammlung herauszugeben, ähnlich wie Schmieder. Doch zunächst stellt sich die Frage, warum besonders zwischen 1784 und 1785 die Zahl der nachgedruckten Titel zurückging. Ein Grund war sicherlich der plötzliche Tod Christian Gottlieb Franks, der 1785 im Alter von nur 37 Jahren verstarb. Noch vor seinem Ableben hatte er allein die *Fabeln und vermischten Gedichte* Johann Friedrich Schlotterbecks (1765–1840) in Verlag genommen und ohne vorherige Erlaubnis gedruckt: Frank wurde „mit einer dreitägigen Carcer-Strafe belegt, welche ihme aber von uns wegen seiner kränklichen Umstände, worüber er von seinem Medico und Chirurgo glaubwürdige Attestate beibrachte, [die] in eine Geldstrafe von 30 Reichsthalern verwandelt worden" ist.[515]

Den Nachdruck Franks zum Anlass nehmend, schärfte man den Buchdruckern im Januar 1785 erneut ein,

> daß es aber im übrigen nicht überflüßig seyn möchte, wenn sämtliche bey der Universitaet in Tübingen befindliche Buchdrucker erinnert würden, für die Zukunfft so wohl überhaupt die in medio liegende Herzogl. Verordnungen als auch

511 Vgl. Kap. 3.2.1.

512 Darunter 1784 eine neue, verbesserte Auflage der *Lebensgeschichte Jesu*, die sich allem Anschein nach gut absetzen ließ.

513 Im Jahr 1782 Teil 1–3 und Teil 4–6 im Jahr 1784, vgl. Breitenbruch: Schmieder, Sp. 713.

514 Meißner schaffte mit den Skizzen ein „Mittelding zwischen Drama und Roman zu schaffen", welches sich beim Publikum besonderer Beliebtheit erfreute. So tadelte Meißner seine Nachahmer kurz nach der Fortsetzung des 3. Bandes der Skizzen: „Die mancherley ganz und halb dialogirten Romane, die neuerlich erschienen, und deren einige dem ersten Theile meiner Skizzen wahrscheinlich ihr Daseyn zu danken haben mochten, hatten mit größtentheils eine so peinliche Langeweile im Durchlesen gemacht", zitiert nach: Kalmbach, Gabriele: Der Dialog im Spannungsfeld von Schriftlichkeit und Mündlichkeit (= Communicatio; 11), Tübingen 1996, S. 118.

515 Wittmann: Tübingen als Verlagsstadt, S. 125 und UAT 7/13,2, Nr. 72.

> die von dem Pro Rectorat-Amt ergehende besondere Verfügungen bey zu gewarten habenden noch schärfere Ahndung auf das genaueste zu beobachten.[516]

Mit dem Tod Christian Gottlieb Franks begann auch für Wilhelm Heinrich Schramm und den Nachdruck in Tübingen eine neue Zeit, die geprägt war von Geschäftsverbindungen innerhalb und außerhalb Württembergs. Doch primär ging es für Schramm um den Fortbestand der Sammlung. Aus diesem Grund musste ein neuer Sozius gefunden werden, der den Platz des verstorbenen Geschäftspartners einnahm.

Ab 1785 trat in Tübingen der Buchdrucker Johann Friedrich Balz (1759/60–1798) in Erscheinung, über dessen Leben so gut wie keine Informationen überliefert sind.[517] Schon kurz nach dem Tod Franks beschloss Schramm mit ebenjenem Buchdrucker Balz eine Kooperation einzugehen,[518] denn schon 1785 sind die ersten gemeinsamen Drucke verzeichnet.[519] Diese überaus produktive Zusammenarbeit hielt bis zum Tode Balz‘ im Jahr 1798.

Bereits 1786 begannen Schramm und Balz erneut damit, Meißners *Skizzen* außerhalb ihrer Sammlung auf den Markt zu bringen. Nicht zuletzt, weil das Werk beim Publikum großen Zuspruch erhielt, wie aus einer Rezension aus dem Jahr 1784 hervorgeht: „kurz der Beifall des Publikums hat Hrn. Meißner gereizt, den größten Fleiß auf sein Buch zu wenden, wodurch denn dieser Beifall nicht erkalten, sondern vielmehr noch stärker werden wird“.[520] Und auch die Nachdrucker hatte der Rezensent im Visier:

> Zu der alten Ausgabe dieser Skizzen ist in der verwichnen Ostermesse die fünfte Sammlung erschienen, welche unter anderen interessanten Stücken den Schluß der Bianca liefert. Zu der neuen Ausgabe passt dieser Theil folglich nicht, welches wir hiermit wollen angezeigt haben. Vermuthlich hat man um der Nachdrucker willen erst blos zu der alten Ausgabe den neuen Theil geliefert: da man nicht durch das corpus juris diese litterarischen Diebe zähmen kann, so muß man

516 HStASt A 202, Bü 2539.

517 Die spärlichen Hinweise finden sich im StATü E101/016. Demnach war Balz vor seinem Tod am 26. Dezember 1798 am 12. August 1798 mit Maria Caroline Neuffer (1770–1802) verheiratet. Das Geburtsjahr scheint ebenfalls nicht eindeutig rekonstruierbar, bisher wurde angenommen, er wurde 1760 geboren, bei einer Vernehmung im Jahr 1786 gab er jedoch an, bereits 27 Jahre alt zu sein, was demnach das Geburtsjahr 1759 sprechen würde.

518 Die Aufnahme Balz‘ in das kaiserliche Privileg schien dabei kein Problem dargestellt zu haben, da Schramm weiterhin als Herausgeber der Sammlung fungierte.

519 Es existiert ein Druck von Campes *Kolumbus oder die Entdekkung von Westindien* aus dem Jahr 1782, auf dem Schramm und Balz als Druckerverleger angegeben sind, vgl. VD18 90421620. Möglicherweise wurde dieser Druck aber zurückdatiert, also eine falsche Jahreszahl angegeben und etwaige Auseinandersetzungen zu verhindern. Denn danach finden sich keinerlei Druckverbindungen von Schramm und Balz, sodass davon auszugehen ist, dass Balz wirklich erst nach dem Tod Franks 1785 Partner von Schramm wurde. Das erste gemeinsam verlegte Werk, welches innerhalb der Sammlung den 27. und 28. Teil darstellte, war das zweibändige Werk Johann Jakob Hess‘ *Geschichte der Patriarchen* aus dem Jahr 1785, vgl. VD18 90071077.

520 N. N.: Rezension zu Skizzen von A.G. Meißner, in: Litteratur- und Theaterzeitung, Bd. 7 (1784), S. 123–125, hier S. 125.

ihnen Fallen stellen. Schon aus unserer kurzen Anzeige wird man sehen, daß alle noch vorhandenen Exemplare von den verschiednen Nachdrücken dieser Skizzen nun so gut als Makulatur sind; und kaum wird im Würtembergischen, dem Schutzloche der litterarischen Freybeuter, der Nachdruck des fünften Theils geendiget seyn, als er auch in einer ganz veränderten Gestalt zu der neuen Ausgabe erscheinen dürfte".[521]

Die ‚Freibeuter', die darüber hinaus in einer württembergischen Schutzhöhle, einer Metapher für den Herzog von Württemberg und seiner protektionistischen Haltung gegenüber des Nachdrucks lebten, wurden in dieser Rezension expressis verbis angesprochen.[522] Durch einen Kunstgriff versuchte die Originalverleger die alten Ausgaben der Nachdrucker zu entwerten, da sie sich bewusst waren, dass ohnehin bald schon die neuen Nachdrucke auf den Markt kämen. So liest man eine gewisse Resignation aus der Rezension, nämlich das subjektive Gefühl den Gesetzen nach – *corpus juris* – keine Handhabe gegen die Nachdrucker mehr zu haben, um nun korporativ, literarisch, verlagstechnisch und diskursiv gegen die Nachdrucker vorzugehen.

Die Auseinandersetzung mit Joachim Heinrich Campe

Joachim Heinrich Campe veröffentlichte 1784 im Deutschen Museum einen Artikel mit dem Titel *An Joseph den Einzigen*, bei dem er den Nachdruck thematisierte.[523] Zuvor waren seine Verlagsartikel nachgedruckt worden, allen voran sein Werk *Kolumbus oder die Entdeckung von Westindien*, welches Frank und Schramm bereits 1782 nachgedruckt hatten.[524]

Trotz seiner bisher mahnenden und defensiven Haltung,[525] veranlasste der Nachdruck seiner *Sammlung interessanter Reisebeschreibungen* ihn 1786 dazu, Beschwerde

521 Ebd. Ebenjene fünfte Sammlung hatten dann aber nicht die württemberger Nachdrucker gedruckt, sondern unmittelbar nach Erscheinen 1784 Christian Gottlieb Schmieder, mit der Fortsetzung und dem Schluss *Bianka Capellos*.

522 Vgl. zum Aspekt der Diskreditierung der Nachdrucker Kap. 4.6.

523 Campe, Joachim Heinrich: An Joseph den Einzigen, in: Deutsches Museum, 2. St. 1784, S. 101–104, vgl. hierzu auch Kap. 4.1.1.

524 Schon vor der Veröffentlichung schrieb Campe im November 1780 an den Autoren Johann Arnold Ebert (1723–1795), dass er eine Subskription plane: „Da ich aber weder Lust noch Verbindlichkeit habe, für raubsüchtige Nachdrucker zu arbeiten; so werde ich diese Bücher nur unter der Bedigung drucken lassen, daß das Publikum durch eine hinlängliche Anzahl von Subscribenten mich in den Stand setzt, jeden ungerechten Anschlag solcher Leute zu vereiteln", Schmitt, Hanno: Briefe von und an Joachim Heinrich Campe, Bd.1, Wiesbaden 1996, S. 269. Zum Werk vgl. Brune-Heiderich, Gabriele: Die Begegnung Europas mit der überseeischen Welt. Völkerkundliche Aspekte im jugendliterarischen Werk Joachim Heinrich Campes (= Europäische Hochschulschriften Reihe 11: Pädagogik; 385), Frankfurt a. M. 1989.

525 Weiterhin schrieb Campe an Ebert in dem Brief: „Ein zweifacher Nachdruck meines Robinsons hat mir einen großen Theil der Vortheile entrissen, den der Ertrag dieses mit Beifall angenommenen Buches mir sonst würde abgeworfen haben. Daher ist es dan aber auch meine ernstliche Entschließung, das jetzt angekündigte Werk nur unter der Bedinung drukken zu lassen, daß ich durch eine hinlängliche Anzahl an Subscribenten einigermaßen gedekt werde", Campe an Ebert

beim Herzog von Württemberg einzulegen. In einem eindringlichen Schreiben wandte sich Campe am 18. April 1786 an Karl Eugen, dieser sei aufgrund seiner Beispielhaftigkeit an dieser Stelle vollständig zitiert:

> Die herablassende Gnade, deren Ew. Hochfürstl. Durchlaucht mich einst in meiner Wohnung bei Hamburg würdigten und die höchstdenenselben eigen strenge Gerechtigkeitsliebe flößen mir den Muth ein, mir gegen die minderholten Räubereien der Buchhändler Schram und Frank in Tübingen höchstdero mächtigen Schutz und Gerechtigkeitspflege mit der zuversichtlichen Hoffnung einer gnädigsten Erhörung zu erbitten. Besagte Buchhändler haben nämlich ihre raubgewohnten Hände auch nach der von mir für die Jugend herausgegebene Sammlung interessanter Reisebeschreibungen ausgestreckt und dem rechtmäßigen Verleger dieses Buchs, der auf Befehl meines gnädigsten Landesherren etablierten Wolfenbüttelschen Schulbuchhandlung, den ihr von Gott und Rath wegen zukommenden Vortheil durch einen unerlaubten Nachdruck zu entwenden gesucht. Allein aus Furcht vor Ew. Hochfürstl. Durchlaucht gerechter Ahndung und um jedem rechtlichen Anspruch eludieren zu können, haben diese eben so listigen als ungerechten Männer sich zu diesem diebischen Geschäfte mit einem ihnen gleichgesinnten Mann in der Reichsstadt Reutlingen nahmens Fleischhauer, dahin verbunden, daß sie den Raub mit ihm theilen, er aber erforderlichen falls den Nahmen dazu hergeben muß. Die Nachricht von diesem Complot ist mir von so glaubwürdigen Personen aus Tübingen gemeldet worden, daß ich in die Wahrheit derselben keinen Zweifel setzen könnte, auch wenn mir nicht von anderen Buchhändlern des Reichs geschrieben würde, daß die Versendungen dieses Nachdrucks von den besagten Schram und Frank geschehen und daß der Verkauf desselben auf ihre Order und Rechnung vor sich gehe.
> Dem erhabenen Beschützer der Wissenschaften, an dessen Gerechtigkeit ich deswegen in meinem und der beraubten Schulbuchhandlung Nahmen appelliere, kann das ungerechte und unerlaubte Verkaufen dieser Leute unmöglich gleichgültig scheinen, und ich hoffe dahero keine Fehlbitte zu thun, wenn ich sowohl um schleunige Confiscation jenes Nachdrucks als auch um eine ernstliche Untersagung aller ähnlichen Räubereien ehrerbittigst und unterthänigst ansehe.[526]

Eine interessante Feststellung lässt sich bei der Formulierung in Campes Brief machen: Die Phrase „flößen mir den Muth ein“ benutzte Campe schon 1784 bei dem Aufsatz im Deutschen Museum *An Joseph den Einzigen*.[527] In diesem Fall benutzte er die Formulie-

---

im November 1780, in: Schmitt, Hanno (Hg.): Briefe von und an Joachim Heinrich Campe, Bd.1: Briefe von 1766–1788, Wiesbaden 1996, S. 269–270, hier S. 270.

526 HStASt A 213, Bü 8936. Laut den Ausführungen Campes gab es einen persönlichen Kontakt zwischen dem Herzog von Württemberg und dem Schriftsteller in Hamburg, vermutlich bei des Herzogs Reise mit Franziska von Hohenheim (1748–1811), bei der er zwischen Februar und März 1786 in Hamburg weilte, vgl. Eigenhändige Tagebücher Herzog Karl Eugens über seine Reisen mit Franziska von Hohenheim, HStASt, G230, Bü 73.

527 Vgl. Kap. 4.1.1.

rung erneut, um sich dieses Mal an den württembergischen Herzog zu wenden und ihn auf die Tätigkeiten seiner Untertanen aufmerksam zu machen.

Campe, der 1786 die Wolfenbüttelsche Schulbuchhandlung gegründet hatte,[528] trat hier als ihr Interessensvertreter auf und klagte gegen den Nachdruck der *Sammlung der interessanten Reisebeschreibungen*, die im ersten Band von 1785 noch bei Herold in Hamburg, ab dem zweiten in Wolfenbüttel und ab dem dritten dann in Braunschweig erschien. Diese Sammlung war ein Beispiel der philanthropisch-aufklärerischen Schriften, die ab Anfang der 1770er Jahre publiziert wurden und sich bis zum Ende des Jahrhunderts beim Publikum immer größer werdender Beliebtheit erfreuten. So nahm die Kinder- und Jugendliteratur einen hohen Stellenwert als belletristischer Zweig der Literaturproduktion ein.[529] Dies veranlasste Friedrich Gedike (1754–1803) zu der kritischen Äußerung „die Büchermacherei für die Jugend" als „die emsigste ‚literarische Manufaktur' zu bezeichnen, die von Messe zu Messe ‚wie die Flut des Meeres eine zahllose Menge Bücher ans Ufer' spülte".[530]

So registrierten Schramm und Balz die Popularität der Kinder- und Jugendliteratur und fokussierten ihre Produktion auf ebendiese Verlagswerke. Neben Weißes *Kinderfreund*, der von Frank und Schramm bis 1782 gedruckt wurde, sollte nun die Sammlung philosophischer Schriften gefördert werden. Nach dem mehrfachen Druck des *Kolumbus oder die Entdekkung von Westindien: ein angenehmes und nüzliches Lesebuch für Kinder und junge Leute* 1782 und 1783, erfolgte nun angeblich ein Nachdruck der *Reisebeschreibungen*. Campe führte aus, dass es zu einer Kooperation zwischen den Tübinger Buchdruckern und dem Reutlinger Fleischhauer kam, der seinen Namen für die Nachdrucke hergab.[531] Er hatte diese Informationen von anderen Tübinger Bürgern, womöglich von den ewigen Widersachern Heerbrandt und Cotta, die die neue Geschäftsverbindung als konkrete Gefahr für ihr eigenes Geschäfts angesehen hatten.[532]

Der weitere Vorgang in der Auseinandersetzung mit Campe unterschied sich nicht von den bisherigen: Die Klage wurde am 15. Mai 1786 an den akademischen Senat

528 1786 wurde Campe von Carl Wilhelm Ferdinand von Braunschweig-Wolfenbüttel (1735–1806) zum Schulrat ernannt, ehe Campe 1787 die Buchdruckerei und Buchhandlung des fürstlichen Waisenhauses in Braunschweig erwarb und diese mit der Wolfenbüttelschen zur Braunschweigischen Schulbuchhandlung vereinte, vgl. Perrey, Hans-Jürgen: Joachim Heinrich Campe (1746–1818). Menschenfreund, Aufklärer, Publizist (= Presse und Geschichte, Neue Beiträge; 56), Bremen 2010.

529 Ewers, Hans-Heino: Erfahrung schrieb's und reicht's der Jugend. Geschichte der deutschen Kinder- und Jugendliteratur vom 18. bis zum 20. Jahrhundert. Gesammelte Beiträge aus drei Jahrzehnten (= Kinder- und Jugendkultur, -literatur und -medien; 68), Frankfurt a.M 2010, S. 19.

530 Zitiert nach Ebd., S. 18.

531 Vgl. UAT 8/2,3, Nr. 194,1.

532 So hatten sie bereits 1781 im *Magazin des Buch- und Kunsthandels* eine Berichtigung vornehmen lassen, da sie ungewollt mit dem Büchernachdruck in Verbindung gebracht worden sind. In der Schrift über das Bücherwesen wurde deklamiert, dass „1779 einer Buchhandlung in Tübingen ein Privilegium zum Nachdruck ertheilt worden sey". Da nur zwei Universitätsbuchhandlungen in Tübingen existierten, die Cotta'sche und Heerbrandt'sche, konnte angenommen werden, dass diese beiden Nachdrucke produzierten, was sie weder „jemals verlangt, noch weniger erhalten haben", Avertissement, in: Magazin des Buch- und Kunsthandels 1781, 1. St., S. 68.

nach Tübingen weitergereicht, woraufhin eine Anhörung der beiden Buchdrucker angefordert wurde.[533] Am 20. Mai wurden Schramm und Balz durch den Mathematiker Christoph Friedrich Pfleiderer (1736–1821, ab 1808 von Pfleiderer) und den Universitätssekretär Johann Friedrich Uhland (1756–1831) vernommen.

Zuerst wurde Schramm, dann Balz befragt, wobei Balz ähnlich wie Schramm antwortete, daher werden lediglich Schramms Antworten wiedergegeben. Auf die Frage, ob er die Sammlung nachgedruckt habe, antworte Schramm, dass er diese nicht nachgedruckt, sondern bloß von Fleischhauer Exemplare erhalten habe, er aber nicht wüsse, woher diese stammen. Weiter wurde eruiert:

> Ob das Buch auch seiner Comission oder in Gesellschaft seiner Dep. und des Fleischhauers gedruckt worden?
>
> Nein! Es seyn nicht auf seiner Commission gedruckt worden, sondern Fleischhauer drucke manchmal etwas, dann tausche er mit ihm gegen andere Bücher; Er stehe in Ansehung des drucks in keiner Gesellschaft mit dem Fleischhauer.
>
> Ob er nicht Exemplar auf seiner eigenen Order? verschickt und verkaufft?
>
> Ja! Er habe damit gegen andere Bücher gehandelt, wie mit einem Comissions-Verlag.
>
> Wie viel er etwa Exemplarien gehabt?
>
> Wiße es nicht genau, es könnten etwa ein paar hundert gewesen seyn.
>
> Wann Fleischhauer dieses Buch gedruckt?
>
> Er wisse es nicht genau; es könnte einige Monate seyn, daß solche ihm die Exemplare nach und nach geschickt.
>
> Wodurch er sich zu einem so starken Verschluß berechtigt halte?
>
> Er glaube er habe das nehmliche Recht wie die hiesigen Buchhändler und übrigen Buchdrucker gegen ihre Verlags Bücher andere einzutauschen.[534]

Die von Campe aufgeworfene Geschäftsverbindung zwischen Tübingen und Reutlingen entsprach der Realität. So wurde bereits gezeigt, dass es schon 1782 zu einer solchen Verbindung kam, beispielsweise bei Georg Friedrich Seilers *Religion der Unmündigen,* bei der Fleischhauer als Kommissionär auf dem Titelblatt gedruckt wurde. Bei der Broschüre *Über Brandschadens-Versicherungsanstalten, ein patriotischer Vorschlag eines Reichsstädters* des Reutlinger Johann Jakob Fezers (1760–1844) sind als Impressum Reutlingen und Tübingen mit Schrammischen Schriften 1783 angegeben[535] und auch Christoph

533 UAT 8/2,3, Nr. 194,1

534 HStASt A 213, Bü 8936.

535 Vgl. Bayrische Staatsbibliothek: Sig. Pol.civ. 21. Das Werk war ein „Dienst für das Vaterland zum Wohl der Gesellschaft“. Nach dem verheerenden Reutlinger Stadtbrand 1726 diente es einerseits der praktisch-ökonomischen Weiterbildung, griff aber auch ein „zentrales Thema der Aufklärung auf: Schutz und Sicherheit des bürgerlichen Vermögens durch Brandschadens-Versicherungsanstalten“. Ob Fleischhauer an der Schrift beteiligt gewesen war, ist nicht eindeutig. Jedenfalls kannte Schramm den Reutlinger Fezer aus der Tübinger Universität. Schramm „druckte auf Kredit mit Zahlungsfrist, besorgte den Einband ebenfalls auf Borg. Den Versand und die Verbrei-

Christian Sturms *Betrachtungen über die Werke Gottes im Reiche der Natur* von 1782 war in Kommission bei Fleischhauer zu haben.[536] Bereits aus Schmieders Unternehmen ist bekannt, dass er ebenfalls mit Kommissionären im gesamten Reichsgebiet zusammengearbeitet hat. So tauschten auch Schramm, Frank und Fleischhauer ihre Verlagsartikel aus, um ein größeres Absatzgebiet erschließen zu können. Die Verbindung zwischen Fleischhauer und Balz und Schramm kritisierte schließlich Christian Friedrich Himburg in einer Nachricht der *Gothaischen Gelehrten Zeitung* bereits 1781, in der er schrieb: „Die Buchdrucker Schramm und Franke zu Tübingen und der Buchdrucker Fleischhauer in Reutlingen, haben sich schon seit einigen Jahren zusammengerottet, und drucken den Ober- und Niedersächsischen Buchhändlern ihre besten Verlagsbücher nach" und präsentiert öffentlichkeitswirksam die Nachdruckerverbindung, um das Publikum vor den Nachdrucken zu warnen und gleichzeitig seine eigenen Drucke zu bewerben.[537]

Dass Schramm angab, in keinem Druckverhältnis mit Fleischhauer zu stehen, war schließlich selbsterklärend, da beide über eine Druckerei verfügten und keinen Anlass hatten, Druckwerke bei dem jeweils anderen anfertigen zu lassen. Artikel, die vielversprechend waren oder durch Zensurmaßnahmen für die andere Partei nicht zugänglich waren, konnte man so durch das Kommissionsgeschäft tauschen, wie die Tübinger unumwunden zugaben. Zudem hatten die Handelsverbindungen weitere Vorteile: So denunzierten sich die Nachdrucker bei auswärtigen Klagen der Behörden gegenseitig, um „die Behörden systematisch in die Irre" zu führen, die Prozesse in die Länge zu ziehen und darauf zu hoffen, dass dadurch die Klage fallen gelassen würde.[538]

Die Antworten wurden Anfang Juni der herzoglichen Regierung übermittelt und es wurde hinzugefügt:

---

tung im Reich und in der benachbarten deutschsprachigen Schweiz erledigte er (=Fezer) selbst", Junger: Johann Jacob Fezer, S. 61ff. Zum Stadtbrand vgl. Kap. 2.3.3.

536 Vgl. Sturm, Christoph Christian: Betrachtungen über die Werke Gottes im Reiche der Natur, 2 Theile, Tübingen und in Kommission in Reutlingen 1782.

537 „Ein gleiches Schicksal wiederfährt mir jetzt mit dem Handbuch der Religion des Herrn Oberkonsistoralraths Hermes, das diese verbrüderten Gesellen nach der zweyten Auflage unter Frankfurt und Leipzig wirklich nachdrucken. Ich kann dem Publikum voraus sagen, daß es an diesem Nachdruck eine schlechte Acquisation machen wird. I. Ist eine dritte, zwar nicht vermehrte aber dennoch verbesserte und von den Burscherschen Census-Unrath gereinigte Auflage unter der Presse, die diese Ostermesse erscheint. II. Ist die zu erwartende 3te rechtmäßige Auflage auf schönes Papier mit ganz neuen Lettern gedruckt. Und III. wird der Ladenpreis, der bisher 2 Rthl. 12. Gr. gewesen ist, nur 2 Rthl. seyn". Aus Gothaische Gelehrte Zeitung, Achter Jahrgang 1781, Nr. 1–26. Vgl. zur Auseinandersetzung um die Verlagswerke Hermes auch weiter oben in diesem Kapitel.

538 Haug hat dies für den Frankfurter Buchhändler Johann Georg Esslinger in der Mitte des 18. Jahrhunderts ebenfalls feststellen können, der ‚verbotene' Verlagsartikel an Geschäftspartner vermittelte und anschließend beteuerte, „verschiedene Teile der Schrift gedruckt zu haben", um für Verwirrung bei den Behörden zu sorgen. Haug, Christine: „Die kleinen französischen Schriften gehen zur Zeit ungleich stärker als aber andere solide Werke …" – Der Buchhändler Johann Georg Esslinger (1710–1775) in Frankfurt am Main und sein florierender Handel mit Geheimliteratur im 18. Jahrhundert, in: Jahrbuch für Kommunikationsgeschichte 4 (2002), S. 104–135, hier bes. S. 119 und 126.

> da das factum so wie es der Schul-Rath Campe angebracht, wenigstens zur Zeit nicht erwiesen ist, [...] wobey jedoch, [...] dem Schul-Rath Campe insinirt werden dürfte, daß er, da der Buchdrucker Fleischhauer der eigentliche und offenbare Nachdrucker ist, sich mit seiner Beschwerde an den Magistrat zu Reutlingen wenden – und bey diesem um Inhibirung des dortigen Nachdrucks seiner Schriften nachsuchen könne.[539]

Campe beherzigte den Rat aus Württemberg mit hoher Wahrscheinlichkeit und wandte sich infolgedessen an den Reutlinger Stadtmagistrat. Darüber Auskunft gibt ein Konzeptschreiben vom 17. August 1786, welches eine interessante Wendung in der Auseinandersetzung zwischen Campe und Fleischhauer, Schramm und Balz offenbarte. Im Schreiben an Schulrat Campe über den Nachdruck der *Sammlung interessanter Reisebeschreibungen für die Jugend* wurde eine Mitteilung angeführt,

> von dem Buchhändler Flick in Basel an den hiesigen Buchdrucker Johann Jacob Fleischhauer dd. 3.ten Marti 1786 entüllt den ganzen Hergang der Sache und beweist zugleich, daß der 1. Theil erwelten Reisebeschreibungen nicht hier nachgedruckt, sondern durch besagten Buchhändler Flick an hiesigen Jacob Fleischhauer an der Zahl 500 St. zu weiteren Debitierung übersandt worden, welchen Fleischhauer an die Tübinger Buchdrucker eine Anzahl verschlossen, die übrigen Exemplarien an andere Buchhändler sogleich abgegeben hat.[540]

Es wurde weiterhin festgelegt, dass „dem Jacob Fleischhauer bey hoher Straffe aufgegeben, sich von nun an der Comission zu enthalten, auch sich nicht zu erfrechen, erweltes Werk nachzudrucken und zu verkaufen".[541]

Es waren also weder Schramm und Balz, noch der Reutlinger Johann Jacob Fleischhauer, die die Camp'sche Sammlung nachgedruckt hatten, sondern der Baseler Buchdrucker Johann Jacob Flick (1745–1818).[542] In der Tat findet sich ein Exemplar der *Sammlung interessanter und durchgängig zweckmäßig abgefaßter Reisebeschreibungen für die Jugend* in der Universitätsbibliothek Basel aus dem Jahr 1786.[543]

539 HStASt A 202, Bü 2539.

540 StARt A 9 Registratur Syndikus vorl. Nr. 1418.

541 StARt A 9 Registratur Syndikus vorl. Nr. 1418.

542 Flick war Buchhändler und Verleger in Basel, wo er seine Offizin am Fischmarkt betrieb. Er heiratete 1766 Anna Elisabeth Paravicini (1736–1811). Der gemeinsame Sohn Samuel Flick (1772–1833) übernahm die vom Vater gekaufte Offizin von Johann Christoph Im Hof, vgl. Universitätsbibliothek Basel: Johann Jakob Flick, online unter: https://www.ub.unibas.ch/itb/druckerverleger/johann-jacob-flick/ (letzter Abruf 11.02.2020). Zum Buchhandel in Basel vgl. Germann, Martin: Johann Jakob Thurneysen der Jüngere, 1754–1803. Verleger, Buchdrucker und Buchhändler in Basel; ein Beitrag zur Geschichte der Spätaufklärung in Basel und zur Geschichte des Eindringens der englischen und französischen Aufklärung im deutschen Sprachgebiet am Ende des 18. Jahrhunderts (= Basler Beiträge zur Geschichtswissenschaft; 128), Basel 1973.

543 Mit einem Verweis auf Johann Jacob Flick, diese druckte die Teile eins bis sieben in den Jahren von 1786 bis 1790 nach, vgl. UBBasel, Sig. UBH EV XI 50–56.

Johann Jakob Fleischhauer war in diesem Fall bloß der Vermittler der 500 Exemplare, die er nicht nur nach Tübingen, sondern auch zu anderen Buchhändlern im Reich verschickt hatte. Dementsprechend harsch ging der Magistrat gegen diese Art der Weiterverbreitung der Nachdrucke vor und drohte ihm mit hohen Strafen, die ihm bei zuwiderhandeln erwarteten. Johann Jakob Fleischhauer selbst unternahm keinen Nachdruck der Sammlung mehr. In Reutlingen wurde das Werk ab 1790 dennoch durch Johannes Grözinger verlegt. Ab 1811 wurde es durch Johann Jakob Fleischhauers Sohn gleichen Namens nachgedruckt.[544]

Wie lässt sich diese Episode nun in den Geschäftsbetrieb von Schramm und Balz einordnen?

Zunächst muss festgehalten werden, dass Balz und Schramm mit ihren Aussagen gegenüber dem akademischen Senat die Wahrheit gesagt hatten, dass sie das Buch nicht selbst nachgedruckt, sondern Exemplare von Fleischhauer im Tausch erhalten hatten. Des Weiteren besaß auch Fleischhauer, wie Schramm und Balz mit Benedikt Hurter in Schaffhausen und Christian Gottlieb Schmieder Geschäftsverbindungen in die Schweiz.[545] Die Schweizer Buchhändler hatten nämlich, genau wie die südwestdeutschen Buchhändler, mit den Folgen der Umwälzungen des Buchhandels zu kämpfen: „Für den Schweizer Buchhandel stellte das Leipziger Monopol ein schwerwiegendes Problem dar".[546] Denn die deutschsprachigen Schweizer Buchhändler nutzten in erster Linie das Alte Reich als Absatzmarkt. Auch für sie bedeutete die Verlagerung der Buchhandelsmesse von Frankfurt am Main nach Leipzig ein aus geographischer und ökonomischer Sicht ein bedeutender Einschnitt, so war die Entfernung nach Leipzig fast doppelt so weit, wie die nach Frankfurt.[547] Und auch sie litten unter der rigiden Preispolitik der Leipziger Buchhändler gegenüber den Ausländern, so erschienen 70 % der deutschsprachigen Literatur in Norddeutschland mit dem überragenden Buchhandelszentrum Leipzig, nur 19 % in Süddeutschland mit der kaiserlichen Messestadt Frankfurt, 7 % in Österreich/Ungarn und gerade 3,3 % in der Schweiz".[548]

Dass hierbei Bücher nicht nur bilateral untereinander, sondern mit anderen tertiären Buchhändlern getauscht wurden, verdeutlicht die Situation der Buchhändler und insbesondere der Nachdrucker ihr Publikum mit der vom Leser geforderten Literatur zu versorgen.

Obwohl Schramm und Balz 1786 bestritten in einer ‚Gesellschaft' mit Fleischhauer zu stehen, konnte aufgezeigt werden, dass wie auch immer geartete Geschäftsverbindungen

544 Vgl. VD18 90657063. Zur Familie Fleischhauer vgl. Kap. 3.3.

545 Vgl. hierzu Kap. 4.4.2.2.

546 Lehmstedt, Mark: Schweizer Literatur im Verlag der Weidmannschen Buchhandlung Leipzig 1750 bis 1787, in: Thomke: Helevetien und Deutschland, S. 115–129, hier S. 117.

547 „Der Transportweg war nicht nur bedeutend länger und damit zeitaufwändiger, sondern auch – da an die Stelle des Wasserweges auf dem Rhein (nach Frankfurt/M) der Landweg quer durch süddeutschland trat – unbequemer und vor allem teurer". Ebd.

548 Bürger, Thomas: Die Aufklärung in der deutschen Schweiz aus buchhandelsgeschichtlicher Sicht, in: Thomke et. al. (Hrsg.): Helvetien und Deutschland, S. 105–114, hier S. 106.

zwischen Reutlingen und Tübingen bestanden hat. Erhärtet wird dieser Verdacht dies durch eine weitere Schrift, die 1789 erschien: *Handbuch der Moral für den Bürgerstand* von Carl Friedrich Bahrdt (1740–1792), gedruckt bei *Joh. Friedr. Balz und Wilh. Heinr. Schramm und Reutlingen, bei Joh. Jacob Fleischhauer, mit allerhöchst-gnädigst Kais. Privilegio.*[549] Der Originalverlager des Werkes war Hemmerde in Halle und er verkaufte dies ab der zweiten Jahreshälfte 1789,[550] somit druckte das süddeutsche Trio das Werk unmittelbar nach Erscheinen nach und genierte sich nicht, gleich das *Impressorium* hinzuzufügen.[551]

1789 kam es zudem zu einem weiteren gemeinsamen Druck zwischen Fleischhauer und Balz und Schramm: Sie druckten erneut ein Werk Campes nach, die Schrift *Väterlicher Rath für meine Tochter. Ein Gegenstück zum Theophron. Der erwachsernern weiblichen Jugend gewidmet*, auf die an späterer Stelle noch eingegangen wird.

Es soll zuvor ein kurzer Blick auf das Verlagsprogramm zwischen 1786 und 1790 geworfen werden.

Schramm und Balz verfuhren bei der Auswahl ihrer Titel für die Sammlung und ihrer außerhalb gedruckten Werke in einer ähnlichen, teilweise identischen Art und Weise wie der Karlsruher Nachdrucker Schmieder. Auch sie druckten ab 1780 mehr Trivialliteratur nach, „in ihrer Ausprägung als moralisch-didaktischer und sozial-pädagogischer Roman".[552] So waren bei Schramm und Balz immer mehr „Romane mit geschichtlichen Stoffen, geschichtsphilosophischen Abhandlungen und zunehmend reine Geschichtsschreibung und Popularphilosophie" zu finden.[553] Als solche druckten sie 1788–1789 beispielsweise Friedrich Christian Schlenkerts (1757–1826) *Friedrich mit der gebißnen Wange* in vier Teilen.[554]

Die theologische Sammlung wurde mit deutlich mehr Titeln Johann Jakob Hess' erweitert,[555] während die philosophische Sammlung keine neuen Titel mit Reihentitel-

549 Verfügbar in der Sächsischen Landesbibliothek: Fc 1117 b. Zum Werk von Bahrdt, vgl. Herrmann, Ulrich: Die Kodifizierung bürgerlichen Bewußtseins in der deutschen Spätaufklärung. Carl Friedrich Bahrdts „Handbuch der Moral für den Bürgerstand" aus dem Jahre 1789, in: Vierhaus, Rudolf (Hg.): Bürger und Bürgerlichkeit im Zeitalter der Aufklärung (= Wolfenbütteler Studien zur Aufklärung; 7), Berlin 1981, S. 321–334.

550 Vgl. Kertscher, Hans-Joachim: Hallesche Verlagsanstalten der Aufklärungsepoche: Die Verleger Carl Hermann Hemmerde und Carl August Schwetschke, Halle (Saale) 2004, S. 10–64.

551 Das Verlagsarchiv beinhaltet einige Bestellungen für das *Handbuch der Moral*, so beispielsweise sechs Exemplare von Friedrich Himburg aus Berlin vom 11. August 1789, Verlagsarchiv Gebauer und Schwetschke A 6.2.6 Nr. 24456 (Kartonnr. 84).

552 Breitenbruch: Schmieder, Sp. 697.

553 Ebd.

554 Vgl. zur Thematik des historischen Trivialromans Reisenleitner, Markus: Die Produktion historischen Sinnes: Mittelalterrezeption im deutschsprachigen historischen Trivialroman vor 1848 (= Europäische Hochschulschriften; 1338), Frankfurt am Main / Berlin 1992, S. 175.

555 Darunter 1788 die *Geschichte Davids und Salomons*, die *Geschichte Josua und der Heerführer* in zwei Bänden und die *Geschichte Moses* in zwei Bänden. 1789 erschien lediglich erneut die Geschichte *Davids und Salomons*, 1790 Die *Geschichte der Könige Juda und Israels nach der Trennung des Reiches* in zwei Bänden. 1792 folgte Hess'*Geschichte der Regenten von Juda nach dem Exilio,* ebenfalls in zwei Bänden.

blatt erhielt. Außerhalb der Sammlungen wurden hingegen einige Titel gedruckt, die in das Konzept des Philanthropismus und der philanthropischen Pädagogik passten:[556] Peter Villaumes (1746–1806) *Vom Vergnügen* (1788) oder Georg Carl Claudius' (1757–1815) *Justus Graf von Ortenburg* (1786 und 1790) sowie weitere Teile der *Entdekkung von Amerika* und *Robinson der Jüngere* von Joachim Heinrich Campe (1788–1789) oder der *Geographie für Kinder* und der *Naturgeschichte für Kinder* (1787–1788) von Georg Christian Raff (1748–1788).[557]

Doch auch einige theologische Titel wurden außerhalb der Anthologie publiziert, so Johann Joachim Spaldings (1714–1804) *Neue Predigten* (1787) oder Gottfried Less' *Christliche Moral* (1787).[558]

Insgesamt erreichte die Drucktätigkeit in den Jahren 1786 bis 1790 einen Höhepunkt, ohne dass Klagen oder Beschwerden über Nachdrucke beim akademischen Senat oder der Regierung in Stuttgart eingingen, obwohl unter den Titeln Verlagswerke der Braunschweigischen Schulbuchhandlung Campes, des Berliner Verlegers Christian Friedrich Voß oder des Göttingers Johann Christian Dieterich gewesen waren. Doch auch dies passte zu den Zeitumständen, die simultan zur Geschäftschronik Schmieders verliefen. Die Originalverleger und Gegner des Nachdrucks gaben es auf, gegen die Nachdrucker ins Feld zu ziehen und auf die Unterstützung seitens der Förderer des Nachdrucks wie Kaiser Joseph II. oder die Landesfürsten in Württemberg und Baden zu pochen. Grundlegend hierfür waren auch die Entscheidungen des Reichshofrates, die Privilegien der Nachdrucker zu prolongieren. Schmieder erhielt 1784 die zehnjährige Verlängerung für seine Sammlung und auch Schramm und Balz ersuchten am 27. März 1789 um eine Verlängerung beim Reichshofrat in Wien für ihre *Collationes* um zehn Jahre, welche ihnen ebenfalls im Sommer 1789 erteilt wurde. Diese Tatsache kann nicht deutlich genug hervorgehoben werden, um die Diskussion über den Büchernachdruck um 1790 verstehen zu können, da mit dem Tod Joseph II. eine kurze Hoffnung, dass der Büchernachdruck unter Leopold II. (1747–1792) verboten werden könnte, aufkeimte.[559]

3.2.5 Eine gewinnbringende Geschäftsverbindung zu Johann Friedrich Cotta

Ende Februar 1790, also unmittelbar nach dem Tod Kaiser Josephs II., bat der junge, aufstrebende Buchhändler Johann Friedrich Cotta (1764–1832) den Herzog Karl Eugen, ein *privilegium generale* zu erlassen, das den Nachdruck und den Verkauf von auswärtigen Nachdrucken im gesamten Herzogtum Württemberg verbieten sollte.[560]

556 Vgl. Schmitt, Hanno: Vernunft und Menschlichkeit. Studien zur philanthropischen Erziehungsbewegung, Bad Heilbrunn 2007.

557 Für Raffs *Naturgeschichte* vgl. Jarzebowski, Claudia: Kindheit und Emotion. Kinder und ihre Lebenswelten in der europäischen Frühen Neuzeit, München/Wien 2018, 235f.

558 Vgl. Beutel, Albrecht: Johann Joachim Spalding. Populartheologie und Kirchenreform im Zeitalter der Aufklärung, in: Walter, Peter/Jung, Martin H. (Hrsg.): Theologen des 17. und 18. Jahrhunderts. Konfessionelles Zeitalter – Pietismus – Aufklärung, Darmstadt 2003, S. 226–243.

559 Vgl. hierzu Kap. 4.1.2.

560 Cotta begann nach Übernahme des Verlags ostentativ eine Neuausrichtung zu initiieren und knüpfte Kontakte zu lokalen, aber auch zu den nordostdeutschen Buchhändlern, vgl. Füssel, Stephan: Johann Friedrich Cottas ‚Neuerfindung' des Verlages seit 1787 vor dem Hintergrund des

Die Antwort der Regierung vom 17. März 1790 zeigte, wie die Haltung demgegenüber aussah:

> Über das- von ihrer herzoglichen Durchlaucht, zu Erstattung unthersten Gutachtens anhero erlassenen sumbissionsten Gesuch des Buchhändler Cotta zu Tübingen um ein Privilegium generale wider den Nachdruck, wodurch er nicht nur gesichert werde, daß ihm sowohl die bereits verlegten, als auch die noch weiteres von ihm allein oder in Gesellschaft mit anderen zu verlegenden Schriften in den Herzoglichen Landen nicht nachgedruckt, sondern auch auswärtigen Nachdruck in denselben nicht verkauft werden dürfen. Hat sich die herzogl. Regierung in der Anlage dahin untherst gutächtlich geäußert, daß, da der Nachdruck in den herogl. Landen durch kein Gesez verbotten seye, und ein solches Gesez in den herzogl. Landen, in dessen Umfang so manche fremde territoria begriffen, nicht einmal von Nuzen wäre, dem unthersten Supplcanten in seinnem Gesuch, so wie er solches angebracht habe, nicht zu willfahren seye dürfte, wohingegen denselben unbenamen bleibe, bey jedem verlegenden einzelnem Buch ein herzogl. Privilegium gegen den Nachdruck nach zu prüfen, wo man ihn sodann gegen den Nachdruck im Land schüzen – keineswegs aber den Verkauf, außer Lands nachgedruckten Bücher, werde verhindern können; mit welchem unthersten Antrag auch ge. Subl. Vollkommen einverstanden sind.[561]

Die gesamte Geschichte hinter der Forderung um ein generelles Nachdruckverbot in Württemberg war repräsentativ für den Buchhandel des Alten Reiches gegen Ende des 18. Jahrhunderts.

Zunächst hatten, wie oben erwähnt, Johann Jacob Fleischhauer, Wilhelm Heinrich Schramm und Johann Friedrich Balz gemeinsam Campes *Väterlichen Rat für meine Tochter. Ein Gegenstück zum Theophron* 1789 nachgedruckt. Dieser Nachdruck wurde aber durch den Dekan der theologischen Fakultät Ludwig Josef Uhland (1722–1803) verboten,[562] denn die „Tübinger Fakultät versuchte in den Jahren um 1790 durch Erfüllung ihrer Zensurpflicht vor allem Anstände durch die Regierung oder von auswärts zu vermeiden".[563] Womöglich auch aufgrund der Auseinandersetzung mit Campe drei Jahre zuvor durfte die Schrift nicht erscheinen. Dies hinderte Johann Friedrich Cotta aber nicht daran, die bereits gedruckten 1.500 Exemplare von Balz, Schramm und Fleischhauer in drei Teilen á 500 Exemplaren aufzukaufen. Er zahlte Fleischhauer am 16. Juni 1789 für seinen Anteil an Campes Rat 140 Gulden,[564] Balz am 30. Juni 1789 137,30 Gulden und Schramm am 6. Juli 1789 137,15 Gulden.[565] Daraufhin ließ er sich die erkauften Nachdrucke vom Originalverleger Campe legalisieren, damit er diese recht-

Strukturwandels im Buchhandel, in: Mojem, Helmuth / Potthast, Barbara (Hrsg.): Johann Friedrich Cotta. Verleger-Unternehmer-Technikpionier, Heidelberg 2017, S. 13–32, hier bes. S. 20–26.

561 HStASt A 202, Bü 2539.

562 Vgl. Senatszirkular vom 23.2.1790, UAT 8/2,3, Nr. 195.

563 Franz: Bücherzensur und Irenik, S. 184.

564 Fischer: Cottas Verlagsbuch, Nr. 27a.

565 Ebd., Nr. 15a.

mäßig verkaufen konnte und begann schon am 22. Juli 1789 mit der Werbung dafür. So liest man aus dem Geschäftsbuch „Avertissem. v. Campe Rat 300 Aufl. wegen einer Lesebibl." für je 2,60 Gulden.[566]

Nur zwei Monate später im September, gab Cotta den Druck für die zweite Auflage in Auftrag. Diese sollte eine günstigere Ausführung sein, bei der einerseits sowohl Campe als auch Cotta mitverdienten, andererseits aber auch der Nachdruck entgegengewirkt werden konnte.[567] Die Drucker für diesen Abdruck waren Johann Friedrich Balz, der den ersten Teil und Wilhelm Heinrich Schramm, der den zweiten Teil druckte.[568] Die Überlegung dahinter erschien mehr als sinnvoll, Balz und Schramm hatten das Buch schon gesetzt und kannten die Druckformate, da sie das Werk kurz zuvor gedruckt hatten. Nebstdem waren auch die finanziellen Anreize nicht zu unterschätzen. Die erste Auflage, die von der Fakultät verboten worden war, wäre für die Drucker zur Makulatur geworden. So konnten sie innerhalb kürzester Zeit zwei Fassungen drucken, bei der sie jeweils einen Mitverdienst hatten.

In der zweiten Jahreshälfte 1789 erschien die erneute Auflage des *Väterlichen Raths* bei der Cotta'schen Buchhandlung mit dem Zusatz auf dem Titelblatt: „Zweite, Mit Genehmigung der Schulbuchhandlung in Braunschweig veranstaltete Auflage".[569]

Doch die Ursache für das Ersuchen des oben genannten *Privilegium generale* lag in einem Nachdruck des *Väterlichen Rathes* durch Christian Gottlieb Schmieder in Karlsruhe. Obwohl bereits eine ‚wohlfeile' Ausgabe gedruckt wurde, erschien 1789 ebenfalls ein Nachdruck des Karlsruhers.[570] Da Cotta erst kürzlich in zwei Auflagen des Werkes investiert hatte, ist es nachvollziehbar, dass er mit aller Vehemenz gegen den Karlsruher Nachdruck vorgehen wollte.

Es stellte sich heraus, dass Schmieder sich für den Druck der Schrift erneut mit dem Tübinger Buchdrucker Johann Adam Sigmund (gest. 1796) zusammentat, ebenjenem Drucker, der Schmieders erstes Verlagswerk 1773 gedruckt hatte.[571] Dieser Umstand lässt sich wie folgt klären: Die Geschäftsverbindung zwischen Fleischhauer und Schmieder endete um 1785, sodass Schmieder wohl nur eingeschränkt Druckpressen zur Verfügung standen.[572] Breitenbruch vermutete, dass Johann Benedict Mezler an dessen Stelle getreten war.[573] Da Schmieder noch Verbindungen nach Stuttgart und Tübingen hatte,

566 Ebd., Nr. 4b.

567 Vgl. zum Vorgehen und zur Absprache zwischen Cotta und Campe Brief von J.F. Cotta an Campe vom 2. Februar 1790, in: Schmitt: Briefe von und an Joachim Heinrich Campe. Bd. 1, S. 124.

568 Fischer: Cottas Verlagsbuch, Nr. 7a und 15a.

569 Vgl. Fischer: Chronologische Verlagsbibliographie, Bd.1, S. 104.

570 Obwohl kein Originalexemplar nachgewiesen werden konnte, finden sich verschiedene Angaben über den Nachdruck, vgl. Breitenbruch: Schmieder, S. 726; Mojem, Helmuth / Fischer, Bernhard (Hg.): Der Verleger Johann Friedrich Cotta (1764–1832). Repertorium seiner Briefe (= Verzeichnisse, Berichte, Informationen / Deutsches Literaturarchiv; 24), Marbach am Neckar 1997.

571 Dies war die Kompilation Gerstlachers, bei der auf der letzten Seite der Verweis auf den Drucker Sigmund in Tübingen gegeben wurde.

572 Vgl. Kap. 3.1.2. und Breitenbruch: Schmieder, Sp. 667.

573 Breitenbruch vermutete, dass dieser in Frankfurt am Main ansässig war, doch handelte es sich um den Stuttgarter Johann Benedikt Metzler d. J. (1727–1795/96), der familiäre Verbindungen nach

erscheint es durchaus naheliegend, dass er die dort ansässigen Buchdrucker bat, seine Verlagswerke zu drucken.

In einem Brief wandte sich Cotta persönlich an den württembergischen Herzog, der in der Sache intervenieren sollte, leider ist diese Mitteilung nicht überliefert, der Inhalt kann aber über das Senatszirkular erschlossen werden.[574]

Darin forderte Cotta dadurch, dass Schmieder kein württembergischer Bürger sei, ihm der Nachdruck verboten, die 1.500 oder 2.000 Exemplare abgenommen werden und er zu bestrafen sei.[575] In dem Senatszirkular wurde anschließend darüber diskutiert, ob Schmieder der Nachdruck verboten werden könne und resümierte, „daß ihrer Bitte um Arrest auf die von Sigmund für Schmieder gedruckte Auflage, nicht statt gegeben werden könne, da ihre Auflage kein Privilegium hat, wodurch das sehr ausgedehnte Schmieder'sche Privilegium unanwendbar würde".[576]

Die endgültige Antwort an Cotta ist bereits von weiter oben bekannt. Die Regierung werde kein Nachdruckverbot in Württemberg einführen und auch auswärtige Nachdrucke durften weiterhin verkauft werden. So behielt die Obrigkeit den Status quo bei und wollte die Angelegenheiten von Fall zu Fall überprüfen.

3.2.6 Das Ende der Tübinger Nachdrucker Balz und Schramm

Für Johann Friedrich Cotta wie auch für Schramm und Balz entwickelte sich die Zeit nach 1790 zu einer Phase der Kooperationen. Cotta, vermutlich durch die reichspolitischen wie landespolitischen Entscheidungen über den Nachdruck resigniert, begann einen *via media* zu beschreiten, während auch Schramm und Balz sich zunehmend vom Nachdruck zurückzogen, da dieser für sie immer unwirtschaftlicher wurde.

Illustrieren lässt sich dies nicht nur am Kauf des *Väterlichen Raths* von 1790, sondern auch durch „die Kooperation mit Schramm bei der fünfbändigen *Neuen Sammlung interessanter und zwekmäßig abgefaßter Reisebeschreibungen für die Jugend* (1794–1797), bei der Cotta 500 Exemplare seines Drucks an Schramm abgab.[577] Ein Blick in die Verlagsbibliographie Cottas zeigt, dass Schramm und Balz bei zahlreichen Verlagswerken Cottas den Druck für ihn übernommen haben, darunter die berühmte Zeitschrift Friedrich Schillers *Die Horen* aus dem Jahr 1795.[578] Von Schramm wurden besonders die

Frankfurt hatte, aber das Geschäft des Vaters in Stuttgart übernahm. Breitenbruch verweist auf das Impressum „Frankfurt und Leipzig in Kommision bei Schmieder", doch verwendete Metzler diese Verlagsorte mehrfach, wobei sich dahinter dennoch die Stuttgarter Druckerei verbarg. Breitenbruch: Schmieder, Sp. 667, zu Metzler vgl. Wittmann: Metzler, S. 62 und Metelmann, Ernst: J.B. Metzlersche Verlagsbuchhandlung 1682–1957, in: Tradition. Zeitschrift für Firmengeschichte und Unternehmerbiographie 2,3 (1957), S. 247–264, hier S. 251f.

574 Der Brief an den Herzog fehlt im HStASt A 213, Bü 7442, das Senatszirkular findet sich im Universitätsarchiv Tübingen, UAT 8/2,3, Nr. 195.

575 Vgl. UAT 8/2,3, Nr. 195.

576 UAT 8/2,3, Nr. 195.

577 Vgl. Fischer: Cottas Verlagsbuch, Nr. 7b.

578 Fischer, Bernhard: Der Verleger Johann Friedrich Cotta. Chronologische Verlagsbibliographie 1787–1832, 3 Bde., München 2003. Vgl. zu den Horen auch: Fischer, Bernhard: Johann Friedrich Cotta. Verleger – Entrepreneur – Politiker, Göttingen 2014, S. 79ff.

Universitätsdrucke wie Dissertationen oder Schriften der Tübinger Professoren wie die Wilhelm Gottfried Ploucquets (1744–1814) gedruckt, [579] der sich 1790 in einer Schrift gegen den Büchernachdruck ausgesprochen hatte.[580] Das Traktat wurde bezeichnenderweise von Jacob Friedrich Heerbrandt publiziert.

Cottas Verlag wuchs zunehmend und daraus ergaben sich auch modifizierte Geschäftsverbindungen:

> Die neue Ausdehnung des Verlags, vor allem das Gewicht der Zeitschriften hatte auch für den Umgang mit den Tübinger Druckereien Sigmund, Hopfer, Fues, Balz und Schramm große Folgen. Kam es ohnehin im Vorfeld der Messen immer wieder zu Engpässen, die nur durch Vereinbarungen im Vorhinein zu vermeiden waren, so erforderten vor allem Zeitschriften ein hohes Maß an Planungssicherheit, was die Verfügbarkeit von Schriften, Setzern, Druckern und Pressen, was Kapazitäten, typographische Einheitlichkeit und Termine anging. Von Beginn an war es geübte Praxis, bei der Vergabe von Druckaufträgen detaillierte Kostenberechnungen und Kostenvoranschläge einzuholen, um das günstigste Angebot zu ermitteln. Jetzt spätestens wird Cotta förmliche Rahmenverträge mit den Hauptgeschäftspartnern Schramm und Balz geschlossen haben, in denen detailliert die Bereitstellungen von Pressen und deren Auslastung sowie Tarife, Pflichtangebote und Schiedsklauseln vereinbart waren.[581]

Laut Fischer kümmerte er sich um das Verlagsgeschäft, hielt Kontakt zu den Autoren, besorgte die Werbung und besuchte die Messen, während Balz und Schramm die Druckerpressen zur Verfügung stellten, die unentwegt druckten.[582]

Daher lässt sich erklären, warum die Tübinger ihre Anthologien und den Nachdruck vernachlässigten: Sie hatten genug Druckaufträge von außen und die Kapazitäten der Druckereien waren ebenfalls begrenzt. So übernahm Schramm ab 1790 auch den Druck der *Tübingischen gelehrten Anzeigen* von Georg Heinrich Reiß, der diese von 1783 bis 1790 gedruckt hatte.[583]

Unverkennbar wurde die Sammlung für die Nachdrucker ein weniger lohnenswertes Geschäft im Vergleich zu den permanenten Druckaufträgen, die Cotta ihnen einbrachte: 1792 erschienen die letzten beiden Bände in der *Sammlung theologischer Schriften*, es war die *Geschichte der Regenten von Juda nach dem Exilo* von Hess. Die letzten Teile der

579 Fischer: Der Verleger Johann Friedrich Cotta, Bd. 1, S. 167.

580 Ploucquet, Wilhelm Gottfried: Unfehlbares Mittel den Bücher-Nachdruk zu verhindern: Zum Besten rechtmässiger Verleger und der Schriftsteller, Tübingen [Heerbrandt] 1790. Das unfehlbare Mittel sei es, dass sich die Verleger ihre Werke selbst nachdrucken, nachdem sie die erste Auflage abgesetzt haben, vgl. S. 8f.

581 Fischer: Johann Friedrich Cotta, S. 90.

582 Ebd., S. 90ff.

583 Die *Gelehrten Anzeigen* erschienen zum ersten Mal zwischen 1735 bis 1740, dann von 1752 bis 1763 und dann wieder von 1783 bis letztlich 1807, vgl. Tübingische Gelehrte Anzeigen, Bd.1, Tübingen 1783, Vorwort.

Sammlung philosophischer Schriften bildeten erneut die Werke Campes, *Kolumbus oder die Entdekkung von Westindien* und die beiden Teile der *Entdekkung von Amerika*, die 1798 veröffentlicht worden sind. Ebenfalls zugute kam den Druckern, dass mit dem Tod Herzog Karl Eugens 1793 die Hohe Karlsschule unter dem Nachfolger Ludwig Eugen (1731–1795) geschlossen wurde und damit die Druckerei und deren Privilegierung aufgehoben wurde. Dies verhinderte jedoch nicht, dass die Tübinger Universität weiterhin an Bedeutungsverlust litt und die Zahl der Studenten sank.

Die Ereignisse der Französischen Revolution hatten unmittelbare Auswirkungen auf das benachbarte Herzogtum Württemberg und die Zensurpolitik der Regierung. So wurde am „31. Mai 1790 vom Herzog ein Verbot erlassen, die ‚aufwieglerischen' Schriften zu drucken, da sie von Straßburg aus in der Absicht verbreitet würden, ‚auch in Deutschland aufrührerische Auftritte zu veranlassen'".[584] Der Hinweis kam von der markgräflich-badischen Regierung, woraufhin den Buchhändlern eingeschärft wurde, diese Schriften nicht zu drucken oder zu verkaufen.[585]

In den folgenden Jahren wurden Erlasse und Weisungen übermittelt, die die Buchdrucker und Buchführer auf die Zensurbestimmungen hinwiesen.[586] Insgesamt schien eine Veränderung in der Handhabung der Zensur stattgefunden zu haben, auch die theologische Fakultät erließ 1791 folgende Direktiven:

> 1.) Schriften, die auswärts gedruckt und zensiert werden, sollten nicht T. als Druckort angeben. 2.) Anonyme Schriften, deren Verfasser dem Zensor nicht genannt werden, sollten nicht nachher unter dem Namen des Verfassers erscheinen. 3.) Ist eine theologische Schrift schon von einer anderen Landes-Instanz für unzulässig erklärt worden, so muss das wenigstens dem Dekan gesagt werden. 4.) Pro Dekanat müssen jetzt 30–40 Schriften gelesen und beurteilt werden – statt früher 3–6; deshalb wäre ein Entgelt oder wenigstens ein Frei-Exemplar für jedes Fakultätsmitglied nicht unbillig.[587]

Auch auf Reichsebene wurden Vorkehrungen getroffen, Unruhen im Reich zu verhindern. Aus diesem Grund erschien am 16. Januar 1792 ein kaiserliches Anweisungsschreiben, das Urheber, Verfasser und Verbreiter von aufwieglerischen Schriften bestrafte.[588] „

> Auf dieses kaiserliche Anweisungsschreiben hin wurde im Jahre 1792 den württembergischen Buchdruckern und Buchhändlern aufgegeben, kein an das Volk gerichtete aufrührerische Schriften oder wider die Religion, gute Sitten und Staats geschriebene Bücher bei Vermeidung einer empfindlichen Strafe zu dru-

584 Widmann: Tübingen als Verlagsstadt, S.125f.

585 UAT 7/13,2, Nr. 75,2 und 7/13,2, Nr. 76,2.

586 So der Erlass vom 20. Januar 1792, die Mahnung vom 1. September 1796 oder der Erlass der Zensur-Grundsätze vom 22. Juni 1797, vgl. Widmann, Tübingen als Verlagsstadt, 1971, 126f., S. 126f.

587 UAT 7/13,2, Nr. 80.

588 Schreiner-Eickhoff: Bücher- und Pressezensur, S. 67.

> cken, in Verlag zu nehmen, zu kaufen oder zu verkaufen oder auch ihren Katalogen einzuverleiben.[589]

Wie dies in der Praxis aussah, lässt sich am Beispiel der Schrift *Das Neueste über Wirtenberg, den Schwaben gewidmet, Mainz 1798* illustrieren.[590] Diese jakobinische Flugschrift versetzte im Sommer 1798 die württembergische Regierung in Aufregung:

> da uns die Anzeige gemacht worden, daß durch den Straßburger Postwagen mehrere Exemplarien von einer gedruckten und aus vier Oktav Blättern bestehende Rede, welche den Titel hat: Das Neuste über Wirtemberg, den Schwaben gewidmet. Mainz 1798 einem hiesigen Buchdrucker zugeschickt worden.[591]

Infolgedessen sollten auf Anordnung des Rektors der Universität Tübingen Christian Gottlieb Gmelin (1749–1818) alle Tübinger Buchhandlungen und Druckereien anzeigen, ob sie die Schrift besäßen und falls dem so sei, diese unverzüglich einschicken und per Unterschrift bestätigen, dass sie über keine weiteren Exemplare verfügten. Es stellte sich heraus, dass der Tübinger Jacob Friedrich Heerbrandt insgesamt 24 Exemplare der Schrift besaß, die anderen acht Buchführer, darunter Balz und Schramm, besaßen keines.[592]

Bei der Einfuhr und Verbreitung der Werke standen insbesondere die Reutlinger Hausierer, Kolporteure und Landstreicher unter speziellem Verdacht, die illegale und politisch brisante Literatur in das Herzogtum zu bringen.[593]

Die Geschäftsbücher Cottas geben Auskunft darüber, dass Johann Friedrich Balz noch bis zum 26. März 1798 in Geschäftsverbindungen mit ihm stand. Unerwartet verstarb Balz am 26. Dezember 1798 im Alter von 39 Jahren. Über die Hintergründe gibt es keinerlei Informationen. Er hinterließ drei minderjährige Kinder, deren Vormund der Notar und Universitätssekretär Gottlieb Friedrich Hiller wurde.[594] Das letzte von ihm nachweisbare gedruckte Buch in der ‚Litteris Balzianis' war das Werk *Annotationvm Historico-Exegeticarvm In Hoseam Pars Duodecima Ultima Capita XIII. Et XIV. Complectens von* Ludwig Joseph Uhland aus dem Jahr 1797.[595]

Schramm fokussierte sich daraufhin auf die Drucke Cottas und die Universitätsartikel, wobei es selbst dabei in den politisch unruhigen Zeiten zu Zensurschwierigkeiten kommen konnte.[596] Ein Blick in die Cotta'schen Geschäftsbücher bis zum Ende des Heiligen Römischen Reiches 1806 offenbarte, dass Schramm für ihn 1797 beispielsweise 500 Exemplare der dritten Auflage des *Musen-Almanachs* von Friedrich Schiller

589 Ebd.

590 Die Schrift ist abgedruckt in: Scheel, Heinrich (Hg.): Jakobinische Flugschriften aus dem deutschen Süden Ende des 18. Jahrhunderts, Berlin 1965, S. 205–209.

591 UAT 7/13,2, Nr. 88,1.

592 UAT 7/13,2, Nr. 88,2.

593 Vgl. dazu Kap. 4.3.1.

594 UAT 44/147c, Nr. K180.

595 UBT Sig. Ka I 600–83.

596 Vgl. Widmann: Tübingen als Verlagsstadt, S. 130.

druckte.[597] Bemerkenswert war, dass die Auflagenhöhe extrem anstieg: Waren zuvor Auflagen in Höhe von 500 bis 1.500 Exemplaren üblich, änderte sich dies zur Jahrhundertwende dahingehend, dass selbst Auflagen von 5.500 Exemplaren für den *Damenkalender* auf das Jahr 1801 und 6.000 Exemplare für 1802 möglich waren.[598] 1804 wurde eine Auflagenhöhe von 5.000 Exemplaren für Wielands und Goethes *Taschenbuch für 1804: Menander und Glycerion* angesetzt.[599] 1805 druckte Schramm die Bögen ‚F' bis ‚K' für Schillers *Wilhelm Tell* mit einer Auflagenhöhe von 3.000 Exemplaren.[600]

Diese Ausschnitte aus der Geschäftschronik Cottas belegen eindrucksvoll, wie sehr involviert Schramm in die Druckgeschäfte Cottas war. Die starke Auslastung der Druckerpressen schlug sich auch im eigenen Verlag nieder: Stiegen die Universitätsdrucke 1797 auf ein Hoch an, so druckte Schramm von 1798 bis 1805 die *Scholia In Librum Sextum Elementorum Euclidis* des Universitätsprofessors und Mathematikers Christoph Friedrich von Pfleiderer. Darüber hinaus folgten weitere Dissertationen und Universitätsdrucke, auf die an dieser Stelle nicht weiter eingegangen wird, da sich ohnehin im Schramm'schen Druckereibetrieb in den Jahren um 1800 wenig änderte.[601] Die Erhebung des seit 1803 bestehenden Kurfürstentums zum Königreich Württemberg 1806 brachte für Schramm keine große Veränderung mit sich, lediglich die Inkorporation Reutlingens 1803 bedeutete einen Zuwachs an Konkurrenz durch die Reutlinger Drucker, die sich in der Zeit nach 1806 auf den Nachdruck berühmter Klassiker spezialisierten.[602]

---

597 Vgl. dazu Füssel, Stephan: Schiller und seine Verleger, Frankfurt am Main 2005, S. 216–232.

598 Sicherlich waren Damenkalender ein schnell gedruckter und allgemein zugänglicher Gebrauchsartikel. Nichtsdestoweniger konnte Schramm mit seinen Pressen höhere Druckaufträge bearbeiten. Zum Damenkalender vgl. Lüsebrink, Hans-Jürgen / Haß, Annika: L'Almanach des Dames (1801–1840) als Medium weiblicher Geschmacksbildung und Forum ‚feministischer Debatten', in: Mix, York-Gothart/Lüsebrink, Hans-Jürgen (Hg.): Französische Almanachkultur im deutschen Sprachraum (1700–1815). Gattungsstrukturen, komparatistische Aspekte, Diskursformen (= Deutschland und Frankreich im wissenschaftlichen Dialog; 3), Bonn 2013, S. 279–308.

599 Manger, Klaus: Goethes Wahlverwandschaften – neu gelesen, in: Hühn, Helmut / Blechschmidt, Stefan (Hrsg.): Goethes „Wahlverwandtschaften". Werk und Forschung, Berlin 2010, S. 49–66, hier S. 52.

600 „So hatte der Bücher-Fiscal laut Auftrag des Ober-Censur-Collegiums am 9. Juni 1809 ‚den Buchdrucker Schram darüber zu vernehmen, warum er eine Dissertation von dem Prof. Roesler gedruckt habe, die nicht von der lagen Censur-Behörde censirt worden, indem die Philosophische Facultät in Tübingen, welche nach Angabe des Buchdruckers Schramm dieselbe censirt haben soll, keine Censur-Behörde mehr bildet?' Schramm berief sich dabei auf die Gepflogenheit, die bis zum Erlaß der Kgl. Censur-Ordnung vom 18. Mai 1808 bestanden hatte: ‚daß die Professoren als Mitglieder ihrer Facultät ihre Schriften selbst censieren haben… Es soll aber in Zukunft nicht mehr geschehen". Zitiert nach Widmann: Tübingen als Verlagsstadt, S. 130.

601 So druckte Schramm auch medizinisch-chemische Werke, darunter das Werk Jakob Andreas Webers (1741–1792): *Leichtfassliche Chemie für Handwerker und deren Lehrlinge*, Tübingen 1791. Dieses Werk war zunächst in Kommission bei Heerbrandt ab etwa 1793 dann vollständig als neue Ausgabe bei Heerbrandt zu bekommen. Möglicherweise hatten Schramm und Heerbrandt ihre Differenzen beigelegt. Für Weber druckte Schramm bereits 1779 die *Kurze Anweisung für einen Anfänger der Apothekerkunst und der Chemie*, Tübingen 1779.

602 Vgl. Kap. 3.3.2.

Während Schmieder seine buchhändlerische Tätigkeit nach 1807 beendete, wurde Wilhelm Heinrich Schramm durch den Druckereibetrieb zu einem vermögenden Tübinger Bürger.[603] Das Vermögenszeugnis vom 12. Februar 1811 gibt einen Einblick in die Besitztümer: Schramm besaß

> 9000 fl. an Häusern, darunter eine Druckerei mit 7 Pressen und 4¾ Morgen Gärten und Wiesen und biete nach Tüchtigkeit und Vermögen genügend Sicherheit, das Kalenderprivilegium für das ganze Königreich Württemberg für die nächsten 10 Jahre zu erwerben.[604]

Schramm hatte sich nach dem Umzug der Cotta'schen Verlagsbuchhandlung nach Stuttgart erfolgreich darum bemüht, das Kalenderprivileg zu erhalten, was ihm eine kontinuierliche und aussichtsreiche Einnahmequelle einbrachte.[605] Doch damit begnügte sich Schramm nicht: Er stellte mehrfach das Gesuch, ein Intelligenzblatt für Tübingen herausgeben zu dürfen, welches ihm schließlich nach Inkrafttreten der württembergischen Verfassung 1819 genehmigt wurde. Er publizierte daraufhin das *Intelligenzblatt für Tübingen und Rottenburg*, welches zwei Mal wöchentlich erschien und bis nach seinem Tod 1854 Bestand hatte.[606] Das Blatt fand auch Einzug in die Tübinger Museumsgesellschaft, einer 1821 gegründeten Gesellschaft für Unterhaltung und Literatur. Doch schon 1822 notierte der Bibliothekar in seinem Rechenschaftsbericht über das Intelligenzblatt: „Jeder Heller für dieses erbärmliche Winkelblatt ist vergeudet".[607]

Wilhelm Heinrich Schramm verstarb am 7. Juli 1823 im Alter von 64 Jahren. Er arbeitete bis „einige Tage vor seinem Tod" noch immer als Buchdrucker, jedoch immer weniger erfolgreich.[608]

> Der Tod brachte der Familie aber allerlei schwere Sorgen [...] wie aus einem Sorgebrief der Mutter Kurz an ihre Schwester Mohr hervorgeht, waren nur noch 14 000 fl. reines Vermögen, dagegen aber 17 000 fl. Einbuße zu verzeichnen. Die Druckerei kaufte Ernst Traugott Eifert".[609]

603 In diesem Kontext ist auch das 1795 gemalte Familienportrait der Familie Schramm einzuordnen: „Das Bild dürfte etwa 1795 in Tübingen gemalt worden sein, vielleicht vom Universitätszeichenlehrer (Dürr sen.?) und ist kulturhistorisch immer als sehr bezeichnend gefunden worden mit seiner behaglichen Gemütlichkeit, den viel zu erwachsen angezogenen Kindern, mit den Blumen und den lieben Kindergesichtern beim Ernste von Vater und Mutter, ersterer zufrieden mit seinem Bäuchlein und seinem Bibelbuch den akad. Buchdruckerherren vorstellend, sie die elf Jahre ältere Mutter mit sorgenvollem Gesicht zwei Jahre vor ihrem frühen Tod", Mohr de Sylva: Schramm, S. 11.

604 UAT 8/8, Nr. 31.

605 UAT 8/8, Nr. 31.

606 Vgl. HStASt E 146, Bü 4880.

607 Abgedruckt in: Jeggle, Utz: Geld und Geltung – Eine historische Analyse und einige subjektive Anmerkungen zur 150jährigen Geschichte der Museumsgesellschaft, in: Tübinger Blätter 58 (1971), S. 35–42, hier S. 36.

608 Dazu auch die gedruckte Trauerrede von Archidiakon Johann Gottfried Pressel (1789–1848): Worte des Trostes bei der Beerdigung des Herrn Wilhelm Heinrich Schramm, Buchdruckerherrn, gesprochen den 9ten Jul. 1823, Tübingen 1823.

609 Mohr de Sylva: Schramm, S. 17.

Als einziger der hier behandelten Nachdrucker ist ein Porträt des Tübingers überliefert. Um 1795 ließ er sich und seine Familie auf einem Ölgemälde darstellen.[610] Zu sehen sind der Buchdrucker Schramm, seine Frau Elisabeth Catharina, geborene Metz (1747–1797) und seine drei Töchter.[611] Das Bild ist

> kulturhistorisch immer sehr bezeichnend gefunden worden mit seiner behaglichen Gemütlichkeit, den viel zu erwachsen angezogenen Kindern, mit den Blumen und den lieben Kindergesichtern beim Ernste von Vater und Mutter, ersterer zufrieden mit seinem Bäuchlein und seinem Bibelbuch den akad. Buchdruckerherren vorstehend, sie die elf Jahre ältere Mutter mit sorgenvollem Gesicht zwei Jahre vor ihrem frühen Tod.[612]

Vergleicht man die Geschäfte der Tübinger Nachdrucker mit dem Christian Gottlieb Schmieders, so lässt sich folgendes für die Nachdruckerbetriebe konstatieren: Insgesamt gesehen ging die Nachfrage und der Absatz für den Büchernachdruck zurück. Die Gründe für diese Entwicklung sind bereits besprochen worden, doch zeigte es sich beispielsweise auch an Cotta, der nach der Maxime handelte, generell die Bücherpreise zu reduzieren, um dem Nachdruck weniger Nährboden zu geben.

Bemerkenswert ist der Umgang mit neu aufkommenden Konkurrenzsituationen. Während Schmieder in die Offensive ging, sich mit seinem ehemaligen Konkurrenten Macklot verband, um das Müller'sche Verlagsgeschäft zu unterbinden, so gestaltete sich die Situation in Tübingen – bedingt durch mehrere Faktoren – gänzlich anders. Zunächst einmal war das Cotta'sche Verlagshaus bereits in Tübingen etabliert und es war demnach kein neuer Konkurrent. Zweitens, und das war der erhebliche Unterschied zu Schmieder, waren Balz und Schramm Drucker mit eigenen Pressen. Als das Nachdruckgeschäft weniger profitabel wurde, druckten sie einerseits für die Konkurrenz, insbesondere für den betriebsamen Cotta, um ihr Auskommen zu sichern, andererseits druckten sie die Universitätsartikel, was ein kontinuierliches Einkommen sicherstellte. Hinzu kam die herausragende Position Cottas: Zu Beginn seiner Tübinger Tätigkeit konnte er den Buchhandel in Tübingen mehr und mehr unter seine Kontrolle bringen. Dies gelang ihm auch durch die Kooperationen mit den Nachdruckern, die nicht nur für ihn druckten, sondern an deren Nachdrucken er sich ebenfalls bediente. Fischer stellte heraus: Es

> erwies es sich als großer Vorteil, dass sein Verlag über keine Druckerei verfügte, um deren Auslastung er sich hätte kümmern müssen. Der auswärtige Fremd-

610 Das Bild hing 1913 als Leihgabe im Schillermuseum in Marbach, eine Reproduktion findet sich heutzutage im Heimatmuseum Reutlingen, vgl. Ebd., S. 11.

611 „Die drei Töchter sind von l. nach r.: Christiane Barbara, verh. Kurz, geb. 27.3.1789, Mutter von Hermann und Großmutter von Isolde Kurz, dann Elisabeth Luise [...], endlich Wilhelmine Friederike, verh. Mohr de Silva", Mohr de Sylva: Schramm, S. 11. Die drei ersten Kinder Schramms verstarben bereits früh, auch Elisabeth Luise verstarb kurz vor dem Tode des Vaters. 1797 heiratete Schramm erneut Johanne Friedricke Stein, woraus fünf Kinder entstammten, von denen vier das Kindsbettalter überlebten, vgl. Pressel: Worte des Trostes, S. 12f.

612 Mohr de Sylva: Schramm, S. 11.

druck ermöglichte ihm eine für die damalige Zeit außergewöhnlich flexible und effiziente Geschäftsführung. Frei, mit Autoren überall und weit entfernt von Tübingen zusammenzuarbeiten, sparte Cotta die beträchtlichen Portokosten, die beim Hin- und Herschicken des Manuskripts und der Revisions- und Aushängebögen anfielen und vor allem sparte er Zeit".[613]

3.3 Die Reutlinger Nachdrucker: Johann Georg Fleischhauer und Johann Jakob Fleischhauer

Die eigentliche Geschichte der Buchdruckerfamilie Fleischhauer in Reutlingen begann mit Johann Justus I. Fleischhauer (1675–1709), der seit 1699 in Reutlingen als Buchdrucker gearbeitet hatte, ehe er 1702 als Bürger der Stadt eine Druckerei betrieb,[614] doch bereits 1709 früh verstarb.[615] Erst 1730 verlegte Johann Justus II. Fleischhauer (1705–1780) die vom Stiefvater Johann Georg Füsing übernommene Druckerei nach Reutlingen, zwei Jahre nach dem verheerenden Stadtbrand. Danach heiratete er in die Oberschicht der Reichsstadt ein.[616] Innerhalb kürzester Zeit war somit die Familie Fleischhauer in Reutlingen etabliert, die Anzahl der Druckwerke hielt sich bis Anfang der 1770er Jahre aber in Grenzen.[617]

Doch schon früh kam es zu ersten Auseinandersetzungen über Büchernachdrucke Tübinger und Reutlinger Verlagsartikel. Herausgegriffen sei an dieser Stelle der Nachdruck des Tübinger Gesangbuches der *Seelenharfe*.[618] Von 1733 bis 1738 erstreckten sich die Auseinandersetzungen zwischen dem Tübinger Buchbinder Hieronymus Brunn und dem Reutlinger Johann Justus Fleischhauer, der am 15. Juni 1733 von Brunn wegen Nachdrucks der *Seelenharfe* verklagt wurde.[619] Dieser hatte schon 1717 ein herzogliches Privileg für die *Seelenharfe* erworben und wehrte sich gegen den Nachdruck des Reutlinger Konkurrenten. Fleischhauer bestritt zunächst die Vorwürfe,[620] nachdem aber der

613 Fischer: Johann Friedrich Cotta, S. 90.

614 StARt A2c, Nr. 3004.

615 Fleischhauer: Vorgeschichte und Aufstieg des Fleischhauer & Spohn Verlages, S. 5.

616 Ebd., S. 6.

617 Neben lokalen Schriften sowie einer Historie Luthers 1749 erschien 1745 das französische mehrbändige Werk *Du Gouvernement De La République Romaine*, vgl. UBT Sig. Fo XV 164.

618 „Im Jahr 1677 erschien erstmals zunächst für den Gemeindegebrauch in Tübingen das Gesangbuch *Seelenharfe*. Dieses wurde bis 1733 in acht verschiedenen Ausgaben immer wieder aufgelegt, so z. B. im J. 1709 unter dem Titel: *Tübinger vermehrte Seelenharfe oder Würt. Gesangbüchlein von 270 Liedern* im J. 1712 mit 300 Liedern [...] im J. 1734 mit 326 Liedern. Man unterschied später auch eine kleine und große Seelenharfe." Koch, Eduard Emil: Geschichte des Kirchenlieds und Kirchengesangs mit besonderer Rücksicht auf Würtemberg, Erster Teil: Die Dichter und Sänger, Stuttgart 1847, S. 348. Allgemein zum württembergischen Gesangbuch vgl. Rössler, Martin: Kirchengesangbuch als Kommunikationsträger des geistlichen Liedes (dargestellt an der württembergischen Gesangbuchgeschichte), in: Ragotzky, Hedda / Wolf, Gerhard / Vollmann-Profe, Gisela (Hrsg.): Frage der Liedinterpretation, Stuttgart 2001, S. 201–215, hier bes. S. 206ff.

619 StARt, A 1 Bd. 5, Nr. 10617.

620 Vgl. StARt A1, Bd. 5, Nr. 10545.

geheime Tübinger Rat drei Exemplare vorfand, die Fleischhauer „subdole [betrügerisch] nicht einschickte“, die aber „in Höhe und Breite wie die Brunnschen“, jedoch vier Mal billiger waren, wurden die Fleischhauer'schen Gesangbücher konfisziert.[621] Daraufhin wandte sich der württembergische Rat an den Reutlinger Magistrat, um weitere Nachdrucke zu verhindern.[622]

Diese kurze Episode steht exemplarisch für die Reutlinger Nachdrucke der ersten Hälfte des 18. Jahrhunderts: Es ging zuvorderst um Nachdrucke von ‚Brotartikeln‘ wie Gesangbüchern, Bibeln, religiöse Kleinschriften, aber auch religiösen Erbauungsschriften. Doch extensivierte sich die Auseinandersetzung um den Nachdruck mit den beiden Söhnen Johann Justus II. Fleischhauers, nämlich den bereits bekannten Johann Georg Fleischhauer (1737–1815) und dessen acht Jahre jüngeren Bruder Johann Jakob Fleischhauer (1745–1819). Wie schon aus dem Kapitel ‚Quellenlage‘ hervorging, sind die archivalischen Überlieferungen von Johann Georg und Johann Jacob Fleischhauer spärlich, insbesondere im Vergleich zu dem Karlsruher und den Tübinger Nachdruckern.

Johann Georg Fleischhauer trat 1770 zum ersten Mal als Nachdrucker in Erscheinung. Am 5. März gab es eine Eingabe des württembergischen Geheimen Rates an den Reutlinger Magistrat aufgrund einer Beschwerde des Stuttgarter Buchdruckers Mäntler. Dieser besaß ein

> privilegium exclusivum über den Druck und Verlag des in dißseitig herzoglichen Schulen recipirten teutschen A.B.C. Büchleins. [...] Gleichwie nun solches ihme, Buchdrucker Fleischhauer, keineswegs gebühre und derselbe sich das Nachdruckens und Verkaufs seiner unprivilegierten A.B.C. Büchlein in denen dißseitigen herzoglichen und unter Verwendung des herzoglichen Wappens ganz unbefugte Weise anmaßt.[623]

Fleischhauer hatte nicht nur das *ABC-Büchlein* nachgedruckt, sondern nebstdem mit dem württembergischen Wappen versehen, um es in Württemberg verkaufen zu können. Die *ABC-Bücher* und Fibeln gehörten zum Grundbedarf der Schulen und bedeuteten eine kontinuierliche Einnahmequelle, die, wie der Quellenausschnitt beweist, durch ein exklusives Privileg geschützt waren.[624] Als sich der Stuttgarter Buchbinder Dürrham ebenfalls am 4. Juni 1771 aufgrund des Nachdrucks eines *ABC-Büchleins* beschwerte,[625] drängte die württembergische Regierung den Reutlinger Magistrat darauf, Fleischhauer endlich „zur gebührenden Strafe zu ziehen“.[626]

621 UAT 7/12,2, Nr. 65,25.

622 StARt A1, Bd.5, Nr. 10617.

623 StARt, A1, Bd. 5, Nr. 11305.

624 Zu den *ABC-Büchern* und anderen Kinder- und Jugendsachbüchern vgl. Helm, Wiebke: Vom Lesen, Sehen und Begreifen. Intermedialität im Kinder- und Jugendsachbuch der Aufklärung, in: Berndt, Frauke / Fulda, Daniel (Hrsg.): Die Erzählung der Aufklärung. Beiträge zur DGEJ-Jahrestagung in Halle a. d. Saale (= Studien zum 18. Jahrhundert; 38), Hamburg 2018, S. 440–448.

625 StARt, A1, Bd. 5, Nr. 11311.

626 StARt, A1, Bd. 5, Nr. 11305.

Das Verhältnis zwischen dem Herzogtum und der Reichsstadt war zwischen 1770 und 1771, also dem Zeitraum der Auseinandersetzung, aufgrund von Exportverboten ohnehin angespannt.

Württemberg verhängte ab 1770 eine Sperre der Einfuhr von Getreide und Vieh gegenüber den enklavierten Reichsstädten, was zu Nahrungsmittelknappheit auch in Reutlingen führte.

> Schon im Sommer und Herbst 1770 wandte sich der Rat der Stadt Reutlingen an den württembergischen Herzog mit der Bitte, die Getreide- und Viehsperren aufzuheben, zumal zwischen dem Herzogtum und der Reichsstadt ein Schirmvertrag über gegenseitige Hilfeleistungen existierten. Württemberg lehnte die Aufhebung der Sperre mit dem Hinweis auf die kurpfälzische Getreidesperre ab.[627]

Erst im Dezember 1771 wurde die Getreidesperre aufgehoben.

Einerseits durch die wirtschaftliche Notlage, andererseits durch das restriktive Vorgehen des Herzogtums angestachelt, entschied sich möglicherweise der – als Senator der Reichsstadt mit der reichsstädtischen Politik vertraute – Johann Georg Fleischhauer für den Nachdruck und die Täuschung bei den württembergischen Schulbuchartikeln.

Abseits der Schulbücher war es eine Übersetzung, die Johann Georg Fleischhauers für den süddeutschen Buchmarkt produzierte. Er druckte zwischen 1771 und 1772 die sieben Teile des *Lehrbegriffs der ganzen christlichen Religion* vom englischen Theologen Thomas Stackhouse (1677–1752), die von Friedrich Eberhard Rambach (1708–1775) übersetzt wurden. Unmittelbar nach Druckende des siebten Teils kündigte der Schaffhauser Buchbinder Johann Conrad Altorffer im September 1772 den Verkauf des Werkes zu einem „wohlfeilen Preis" an.[628]

3.3.1 Der Zusammenschluss mit Christian Gottlieb Schmieder und die *Sammlung der poetischen und prosaischen Schriften der schönen Geister in Teutschland*

Wann und wie der Entschluss gefasst wurde, dass sich Schmieder und Johann Georg Fleischhauer geschäftlich verbanden, konnte anhand des Quellenmaterials nicht geklärt werden. Möglich erscheint es, dass die Verbindung durch die Stuttgarter Zeit Schmieder zustande kam, da Schmieder noch familiäre Kontakte in den württembergischen Buch-

627 Magen, Ferdinand: Reichsexekutive und regionale Selbstverwaltung im späten 18. Jahrhundert. Zu Funktion und Bedeutung der süd- und westdeutschen Reichskreise bei der Handelsregulierung im Reich aus Anlass der Hungerkrise von 1770/72 (= Historische Forschungen; 48), Berlin 1992, S. 27.

628 „Denn da das Werk, welches aus 7. Theilen in groß Octav bestehet, bishero für 15. Gl. Und noch höher verkauft worden, folglich der Nuzen dieses vortrefflichen Buchs nicht so ausgebreitet seyn konnte, weil der hohe Preiß viele Liebhaber, es zu kauffen abschröcke; so hat man, um dieses Buch gemeinnüziger zu machen, sich entschlossen, diese neue Auflage um 8 fl. Zu erlassen, in der Hoffnung, daß die Liebhaber desselben, die es noch nicht besitzen, nicht ermangeln werden, sich dasselbe um diesen wohlfeilen Preiß anzuschaffen. Exemplare von diesem Buch sind bey Herr Joh. Conrad Altoffer Buchbinder allhier zu haben. Brief und Geld bittet an sich franco aus." Aus: Monathlicher Nachtrag für die Wöchentliche Nachrichten von Gelehrten Sachen, auf das Jahr 1772 9. Stück, S. 72.

handel unterhielt. Anfang 1773 verbanden sich Schmieder und Fleischhauer, die sie zu „fast gleichberechtigte Inhabern eines einzigen Unternehmens" machte.

Nach der Ausstellung des kaiserlichen Privilegs für die *Sammlung der besten deutschen prosaischen Schriftsteller und Dichter* im Februar 1774 für Schmieder, erhielt Johann Georg Fleischhauer das Impressorium am 6. Juni 1774 für seine *Sammlung der poetischen und prosaischen Schriften schöner Geister in Deutschland*.[629]

Dem Fleischhauer'schen Gesuch des Privilegs waren zwei Anhänge angefügt: „Lit. A" war die Unbedenklichkeitserklärung des Dekans der philosophischen Fakultät der Universität Tübingen Christoph Friedrich Schott (1720–1775), „Lit. B." war die Befürwortung der Vertreter der Reichsstadt Reutlingen durch Stadtpfarrer Johann Friedrich Schmidt und dem Superintendenten und Apotheker Johann Adam Schreyvogel. In beiden wurde bekräftigt, dass die *Sammlung* nicht gegen die Zensur verstöße, sondern ganz im Gegenteil

> daß in diesen unverfänglichen Schriften, die in- und außerhalb unserem teutschen Vaterland bekandt seyend, die Jungen und die angenehmste Gelegenheit findet, sich in der teutschen Schreib- und Redart zu beßern und Belustigungen vor den Verstand und das Herz zu ersehen.[630]

Lediglich Schott verwies darauf, dass die Werke von so einer „Beschaffenheit seyen, daß sie als unverfänglich wieder- und zusammen gedruckt werden könnten".[631]

Insbesondere die Betonung auf den Nutzen für die Kinder, lässt erahnen, dass Fleischhauer die Anthologie vordergründig als Kinder- und Jugendliteratur konzipiert hatte, wie seine bereits zuvor nachgedruckten *ABC-Bücher* und Fibeln vermuten ließen. Dass es dafür einen Absatzmarkt gab, bewiesen fünf Jahre später Frank und Schramm mit ihrer *Sammlung philosophischer Schriften*.[632]

Aus dem Tätigkeitsbereich Schmieders ist bereits bekannt, dass die ersten Nachdrucke Schmieders und Fleischhauers gleichsam die Schriften Gellerts waren, die sie beide 1774 und 1775 nachgedruckt hatten. Breitenbruch spekulierte, dass schon von Beginn der Zusammenarbeit Schmieder der Initiator der gemeinsamen Drucke war und er die Werke für die Sammlung aussuchte, die nachgedruckt werden sollten. Ihm oblag somit der „eigentlich redaktionelle Teil des Unternehmens".[633] Folglich bestimmte zunächst auch Schmieder, was in die Sammlung aufgenommen wurde, ehe Fleischhauer in unregelmäßigen Abständen, in der Anfangsphase meist zwischen ein bis vier Jahren, dies ebenfalls in seine Sammlung aufnahm.[634]

---

629 RHR Impr. 19–70.

630 RHR, Impr. 19–70.

631 Die Werke also nicht einzeln und außerhalb der Sammlung vertrieben werden sollten, RHR, Impr. 19–70.

632 Vgl. Kap. 3.2.1.

633 Breitenbruch: Schmieder, Sp. 657.

634 Breitenbruch hat eine umfassende Analyse der Zyklen der Veröffentlichungen vorgenommen, zudem weist die Bibliographie zu Schmieders Nachdrucken ebenfalls die Fleischhauer'schen Nach-

Um eine Doppelung derjenigen Fälle zu vermeiden, in denen Johann Georg und Johann Jakob Fleischhauer involviert waren, werden in diesem Kapitel nur diejenigen Fälle und Begebenheiten analysiert, die bislang noch keine Erwähnung gefunden hatten.

Johann Jakob Fleischhauer trat in Person des Anwalts Fischer von Ehrenbachs am 24. März an den Reichshofrat heran, um sich ein Privileg über Johann Friedrich Starcks *Tägliches Handbuch in guten und bösen Tagen* ausstellen zu lassen. An das Gesuch wurde auch die Unbedenklichkeitserklärung der Tübinger theologischen Fakultät vom 4. März 1777 angefügt.[635]

Obwohl es sich nicht um einen Nachdruck handelte, war das Privilegiengesuch Johann Jakob Fleischhauers dennoch aussagekräftig. Denn es spiegelte die Handlungsweise des Reutlinger Buchdruckers wider. Im Mai 1777 lief das auf zehn Jahre erteilte Privileg über Starcks *Handbuch* für den Frankfurter Friedrich Christian Kochendörffer aus. Zuvor hatte der Frankfurter Reinhold Eustach Möller zunächst 1748, dann 1757 sich das Privileg ausstellen lassen.[636] Noch bevor das Privileg im Mai endete, nutzte Fleischhauer die Gelegenheit, sich das äußert populäre Werk anzueignen. Denn das Werk,

> erstmals 1727 erschienen und später mehrfach von ihm überarbeitet, ein in einfacher Sprache abgefaßtes Gebets- und Erbauungsbuch, erlebte eine Auflage nach der anderen und ist mit insgesamt ca. 100 Auflagen bis ins 20. Jahrhundert ein beispielloser religiöser Beststeller geworden.[637]

Das Handbuch war somit keineswegs ein Spekulationsobjekt, sondern ein geplantes Kalkül. Mit dem Verkauf im schwäbischen Reichskreis und darüber hinaus in die Schweiz, konnte Fleischhauer auf kontinuierliche Einnahmen hoffen.

Doch schon unmittelbar nach dem Gesuch kam es zu einer Auseinandersetzung mit der Brönner'schen Buchhandlung aus Frankfurt, die gegen das Privileg protestierte und verlangte, dass Fleischhauer den Druck unterlasse und die Druckbögen konfisziert werden.[638] Für das Jahr 1776 kann man Brönner'sche Drucke des Handbuchs nachweisen, sodass möglicherweise das Privileg auf Brönner übertragen wurde.[639] Da auch nach 1776 keine Fleischhauer'schen Drucke für den Zeitraum bekannt und überliefert sind, schien der Protest Brönners erfolgreich gewesen zu sein. Nichtsdestoweniger kann konstatiert werden, dass Fleischhauer lukrative Möglichkeiten nutzen wollte, die sich ihm boten.

---

drucke nach, sodass hier nicht weiter darauf eingegangen werden soll, vgl. Ebd., Sp. 650–652 sowie die Bibliographie ab Sp. 700.

635 RHR, Impr. 19,71.

636 Vgl. Koppitz; Druckprivilegien, S. 287.

637 „Hermann Beck, der Bibliograph der Erbauungsliteratur in der evangelischen Kirche, urteilt, daß Starcks Handbuch ‚im evangelischen Volke eine Verbreitung gefunden hat wie wenige religiöse Schriften der vorausgegangenen und nachfolgenden Zeit, selbst Johann Arndt nicht ausgenommen". Wallmann, Johannes: Pietismus-Studien, Tübingen 2008, S. 357.

638 Hanzely, Vincenz: Grundriß des Reichshofräthlichen Verfahrens in Justiz- und Gnaden-Sachen mit den nöthigen Formeln, Stuttgart 1788, S. 399f.

639 So waren schon andere Verlagsartikel auch von Reinhard Eustachius Möller auf Brönner übertragen worden, vgl. Koppitz: Druckprivilegien, S. 61.

Da sich Johann Georg Fleischhauer aufgrund seiner politischen Tätigkeit in Reutlingen immer mehr vom Buchhandel zurückzog und seine Sammlung in der Folge kaum noch erweiterte, witterte sein Bruder die Gelegenheit Anfang 1790 – kurz vor dem Tod Josephs II. – selbst ein Impressorium zu ersuchen. So bat Johann Jakob Fleischhauer am 15. Januar darum, eine *Teutsche Encyclopedie, enthaltend die besten Schriftsteller aus allen Theilen der Gelehrsamkeit* drucken zu dürfen. Der Titel knüpfte unweigerlich an die Sammlung seines Bruders an, sollte aber anders als die *Sammlung der schönen Geister* auch juristische, medizinische, geographische, mathematische und weitere Schriften enthalten.[640] Und auch beim Privilegiengesuch orientierte sich Johann Jakob an der Vorgehensweise seines Bruders, die bislang so erfolgreich zum gewünschten Impressorium geführt hatte. So gab er beim Bittgesuch an, dass er „keines von denjenigen Büchern, die schon mit einer allergnädigsten Privilegio versehen, und zur vollständigkeit meiner Samlung unentbehrlich sind, einzeln, ohne die übrigen werde verkaufen, oder durch andere Personen wissentlich verkaufen lassen".[641] Der Plan war es, die Sammlung – ebenso wie die des Bruders – augenscheinlich als Anthologie zu verkaufen und eben nicht als singuläre Nachdrucke der jeweiligen Werke. Im Umkehrschluss sollte das Privileg die Fleischhauer'sche Enzyklopädie vor dem „schändlichem Nachdruck" schützen, wie Fleischhauers Anwalt beteuerte.[642] Auch die Reutlinger Magistratsmitglieder bescheinigten – und das lag letztlich an den bereits lange zuvor veröffentlichten Schriften – dass es nichts gebe, „was wider die Reichsgesetze, Religion, den Staat und gute Sitten wäre".[643]

Am 4. Februar 1790, genau drei Wochen nach Antragstellung, wurde das Gesuch abgelehnt, da eine zu starke inhaltliche Nähe zu anderen Werken gegeben war und wohl auch, weil die Reichshofratsmitglieder an der Glaubwürdigkeit Fleischhauers zweifelten. Schließlich wurden bereits zwischen 1785 und 1787 beim ihm unerlaubte Nachdrucke von Döderleins *Institutio Theologi Christiani in capitibus Religionis theoreticis nostris Temporibus accommodata* gefunden und beschlagnahmt.[644] Dieses zunächst zweibändige Werk wurde am 9. Oktober 1783 auf Initiative des Nürnberger Verleger Georg Peter Monath (1715–1788) über zehn Jahre privilegiert.[645] Ebenjenen Döderlein wollte

640 Der vollständige Titel lautete: *Teutsche Encyclopedie, enthaltend die besten Schriftsteller aus allen Theilen der Gelehrsamkeit, als: aus dem philosophischen: Feder, Reimarus, Villaume pp.; theologischen: Döderlein, Heß, Rosenmüller, Sander, Sturm, Zollikofer pp.; juristischen: Gmelin, Pütter pp.; medizinischen: Richter, Tissot pp.; moralischen: Bahrdt pp.; historischen: Forster, Gatterer, Kook, Schrök pp.; physischen: Ebert, Raff pp.; mathematischen: Kästner pp: chymischen: Hagen pp.; geographischen: Büsching pp.; pädagogischen: Campe, Feddersen pp.; lettristischen: Grandison, Meißner, Salzmann pp.;* Der Vordruck der Titelseite wurde dem Gesuch angefügt, vgl. RHR, Impr. 19,72.

641 RHR, Impr. 19,72.

642 „Da aber derselbe (= Fleischhauer) nicht ohne Grund besorget, daß die [...] Sammlung [...] durch einen schändlichen Nachdruck vereitelt werden dörfte, so wünscht man mit einem allerhöchst kaiserlichen Druck-Privilegio [...] allermildest begnadiget zu werden", RHR, Impr. 19,72.

643 RHR, Impr. 19,72.

644 Vgl. RHR, Impr. 49,41. Zu dem Werk vgl. Hilpert, Johanna: Neologie in Jena: Johann Christoph Döderleins Wirken in Theologie und Universität (= Beiträge zur historischen Theologie; 96), Tübingen 2020, S. 192–200.

645 RHR, Impr. 49,41. Fünf der insgesamt zwölf Bände des *Christlichen Religionsunterrichts* verfasste

Fleischhauer nun – auf vermeintlich legalem Weg und noch vor Ablauf der Privilegienfrist – seiner *Enzyclopädie* einverleiben.

Der Hallenser Verleger Gebauer

Am 8. Dezember 1777 übersandte der Verleger Gebauer aus Halle einen Brief an Fleischhauer in Reutlingen, Adressat war wohl ebenfalls Johann Jakob Fleischhauer, wie sich aus dem Inhalt rekonstruieren lässt, es wurde aber auf die Verbindung zum Bruder hingewiesen.[646]

In diesem warnten sie davor, August Hermann Niemeyers (1754–1828) *Charakteristik der Bibel* nachzudrucken.[647] Wenn sie diesem „frevelhaften Unternehmen" dennoch nachgehen würden, so würde eine „schärfste Vorstellung" seitens der preußischen Regierung an den Reutlinger Magistrat geschickt, zweitens der Preis für die Originalausgabe drastisch gesenkt werden, um dem Absatz des Nachdrucks den Boden zu entziehen, und drittens wurde ein württembergisches Privileg für das Werk ersucht, um es vor dem Nachdruck zu schützen.[648]

Einen Tag später erreichte wiederum Gebauer ein Brief aus Tübingen, vom bereits bekannten Christoph Heinrich Berger, der gehört habe, „daß nun auch die Biblische Charakteristick von der Spitzbub-Nachdrucker-Bande" nachgedruckt werden sollte und „der Buchdrucker Fleischhauer in der Reichs-Stadt Reutlingen den Nachdruck übernehmen wolle".[649] Er gab den Verlegern Hinweise, wie sie effektiv gegen den Nachdruck vorgehen könnten, „theils aus Freundschaft vor sie, theils aber und noch mehr ausgerechtem Eifer wider alle dgl. infame Unternehmungen".[650] Insbesondere beim württembergischen Privileg wies Berger daraufhin, „daß solches zur Verhütung des Unterschleichs in eben würt[tembergische] Lande (wohin allerdings die mehresten Exemplare abgehen dürften) geschehen thäte, und daher gebeten würde, die so etwa eines Lands gehen möchten zu confisicieren".[651] Berger instruierte präzise, dass das Privileg zur Unterbindung des Schleichhandels ausgestellt wurde. Dies war deutlich mehr im Interesse des Herzogs, da mit dem Schleichhandel die Wirtschaft im eigenen Territorium beeinträchtigt und Literatur eingeführt wurde, die gegebenenfalls schädlich war. Der Tübinger trat in diesem, wie auch bei Frank und Schramm, als Informant auf, der die Konkurrenz schädigen und den Nachdruck unterbinden wollte.

Döderlein, die anderen erstellte dessen Schüler Christian Gottfried Junge, vgl. Hilpert: Neologie, S. 192.

646 Im Brief vom 30. Dezember schrieb Berger zu den Reutlinger Nachdruckern: „die dasige[n] Buchdrucker (die beede eines Gelichters seye[n])", hier im doppelten Sinne ‚Gelichter': Einerseits das (Nachdrucker-) Gesindel, andererseits die wörtliche Bedeutung der Geschwister. Verlagsarchiv Gebauer-Schwetscke, A 6.2.6., Nr. 15364.

647 Das Werk wurde ab 1775 bei Gebauer in Halle veröffentlicht, es erfreute sich einer breiten Rezeption, wie sich aus zahlreichen Rezensionen schließen lässt, so beispielsweise N. N.: Rezension, in: Jenaische gelehrte Zeitungen vom 11. Dezember 1775, S. 838–840.

648 Vgl. Verlagsarchiv Gebauer-Schwetschke, A 6.2.6, Nr. 15423.

649 Verlagsarchiv Gebauer-Schwetscke, A 6.2.6., Nr. 15363.

650 Verlagsarchiv Gebauer-Schwetscke, A 6.2.6., Nr. 15363.

651 Verlagsarchiv Gebauer-Schwetscke, A 6.2.6., Nr. 15363.

Wenige Wochen später traf erneute eine Nachricht von Berger ein, in der er berichtete, dass die Drohungen gegen Fleischhauer Wirkung gezeigt hatten und es zu keinem Nachdruck kam. Nichtsdestotrotz sah Berger die Schwierigkeit, wie es sich mit Nachdrucken aus „der benachbarten Schweyz" verhalte.[652] Obwohl, wie er in einem weiteren Brief im April 1778 zugab, „in Reutlingen wegen d. Charakteristik nunmehro nichts mehr zu befürchten" sei, blieb die Problematik des Schweizer Nachdrucks.[653] Denn noch im selben Jahr erschien ein Nachdruck der *Charakteristick der Bibel* mit dem Erscheinungsort Schaffhausen.[654] Die Verbindung von Schaffhausen nach Reutlingen und Tübingen wurde schon behandelt,[655] ob Fleischhauer in diesen Nachdruck involviert war, lässt sich mangels Quellenmaterial indes nicht feststellen.[656]

3.3.2 Weitere Privilegiengesuche der Reutlinger Nachdrucker

Mit der *Sammlung der besten französischen Schriftsteller und Dichter*, die Fleischhauer in Zusammenarbeit mit Schmieder herausgab, kam es zu den Auseinandersetzungen mit Anton von Klein. Doch verhält es sich hierbei, wie in den anderen Fällen, in denen sowohl Schmieder als auch Fleischhauer zur Rechenschaft gezogen werden sollten, dass der hauptsächliche Kommunikationskanal über Schmieder verlief und Fleischhauer fast immer deckungsgleiche Eingaben zum Sachverhalt machte.

Kurz nach der Erteilung des Privilegs für die französische Sammlung ersuchte Joahnn Georg Fleischhauer am 7. Dezember 1778 nun zum dritten Mal um ein Privilegium Impressorium für eine *Sammlung der neuesten und besten historischen Schriften*.[657] Im Schreiben an Joseph II. vom Anwalt Friedrich Fischer von Ehrenbach wurde herausgestellt, dass „solchen Büchern, dere ausgebreiteter Bekanntmachung, die Aufklärung des

652 Dagegen konnte Berger nicht mehr angehen: „S. Durchl. solche in höchst dero Landen weder gestatte – noch weniger auswärtige Nachdruck erlauben möchten freyen Eingang zu haben. Die will meiner 74 jährig Hand nicht weiter Hülfe leisten." Verlagsarchiv Gebauer-Schwetscke, A 6.2.6., Nr. 15364.

653 Verlagsarchiv Gebauer-Schwetscke, A 6.2.6, Nr. 15965.

654 Vgl. VD18 90450701.

655 Vgl. Kap. 3.2.1.

656 Auffällig an diesem Nachdruck war, dass kein Drucker genannt wurde, in diesem Fall weder Hurter noch Altörffer, die bei den meisten Druckwerken – auch Nachdrucken – genannt werden. Dies war ein mögliches Indiz dafür, dass das Werk in Reutlingen oder Tübingen gedruckt wurde und der Ort Schaffhausen zur Tarnung als Druckort aufgeführt wurde, oder aber in Schaffhausen gedruckt wurde und bei Frank, Schramm oder Fleischhauer verkauft, beziehungsweise getauscht wurde, wie aus dem Brief Heerbandts an Gebauer hervorgeht: „Besagter Ludwig Meyer hat wie Sie wißen werden den 1ten Theil von der Charakteristik der Bibel nachgedruckt, da ihm nun a Costi der Verschluß mag niedergelegt seyn, so hat er dem hiesigen Nachdrucker Frank 600 Exemplare gegen seinen Kinderfreund angebothen." Verlagsarchiv Gebauer-Schwetschke, A 6.2.6., Nr. 17089b.

657 RHR, Impr. 19,73. Koppitz ordnet die Sammlung fälschlicherweise Johann Jakob Fleischhauer zu und führt an, es sei ein Verlängerungsgesuch, doch war es das erste Gesuch, Ebenso falsch ist der Verlängerungsantrag für die *Sammlung der poetischen und prosaischen schönen Geister in Teutschland*, den nicht Johann Jakob, sondern Johann Georg stellte, vgl. Koppitz: Druckprivilegien, S. 152.

Verstandes und die Verbesserung der Sitten befördern kann".[658] Schließlich habe dies ebenjener Fleischhauer „bereits bey seiner veranstalteten Sammlung der besten Schriften der schönen Geister Teutschlands, wie auch der vornehmsten französischen- in die schöne Litteratur einschlagende Schriftstellern" schon bewiesen.[659] Man werde jeden Teil der Universitätszensur vorlegen, keine bereits privilegierten Werke nachdrucken, die Pflichtexemplare abliefern und die Kaution zu zahlen.[660] Am 14. April 1779 hat Fleischhauers Anwalt darum gebeten, das „Documentum ad acta legen zu lassen". Der Hintergrund war, dass der Reichshofagent Johann Baptist von Fichtl „zu Recht insinuieren" ließ, dass ein solches Privileg schon erteilt worden war, beziehungsweise es sich um einen Nachdruck handelte.[661] Schon am 12. Dezember 1783 erteilte Joseph II. der Buchdruckergesellschaft zu Mannheim und Frankenthal, um die Buchdrucker Gegel, Krauß, Folmart und Compagnie, ein kaiserliches Privileg für die *Sammlung der besten Schriftsteller, welche die Geschichte, besonderen Rechte, Sitten und Gewohnheiten der Völker nach ihren Grundsätzen abgehandelt haben*.[662] Die inhaltliche Nähe zur Mannheimer Sammlung war wohl letztlich ausschlaggebend dafür, dass die Sammlung nicht fortgesetzt werden konnte. Eine ähnliche Entscheidung fällte der Reichshofrat schon 1777 im Falle Philippus Majus.[663]

Die Verbindung zwischen Schmieder und Johann Georg Fleischhauer wurde beim Verlängerungsgesuch des Privilegs für Fleischhauers Sammlung im Dezember 1784 letztmalig offenkundig. Nachdem es nämlich bei Fleischhauer zu Verzögerungen in der Privilegienerteilung aufgrund der im selben Jahr erst abgeschlossenen Klage mit Weidmanns Erben und Reich[664] und der Abgabe der Pflichtexemplare gekommen war,[665] berief man sich auf Schmieder:

658 RHR, Impr. 19,73.

659 RHR, Impr. 19,73.

660 Vgl. RGR 19,73.

661 Vgl. RHR, 19,73.

662 RHR, Impr. 39,20. Vgl. dazu auch Behrens: Gegel, S. 36ff.

663 Majus konzipierte eine Sammlung, die inhaltlich zu nah an der Schmieders und Fleischhauers war und dessen Privilegiengesuch vom Reichshofrat abgelehnt wurde.

664 So schrieb der Anwalt hinsichtlich der Klage: „die Fleischhauerische Anzeige des mit denen Leipzigern Kaufleuthen getrofener Vergleichs und der wirklich geleisteten Befriedigung ad acta legen zu lassen, allergnädigst geruhet", RHR, Impr. 19,73.

665 Fleischhauer legte eine 31 Titel umfassende Exemplarliste der Sammlung bei, von denen er jeweils fünf Kautionsexemplare an den Reichshofrat abliefern musste. Selbst für den Buchhändler war dies ein nicht zu unterschätzender Kostenaufwand gewesen, hinzu kam noch die Geldkaution für das Privileg. Gleichzeitig füllte der Reichshofrat seine Hofbibliothek mit den neu erschienenen Werken. So stellte Eisenhardt zu den Pflichtexemplaren fest: „Auf diese Weise war es den kaiserlichen Behörden möglich, sich mit einiger Regelmäßigkeit über die Neuerscheinungen zu informieren. Allerdings gab es zwischen den am Buchhandel Beteiligten und den kaiserlichen Behörden stets Streit über die Abgabe der Pflichtexemplare. Im 18. Jahrhundert weigerten sich viele Buchdrucker und Buchhändler, Exemplare abzugeben. Sie führten vor allem wirtschaftliche Gründe ins Feld und behaupteten, die Abgabe von fünf Plfichtexemplaren verursache ihnen einen kaum auszugleichenden wirtschaftlichen Schaden. Es dürften allerdings nicht nur rein

> Dem litis consorten Buchhändler Schmieder haben Euer kaiserl. Königl. Majestät nach anliegenden höchsthrl. Concluso [...] mit der Renovation seines Privilegii zu begnadigen allergnädigst geruhet. Wenn nun implorantil: Fleischhauer sich ebenfalls hiermit allersubmissest erkläret, bei jedem in seiner Sammlung neu hinzukommenden Schriftsteller die Censur beizubringen, auch kein sonst privilegiertes Buch außer der Sammlung zu verkaufen, so hoffet er, auch in balden mit [...] gebetenen Privilegien Renovation um so ehender begnadiget zu werden, als er so wie Schmieder keinen Fleiß und Kosten gescheuet hat, um das wissbegierige Publicum zu befriedigen".[666]

Da Schmieder das Privileg schon erteilt worden war, baute man darauf, dass bei gleicher Handhabung, also der Zensur jedes neuen Werkes und der Versicherung kein Werk außerhalb der Sammlung zu verkaufen, was auf Schmieders Aktivität gemünzt war,[667] das Privileg baldmöglichst erteilt werden würde. Bei der Privilegienerneuerung, wie bereits in zuvor gelagerten Fällen, war Schmieder der Vorreiter, an dem sich Fleischhauer orientierte. Schließlich folgte man dem Argumentationsmuster, dass wenn Schmieders Sammlung erneut privilegiert wurde, Fleischhauers privilegierte Sammlung ebenfalls auf weitere zehn Jahre verlängert werden sollte, was ihm Anfang 1785 auch gewährt wurde.

Über den weiteren Verlauf der Fleischhauer'schen Geschäfte wurde teilweise schon berichtet. Johann Georg Fleischhauer ließ seine Sammlung neben der Amtstätigkeit weiterlaufen, ohne dass er dieser neue Titel hinzufügte. Er vermehrte die Sammlung mit den Klassikern, die er zuvor schon gedruckt hatte: Rabeners *Satiren*, Mendelssohns *Phädon*, Wielands *Oberon* oder Klopstocks *Messias*. Möglicherweise schlug sich hier auch die Trennung von Schmieder nieder: Da Schmieder als Kompilator der Sammlung angesehen werden konnte, fehlten Johann Georg Fleischhauer die Informationen, welche Titel er der Sammlung hinzufügen sollte, sodass er sich auf die Altbewährten verließ, um eine kontinuierliche Einnahmequelle zu besitzen. Währenddessen versuchte Schmieder mit Trivialliteratur und neuen Werken die Sammlung zu bestücken.[668] Die existenzielle Angst, wie bei Schmieder in der Zeit nach 1790, bestand bei Fleischhauer hingegen nicht. Zudem erhöhte sich die Konkurrenz in Reutlingen, die den Absatz der Nachdrucke erschwerte. Johannes Grötzinger erhielt 1789 ein kaiserliches Privileg über die *Sammlung der besten Schriftsteller im geistlichen und pädagogischen Fach*, mit der er weniger mit Fleischhauer als vielmehr mit den Tübinger Schramm und Balz konkurrierte.[669]

---

wirtschaftliche Gründe gewesen sein, die zu der Weigerung führten. Die am Buchhandel beteiligten hatten den hohen Informationswert der Pflichtexemplare für die kaiserlichen Behörden erkannt und weigerten sich, der ihnen auferlegten Pflicht nachzukommen mit der Absicht, eine wirksame Kontrolle des Buchhandels zu erschweren." Eisenhard: Die kaiserliche Aufsicht, S. 103f. Insbesondere bei Zeitungen und – wie in diesem Fall – Sammlungen bedeuteten die fünf Abgabeexemplare durchaus wirtschaftliche Einbußen. Inwieweit Fleischhauer aber von jedem Titel der Sammlung Werke an den Reichshofrat geliefert hatte, bleibt hingegen offen.

666 RHR, Impr. 19,74.

667 Vgl. Kap. 3.1.

668 Vgl. Kap. 3.1.5.

669 Grözinger druckte Campes *Interessante Reisebeschreibungen* kontinuierlich bis nach 1806 nach,

Anders verhielt es sich bei den Reutlinger Jakob Ulrich und Johann Jakob Mäcken, die „im Dezember 1800 eine selbstständige Firma aufmachten, die neben der des Vaters erklärtermaßen ausschließlich auf Herstellung von Nachdrucken aufgebaut war".[670] Mit seinem *Comptoir der deutschen Classiker* „das etwa im ‚Büreau der Classiker' des Karlsruher Nachdruckers Müller seine Analogie hatte" wurde Mäcken zu einem der bedeutendsten Nachdrucker der ersten Hälfte des 19. Jahrhunderts.[671] Ein planmäßiger Nachdrucker, wie Widmann ihn beschreibt, war Jacob Noah Ensslin, der aufgrund der weiterhin fehlenden, württembergischen Nachdruckordnung den Nachdruck seriell betrieb.[672]

Die erweiterte Familie Fleischhauer prägte auch bis weit in das 19. Jahrhundert hinein den Reutlinger und württembergischen Buchmarkt.[673] So führte Johann Jakob II. Fleischhauer (1770–1841), der Sohn Johann Jakob Fleischhauers das Geschäft des Vaters weiter.[674]

3.4 Kooperation und Konfrontation: Ein Zwischenfazit der Nachdruckunternehmen

Kooperation und Konfrontation sind die Schlagworte, die alle drei Nachdruckunternehmungen in Karlsruhe, Tübingen und Reutlingen charakterisierten. Noch bevor sie sich um kaiserlichen Druckprivilegien für ihre Sammlungen bemühten, knüpften alle Nachdrucker Kontakte zu anderen Buchdruckern oder Buchhändlern, um mit ihnen eine geschäftliche Kooperation einzugehen. Der Buchhändler Schmieder, dessen Produktionsvoraussetzungen aufgrund fehlender Pressen stark eingeschränkt waren, ver-

letztlich auch ein Grund, warum insbesondere Schramm sich aus dem Nachdruckergeschäft zurückzog, vgl. VD18 12883700.

670 „Alle resp [ectiven] (=betreffenden) Buchhandlungen', so hieß es in einem Schreiben der neuen Firma, ‚fordere ich auf, welche Nachdrücke verlegen, mir ohnverzüglich ihre Novitäten-Zeddel einzusenden, um für mich das Brauchbare wählen zu können und dagegen von den meinigen zu nehmen, welches unser gegenseitiges Interesse sichert. Jeder soliden Buchhandlung steht mein Verlag (der sich durch meine Firma kennbar macht) zu Dienst ... Andere Nova, als Nachdrücke, sind, verlange ich nicht, weil mein Lokale keinen Sortiments-Absatz hat, und ich meine Nachdrücke nur gegen andere Nachdrücke und nicht gegen Bücher abgeben kann, die mit den Nachdrucks-Preisen in gar keinem Verhältnis stehen...', zitiert nach: Widmann: Reutlinger Druck- und Verlagswesen, S. 63.

671 Widmann: Druck- und Verlagswesen, S. 64. Johann Jakob Mäcken arbeitete zwischenzeitlich mit Jakob Noa [sic] Fleischhauer zusammen, um gemeinsam mit B. Ph. Bauer in Wien einen Nachdruck des Deutsch-Lateinischen Lexicons von Carl Ludwig Bauer herauszubringen, vgl. Ebd.

672 Vgl. Ebd., S. 74.

673 Ab 1770 bis ins 19. Jahrhundert prägten besonders die „Volksbücher", also die auch hier dargestellte einfache und populäre Literatur den Reutliner Buchmarkt, vgl. mit dem Blick insbesondere für das beginnende 19. Jahrhundert Knödler, Stefan: „Alles ohne Maaß! Im Reutlinger Ton". Der Reutlinger Volksbuchdruck um 1800, in: Reutlinger Geschichtsblätter 58 (2019), S. 85–115, hier bes. S. 91ff.

674 Der letzte Nachdruck Johann Jakob Fleischhauers war wohl Campes *Reisebeschreibungen* aus dem Jahr 1812, vgl. VD18 90657055.

band sich mit dem Reutlinger Buchdrucker Johann Georg Fleischhauer. Mithilfe seiner Pressen konnte Schmieder in dem Umfang überhaupt erst seine Nachdrucke produzieren. Im Gegenzug profitierte der Buchdrucker Fleischhauer von der buchhändlerischen Expertise Schmieders und seiner Fähigkeit, eine Nachdrucksammlung zu konzipieren, die den Geschmack des Publikums traf und aus dessen Buchhandels- und Distributionsnetzwerk er ebenfalls Vorteile ziehen konnte. Mit dem Erfolg der Nachdrucksammlung erhöhte sich das Produktionsvolumen, sodass Schmieder einen weiteren Sozius hinzuzog, nämlich den Tübinger Buchdrucker Johann Ulrich Cotta. Diese ‚Nachdrucker-Gesellschaft' bedeutete gleichzeitig den Höhepunkt der Reutlinger und Karlsruher Nachdruckunternehmung.

Die Tübinger Buchdrucker Schramm und Frank schlossen sich aufgrund der familiären Nähe zusammen und etablierten – wohl nach dem Vorbild Schmieders – ebenfalls eine Nachdrucksammlung. Nach anfänglichen Schwierigkeiten knüpften sie Kontakte zum Reutlinger Buchdrucker Johann Jakob Fleischhauer, der ihre Verlagsartikel in Kommission verkaufte. So übernahm Fleischhauer die von Schramm, Frank und später Balz dringend benötigte Distributionsfunktion, da sie über kein etablierten Handelsnetzwerk verfügten, um ihre Nachdrucke innerhalb und außerhalb des Reiches absetzen zu können.

Es wurde weiterhin gezeigt, dass alle drei Nachdruckunternehmungen Handelspartner im In- und Ausland suchten und fanden. Während Schmieder mit dem in Wien lebenden Handelsmann Johann Jakob Wucherer kooperierte, der Schmieders Nachdrucke in Kommission in Österreich verkaufte, unterhielten Frank, Schramm und Fleischhauer eine wie auch immer geartete Verbindung zu den Schaffhauser Johann Conrad Altorffer und Benedikt Hurter, der Nachdrucke für die Tübinger und Reutlinger druckte oder selbst produzierte. Gleichzeitig konnte mittels dieser Handels- und Druckverbindungen Nachdrucke nicht nur an verschiedenen Orten gefertigt und anschließend untereinander getauscht werden, sondern die Nachdrucker denunzierten sich bei auswärtigen Klagen gegenseitig, um die Behörden zu irritieren.

Alle Nachdrucker sahen sich gleichsam Konfrontationen aus direktem und indirektem Umfeld ausgesetzt. Unmittelbar vor beziehungsweise nach Ausstellung des kaiserlichen Druckprivilegs für ihre Nachdrucksammlungen wurde gegen die Entscheidung geklagt oder Protest erhoben. Im Falle Schmieders und Johann Georg Fleischhauers wandte sich Philipp Erasmus Reich kurz nach Ausstellung des Privilegs 1774 an den Reichshofrat, um vergeblich eine Inhibierung des Privilegs zu erwirken. Es folgten weitere Klagen auswärtiger Verleger, Buchhändler und Autoren beim Markgrafen von Baden, die allesamt nur einen mäßigen Erfolg hatten.

Im Gegensatz dazu sahen sich die Buchdrucker Frank und Schramm mit innertübingischer Konkurrenz durch die Buchhändler Heerbrandt und Cotta konfrontiert. Diese fungierten als Informanten für auswärtige Verleger und lieferten kenntnisreiche Hinweise über die aktuellen Nachdruckprojekte der Tübinger. So erreichte die württembergische Administration 1779 eine Kollektiveingabe von über 40 Buchhändlern und

Verlegern, die sich gegen den Nachdruck der Tübinger vereinten und ihren Protest zum Ausdruck brachten.

Die Haltung der Obrigkeiten auf die permanenten Klagen gegen die Nachdrucker kann als ambivalent charakterisiert werden. Durch den Schutz der kaiserlichen Druckprivilegien hatten die Behörden kaum ein Mittel oder einen Zugriff gegen die Handlungsweise der Nachdrucker. Ob dies aufgrund der positiven Aspekte des Nachdrucks überhaupt gewünscht war, wird in einem anderen Kapitel thematisiert.[675] Ungeachtet dessen wurden die Nachdrucker weniger aufgrund der auswärtigen Klagen als vielmehr wegen anderer Verfehlungen in die Schranken gewiesen: Schmieder, weil er gegen die Typographische Gesellschaft in Kehl unter Leitung Beaumarchais vorging und scharf zurückgewiesen wurde und Frank und Schramm, weil sie bei der Regierung nicht angezeigt hatten, dass sie sich um ein kaiserliches Privileg bemüht hatten und daraufhin mit einer Strafe belegt wurden.

675 Vgl. Kap. 4.5.

4 Zwischen wirtschaftlichem Profit und Wissensverbreitung: Implikationen des Büchernachdrucks zwischen Diskurs und Praxis in der zweiten Hälfte des 18. Jahrhunderts

In Rückgriff auf die Korrelation von Diskurs und Praxis und dem Aufkommen der untersuchten Nachdrucker in der Hochphase des Büchernachdrucks im späten 18. Jahrhundert, wird die Diskussion im Zeitraum in den Anfangsjahren der 1770er beleuchtet, was gleichzeitig der Phase entspricht, in denen die hier untersuchten *Nachdrucksammlungen* verkauft worden sind. Um die Argumentationen der Zeitgenossen verstehen und einordnen zu können, werden in einem vorgelagerten Schritt zunächst die Entwicklungslinien der Diskussion über den Büchernachdruck nachgezeichnet. Abschließend werden vier Schriften aus den Jahren 1779, 1784 und 1790 exemplarisch analysiert (Kap. 4.1.2. und 4.1.3.), da die Autoren der Schriften den Nachdruck entweder betrieben oder direkt vom Nachdruck betroffen waren.

4.1 Entwicklungslinien der Debatte über den Büchernachdruck vom Ende des 17. bis zum Ende des 18. Jahrhunderts

Ludwig Höpfner betonte 1843 in seiner Erörterung zur Diskussion über den Büchernachdruck:

> Seit beinahe zwei Jahrhunderten ist in fast ununterbrochener Folge unendlich viel über die Rechte der Erzeuger von literarischen und artistischen Werken geschrieben, und es ist vielseitig zugunsten der Autoren und gegen dieselben gesprochen worden.[1]

Er setzte den Beginn der Auseinandersetzung, die sich bis weit in das 19. Jahrhundert zog, somit in die zweite Hälfte des 17. Jahrhunderts.

Die erste Schrift, die er in seiner Bibliographie verzeichnete und die sich mit dem deutschen Buchhandel befasste, war Adrian Beiers *Kurtzer Bericht von der nützlichen und vortrefflichen Buchhandlung und derselben Privilegien* von 1690.[2] In dieser äußerte

---

1 Und die Diskussion schien auch im Jahr 1843 noch nicht beendet: „Da die einschlagenden Fragen neuerdings durch das Zeitinteresse wieder angeregt worden sind". Höpfner: Der Nachdruck ist nicht rechtswidrig, S. 1. Zur Ausgangslage nach 1806 vgl. Kap. 5.

2 In der Forschungstradition wird die Schrift Ahasver Fritschs *Tractatus De Typographis, Bibliopolis, Chartariis, Et Bibliopegis* als Startpunkt die rechtliche Nachdruckdiskussion für das 18. Jahrhundert angesehen. Zu Fritsch vgl. Widmann: Geschichte des deutschen Buchhandels, S. 102;

Beier sich neben vielen anderen Aspekten, die den Buchhandel betrafen, zum Nachdruck insofern, dass der Nachdruck unrechtmäßig sei, was er aus dem „natürliche[n] Recht“ herleitete.[3] Mit der naturrechtlichen Argumentation bildete Beier „einen ersten Schritt zur Loslösung von lediglich moralischen Argumenten und damit zur ‚Verrechtlichung‘ der Diskussion“.[4] Damit betrat er „rechtliches Neuland“ und berührte damit die Frage, wie die Unterscheidung zwischen Sacheigentum und Recht am Schrifteigentum eigentlich zu treffen sei.[5]

Hinsichtlich des Büchernachdrucks äußerte sich 1718 der Hallenser Rechtswissenschaftler und Kirchenrechtsgelehrte Justus Henning Böhmer (1674–1749) als einer der Ersten in drei Schriften dazu.[6] Während er sich in seinem *Sendschreiben*[7] aus dem Jahr 1718 über den Büchernachdruck noch vage thematisierte, konnte er in der dritten Fassung von 1732 anhand eines Responsums über eine Nachdruckerstreitigkeit ein exemplarisches Beispiel vorlegen.[8] Darin äußerte er sich nicht nur über den Rechtserwerb eines Verlagswerkes vom Autor und den unrechtmäßigen Büchernachdruck desselben,[9] sondern auch über Argumente, die in der Diskussion in der zweiten Hälfte des Jahrhunderts aufgegriffen werden, wie die Aspekte des ‚schlechten Papiers‘, des ‚verfremdenden Drucks‘ und des ‚wohlfeilen Preises‘.[10]

Unmittelbar nach Böhmer griff 1726 sein Hallenser Rechtswissenschaftskollege Nicolaus Hiernonymus Gundling (1671–1729) zur Feder, um das erste dezidierte Werk

---

Andersch: Büchernachdruck, S. 54. Zur Schrift Fritschs‘ vgl. Frohne, Renate: Ahasver Fritsch und das Urheberrecht, in: Wadle, Elmar (Hg.): Historische Studien zum Urheberrecht in Europa. Entwicklungslinien und Grundfragen (= Schriften zur europäischen Rechts- und Verfassungsgeschichte; 10), Berlin 1993, S. 11–20.

3 „Das natuerliche Recht/ die Vernunfft weiset einen jeden an/ liegen zu lassen, was nicht sein ist. Wird zwar umb der Menschen Boßheit/ theils Thumheit/ durch die Obrigkeit/ mit angehaengter Straff verbohten/ war aber vorhin schon nicht recht Stehlen.“, Beier: *Kurtzer Bericht,* § 70, S. 52f.

4 Andersch: Büchernachdruck, S. 65.

5 Diese Unterscheidung gestaltete sich schwierig, insbesondere, da man „mit herkömmlichen Rechtsbegriffen argumentieren“ musste, denn „nicht immer wurde dabei in der ersten Hälfte des 18. Jahrhunderts die Präzision der Argumentation erreicht, die erwünscht gewesen wäre, um die Zeitgenossen zu überzeugen“, Gieseke: Vom Privileg, S. 122.

6 Nach Veröffentlichung der ersten Schrift 1718, folgte die lateinische Fassung 1731 und eine überarbeitete Fassung 1732, vgl. Ebd., S. 123.

7 Böhmer, Justus Henning: „Sendschreiben“, in Abgesonderte Bibliothec, 8. Stück, Halle 1718, S. 661–691 mit dem Anhang des Leipziger Responsums.

8 Böhmer, Justus Henning: Kurtze Einleitung zum Geschickten Gebrauch der ACTen / worinn deutlich gezeiget wird, Wie man Acta lesen / extrahiren / referiren, beurtheilen, darüber decretiren und davon iudiciren solle, Frankfurt am Main 1732.

9 Vgl. Andersch: Büchernachdruck, S. 93ff. und Gieseke: Vom Privileg, S. 122f. Zu Böhmer vgl. Schulze, Renate: Justus Henning Böhmer und die Dissertationen seiner Schüler. Bausteine des Ius Ecclesiasticum Protestantium (= Jus ecclesiasticum; 90), Tübingen 2009, S. 36–45.

10 [...] da ein solcher unbefugter Nachdrucker, wie Beklagter [d. i. das angesprochene Responsum], weil er schlechten Druck und Pappier nehme, und vor die Arbeit nichts zahlen durffe, solche nachgedruckte Bücher weit wohlfeiler losschlagen, und dadurch den Verlag des rechtmäßigen Verlegers gantz ruinieren“, Böhmer: Kurtze Einleitung, S. 513.

zum Büchernachdruck zu verfassen, welches zunächst anonym erschien:[11] *Rechtliches Und Vernunfft-mäßiges Bedencken eines I[uris]C[onsul]TI, Der unpartheyisch ist, Von dem Schändlichen Nachdruck andern gehöriger Bücher.*[12]

In diesem formulierte Gundling einleitend: „Die Gelehrten haben von dem Plagio literario unterschiedene Bücher verfertiget, und keiner hat sich noch zur Zeit bemühet, von dem schädlichen und unverantwortlichen Nachdrucken anderer Leute Schriften etwas zu Papier zu bringen [...]".[13]

In den ersten Artikeln äußerte er sich zunächst ebenso wie Böhmer zum Verlagsrecht und dem Verhältnis zwischen Autor, Verleger und Drucker.[14] Wie es sich mit „Auswärtigen" und „fremden Völckern" hinsichtlich des Nachdrucks verhielt, erläuterte er in Absatz VI. So sei es auch ihnen verboten – ganz im Sinne seiner Verlagsrechtstheorie – Nachdrucke zu unternehmen, da „doch Recht Recht bleibet".[15] Doch räumte er ein, dass es möglich wäre, dass dieses Recht territorial begrenzt sein könne, woraus wiederum nicht folgte, dass auswärtige Obrigkeiten den Untertanen erlauben dürfen, ausländische Literatur nachzudrucken.[16]

---

11 Nachdem das Werk in der *Gundlingiana*, einer Zeitschrift, die Gundling von 1715 bis zu seinem Tod herausgab, erschienen war, konnte die Urheberschaft Gundlings als sicher gelten. Bei dem Buchhändler könnte es sich um den Leipziger Thomas Fritsch (1666–1726) handeln, was bisher weder verifiziert noch falsifiziert werden konnte, vgl. Andersch: Büchernachdruck, S. 95.

12 Gundling, Nicolaus Hieronymus: Rechtliches und Vernunfft-mäßiges Bedencken eines ICTI, Der unpartheyisch ist, Von dem Schändlichen Nachdruck andern gehöriger Bücher, o. O. 1726. Gundlings Werk ist bereits gut erforscht, insbesondere hinsichtlich der Genese des Geistigen Eigentums, zuletzt vgl. Haug, Christine: Nicolaus Hiernonymus Gundlings (1671–1729) Positionierung in der Debatte über Nachruck und geistiges Eigentum im frühen 18. Jahrhundert, in: Häfner, Ralph / Multhammer, Michael (Hg.): Nicolaus Hieronymus Gundling (1671–1729) im Kontext der Frühaufklärung (= Myosotis; 4), Heidelberg 2018, S. 187–218; Lück, Heiner: Nicolaus Hieronymus Gundling und sein „Rechtliches Und Vernunfft-mäßiges Bedencken... Von dem Schändlichen Nachdruck andern gehöriger Bücher", in: Pahlow, Louis / Eisfeld, Jens (Hrsg.): Grundlagen und Grundfragen des geistigen Eigentums. Diethelm Klippel zum 65. Geburtstag (= Geistiges Eigentum und Wettbewerbsrecht; 13), Tübingen 2008, S. 9–34.

13 Gundling: Rechtliches und Vernunfft-mäßiges Bedencken, S. 3. Ob Gundling die Schrift Böhmers gekannt hat, wird von Gieseke bestritten (Gieseke: Vom Privileg, S. 125), jedoch erscheint es durchaus einleuchtend, dass Gundling die Schrift seines Hallenser Kollegen Böhmer gekannt hatte, da beide zur Zeit der Veröffentlichung der Schrift in Halle lehrten, vgl. Andersch: Büchernachdruck, S. 95f.

14 „Die Gedanken gehören zwar dem Autor, wie schon erinnert; aber dieselben zu drucken, das Recht, wenn sie gedrucket sind, die Blätter und Bogen, welche ein Buch heissen, zu verkaufen und zu verhandeln, bleibet dem Verleger. Solches erworbene Recht nun kann ihm kein Mensch, und auch kein Engel nehmen." Gundling: Rechtliches und Vernunfft-mäßiges Bedencken, S. 7.

15 Gundling: Rechtliches und Vernunfft-mäßiges Bedencken, S. 8.

16 Gundling benannte die Länder, die schon früh auswärtige Verlagswerke nachgedruckt hatten, die „Schweizer", die „Franzosen" und die „Holländer". Die „Republik", gemeint war hier sicherlich die Republik der sieben vereinigten Provinzen, druckte auswärtige Verlagswerke, insbesondere französische und deutsche, unter fremden Verlagsort nach und verkaufte sie wiederum im Alten Reich, beziehungsweise Frankreich: „die holländischen Buchführer würden nicht viel haben, wenn sie nicht die Pariser Bücher geschwinde der Presse untergäben", Ebd., S. 29. So bemerkte Bellingradt zur Republik der Vereinigten Niederlande im 18. Jahrhundert: „Das Vorhandensein von wenigen

Im Folgenden ging er auf die „Diebe" ein, so nämlich verglich er die Nachdrucker, als „Beutel-Schneider", „bösen Leuten", ‚Plünderer', „Bösewichter und Räuber".[17] Für Gundling war der Nachdruck gleichzusetzen mit dem Raub und günstigen Verkauf fremden Eigentums.[18]

Wie Böhmer referierte auch Gundling abseits der rechtlichen Aspekte über weitere negative Implikationen des Büchernachdrucks wie die Fehlerhaftigkeit beim Druck, das günstige Papier und den Preis: „Die Wolfeile schmeichelt zwar den Ohren der Studierenden, welche gemeiniglich kein allzu grosses Vermögen besitzen; aber es ist doch auch diese noch nicht hinreichend, die Nachdrucker in Sicherheit zu setzen".[19]

Mit den Schriften Böhmers und Gundlings wurden die ersten Argumente und rechtstheoretischen Überlegungen zum Büchernachdruck angestellt, die in den Jahren zwischen 1730 und 1740 von anderen Autoren rezipiert und repetiert wurden. Unmittelbar auf Gundling bezog sich die Abhandlung einer 1733 ebenfalls zunächst anonymen, in der Forschungsliteratur aber Johann Abraham Birnbaum (1702–1748) zugeordneten Schrift: *Eines Aufrichtigen Unpartheyische Gedancken über einige Quellen und Wirckungen des Verfalls der ietzigen Buch-Handlung, Worinnen insonderheit die Betrügereyen der Bücher-Pränumeration entdeckt und zugleich erwiesen wird, Daß der unbefugte Nachdruck unprivilegierter* Bücher ein allen Rechten *zuwiederlauffender Diebstahl sey.*[20] Schon anhand des Titels lassen sich die wesentlichen inhaltlichen Aspekte des Textes erahnen: Es ging Birnbaum primär um eine Darstellung des Buchhandels und dessen angeblichen Verfall durch den Missbrauch der Pränumeration und den Büchernachdruck.[21]

regulierenden obrigkeitlichen Eingriffen und zensualen Verordnungen, insbesondere auch zum generellen Schutze der (Steuereinnahmen generierenden) Branchenproduktivität und speziell bei den zeittypischen Nachdruck-Aktivitäten in Europa, erwies sich als sicherlich förderlich für die wirtschaftliche Dynamik und Prosperität des Wirtschaftsstandortes", Bellingradt: Vernetzte Papiermärkte, S. 148. Hierzu auch: Darnton, Robert: The business of enlightenment. A publishing history of the Encyclopédie, 1775–1800, Cambridge 1979, 309f.

17 Gundling: Rechtliches und Vernunfft-mäßiges Bedencken, S. 10ff. Die Wortwahl des Verfassers wurde ihm in einer anonymen Schrift von 1742 bemängelt: „[...] vielleicht die überhauften occupationes, oder auch zuweilen widerwärtige und beschwerlichen privat Umstände des Herrn Autoris zugelassen, wäre abgehandelt und ausgeführet worden", N. N.: Unpartheyische Bedenken worinnen aus allen Nützlichen, Göttlich- und Menschlich Civil- und Criminal-Rechten und Gesetzen klar und deutlich ausgeführet und bewiesen wird, daß der unbefugte Nachdruck privilegirter und unprivilegirter Bücher Ein grob- schändliches, allen Göttlich und Menschlichen Rechten und Gesetzen zuwider lauffendes Verbrechen, und infamer Diebstahl sey, Cölln 1742, S. 20.

18 Gundling: Rechtliches und Vernunfft-mäßiges Bedencken, S. 11f.

19 Ebd., S. 24.

20 Birnbaum, Johann Abraham: Eines Aufrichtigen Unpartheyische Gedancken über einige Quellen und Wirckungen des Verfalls der ietzigen Buch-Handlung, Worinnen insonderheit die Betrügereyen der Bücher-Pränumeration entdeckt und zugleich erwiesen wird, daß der unbefugte Nachdruck unprivilegierter Bücher ein allen Rechten zuwiderlauffender Diebstahl sey, Schweinfurth 1733. Zu Text, Genese und Interpretation vgl. Bappert, Walter: J. A. Birnbaum. Ein nahezu moderner Verlagsrechtler?, in: Archiv für Geschichte des Buchwesens 6 (1966), Sp. 1263–1296.

21 Vgl. Ebd., Sp. 1279ff.

> Birnbaums Verdienst für die Nachdruckdiskussion ist es, das Problem des Nachdrucks unprivilegierter Bücher gründlich untersucht und hierbei eine genaue juristische Arbeitsweise angewandt zu haben. Er begnügte sich im Großteil seiner Arbeit nicht wie seine Vorgänger mit bloßen Feststellungen und Behauptungen, sondern prüfte insbesondere den Rechtsübergang durch Verlagsvertrag zwischen Autor und Verleger ausführlich".[22]

Fünf Jahre nach Birnbaums Werk und zwölf Jahre nach Gundlings Abhandlung veröffentlichte Johann Rudolf Thurneysen (1716–1774) 1738 sein Werk *De Recusione Librorum Furtiva*.[23] Es behandelte den unerlaubten Büchernachdruck und war gleichsam „das letzte Werk in der Diskussion über die Unrechtmäßigkeit des Büchernachdrucks in der ersten Hälfte des 18. Jahrhunderts, in dem eigene, neue Gedanken entwickelt wurden. Alle übrigen Schriften begnügen sich mit der Wiederholung bereits geäußerter Überlegungen".[24] Während die vorherigen Schriften fast ausnahmslos den Nachdruck verurteilten, führte Thurneysen fünf Beispiele für erlaubten Nachdruck an: 1) für Bücher aus weit entfernten Gegenden, 2) vergriffene Bücher, die der Verleger nicht mehr drucken will oder kann, 3) Bücher aus ausländischen Nachdruckterritorien, 4) gemeingütliche Bücher wie die Bibel oder klassische Autoren und 5) für Bücher, für die ein überhöhter Preis angesetzt wurde, jedoch nur auf Anordnung der Obrigkeit.[25]

Auch Thurneysen beschäftigte sich hauptsächlich mit den Fragen des unerlaubten Nachdrucks. Was seine Schrift jedoch auszeichnete, war die Realitätsnähe mit praktischen Anleitungen den Nachdruck zu bekämpfen sowie die Erkenntnis der zwischenstaatlichen Verflechtung des Nachdrucks als internationales Phänomen, ein Aspekt, der in der Auseinandersetzung in der Spätphase des 18. Jahrhunderts von Bedeutung war. So sprach er sich für ein Verzeichnis aller im jeweiligen Land erschienenen Bücher aus, das ein „censor publicus" überwachen sollte.[26] Sofern ein bereits gemeldetes Werk erschien, konnte die Erteilung der Veröffentlichung verwehrt werden. Bei Ländern, mit denen keine Handelsabkommen bestehen, sei der Nachdruck hingegen erlaubt, bei Ländern, mit denen rechtliche oder gewohnheitsrechtliche Abkommen geschlossen wurden, sei der Nachdruck hingegen verboten.[27] So erkannte Thurneysen die Problematik des

22 Andersch: Büchernachdruck, S. 98.

23 Die Übersetzung des Textes findet sich bei Thieme, Hans: Zur Entstehung des internationalen Urheberrechts aus dem Kampf gegen den unerlaubten Büchernachdruck, in: Schweizerische Vereinigung für Urheberrecht (Hg.): Die Berner Übereinkunft und die Schweiz. Schweizer. Festschrift zum 100-jährigen Bestehen der Berner Übereinkunft zum Schutze von Werken der Literatur und Kunst (= Schriften zum Medien- und Immaterialgüterrecht; 16), Bern 1986, S. 1–12.

24 Andersch: Büchernachdruck, S. 98f.

25 Gieseke: Vom Privileg, S. 129.

26 „Maxime conduceret, si censor publicus (quem virum doctum esse decet atque oporet) in quacunque civitate, e.g. Germaniae, Saxoniae, Helvetiae, illarumque regionum, quae inter se (uti Sec. II dictum) jure concordatus sive tacitis quibusdam conventionibus utuntur, constitueretur, qui album haberet [...]", Thurneysen, Johann Rudolf: De Cecusione Librorum Furtiva, Basel 1738, S. 25.

27 Hierbei hatte er die Nachdrucke aus Frankreich und den Niederlanden vor Augen, vgl. dazu auch Nebrig, Alexander: „Neue Schriften" oder die Übersetzungsfreiheit der Romantik, in: Nebrig, Ale-

regional begrenzten Schutzes der Privilegien und plädierte für zwischenstaatliche Abkommen. Weitere Vorgehensweisen gegen den Büchernachdruck waren seiner Ansicht nach Visitationen der Buchläden, Bekanntmachungen von Buchprojekten und der Ausschluss der Nachdrucker aus der Gemeinschaft.[28]

Die Abhandlung Thurneysens war eindeutig geprägt von den Schriften seiner Vorgänger, insbesondere von Birnbaums Traktat, jedoch schaffte er es, eine fundierte juristische wie praktische Erörterung des Büchernachdrucks vorzulegen, die gleichsam Handlungsansätze bot, die teilweise „30 bis 150 Jahre später tatsächlich umgesetzt" worden sind.[29]

Es erschienen nach Thurneysens Schrift noch weitere Schriften, die aber weder grundsätzlich neue Aspekte des Büchernachdrucks offerierten oder ganz bewusst Wiederholungen bereits geäußerter Ansichten waren. So findet sich in Johann Heinrich Zedlers (1706–1751) *Universallexikon* unter dem Lemma „Nachdruck derer Bücher"[30] eine verdichtete Wiedergabe des Birnbaum'schen Textes.[31]

Die 1742 veröffentlichten *Unpartheyischen Bedenken* eines anonymen Verfassers lieferten ebenfalls keine neuen Erkenntnisse, da der Autor die Gedanken und Argumente Birnbaums und Gundlings rezipierte und für ein breiteres Publikum aufbereitete.[32] Dies lässt auch das Impressum vermuten, denn die Schrift wurde bei Pierre/ Peter Marteau (= Peter Hammer) in Köln gedruckt.[33] Diese fingierte Verlagsadresse war bereits seit den 1660er Jahren ein häufig gebrauchtes Impressum, um Schriften klandestin im Reich und in Europa verbreiten zu können.[34] In diesem Fall kam es zu einer Doppelfunktion: Zum einen sollte es eine weite Verbreitung finden, zum anderen wurde schon mit dem Imprint auf die Distributionsform der Nachdrucke durch fingierte Druckorte hingewiesen.[35]

xander/Vecchiato, Daniele (Hrsg.): Kreative Praktiken des literarischen Übersetzens um 1800. Übersetzungshistorische und literaturwissenschaftliche Studien (= Untersuchungen zur deutschen Literaturgeschichte; 152), Berlin/Boston 2019, S. 17–50, hier S. 21f.

28 Thurneysen: De Recusione, S. 25f. und Andersch: Büchernachdruck, S. 101. Sie merkt zurecht an, dass es keine Zunftordnungen gibt, die einen solchen Ausschluss gewährleisten könnten, da es sich um eine freie Kunst handelte.

29 Hierzu gehörten beispielsweise ein staatliches Register, welches im Kursächsische Mandat von 1773 eingeführt wurde, Andersch: Büchernachdruck, S. 101ff.

30 Zedler: Nachdruck derer Bücher, Sp. 60–79.

31 Gieseke: Vom Privileg, S. 129 mit fälschlicher Angabe auf den 1742 angeblich erschienenen Sonderdruck, dazu Andersch: Büchernachdruck, S. 107. Inwieweit man hier von Plagiat sprechen kann, bleibt fraglich, da das Lexikon vielmehr die Praxis des Sammelns und Verwahrens von Schriften, hier in komprimierter Form, vollzog, vgl. Reulecke, Anne-Kathrin: Täuschend, ähnlich. Fälschung und Plagiat als Figuren des Wissens in Literatur und Wissenschaften. Eine philologisch-kulturwissenschaftliche Studie (= Trajekte), Paderborn 2017, S. 94.

32 N. N.: Unpartheyische Bedenken, 1742.

33 Walther, Karl Klaus: Die deutschsprachige Verlagsproduktion von Pierre Marteau, Peter Hammer, Köln: Zur Geschichte eines fingierten Impressums, Leipzig 1983.

34 Die Höhüeunkte lagen gegen Ende des 17. und Anfang des 18. Jahrhunderts, eine zweite Welle erfolgte zwischen 1790 und 1810, vgl. Ebd., S. 7ff.

35 Walther, Karl Klaus: Zur Typologie fingierter Druck- und Verlagsorte des 17.–19. Jahrhunderts, in: Zentralblatt für Bibliothekswesen 91 (1977), S. 101–107.

Ehe eine circa 30-jährige Unterbrechung der Diskussion über den Büchernachdruck eintrat, veröffentlichte Friedrich Ehrenreich von Behmer (1721–1777) die letzte Schrift, die sich – im Gegensatz zu den vorigen Abhandlungen – mit einer Apologie des Büchernachdrucks – befasste.[36] Diese bildete zusammen mit dem schon 1722 veröffentlichten *Responsum*[37] der Jenaer Juristenfakultät und der Schrift Johann Peter von Ludewigs (1668–1743) die Stützpfeiler der Argumentation der Nachdruckbefürworter.[38] Im Folgenden werden die Hauptargumente der drei Schriften kurz zusammengefasst.[39]

Das erste Argument war, dass eine gesetzliche Regelung fehle, die den Nachdruck ausdrücklich verbiete, was wiederum bedeutete, dass dieser – de jure – erlaubt sei. Zweitens konnte ein Schutz gegen den Nachdruck durch Privilegien erlangt werden und hieraus ergab sich auch ein Rechtsschutz für die Verleger. Privilegien bedeuteten wiederum nicht, dass sich daraus einerseits ein generelles Nachdruckverbot ergebe, andererseits werden Privilegien – zu Recht – nur für eine bestimmte Zeit vergeben, sodass nach Ablauf der Frist Nachdrucke wieder erlaubt seien. Ein Monopol für Verleger und Autoren durch ein Privileg sollte nach Ansicht der Nachdruckbefürworter nicht etabliert werden, da dadurch die Gefahr bestünde, hohe Gewinne zulasten des Publikums zu erzielen.

Der dritte Aspekt betraf die ethische Dimension des Nachdrucks. So konnte der Nachdruck moralisch durchaus verwerflich sein, „seine Unrechtmäßigkeit lasse sich daraus aber nicht ableiten".[40] Ganz im Gegenteil war es dadurch sogar möglich, dass derjenige,

36 Behmer, Friedrich Ehrenreich: De eo, quod justum est, circa librorum privilegio carentium reimpressionem spuriam, fugitivam, promiscuam aut anomalan; Vulgo: Vom Gewinnsüchtigen Nachdruck unprivilegierter Bücher, Berlin 1744.

37 *Jenaisches Responsum Juris, Samt völligen Beyfall Dreyer Juristen-Facultäten, Worinne dargethan wird, Daß deren Avtoribvs derer in Druck gegebenen Bücher Und deren Cessionariis, Welche von hohen Obrigkeiten keine Privilegia darüber ausgewürcket, Kein Monopolivm solchen Bücher-Verkauffs zustehe, noch vor weltlichen Gerichten ein Recht zukomme, Andern den Nachdruck solcher Bücher zu verbieten, oder wider selbige deßhalben um Bestraffung nachzusuchen,* Erfurt 1726. Das Responsum wurde schon 1722 verfasst, aber als Reaktion auf Gundlings Schrift erst 1726 veröffentlicht. Es behandelt einen Fall eines Büchernachdrucks, der 20 Jahre zuvor passiert war: „zuvor hatte ein Buchhändler von einem Theologen einige geistliche Traktate gegen ein geringes Entgelt erworben und diese ohne Einholung eines obrigkeitlichen Privilegs drucken lassen, um sie anschließend verkaufen zu können. Da die wiederholt gedruckten Exemplare zu hohen Preisen abgesetzt wurden, hatte sich ‚ein Freund ausser dem Territorio, da voriger Druck verfertiget worden [...] gefunden, welcher dem bono publico zum besten' die Bücher nachgedruckt und ‚selbige ohne Profit, und also um wohlfeilen Preiß verkauffet, zum Theil auch verschencket' habe." Der erste Buchhändler beschwerte sich bei der Landesobrigkeit wegen Nachdrucks des Zweiten und forderte die Unterlassung und Konfiskation, was ihm jedoch verwehrt wurde, *Responsum Juris* zitiert nach Andersch: Büchernachdruck, S. 82.

38 Ludewig, Johann Peter von: Reliquiae manuscriptorum omnis aevi diplomatum ac monumentorum ineditorum adhuc, Frankfurt/Leipzig, 1720. Insgesamt erschienen bis 1740 zwölf Bände der Schrift, vgl. Skalnik, Robert: Der Publizist und Journalist Johann Peter von Ludewig und seine Gelehrten Anzeigen: Ein Beitrag zur Geschichte der deutschen Presse, München 1956.

39 Für eine ausführliche Bewertung und Analyse vgl. Andersch: Büchernachdruck, S. 82ff.

40 Hier argumentierten die Jenaer Juristen mit dem „forum internum" und dem „forum externum", also einer moralischen Ebene vor dem eigenen Gewissen und vor Gott also nach dem kanonischen

> der Christliche erbauliche Bücher schreibt, durch den Nachdruck von seiner Arbeit sich nicht abschrecken lassen, sondern freuen wen dem unbilligen Wucher gesteuret, u. GOttes Reich [sic], da sich viele wegen des wohlfeilen Preises sein Buch anschaffen, und dadurch zur Seligkeit erbauen, erweitert werde.[41]

Dieser Aspekt spiegelte den vierten, als auch den fünften Aspekt des Büchernachdrucks wider: zum einen die Ansicht, dass der Autor erfreut darüber sein müsse, dass sein Werk durch den Nachdruck von vielen Menschen gelesen würde und er ohnehin für und vor Gott handle und mit seinen Werken keinen Gewinn erzielen solle:[42] zum anderen „utilitas publica", also das Gemeinwohl, welches durch die günstigeren Preise des Nachdrucks gefördert wurde, durch das sich auch ärmere Leute die Schriften beschaffen könnten und das „gemeine Beste" befördert wurde.[43] Diesem Denken stand – sechstens – das Eigennützige diametral entgegen, das von den Nachdruckbefürwortern beschworen wurde. Denn die Verleger und Autoren, die gegen den Nachdruck argumentierten, würden nur für den eigenen Geldbeutel schreiben und drucken und somit gewinnsüchtig handeln.[44]

Einen siebten und letzten Gedanken äußerte Behmer in seiner Schrift: den Vergeltungsnachdruck durch einen geschädigten Buchhändler. Denn so erübrige sich ein Nachdruckverbot, da der Buchhändler „den Nachdrucker durch den Nachdruck eines von dessen Projekten empfindlich schädigen und so Vergeltung üben" könne.[45]

Zusammenfassend lässt sich konstatieren, dass die Debatte über den Nachdruck vom Ende des 17. bis etwa zur Mitte des 18. Jahrhunderts durch eine Pluralität der Argumente der Nachdruckgegner und -befürworter geprägt war, die ökonomische, juristische, institutionelle, soziale und politische Gründe anführten, um die Rechtmäßigkeit des Nachdrucks zu beweisen oder zu widerlegen. Dabei wurden teilweise auf bereits tradierte Argumentationsmuster – so auf die beispielsweise immer wieder erwähnten Äußerungen Luthers sowie dem Nachdruck als Diebstahl –[46] zurückgegriffen oder es wurden neue Denkanstöße, insbesondere durch Gundling und Böhmer, gegeben. Dabei entwickelte sich mehr und mehr der Gedanke, dass der Verleger ein ausschließliches Recht am Verlagswerk habe. Die Praxis der Privilegienausstellung wurde insbesondere von den Gegnern des Nachdrucks infrage gestellt und es wurden Vorschläge gemacht, wie beispielsweise durch neue Institutionen den Nachdruckern zwischenstaatlich Einhalt geboten werden könne. Doch auch erlaubte Fälle des Nachdruckes wurden ange-

---

Recht und eine rechtliche und weltliche Ebene, dem gemeinen Recht. Behmer argumentierte zudem noch auf Grundlage des römischen Rechtes gegen die Nachdruckgegner, die dieses benutzten, um den Nachdruck für unrechtmäßig zu erklären, dazu Andersch: Büchernachdruck, S. 85ff.; Jenaisches Responsum Juris, S. 13 und 20 und Behmer: De eo quod justum est, S. 1ff.

41 Responsum Juris, S. 20.

42 Ebd., S. 13,17,19 und Ludewig: Reliquiae, Bd. 1, § 42, (S. 132f).

43 Responsum Juris, S. 18.

44 Ebd.,, S. 21.

45 Andersch: Büchernachdruck, S. 90.

46 Vgl. Gieseke: Vom Privileg, S. 89.

sprochen, so etwa wenn ein Originalwerk in einem Gebiet – welches der Originalverleger nicht bedienen wollte oder konnte – verfügbar war. Aspekte wie die Frage nach der Preisgestaltung, der Ausstattung der Nachdrucke und der gemeinförderlichen Wirkung der Nachdrucke waren in der ersten Hälfte des 18. Jahrhunderts genauso präsent, wie gegen Ende des Jahrhunderts.

Mit der Schrift Behmers von 1744 brach die Diskussion über den Büchernachdruck zwischen 1745 und 1770 ab. Der Fokus verlagerte sich auf die zunehmende Veränderung des Buchhandels und den Reformen des Buchhandels infolge der ‚bibliopolischen Zweiteilung'.[47] Die Gründe für die etwa 30-jährige Unterbrechung der Nachdruckdiskussion wurden mit den äußeren und inneren Widrigkeiten erklärt, die sich während dieser Zeitspanne ereigneten. Zu den äußeren Widrigkeiten gehörten die schlesischen Kriege ab 1740 für das für den Buchhandel wichtige Kursachsen. Zu den inneren Problemen gehörten die bereits erwähnten strukturellen Veränderungen ab der Mitte des 18. Jahrhunderts, die die Nachdruckerdiskussion in den Hintergrund treten ließen, viel mehr war es jedoch die Tatsache, dass „die Diskussion selbst an einem toten Punkt angekommen war".[48]

4.1.1 Die Fortführung der Diskussion über den Büchernachdruck ab circa 1770 bis zum Ende des Alten Reiches

Mit den Veränderungen des Buchhandels zwischen 1745 und 1770 und der daraus resultierenden Reaktion des vermehrten Nachdruckens der südwestdeutschen Buchhändler, begann ab etwa 1765 das mehr als zwanzig Jahre andauernde ‚Nachdruckzeitalter'.[49] Diese Entwicklungen des Buchhandels schlugen sich auch in den Diskursen über den Nachdruck nieder. Nach der etwa 30-jährigen Pause der Diskussion über den Büchernachdruck setzte ab 1770 die Nachdruckdiskussion erneut ein. Ein Indiz hierfür lieferte die wiederholte Veröffentlichung der Schriften Behmers und Gundlings zwischen 1771 und 1774, gleichzeitig zeigte sich aber auch, „dass sich die juristische Diskussion über die Rechtmäßigkeit bzw. Rechtswidrigkeit des Büchernachdrucks seit den 1740er Jahren nicht entscheidend weiterentwickelt hatte".[50]

Einen Impuls zur erneuten Aufnahme der Diskussion erzeugte 1773 Klopstock mit seiner Ankündigung, sein neuestes Werk *Die deutsche Gelehrtenrepublik* im Selbstverlag – also ohne den Verlagsbuchhandel hinzuzuziehen – über die Subskription vertreiben zu

47 Zu den strukturellen Veränderungen zur Jahrhundertmitte vgl. Kap. 2.2.1. Zur zeitgenössischen Diskussion über den Buchhandel zwischen 1740 und 1770 vgl. Widmann, Hans: Der deutsche Buchhandel in Urkunden und Quellen, 1. Bd, Hamburg 1965, S. 50–68, hieraus exemplarisch die 1756 geschriebene Abhandlung Zinkes, Georg Heinrich: Mirmidons Abhandlung von der heutigen Buchhandlung und derselben Verbesserung, S. 54–57. Ebenfalls Goldfriedrich: Geschichte des deutschen Buchhandels, Bd. 2, S. 336ff.

48 Andersch: Büchernachdruck, S. 129.

49 Vgl. Kap. 2.2. Zum Begriff Nachdruckzeitalter vgl. Fn. 4.

50 Andersch: Büchernachdruck, S. 169.

wollen,[51] – ein von langer Hand geplantes Vorhaben,[52] welches Klopstock aufgrund seiner finanziell schlechten Lage und andererseits aus ideologischen Gründen[53] 1774 vollzog.[54]

Obwohl es zunächst nicht explizit um den Büchernachdruck ging, sondern um das generelle Verhältnis zwischen Autoren und Verlegern, lieferte Klopstocks Projekt den Anlass, über den Buchhandel im Alten Reich zu diskutieren, was den Nachdruck als *Pars pro Toto* einbezog und schließlich zum maßgeblichen Thema wurde.

Schon kurz nach Veröffentlichung des Subskriptionsaufrufes Klopstocks konterte Philipp Erasmus Reich zunächst anonym in seinem Traktat von 1773 *Zufällige Gedanken eines Buchhändlers über Herrn Klopstocks Anzeige einer gelehrten Republik* die Ideen Klopstocks.[55] In Bezug auf den Büchernachdruck argumentierte er – im Gegensatz zur Idee Klopstocks – eine ‚societas subscriptionum' zu gründen, also eine Republik der Buchhändler. Dabei schreckte der Nachdruckgegner Reich auch nicht vor Nachdruck fremder Verlagsartikel zurück. In dem Fall war der Nachdruck nämlich eine „legitime Selbsthilfe gegen Vorhaben [an], die seiner Idealvorstellung des deutschen Buchhandels entgegenliefen".[56]

---

51 „Auch zu Anfang der siebziger Jahre war es um die wirtschaftliche Lage Klopstocks dermaßen schlecht bestellt, daß er mit allen Mitteln versuchen mußte, zu Geld zu kommen." So hatte er selbst „mit ansehen müssen, wie sich sein Verleger Hemmerde durch Herstellung von Doppeldrucken noch zusätzlich bereicherte", Pape: Klopstocks Autorenhonorare, Sp. 98.

52 Er hatte solche Selbstverlagsversuche bereits erfolglos zwischen 1748/49, 1752/53 und 1767 veranstaltet, ganz nach dem Vorbild des englischen Schriftstellers Alexander Pope (1688–1744), der seine Übersetzung des Homer vertrieb, vgl. Widmann, Hans: Geschichte des Buchhandels vom Altertum bis zur Gegenwart: Bis zur Erfindung des Buchdrucks sowie Geschichte des deutschen Buchhandels, Bd.1, Wiesbaden 1975, S. 276 und Kohl, Katrin: Friedrich Gottlieb Klopstock (= Sammlung Metzler; 325), Stuttgart/Weimar 2000, S. 45ff.

53 Er verfolgte neben dem monetären Gewinn eine Schaffung einer „societas subscriptionum", einem Zusammenschluss der Gelehrten und Wissenschaftler zu einer Selbstverlagsgemeinschaft, vgl. Pape: Klopstocks Autorenhonorare, Sp. 98f. Zur ‚societas subscriptionum': Peter, Emanuel: Geselligkeiten. Literatur, Gruppenbildung und kultureller Wandel im 18. Jahrhundert (= Studien zur deutschen Literatur; 153), Berlin 1999, 156ff.

54 Der Erfolg des Werkes schien jedoch begrenzt gewesen zu sein: So „erwies sich die Gelehrtenrepublik ganz überraschend als ein schwer verständliches Werk, das infolge seiner eigenartigen Thematik und Darstellungsweise unmöglich das Interesse jener Publikumskreise zu erringen vermochte, die Klopstock mit seiner Subskription hauptsächlich angesprochen hatte. ‚Die Bestürzung war allgemein', schrieb Goethe, ‚die Achtung gegen den Mann aber so groß, daß kein Murren, kaum ein leises Murmeln entstand. [...] Diese dem Autor gelungene, dem Publicum aber mißlungene Unternehmung hatte die böse Folge, daß nun so bald nicht mehr an Subscription und Pränumeration zu denken war'. Die Enttäuschung des Publikums muß doch lebhafter zum Ausdruck gekommen sein, als es Goethes Bericht vermuten läßt. Besonders ungehalten zeigten sich die Göttinger Subskribenten. Als Klopstock im September 1774 auf seiner Reise nach Karlsruhe in Göttingen Station machte, hielt er sich in Boies Wohnung verborgen, weil er befürchten mußte, wie Voß scherzhaft schrieb, ‚es möchte ihm mancher den Thaler, warum er ihn geprellt hatte, mit dem Stock wieder ausklopfen'. Viele Subskribenten holten ihre bestellten Exemplare zunächst gar nicht ab. ‚Von 400 liegen noch 100 unverkauft', klagte Boie im September 1775", zitiert nach Pape: Klopstocks Autorenhonorare, Sp. 134.

55 Vgl. Rahmede: Die Buchhandlung der Gelehrten zu Dessau, S.132ff.

56 In einer Bewertung der Schrift formuliert Andersch: „Insgesamt enthält Reichs Schrift kaum neue

Nachdem die Positionen der Autoren und der Verleger dargelegt worden sind, äußerte sich der Hamburger Arzt und Naturforscher Johann Albert Heinrich Reimarus (1729–1814) aus Sicht des Publikums zum Buchhandel und insbesondere zum Nachdruck. In seiner ebenfalls noch 1773 veröffentlichten Schrift *Der Bücherverlag in Betrachtung der Schriftsteller, der Buchhändler und des Publikums erwogen*, positionierte er sich nicht eindeutig als Nachdruckbefürworter, doch stellte er die positiven Faktoren des Nachdrucks für die Allgemeinheit heraus, die seiner Meinung nach, eigentlich der Buchhandel erfüllen müsse. Dabei legte er dar:

> Es mag nun aus gemeinnütziger Absicht, oder aus Eigennutz nachgedruckt seyn: so ist es doch wahr, daß manche nützliche Bücher durch den Nachdruck und durch den hierauf heruntergesetzten Preis des ersten Verlages in viele Hände gerathen sind, die sich dieselben sonst nicht angeschafft hätten.[57]

Ein Verbot des Nachdrucks war für Reimarus keine Option. Für ihn lag die Lösung in einer zunehmenden Konkurrenz: Die Konkurrenzsituation würde dafür sorgen, dass es zu keiner Monopolbildung käme und dass die Bücher im gesamten günstiger würden. Denn ein Nachdruckverbot würde die Entwicklung nur bestärken, dass die „Monopolisten" die Preissteigerungen fortsetzen könnten. Auch die Vorstellung einer landesobrigkeitlichen „Taxe" lehnte er ab, „die natürliche Concurrenz setzt allein die nützlichste und abgemessenste Taxe".[58]

Reimarus stellte in seiner Abhandlung gleichsam die Vorteile günstiger Bücher heraus, so könne die „Ausbreitung der Wissenschaften in einem Lande befördert werden", wenn die „Bücher den Käufern bequem und wohlfeil geliefert werden".[59] Er intendierte eine utilitaristisch-volksaufklärerische Funktion, die der Nachdruck einnehmen sollte.

Die unmittelbare Reaktion auf Reimarus' Schrift erfolgte, wie schon bei Klopstocks *Gelehrtenrepublik*, seitens Philipp Erasmus Reichs 1773 erneut anonym. In seiner Schrift *Der Bücher-Verlag in allen Absichten genauer bestimmt. An den Herrn Verfasser des Bücher-Verlags in Betrachtung der Schriftsteller, der Buchhändler und des Publikums erwogen*, ging Reich auf die zwei wesentlichen Bestandteile, nämlich das Eigentumsrecht und den Büchernachdruck ein.[60]

Hinsichtlich der Preisgestaltung, die Reimarus als deutlich zu hoch einstufte, entgegnete Reich, dass der Preis für ein Buch sich nicht nur an den Druck- und Lohnkosten bemessen lassen könne, sondern weitere Faktoren in den Preis – ohne den Nachdruck – eingerechnet werden müssten. Hierzu zählten insbesondere die ‚Haltbarkeit' eines Wer-

---

Argumente. Vielmehr polemisiert er gegen das Subskriptions- und Selbstverlagsprojekt Klopstocks unter Verwendung von moralischen, bildungspolitischen und ökonomischen Behauptungen." Andersch: Büchernachdruck, S. 176.

57 Reimarus, Johann Albert Heinrich: Der Bücherverlag in Betrachtung der Schriftsteller, der Buchhändler und des Publikums erwogen, Hamburg 1773, S. 24.

58 Ebd., S. 27f. Eine falsche Wiedergabe des Zitats findet sich bei Andersch: Büchernachdruck, S. 181.

59 Reimarus: Bücherverlag, S. 25.

60 Ersteres ist für diese Arbeit nachrangig zu behandeln, für die Erörterung des Eigentumsrechts und die daraus folgenden Diskussionen vgl. Andersch: Büchernachdruck, S. 189ff.

kes, also die Zeit, in der das Werk vom Publikum nachgefragt wird, sowie die Risiken ein Buch zu verlegen, welches keinen Absatz findet.[61] Zudem müsste vom Verkauf des Buches auch er und seine Familie ernährt werden.[62]

In seinen Äußerungen stellte Reich auch die transterritoriale Dimension des Nachdrucks heraus. Neben den Schweizer Nachdruckern verglich er die Situation im Reich mit der Hollands, Frankreichs und Englands und kam zu dem Schluss, dass es für das gesamte europäische Absatzgebiet keinen Schutz durch Privilegien oder Fürsten geben könne, sondern man durch günstige Preise und gute Bücher vor Nachdruck geschützt werde.[63] Im Umkehrschluss bedeutete dies aber für die Situation im Alten Reich nicht, den Nachdruck als legitim anzuerkennen, sondern „den Baum mit der Wurzel auszureißen".[64]

Anfang des Jahres 1774 legte Christian Heinrich Wilcke anonym die Schrift *Der gerechtfertigte Nachdrucker, oder Johann Thomas von Trattners, des Heil. Röm. Reichs Ritters, wie auch Kayerl. Königl. Hofbuchdruckers und Buchhändlers in Wien erwiesene Rechtmäßigkeit seiner veranstalteten Nachdrucke. Als eine Beleuchtung der auf ihn gedruckten Leipziger Pasquille* vor.[65] Sie kann als Anknüpfungspunkt zur Schrift Reimarus' – ohne dass ersichtlich wurde, dass Wilcke diese gekannt hat –[66] und als Kritik an der Schrift Reichs angesehen werden, denn schon der Titel verrät die Haltung des Verfassers als Nachdruckbefürworter und die Apologie des Wiener Nachdruckers Trattner, den Reich in seinen *Zufälligen Gedanken* als Räuber diffamierte.[67] So ist Trattners Nachdrucktätigkeit schon dadurch legitimiert, dass Maria Theresia (1717–1780) ihm befahl: „Er muss Nachdrucke unternehmen, bis Originalwerke zu Stande kommen. Drucke Er nach" und damit gleichzeitig den Sendungsauftrag gab, aufklärerische Schriften für breite Bevölkerungsteile verfügbar zu machen.[68]

Um dies zu exemplifizieren, widmete sich Wilcke zunächst der Auseinandersetzung zwischen Trattner und Reich, anhand eines Messebesuches Trattners. Bei diesem führ-

61 Vgl. Reich, Philipp Erasmus: Der Bücher-Verlag in allen Absichten genauer bestimmt. An den Herrn Verfasser des Bücher-Verlags in Betrachtung der Schriftsteller, der Buchhändler und des Publikums erwogen, o. O. 1773, S. 16ff.

62 Vgl. Ebd., S. 18.

63 In Bezug auf England konstatierte Reich, dass der Nachdruck verboten sei, wenn sich das Original im Lande befinde. In Holland „wird der Buchhändler schon dadurch privilegiert, welcher am ersten den Druck eines Werkes bekannt macht". In Frankreich verwies er auf die Chambre Syndicale des Libraires in Paris, die den Zweck hatte, die Druckprivilegien zu überwachen, neue Werke zu registrieren und die verkauften Bücher zu inspizieren, Ebd., S. 26f.

64 Ebd., S. 29.

65 Wilcke, Christian Heinrich: Der gerechtfertigte Nachdrucker, oder Johann Thomas von Trattners, des Heil. Röm. Reichs Ritters, wie auch Kayerl. Königl. Hofbuchdruckers und Buchhändlers in Wien erwiesene Rechtmäßigkeit seiner veranstalteten Nachdrucke. Als eine Beleuchtung der auf ihn gedruckten Leipziger Pasquille, Wien und Leipzig 1774. Der Verfasser druckte die Verlagsorte Wien und Leipzig auf das Titelblatt mit der mokanten und fingierten Urheberschaft bey Weidmemanns Erben und Reich.

66 Er zitierte in seinem Text die *Gelehrtenrepublik* Klopstocks und die Schrift Reichs, ein Verweis auf Reimarus findet sich hingegen nicht.

67 Damit war die Leipziger Pasquille im Titel gemeint, Reich: Zufällige Gedanken, S. 26f.

68 Zitiert nach Karstens: Sonnenfels, S. 212.

te er den Lesern – aus der Sicht Trattners – die Methoden der Leipziger Buchhändler vor Augen, einen viel zu niedrigen Rabatt zu gewähren, der seine Kosten nicht decke, sondern aufgrund des Transportweges mehr Ausgaben verursachen würde.[69] Wilcke bestärkte mit der Ausführung die Verdächtigungen der Reichsbuchhändler gegen die Praktiken der Nettohändler, auf der Leipziger Messe mehr Kosten als Gewinne zu erhalten, was einen Messbesuch für sie unprofitabel mache und sie sich dadurch mehr und mehr vom Buchhandel abgeschnitten sahen.[70] So schlussfolgerte er, dass Trattner „zum Opfer stilisiert [wurde], das lediglich aus Notwehr zum Nachdruck griff, um den Vorgaben seiner Landesherrin Folge leisten zu können".[71]Aus diesem Grund sei der Nachdruck zu rechtfertigen.

Nach mehreren Seiten, in denen er die Streitigkeiten zwischen den Leipzigern mit Auswärtigen Verlegern – allen voran Reich mit Trattner – mit einer bemerkenswerten Genauigkeit der Ereignisse dargestellt hat, ging Wilcke dazu über, generelle Aussagen zum Nachdruck zu treffen.[72] Hierzu wollte er die Praktiken der Nettohändler dekuvrieren. Anhand zahlreicher Beispiele zeigte er die vermeintlichen Eskapaden und Fehltritte der sächsischen Buchhändler auf, die beweisen sollten, dass der Nachdruck das einzig legitime Mittel darstellte, gegen die Handlungspraxis der Leipziger vorzugehen.[73] Insbesondere gegen den schon erwähnten Reich, aber auch gegen Siegfried Leberecht Crusius und Christoph Martin Wieland,[74] den Lexikographen Johann Christoph Adelung und gegen Ende der Abhandlung insbesondere gegen die sächsische Bücherkommission in Person von Karl Andreas Bel (1717–1782) schrieb Wilcke an. Die Bücherkommission soll rare Bücher konfisziert haben, um diese hochpreisig an die Leipziger Buchhändler zu verkaufen.[75] So wurden unliebsame Bücher als Pasquillen deklariert und beschlagnahmt, unter dem Vorwand, dass sie gegen die Zensurregelungen verstießen.[76] Ebenjener Bücherkommissar Bel, der zwischen 1753 und 1781 die *Leipziger gelehrte Zeitung* herausgab, hat die „von den Buchhändlern eingeschickte Rezensionen von ihren eigenen Verlagsartikeln, in den gelehrten Zeitungen […] eingerückt", sofern „die Bezahlung zu-

69 Wilcke: Der gerechtfertigte Nachdrucker, S. 10f.

70 Ebd.

71 Andersch: Büchernachdruck, S. 183.

72 Schürrmann behauptete, dass die „einzelnen Daten mit Reich's Tagebuch" übereinstimmen, vgl. Schürmann: Magazin, S. 60. Umfassend zur gesamten Auseinandersetzung vgl. Lehmstedt: „Ein Strohm", S. 198ff.

73 So sollen ‚gefälschte' Bücher verkauft worden sein, in denen falsche Inhalte abgedruckt worden sind (S. 50–52), falsche Übersetzungen gedruckt worden sein (S. 52; 55–57) und um dies zu kaschieren, wurde kein Druckername auf dem Titelblatt angegeben (S. 58f.).

74 Wenn Gelehrte gleichzeitig den Buchmarkt regulieren wollen, wie beispielsweise Klopstock, dann resümierte Wilcke in Bezug auf den Nachdruck „Können es die Herren Gelehrten durchaus nicht lassen, zugleich Buchhändler zu werden: was hält uns dann ab, ihren Verlag nachzudrucken, wenn wir ihn auf keine vortheilhafte Art erlangen können? In diesem Fall ist es ja thöricht, wenn sich Hr. Wieland darüber beschwehret, indem man gezwungen worden ist, seinen Merkurs deswegen nachzudrucken, weil er gar keine Anstalt gemacht hatte, daß die Buchhändler Exemplare bekommen könnten.", Wilcke: Der gerechtfertigte Nachdrucker, S. 71.

75 Wilcke: Der gerechtfertigte Nachdrucker, S.76f.

76 Ebd., S. 77.

gleich mit geschickt" wurde. Sobald jemand die Praxis kritisierte, wurde er von Bel zu einem Pasquillanten erklärt und öffentlich denunziert. Ähnlich erging es wohl auch dem zunächst anonymen Verfasser des *gerechtfertigten Nachdruckers*. Nachdem er seine Abhandlung mit den Worten „Ich bin x" beendet hatte, sollen angeblich, auf Betreiben Reichs, 100 Dukaten Belohnung auf die Offenlegung der Verfasserschaft ausgesetzt worden seien, nachdem Bel das Werk als Pasquill eingeordnet hatte.[77]

Insgesamt versuchte Wilcke den Nachdruck dadurch zu legitimieren, dass er die unlauteren Methoden der sächsischen Buchhändler und Verleger hervorhob, insbesondere die Handhabung der Nettohändler. So illustrierte er detailreich angebliche Verfehlungen und fragwürdige Winkelzüge rund um die sächsische Bücherkommission. Damit wollte Wilcke eine Umkehrung der gängigen Meistererzählung des Nachdruckers als Dieb und Räuber durch die Erstverleger erzielen.

1774 erschien die Schrift *Ueber den Buchhandel in den kaiserl. Königl. Erblanden* eines anonymen Verfassers.[78] Die Verfasserschaft wurde von Wittmann entweder dem Prager Buchhändler Wolfgang Gerle,[79] oder dem kaiserlichen Hofrat Johann Melchior Birkenstock (1738–1809) zugerechnet.[80]

Die Abhandlung gliederte sich in vier ‚Hindernisbereiche', die den Buchhandel in den Erblanden hemmten.[81] Als erstes Hindernis identifizierte der Verfasser die strenge Zensur, die für die Buchproduktion wie auch für den Buchabsatz negative Auswirkungen hatte, da Bücher entweder auswärts gedruckt wurden oder Buchprojekte durch die Abschreckung gar nicht erst entstanden. Das zweite Hemmnis lag in der merkantilistischen Handelspolitik der Erblande, da durch hohe Zölle und Abgaben auf die „Einfuhr guter Bücher" der Buchhandel begrenzt wurde.[82] Der dritte Grund waren die Jahrmärkte, sowie der Schleichhandel, denn der Vorteil der Buchmärkte lag darin, dass In- und Ausländer auf einer Messe eine große Anzahl an Büchern handeln und nicht darin, dass Ausländer auf die Jahrmärkte kommen, um ihre Waren an Privatmänner zu

77 Andersch: Büchernachdruck, S. 184.

78 N. N.: Ueber den Buchhandel in den kaiserl. königl. Erblanden, Berlin und Leipzig 1774. Ob das Frontispiz der Wahrheit entsprach, darf bezweifelt werden.

79 Wittmann, Reinhard: Der Buchmarkt in der Habsburger Monarchie (= Quellen zur Geschichte des Buchwesens; 5), München 1981, S. 1–120.

80 Bachleitner/Eybl/Fischer: Geschichte des Buchhandels in Österreich, S. 121. Zu Birkenstock vgl. Weitensfelder, Hubert: Studium und Staat. Heinrich Graf Rottenhan und Johann Melchior von Birkenstock als Repräsentanten der österreichischen Bildungspolitik um 1800 (= Schriftenreihe des Universitätsarchivs; 9), Wien 1996. Eisendle schätzt jedoch, dass Birkenstock nicht der Verfasser war, da Birkenstock bei der Herausgabe der Schrift 1774 schon „zwei Jahre als Zensor in der Wiener Bücherzensurkommission tätig war" und neben den „vielfältigen und grundsätzlichen inhaltlichen Differenzen" insbesondere die Tatsache ausschlaggebend war, dass „der Verfasser dieser Schrift über die damalige organisatorische Struktur der Zensur nicht wohl informiert war, also kein Mitglied der Zensurkommission gewesen sein kann." Eisendle, Reinhard: Der einsame Zensor: Zur staatlichen Kontrolle des Theaters unter Maria Theresia und Joseph II. (= Specula Spectacula; 8), Wien 2020, S. 332.

81 N. N.: Ueber den Buchhandel, S. 55f.

82 Ebd., S. 70ff.

verkaufen, die diese dann über den Schleichhandel weitervertrieben.[83] Der letzte Punkt betraf die Vielzahl an Buchhändlern, insbesondere die Buchhändler, die das Handwerk nicht erlernt hatten. Mit Letzteren meinte er insbesondere die Buchdrucker und -binder, Antiquare, Trödler oder Hausierer, die aufgrund fehlender Zunftbeschränkungen das Handwerk ausüben konnten. So gab es zwei Arten von Buchhändlern, „entweder ist dessen Verlag schlecht und nicht geachtet; in diesem Fall gewinnt der Staat durch ihn als Buchhändler nichts [...] oder dessen Verlag ist gut und gesucht; in jenem Fall [...] ist er dem Staate als Buchdruker viel nützlicher".[84]

Den Büchernachdruck thematisierte der Autor hauptsächlich im Zuge der Zensurkritik. Für ihn bot der Nachdruck, trotz des positiven Aspekts der schnellen und flächendeckenden Verbreitung von nachgefragten Literaturtiteln, mehr Nachteile als Vorteile. Der Nachdruck hielt die Schriftsteller davon ab, neue Bücher zu schreiben, da der Verleger ihnen nur ein geringeres Honorar bieten könne, da er seinen Verlust durch den Nachdruck einrechnen müsse. Zudem schränke der Nachdruck den Tausch- und Sortimentshandel mit ausländischen Buchhändlern ein, sodass gefragte Bücher nicht getauscht, sondern für einen viel höheren Preis über Dritte eingekauft werden müssten, was wiederum eine Ausfuhr des Geldes bedeute. Zudem seien die heimischen Nachdrucke von so schlechter Qualität, dass „so gar jeder Schüler, gerne ein paar Groschen mehr auf die guten OriginalAuflagen verwendet".[85]

Er stellte heraus, wie der Buchmarkt als Wirtschaftszweig in den habsburgischen Erblanden gefördert werden konnte.[86] In diesem Gedankenkonstrukt war der Nachdruck für ihn weder ökonomisch noch sozio-kulturell förderlich, da er nicht zu einer Erhöhung des Wirtschaftsaufkommens beitrug und dazu führte, dass die Anzahl der Geistesprodukte vermindert wurden.

Noch kurz vor der Abhandlung *Ueber den Buchhandel* veröffentlichte Johann Stephan Pütter seine umfassenden Gedanken zum Buchhandel und insbesondere zum Nachdruck in der Schrift *Der Büchernachdruck nach ächten Grundsätzen des Rechts geprüft.*[87] Dieses juristische Grundlagenwerk bestimmte die Diskussion bis weit in das 19. Jahrhundert hinein und wurde beispielsweise auch in den Nachdruckerauseinandersetzungen in Tübingen herangezogen.[88] Andersch postuliert, dass das Werk nur partiell neue

83 Ebd., S. 73ff.

84 Ebd., S. 100.

85 Ebd., S. 61.

86 Vgl. hierzu auch: Bachleitner et. al.: Geschichte des Buchhandels in Österreich, S. 103ff.

87 „Nachdem schon mehrere Gelehrte, unter andern aber H.D. Selchow, und ganz neuerlich H. D. Pütter, meiner Einsicht nach die Sache in das hellste Licht gesetzt haben", N. N.: Ueber den Buchhandel, S. 59.

88 Vgl. Kap. 3.2.1. Zur Schrift existiert ein breiter Kanon insbesondere juristischer Forschungsarbeiten, die in der Tradition einer Genese des geistigen Eigentums stehen, wobei Pütter vielmehr über das Verlags- als über das Eigentumsrecht schrieb, vgl.: Mohl, R.: Schilderungen berühmter Staatsgelehrter, in: Zeitschrift für die gesamte Staatswissenschaft, Bd. 7,2 (1851), S. 193–218; Gieseke: Vom Privileg, S. 163; Gergen, Thomas: Johann Stephan Pütter (1725–1807) und der Büchernachdruck, in: UFITA 2009,3, S. 715–744. Bappert, Walter: Wege zum Urheberrecht, 267ff.; Vogel, Deutsche Urheber- und Verlagsrechtsgeschichte, insbesondere Sp. 63ff.

Gedanken entwickelte und Pütter in seiner Schrift die zuvor geäußerten Ideen Birnbaums, Thurneysens und Gundlings in seine Abhandlung implementierte.[89]

Die in zwei Teile gegliederte Untersuchung behandelte im ersten Abschnitt die europäische Dimension des Nachdrucks, in der er unter historisch-naturrechtlichen Aspekten darstellte, warum der Nachdruck rechtswidrig sei.[90] Im zweiten Abschnitt untersuchte er die Situation im Alten Reich und illustrierte die Besonderheiten der Reichsverfassung wie der kaiserlichen und kursächsischen Privilegien sowie die Eigenheit des Tauschhandels.[91]

Mit der Schrift Pütters lag eine umfassende Darstellung über den Büchernachdruck vor, die auf bereits tradierte Argumentation zurückgriff, Aspekte auf naturrechtlicher Grundlage untersuchte, diese mithilfe eines breiten Quellenmaterials kontextualisierte und in Beziehung zu den europäischen Ländern und dem Alten Reich setzte.[92]

Der Schrift kam gleichsam zwei Funktionen zu. Einerseits bildete sie sicherlich den Endpunkt einer Debatte, die ihren Anfang mit der *Gelehrtenrepublik* Klopstocks genommen hatte. Andererseits fungierte sie als Referenzpunkt für die weitere juristische Auseinandersetzung über den Büchernachdruck, da sie die bereits vor Jahrzehnten geäußerten Ideen konzise zusammenbrachte und erweiterte. Mit der Veröffentlichung der Schrift trat gleichsam eine erneute, jedoch wesentlich kürzere Pause in der Nachdruckdebatte ein, denn die Nachdruckgegner sahen ihre Argumente in der Schrift bestätigt und konnten auf das Traktat des angesehenen Göttinger Rechtsgelehrten verweisen.

Anhand dieser ersten Diskussionen der Jahre 1773/74 lässt sich schon erahnen, dass die Veränderungen, die sich in der Zeitspanne bis zur Mitte des Jahrhunderts ergeben haben, sich nun auch im Diskurs niederschlugen und eng mit der Praxis verknüpft waren. So wurde 1773 das kursächsische Mandat veröffentlicht,[93] inmitten der wiederbelebten Nachdruckdebatte und des Beginns der Nachdruckunternehmungen in Karlsruhe und Reutlingen. Gleichzeitig wurden die Grundtendenzen aufgezeigt, die – bis auf die Ausnahme von Pütter – „insbesondere volkswirtschaftlicher, daneben immer aber auch utilitaristischer, bildungs- und rechtspolitischer Natur" waren.[94]

89 Andersch: Büchernachdruck, S. 195.

90 Pütter: Der Büchernachdruck, S. 1–135. Eine Analyse nimmt Gergen vor, vgl. Gergen: Pütter, S. 723ff.

91 Pütter: Der Büchernachdruck, S. 136–206. Zur Analyse zudem vgl. Gergen: Pütter, S. 733.

92 Gieseke: Vom Privileg, S. 163f. Der Widerhall auf die Schrift fand sich in mehreren Rezensionen. Unmittelbar nach Erscheinen der Schrift konnten zwischen 1774 und 1775 acht Rezensionen nachgewiesen werden, die sich größtenteils positiv äußerten und das Traktat als eine „gründliche Abhandlung" des Büchernachdrucks lobten. In den beiden negativen Rezensionen zur Schrift vermisst ein Rezensent „eine Beantwortung der Frage, ob eine vergleichbare Regelung, wie das englische *Statue of Anne* für die deutschen Verhältnisse sinnvoll und ob den deutschen Verlegern eine längere Frist (als die in England gewährten 14 Jahre) aufgrund der Eigenheiten des Tauschhandels zuzubilligen sei." Ein anderer Rezensent „versuchte mehrere Analogien zu entkräften und beklagte, dass Pütter unnötige Argumente und Beweise für die Unrechtmäßigkeit des Büchernachdrucks angeführt habe", Andersch: Büchernachdruck, S. 203.

93 Hierzu vgl. Kap. 2.2.1.

94 Andersch: Büchernachdruck, S. 194.

Nach einem erneuten, diesmal jedoch kurzen, Abflauen der Debatte nach 1774, wurde die Diskussion ab etwa 1780 mit einer neu dazugewonnenen Vehemenz fortgesetzt. Durch das vermehrte Aufkommen der Nachdruckunternehmungen überall im Reich – so exemplarisch in Reutlingen, Karlsruhe oder Tübingen – gewann die Debatte eine neue Dynamik und Intensität. Die Argumentationen fokussierten sich folglich mehr und mehr auf die Bereiche, die die unmittelbare Praxis betrafen: Preis, Produktion, Herstellung und die Verbreitung der Nachdrucke.[95]

In den letzten zwei Dezennien des 18. Jahrhunderts potenzierte sich die Zahl der Schriften über den Büchernachdruck enorm.[96] Doch nicht nur die reine Quantität steigerte sich, auch die Art und Weise, wer sich am Diskurs beteiligte und welche Plattform und Gattung genutzt wurde, variierte zu den vorherigen Beiträgen zuvor. War die Diskussion zuvor von Philosophen, Juristen und Verlegern geprägt, äußerten sich im letzten Jahrhundertdrittel nun auch Nachdrucker selbst und insbesondere die Schriftsteller zum Büchernachdruck und nutzten dazu verschiedene literarische Gattungsformen, um ihrer Kritik Ausdruck zu verleihen und das Publikum für die Nachdruckproblematik zu sensibilisieren.[97] Dabei wurde in der Zeit ab 1780 von der Vielzahl der Autoren eine Konnexion der Argumente vorgenommen, um für oder gegen den Büchernachdruck zu argumentieren. Eine juristisch-philosophische Debatte entwickelte sich zunehmend zu einer pragmatisch-kontextgebundenen Diskussion, bei dem die Diskutanten selber aus dem Buchhandel kamen oder eine wie auch immer geartete Verbindung zum Buchhandel hatten und somit weitreichende Kenntnisse besaßen und ihre Argumente aus der Buchhandelsrealität bezogen. So zeugten Verweise auf andere Buchhändler und Verleger und die Kenntnis ihrer Tätigkeiten von einem umfassenden Wissen über die Materie Buchhandel und Verlag. Bei der Argumentation selbst griffen die Verfasser der Schriften häufig auf bereits tradierte Argumentationsmuster- oder Aspekte zurück, die als „Bündel zum Beweis der Unrechtmäßigkeit des Büchernachdrucks vorgetragen wurde[n]".[98]

Illustrieren lässt sich dies eindrucksvoll anhand zweier Beispiele, die insbesondere im Kontext der hier analysierten Nachdrucker zu sehen sind.

Die ‚Defensions-Schrift einer schwäbischen Buchhandlung'

Im Jahr 1779 erschien die *Defensions-Schrift einer schwäbischen Buchhandlung gegen die gerichtliche Klage einer Nieder-Sächsischen Buchhandlung wegen eines von erstern zum Nachtheile der letzten unternommenen oder beförderten Bücher-Nachdrucks.*[99] Obwohl anonym verfasst, fiel die Urheberschaft auf Franz Josef Eckebrecht aus Heilbronn zurück, auch dadurch, dass dieser sich schon ab 1774 offen gegen die Handelspraxis der Leipziger Buchhändler wehrte und dies den Frankfurter Bücherkommissar wissen

95 Vgl. Kap. 4.2.
96 Vgl. Andersch: Büchernachdruck, S. 225.
97 Vgl. Kap. 4.6.
98 Andersch: Büchernachdruck, S. 315.
99 Goldfriedrich bewertete die Schrift als eine der „bemerkenswertesten Urkunden der Buchhandelsgeschichte unserer Periode", Goldfriedrich: Geschichte, Bd. 3, S. 55.

ließ.[100] Es war die „erste Schrift von reichsbuchhändlerischer Seite, die den Gegensatz zwischen den norddeutschen Nettohändlern und den auf der Stufe des Changeverkehrs, unter sich des Konditionschangeverkehrs stehenden reichsbuchhändlerischen Sortimentsverlegern ausführlich darstellt".[101] Damit stand sie repräsentativ für die Ansichten derjenigen Buchhändler, die sich von den Nettohändlern abgehängt fühlten und den Nachdruck als legitimes Mittel gegen die sächsische Handelspraxis anerkannten.

Einen breiteren Rezipientenkreis erreichte die Schrift erst, als sie 1784 in den *Berichten der Buchhandlung der Gelehrten* in einer kommentierten Fassung erschien.[102] Der ursprüngliche Herausgeber der *Berichte* war Karl Christoph Reiche. Ob dieser auch die *Defensions-Schrift* mit den Anmerkungen versah, bleibt hinter der Gesamtkörperschaft der Herausgeber der Buchhandlung der Gelehrten verborgen.[103]

Im Vorbericht der annotierten Form erläuterte der Herausgeber die Unterscheidung von Bücherproduzenten und Bücherkonsumenten und die „nachtheilige" Rolle des Büchernachdrucks für jeweils beide Positionen. Dies erklärte er dadurch, dass der Nachdruck dem Produzenten, also den Verlegern weniger Gewinn brächte und dieser den Autoren weniger Honorar zahlen könne. So schwinde der monetäre Anreiz für den Autoren, neue und gute Bücher zu schreiben. Auch der Trugschluss, günstige Nachdrucke bewirkten, dass man weniger zahle, stimme nicht, da so die Verleger auf die guten Bücher den Preis aufschlüge und das Publikum für diese viel mehr zahlen müsse. Zuletzt rechtfertigte sich der Herausgeber, warum er den Text – fünf Jahre nach Erscheinen des Originalaufsatzes – erneut veröffentlichte.[104] Darauf folgte der Originaltext, der im Vergleich zu den Anmerkungen jedoch einen wesentlich geringeren Teil ausmachte.[105]

---

100 Vgl. Goldfriedrich: Geschichte, Bd. 3, S. 54f.

101 Ebd., Bd. 3, S. 59.

102 Dies soll im Folgenden die Untersuchungsgrundlage sein. N. N. [Eckebrecht, Franz Josef]: Defensions-Schrift einer schwäbischen Buchhandlung gegen die gerichtliche Klage einer Niedersächsischen Buchhandlung wegen eines von erster zum Nachtheil der letern unternommenen oder beförderten Bücher-Nachdrucks. Ein Actenstück mit Anmerkungen des Herausgebers, in: Berichte der Buchhandlung der Gelehrten 1784, 9. St., S. 893–910, 10 St., S. 1020–1034, 11 St., S. 1134–1157, 12. St., S. 1267–1304.

103 Zur Buchhandlung der Gelehrten vgl. Rahmede: Buchhandlung der Gelehrten, S. 66ff. Für die Autoren der Buchhandlung und der Verfasserschaft der Aufsätze vgl. Ebd., S. 73ff.

104 „Unterdessen ist uns von folgender Defensions-Schrift […] von einem sächsischen Gelehrten, der diese Schrift schon seit etlichen Jahren zu beliebigem Gebrauch in Händen gehabt hat, eine Copey zum Abdruck überlassen worden; und wir theilen dieselbe unsern Lesern um so williger mit, weil diese Schrift von ihrem Urheber in ganzem Ernst, in völliger Ueberzeugung von der Gerechtigkeit seiner Sache abgefaßt ist, und weil sie in der That alle die Gründe enthält, womit die Nachdrucker in Ober-Deutschland bisher ihre Unternehmungen nicht nur vor dem Publicum zu beschönigen gesucht, sondern auch sogar ihre Verfahren, wie es scheint, vor ihrem eigenen Gewissen gerechtfertigt haben. […] Ob nun also diese Rechtfertigung des Bücher-Nachdrucks bündig sey, ob das Nachdrucken dadurch hinlänglich entschuldigt, oder gar auf wirklich überzeugende Art gerechtfertigt werde, mögen die Leser urtheilen", N. N. [Eckebrecht, Franz Josef]: Defensions-Schrift, S. 896f.

105 Die unterschiedlichen Anmerkungen erstrecken sich teilweise über mehrere Seiten und beinhalteten Querverweise, die zusätzlich implementiert wurden.

Schon im Titel verriet Eckebrecht die Gründe für sein Traktat: Die Klage einer niedersächsischen Buchhandlung wegen Nachdrucks. Weiter führte er aus:

> Es ist eine, den Herren Gelehrten, besonders den Herren Theologen, nicht unbekannte Sache, daß der V=nd=nh.ksch=n W=ttw= in G=tt=ng=n, auf Veranlassung B#n#d#ct H#rt#rs und Sohns in Sch#ffh##s#n, theils zu Anfange, theils im Sommer des Jahr 1778 D. Lessens Predigten über die Paßion, und dessen Erklärung der Evangelien nachgedruckt, und demselben von den Buchhändlern Eck#br#cht und H#m#l#ng in H##lbr#nn eine Partie davon abgekauft worden.[106]

Auch Frank und Schramm wurden des Nachdrucks der Leß'schen Passionspredigten bezichtigt, was wiederum zu einer Auseinandersetzung mit der Witwe Vandenhoeck und Dieterich geführt hatte.[107] Etwa zeitgleich schrieb Vandenhoeck auch nach Heilbronn. In der Defensions-Schrift verwies der Verfasser auf das Schreiben, welches der „Herr Eck-br#cht" – er schreibt schließlich als anonymer Autor – von Vandenhoeck erhielt, worin sie „von Schurken und Räuber-Banden sprach", die die Werke nachgedruckt hätten.[108] Dem Herausgeber der Buchhandlung der Gelehrten lag eine Abschrift des Briefes vor, welche er in einer Anmerkung vollständig zitierte.[109]

Er führte das weitere Vorgehen Vandenhoecks aus, indem er neben dem persönlichen Brief auch „ein gebieterisches Schreiben von der königlichen Regierung zu Hannover an

106 Ebd., S. 897. Die Platzhalter, die der Verfasser in Form von „=" und „#" für die Vokale verwendete, fungierte als minimale Verschleierung der Protagonisten.

107 Vgl. Kap. 3.2.1. So wurden die Tübinger Frank und Schramm bezichtigt unter dem Namen Hurter in Schaffhausen, die Nachdrucke veranstaltet zu haben, ehe die Tübinger Buchhändler auf ebenjenen Eckebrecht in Heilbronn verwiesen, von denen beispielsweise Heerbrandt ebenfalls Drucke in seiner Offizin verkauft hatte.

108 N. N. [Eckebrecht, Franz Josef]: Defensions-Schrift, S. 900.

109 Anm. I) „Hochgeehrtester Herr! Man hat aus dasiger Gegend mit des sich bedienten Ausdrucks mit gemeldet, daß in H##lbr#nn eine neue Räuber-Bande sich zusammen gethan, welche Leß Passions-Predigten und Michaelis Einleitung a) gedruckt, und daß letztere für 3. Fl. verkauft würde. Mir ist nicht bekannt, wer die ehrlose Theilhaber dieses Unternehmens sind. Von E. E. den ich jederzeit für einen rechtschaffenen und ehrlichen Mann b) gehalten, will ich nicht glauben, daß Sie daran Theil haben. Ich wende mich also an Sie, und hoffe, Sie werden mir am besten beystehen können, da ihnen bekannt ist, welchen Verlust ich dadurch leide c) da ich so schwere Kosten für Honorarium und andere damit verknüpfte Bedingungen d) gehabt. Da solche Schurken einem das Gangbarste nachdrucken, und ein anderer so viel Schlechtes e) drucken muß, ehe man einmal ein gut Buch bekommt: desto empfindlicher ist es, auf die Art darum zu kommen. Ich habe zwar meines Orts alle Vorkehrungen dagegen gemacht, und ein kaiserliches Privilegium f) genommen. Auch wird die hiesige königl. Regierung an den dasigen Magistrat schreiben und das weitere Unternehmen verbieten lassen und um Auslieferung des Gedruckten anhalten. Auch will ich diese ehrlose Zunft durch ein Avertissement in den Zeitungen und Journalen nahmhaft machen, und ihr schändliches und gewissenloses Betragen ins Licht setzen. Vorhero wollte ich doch gerne wissen, mit dem ich eigentlich zu thun habe. E. E. bitte also recht sehr, mit erster Post mich davon zu benachrichtigen; und, so Sie durch Güte das fernere Unternehmen hemmen können, so werde gern dazu die Hände bieten, und es mit dem größten Dank erkennen. In Erwartung der baldigen geneigten Antwort beharre ich mit aller Ergebenheit V#nd#nh##ks W#ttw#. G#tt#ng#n, den 27. sten Dec. 1778", Ebd., S. 900–904.

den Magistrat zu Heilbronn“ und eine „Klagschrift bey hochpreislicher Regierung in Stuttgart“ anfügte, um dem Brief „das gehörige Gewicht zu geben“.[110] An dieser Stelle wurde deutlich, wie eine tatsächliche Auseinandersetzung um einen Nachdruck Einzug in den öffentlichen Diskurs über die Thematik erhielt.

Dieses zum Anlass nehmend ging Eckebrecht dazu über, in zwei Schritten aufzuzeigen, wie die Reichsbuchhändler von den nordostdeutschen Buchhändlern vom deutschen Buchhandel abgehängt wurden, um daraus zu folgern, inwiefern der Nachdruck legitim war.

Im ersten Schritt verglich Eckebrecht den Buchhandel in Deutschland mit den „Streitigkeiten [...] die gegenwärtig zwischen England und seinen Americanischen Colonien obwalten“.[111] So bleiben die sächsischen Verleger die „Kaufherren“, während die Reichsbuchhändler „ihre überteuerte Waare ohne allen Profit“ für sie verkauften „und ihnen das, mit unendlich saurem Schweiße dafür gesammelte Geld, ohne allen Dank, vor die Thüre [zu] liefern“.[112]

Um die ernstliche Lage der Reichsbuchhändler darzustellen, stellte Eckebrecht eine Rechnung einer Buchhandlung auf, die „mit mathematischer Gewissheit“ den Ruin der Reichsbuchhändler beweisen sollte.[113] Diese fiktive Rechnung beinhaltete alle Ausgaben, die ein Reichsbuchhändler hatte, der 5.000 fl. „Verschluss an Sortiment“ hatte, inklusive der hohen Reisekosten nach Leipzig „nebst Zehrung, Logis und Aufwartung“.[114] Er kam zu dem Schluss, dass nach Abzug aller Kosten, insbesondere auch aufgrund der Rabattregelung der Leipziger Verleger, ein jährlicher Verlust von 85 fl. zu Buche stehen würde.[115]

Dass all die vorgelegten Zahlen dramatisiert waren, erkannte nicht nur der Herausgeber,[116] sondern stellte auch Goldfriedrich in seiner umfassenden Analyse der Rechnung heraus.[117] Für den Verfasser hingegen gab es nur zwei Möglichkeiten, den drohenden

110 Ebd., S. 903ff. „Diese Schritte lassen uns vorausehn, daß die Vandenhoeksche Handlung ihre rachgierige Verfolgung in Staaten, wo man ihrem angemaaßten Allein-Handel noch einige Schranken setzten kann, aufs äußerste zu treiben sucht“, Ebd. S. 906f.

111 Ebd., S. 1020.

112 Ebd. S. 1020f. Fraglos merkte der Herausgeber kritisch an, dass der Vergleich falsch sei, da kein Zwang seitens der Reichsbuchhändler vorhanden sei und sie die Verlagsartikel nicht verkaufen müssen: „Wer zwingt sie, Bücher aus den contanten Handlungen zu kaufen und nach Hause zu schleppen?“, Ebd. S. 1021.

113 Goldfriedrich: Geschichte, Bd. 3, S. 56.

114 N. N. [Eckebrecht, Franz Josef]: Defensions-Schrift, S. 1022f.

115 In einer zweiten Aufstellung rechnete er mit einer fiktiven „Cicero-Schrift“ in einer Auflagenhöhe von 1.500 Exemplaren, die die sächsischen Verleger im Vergleich für das Sechsfache verkaufen konnten. Aus diesen Rechenspielen folgerte er, dass die etwa 80 Reichsbuchhändler, die allesamt aufgelistet worden sind, an „etwa 20 Personen; nämlich 1) Breitkopf in Leipzig, Crökers Witwe in Jena, 3) Crusius in Leipzig [...]“ eine beträchtliche Summe verlieren würden. Ebd., S. 1145.

116 „Für uns ist diese Rechnung des Defensors nichts mehr und nichts weniger, als declamatorische, zum Blendwerk erdachte Sophisterey“, Ebd., S. 1024.

117 Laut Eckebrecht würde der Reichsbuchhändler bei 5.000 fl. einen jährlichen Verlust von 85 fl. Erleiden, vgl. Goldfriedrich: Geschichte, Bd. 3., S. 56ff.

Schulden zu entkommen: entweder man arbeite für eine Nullsumme oder aber man greife auf den Nachdruck zurück.[118]

Neben den aufgestellten Rechnungen und Zahlen, ging Eckebrecht dazu über, einen zweiten Schritt „der despotischen Gewalt" der Nettohändler offenzulegen: nämlich „alle nur möglichen Ränke und Kunstgriffe", um „die Handlungsgenossen zu unterdrücken".[119] So bedienen sie sich erstens „der Journalisten und Recensenten", die ihre Verlagswerke als „Meisterstück des menschlichen Verstandes" anpreisen, die anderen aber „lassen sie insgemein als Mißgeburten abschildern [...] oder gar nicht recensieren, damit wir nichts absetzen können",[120] zweitens der Tatsache, dass beim Tauschgeschäft zugunsten der Nettohändler zwei zu eins getauscht wurde.[121] Drittens sollten diejenigen Buchhändler, die entweder die Handelspraxis kritisierten oder nachdrucken von den Nettohändlern in Form von Drohungen und Zeitungsannoncen diskreditiert werden.[122]

Nach einer Episode des Verfassers über einen unglücklichen Zwischenfall auf dem Weg zur Leipziger Messe,[123] ging er dazu über, einen Ausweg aus der seiner Ansicht nach drückenden Situation zu skizzieren: „Ist es also nicht weit besser gethan, wenn wir das Geld im Lande behalten, es unter unsern Mitbürgern in Umlauf bringen, in dieser Ab-

118 „entweder, daß er sich aufs Nothdürftigste einschränkt, sich selbst Tag und Nacht schindet und absorgt, um undankbare Ausländer zu bereichern, vor der Zeit stirbt, und seine Familie in dürftigen Umständen hinterläßt; oder daß er durch gangbare Nachdrücke sich eine neue Einnahme verschafft, und dadurch seinem augenscheinlichen Verderben vorbeugt", N. N. [Eckebrecht, Franz Josef]: Defensions-Schrift, S. 1032. Was den Herausgeber veranlasst eine dritte Möglichkeit hinzuzufügen, nämlich ein anderes Gewerbe zu verrichten: „Datum tertiur, – oder daß er, der zum redlichen Buchhandels-Gewerbe weder Fähigkeit noch Neigung zu haben scheint, und von geringer Anlage mehr Gewinn erwartete, als sie geben konnte, dieses Gewerbe fahren läßt, und mit seinem Capitälchen oder seiner etwanigen Industrie ein andres Gewerbe anfängt, wozu er sich besser schickt", Ebd. S. 1032.

119 Ebd., S. 1267

120 Die Anmerkung hierzu lautete, dass es wohl schwer sei, Rezensionen zu steuern und selbst wenn dies der Fall wäre, warum es die Reichsbuchhändler nicht ebenso machen, Ebd., S. 1268.

121 Wobei der Herausgeber anmerkt, dass unterschiedliche Bücher unterschiedliche Werte und „Liebhaber" haben und „das kleinere Buches ihres Verlages zehnmal leichter verkaufet wird, als das dicke und merklich wohlfeilere Buch des Reichs-Buchhändlers", Ebd., S. 1270.

122 „In dieser Absicht wird ihm nicht nur mündlich und in Briefen gedroht, daß man so und so mit ihm verfahren wolle, sondern man macht sich auch kein Bedenken, einen solchen aufrührerischen Mann in Zeitungen und Avertissements aufs äusserste zu beschimpfen, ihn einen Räuber und Dieb zu schelten, und als einen solchen bey seiner Obrigkeit zu verklagen, gegen diese bedrohliche Rescripte zu bewirken, uns insonderheit auf der Leipziger Messe einen solchen Mann zum höchsten Nachtheile der kaiserlichen Majestäts-Rechte, wenn er sich abschrecken läßt, vor Comission zu ziehen", Ebd., S. 1271.

123 „Als uns im Jahr 1775 das grosse Unglück betraf, daß unser ganzes Leipziger Ostermeß Gut, zum Verlaufe von 3000 Fl. im Rauche durch Verwahrlosung eines Fuhrmanns aufgieng, welcher uns wegen seiner mittelosen Umstände den Schaden nicht ersetzen konnte, da hätten die contanten Handlungen eine erwünschte Gelegenheit gehabt, ein Beyspiel ihrer Großmuth und Billigkeit zu geben [...]. Allein statt dessen mußten wir alles in den gewöhnlichen Preisen bis auf den letzter Heller bezahlen – Die Herren Gebauer und Breitkopf ausgenommen [...]", Ebd., S. 1273. Dies mag zuletzt auch daran gelegen haben, dass Eckebrecht vor 1775 und nach dem Fuhrwerksbrand geschäftliche Beziehungen zu Gebauer unterhielt.

sicht unsre eigenen Papiermühlen und Druckerpressen beschäftigen, und dadurch Kräfte sammeln, auch unsre denkenden Köpfe zu bezahlen".[124] Er ging noch weiter, indem er die Herrschenden in der Pflicht sah, die heimische Wirtschaft zu schützen und zu fördern, eine protektionistisch-merkantilistische Politik zu betreiben.[125] Infolgedessen bewarb Eckeberecht den Nachdruck durch die Reichsbuchhändler, die preisgünstige Ausgaben für die vom Buchhandel abgeschnittenen Gegenden produzieren zu können, dies allerdings nur unter der Prämisse, kein geltendes Privileg zu verletzen.[126]

Abschließend ging der Buchhändler Eckebrecht auf das Verhältnis von Buchhändlern zu Buchdrucker in Bezug auf den Nachdruck ein. So sollten Buchdrucker nur dann nachdrucken, wenn „daß Publicum dabey gewinnt" oder „wenn die Buchhändler nicht nachdrucken wollen, und doch das Publicum wohlfeile Bücher verlangt", was den Herausgeber zum süffisanten Einwurf veranlasste, zum „Rauben hat der Buchdrucker eben so wenig ein Recht, wie der Buchhändler".[127]

Der Autor ging in seinen Ausführungen gegen die Buchdrucker so weit, dass er sie als zweites Übel nach den Nettohändlern ansah, sodass die Reichsbuchhändler eine Bittschrift bei der Bücherkommission einreichen sollten, die anzeigte, dass die Buchdrucker den Buchhandel im Reich „vollends zu Grunde richten".[128] Ohne sie explizit zu erwähnen, inkludierte Eckebrecht damit auch die von ihm ebenfalls bemängelte „Gesellschaft", also einer Verbindung der Buchdrucker untereinander, wie Frank und Schramm sie in Tübingen betrieben. Ohnehin mussten die Tübinger für Eckebrecht ein Übel gewesen sein, da sie ebenjene populären Verlagswerke nachdruckten und verkauften, ohne den Buchhändler in das Geschäftsmodell einzubeziehen.[129]

Zusammenfassend lässt sich konstatieren, dass Eckebrecht mit seiner *Defensions-Schrift* ein Bild des Reichsbuchhandels zu zeichnen versuchte, das geprägt war von der bibliopolischen Zweiteilung zwischen Reichsbuchhandel und Nettohandel und ihren

124 Ebd., S. 1276f.

125 Vgl. hierzu Kap. 4.5.

126 Vgl. N. N. [Eckebrecht, Franz Josef]: Defensions-Schrift, S. 1284.

127 Es wurde deutlich, in welcher Zwickmühle der Verfasser steckte: Zum einen konnte er, um sein Argument für das Nachdrucken nicht zu schmälern, den Buchdruckern ebenjenes nicht verbieten, zum anderen hatte er als Buchhändler aber die Befürchtung, dass die Buchdrucker „viel von der für sie bestimmten Einnahme" entziehen, N. N. [Eckebrecht, Franz Josef]: Defensions-Schrift, S. 1288ff. Der Herausgeber zog auf diese Argumentation aufbauend eine Analogie zu den Verhältnissen in Karlsruhe: „Die Macklottische Handlung in Carlsruhe und die unsrige haben einander seit geraumen Jahren mit Sortiment wechselweis ausgeholfen. Ehedem hat es jährlich eine beträchtliche Summe gebracht. Seitdem aber Schmieder seine Nachdrücke herausgiebt, hat dieses Commerz so sehr abgenommen, daß es kaum mehr den sechsten Theil des vormaligen beträgt. Ein deutlicher Beweis, daß die Macklottische Handlung durch die Schmiederschen Unternehmungen grossen Abbruch an ihrem Sortiments-Verschlusse gelitten hat", Ebd., S. 1290.

128 Ebd., S. 1294.

129 Der Hinweis des Herausgebers darauf lautete: „So lange der Bücher-Liebhaber jedes Buch, daß er ersucht, durch diese oder jene Mittelsperson, heiße sie Buchdrucker, Buchhändler, Buchbinder, Antiquarius, Trödler oder Commissionair [...] habhaft werden kann [...] so lange ist es offenbar ungereimt zu sagen, daß der Buchhandel in Gefahr sey, zu Grunde gerichtet zu werden", Ebd., S. 1294f.

Vertretern. Um sich aus dieser Ungleichheit einen „kleinen Vortheil“ zu verschaffen, sah er den Nachdruck als legitimes Mittel an. Durch diesen könnten die Reichsbuchhändler nicht nur das Publikum mit Literatur bedienen, sondern auch die Wirtschaftsbilanz der Territorien verbessern.

Mit seiner Apologie des Nachdrucks reihte sich der Verfasser gleichsam in eine Tradition der Kritik an der hegemonialen Haltung der nordostdeutschen Buchhändler seitens der süddeutschen und insbesondere schwäbischen Kulturschaffenden ein.[130] So äußerte sich Christian Friedrich Daniel Schubart (1739–1791) schon vor 1779 über den „Kulturdepotismus“ der Sachsen und Brandenburger.[131]

Abseits der Kritik an den Nettohändlern wandte er sich gegen die inneren Feinde der Buchhändler – die Buchdrucker – die eine ähnliche Gefahr für den Buchhandel darstellten, da sie, wenn sie auch noch Nachdrucke verkaufen, das Ineinandergehen von Buchhandel und Buchdruck gefährden.

All die Aussagen Eckebrechts lassen eine zutiefst subjektive Handlungsweise erkennen, die er beispielsweise durch Rechenspiele zu objektivieren und somit zu legitimieren versuchte.

Die Annotationen des Editors hingegen hatten zumeist den kritisierten zynisch-diskreditierenden Charakter, ließen jedoch auch tiefste Kenntnisse des Buchhandels im Alten Reich erkennen. Hinsichtlich des Büchernachdrucks vertrat der Herausgeber die Meinung, dass es sich bei den Nachdruckern durchweg um Räuber und Diebe handele. Er verfiel also in die Argumentationsmuster, die Eckebrecht und zuvor Schubart seitens der sächsischen Verleger kritisierte.

Die Reaktion auf die erneute Herausgabe der Defensions-Schrift fiel jedoch –aufgrund der zunehmenden Schriftenflut zur Nachdruckdebatte – verhalten aus.[132] Dass sich aber auch die vom Nachdruck geschädigten Verleger zum Sachverhalt äußerten, bewies die Schrift Joachim Heinrich Campes aus dem Jahr 1784.

Joachim Heinrich Campe: An Joseph den Einzigen (1784)

Wie bereits in der Auseinandersetzung mit Frank und Schramm erwähnt, beschwerte sich Campe mit einem Brief beim Herzog von Württemberg über die Nachdrucke und benutzte das *Deutsche Museum* als Sprachrohr gegen die Tübingischen Nachdrucke.

130 Volz: Schwabens streitbare Musen, S. 59f.

131 „Es ist ein Gemeinplatz und der Modeton der meisten Sachsen, über uns Schwaben zu spotten […] wir sind in ihren Augen dumme seelenlose Menschen, an denen alles nur halb ist. […] Das ganze Recensentenchor rottet sich zusammen, wenn einer unserer Landsleute ein Buch schreibt. Ale Fehler werden mühsam aufgefischt, dann mit Triumphgeschrey an die Recensentenstange aufgehangen, und dem ehrsamen Publikum unter Fratzengesichtern und dem kreischenden Geschrey gezeigt: Seht den Schwaben! Schaut, der Schwabe lernt doch niemals teutsch etc. Und dieser Ton herrscht von Nicolais Bibliothek an bis auf die Leipzigerzeitung herunter.“ Zitiert nach Ebd., S. 62f.

132 So bemerkt die Rezension in der Bibliothek der neuesten juristischen Literatur für das Jahr 1785 lediglich: „Der Verfasser der Defensionsschrift hat alle scheinbaren juristischen und politischen Gründe für den Nachdruck benutzt, die der ungenannte Herausgeber in den Anmerkungen zu widerlegen sucht“, Bibliothek der neuesten juristischen Literatur, 1785, 1. Th., S. 166.

Nach einer Präambel auf die Taten Kaiser Josephs II. verwies er auf den eigentlichen Grund für sein Traktat:

> Verschiedene Buchhändler nämlich, wie z. B. Frank und Schramm in Tübingen, die es bequem finden, vom Raub, als von ehrlichem Erwerb zu leben, wissen sich, unter allerlei falschen Vorwänden, ein kaiserl. Privilegium über eine angebliche Samlung philosophischer Schriften oder über andere Samlungen zu erschleichen, ohne vermuthlich dabei anzuzeigen, daß sie unter diesem Titel die Werke noch lebender und zum Theil dürftiger Gelehrten nachzudrucken.[133]

Damit griff er seine schon 1782 geäußerte Kritik am Nachdruck seines *Robinsons* auf, die er in der *Hamburger Neuen Zeitung* bereits geäußert hatte.[134] Er kritisierte, dass die Nachdrucker, die sich ihr Privilegium erschlichen hätten, nun jedes Werk der lebenden Schriftsteller – im Gegensatz zur Lage bei bereits verstorbenen Autoren – nachdrucken könnten, die Verfasser hingegen ihr eigenes Werk im Reich weder verkaufen noch neu auflegen lassen könnten.[135]

Da er sich selbst ebenfalls als Schriftsteller verstand, setzte er sich insbesondere für die Rechte der Autoren ein, obwohl er mittlerweile – durch die Gunst des Publikums – keinen finanziellen Nöten ausgesetzt war, so wollte er beim Kaiser erreichen, dass der ‚Raub' der „besten und gemeinnüzigsten Schriftsteller" beendet werde.[136]

Seine Idee des „Mittelweges",[137] also eines zeitlich befristeten Schutzes für Autoren und Verleger, der „eine ausreichende Möglichkeit zur Gewinnerzielung und Amortisation ihrer Kosten einräumt", die seiner Meinung nach zwischen vier und sechs Jahren liegen solle, ehe die Nachdrucker das Werk drucken dürften, fand den Weg in die Praxis erst im Verlauf des 19. Jahrhunderts.[138] Campe war sich der Problematik bewusst, dass ein Verbot des Nachdrucks nicht bedeutete, dass nicht mehr nachgedruckt werden würde. Wenn es aber eine Schutzzeit für Neuerscheinungen gäbe, wäre der Nachdruck nach Ablauf der Frist „leicht [zu] verschmerzen".[139]

---

133 Campe: An Joseph den Einzigen, S. 102.

134 „Um dem Publicum für die gute Aufnahme der ersten Ausgabe des jüngeren Robinsons meine Dankbarkeit zu bezeigen, und um zugleich durch die Rechnung raubgieriger Nachdrucker, die auch nach diesem meinen Eigenthume ihre Hände ausgestreckt haben, einen nicht vorgesehen Strich zu ziehen, kündige ich hiermit eine wirklich verbesserte, von vielen im Nachdrucke treulich beybehaltenen [...] zweyte Auflage dieses Buchs" an, abgedruckt bei Bertuch: Erniedrigt oder erhöht der Nachdruck die Bücherpreise?, S. 191f.

135 Campe: An Joseph den Einzigen, S. 102.

136 „Ich selbst leide wenig dabei: denn das Wohlwollen meines Publikums hat mich für jede erlittene Beraubung dieser Art reichlich schadlos gehalten", Ebd.

137 Ebd., S. 103.

138 Die Idee des zeitlich befristeten Schutzes wurde nicht aus dem kurzen Traktat Campes hergeleitet, sondern aus den gesetzlichen Regelungen in England und Frankreich, Andersch: Büchernachdruck, S. 262. Für die Genese des Rechtsschutzes gegen Nachdruck im deutschen Bund und den Vergleichen zu anderen europäischen Staaten vgl. Friedländer, Max: Der einheimische und ausländische Rechtsschutz gegen Nachdruck und Nachbildung, Leipzig 1857 und Gieseke: Privileg, S. 137–144.

139 Campe: An Joseph den Einzigen, S. 103.

Die Reaktionen auf Campes Vorschlag waren geteilt: Während kritisiert wurde, dass die Vorschläge einerseits „unzureichend" seien,[140] verdiene andererseits – so der Rezensent der *Vollständigen Anzeigen und unpartheiischen Beurteilung der neuesten juristischen Literatur* – der Mittelweg eine „vorzügliche Aufmerksamkeit".

4.1.2 Das Jahr 1790 als Zäsur in der Nachdruckdiskussion

Mit dem Tod Joseph II. im Februar 1790 eröffneten sich für die Nachdruckgegner und Nachdruckbefürworter neue Chancen, ihre Position darzulegen und Einfluss auf die Wahlkapitulation Leopolds II. zu nehmen. Schon bevor die Wahlkapitulation vorgelegt wurde, ergriffen Autoren, Verleger und Rechtsgelehrte die Feder, um die Potentaten dazu zu bewegen, den Nachdruck zu verbieten. Als einer der ersten ergriff Johann Wilhelm von Archenholz, der sich selbst als den größten Feind des Büchernachdrucks bezeichnete, die Initiative gegen den Büchernachdruck zu argumentieren.[141] Er wandte sich ebenso wie Campe persönlich an den Kaiser, um ihn vom Schaden des Buchhandels durch die Nachdrucker zu überzeugen und entwickelte sogar eigene Pläne, die den „Schutz des Eigentums" sichern sollte, da „Herrscher und Gesetze [dieses] nicht sichern wollten".[142]

Nach dem Tod Joseph II. sah Archenholz die Gelegenheit gekommen, erneut in der Nachdrucksache zu intervenieren, und sandte Briefe an Leopold II., an den Staatskanzler Wenzel Anton von Kaunitz (1711–1794), an weitere Mitglieder des österreichischen Hofs und an „verdiente Gelehrte und Patrioten".[143] Alle Briefe, datiert auf den 23. März 1790, also einen Monat nach dem Tod Josephs II., wurden in *Neue Litteratur und Völkerkunde* veröffentlicht und führten die negativen Auswirkungen des Nachdrucks aus. Archenholz ergriff Partei für die Schriftsteller, die unter dem Nachdruck litten, und hoffte durch diese „Nationalbittschrift" auf eine Umkehr in der Nachdruckpolitik seitens des Regenten. Er appellierte an die Ehre der Gelehrten in den Erblanden, sich nicht mit den Nachdruckern gemein zu machen und unter dem „Schild" des Büchernachdrucks „mercantilistische Vortheile" zu genießen:

> So wie man in jenen barbarischen Tagen von den Gipfeln der Raubschlösser den Reisenden auflauerte, um sie dem Herkommen gemäß zu plündern, so raubten diese Nichtswürdigen am Ende des 18ten Jahrhunderts die Geistesproducte oft dürftiger Schriftsteller mit kaiserlichen Patenten in der Tasche und waren dabey unverschämt genug, sich auf das Allgemein Beste zu berufen.[144]

Obwohl Archenholz nicht mit einer baldigen Entscheidung des Monarchen aufgrund der äußeren und inneren Konflikte um die Französische Revolution und der Auseinander-

140 Vgl. Andersch: Büchernachdruck, S. 262.

141 Archenholz, Johann Wilhelm: Patriotischer Versuch des Herausgebers, in: Neue Litteratur und Völkerkunde 1790,4, S. 261–272, hier S. 261.

142 Diese Pläne legte er der Generalassecuranzsozietät in London vor, die diese aber nicht verfolgen konnte, vgl. Ebd. S. 262. Zu den Plänen einer Assekuranzkasse im Alten Reich vgl. Kap. 4.1.1.

143 Darunter „Alringer, Birkenstock, Blumauer, Born, Denis Gemmingen Haschka, Mastalier, Pentzel, Ratschky, Retzerm Schmid, Sonnenfels, Stephanie", Archenholz: Patriotischer Versuch, S. 267.

144 Ebd., S. 268.

setzung mit Preußen rechnete,[145] erhielt die Hofstelle am 12. Juli ein „königliches Handbillet, worin sie aufgefordert wurde, dem Monarchen Mittel und Wege vorzuschlagen, wodurch dem Nachdruck, dieser litterarischen Freybeuterey (eigener Ausdruck des Königs) aufs wirksamste gesteuert werden könnte".[146] Das Billet wurde an die Studienkommission gesandt, die wiederum nicht die Mittel eruierte, den Nachdruck abzustellen, sondern die sich nur mit der Frage beschäftigte, ob der Nachdruck generell unterdrückt werden sollte oder nicht.[147]

Die meisten der Anwesenden waren gegen ein Verbot des Nachdrucks, da sie darin das einzige Gegenmittel gegen die Übermacht der sächsischen Verleger sahen.[148] Eine Gegenposition, wie sie beispielsweise Joseph Sonnenfeld (1733–1817) vertreten hätte, der sich bereits zuvor schon deutlich den Nachdruck positioniert hatte, blieb aus, da er verreist war.[149]

Am 23. August 1790, in Abwesenheit des Königs Leopolds, unterzeichnete der Erzherzog Franz – der ab 1792 als Kaiser Franz II. regierte – eine Verordnung, die lediglich gestattete, dass Schriftsteller unentgeltlich ein Privileg auf ihre Werke erhalten können. An keiner Stelle wurde jedoch der Nachdruck erwähnt.[150]

Damit waren die Initiativen am Wiener Hof gegen ein Nachdruckgesetz fehlgeschlagen, aber es blieb noch die Möglichkeit über die Kurfürsten im Wahlkonvent ein Nachdruckverbot in die Wahlkapitulation schreiben zu lassen. Initiator war der geheime preußische Legationsrat Johann Friedrich Ferdinand Ganz (1741–1795), der mit seiner Schrift *Kurze Uebersicht der Gründe der Schändlichkeit des Büchernachdrucks für die Litteratur, den Buchhandel, und das lesende Publikum im teutschen Reiche nebst Vorschlägen, dieses Uebel durch eine zweckmäßige Verfügung in der zukünftigen kaiserlichen Wahlkapitulation von Grund aus zu heben* im Juni 1790 eine 13 Artikel umfassende Verordnung vorlegte, die den Nachdruck verbieten sollte. Schon der erste Artikel lässt keinerlei Deutungen zu: „Daß der Büchernachdruck, oder der Raub, der an eines Dritten Eigenthum begangen wird, der Eigenthümer mag nun Schriftsteller, oder Verleger heißen, ein unerlaubtes und strafbares Handwerk sey, ist bis zur Evidenz erwiesen".[151] Es wurde

145 Während es zwischen den Habsburgern und Preußen unter Friedrich Wilhelm II. bis 1790 zu Spannungen kam, sorgte die Reichenbacher Konvention vom 27. Juli 1790 zu einer Übereinkunft der beiden Mächte, einen drohenden Krieg zu verhindern.

146 Archenholz, W.J.: Beytrag zur Geschichte des Büchernachdrucks, in: Neue Litteratur und Völkerkunde 1790,2, S. 358–364, hier S. 359.

147 Ebd., S. 359.

148 Zudem wird eine Aussage des Bibliothekars der königlichen Bibliothek in Wien Namens Stratmanns zitiert, der gesagt haben soll: „daß ohne den Büchernachdruck keine Bibliothek in der Welt hätte entstehen, sich vermehren und erhalten können", Ebd.

149 Ebd. S. 360. Zur Gegenposition Sonnenfels', vgl. Karstens: Sonnenfels, S. 213ff.

150 Meyer, Steffen-Werner: Bemühungen um ein Reichsgesetz gegen den Büchernachdruck: anläßlich der Wahlkapitulation Leopolds II. aus dem Jahre 1790 (= Rechtshistorische Reihe; 291), Frankfurt am Main / Berlin 2004, S. 54f.

151 In den weiteren 12 Artikeln werden die Folgen für den Buchhandel, die Literatur, die Schriftsteller und das Publikum aufgezählt. [Ganz, Johann Friedrich Ferdinand:] *Kurze Uebersicht der Gründe der Schändlichkeit des Büchernachdrucks für die Litteratur, den Buchhandel, und das lesende Publikum im teutschen Reiche nebst Vorschlägen, dieses Uebel durch eine zweckmäßige Verfügung in der zukünftigen kaiserlichen Wahlkapitulation von Grund aus zu heben,* Regensburg 1790, S. 1.

zudem aufgezeigt, dass die Buchherstellung ‚Komerzial- und Polizeyangelegenheit' sei und damit auf dem Wahlkonvent verhandelt werden musste.[152]

Ganz erhielt dabei Unterstützung vom Thurn- und Taxischen Bibliothekar und Hofrat Albrecht Christoph Kayser (1756–1811) und von den Buchhändlern, die sich vermutlich auf der Leipziger Ostermesse 1790 über das weitere Vorgehen gegen den Nachdruck beratschlagten und fortan als Zusammenschluss ‚assoziierter Buchhändler' auftraten.[153]

Aufbauend auf diesen Zusammenschluss sandten die Petenten ihre Ausführungen samt Petition und Anlage der Schrift Ganz' an die Höfe des Reiches. Ein solches vorgefertigtes Schreiben erhielt auch der Markgraf von Baden vom Initiator der Hanauer-Nachdruckmesse Franz Varrentrapp,[154] datiert auf den 4. August 1790, in dem der „gänzliche Verfall der teutschen Littatur, des teutschen Buchhandels" heraufbeschworen wurde.[155] Bei den Ausführungen wurde aber dennoch darauf geachtet, die Einschnitte in die landesherrliche Gewalt so gering wie möglich zu halten, „damit die Polizeihoheit und die Vorzensur durch die jeweiligen Landesstellungen nicht tangiert werden".[156]

Ganz, der als preußischer Legationsrat in Regensburg anwesend war, konnte erwirken, dass die Nachdruckfrage im Wahlkonvent behandelt wurde. Aufgrund der „Unübersichtlichkeit des Reichsverfassungsgesetzes", der Vorbehalte gegen zu hohe Bücherpreise und der partikularen Kräfte[157] entschied man sich dagegen, im Artikel VII der Wahlkapitulation den „von Brandenburg gewünschten Satz, ‚daß sofort aller Nachdruck verboten' sei aufzunehmen". Man plädierte für die abgeschwächte Formulierung aus Kurmainz, die schließlich im Artikel VII, § 1 unter Erhaltung der Polizei und Kommerz in die Wahlkapitulation aufgenommen wurde: „Insonderheit wollen Wir den für Deutschland wichtigen Buchhandel nicht außer Acht lassen, sondern das obgedachte Reichsgutachten auch darüber erstatten lassen, wie fern dieser Handlungszweig durch die völlige Unterdrückung des Nachdruckes, und durch die Herstellung billiger Druckpreise von dem itzigen Verfalle zu retten sey".[158]

Es sollte, wie im Artikel erwähnt, ein Reichsgutachten erstellt werden, womit die Angelegenheit dem Reichstag übertragen wurde. Nach dem Tod Leopolds II. 1792 wurde in der Wahlkapitulation Franz' II. das Versprechen eines Reichsgutachtens wiederholt.

152 Ebd., § 7., vgl. Meyer: Bemühungen, S. 57.

153 Vogel: Deutsche Urheberrechts- und Verlagsrechtsgeschichte, Sp. 85f. Anfangs fanden sich 104 Namen auf der Liste der assoziierten Buchhändler, die meisten davon aus dem preußischen oder sächsischen Raum. Darunter auch viele der hier bereits erwähnten Buchhändler und Verleger, vgl. Meyer: Bemühungen, Anhang S. 171–173.

154 Vgl. Kap. 4.5.3.

155 Das Schreiben beginnt folgendermaßen: „Der Büchernachdruck ist im teutschen Reiche auf höchste gestiegen, die Zeiten des litterarischen Faustrechts sind bereits eingetreten, der gänzliche Verfall der teutschen Litteratur, des teutschen Buchhandels, die Verderbung des Geschmacks des lesenden Publikums, wird davon eine unvermeidliche Folge seyn." GLA 69 von Oberndorff 2152.

156 Meyer: Bemühungen, S. 71.

157 Zu den einzelnen Positionen der Kurfürsten vgl. Ebd., S. 100ff.

158 Artikel VII, §1, in: Roth, Johann Richard: Wahlkapitulation des römischen Kaisers Leopolds des Zweiten nach dem kurmainzischen Originale, Mainz / Frankfurt 1790, S. 26.

Bis zur Auflösung des Heiligen Römischen Reiches wurden jedoch keine Initiativen oder Anstrengungen unternommen, diese Beteuerung zu realisieren.[159]

Mit dem verfehlten Verbot des Büchernachdrucks in der Wahlkapitulation im Jahr 1790 brach der Widerstand der Buchhändler und Verleger gegen den Büchernachdruck nahezu ein und Defätismus breitete sich aus.

Die Schriftsteller wiederum traten auch nach 1790 selbstbewusst auf und verliehen ihren emanzipatorischen Forderungen Nachdruck, so „dass ihnen justiziable Rechte sowohl im Verhältnis zu ihren eigenen Verlegern als auch gegenüber den Nachdruckern zustünden".[160] Aus diesem Grund erschienen bis 1795 vornehmlich Schriften, die sich erneut mit dem Verhältnis zwischen Autoren und Verlegern in Rückgriff auf den Nachdruck auseinandersetzten.[161]

So diskutierten Johann Albert Heinrich Reimarus und Johann Gottwerth Müller, genannt von Itzehoe in den Jahren zwischen 1791 und 1792 reziprok über die Stellung des Schriftstellers. Reimarus, sah sich 1791 durch die Schriften *Wider und Für den Büchernachdruck*[162] und der Replik *Vertheidigung des Eigenthums gegen den Raub*[163] erneut dazu veranlasst im *Deutschen Magazin* Stellung in seinem Aufsatz *Der Bücherverlag in Betrachtung der Schriftsteller, der Buchhändler und des Publikums abermals erwogen* zu beziehen.[164] Auf Grundlage der beiden Schriften, will jener das ‚Eigenthum' von juristischer Seite her untersuchen.[165] Diese Untersuchung des Eigentums zum Anlass nehmend, reagierte der streitlustige Müller mit seinem Schreiben *Ueber den Verlagsraub oder: Bemerkungen über des Herrn D. Reimarus Vertheidigung des Nachdrucks*, woraus sich eine rege Diskussion über den Sacheigentumsgedanken entwickelte.[166]

Daraufhin äußerten sich auch andere Schriftsteller und Philosophen zur generellen Auseinandersetzung um Büchernachdruck, Verlag und Autorschaft und insbesondere zu den Ausführungen Müllers. 1792 thematisierte Adolph Franz Friedrich Ludwig Freiherr von Knigge in seiner Schrift *Ueber den Bücher-Nachdruck. An den Herrn Johann Gottwerth* Müller, *Doctor der Weltweisheit in Itzehoe* Müllers Ausführungen, nachdem er zuvor schon im zweiten Teil seines Werkes *Benjamin Nordmann's Geschichte der Aufklärung in Abyssinien* den Büchernachdruck thematisiert hatte.[167] Obwohl Knigge selbst

159 Vgl. Meyer: Bemühungen, S. 137.

160 Andersch: Bücherachdruck, S. 386.

161 Ebd.

162 Schmieder, Christian Gottlieb: Wider und Für den Büchernachdruck aus den Papieren des blauen Mannes. Bei Gelegenheit der zukünftigen Wahlkapitulazion, gedruckt im Reich und für das Reich 1790.

163 N. N. [vermutlich Miller, Johann Martin]: Vertheidigung des Eigenthums gegen den Raub, oder Prüfung der Schrift: „Wider und Für den Büchernachdruck aus den Papieren des blauen Mannes u.s.w.", gedruckt in Schwaben 1790. Vgl. Zur Auseinandersetzung auch Kap. 4.1.3.

164 Reimarus, Johann Albert Heinrich: Der Bücherverlag in Betrachtung der Schriftsteller, der Buchhändler und des Publikums abermals erwogen, in: Deutsches Magazin 1791, S. 383–414.

165 Vgl. Andersch: Büchernachdruck, S. 411f.

166 Vgl. zum Eigentumsgedanken Ebd., S. 387f. und S. 411. Zur Auseinandersetzung zwischen Müller und Reimarus vgl. umfassend Münch: Nachdruck und literarischer Markt, S. 228–247.

167 Fischer, Hannes: „... den Anwalt des Teufels noch einmal zu machen" Wieland, Krause und Knig-

vom Büchernachdruck betroffen war und „nie an den Herrn Schmieder und Consorten denken könne, ohne mit dieser Vorstellung zugleich die von Galgen und Brandmark zu verbinden – das scheint ja auch so natürlich“,[168] vertrat er die Meinung, dass der Nachdruck erst durch Erlass eines Reichsgesetzes rechtswidrig sei, und zudem kehrte er die positiven Folgen des Büchernachdrucks hervor. Der Nachdruck – so Knigge – brächte den guten Schriftstellern keinen Nachteil, da diese trotz des Nachdrucks ein ansehnliches Honorar erlangen würden. Die Verleger wiederum schütze der Nachdruck vor Auszahlung eines zu hohen Honorars, da die Verleger ihre Bücher aufgrund des Nachdrucks günstiger machen müssen. Dies wiederum führe zu einer Verbreitung von aufklärerischen Schriften in alle Bevölkerungsklassen, die die Möglichkeit des Erwerbs zuvor nicht gehabt hätten. Ebenso profitierten Länder, in denen der Buchhandel kein bedeutender Industriezweig sei, vom Nachdruck.[169]

Johann Georg Heinzmann (1757–1802) polemisierte 1795 in seinem über 500-seitigem Werk *Ueber die Pest der deutschen Literatur. Appel an meine Nation* gegen nahezu alle Bereiche der Literatur, des Buchhandels und der Philosophie, wie schon aus seinem Untertitel hervorgeht.[170] Dabei kritisierte er die Verleger Nicolai und andere Berliner Verleger ebenso wie Autoren, nämlich Schiller, Wieland oder Kotzebue.[171] In Bezug auf den Nachdruck, denen er ein ausführliches Kapitel widmete, positionierte er sich nicht als Nachdruckbefürworter, konnte aber die positiven Betrachtungsweisen des Nach-

---

ge als Spieler der Debatte um die Legitimität des Büchernachdrucks im späten 18. Jahrhundert, in: Bremer, Kai / Spoerhase, Carlos (Hg.): Von „Theologisch-polemisch-poetische Sachen“. Gelehrte Polemik im 18. Jahrhundert (= Zeitsprünge, 19.2015,1/4), Frankfurt am Main 2015, S. 168–188.

168 Knigge: Ueber den Bücher-Nachdruck, S. 4f. In seiner zweiten Auflage des dritten Teils des Romans *Geschichte Peter Clausens* aus dem Jahr 1795 fügt Knigge eine ‚Nachricht an das Publikum an‘, die ironisch ein neues Werk ankündigen soll, dabei aber das Ziel hatte, die Nachdruckunternehmung Schmieders zu diskrediteren: „Zu Bezeugung meiner Dankbarkeit für die Ehre, welche man mir erwiesen hat, einige meiner Schriften nachzudrucken, bin ich entschlossen ein Werk auf Pränumeration herauszugeben, das den Titel führen soll: ‚Diebeschronik, oder Sammlung von Lebensbeschreibungen und Bildnissen der berühmzeten teutschen Nachdrucker.‘ Der Text der Biographien soll auf schönes graues Löschpapier, ungefehr nach dem Muster desjenigen, welches kürzlich ein Nachdruck vom ersten Theil der Geschichte Peter Clausens in Leipzig erschienen ist, gedruckt werden, und die Kupferstiche werden ebenfalls nach denen vor besagtem Nachdrucke befindlichen eingerichtet [...]. Wenn es der Raum erlaubt; werde ich auch noch die Lebensbeschreibungen einiger ander Spitzbuben, deren Fach nicht eigentlich das Nachdrucken, sondern Straßenrauben, Einbrechen und dergleichen war, hinzufügen“. Knigge, Adolph, Freiherr von: Geschichte Peter Clausens, Dritter Theil, Frankfurt am Main 1794, S. IX-X. Vgl. zum Werk und Nachdruck vgl. Schrader, Christine: Krise der Aufklärung und Neuansatz. Knigges ‚Geschichte Peter Clausens‘ im Spannungsfeld von Geheimbund und Öffentlichkeit, Stuttgart / Weimar 2001, S. 41f.

169 Zu den letztgenannten Aspekten vgl. ab Kap. 4.5.2.

170 Heinzmann, Johann Georg: Über die Pest der deutschen Literatur. Appel an meine Nation über Aufklärung und Aufklärer; über Gelehrsamkeit und Schriftsteller; über Büchermanufakturen, Rezensenten, Buchhändler; über moderne Philosophen und Menschenerzieher; auch über mancherley anderes, was Menschenfreyheit und Menschenrechte betrifft, Basel 1795.

171 Zur Analyse der Schrift vgl. das Nachwort Wittmanns der Reproduktion der Schrift aus dem Jahr 1977, Heinzmann, Johann Georg: Appell an meine Nation, Hrsg. von Wittmann, Nachwort, S. 1–41.

drucks durchaus nachvollziehen. Dazu zählten für ihn – neben den bereits genannten Punkten der Buchhändlerkritik und der Literaturverbreitung – der Aspekt der Kompilation von Büchern, die durch den Nachdruck erreicht werden könne, da der Nachdruck Bücher reproduziere, ohne sich auf das „Eigendünkel" der Originalverleger zu verlassen, bis diese ein begehrtes oder seltenes Buch erneut auflegten.[172]

Die Diskussion nach 1795 entwickelte sich mehr und mehr zu persönlich geführten schriftlichen Auseinandersetzungen, bei den der Nachdruck teils nur eine untergeordnete Rolle einnahm, teils wurden die bereits gängigen Argumente wiederholt angeführt, sodass die Diskussion abflaute.

Doch auch andere Faktoren beeinflussten den Rückgang der Nachdruckdiskussion nach 1790. Durch die äußeren und inneren gesamteuropäischen Konflikte im Übergang zum 19. Jahrhundert geriet die Problematik des Nachdrucks in den Hintergrund. Die Obrigkeiten reagierten auf die politischen Schriften in ihren Territorien teilweise mit einer verschärften Zensur, was dazu führte, dass die gesamte Buchhandelsproduktion in den Blick der Überwachungsinstitutionen gelangte, wie dies eindrucksvoll in Württemberg bewiesen werden konnte.[173] Bis zum Ende des Alten Reiches wurde dem Büchernachdruck nur noch eine untergeordnete Rolle zugedacht, ehe auf und nach dem Wiener Kongress eine erneute Diskussion über die Rechtmäßigkeit des Büchernachdrucks aufkam.[174]

4.1.3 Das *Wider und Für den Büchernachdruck:* Der Diskurs am Ende des 18. Jahrhunderts

Schmieders Schrift ‚Wider und Für den Büchernachdruck aus den Papieren des blauen Mannes'

Exemplarisch für die Diskussion über den Büchernachdruck mit ihren pluralistischen Argumenten steht die Schrift *Wider und Für den Büchernachdruck aus den Papieren des blauen Mannes. Bei Gelegenheit der zukünftigen Wahlkapitulation* aus dem Jahr 1790.[175] Obwohl die Schrift anonym erschienen ist, gibt es zahlreiche Indizien, die auf eine Verfasserschaft Christian Gottlieb Schmieders hinweisen, wie dies zuvor schon vermutet, zwischenzeitlich jedoch stark bestritten wurde.[176] So bezweifelt Fürst die Urheberschaft Schmieders vehement. Die Grundlage seines Zweifels soll dabei die – nicht stichhaltige – Argumentation liefern, dass Schmieder rhetorisch nicht in der Lage gewesen sei, eine solche Abhandlung zu verfassen.[177] Dabei übersieht Fürst, dass Schmieder einige

172 Heinzmann: Appel an meine Nation, S. 237.

173 Vgl. Kap. 3.2.6.

174 Vgl. für den weiteren Verlauf Kap. 5.

175 Vgl. Fn. 1167.

176 Hinter der Verfasserschaft Schmieders vermuten bspw. Wittmann: Nachdrucker, S. 78; Bülow: Buchmarkt, S. 83.

177 „In der Schmieder zugeschriebenen, aber sicherlich nicht aus seiner Feder geflossenen Abhandlung Wider und Für den Büchernachdruck aus den Papieren des blauen Mannes aus dem Jahr 1790 finden sich zum Teil recht gut konstruierte Verteidigungen des Nachdrucks, die heutige

seiner Aussagen, die er dem Markgrafen gegenüber äußert, sich in nahezu identischer Weise in seiner Schrift wiederfinden lassen.[178] Darüber hinaus verdächtigte die im gleichen Jahr publizierte Gegenschrift ebenjenen Schmieder als den ‚Blauen Mann' hinter der Schrift, worauf im Anschluss an die Analyse der Schmieder'schen Schrift näher eingegangen wird.

Weiterhin war Schmieder zuvor schon in – durchaus überraschender – Manier selbst schriftstellerisch aktiv geworden, indem er in der Auseinandersetzung mit seinem Kontrahenten, dem ‚braunen Mann', Müller von Itzhoe ein eigenes Kapitel an das Werk Müllers angehängt hatte und dabei im letzten Satz auf seine Schrift *Wider und Für den Nachdruck* direkt hinwies. Und zuletzt war Schmieder seit 1787 Mitglied in der Karlsruher Lesegesellschaft, wodurch er Zugang zu den gängigsten periodischen Schriften hatte und somit die Argumentationen und die Diskussionen über den Büchernachdruck nachverfolgen konnte und sich in den drei Jahren bis 1790 ein umfassendes Bild des Diskurses über den Büchernachdruck machen konnte.[179]

Der Titel der Schrift bedarf einer Kontextualisierung, da sich hinter jedem der vier Glieder eine Intention verbarg. Mit dem ‚Für und Wider den Büchernachdruck' kennzeichnete Schmieder den Anschein einer Argumentation, in der er beide Seiten des Büchernachdrucks gegeneinander auf seine rechtlichen, politischen, ökonomischen und kulturellen Vor- und Nachteile abwägen möchte. Der ungewöhnliche Zusatz ‚aus den Papieren des blauen Mannes' lag eine eindeutige Anspielung auf Müller von Itzehoe und seine Romanfigur des ‚braunen Mannes' zugrunde. Müller hatte mit dem *Siegfried von Lindenberg*, erschienen 1779, ein regelrechtes ‚Siegfriedfieber' ausgelöst.[180] Dieser

---

Buchhistoriker in ihrem Kern wieder gelten lassen würden. Ein anonymer Kritikus, der sich noch im selben Jahr dazu äußerte und die Verteidigung rundweg ablehnte, wußte lediglich einzuräumen: Nur die Kunst müssen wir bewundern, wie er den arglosen ununterrichteten Leser in einer verdachtlosen Unwissenheit zu seinen Gunsten zu erhalten weiß. Eben diese kunstvolle Argumentation begründet den Zweifel an Schmieders persönlicher Urheberschaft. Denn wenn man seine Schreiben an die markgräflichen Behörden kennt, mag man nicht glauben, daß es sich um dieselbe Person handelt, die hier als der Blaue Mann auftritt". Fürst gibt keine alternative Verfasserschaft für die Schrift an, Fürst: Karlsruhe, S. 59.

178 So ähneln sich unter anderem die Ausführungen Schmieders vom 18. September 1787 und die Antwort Göschens vom 20. Dezember 1787 mit denen in der Schrift. Die Anmerkung 2) zur Schrift Ganz lautet: „Man lese: dem drückenden Monopol der Sächsischen Buchhändler, die, indeß sie fürstliche Reichthümer anhäuften, Landgüther zusammenkauften […]" (Schmieder: Wider und Für, S. 59f.) mit der Antwort Göschens auf Schmieders Brief: „Herr Reich hatte einiges Vermögen geerbt. Davon kaufte er sich ein Haus und einen Garten auf dem Lande. Diesen Mann, der so sehr beneidet worden ist, welcher der besten Buchhandlung in Deutschland die größte Klugheit und Thätigkeit hatte, diesen würdige nun in der Ewigkeit gegangenen Mann hat seiner Frau von 15 Jahren Arbeit kein größeres Vermögen als 10000 Thaler hinterlassen." (GLA 206,702). Darüber hinaus vergleiche man Schmieders Aussagen zur Verbreitung der Aufklärung durch den Nachdruck, die positiven Auswirkungen des Nachdrucks für die Markgrafschaft etc., die sich in der Schrift und in den Briefen Schmieders an den Markgrafen wiederfinden lassen, vgl. insbesondere den Brief vom 18.9.1787 GLA 206,702.

179 Vgl. Kap. 4.4.2.1.

180 Vgl. Friedemann Berger: Die bürgerliche Emanzipation und ihr komischer Held. Größe und

spöttische Roman eiferte Fieldings *Tom Jones* nach, sodass Müller, durch seinen bahnbrechenden Erfolg mit dem *Siegfried*, als „Herr Fielding-Müller" oder auch „Deutscher Fielding" betitelt wurde.[181] Infolgedessen fügte Müller jedem seiner neuen Romane den Titel „vom Verfasser des Siegfried von Lindenberg" hinzu. Ab 1784 erschienen die *Komischen Romane aus den Papieren des braunen Mannes*, die bis 1791 insgesamt acht Bände umfassten. Der ‚braune Mann' steht als Alter Ego für Müller selbst, der im *Siegfried* auftritt und zumeist den Charakter einer rechtschaffenen Person vertritt.[182] In den folgenden Romanen führte Müller immer wieder diesen ‚braunen Mann' ein, um durch ihn seinen Standpunkt zu vermitteln. Der Hintergrund für den ungewöhnlichen Namenszusatz erläuterte Müller im Vorbericht zu den *Komischen Romanen*, so trage die Figur am liebsten braune Kleidung und werde von anderen daher ‚brauner Mann' genannt.[183]

Schmieder, der Müllers Werke nachgedruckt hatte, und in einer literarischen Auseinandersetzung mit ihm stand,[184] nutzte diese Bezeichnung nun, um sich selbst als ‚blauen Mann' und somit als Gegenspieler zum ‚brauen Mann' einzuführen, um so die Position des Nachdruckers darzulegen. Die Umdeutung seiner Figur wiederum veranlasste Müller zu dem Kommentar, dass ein „neuer Meister Blaubart" [185] gekleidet wurde, was wiederum ein Angriff gegen Schmieder war.[186]

Der Untertitel des Werkes „bei Gelegenheit der zukünftigen Wahlkapitulazion" verweist auf die damalige Lage im Reich nach dem Tod Joseph II. am 20. Februar 1790 und der ungeklärten Frage, wie die Handhabung mit dem Nachdruck unter seinem Nachfolger Leopold II. aussah.

Die letzte Komponente des Titelblattes, die Druckortangabe „gedruckt im Reich und für das Reich" lokalisiert die Schrift, zudem wurde damit ein Versprechen verknüpft, dass die Schrift ein allgemeines Gutes beinhalte, das dem ganzen Reich zu Gute komme.

Grenzen Siegfried von Lindenbergs, in: Ritter: J.G. Müller von Itzehoe und die deutsche Spätaufklärung, S. 138f.

181 Die Bezeichnungen stammen von Georg Christoph Lichtenberg (1742–1799) in Briefen, die er an Müller sandte, Ebd., S. 139.

182 Der Name wird wie folgt erklärt: „Verschiedene Personen halten mich selbst für den braunen Mann, vermuthlich weil ich mich am liebsten braun kleide, und (wenigstens so oft ich ein braunes Kleid trug,) nichts dagegen einwendete.", Müller, Johann Gottwerth: Die Herren von Waldheim 2 Teile (= Komische Romane aus den Papieren des braunen Mannes und des Verfassers des Siegfried von Lindenberg; 1), Göttingen 1784, S. 10f.

183 So im Vorbericht zu Müller, J.G.: Komische Romane aus den Papieren des braunen Mannes und des Verfassers des Siegfried von Lindenberg, 1. Bd., Göttingen 1784, S. XX-XXI.

184 Vgl. zur Auseinandersetzung Kap. 4.6.1.

185 Müller, Johann Gottwerth: Herr Thomas (= Komische Romane aus den Papieren des braunen Mannes und des Verfassers des Siegfried von Lindenberg; 7) Göttingen 1790, S. 364.

186 Bezieht sich Müller wohl auf das ihm bekannte Märchen des Blaubarts von Charles Perrault von 1697, indem der Blaubart sowohl als Frauenmörder, dämonische Gestalt oder auch Homosexuell dargestellt wurde. 1779 wurde der Stoff durch Friedrich II. von Preußen aufgenommen und zu Apostolischer und theologischer Kommentar zu den heiligen Prophezeiungen des heiligen Verfassers von „Blaubart" verarbeitet, vgl. zu diesem Aspekt Monika Szczepaniak: Männer in Blau: Blaubart-Bilder in der deutschsprachigen Literatur (= Literatur, Kultur, Geschlecht; 37), Köln 2005, S. 88ff.

Da bislang scheinbar nur das Contra die Diskussion um den Büchernachdruck bestimmt habe, so der Verfasser, werde er die bevorstehende Wahlkapitulation nutzen, um auch das Pro zu erörtern, um so schließlich das Pro und Contra gegeneinander abwägen zu können.[187]

Mit dem Tod Joseph II. eröffnete sich gleichsam die Möglichkeit, dass eine angemessene Wahlkapitulation erarbeitet werden könnte, die die Lücken der jetzigen schließe und die Frage nach der Rechtmäßigkeit, ob der Nachdruck mehr schädlich oder mehr nützlich sei, endgültig beantworte.[188] Um dieser Frage nachzugehen, führte Schmieder ein Werk an, welches am „10. Mai dieses Jahres [gemeint war das Jahr 1790] von Regensburg aus in alle Lande ergangen ist".[189] Es handelte sich hierbei wohl um die bereits behandelte Schrift von Johann Friedrich Ferdinand Ganz, die die Gründe gegen den Büchernachdruck aufzählte und einen besonderen Fokus auf das „Publikum" legte,[190] welches von Schmieder folgendermaßen kommentiert wurde: „einmal auch dem Publikum, das schon so oft mit Klagen wider den Nachdruck betäubt worden ist, zu zeigen, daß auch hier, wie sonst überall, das überlaute Schreyen just nicht der Beweis der besten Sache sey".[191] Damit stellte Schmieder heraus, dass das Publikum der fortwährenden Kritik am Nachdruck überdrüssig sei und es endlich zu einer sachlich-argumentativen Auseinandersetzung kommen müsse.

Im Folgenden führte Schmieder die Grundpfeiler der Kritik auf, die durch die Jahrzehnte hinweg gegen den Nachdruck vorgebracht worden waren, die im Folgenden nur zusammengefasst werden: 1.) der Nachdruck mindere den Gewinn der größten Schriftsteller der Nation,[192] 2.) der Nachdruck sei Diebstahl an den Buchhändlern und Ver-

187 Schmieder: Wider und Für den Büchernachdruck, S. 3.

188 Zuvor stellte er drei Zeiten heraus, in denen eine Änderung möglich gewesen wäre, zusammenfassend waren dies: die erste Zeit war nach dem 30-jährigen Krieg 1648, wo aber zusehends noch Chaos herrschte, und fremde Mächte ihre Einflüsse in Deutschland geltend machen wollten und die deutschen Fürsten sich ihrer Rechte noch nicht bewusst waren. Die zweite Zeit war nach dem Tod Karls VI., wo die Möglichkeit war, jemand anderen als den Habsburgern die Kaiserkrone aufzusetzen. Schließlich die dritte Zeit, die jetzt nach dem Tod Joseph II. angebrochen ist, vgl. Ebd., S. 7f.

189 Ebd., S. 17.

190 Johann Friedrich Ferdinand Ganz: Kurze Uebersicht der Gründe der Schädlichkeit des Büchernachdrucks für die Litteratur, den Buchhandel, und das lesende Publicum im Deutschen Reiche nebst Vorschlägen, dieses Uebel durch eine zweckmäßige Verfügung in der zukünftigen Kaiserlichen Wahlkapitulation von Grund aus zu heben, in: Journal von und für Deutschland, 1790, S. 405–415. Am Ende des Artikels steht der Druckort Regensburg, auf den sich Schmieder hier bezieht. Die Schrift galt als Grundlage für die Gegner des Büchernachdrucks, so übersandte Johann Friedrich Varrentrapp (1742–1814), ein Frankfurter Buchhändler, diese Schrift einem (leider nicht benannten), Kurfürsten, der in Frankfurt aufgrund des Wahlkonvents weilte, um ihn von der Schändlichkeit des Nachdrucks zu überzeugen und somit auf die Wahlkapitulation Einfluss zu nehmen, vgl. Aechtes vollständiges Protokoll des kurfürstl. hohen Wahlkonvents zu Frankfurt im Jahre 1790, Frankfurt/Leipzig 1791, S. 184–185, es liegt zudem die Schrift von Johann Friedrich Ferdinand Ganz bei.

191 Schmieder: Wider und Für den Büchernachdruck, S. 18.

192 Zu diesen großen Schriftstellern zählt er Klopstock, Büsching oder Kant, vgl. Ebd., S. 18–21.

legern, da die Nachdrucker das Eigentumsrecht des Verlegers klauen würden, welches der Verfasser eines Werkes dem Verleger durch das Honorar verkaufe, 3.) der Verleger gehe das Risiko ein, ein Werk zu drucken, ohne vorher zu wissen, wie es sich verkaufen werde und dadurch hohe Verluste einkalkulieren müsse,[193] 4.) der Originalverleger zahle dem Schriftsteller ein beachtliches Honorar, während der Nachdrucker keine Ausgabe habe,[194] 5.) die Qualität der Bücher leide unter den Nachdruckern,[195] 6.) durch den Nachdruck gehe der Buchhandel im gesamten Reichsgebiet, sowohl in Sachsen als auch im Reichsbuchhandel zugrunde.[196]

Nachdem Schmieder die Hauptanklagepunkte gegen den Nachdruck vorgebracht hatte, ging er dazu über, die rechtliche Grundlage des Nachdrucks zu beleuchten, und stellte schon zu Beginn fest, dass „für's Erste der Nachdruck durch kein geschriebenes Gesez, weder in dem kanonischen, noch in dem römischen Recht, oder in den deutschen Reichsgesezen [...] verboten sey".[197] Hierzu präsentierte er nicht nur die Schriften Pütters und Ludewigs, sondern skizzierte zudem die Geschichte des Buchdruckes, aus der er herleitete, dass das Abdrucken schon seit frühester Zeit erlaubt gewesen war. Damit führte er die Aussagen Martin Luthers an, der sich ebenfalls gegen den Nachdruck seiner Werke beschwert hatte, jedoch nicht in juristischer Art und Weise, sondern vor dem Publikum.[198] Schmieder entkräftete die Ansichten Luthers dahingehend, dass ein zeitlich unbefristetes Nachdruckverbot nicht praktikabel sei, da somit Bibeln und Katechismen nicht andernorts und durch andere Drucker gedruckt werden dürften.[199] Schmieder wandte sich hier gegen die Monopolstellung der Originalverleger, die er häufig auch in seine Schriften an den Markgrafen kritisierte. Um seine Argumentation zu stützen, rekurrierte er auf Ludewig und erläutert, dass derjenige ein Werk nachdrucken dürfe, der im Besitz derselben sei, ungeachtet der Tatsache, dass er eben nicht Nachfahre des Originalverfassers oder Eigentümer der ursprünglichen Schrift war. Ein Buch müsse demnach für jeden frei sein, sofern es nicht durch ein Privileg geschützt sei. Mit dieser Aussage von Johann Peter von Ludewig rechtfertigte Schmieder sein eigenes Handeln, da er sich für seine Drucke ebenfalls ein Originalexemplar angeschafft und dieses dann nachgedruckt hatte.

---

193 Ebd. S. 22f.

194 Ebd. S. 22–24.

195 Ebd. S. 25.

196 Ebd. S. 25.

197 Ebd. S. 26.

198 Vgl. Ebd., S. 29. Luther hatte sich 1525 gegen den Nachdruck seiner Bibelübersetzung und seiner Schriften gewandt und die Nachdrucker als Räuber dargestellt Schmieder ist sicherlich nicht selbst auf den Vergleich mit Luther gekommen, sondern hat diesen bei Pütter gesehen und in seiner Argumentationsstrategie falsifiziert, bzw. entkräftet, vgl. sowohl Luthers Argumentation als auch Püttners Standpunkt bei Pütter: Grundsätze, S. 125. Zu Luther und dem Buch vgl. Flachmann, Holger: Martin Luther und das Buch (= Spätmittelalter und Reformation. Neue Reihe; 8), Tübingen 1996.

199 Schmieder: Wider und Für den Büchernachdruck, S. 29f.

Er fuhr fort, den Nachdruck nach den römischen Gesetzen und den Naturgesetzen zu analysieren und mit den Fehlern aufzuräumen, die „durch vielerlei Drehungen, was für sich nicht in den Gesezen liegt, in solche hineinzukünsteln gesucht“ worden sind.[200] Als solche sah er die römischen Gesetze an, die zwar vorschreiben, dass man keinen Betrug an jemand anderen begehen dürfe, wenn man aber ein Eigentum erworben hatte, dürfe man dieses auch an andere leihen oder verschenken, – dies läge in der Natur des Eigentumsrechts.[201]

Er resümierte: „Aus geschriebenen Gesezen läßt sich also der Nachdruck auf keine Weise zu Boden stürzen; man beruft sich daher auf das Naturrecht, aus welchem ja freilich alles und alles zuletzt sich herleiten läßt“, fügte Schmieder seiner Analyse der römischen Gesetze voran.[202] Unter der ‚natürlichen Billigkeit‘, also dem Verhältnis zwischen Leistung und Gegenleistung abseits der Rechtsgrundlage, sah Schmieder schon ein Missverhältnis zwischen den Verlegern und den Schriftstellern. Während der Verleger dem Autor ein einmaliges Honorar bezahle und dafür seine Handschrift erkaufe, bekomme dieser durch den hochpreisigen Verkauf das Honorar zurück und könne darüber hinaus einen Gewinn für sich erzielen. Zudem könne er auch eine günstigere zweite und dritte Auflage veranstalten, ohne dass der Autor erneut am Gewinn beteiligt werden würde.[203]

Auf dieser Grundlage aufbauend analyiserte Schmieder, ob der Nachdruck positive oder negative Implikationen auf die Menschheit, den Schriftsteller und Verleger und auf den gesamten Staat habe.[204]

Zunächst nahm er die Schriftsteller und die Verleger in den Blick und unterstrich:

> Alles Nachdruks ungeachtet vermehrt sich das fruchtbare Geschlecht der unserer Schriftsteller von Messe zu Messe. Wollte man witzig seyn, so würde man sagen können, daß es gerade die schönste Seite des Nachdrucks wäre, wenn er die Zauberkraft hätte, dem größten Theil unserer Schriftsteller die Feder niederzulegen.[205]

---

200 Ebd., S. 34.

201 Vgl. Ebd., S. 38f. zum römischen Recht, vgl. Gieseke: Privileg, S. 1–3. Zudem sei es falsch, dass Nachdrucker, aufgrund ihres angeblichen Raubes, fingierte Druckorte- und Namen angeben. Sie würden ja ihren Nachdruck nicht als Original ausgeben, daher solle man die nachgedruckten Werke eher zweiter Druck, dritter Druck nennen, Schmieder: Wider und Für, S. 36f.

202 Ebd., S. 37. Das Naturrecht durchlebte ab circa 1780 eine Krise, da man, wie Schmieder hier auch bemerkt, alles auf das scholastische Naturrecht zurückführe, dabei aber eine kritische Auseinandersetzung und mögliche Problemlösungen vernachlässige. Um 1800 wurden neue Theorien und Konzepte entworfen, die zu einem Aufleben des Naturrechts führte, die ihren Höhepunkt mit Kants Werk *Metaphysik der Sitten* 1797 fanden, vgl. Klippel, Diethelm: Das deutsche Naturrecht am Ende des Alten Reiches, in: Schmidt-von Rhein, Georg/Cordes, Albrecht (Hg.): Altes Reich und neues Recht. Von den Anfängen der bürgerlichen Freiheit, Wetzlar 2006, S. 27–42 und Andersch: Büchernachdruck, S. 393ff.

203 Schmieder: Wider und Für den Büchernachdruck, S. 38f.

204 „Bringt er (= Nachdruck), im Ganzen genommen Wohl oder Weh für die Menschheit? Entgeht dem Schriftsteller, entgeht dem Verleger dadurch der billige Ersatz, jenem für seine Mühe, diesem für seine Kosten? Hat er vortheilhaften oder schädlichen Einfluß auf die ganze Masse des Staates?“, Ebd., S. 40.

205 Ebd., S. 40f.

Damit spielte er auf die schriftstellerische Situation im Reich an, bei der es zu einem sprunghaften Anstieg an Schriftstellern kam.[206]

Die Situation sei vor dem Nachdruck für die Schriftsteller schon dramatisch gewesen, da der Verleger mit den Werken der Autoren Reichtümer anhäufe und der Autor kaum Ertrag aus ihren Werken ziehen konnte.[207] Damit schloss Schmieder seine Ausführungen über die Schriftsteller und ging dazu über, die Verleger zu analysieren. In einer ironischen Weise gab Schmieder zu, dass der Nachdruck die Konkurrenz im Verlagswesen erhöhe und die Verleger dadurch verminderte Einnahmen generieren könnten: Die „Konkurrenz ist nun größer; der Gewinn schränkt sich nicht mehr auf einen einzigen, der dem Publikum den Preiß bestimmen kann, wie er will, ein, sondern vertheilt sich untere mehrere".[208]

Im Folgenden führte Schmieder die Aspekte aus, die die Qualität der Nachdrucke, die Situation zwischen Originalverlegern und Nachdruckern und die Auswirkungen auf die Obrigkeiten hatte. Diese werden in den nachfolgenden Kapiteln näher beleuchtet.

Zuletzt druckte Schmieder in seiner Schrift den Vorschlag Ganz' ab, wie dem Büchernachdruck vorzubeugen sei und kommentierte diesen in der Form, wie dies bei der Schrift Eckebrechts bereits vollzogen wurde. In seinen Kommentaren wiederholte er im Grunde genommen das, was er bereits zuvor ausgeführt hatte. Verdeutlichen lässt sich dies an der Ausführung Ganz', der schrieb: „Das ergiebigste Mittel, dem den Buchhandel zerstöhrenden Büchernachdruck zu steuern, wäre ein allgemeines verbindliches Reichsgesetz, welches jeden Schriftsteller und jeden Verleger bei seinem Eigenthum schüzte (sic!)".[209] Die Aussage zu den Schriftstellern und Verlegern kommentierte Schmieder so, dass die Schriftsteller nach Verkauf ihrer Schrift an den Verleger ohnehin kein Mitspracherecht mehr an ihrem Werk hätten und die Verleger das gezahlte Honorar auf den Verkaufspreis aufschlagen würden und so der Gewinn umso höher ausfiele.[210]

---

206 Vgl. Kap. 2.2.2.

207 Am Beispiel Gellerts und seines früheren Verlegers Johann Wendlers (1713–1799), der die Weidmannsche Buchhandlung bis 1745 führte, zeigte Schmieder auf, dass Wendler mit seinem Verlag „selbst vom Ertrag seiner Kapitale" leben konnte, während Gellert auf Geschenke und Zuwendungen angewiesen war. Da dies schon vor der Zeit des Nachdrucks geschah, lag die Aussage nahe, dass der Nachdruck „es nicht ist, wodurch unsere Schriftsteller verhindert werden, Kapitalisten zu seyn!" Schmieder: Wider und Für den Büchernachdruck, S. 42f. Schmieders Kenntnis über Kapitalismus in seiner Definition rührt womöglich vom Werk des schottischen Nationalökonomen Adam Smith her, da Schmieder sich zuvor schon über den „Reichthum der glücklichen Insel" äußert und er aus diesem Grund mit dem Werk in Kontakt gekommen ist. Des Weiteren vergleicht Schmieder England mit Deutschland und kommt zu dem Schluss, dass man als Schriftsteller in Deutschland sowieso nie vergleichbare Honorare erzielen könne und deswegen sei der Nachdruck kein hemmendes, sondern ein regulatives Instrument, vgl. Ebd., S. 42ff.

208 Ebd., S. 45.

209 Ebd., S. 59f. und Original in: Kayser: Die Abstellung des Büchernachdrucks, S. 59.

210 Ebd. S. 60f., Fußnote 3 und 4.

Die Abhandlung schloss mit einem Verweis: „Hier ist nun in Ansehung des Nachdrucks das Wider und das Für, auch der Vorschlag, der ihn zunächst bei der Kehle paken soll. Prüfet Alles, und das Gute behaltet!".[211]

Die Replik auf Schmieders Schrift

Ein anonymer Verfasser folgte diesem Aufruf Schmieders und verfasste noch im selben Jahr seine: *Vertheidigung des Eigenthums gegen den Raub, oder Prüfung der Schrift: „Wider und Für den Büchernachdruck aus den Papieren des blauen Mannes u.s.w"*.[212] Doch wer könnte der Verfasser der Schrift gewesen sein? Emil Weller vermutete als Verlagsort die Reichsstadt Ulm in Schwaben, gedruckt in der dortigen Wohler'schen Buchhandlung.[213] Unter der Annahme, dass diese Vermutung korrekt ist, kann hinsichtlich des Inhalts des Werkes auf Johann Martin Miller geschlossen werden,[214] der auch seine Schriften bei Wohler in Ulm drucken ließ.[215] Der Theologe und Schriftsteller erlangte mit seinem Werk *Siegwart. Eine Klostergeschichte* 1776 einen durchschlagenden Erfolg.[216] Der Roman wurde mehrfach von Nachdruckern kopiert, so druckte auch Schmieder diesen außerhalb seiner Sammlung nach. Miller gehörte somit zu den Autoren, die durch den Nachdruck geschädigt worden waren. In einem Brief Millers an Johann Heinrich Voß vom 17. Mai 1778 äußerte er sich ebenfalls über den Nachdruck seines Siegwarts und konstatierte „Hier zu Lande haben wir 4 Nachdrücke", darunter einen Schmieder-Nachdruck.[217]

---

211 Ebd. S. 79.

212 N. N.: Vertheidigung des Eigenthums gegen den Raub (wie Fn. 1168).

213 Vgl. Weller, Emil: Die falschen und fingierten Druckorte: Repertorium der seit Erfindung der Buchdruckerkunst unter falscher Firma erschienenen, deutschen, lateinischen und französischen Schriften, Bd. 1, Leipzig 1864, S. 147. Zur Wohler'schen Buchhandlung vgl. Schmitt, Elmar: Die Wohlersche Buchhandlung in Ulm, 1685–1985: ihr verlegerisches und buchhändlerisches Wirken (= Veröffentlichungen der Stadtbibliothek Ulm; 6), Weißenhorn 1985.

214 Den einzigen Hinweis, den der Verfasser selbst gibt, ist folgender: „Denn, redlich zu gestehen, die Nachdruckerseelen kommen mir wenigstens nicht ohne Ausnahme so schwarz vor, als man sie macht. Im nemlichen Aufenthaltsorte mit mir ist z. B. einer, von dem ich viel Gutes höre.", Ebd. S. 69. Über den Aufenthaltsort und den Nachdrucker macht der Verfasser keine Angabe. Wenn man jedoch annimmt, dass der Aufenthaltsort Ulm sei, so könnte Christian Ulrich Wagner der Jüngere (1722–1804) gemeint sein. Dieser in Ulm ansässige Buchdrucker stand in Verbindung mit den Nachdruckern in Tübingen und Reutlingen. Er lieh Frank, Schramm und Fleischhauer wohl seine Vignettenstöcke aus, mit denen die Nachdrucker die von Wagner benutzen Vignetten reproduzieren konnten, vgl. Breitenbruch: Johann Martin Miller, S. 103, zu der Buchgestaltung und den Vignetten vgl. Kap. 4.2.3.

215 Vgl. Schmitt: Wohler, S. 64.

216 Vgl. Heinze, Diethard: Johann Martin Millers „Siegwart. Eine Klostergeschichte". Der „Trivialroman" und seine Leser, in: Zeitschrift für Germanistik 1992,2, S. 51–62.

217 Der Editor der Briefedition fand heraus, dass ein Nachdruckexemplar des Siegwarts von Schmieder in der Universitätsbibliothek Tübingen überliefert ist. Es liegt nahe, dass Schmieder Exemplare des Werkes an die Tübinger oder Reutlinger Nachdrucker geliefert hat. Stosch, Manfred von (Hg.): Der Briefwechsel zwischen Johann Martin Miller und Johann Heinrich Voß, Berlin / Boston 2012, S. 175–178, hier S. 177 und die Kommentare S. 539.

Nachdem der Verfasser sich über den ermüdenden und eigentlich hinfälligen Diskurs über den Büchernachdruck geäußert hatte, ging er dazu über, den Verfasser der Ausgangsschrift *Wider und Für den Büchernachdruck* zu eruieren:

> Der Grund, warum er seiner Schrift diesen Titel geben konnte, ist wohl kein anderer, als weil er zur Vertheidigung des Nachdrucks die gegen denselben gemachten Einwürfe in seine Schrift aufzunehmen genöthigt war. Aber wer wird nun in der Hinsicht, die bey allen auch nur den Schein der Gründlichkeit habenden Vertheidigungs-Schriften statt hat, einen solchen Titel sich erlauben? Mich dünkt, Herrn Müller Invektive gegen Herrn Schmieder könnte man mit eben dem Fuge Rede wider und für Herrn Schmieder nennen, weil auch hier die Entschuldigungs-Gründe, die ihm zu statten kommen könnten, gewiß eben so getreu geführt sind, als hier die Gründe wider den Nachdruck angeführt sind.[218]

Somit vermutete der Verfasser ebenfalls Schmieder hinter der Ausgangsschrift.[219]

Daraufhin begann der Verfasser, die Schrift Schmieders zu analysieren, zu kommentieren oder zu widerlegen. Aus den zahlreichen Beispielen seien einige herausgegriffen. So zitierte er über mehrere Zeilen die Aussagen Schmieders, dass der Nachdruck weder nach kanonischem noch römischen Recht verboten sei. Dabei „versteckt" Schmieder schlichtweg die Ausführungen Pütters zum positiven Recht und selbst aus dem römischen Recht lasse sich ein Verbot herleiten.[220]

In Bezug auf die Schriftsteller gab der Disputant offen zu, dass die Anzahl der Schriftsteller hoch sei. Durch den Nachdruck werde ihre Anzahl aber noch größer, so glaube er, denn ohne Regulation des Nachdrucks würde die Anzahl der Nachdrucker parallel steigen. Und da diese Druckereien betreiben, könne es leicht geschehen, „daß ein Besitzer, der gerade nicht sehr vortheilhafte Nachdrucke finden kann, um seine Pressen doch nicht müssig stehen zu lassen, Stücke in Verlag nimmt, welche wohl sonst nie eine Presse gesehen hätten".[221]

---

218 N. N.: Vertheidigung des Eigenthums, S. 9.

219 Es bestand jedoch die Möglichkeit, dass Schmieder eine, möglicherweise schriftstellerisch begabtere Person für seine Darlegung beauftragt hat, der er die Argumente geliefert, diese aber nicht selber niedergeschrieben hat. Dies lässt der Verfasser offen: „Ich weiß nicht, ob die Größe des Lohns, den ihm der Mann giebt, von dem er gedingt, (wie nicht unwahrscheinliche Nachrichten vorgeben,) diese Schrift aufgesetzt haben soll, ihn so geblendet hat, daß er das Unrecht des Nachdrucks nicht sah, oder nicht bedächtig erwog, oder es zwar sah und erwog, aber dasselbe nicht nur nicht eingestehen, sondern durch seine Kunst verbergen wollte." Ebd., S. 68f. Ob Schmieder die Schrift selbst geschrieben hat, oder jemanden dafür beauftragt hat, lässt der anonyme Verfasser offen: „Ich weiß nicht, ob die Größe des Lohns, den ihm der Mann giebt, von dem er gedingt, (wie nicht unwahrscheinliche Nachrichten vorgeben,) diese Schrift aufgesetzt haben soll, ihn so geblendet hat, daß er das Unrecht des Nachdrucks nicht sah, oder nicht bedächtig erwog, oder es zwar sah und erwog, aber dasselbe nicht nur nicht eingestehen, sondern durch seine Kunst verbergen wollte." Ebd., S. 68f.

220 Ebd. S. 16–21.

221 Ebd. S. 50.

Auf die Aussage, dass der Buchhändler seine Auflage verkauft habe, ehe der Nachdrucker dem Publikum eine liefern könne, erwiderte er, dass dies lediglich für schnell verkäufliche Bücher gelte. Er befürchte aber, dass wissenschaftliche Bücher und Bücher der Gelehrsamkeit, die sich nicht so schnell absetzen ließen, ebenso zum Ziel der Nachdrucker werden könnten. Damit schade der Nachdruck der Wissenschaft, weil kein Verleger sich mehr traue, gute und wissenschaftliche Bücher – die schwerer verkäuflich sind – in Verlag zu nehmen.[222] In der Folge könne der Verleger keine angemessenen Honorare mehr zahlen, was wiederum dazu führe, dass ein Mangel an guten Schriften auftrete.[223]

Zuletzt wandte sich der Verfasser der Schrift direkt an den Leser und bat, den Nachdruck und die damit verbundenen Geschäftsmethoden und Vertriebswege nicht zu unterstützen,[224] da sie so nur die Nachdruckertätigkeit weiter fördern: „Das einzige Mittel ist, nicht Beförderer Raubguts zu seyn, und darinn haben wir den Grund zu suchen, warum der Nachdruck oft gute Leute zu seinen Vertheidigern findet, und warum das Unrechtmäßige und Unzuläßige so ungern anerkannt wird".[225]

4.2 Die Materialität der Nachdrucke: Produktion und Preisgestaltung

Nachdem die Entwicklungslinien des Diskurses beleuchtet worden sind, soll nun dazu übergegangen werden, die praxeologischen Anklagepunkte gegen den Büchernachdruck näher zu beleuchten und neben dem Preis auch die materiellen Aspekte des Nachdrucks zu analysieren.[226]

In einem ersten Schritt werden daher die Ausführungen der Diskutanten dargestellt und anschließend mit der Praxis in Einklang gebracht. Stimmten die im Diskurs getroffenen Aussagen mit der Lebenswirklichkeit der Nachdrucker und des Buchhandels überein? Hierbei ergab sich eine Trennschwierigkeit, da durch den Pluralismus der Argumente in der Nachdruckdebatte, die einzelnen Aspekte interdependent waren und sich daher nicht in einzelne Diskurselemente trennscharf segmentieren ließen. Folgendes Beispiel spiegelt die Verbindung verschiedener Merkmale der materiellen Seite des Büchernachdrucks treffend wider:

---

222 Ebd. S. 52.

223 Ebd. S. 53f.

224 „Und nun bitte ich die bezeichnete Klasse von Lesern, sich in ihren Verhältnissen gegen die Nachdrucker als Kollekteure, oder als Käufer, einzelner oder mehrerer Exemplarien zu betrachten, und mit denen, über die sie abgeurtheilt haben, sich zu vergleichen. Welchem Buchhändler, Kollekteur, Käufer kommt nun die Entschuldigung zu, daß er, um das Seinige zu sichern, in jene Verbindung mit den Nachdruckern eingetreten sey?", Ebd. S. 67. Vgl. zu den Vertriebswegen und der Rezeption Kap. 4.3. und 4.4.

225 Ebd. S. 67. Der Gegner der Nachdruckschrift vergleicht den Nachdrucker mit Räubern und der Leser wäre in dieser Konstellation jemand, der dem Räuber Unterschlupf in seinem Heim gewähren würde, vgl. Ebd., S. 66f.

226 Der Preis wurde der Materialität des Nachdrucks zugeordnet, da über den Diskurs über den Preis die Argumentation der Produktionschritte und materiellen Aspekte besser verständlich werden und unmittelbar mit diesen zusammenhängt, wie zu zeigen sein wird.

> denn erstens dörfen sie (= die Nachdrucker) dem Autor kein Honorarium zahlen, das oft eine halbe Auflage wegreißt; und zweytens zahlen solche Nachdrucker dem Buchdrucker nicht so viel, um saubere Arbeit liefern zu können – der Drucker hudelt dann mit seinen Gesellen, denen er nun auch nicht so zahlen kann, daß er saubere und korrekte Arbeit von ihnen fordern darf, um nur viel zu leisten, weil ihn die Vielheit schadlos hält – und so sind die meisten Arbeiten, wenn der Nachdrucker nicht selbst Buchdrucker ist, und durchaus auf gute, reine Arbeit dringt, auch durch Schönheit des Papiers dem Original ähnliche Arbeit zu liefern trachtet, elende, fehlerhafte Misgeburten, die kaum, besonders des grauen, kostenmäßigen Papiers wegen, zu lesen sind: Im Grunde sind die Käufer solcher Produkte, trotz des geringen Preises, dennoch betrogen.[227]

Aufgrund der Verschränkung wurden die Argumente, die die materielle Seite des Nachdrucks betrafen, einzeln, aber in Verbindung mit den anderen Aspekten analysiert.

4.2.1 „Erniedrigt oder erhöht der Büchernachdruck die Preise?"

In der Schrift *An die Freunde der Billigkeit und der Buchhändler* von Orell, Gessner, Füssli & Comp. gegen die Tübinger Nachdrucker merkten sie an:[228]

> Es ist die allgemeine Sprache und das Vorgeben der Nachdrucker: ‚Daß sie von sehr vielen Orten her aufgemuntert werden nachzudrucken.' Aber diese Aufmunterung ist nichts anderes, als das hören sagen: Dieses Buch hat Beyfall erhalten, und wird von vielen Leuten gekauft; dann raisonniren Frank und Schramm fort: ‚Wir bezahlen dem Autor nichts; kaufen uns ein Exemplar; ersparen dabey ein starkes Honorarium; drucken das Buch auf schlechtes Papier nach. Was wir nun an dem Honorario für den Verfasser; auf dem schlechten Papier; und auf der Provision, die sonst die Buchhändler beziehen, gewinnen, das wollen wir von dem Verkauf-Preiß der Original-Edition abziehen. So bekommt das Publikum wohlfeile Preiße, und läßt die theuren Editionen liegen.[229]

Es ist eine Artikulation dessen, was auch schon Böhmer im ersten Drittel des 18. Jahrhunderts in fast identischem Duktus über das Preisgefälle zwischen Originalwerk und Nachdruck geäußert hatte.[230] Abseits der Diskussion über die rechtlichen Grundlagen des Büchernachdrucks wurde die Frage nach der Höhe des Buchpreises und wie der Nachdruck sich darauf auswirkt intensiv diskutiert.[231]

---

227 N. N.: Briefe aus Wien über den Zustand der Litteratur und des Buchhandels in Oesterreich, in: Der deutsche Zuschauer, Bd. 8, 22.–24. Heft 1788, S. 1–81; 137–335, hier S. 57.

228 Vgl. auch Kap. 3.2.2.

229 N. N. [OGF]: An die Freunde der Billigkeit und der Buchhändler, S. 3f.

230 Vgl. Kap. 4.1.

231 Im Allgemeinen Real-Wörterbuch aller Künste und Wissenschaften werden die drei Aspekte aufgezählt, die zu einem ‚wohlfeilen Preis' eines Buches führen: Erstens ist der günstige Preis des Papiers essentiell, wobei das Papier am besten im eigenen Territorium angefertigt wird. Zweitens der Druck mit schönen Lettern, wobei auch hier eine eigene Schriftgießerei vorteilhaft wäre und

Als einer der ersten, der sich nach 1770 mit dem Faktor ‚Preis' hinsichtlich des Büchernachdrucks befasst hatte, war Gottfried August Bürger (1747–1797) in seinem *Vorschlag, dem Büchernachdrucke zu steuern* aus dem Jahr 1777, welchen er im *Deutschen Museum* veröffentlichte.[232] Da laut Bürger die Haupttriebskraft für den Nachdruck der Gewinn war, lag die einzige Möglichkeit der Buchhändler und Verleger den Nachdruck zu unterbinden darin, den Profit für die Nachdrucker so gering wie möglich zu gestalten. Aus diesem Grund plädierte er für die Errichtung einer Assekuranzkasse, also dem Zusammenschluss von Buchhändlern und Verlegern zu einer Sozietät. Dies ermöglichte, wenn einem Mitglied ein „Verlagsartikel nachgedruckt wird, eine solche Vergütung erhält, daß es von dem Tage an, da der Nachdruck erscheint, seinen Artikel wenigstens um die Hälfte wohlfeiler, als der Nachdrucker, verkaufen kann" und darüber hinaus „den Nachdrucker mit Repressalien zu strafen, ihm seine sonst rechtmässigen Artikel, wenn er deren hat, wieder nachzudrucken und um ein halbes Spottgeld zu verkaufen oder gar zu verschenken".[233] Nachdem er erläuterte, wie die Kasse aufgebaut sein sollte, welche Schwierigkeiten sich bei der Errichtung ergaben und wie ein Gewinn daraus erzielt werden konnte, ging er dazu über, die Vorteile auszuloten.[234] Neben dem günstigeren Preis, den die Kasse für Verlagswerke bot, konnte sich eine – aus Leipzig gesteuerte – Sozietät gegen die ‚Angriffe' der Nachdrucker geschlossen besser wehren, als ein Buchhändler allein. So erweckten sie

> bey dem Publikum Gunst und Liebe [...] und immer mehr Abscheu gegen den Nachdruck; sie befördern die Lektür zu grösserer Allgemeinheit, unter den ärme-

drittens auf dem Arbeitslohn und den Druckern mit möglichst vielen Pressen, vgl. Buchhandel, in: Köster, Heinrich Martin Gottfried / Roos, Johann Friedrich (Hrsg.): Deutsche Encyclopädie oder Allgemeines Real-Wörterbuch aller Künste und Wissenschaften, 4. Bd., Frankfurt a. M. 1780, S. 528–533, hier S. 532. Zur Buchpreisentwicklung hin zur Buchpreisbindung in Deutschland vgl. Kühnert, Jürgen: Die Geschichte der Buchpreisbindung in Deutschland: von ihren Anfängen bis ins Jahr 1945 (= Buchwissenschaftliche Beiträge; 79), Wiesbaden 2009, S. 13–40.

232 Bürger, Gottfried August: Vorschlag, dem Büchernachdrucke zu steuern, in: Deutsches Museum 1777, S. 435–455.

233 Ebd., S. 437.

234 So sollen die 50 Mitglieder 50 Reichstaler als Grundlage einzahlen, dabei sollen Zinsen und fremdes Kapital (mit Zinsbeteiligung) zur Steigerung der Kasse beitragen. Sobald ein solides Grundkapital vorhanden ist und man sich gegen die Nachdrucker zur Wehr setzen kann, erhalten die Mitglieder „Vergütungsgelder" zurück oder es könne mit dem Geld eine Assekuranz-Buchhandlung geschaffen werden. Der Sitz soll schließlich Leipzig sein, bei dem Kursachsen als Protektor diene (bei gleichzeitigem Wegfall der Privilegien). Neben zwei Personen, die das Kassenbuch führen, soll jährlich eine Versammlung stattfinden. Wenn nun ein Nachdruck stattfinden solle, „so macht der rechtmäßige Verleger, so bald er von dem Daseyn des Nachdrucks und seinem Preise vergewissert ist, nicht nur in öffentlichen Blättern, sondern auch durch Briefe an diejenigen Buchhandlungen, an welche er Exemplarien überlassen hat, bekannt, daß der Preis nunmehro, nach dem Sozietätsprinzipium, herabgesetzt sey. Von dieser Zeit an muß das Buch nicht nur bey dem Verleger, sondern in allen Buchhandlungen um den herabgesetzten Preis zu haben seyn; und der Verleger muß die aus der Kasse empfangenen Vergütung auch allen seinen Abnehmern pro rata zufliessen lassen und desfalls mit ihnen zurückrechnen", Ebd., S. 448.

ren Ständen; und verschaffen sich dadurch immer mehr Absatz. Nichts ist dem Profit eines jeden Handels so nachtheilig, als theure Waarenpreise".[235]

Erst drei Jahre nach Erscheinen des *Vorschlages* folgte eine Reaktion Christian Jakob Wagenseils (1756–1839): *Auch ein Vorschlag, dem Nachdruck der Bücher zu steuern.*[236] Der Titel war offenkundig an die Schrift Bürgers angelehnt und hielt fest, dass die Propositionen zwar „gut gemeynt", aber „leider – nicht praktikabel" waren.[237] Der Preis für die Nachdrucke setze Bürger viel zu hoch an, was zur Folge hätte, dass die Assekuranzkasse schlichtweg bankrottgehen würde. Denn Bürger ging davon aus, dass der Nachdruck halb so teuer wäre, wie das Originalwerk. Wagenseil stellte jedoch fest, dass allein Bürgers Gedichte „1 Thlr. Subscriptionspreis; (oder fl. 1,48 Kreuzer) [kosten], allein der Nachdrucker giebt sie vor 23 Kreuzer, folglich profitirt der schwäbische Leser allein an diesem Buch fl. 1,24 Kr. Hermann und Ulrike kostet 4 Thlr. also fast fl. 8 im Reich, und der Nachdruck; fl. 1,30 Kr".[238]

So rechnete er aus, dass schon bei 12 Nachdrucken mit der gleichsamen – von der Assekuranzkasse belobigten – Preissenkung, die Rechnung unwirtschaftlich wäre und „die Raubvögel lachten sich ins Fäustgen".[239]

Anstelle dessen formulierte er einen anderen Ansatz, um dem Nachdruck Einhalt zu gebieten. Um den heimischen Nachdruckern den Absatz zu entziehen, schlug er vor, die Buchhändler sollten sich – ebenso wie bei Bürgers Vorschlag – vereinen und das Buch sowohl in Sachsen als auch in Schwaben gleichzeitig drucken lassen. Der Absatz in Sachsen liefere den Gewinn und der Druck in Schwaben sollte zum Nachdruckerpreis verkauft werden, um den Nachdruck vor Ort zu unterbinden. Gleichzeitig könnten Lieferengpässe verhindert werden, die dem Publikum ohnehin lästig erscheinen.[240]

---

235 Ebd., S. 454.

236 Wagenseil, Christian Jakob: Auch ein Vorschlag, dem Nachdruck der Bücher zu steuern, in: Olla Potrida 1780, 3. St., S. 102–106.

237 Ebd., S. 103. Zu Wagenseil vgl. Schmid, H.: Chr. J. Wagenseil, 1756–1839: ein Beitrag zur Literatur- und Geistesgeschichte Süddeutschlands (= Allgäuer Heimatbücher) 1959.

238 Wagenseil: Auch ein Vorschlag, S. 103. Mit *Hermann und Ulrike* spielte Wagenseil auf Johann Karl Wezels (1747–1819) komischen Roman aus dem Jahr 1780 an, der in vier Bänden erschien. Es existiert ein mutmaßlicher Nachdruck mit den Druckorten Frankfurt und Leipzig. Nach einer erneuten Auflage bei Dyck in Leipzig 1790 war das Werk bis 1919 in Vergessenheit geraten. Der Literaturhistoriker Carl Georg von Maassen (1880–1940) ließ das Werk erneut publizieren und versah es mit einer Einleitung. In dieser vermutete er, dass der Nachdruck aus Tübingen stammte, ohne nähere Angaben zu machen. Möglich scheint auch ein anderer Nachdrucker: Schmieder druckte 1783 jeweils Wezels *Wilhelmine Arend, oder die Gefahren der Empfindsamkeit* und dessen *Lustspiele* nach, ob er für diesen Nachdruck verantwortlich war, bleibt indes offen, vgl. zu Wezel: Adel, Kurt: Johann Karl Wezel: Ein Beitrag zur Geistesgeschichte der Goethezeit, Wien 1968; Le Vot, Valtérie: Wezels fiktive Bibliothek. Lektüreszenen, Leserfiguren und Bücher in „Lebensgeschichte Tobias Knauts", „Hermann und Ulrike" und „Wihelmine Arend", in: Wezel-Jahrbuch 1 (1998), S. 120–138.

239 Wagenseil: Auch ein Vorschlag, S. 104.

240 Vgl. Ebd.

Realisierbar würde dieses Projekt durch einen Sitz, der „nicht zu weit von den größten Nachdruckern entfernt seyn“ soll, um „ihren Raubereyen geschwind genug einen Damm [zu] sezen“.[241] Er schloss damit, dass sein Vorschlag dem Nachdruck besser vorbeuge als Privilegien, Reichshofratsentscheidungen oder viele Schriften wider den Nachdruck.[242]

Der aus Kaufbeuren stammende Schriftsteller schrieb offensichtlich für einen heimischen Rezipietenkreis und erörterte die, teilweise sehr profanen Gründe, warum die Leser auf Nachdrucke zurückgriffen und wie die Bedürfnisse des Publikums und der Verleger zur vollständigen Zufriedenheit gestillt werden könnten. Die Ansichtsweise überraschte, da Wagenseil selbst Schriftsteller war, aber in seinen Gedanken die Autoren keine Rolle spielten.[243] Der Vorschlag Wagenseils eine günstigere Auflage eines Werkes zur Verfügung zu stellen, existierte bereits zuvor.[244] Neu war jedoch die Institutionalisierung mit einem kooperierenden Buchhandelsstationssystems.

Eine Beurteilung des Wagenseil'schen Vorschlages nahm wiederum Friedrich August Regius im *Aufsatz Ueber Bücherverlag und Nachdruck* vom Juni 1781 vor.[245] Das Modell war nach seiner Ansicht in dieser Form ebenfalls nicht durchführbar, da der Buchhändler, der in Kommission arbeite, den Aufwand nicht alleine bewerkstelligen könne und zudem das Risiko der Untreue bestehe. Er hingegen plädierte dafür, dass nicht an unterschiedlichen Orten gedruckt werden solle, sondern der Autor sein Manuskript mehrfach an verschiedene Buchhändler im Reich verkaufen dürfe.[246]

Die Ansichten des Philosophen Johann Georg Heinrich Feder (1740–1821) mit seinem dreiteiligem *Neuen Versuch einer einleuchtenden Darstellung der Gründe für das Eigenthum des Bücherverlags, nach Grundsätzen des natürlichen Rechts und der Staatsklugheit*, führten zu einer Debatte über die Frage, ob der Nachdruck zu einer Preiserhöhung oder Preissenkung führe.[247] Der Aufsatz erschien 1780 im ersten Band des *Göttingischen Magazins für Wissenschaft und Litteratur*, welches von Georg Christoph Lichtenberg (1742–

241 Vor Ort sollte auch kein Buchhändler vorhanden sein, um den heimischen Buchhändler nicht zu verdrängen, dennoch sollte er Kontakte zu den Buchhändlern haben, um die sächsischen Werke verteilen zu können, Ebd., S. 104f.

242 „Mich dünkt, mein Vorschlag sey ganz praktikabel, und die Erfahrung lehrt [...] daß dadurch dem Nachdruck besser vorzubeugen sey, als durch alle mögliche Privilegia, Reichshofrat-Conclusa, und moralisch-juridisch-merkantilistische Abkanzlungen.“ Ebd., S. 106.

243 „Wagenseil erschien zwar die Zustimmung des Autors zu mehrfachen Ausgaben notwenig, doch änderte dies nichts daran, dass er das erworbene Manuskript und das daraus fließende Recht zum Verlag als Eigentum des Verlegers ansah.“ Andersch: Büchernachdruck, S. 254.

244 Vgl. Ebd., S. 253, Fn 25.

245 Publiziert wurde der Aufsatz im Deutschen Museum posthum erst 1783 durch Christian Sigmund Krause. Regius, Friedrich August: Ueber Bücherverlag und Nachdruck, in: Deutsches Museum 1783, 1. Bd., S. 197–207.

246 „Der Verfasser müßte freilich von allen nicht mehr verlangen, als er von einem einzigen bekommen hätte.“ Regius, Ueber Bücherverlag und Nachdruck, S. 207. In einer Anmerkung, die von Krause stammen dürfte, bemerkte er, dass sie dann kleinere Auflagen machen müssten und weniger Sicherheit hätten.

247 Feder, Johann Georg Heinrich: Neuen Versuch einer einleuchtenden Darstellung der Gründe für das Eigenthum des Bücherverlags, nach Grundsätzen des natürlichen Rechts und der Staatsklug-

1799) und Georg Forster (1754–1794) herausgegeben wurde.[248] In diesem knüpfte er an die „ausführliche[n] und gründliche[n] Erörterung dieser Materie durch den Herrn G.J. Pütter“ an und bekannte, dass Vielen dieser Versuch „überflüssig und unnütz zu seyn“ schien.[249] Feder ging es in erster Linie darum, die Ansätze Pütters zum Büchernachdruck – sechs Jahre nach seinem Erscheinen – einem breiteren Rezipientenkreis zur Verfügung zu stellen – daher auch die Publikation im ersten Band einer Zeitschrift, die von zwei der anerkanntesten Gelehrten des späten 18. Jahrhunderts herausgegeben wurde. Darüber hinaus wollte er, „die Unrechtmäßigkeit des Büchernachdruckes nicht nur unter dem Aspekt des angewandten Rechtes – der Staatsklugheit – betrachten, sondern auch nach Grundsätzen des Naturrechts“.[250]

In Bezug auf den Nachdruck und die Bücherpreise war Feder der Ansicht, dass die Nachdrucke „wohlfeilere Preise der Bücher“ bewirken würden.[251] Dies sah er als eines der offensichtlichsten Vorzüge des Nachdrucks an. Aus bereits artikulierten Meinungen übernahm er die Ansicht, dass der Preis eines Werkes eng mit dessen Verbreitung in Zusammenhang stehe und sich so Leserkreise Bücher leisten könnten, die sie sich zuvor wohl kaum angeschafft hätten. Er ergänzte, dass insbesondere auch Schüler und Studierende von den günstigen Nachdrucken profitieren würden: ein Faktum, den die Tübinger Nachdrucker Frank und Schramm bei der Auswahl ihres Nachdruckprogramms durchaus berücksichtigt haben.[252]

Anderer Meinung in Bezug auf den Bücherpreis war Christian Sigmund Krause (1758–1829), die er in seiner zweiteiligen Schrift *Ueber den Büchernachdruck* von 1783 äußerte.[253] So fragte er, was passieren würde, wenn man den Büchernachdruck untersage? Die Folge wäre, dass es zu einem Monopol käme, aus dem jeder Mensch den größtmöglichen Gewinn ziehen und worunter allein das lesende Publikum leiden würde.[254]

heit. In: Göttingisches Magazin der Wissenschaften und Litteratur 1 (1780), S. 1–37, S. 220–242 u. S. 459–466.

248 Kuhles, Doris: Deutsche literarische Zeitschriften von der Aufklärung bis zur Romantik. Bibliographie der kritischen Literatur von den Anfängen bis 1990 (= Bibliographien und Kataloge der Herzogin-Anna-Amalia-Bibliothek zu Weimar), 2 Teile, München 1994.

249 Feder: Neuer Versuch, S. 1.

250 Zu den genannten Aspekten sowie zur Genese des geistigen Eigentums bei Feder: Zöllner, Frank: „Überflüssig und unnütz“? Johann Georg Heinrich Feders Beitrag zum Urheberrecht, in: Nowitzki, Hans-Peter / Roth, Udo / Stiening, Gideon (Hrsg.): Johann Georg Heinrich Feder (1740–1821). Empirismus und Popularphilosophie Zwischen Wolff und Kant (= Werkprofile; 10), Berlin / Boston 2018, S. 273–293, hier S. 285.

251 Feder: Neuer Versuch, S. 18ff., 28f.; 222 und 228f.

252 Die Tübinger Frank und Schramm druckten insbesondere auch für die Tübinger Studierenden- und Professorenschaft, vgl. Kap. 3.2.1.

253 Krause, Christian Sigmund: Ueber den Büchernachdruck, in: Deutsches Museum 1783, S. 400–436 und S. 487–514.

254 Ebd., S. 494. In einer ähnlichen Art argumentierte auch mehr als zwanzig Jahre später Johann Georg Heinzmann: „Wer kann zum Beyspiel Bedauern mit einem Manne haben, der unaufhörlich die frivolsten Bücher druckt, und auf den Beutel des Publikums ein Monopol nimmt; der die enormsten Preise setzt; alle Hülfsmittel anwendet, den Vorrang sich zu erschleichen […]“, Heinzmann, Johann Georg: Appel an meine Nation, S. 221.

Er ging eben nicht davon aus, dass infolgedessen die Preise für die Originalwerke sinken würden, sondern er sah die Gefahr, dass die sächsischen Verleger daraus nur noch mehr Profit machen würden.

Ein anonymer Autor befasste sich unmittelbar mit den Äußerungen Krauses, in seiner Antwortschrift *An den Verfasser des Aufsatzes über den Büchernachdruck.*[255] Dort verwies er – mit Zitat und Seitenangabe – auf die Textstelle Krauses und entgegnete zur Annahme, der Nachdrucke verteuere die Bücher, dass allein die Furcht vor Nachdrucken den Verleger dazu brächte, die Preise ohnehin höher anzusetzen. Wenn der Nachdruck verboten wäre, wäre ein niedriger Preis auch zum Vorteil des Schriftstellers, da dieser „durch stärkeren Absatz (wie das bei jedem andern Handel eine bekannte Sache ist) grösseren Gewinn haben kann".[256]

Die Frage, ob der Büchernachdruck die Bücherpreise erniedrige oder erhöhe, mündete in einer Kontroverse, die Friedrich Justin Bertuch in einem gleichnamigen Aufsatz aufzulösen versuchte.[257] Er verwies hierbei auf die bereits genannten Abhandlungen Krauses und die anonyme Gegenschrift und hielt fest, dass eine abschließende Antwort auf die Bücherpreisfrage noch nicht ausreichend genug gegeben wurde.[258] Bertuch, der selbst im Buchhandel tätig war und dessen Werke durch Schmieder nachgedruckt worden waren,[259] stellte folgende Rechnung auf, die beweisen sollte, dass der Nachdruck die Preise erhöhe: Ohne den Nachdruck würde der Verleger ein Buch in einer Höhe von 2000 Exemplaren auflegen, die er über einen langen Zeitraum verkaufen könne. Aufgrund des Nachdrucks wage der Verleger nur eine Auflagenhöhe von 500 Exemplaren, mit der er dann seinen ganzen Gewinn einfahren müsse, da nach der ersten Messe die günstigen Nachdrucke erschienen.[260] So resümiert Bertuch zur Folgewirkung: „Das Publikum erhöht sich also die Bücherpreise unausbleiblich selbst, wenn es den Nachdruck unterstützt".[261]

Ähnlich argumentierte der Leipziger Buchhändler Johann Gottfried Dyck, der in seiner Abhandlung *Ueber Bücher-Privilegium und Bücher-Nachdruck* vom Oktober 1784 frug, wenn der Nachdruck gänzlich aufhöre, ob die Bücher dann nicht noch teurer werden würden?[262] Er verneinte dies und verglich die Situation im Alten Reich mit der Frankreichs. Dort, so seine Aussage, dürfe kein Buch nachgedruckt werden und dennoch seien die Preise günstiger.[263] Denn die Furcht vor dem Nachdruck beschränke die

255 N. N.: An den Verfasser des Aufsatzes über den Büchernachdruck, in: Deutsches Museum 1784,1, S. 125–163.

256 Ebd., S. 150.

257 Bertuch, Justin: Erniedrigt oder erhöht der Nachdruck die Bücherpreise? in: Der Teutsche Merkur, 1784,2, S. 189–191.

258 Ebd.

259 Vgl. Kap. 3.1.1.

260 Vgl. Bertuch: Erniedrigt oder erhöht der Nachdruck die Bücherpreise, S. 190.

261 Ebd.

262 Dyck, Johann Gottfried: Ueber Bücher-Privilegium und Bücher-Nachdruck, in: Litteratur und Völkerkunde, Bd. 5, 4. St. 1784, S. 273–286.

263 Ebd., S. 276f.

Auflagenhöhe eines Werkes, ohne die Nachdrucke könnte von vornherein eine wesentlich höhere Auflage gemacht werden.[264] Daraufhin reguliere sich der Markt selbst, weil „wer einen zu hohen Preis auf eine neue Schrift setzte, würde daher wenige Exemplare verkaufen".[265]

Zwei Jahre nach seiner ersten Abhandlung über den Büchernachdruck, lieferte Dyck 1786 eine zweite *Buchhändler-Rechtfertigung gegen die vorgeblich kaiserliche Erklärung zu Gunsten des Nachdrucks.*[266] In dieser wiederholte er seine vorherigen Ausführungen, fügte jedoch hinzu, dass es deutliche Preisunterschiede bei den Büchern geben kann und muss. So spiele zum einen die Ausstattung, also die Materialkosten wie Papier, Illustrationen, der Satz und der Druck,[267] zum anderen aber auch äußere Einflüsse wie Lebenshaltungskosten oder die geographische Lage eine erhebliche Rolle bei der Preisbestimmung. Zweitens müssten Novitäten teurer sein, als Werke, die schon in mehrfachen Auflagen erschienen sind.[268] Drittens müsse sich auch die Qualität im Preis bemerkbar machen, „zwischen den Ideen eines Genies, eines Gelehrten und eines Dummkopfes ist derselbe Unterschied wie zwischen Gold, Silber und Bley".[269]

Unterstützung erhielt Dyck durch Christoph Martin Wieland, der eine ähnliche Sichtweise auf die Preispolitik hatte. Dieser schrieb 1785, ein Jahr nach Dycks erstem Aufsatz: „[...] und die Buchhändler werden ihre Preise vielleicht auf die Hälfte herab sezen können und müssen, wenn sie keine Nachdrucke mehr zu fürchten haben. Auch werden sie gute Bücher wohlfeiler geben können, als schlechte".[270]

Die Kontroverse gewann auch in der Folgezeit keine neuen Argumente hinzu.[271] Die Nachdruckbefürworter legitimierten den Nachdruck durch die zu hohen Bücherpreise

---

264 Er ging davon aus, dass aufgrund des Nachdrucks nur eine Auflagenhöhe von 400–500 Exemplaren gedruckt werde, ohne den Nachdruck könne der Verleger „bey einer vortrefflichen Schrift auf zwanzig tausend machen", Ebd., S. 277.

265 Ebd., S. 277.

266 Dyck, Johann Gottfried: Buchhändler-Rechtfertigung gegen die vorgeblich kaiserliche Erklärung zu Gunsten des Nachdrucks, in: Litteratur und Völkerkunde 1786,4, S. 775–794.

267 Vgl. Kap. 4.2.3.

268 „Es ist ein lächerliches Begehren, zwölf Bogen Gedichte von Wieland so wohlfeil kaufen zu wollen als zwölf Bogen Gedichte von Günther." Dyck: Buchhändler-Rechtfertigung, S. 781. Mit Günther ist der Dichter Johann Christian Günther (1695–1723) gemeint, dessen Gedichte sich großer Popularität erfreuten. Schon 1764 erschien bei Johann Ernst Meyer in Breslau und Leipzig die sechste Auflage der Gedichte Günthers, vgl. Polheim, Karl Konrad: Der Dichter Johann Christian Günther. Wirken und Wirkung, in: Stüben, Jens (Hg.): Johann Christian Günther (1695–1723). Oldenburger Symposium zum 300. Geburtstag des Dichters (= Schriften des Bundesinstituts für Ostdeutsche Kultur und Geschichte; 10), München 1997, S. 21–46.

269 Dyck: Buchhändler-Rechtfertigung, S. 780.

270 Wieland, Christoph Martin: „Ueber den allerhöchsten Bescheid Sr. Kays. Maj. Auf die Vorstellung der K.K. Studien und Censur-Hofcommission den Bücher-Nachdruck betreffend, in: Der Teutsche Merkur 1783,3, S. 177–186, hier S. 186.

271 So der Verfasser der Erinnerungen eines Buchhändlers: „Die ganz verkehrte Maxime, wenn ein Buch nachgedruckt worden, die Originalausgabe im Preise herunter zu setzen, verdirbt vollends das ganze Spiel. Ei! Sagt das liebe Publikum, kann der Herr jetzt sein Buch in dem und dem

der sächsischen Verleger. Sie sahen den Nachdruck als eine Art ‚Notwehr' gegen die Handelspraxis der Nettohändler an, die die Reichsbuchhändler dazu zwängen, zum Nachdruck zu greifen.[272] Die Nachdruckgegner hingegen verwiesen auf die höheren Kosten für den Erstdruck, der bedingt durch den Nachdruck eine geringe Auflagenhöhe hatte, das Autorenhonorar und das Risiko des ungewissen Absatzes, das der Originalverleger trägt.[273] So entstand eine Dichotomie zwischen beiden Lagern, die sich auch in der Folgezeit nicht auflösen ließ und die Rudolf Zacharias Becker (1752–1822) mit einem Aphorismus zusammenfasste: „Die Bücher sind theuer, weil sie nachgedruckt werden, und sie werden nachgedruckt, weil sie theuer sind".[274] Damit umriss er 1789 die Situation, die im Reich herrschte und verwies gleichzeitig auf die Diskrepanz zwischen Nettohändlern und Reichsbuchhändlern. Auf der einen Seite die norddeutschen Buchhändler, die mit hohen Preisen der ersten Auflage ihren Gewinn einzufahren versuchten, auf der anderen Seite die süddeutschen Buchhändler, die „aus Empörung, Erbitterung" und dem „Gefühl der Hilfslosigkeit" zum Nachdruck griffen.[275]

Doch wie sah nun die tatsächliche Preisdifferenz zwischen Originalwerk und Nachdruck im letzten Drittel des 18. Jahrhunderts aus?

Aus einem Schreiben des Mannheimer Buchhändlers Christian Friedrich Schwan (1733–1815) an Reich in Leipzig kann auf das Dilemma der Reichsbuchhändler geschlossen werden, das aufgrund der günstigen Nachdrucke herrschte:

> Die ganz unmenschlichen Preise der sächsischen und brandenburgischen Bücher zum Theil haben viel Unheil angerichtet. Noch vor 3 Tagen geschahe mirs, daß Jemand Lessing's Trauerspiele verlangte. Ich gab ihm Vossens Edition à 1 Rthl.r. oder 1 fl. 48 kr. hiesig Geld. Man brachte mirs wieder mit dem Anhang, ob ich

wohlfeilen Preise geben, so idas das ja ein Beweis das er das liebe Publikum bisher übernommen hat. [...] Der bisherige theure Preis der Bücher ist also eine wahre Schinderei, und die Nachdrücke sind eine Wohltat für das wißbegierige und dabei arme Publikum, und verdienen alle mögliche Unterstützung. Und was gewinnt denn am Ende der rechtmäßige Verleger dabei, wenn er den Preis seiner Originalausgabe herunter setzt? Den Nachdruck kann er nicht mehr verhindern; denn der ist nun einmal da." Aus: N. N.: Erinnerungen eines Buchhändlers, an seine Herren Kollegen, den Nachdruck betreffend, in: Ephemeriden der Menschheit, 1786,2, S. 361–386, hier S. 363f.

272 So schrieb 1790 Schmieder zur Preisgestaltung: „Ist nicht der Preiß der im Sächsischen Verlage herauskommenden Bücher so hoch, daß der Nachdruck dadurch zum wesentlichen Bedürfnis, zu einer Art von Notwehr wird????", Schmieder: Wider und für den Büchernachdruck, S. 56. Hierzu auch S. 45ff und Knigge: Ueber den Büchernachdruck, S. 20f.

273 Hierzu beispielsweise Miller: Vertheidigung des Eigentums, S. 23f; Kayser: Die Abstellung des Büchernachdrucks, S. 18f.; N. N.: Freimüthige Bemerkungen über einige Gegenstände des Böhmischen Handlungs- und Fabrikwesens. Von einem Patrioten, in: Journal für Fabrik, Handlung und Mode 13 (1797), S. 401–424, hier S. 416f.

274 Becker, Ruolf Zacharias: Das Eigenthumsrecht an Geisteswerken mit einer dreyfachen Beschwerde über das Bischöflich-Augsburgische Vikariat wegen Nachdruck, Verstümmelung und Verfälschung des Noth- und Hülfsbüchleins, Frankfurt und Leipzig 1789, S. 57.

275 „Die Empörung der außersächsischen Buchhändler über die Preispolitik der ‚Fabriquanten' und Nettohändler war so groß, daß auf der Ostermesse 1775 viele auswärtige Firmen planten, deren Novitäten auf ‚gemeinschaftliche Kosten nachzudrucken und selbige um die Hälfte des Preißes verkaufen' zu wollen." Zitiert nach: Wittmann: Der gerechtfertigte Nachdrucker, S. 76.

> mich nicht schäme, 1 fl. 48 kr. für drei Schauspiele zu fordern, die man nach der Schmieder'schen Auflage um 24 kr. haben könne. Hätte das Bändchen von Anfang an 1 fl. gekostet, wie es dann billig nicht mehr kosten sollte, wer weis, ob's nachgedruckt worden wäre.[276]

Auch Schmieder stellte in seiner Schrift heraus, dass das „Publikum ein Werk im Durchschnitt genommen allemal um zwei Drittheile wohlfeiler erhält, als sonst".[277]

Schmieder bewarb seinen Nachdruck des *Don Quixote*, dessen Originalbände bei Frisch in Weimar seiner Ansicht nach zu teuer seien, mit folgenden Worten: „Da nun denen Freunden dieses ausgezeichneten Werks der Preiß noch zu hoch scheinet, so habe mich entschlossen, solches um die Helfte, nemlich vor 3 fl. in sauberen Druck auf weiß Papier in 8vo zu liefern [...] so, daß vor jeden Band 30 kr. pränumerando bezahlt" werden müssen.[278]

In einer Bücherinsertion aus dem Jahr 1791 wurde Schmieders Sammlung mit 222 Teilen zu einem Preis von 102 fl. und 36 kr. angeboten, was im Mittelwert einen Preis von circa 28 Kreuzern pro Band bedeutete.[279] Tatsächlich bestätigen die Preisüberlieferungen, dass ein Band des Nachdrucks im Schnitt zwischen 20 und 40 Kreuzern kostete.

Ähnliche Preise fanden sich auch bei Johann Jakob Fleischhauer,[280] der den Preis des Nachdrucks des *Kinderfreundes* von Frank und Schramm in 18 Teilen auf 3 fl. 36 kr. ansetze,[281] wobei der 11. und 12. Teil bei Georg Peter Monath für 1 fl. 20 kr. verkauft wurde.[282] Dies entspräche einem Gesamtpreis von 12 Gulden. Folglich lag auch hier der Nachdruckpreis bei etwa einem Drittel. Auch Frank und Schramm selbst gaben an, den *Kinderfreund* anstelle von 10 Talern für 2 Taler anbieten zu können.[283]

Diese Liste ließe sich durch zahlreiche weitere Beispiele fortführen,[284] zeigt es doch, dass die Aussage, dass die Nachdrucke in der Regel halb, bis zwei Drittel günstiger wa-

---

276 Brief von Christian Friedrich Schwan an Philipp Erasmus Reich vom 25. Februar 1779, zitiert nach Wittmann: Buchhandel, S. 77. Zu Schwan vgl. Dorsch, Rudi: Christian Friedrich Schwan: kurfürstlicher Hofbuchhändler zu Mannheim 1733–1815, Mannheim 1991.

277 Schmieder: Wider und Für den Büchernachdruck, S. 45.

278 GLA 206,702.

279 Kurfürstlich gnädigst privilegirte Münchner-Zeitung vom 8. Januar 1791, S. 27f. Schon 1782 wurde die Sammlung mit 110 Teilen für 42 fl. 48 Kr. angeboten, was im Durchschnitt 23 Kreuzer pro Band ergibt, vgl. Kurfürstlich gnädigst privilegirte Münchner-Zeitung vom 8. Januar 1782, S. 495.

280 Die Preise sind auf der Lotterieankündigung von 1781 abgedruckt, vgl. HStASt A 213, Bü 6629. Zu Frank und Schramms Nachdruck des *Kinderfreundes* vgl. Kap. 3.2.1.

281 Dies ergab im Mittelwert einen Preis von circa 10 Kreuzern pro Ausgabe des Wochenblattes.

282 Neuer vollständiger Catalogus aller Bücher, welche bei George Peter Monath Buchhändlern in Nürnberg und Altdorf in beigesetzten richtigen Preisen zu haben sind, nebst Anzeige der neuesten Editionen und jezigen Verlegern bis zu Ende des Jahres 1780 fortgesetzt allen Gelehrten, Bücherfreunden und Buchhändlern brauchbar, 2. Bd., Nürnberg 1783, S. 284. Zu Fleischhauers Auseinandersetzung mit Monath vgl. Kap 3.3.

283 „So würde zum Beweiß der Kinderfreund, welcher bis nun zu 10th. kostet, um etwa 2 th. bey dieser Einrichtung entweder besonders, oder mit der ganzen Collection zu haben seyn." UAT 44/ 118,5, Nr. 97.

284 Anhand Schmieders Bücherliste von 1782, die in den Münchner staats-, gelehrte, und vermischte

ren, einerseits zutraf. Andererseits muss konstatiert werden, dass die Originalverleger höhere Kosten für die Illustrationen, das Autorenhonorar, Satz und Drucklegung besaßen.

Pape rekonstruierte die Rechnung für Klopstocks Subskriptionsunternehmung aus dem Jahr 1773/74 und kam zu dem Ergebnis, dass Klopstock bei Abzug der Druck- und Herstellungskosten von 600 Rht der von circa 600 Reichstalern bei einer Auflage von 3.655 Exemplaren,[285] einen Nettogewinn von über 2.000 Reichstalern einfahren konnte, wobei der Preis pro Band bei 1,125 Rth lag.[286] So wurde übereinstimmend festgestellt, dass „die deutsche Originalliteratur sehr teuer war".[287]

Das Preisniveau der Druckbögen stieg insbesondere durch die Leipziger Verleger in circa 35 Jahren, in dem Zeitraum zwischen 1750 bis 1785, um das Acht- bis Neunfache an.[288] Daher verwunderte die Kritik der Reichsbuchhändler an den Praktiken der säch-

---

Nachrichten abgedruckt sind, kann man die Originalpreise bspw. durch den Bücher-Catalogus Georg Peter Monaths von 1783 vergleichen. So war exemplarisch Johann Jacob Duschs *Geschichte Carl Ferdiners* in sechs Teilen bei Monath für 9 fl. 45 kr. zu bekommen, während diese bei Schmieder für weniger als ein Drittel, nämlich 3 fl. erstanden werden konnte, vgl. Münchner staats-, gelehrte, und vermischte Nachrichten vom 19. Januar 1782, o.S. und Monath: Bücher-Catalogus, S. 86.

285 „Da die Auflagenhöhe bekannt ist, lassen sich auch die ungefähren Herstellungskosten ermitteln. Dabei soll von einem Kostenanschlag ausgegangen werden, der für diese Zeit als allgemein üblich angesehen werden kann: Um 1780 kosteten Satz und Druck eines Bogens in tausendfacher Auflage 2 Rthl. Bei einer Auflage von 3.655 Exemplaren und einem Umfang von je 33 Bogen müßten die Satz- und Druckkosten demnach 241 Rthl. Betragen haben. Auf ähnliche Weise lässt sich auch die Summe berechnen, die Klopstock für das Druckpapier bezahlt hat: Ein Ballen Papier von durchschnittlicher Qualität, wie das von Klopstock verwandte holländische Postpapier, kostete um 1780 im allgemeinen 12 Rthl. Da jene 252 Ries ungefähr 25 Ballen ausmachten, ergibt sich als Preis für die Gesamtmenge des erforderlichen Druckpapiers ein Betrag von rund 300 Rth. Somit werden sich die Herstellungskosten des Buches (241Rth + 300 Rth) auf ungefähr 541 belaufen haben, wenn man von weiteren nicht mehr erfaßbaren Einzelheiten, wie z. B. dem allerdings kostspieligen Einband der Bücher absieht. Der errechnete Betrag stellt also ein Minimum dar. Es soll daher, um einen gewissen Ausgleich zu gewährleisten, auf 600 Rth aufgerundet werden." Pape: Klopstocks Autorenhonorare, Sp. 124–132, Zitat Sp. 125.

286 Abzüglich der Kosten für die Provisionen der Kollekteure, der Transport- und Sendekosten. Entsprechend zufrieden war Klopstock nach dessen Unternehmung: „Dieser erste Versuch nach dem von mir gemachten Subskriptionsplane ist weit über meine Erwartung gelungen", zitiert nach Pape: Klopstocks Autorenhonorare, Sp. 132.

287 Goldfriedrich: Geschichte des deutschen Buchhandels, Bd. 3, S. 93. Dazu antwortete der anonyme Autor des Aufsatzes *Schreiben an den Verfasser der Erinnerungen eines Buchhändlers*: „In Ansehung der hohen Bücher-Preise (Schindereien, wie Sie sie nennen) bin ich mit Ihnen einig [...]. Woher diese hohen Preise, und durch sie die häufigen Bücher-Nachdrücke entstehen, warum die im Reich mit wenigen Kosten gedruckten Bücher, eben so theuer, wo nicht noch theurer, als die unsrigen sind, will ich nicht berühren, weil Sie die Ursachen so gut kennen müssen als ich", aus: N. N.: Schreiben an den Verfasser der Erinnerungen eines Buchhändlers an seine Herren Kollegen, den Nachdruck betreffend, welche er dem zehnten Stück der Ephemeriden der Menschheit einverleiben lassen, in: Ephemeriden der Menschheit, 1786,2, S. 562–575, hier S. 570.

288 „Während ein Alphabet (23 Bogen) lange Zeit 4 bis 5 gr. gekostet hatte, verlangten die Leipziger Verleger nach 1760 16 gr., um 1785 war der Durchschnittpreis gar auf einen bis anderthalb Taler (also 24 bis 36 gr.) gestiegen.", Wittmann: Der gerechtfertige Nachdrucker, S. 75f.

sischen Verleger nicht, die bewusst darauf setzten, „gleich in der ersten Messe bei einer mäßigen Abnahme die ganzen Verlags-Kosten herausbekommen zu können“.[289]

Hierbei dürfen die Faktoren der Teuerung, die sich nicht nur auf den Buchhandel und die Herstellungskosten niederschlugen, sondern auch bei den Lebensmitteln, den Gebrauchswaren oder Miete, nicht unterschlagen werden.[290] Nichtsdestoweniger besaßen die Verleger, sobald ein Nachdruck erschien, durchaus einen Spielraum bei der Preispolitik, welche auch vom Publikum registriert wurde. Dies bewiesen die überlieferten Klagen von Käufern wie aus dem Jahr 1789.[291] Bei dem Objekt handelte es sich um *Friedrich des Einzigen hinterlassene Werke.*[292] Das Kompendium habe der Käufer per Subskription für insgesamt 21 fl. und 18. Kr. erworben, wobei das Porto und der Nachschuss inbegriffen waren.[293] Doch nachdem der Käufer das Geld bezahlt hatte, erschienen beim Augsburger Buchhändler Johann Georg Bullmann die nachgedruckten Werke,[294] welche um fast zwei Drittel günstiger als die Originalausgabe waren und „sieh die Berliner Herausgeber vergessen sich und ihre Ehre so sehr“, dass sie das Werk „auf einmahl von 19fl. 48. Kr. auf 12 fl.“ herabsetzen konnten.[295] Die Wut des Käufers schlug sich darin nieder, aufzuzeigen, wie unverhältnismäßig hoch der Gewinn der Berliner Verleger am Werk gewesen sein musste.[296]

Der Rigaer Verleger Johann Friedrich Hartknoch der Jüngere (1769–1819), der den Verlag des gleichnamigen Vaters (1740–1789) nach seinem plötzlichen Tod übernahm und bei dem unter anderem die Schriften Immanuel Kants (1724–1804)[297] und Johann

---

289 Zitiert nach Wittmann: Der gerechtfertige Nachdrucker, S. 76. So argumentierte auch Schmieder gegen die Praxis der Originalverleger „zweitens kalkuliert der erste Verleger niemals auf weitere Auflagen, werden solche nöthig, so ist es ein Überschuss von Gewinn, ein glückliches Ereignis, das er aber bei seiner ersten Rechnung niemals mit in Anschlag bringt“, Schmieder: Wider und Für den Büchernachdruck, S. 46.

290 Vgl. Goldfriedrich: Geschichte des deutschen Buchhandels, Bd. 3, S. 95ff.

291 N. N.: Gegründete Klagen über die rechtmäßigen Verleger der hinterlassenen Werke Friedrichs des Einzigen, in: Journal von und für Deutschland 1789, S. 50–51.

292 Es war ein in 15 Bänden erschienenes Kompendium, welches dieWerke Friedrichs II. beinhaltete. Es erschien 1788 bei Voß und Decker in Berlin.

293 Das Porto betrug 1 fl. 30 kr. der Nachschuss, also der Ausgleich der erhöhten Herstellungskosten nach der Subskription, 1 fl. 48 kr. vgl. Ebd., S. 50.

294 Da Voß und Decker ein kaiserliches Privileg für die Werke besaß, handelte Bullman wider dieses Impressum. In den *Reisen zu Fuß* von Christian Gotthold Hauffe (1725–1799) aus dem Jahr 1789 las er „in der k.k. Oberpostamtszeitung Nr. 9 vom 19. Januar folgendes: ‚Dem Magistrat zu Augsburg ist durch ein kaiserl. Rescript aufgegeben worden, dem Buchhändler Bullmann den fernern Nachdruck der Werke Friedrichs des Grosen sogleich zu untersagen.“, aus: Hauffe, Christian Gotthold: Meine Reisen zu Fuß. Oder Beobachtungen über menschliche Schwachheiten, Frankfurt und Leipzig 1789, S. 431f. Ein möglicher zweiter Nachdruck erschien in Kempten beim Zeitungskomtoir, vgl. Staats- und Universitätsbibliothek Göttingen: DD96 A 55:7.

295 N. N.: Gegründete Klage, S. 50.

296 So rechnete der Käufer aus, dass der Gewinn, da bei den Werken kein Honorar gezahlt werden musste und abzüglich des Drucks und des Papiers, bei 2000 Exemplaren auf eine Summe von 15.800 fl. summieren musste.

297 Kant, der sich 1785 ebenfalls zum Büchernachdruck geäußert hatte, stellte die Verbindung des

Gottfried Herders (1744–1803) verlegt wurden, zeigte in der *Bayreuther Zeitung* vom 7. August 1792 an, dass Schmieder ihm die ersten drei Teile von Herders *Ideen zur Philosophie der Geschichte der Menschheit* nachgedruckt habe.[298] Um seinen bereits in der Presse befindlichen vierten Teil dennoch möglichst breit absetzen zu können, entschloss der Verleger sich dazu, eine „äußert wohlfeile Ausgabe dieses 4tn Theils zu veranstalten“, die er bereits an „alle Herren Buchhändler im Reich und in der Schweiz“ geschickt habe.[299] Der Preis betrug anfänglich 36 Kreuzer. Nachdem Schmieder ihm daraufhin aber auch den vierten Teil nachgedruckt hatte, setzte Hartknoch den Preis von 36 Kreuzer auf 24 Kreuzer herab, da er glaubte, „daß jedermann um einen so äusserst geringen Preis lieber ein Original als einen Nachdruck kaufen wird“.[300] Für den kommenden fünften und letzten Band des Werkes Herders, wollte Hartknoch schon „Maaßregeln treffen [...] Schmiedern das Nachdrucken zu verbittern“.[301] Ein fünfter Teil erschien indessen nicht mehr, sodass sich die Maßnahmen erübrigten. Mit der Anzeige wurde aber evident, wie Hartknoch seine Preispolitik bei Konkurrenz durch den Nachdruck anpasste.

Um dem Auseinandergehen der Buchpreise zwischen günstigem Nachdruck und zumeist teurerer Originalausgabe entgegenzuwirken, veranstalteten manche Buchhändler und Verleger gestaffelte Auflagen zu unterschiedlichen Preisen. Der Leipziger Buchhändler Johann Gotthold Jacobäer zeigte beim Markgrafen von Baden an, dass er drei verschiedene Ausgaben seines Verlagswerks *Töchter edler Herkunft* von Johann Timotheus Hermes hergestellt habe, nämlich für diejenigen denen die „ächte Ausgabe zu theure wäre, und den Nachdruck nothwenig mache“.[302] Er verkaufte insgesamt drei Fassungen: Eine für „hohe Personen“ für 4 Rthl., eine für „hiesige Lande“ für 2 fl. und eine für „dortige Reichsbuchhändler“ für 1 fl.[303] Damit erhoffte sich Jacobäer dem Nachdruck nicht nur in Baden, sondern auch im Gebiet des Reichsbuchhandels durch einen deutlich günstigeren Preis den Nährboden entziehen zu können. Dass seine Rechnung nicht aufging, beweist die bereits analysierte Klage beim Markgrafen von Baden, da Schmieder das Werk 1789 nachgedruckt hatte.[304] Über Schmieders Kommissionsnetzwerk gelangte das Buch zu seinem Kommissionär Lentner nach München, der die drei Teile der *Töchter edler Herkunft* in der *Kurfürstlich gnädist privilegirten Münchner Zeitung* vom 29. Juli 1790 für einen Preis von 1 fl. 12 kr. inserierte.[305] Somit lag der Preis in etwa auf dem Niveau, den Jaco-

Autors zum Leser heraus und konstatierte, dass der Autor das Recht an seinem Eigentum habe und somit der Verleger mit fremden Eigentum Handel treibe, vgl. Kant, Immanuel: Von der Unrechtmäßigkeit des Büchernachdrucks, in: Berlinische Monatsschrift 1785, 5. Bd., S. 403–417. Vgl. zur Schrift Vogel: Deutsche Urheber- und Verlagsrechtsgeschichte, Sp. 69f.

298 Beilage Nr. 98 zur Bayreuther Zeitung vom 7. August 1792, o.S. Schmieder hatte *Ideen zur Philosophie* 1790 in drei Teilen nachgedruckt.

299 Ebd.

300 Ebd.

301 Ebd.

302 GLA 206,702.

303 GLA 206,702.

304 Vgl. zur Auseinandersetzung auch Kap. 3.1.4.

305 Kurfürstlich gnädist privilegirten Münchner Zeitung vom 29.07.1790, S. 619. Vgl. zum Vertriebsnetzwerk auch Kap. 4.3.2.

bäer für seine Reichsbuchhandelsausgabe ansetzte. Dass sich die Schmieder'sche Ausgabe dennoch besser verkaufte – ansonsten wäre Jacobäer sicherlich nicht beim Markgrafen vorstellig geworden – lag am verzweigten Absatznetzwerk Schmieders und dem Verkauf innerhalb seiner Sammlung. Dies war besonders für Lesegesellschaften und Leihbibliotheken interessant, worauf noch gesondert einzugehen sein wird.[306]

Interessanterweise offerierte Schmieder innerhalb seiner Nachdrucke ebenfalls unterschiedliche Ausgaben, die sich in Qualität und Ausstattung und letztlich wohl auch im Preis unterschieden. So ließ Schmieder eine ‚wohlfeile' und eine besser ausgestattete Auflage herstellen. Es fanden sich bei der Recherche zahlreiche zeitlich parallel auftauchende Ausgaben, die entweder aufwändig bebildert oder recht schlicht gehalten waren.[307] Wahrscheinlich bezogen sich die annoncierten Preise in den jeweiligen Bücheranzeigen auf die aufwendigere Ausgabe. [308] Fest steht, dass der günstigere Nachdruck auf schlechterem Papier gedruckt wurde. Eine Tatsache, die die Nachdruckgegner zum Anlass nahmen, die generelle Papierqualität der Nachdrucke zu kritisieren.

4.2.2 Auf ‚elendes Löschpapier' gedruckt – Der Nachdruck und das Papier

Schon in der Schrift Böhmers wurde der Druck auf schlechtem Papier als Argument gegen den Nachdruck angeführt. Dies sei ein grundlegender Faktor für den günstigen Preis der Nachdrucke.[309] In der Diskussion im letzten Drittel des 18. Jahrhunderts wurde dieses Argument von den Nachdruckgegnern vielfach aufgegriffen, um die Nachdrucke zu diskreditieren:

„Schlechter Druck und schlechtes Papier beleidigt nicht nur das Auge, sondern ist auch gar nicht von langer Dauer" machte Regius in Bezug auf die Qualität der Nachdrucke deutlich.[310] In diesen Tenor stimmten nicht nur die Autoren,[311] sondern auch die Verleger und Buchhändler ein, die sich mit ihren Originalausgaben von den Nachdrucken abgrenzen wollten. So verwies der Frankfurter Buchhändler Johann Daniel Knoop auf die Unterschiede zwischen seiner Originalausgabe, die „durchgängig auf schönes holländisches median Papier gedruckt" war, während der Nachdruck „auf schlechtes ordinaires Schreibpapier gedruckt" sei.[312]

306 Vgl. Kap. 4.4.2.

307 Die unterschiedlichen Ausgaben lassen sich vielfach über die Portale VD18 oder ZVDD eruieren. Ein Beispiel wäre die Ausgabe der *Philosophischen Schriften* Moses Mendelssohns bei Schmieder 1780 erschienen. Die aufwendigere Ausgabe (VD18 90453298) erschien mit Titelvignette und Ziervignetten im Text, während die ‚wohlfeilere Ausgabe' (VD18 90374487) keine Titelvignette besaß und nur einfach gehaltene schwarze Zierbalken schmückte.

308 Vgl. Breitenbruch: Schmieder, Sp. 690.

309 Böhmer: Kurtze Einleitung, S. 513 und Kap. 4.2.1.

310 Regius: Ueber Bücherverlag und Nachdruck, S. 205.

311 So Wittmann: Nachdrucker, S. 85.

312 Intelligenz-Blatt der freien Stadt Frankfurt, Nr. 76, 1790, S. 292. „Die Sorten des weißen Papiers sind sehr mannigfaltig. Nach der Größe theilt man es insgemein ein: 1) in Royalpapier, welches wieder in Superroyal, das zu Landkarten und Kupferstichen dient, oder in ordinär Royal unterschieden wird. Hierauf folgt 2) Medianpapier, welches in groß, mittel oder klein sortirt wird. Dieses hält das Mittel zwischen dem Royal= und ordinären Papier. 3) Ordinär Papier ist schlech-

In einer ähnlichen Art und Weise substanziierten unter anderem Johann Gottfried Dyk[313], Bürger[314] und der Schriftsteller Johann Gottwerth Müller,[315] die bemängelten, dass die Nachdrucke ihrer Werke auf „elendes Löschpapier" gedruckt seien.[316] Ein Vorwurf, der sich bis in das 19. Jahrhundert hinein hielt.[317] Anstatt diese zu entkräften, argumentierten die Nachdruckbefürworter gegen die Originalverleger: „Auch ist es offenbar übertrieben, wenn man so allgemein über den löschpapiernen Nachdruk, über die Mißgeburten des Nachdrucks deklamirt. Es gibt erbärmliche Nachdrüke; aber gibt es nicht auch erbärmliche Originale? Hingegen gibt es auch oft Nachdrücke, die schöner sind als ihre Originale".[318] Drastischer formulierte es der anonyme Verfasser der Schrift *Ueber den schlechten Bücherdruck in Deutschland*, der insbesondere gegen die sächsischen „Monopolisten" wetterte.[319] Diese würden – auch in Abgrenzung zu den Nachdruckern – auf kostbares Schreibpapier drucken, welche die Werke wieder-

ter und wohlfeiler, als die vorige Sorte. 4) Cavalierpapier, ist das kleinste unter allen diesen Arten, und wird bloß zum Briefschreiben angewandt. Außerdem theilt man die Papierwaare nach ihrer verschiedenen Bestimmung in Schreib=, Druck=, Pack= und Löschpapier oder Makulatur ein." Aus: Krünitz: Papier, in: Oeconomische Encyclopädie, Bd. 106, S. 490–888, hier S. 839f.

313 „[...] so schreyen sie über Theuerung, und halten den für einen Wohlthäter des Vaterlandes, der ihnen diese Bücher, zwar auf Löschpapier gedruckt, aber 8 Groschen wohlfeiler liefert." Dyk: Buchhändler-Rechtfertigung, S. 782.

314 „Gar ägerlich ists bisher zuweilen gewesen, wenn man, auf halbem Löschpapier, einem stumpfen Buchstaben in den andern, und eine Zeile in die andere geschoben, hat lesen müssen. Hat man den verleger wegen solcher Knausereyen getadelt, so hat er sich gleich mit der Gefahr des Nachdrucks entschuldigt.", Bürger: Auch ein Vorschlag, S. 454.

315 „[...] so stehlen diese [= Nachdrucker] den Schriftstellern und Buchhändlern den buchstäblichen Innhalt ihrer gangbarsten Bücher, bedrucken damit auf die elendeste Art gewöhnlich das wohlfeilste Löschpapier das aufzutreiben steht, verkaufen die gestohlene Waare für einen dem Ansehen nach liederichen, aber in Betracht ihrer Auslage abscheulich hohen Preis", Müller, Johann Gottwerth: Emmerich, eine komische Geschichte (= Komische Romane aus den Papieren des braunen Mannes und des Verfassers des Siegfried von Lindenberg; 5) Göttingen 1788, S. 64f.

316 „Der angezeigte Nachdruck in 8. Ist mit dem Original völlig gleichlautend, nur auf elendes Löschpapier gedruckt", in: N. N.: Rezension in: Allgemeine Deutsche Bibliothek, Bd. 36,1 (1778), S. 426–433, hier S. 433. Krünitz ökonomische Enzyklopädie definiert das Löschpapier wie folgt: „Löschpapier oder Schrenz ist die schlechteste Art. Man gebraucht diese in Krahmläden, Apotheken u. s. w. zum Einwickeln, Einschlagen, Filtriren etc.", aus: Krünitz: Oeconomische Encyclopädie, S. 840.

317 Selbst im Jahr 1821 wurde das Löschpapier in Verbindung mit den Nachdruckern gebracht: „Natürlich fällt der Nachdruck über jene vier her; er gibt nichts dazu als Löschpapier und graue Druckerfarbe, oft noch eine Menge Druckfehler oben drein", Literarisches Conversations-Blatt für das Jahr 1821, 2. Bd., Leipzig 1821, S. 674. Dazu auch: Auch ein Wort des deutschen Publikums über den Bücher-Nachdruck und ein Vorschlag, wie bei einer darüber zu erwartenden allgemeinen Gesetzgebung, Schriftsteller, Publikum und Verleger befriediget werden können, Frankfurt 1817, S. 6.

318 Schmieder: Wider und für den Büchernachdruck, S. 54. Auch in Bürgers Vorschlag wurde der schlechte Druck und das schlechte Papier auch den Originalverlegern vorgeworfen, s. o.

319 N. N.: Ueber den schlechten Bücherdruck in Deutschland, in: Journal von und für Deutschland 1785,4, S. 544–547, hier S. 545.

um ohne Grund teurer machen würden. In den Augen des Verfassers mache sie dies ‚gewinnsüchtig'.[320]

Papier als Grundlage der Druckwerke

Die Rohstoffgrundlage des Papiers in der frühen Neuzeit bis in das 19. Jahrhundert hinein bildeten Schafbeine für die Herstellung von Leim, um das Schreibpapier tintenfest zu machen, und Lumpen, auch Hader genannt, aus Leinen, Hanf oder Baumwolle, die in den Papiermühlen zerkleinert und zu Papier verarbeitet wurden.[321] Ende des 17. Jahrhunderts führte die Einführung des holländischen Mahlwerks, auch „Holländer" genannt, zu einem enormen technischen Fortschritt im Vergleich zum zuvor gebräuchlichen Lumpenstampfwerk.[322] Bis etwa 1750 war der ‚Holländer' im gesamten Reichsgebiet verbreitet und verdrängte – wenn die Anschaffung für die Papiermühle finanzierbar und die Antriebskraft des Wassers hinreichend war – das Stampfwerk, wobei Umwelteinflüsse wie Hoch- und Niedrigwasser oder Frost eine Produktion stilllegen konnten.[323] Falls die Fertigung jedoch lief, bedurfte es einer immer größer werdenden Anzahl an Lumpen, die durch Lumpensammler gedeckt werden musste.

> Da es herrschaftliches Regalrecht war, die Wasserkräfte zur Nutzung gegen einen entsprechenden Kanon oder Wasserfallszins zu verleihen, mußte um eine Konzession nachgesucht werden. Viele Genehmigungsurkunden, die zur Gründung einer Papiermühle berechtigten, erhielten auch Bestimmungen über gewisse – oft ausschließliche – Rechte zum Lumpensammeln.[324]

Die Zubilligung der Sammelrechte für Lumpen führte häufig zu Auseinandersetzungen, weil sich Rechte überlagerten oder geographische Absteckungen der Sammeldistrikte nur unzureichend geklärt waren und auch neugegründete Papiermühlen als neue Konkurrenten auftraten.

---

320 Er plädierte hingegen dafür, dass die erste Ausgabe auf Druckpapier gedruckt werde und die „Ausgabe letzter Hand" solle hingegen auf teurem Schreibpapier abgedruckt werden. Zudem sehe er einen generellen Verfall der „typographische[n] Schönheit in Deutschland", insbesondere im Vergleich zu England und Frankreich, Ebd., S. 545.

321 Zur Produktion von Papier vgl. Bland, Mark: Paper and related materials, in: Ders. (Hg.): A Guide to early printed books and manuscripts, London 2010, S. 22–48; Bellingradt: Vernetzte Papiermärkte, S. 70f.

322 Der ‚Holländer' konnte durch eine ständige Umwälzung des Faser-Wasser-Gemischs schneller und besser kontrollierbar die Lumpen zerfasern, als das Lumpenstampfwerk. Es verringerte den Zeitaufwand um das Vierfache, zudem war die Papiermage höher. Zur Technik und Produktion des Papiers vgl. Schmidt, Frieder: Von der Mühle zur Fabrik. Die Geschichte der Papierherstellung in der württembergischen und badischen Frühindustrialisierung (= Technik + Arbeit; 6), Ubstadt-Weiher 1994, 101ff.

323 Siemers, Victor-Ludwig: Die Förderung der Papiermühlen durch Herzog Karl I. (1735–1780) von Braunschweig. Ein Beispiel für merkantilistische Wirtschaftspolitik in einem deutschen Kleinstaat des 18. Jahrhunderts, in: Leipziger Jahrbuch zur Buchgeschichte 4 (1994), S. 79–112, hier S. 79.

324 Schmidt: Von der Mühle zur Fabrik, S.101. Zum obrigkeitlichen Interesse an der Papierherstellung vgl. weiter unten Kap. 4.5.2.

Aufgrund der Tatsache, dass der unverzichtbare Rohstoff nur in begrenzter Menge zur Verfügung stand, erließ der württembergische Herzog Johann Friedrich 1623 eine Papiertaxordnung, in der auch festgelegt war, dass der Preis für den Zentner weißer Lumpen höchstens 2 Gulden betragen durfte. Eine Preisspekulation sollte damit seitens der württembergischen Herrschaft unterbunden werden, um für stabile Papierpreise zu sorgen. Dies begünstigte jedoch die Ausfuhr in fremde Territorien oder ins Ausland.

Ein Generalreskript vom 10. Dezember 1748 und ein weiteres Reskript vom 4. Mai 1763 versuchten den Mangel zu beseitigen. Zum einen wurden den Papiermüllern klar abgegrenzte „Amtsbezirke zum ausschließlichen Aufkauf von Lumpen zugewiesen", zum anderen wurde teilweise der Export der Lumpen verboten.[325]

Der erhöhte Lumpenverbrauch, aufgrund der stärker werdenden Buchproduktion in der zweiten Hälfte des 18. Jahrhunderts, führte zu Versorgungsengpässen und damit zu höheren Papierpreisen, die sich auf den Kaufpreis unweigerlich auswirkten und zu Papierkrisen[326], der im Schmuggelhandel mündete.[327] Um diesem entgegenzuwirken, griffen die Papiermacher auf minderwertige Lumpen zurück oder schöpften aus der geringeren Anzahl an Lumpen mehr Papier, was das Papier grau und dünn machte. Der Vorwurf des ‚Löschpapiers', den die Nachdruckgegner anführten, war somit kein ausschließliches Charakteristikum der Nachdrucker, sondern war der generellen Papiernot geschuldet und betraf den Großteil der Buchproduzenten, sodass es zu einer „Massenproduktion unansehnlicher Druckpapiere" kam.[328]

Durch den gesteigerten Lumpenbedarf der Papiermühlen erhöhte sich auch der Preis für das Papier und somit der Einkaufspreis für die Druckereien. Das Papier war sowohl für die Originalverleger als auch für die Nachdrucker die Grundlage ihrer Unternehmen, doch verteuerte es sich gegen Ende des 18. Jahrhunderts um ein Vielfaches.[329] Daher bezog man nicht nur Papier von den territorialen Papiermühlen, sondern auch aus dem Ausland, darunter Frankreich und der Schweiz, aber insbesondere das holländische Papier wurde geschätzt.[330] Es lag somit nahe, dass Buchdrucker versuchten, als Pächter

---

325 Schmidt: Von der Mühle zur Fabrik, S. 103ff.

326 Manuel Schulz wies darauf hin, dass Papierkrisen schwer zu fassen sind und sich zumeist aus der Korrespondenz der Drucker mit Papierern ableiten lässt. Schulz hat eine solche Papierkrise für den Zeitraum zwischen 1788 und 1793 aufzeigen können, vgl. Schulz, Manuel: Zur Rezeption der Papierkrise 1788–1793 im Hallenschen Verlag Gebauer, in: Leipziger Jahrbuch zur Buchgeschichte 20 (2011), S. 143–154. Die Papierfabrikation des 17. und beginnenden 18. Jahrhunderts in Sachsen beleuchtet Meyer, F. Hermann: Papierfabrikation und Papierhandel. Beiträge zu ihrer Geschichte besonders in Sachsen, in: Archiv für Geschichte des deutschen Buchhandels, S. 283–357. Zur Thematik des Papiermangels vgl. auch Bellingradt, Daniel: Wenig Papier, viel Aufwand. Öffentliche Buchverbrennungen der Frühen Neuzeit als materielles Problem, in: Jahrbuch für Kommunikationsgeschichte 16 (2014), S. 28–48.

327 Vgl. Schlieder, Wolfgang: Papier: Tradition eines alten Handwerks, Leipzig 1984, S. 20.

328 Siemers: Die Förderung der Papiermühlen, S. 80.

329 Zur generellen Papierfabrikation vgl. Karmarsch, Karl: Papierfabrikation, in: Prechtl, Johann Joseph (Hg.): Technologische Encyklopädie oder alphabetisches Handbuch der Technologie, der technischen Chemie und des Maschinenwesens, Bd. 10, Stuttgart 1840, S. 414–655.

330 Vgl. Bellingradt: Vernetzte Papiermärkte und Siemers, Victor-Ludwig: Beziehungen in der Papiermacherei zwischen den Niederlanden und Deutschland im 17./18. Jahrhundert, in: Boer,

oder Käufer Papiermühlen zu besitzen, um autonom von den Papierern zu werden und teilweise sogar als Monopolisten auftraten.[331] Der österreichische Nachdrucker Thomas von Trattner erwarb 1767 eine Mühle in Ebergassing (südlich von Wien gelegen) und baute sie zu einer Papiermühle um, damit er seine Druckproduktion autark mit eigenem Papier speisen konnte.[332] 1785 errichtete er eine zweite Mühle ebenfalls in Ebergassing.

Schmieder äußerte in seiner Schrift über diesen Zeitraum Ende des 18. Jahrhunderts: „Der Ballen Papier, der noch vor zwölf Jahren 9 fl. galt, wird jetzt gern mit 22 fl. bezahlt, weil soviel nachgedruckt wird; und doch klappern überall Papiermühlen".[333] Er verwies damit unweigerlich auf die eigene Situation seiner Produktion. Er beziehungsweise die Druckerei, in der er drucken ließ, musste ebenfalls für einen viel höheren Preis das Druckpapier einkaufen. Doch stimmten die Zahlen, die Schmieder hier nannte, mit den tatsächlichen Papierpreisen überein?

Da für Schmieder selbst keine Rechnungsbücher überliefert sind, müssen Vergleichswerte herangezogen werden. Aus den Rechnungsbüchern Johann Georg Cottas lassen sich die Kaufpreise für Papier durch den Tübinger Schramm nachweisen. Schramm zahlte 1788 für zehn Ballen Medianpapier á 29 fl. insgesamt 290 fl. an Cotta.[334] Cotta kaufte am 4. November 1794 bei Schramms Sozius Balz einen Ballen Schreibpapier für einen Preis von 26 fl.[335]

Bei größeren Mengen Papier sank der Preis pro Ballen enorm. So bestellte Cotta 1788 34 Ballen, also etwa 170.000 Papierbögen Druckpapier, für einen Preis von 649 fl., was im Mittel einen Preis von circa 19,1 fl. pro Ballen bedeutete.[336]

Wenn bei diesen Rechenbeispielen die möglich geringere Abnahmemenge Schmieders und die regionalen Unterschiede bei der Papiermühle eingerechnet werden, kann

Dick E. H. de (Hg.): „... in guete freuntlichen nachbarlichen verwantnus und hantierung ...": Wanderung von Personen, Verbreitung von Ideen, Austausch von Waren in den niederländischen und deutschen Küstenregionen vom 13.–18. Jahrhundert, Oldenburg 2001, S. 383–404.

331 So beispielsweise das Züricher Buchdruckergeschlecht Forschauer, das als Pächter der Papiermühle auf dem Werd von etwa 1530 bis 1729 nachweisbar war. Da sie auch über ein umfassendes Lumpensammelprivileg verfügten und per Dekret keine weitere Papiermühle gegründet werden durfte, besaßen sie ein „lokales Monopol", Schmidt, Frieder: Die internationale Papierversorgung der Buchproduktion im deutschprachigen Gebiet vornehmlich während des 18. Jahrhunderts, in: Paper History 10,1 (2000), S. 2–24, hier S. 4.

332 Vgl. Cloeter, Hermine: Johann Thomas Trattner: ein Grossunternehmer im theresianischen Wien, Graz/Köln 1952, S. 10 und 110f. Er schickte zwei seiner Papiermachergesellen nach Holland, um sie dort unterrichten zu lassen und das neu generierte Wissen für seine Papiermühle nutzbar zu machen. Er selbst war 1764 zu einer Reise nach England, Frankreich und Holland aufgebrochen, um die dortige Produktion begutachten zu können, vgl. Schmidt: Die internationale Papierversorgung, S. 15.

333 Schmieder: Wider und Für den Büchernachdruck, S. 50. Ein Ballen Papier umfasste 5.000 Papierbögen Druckpapier, vgl. Bellingradt: Vernetzte Papiermärkte, S. 48.

334 Fischer: Cottas Rechnungsbücher, Nr. 7a. Medianpapier war das Mittel zwischen royal- und ordinärem Papier und von der Qualität der Standard für Druckerzeugnisse, vgl. Fn. 1317.

335 Ebd., Nr. 15a. Die politischen Unruhen sorgten dafür, dass die Papierpreise stiegen.

336 Vgl. Schmidt, Von der Mühle zur Fabrik, 1994, S. 90.

die Aussage Schmieders durchaus als realistisch erachtet werden, dass der Preis für einen Ballen Papier sogar über 22 fl. steigen konnte.

Anhand dieser Zahlen in Verbindung mit den Forschungsergebnissen kann bestätigt werden, dass die Kosten für das Papier im 18. Jahrhundert ungefähr die Hälfte der Gesamtkosten an einer Auflage von 1.000 Exemplaren ausmachten.[337] Die Aussage Schmieders fällt in den Zeitraum um 1790, einer Zeit, in der Schulz anhand des Halleschen Verlags Gebauer eine Papierkrise identifiziert hatte, die sowohl zu teurerem als auch zu schlechterem Druckpapier führte.[338]

Woher die in dieser Arbeit behandelten Nachdrucker ihr Papier bezogen, konnte – mangels Quellenmaterial – nicht eindeutig nachgewiesen werden.[339] Für Schmieder wird noch zu zeigen sein, dass er ab 1776 sein Papier teilweise von der markgräflichen Papiermühle in Ettlingen bezog, die von der Markgräfin Karoline Louise betrieben wurde, zu der Schmieder auch geschäftlich Kontakt hatte.[340] Da Schmieder zweifelsfrei bei Fleischhauer, bei Johann Ulrich Cotta und Sigmund in Tübingen drucken ließ, lag es nahe, dass er für den Kauf des Papiers auch seine Drucker beauftragte.

Die Reutlinger Johann Jakob und Johann Georg Fleischhauer, die selber Druckereien betrieben, konnten ihr Papier von den Reutlinger und umliegenden Papiermühlen beziehen. Schon vor 1470 kamen die ersten Papiere aus Reutlingen,[341] bis zur Mitte des 17. Jahrhunderts hielten sich sogar sieben Papiermühlen, sechs an der Echaz und eine am Stadtbach.[342] Doch nicht nur an die Reutlinger Drucker wurde das Papier verkauft, es konnten auch Geschäftsverbindungen mit dem Tübinger Johann Peter Gottlieb Frank nachgewiesen werden.[343]

Neben der Reutlinger Mühle gab es noch weitere Papiermühlen, die die Tübinger und Reutlinger Drucker mit Papier versorgen konnten. So bezog Cotta sein Papier auch aus den Papiermühlen in Urach, Rottenburg, in Laufen und aus Pfullingen.[344] Eine

337 Zusammenfassend zu den Forschungsmeinungen: Bellingradt: Vernetzte Papiermärkte, S. 83.

338 Schulz: Papierkrise, S. 143f.

339 Möglicherweise ergeben sich neue Erkenntnisse durch eine Wasserzeichenanalyse, wie das Wasserzeichen- Informationssystem dies bereits initiiert hat. Dabei stellte Bellingradt jedoch heraus, dass nur etwa die Hälfte der Papierwaren im 18. Jahrhundert überhaupt noch mit Wasserzeichen versehen wurden, vgl. Bellingradt: Vernetzte Papiermärkte, S. 69. Darüber hinaus waren es gerade die minderwertigen Papierqualitäten, die überhaupt kein Wasserzeichen besaßen: „especially poorer quality paper did not use watermarks our countermarks at all" Werner, Sarah: Studing early printed books 1450–1800. A practical guide, Hoboken 2019, S. 30. Für die hier behandelten Fälle fehlt eine solche Wasserzeichenanalyse, vgl. Frauenknecht, Erwin / Maier, Gerald / Rückert, Peter (Hrsg.): Das Wasserzeichen-Informationssystem (WZIS). Bilanz und Perspektiven, Stuttgart 2017.

340 Vgl. hierzu Kap. 4.5.2.

341 Frauenknecht, Erwin: Spurensuche in Papier. Reutlinger Papiermühlen und ihre Wasserzeichen, in: Reutlinger Geschichtsblätter NF 53 (2014), S. 65–84; Schultz, Sandra: Papierherstellung im deutschen Südwesten. Ein neues Gewerbe im späten Mittelalter (= Materiale Textkulturen; 18), Berlin / Boston 2018.

342 Sporhan-Krempel: Vier Jahrhunderte Papiermacherei in Reutlingen, Sp. 1513–1586.

343 Ebd., Sp. 1567.

344 Schmidt: Die internationale Papierversorgung der Buchproduktion, S. 15.

Rechnung im Stadtarchiv Reutlingen gibt Aufschluss darüber, dass 1797 Jacob Fleischhauer Papier vom Pfullinger Papierer Imanuel Kostenbader bezog und dieser ihm 96 fl. in Rechnung stellte.[345] Die Akten im Universitätsarchiv Tübingen belegen ebenfalls eindeutig, dass die Tübinger Drucker ihr Papier von den bereits aufgezählten, zumeist umliegenden Papiermühlen erhielten.[346]

Doch auch aus dem nahen Ausland kam das Papier in das Herzogtum Württemberg. Sowohl Cotta[347] als auch Balz bezogen Papier aus Basel vom Papiermacher Johann Christof Rudolf Imhof.[348]

4.2.3 Druck, Satz und Illustrationen – Die Druckereien der Nachdrucker

Neben der Kritik am Papier, welches die Nachdrucker für ihre Werke verwendeten, war ein weiterer Aspekt die ‚Verschandelung' der „typographischen Schönheit" eines Werkes durch kostensparenden Drucksatz und Druck und den damit verbundenen Druckfehlern.[349]

Die Kritik kam hierbei weniger von den Originalverlegern oder Buchhändlern, sondern vielmehr von den Autoren der Werke selbst, die in den verunzierten Drucksätzen sinnentstellende und formverändernde Eingriffe ihrer Schriftstücke sahen.[350]

Klopstock äußerte sich über die Nachdrucke Trattners: „Man hat mir vor wenig Tagen Trattners Nachdruck vom Messias und die beyden Trauerspiele gebracht. Es grauet mir davor, darinn zu lesen, weil ich nur bey einigem Durchblättern schon so viele Druckfehler gefunden habe".[351]

Auch Christian Friedrich Daniel Schubart schrieb im Mai 1776 an Klopstock: „Hurter in Schaffhausen machte grossen Profit, indem von seiner fehlerhaften Ausgabe just die meisten vorhanden waren".[352] Gemeint war hier die *Messias*-Ausgabe Klopstocks, die

345 StARt A1, Bd. 4, Nr. 7710. Zur Literatur über die Pfullinger Papiermühle, insbesondere die der Gebrüder Laiblin, vgl. Deutsches Buch- und Schriftmuseum der Deutschen Bücherei Leipzig (Hg.): Internationale Bibliographie zur Papiergeschichte, Bd. 1, München 2003, S. 225.

346 So erhielt Johann Philipp Schramm Papier von Johann Peter Rein aus Rottenburg, vgl. UAT 25,3,3, Nr. 319.

347 Vgl. Fischer: Cottas Verlagsbuch, Nr. 1b, 15a; 15b. Zum Import ausländischen Papiers vgl. Kap. 4.4.2. und Kap. 4.5.2.

348 Vgl. Wyler, Edwin: Die Geschichte des Basler Papiergewerbes, Basel 1927, 48ff.

349 Kehr, Ludwig Christian: Vertheidigung des Bücher-Nachdruks, Kreuznach 1799, S. 253.

350 Besonders heikel erscheinen Druckfehler bei falsch gedruckten Zahlen in mathematischen Werken: „Unsere Correcturen in Deutschland sind selten so sorgfältig, sondernlich wenn sie der Buchführer bedinget, daß man sich darauf verlassen kann, wo der ganze Werth des Buchs auf unverbrüderliche Treue im fehlerlosen Nachdruck einiger Millionen Zahlen beruhet [...]. Würde auf jedem Bogen nur vier Druckfehler in den Zahlen begangen, so wäre schon der ganze Nachdruck unbrauchbar, weil man sich bey keiner einzigen Zahl sicher auf ihn verlassen, und dem Irrthum nie nachspüren, ja nicht einmalh durch etwas auf die Vermuthung kommen kann, hier sey ein Irrthum", N. N.: Kennicotische Variantensammlung und Ausgabe der Bibel, in: Johann David Michaelis Orientalische und Exegetische Bibliothek, 5. Th., Frankfurt am Main 1773, S. 217–220, hier S. 219f.

351 Brief Klopstock an Denis vom 4.4.1767, zitiert nach: Spoerhase: Das Format der Literatur, S. 208.

352 Brief Christian Friedrich Daniel Schubarts an Klopstock nach dem 22. Mai 1776, in: Grone-

nicht nur von Hurter 1773/74,[353] sondern auch von Schmieder und Fleischhauer – wie bereits dargelegt worden ist – abwechselnd 1775,[354] beziehungsweise 1776 nachgedruckt wurden und deren „Abdrücke waren meist sehr durch Druckfehler entstellt".[355]

Eine ganze Auflistung solcher Druckfehler und „Veränderungen" fügte der Arzt Johann Georg Zimmermann (1728–1795) im Anhang an sein Werk *Ueber die Einsamkeit* an: *Eine Nachricht, die der Herr Nachdrucker dieses Buches nicht nachdrucken wird.*[356] Die Umarbeitung, über die sich Zimmermann echauffierte, betrafen insbesondere orthographische Variationen für das Publikum in ‚Oberdeutschland'. Das ‚ß' wurde durch ‚s', beziehungsweise ‚ss' durch ‚s' ersetzt: „Gröse anstatt Grösse" oder „entschlos anstatt entschloß".[357] Dadurch werde der Sinn des Werkes verändert, wie Zimmermann betonte: „Einhacken [...] ist ganz etwas anderes als einhaken".[358] Ferner kam es bei deutschen und hauptsächlich lateinischen Wörtern bei der Schmieder'schen Ausgabe zu Inkorrektheiten.[359] Dies führte Zimmermann zu der Ansicht, dass Druckfehler sein „Buch schändlich befleckt" hätten.[360]

Schmieder antwortete auf die Vorwürfe Zimmermanns in einem einseitigen Flugblatt,[361] welches nur durch eine Rezension in der *Allgemeinen Literatur Zeitung* nachgewiesen werden konnte, in den konsultierten Archiven aber nicht überliefert ist.[362] Da-

meyer, Horst et. al. (Hrsg.): Friedrich Gottlieb Klopstock Werke und Briefe. Historisch-kritische Ausgabe, Abteilung Briefe: VII,1, Berlin / New York 1982, S. 30. Schubart hegte eine offene Verehrung und Bewunder für Klopstock und dessen Werke, hierzu vgl. Brüstle, Wilhelm: Klopstock und Schubart, Beziehungen in Leben und Dichten, München 1917, S. 24f. und 45ff; Schiemenz, Günter Paulus: „Wenn des zärtlichen Glems Auge mir nun nicht mehr lächelt?". Schubarts Fehldruck von Klopstocks Ode an Ebert, in: Monatshefte 102,2 (2010), S. 133–146.

353 Vgl. VD18 80124909.

354 Vgl. Kap. 3.3.1. Schmieder und Fleischhauer druckten den *Messias* beide 1784 erneut nach, ehe Fleischhauer 1794 einen weiteren Nachdruck herausbrachte.

355 Hamel, Richard: Klopstocks Werke. Erster Teil: Der Messias, Bd.1 (= Deutsche National-Litteratur. Historisch-Kritische Ausgabe; 46), Berlin / Stuttgart 1900, S. CLXXI.

356 Zimmermann, Johann Georg: Ueber die Einsamkeit, 4. Th. Leipzig 1785. Die Nachricht an die Nachdrucker im Anhang ist ohne Seitenzählung.

357 Dies sind nur einige der zahlreichen Änderungen, Ebd.

358 Ebd.

359 „Zuweilen will mich der Herr Nachdrucker in Carlsruhe auch lehren Deutsch schreiben. Er läßt mich sagen Gesichten anstatt Gesichter; nachdeme anstatt nachdem; Cirkul anstatt Cirkel; platoisch anstatt platonisch; einiges Tages anstatt eines Tages. Nirgens verstößt er sich gröber, als in den lateinischen Stellen, die zuweilen in den Anmerkungen vorkommen. Diese wimmeln dergestalt von Fehlern, daß man denken sollte, der Corrector meines Nachdruckers sey nicht etwa nur ein schöner Geist, sondern ein unwissender Schüler", Ebd.

360 Ebd.

361 Dies stellt ein weiteres Indiz für die Urheberschaft der Schrift Schmieders *Für und Wider den Nachdruck* dar, da Schmieder schon 1785 zur Feder griff, um sich gegen die Angriffe seiner Nachdrucke zur Wehr zu setzen, ähnlich wie in der Auseinandersetzung gegen J. G. Müller, vgl. 4.1.3.

362 Das Blatt lautete: Fliegende Blätter. Carlsruh. An Hrn. Hofrath und Leibarzt Zimmermann in Hannover, von C. G. Schmieder. Den 12. Jul. 1785. Die Rezension erschien in der Allgemeinen Literatur Zeitung, 1785, Bd. 3, S. 252. Philipp Erasmus Reich verwies in einem Brief an Wieland vom 18. August 1785 auf die Nachricht des Karlsruhers: „Beyfolgender Wisch von Schmieder,

rin erwiderte er auf die Kritik „Er sollte kleine Veränderungen in der Rechtschreibung bey ihm nicht als Verbrechen ansehn, da er selbst sich an dem h vergriffen habe".[363] Schmieder ergänzte seine Argumentation in seiner Schrift *Für und Wider den Büchernachdruck*: „Im Gegentheil lassen sich, wenn man schon ein gedrucktes Exemplar vor sich hat, die Fehler, die etwa noch darinn stehen geblieben sind, weit leichter bemerken und bessern".[364] Er nutzte diese Vorgehensweise auch in der Praxis. Beim Rittergedicht *Doolin von Mayntz* beispielsweise konnte Schmieder die Druckfehler, die in einem Verzeichnis angehängt waren, in seinem Nachdruck unmittelbar verbessern.[365] Schmieder versuchte darüber hinaus – wie am Beispiel Zimmermanns deutlich wurde – veraltete Schreibweisen abzuändern oder diese teilweise zu „modernisieren".[366]

Bei der Überarbeitung des Drucksatzes passierten den Nachdruckern trotz der Vorlage Fehler.[367] Ein Druckfehler der besonders amüsanten Art findet sich in Schmieders Ausgabe des *Carl von Carlsberg* des Pädagogen Salzmanns, die von Crusius in Leipzig verlegt wurde.[368] Dort antwortete der Protagonist in der Originalausgabe auf die Frage, in welche Gestalt sich Jupiter verwandelt habe, um Leda zu begegnen „in Gestalt eines Schwans".[369] In der Schmieder'schen Ausgabe von 1797 erschien Jupiter hingegen in Gestalt eines „Schweines".[370]

Philologisch interessant ist es zudem, wenn Übersetzungen deutscher Klassiker auf Textgrundlage der Nachdrucke angefertigt werden, die dann aufgrund von Textfehlern oder Umstellungen zu Fehlinterpretationen führen. So wurde die erste vollständige ungarische Übersetzung von Goethes *Leiden des jungen Werthers* für den Raum Press-

verdienet wohl keine aufmercksamkeit; aber Eckel erweckt solche Frechheit doch!", abgedruckt in: Motschmann, Uta (Ed.): Wielands Briefwechsel, Bd. 9,1 (Juli 1785- März 1788), Berlin 1996, Nr. 27, S. 42. Zeigt sich anhand dieser Äußerung doch, dass die Reaktion Schmieders wahrgenommen wurde und die sächsischen Verleger sich darüber austauschten.

363 Was genau damit gemeint war, konnte nicht eruiert werden. Möglicherweise war es ein Verweis auf die ‚th' Schreibung, die er zuvor bemängelt hatte.

364 Schmieder: Wider und Für den Büchernachdruck, S. 54. In der satirischen Schrift des Siegmund Balthasar Ohlentorp nahm er dies zum Anlass, um es offensichtlich gegen die Nachdrucker zu wenden: „Druckfehler haben offenbar einen doppelten Nutzen. Erstlich geben sie dem Scharfsinn der Leser Nahrung, (woran es sonst gar oft fehlet) nämlich dadurch, daß sie ihn gleichsam wider seinen Willen nöthigen, Verbesserungen der verdorbenen Stellen zu versuchen; sodann kommen sie auch zuweilen dem Schriftsteller zu Hülfe. Nicht selten hat ein Schriftsteller Ursach, sich über den blindschleichenden Zufall zu freuen, der durch Vermittelung eines Druckfehlers das Manuscript sehr vortheilhaft korigirte." Ohlentorp, Siegmund Balthasar: Jedermänniglich sonnenklar einleuchtende Vertheidigung des Büchernachdruckes, o. O. 1790, S. 19.

365 Füssel: Georg Joachim Göschen, Bd.1, S. 272.

366 So aus ‚tz' ein ‚z' zu machen, oder aus „Seegen" nur „Segen", Breitenbruch: Schmieder, Sp. 691.

367 Ein Beispiel illustriert Breitenbruch: Schmieder, Sp. 691f.

368 Salzmann, Christian Gotthilf: Carl von Carlsberg oder ueber das menschliche Elend, 4. Th., Carlsruhe: Schmieder 1797. Diese späte Ausgabe findet sich nicht bei Breitenbruch, vgl. Breitenbruch: Schmieder, Sp. 716.

369 Salzmann: Carl von Carlsberg, Leipzig: Crusius 1784, S. 372.

370 Ebd.

burg und Siebenbürgen aus dem Jahr 1818 anhand des Schmieder'schen Nachdrucks vollzogen, doch „diese Metamorphosen des Romans brachten Verschlechterungen, oft Verluste und Fehlinterpretationen der autorisierten Ausgabe mit sich".[371]

Eine Kritik an die Tübinger Nachdrucker äußerte der Pädagoge und Schriftsteller des Romans *Spitzbart* Johann Gottlieb Schummel, den Frank und Schramm 1779 als Teil ihrer *Sammlung philosophischer Schriften* nachgedruckt hatten,[372] in einer *Warnung an das Publikum*.[373] Durch den Nachdruck würden die Tübinger es schaffen, „mein Kind Spitzbart so erbärmlich zu verhunzen, daß ich es kaum wiederkenne", da die „ungeheuren Druckfehler" das Werk „entstellen" würden.[374] Er exemplifizierte dies anhand der Änderung „Region der Ohren", in „Religion der Ohren" und einiger anderer Druckfehler, die der Korrektor ‚vorsätzlich' hineinkorrigiert habe.[375]

Im *Deutschen Museum* vom 26. November 1779 dokumentierte ein anonymer Verfasser mehrere Fehler der Tübinger Nachdrucker in Raffs *Geographie* für Kinder nach der dritten Auflage, die für ihn die Ignoranz der Nachdrucker offenbare. So haben Schramm und Frank das falsche Alter des Herzogs von Württemberg gedruckt:

> Er heißt Karl Eugen, und ist ein Herr von neun und vierzig Jahren. Württemberger, die Schramm und Frank sind, sollten doch wohl besser davon unterrichtet sein, wie alt ihr Herzog im J.[ahr] 1779 sei, und man sollte auch vermuten, die Erklärung, die dieser weise und gütige Regent an seinem 50sten Geburtstage (am 11. Febr. 1778) seinen Unterthanen bekannt machen ließ, werde den selben

371 Die Gründe für die späte Übersetzung „sind in erster Linie die unterentwickelte buchhändlerische Infrastruktur Siebenbürgens um 1800, die hohen Preise der Originalwerke, die Zensur des Wiener Hofes und die Beliebtheit empfindsamer Romane und Wertheriaden zu suchen". Der Übersetzer war Sándor Bölöni Farkas (1795–1842): „Aus Bölönis Buchliste, die als Manuskript vorliegt, weiß man, dass er ein Exemplar des Romans ‚Göthe, Verther's Leiden [sic]. Carlsruhe 1778' besaß" und anhand dessen er die Übersetzung vornahm. Zum interessanten Aspekt der ungarischen Nachdruck-Übersetzung vgl. Simon-Szabó, Agnes: Nach- und Raubdrucke deutscher Originalwerke als maßgebende Medien für die Herausbildung eines Deutsch lesenden Publikums um 1800 in Siebenbürgen, in: Ungarn-Jahrbuch 29 (2009), S. 99–110, hier S. 107ff.

372 Dies war der zweite Teil der Sammlung, was Schummel ebenfalls zu der höhnischen Bemerkung veranlasste: „Welcher vernünftige Mensch erwartet in einer Sammlung philosophischer Schriften einen Roman?", Schummel, Johann Gottlieb: Warnung an das Publikum, in: Deutsches Museum 1779,2, S. 579–580, hier S. 579.

373 Schummel, Johann Gottlieb: Spitzbart eine komi-tragische Geschichte, Tübingen: Frank und Schramm 1779. Zu Schummel vgl. Gierke, Wilhelm: Johann Gottlieb Schummel und seine Romane. Ein Beitrag zur Geschichte der Literatur und Pädagogik im 18. Jahrhundert, Borna 1915; Weigand, Georg: Johann Gottlieb Schummel: Leben und Schaffen eines Schriftstellers und Reformpädagogen. Ein Beitrag zur Geschichte der pädagogischen Literatur der Aufklärungszeit, Frankfurt am Main 1925.

374 Schummel: Warnung, S. 579.

375 In der Tübinger Spitzbartausgabe von 1779 findet sich dieser Druckfehler auf S. 330. Des Weiteren zählt er Druckfehler wie „Mund" zu „Mond" oder „siebirische Kälte" zu „siebrische Kälte", Ebd., S. 579f.

> tiefer im Herzen und frischer im Gedächtnis sein, als daß sie dieselbe im November 1779 sofort vergessen haben sollten.[376]

Ein weiterer Fehler fand sich in der Einleitung zur *Geographie von Deutschland*, bei der Raff seinen Schüler Philipp fragt, ob er wisse, wie die zehn Reichskreise heißen. Philipp zählt sie nacheinander auf, „vergißt aber unglücklicherweise den schwäbischen Kreis. Hätte Mons. Philipp sie an den Fingern abgezählt, so müßte er gefunden haben, daß er nur 9 genannt habe".[377]

Ungeachtet all der hier aufgezeigten Inkorrektheiten waren auch die Nachdruckgegner der Ansicht, dass Druckfehler bei der Kaufentscheidung nicht allzu sehr ins Gewicht fielen:

> Auf die ungeheure Menge Druckfehler, das schlechtere Papier desselben kommt ganz und gar Nichts an. Die Druckfehler verbessert der geneigte Leser von selbst, und der Schönheitssinn in Ansehung der äußeren Ausstattung des gewöhnlichen Nachdrucks söhnt sich mit sich selbst aus – sind doch 12 gr. erspart!.[378]

Teilweise war es sogar vom Käufer gewünscht, dass dieser beispielsweise vom Buchbinder sogenannte ‚durchschossene Exemplare' bekommt, bei dem leere Blätter dem Werk eingebunden waren, [379] um handschriftliche Notizen, Anmerkungen oder Änderungen vornehmen zu können.[380]

Ein ähnliches Beispiel hierfür lieferte der Verfasser der *Erinnerungen eines Buchhändlers*, der lieber viele schlechte Bücher hätte, in denen er die Druckfehler selbst korrigiere, als wenig schön gedruckte Bücher zu haben.[381] Und Knigge behauptete sogar, dass

376 N. N.: Auszüge aus Briefen, in: Deutsches Museum 1780,1, S. 103–104.

377 Ebd., S. 104. Während der Fehler in der Ausgabe von 1781 korrigiert wurde, findet er sich in der erneuten Ausgabe von 1787 unter der Druckerschaft von Schramm und Balz erneut.

378 N. N. Offene Nachdrucker-Fehde. Für Buchhändler. Ueber Bücher-Nachdruck und unmaßgeblicher Vorschlag, ihn nach und nach zu unterdrücken, in: Nemesis. Zeitschrift für Politik und Geschichte 1815, 5 Bd., S. 110–116, hier S. 111. Eine solche Abänderung durch den Leser findet man im weiter oben genannten Beispiel des Spitzbarts und dem falschen Druck der „Religion der Ohren". In der digitalisierten Tübinger Ausgabe des *Spitzbarts* der SUB Göttingen sind die Buchstaben ‚li' durchgestrichen, sodass der Druckfehler händisch behoben wurde, vgl. VD18 10707344, die Stelle befindet sich im Digitalisat auf S. 330.

379 Vgl. Brendecke, Arndt: ‚Durchschossene Exemplare'. Über eine Schnittstelle zwischen Handschrift und Druck, in: Archiv für Geschichte des Buchwesens 59 (2005), S. 91–105 und Feuerstein-Herz, Petra: Seitenwechsel. Handschrift und Druck in durchschossenen Buchexemplaren der frühen Neuzeit, in: Spoerhase, Carlos / Benne, Christian (Hrsg.): Kodex. Jahrbuch der Internationalen Buchwissenschaftlichen Gesellschaft, Bd. 9: Materialität: Von Blättern und Seiten, Wiesbaden 2019, S. 9–26.

380 Die durchschossenen Buchexemplare zeigen, „auf besonders offenkundige Weise die Gültigkeit eines ‚performativen' Wissensbegriffs, der das gedruckte Buch […] als Bestandteil eines intertextuellen und intermedialen Arbeitsprozesses versteht, der ‚Wissen' immer erst in konkreten Anwendungen konstituiert", Brendecke: Durchschossene Exemplare, S. 50.

381 N. N.: Erinnerungen eines Buchhändlers, S. 363.

die ‚Verstümmelung' guter Werke selten stattfände – außer in Rheingegenden –[382] und wenn doch, dann habe dies gerade in katholischen Ländern lediglich Vorteile, da die Nachdrucker „gewisse Stellen, die mit den Grundsätzen der Hierarchie streiten ausmerzen" würden und so dürfte das Buch erst dort verkauft werden.[383]

Ohnehin waren Druckfehler kein Spezifikum der Nachdrucke, da diese auch bei den Originalausgaben vorhanden waren. So äußerte Wieland in einem Brief an seinen Verleger Reich:

> Meine einzige Sorge ist jetzt nur, daß dieses Manuscript correct u[nd] ohne Druckfehler abgedruckt werde. Ich bitte Sie aufs inständigste und was ich bitten kann, Mein Theuerster, diesen Punct // Ihrem Drucker zu Halle aufs angelegteste zu empfehlen, und allenfalls expresse einen gelehrten u verständigen Mann unter Ihren dasigen Freunden, zur Revision zu bestellen. Es wäre gar zu Schade, wenn diese kleine Schrift durch sinnverderbende Druckfehler verunziert werden sollte.[384]

Herausstechende und sinnentstellende Druckfehler oder gar inhaltliche Fehler, die als Druckfehler gebranntmarkt wurden,[385] dokumentierte spätestens das Publikum in den zahlreich überlieferten Rezensionen und ‚vermischten Anzeigen'.[386]

---

382 „Der Einwurf, daß die Nachdrucker gute Werke verstümmeln, scheint mir sehr unbedeutend. Selten ist das der Fall; (ausser daß etwa in Rheingegenden, wo man leider! Kein Deutsch kann, gegen Rechtschreibung und Grammatic gesündigt wird.)", Knigge. Ueber Bücher-Nachdruck, S. 25.

383 Ebd.

384 Christoph Martin Wieland an Philipp Erasmus Reich vom 18. August 1785, in: Motschmann: Wielands Briefwechsel, Bd. 9,1, Nr. 26, S. 41.

385 Einen solchen Fall offenbarte Johann August Starck (1741–1816) in Friedrich Nikolais siebten Band seiner Beschreibungen einer Reise durch Deutschland und die Schweiz im Jahre 1781, Berlin / Stettin 1786: „Einen sonderbaren Druckfehler muß ich hier noch dem Publiko anschaulich machen. Seite 53 redet Hr. Nikolai schon von unerhörten Dingen, die Mainzer Jesuiten hervorbringen sollen. Da nun Hr. N nachdem schon sein Werklein abgedruckt war, erfahren, daß nur der einzige Prof. Jung in der Mainzer theol. Facultät ein Exjesuit ist. So verwandelt er seine vorschnelle, dummdreiste Behauptung in einen Druckfehler, und sagt hinten im Verzeichniß der Druckfehler, daß man statt Mainzer Jesuiten, lesen müsse: Mainzer Theologen. […] Bislang ist seine Anklage eine solche, die aus einem Druckfehler herrührt. Kann was lächerlicheres gedacht werden? Kann man sich was abgeschmackteres denken, als wenn ein Schriftsteller seine boshaften Dummheiten damit entschuldigen will, daß sie Druckfehler sind? […] Das beste wäre, Hr. Nikolai bliebe bey seiner Profession, verlegte Bücher, schriebe aber ja keine mehr. Er ist sonst in Gefahr viele Druckfehler zu liefern, woran sich ein Correktor zu Schanden korrigiren könnte", Starck, Johann August: Über Krypto-Katholicismus. Prselytenmacherey, Jesuitismus, geheime Gesellschaften und besonders die ihm selbst von den Verfassern der Berliner Monatsschrift gemachte Beschuldigungen mit Acten-Stücken belegt, 1. Th., Frankfurt / Leipzig 1787, S. 511f.

386 So eine Anzeige *An das Publikum* eines Herrn Dr. Johann Luwig Wilhelm Scherers der das Publikum darauf aufmerksam macht, dass in dem neu erschienenen Teil seiner Homilien-Sammlung sich „viele und öfters sehr grobe Druckfehler eingeschlichen" haben. Ein Druckfehlerverzeichnis wurde an den Verleger geschickt, kann jedoch erst beim zweiten Teil abgedruckt werden. „Die Leser der Homilien-Sammlung werden also jene Druckfehler von meiner Seite entschuldigen", Scherer, Johann Ludwig Wihlem: An das Publikum, in: Intelligenz-Blatt der Allgemeinen Literatur-Zeitung, Nr. 120 (1799), S. 976.

Bisweilen unbemerkte Makel konnten hingegen auf ein Korrekturblatt angezeigt oder stillschweigend in einer erneuten Auflage verbessert werden, während bei den Nachdrucken – aufgrund der fehlenden Käuferbindung – kaum ein Zugzwang herrschte, die Nachdrucke im Nachhinein von Druckfehlern zu bereinigen.[387]

In ähnlicher Weise zu den Druckfehlern verhielt es sich auch beim Satzspiegel und den Drucklettern, die bei den Nachdrucken zum Angriffsziel wurden.[388] Zimmermann bemängelte bei dem Schmieder'schen Nachdruck, dass der Karlsruher an einigen Stellen Silben wegschneide oder sie an unpassenden Stellen hinzufüge, um den Satz kostengünstiger drucken lassen zu können, was jedoch der Harmonie des Werkes zuwiderlief. Ebenso seien ganze Zeilen verschoben oder falsch eingerückt worden, sodass es zu missverständlichen Äußerungen kam.[389]

Dies lag an der Maxime, den Druckplatz bestmöglich und effizient zu nutzen, um die Anzahl der Druckbögen so gering wie möglich zu halten. Dabei verfuhr er häufiger zum ästhetischen Nachteil der Autoren, so bei Klopstocks Hexamterzeilen im *Messias*.[390]

Ein Grund für die Häufung von Fehlern in Druck und Satz könnte daran liegen, dass die Nachdrucker darauf bedacht waren die Personal- und Herstellungskosten so gering wie möglich zu halten. Wie schon im Eingangszitat des Kapitels artikuliert wurde, mussten die Druckereien kostengünstig setzen, korrigieren und drucken.

So ist eine Beschwerde der Lehrlinge in den Tübingischen Druckereien an den akademischen Senat vom Juni 1784 überliefert, in denen geklagt wurde, dass zu viele Lehrlinge in den Betrieben arbeiten würden.[391] Sie bemängelten, dass die Lehrlinge „welche kaum der Literatur Sprach-Kenntnüße und Schulgaben besizen, weniger gute Eigenschaften haben, das aufkommen unserer Kunst-Profession oder honestatem artium mit

387 Dass dies dennoch vorkam bewies Schmieder. Er verbesserte die bekannten Fehler stillschweigend im Nachdruck. Lediglich bei seinem Originalverlag fügte er ein Korrekturverzeichnis an, so etwa bei Posselts *Geschichte Gustavs III.*, vgl. Breitenbruch: Schmieder, Sp. 721.

388 Eine interessante Untersuchung über die Einführung der Antiqua-Schriftart anstelle der Fraktur liefert Killius, Christina: Die Antiqua-Fraktur Debatte um 1800 und ihre historische Herleitung (= Mainzer Studien zur Buchwissenschaft; 7), Wiesbaden 1999. Sie kommt zu dem Schluss, dass die Frakturschrift als „typographisches Gestaltungsmittel" in Deutschland nie gefährdet war, die Verleger wollten mit der Antiqua aber die „Besonderheit der von ihnen herausgegebenen Drucke unterstreichen und die Gleichwertigkeit deutscher Verlagsproduktion mit der des Auslands unter Beweis stellen", S. 428. Zu diesem Aspekt vgl. auch Kap. 4.2.4.

389 Zimmermann illustrierte dies – mit Angabe der Seitenzahl in seiner und Schmieders Ausgabe – anhand eines Beispiels, in der es zu einer falschen Einrückung eines Satzgliedes kam, vgl. Zimmermann: Ueber die Einsamkeit, Anhang.

390 „Ist nur um eurentwillen zum hohen Altare gekom- / men.", zitier nach: Breitenbruch: Schmieder, Sp. 692.

391 „1.) Unsern Buchdruckerei Herre mehr Jungen annehmen, als unsere Profession ertragen kann, und selbst die Ordnung ausweiset, die noch in der Schrammischen Buchdruckerei in Verwahrung lieget, wir auch wenn solche nicht vorhanden wäre, genügsam bezeugen können." UAT 8/2,3, Nr 192.

einem Werth zu erwerben“, was zum Nachteil der Mitgesellen, aber auch zum Schaden des Publikums wäre.[392]

Obwohl die Druckerherren dem akademischen Senat erklärten, dass sie keiner Beschränkung bei der Anzahl der Druckerlehrlinge unterlägen und konterten, dass viele der Lehrlinge den Klägern in Schulbildung, Kenntnis und „guten Eigenschafften“ überträfen, offenbarte diese Beschwerde doch zwei Dinge.[393] Erstens schien die Auftragslage der Druckereien in Tübingen und insbesondere die Franks und Schramms fünf Jahre nach Erteilung des kaiserlichen Privilegs für ihre Sammlungen so gut zu sein, dass sie mehr Druckerlehrlinge einstellen mussten, um die Nachfrage bedienen zu können. Zweitens bedeuteten mehr Lehrlinge sicherlich auch eine höhere Wahrscheinlichkeit an Fehlern, vor allem unter dem Umstand, dass es sich möglicherweise um Ungelernte handelte. Zimmermann urteilt über den Korrektor des Nachdrucks Schmieders, er „sey nicht etwa nur ein schöner Geist, sondern ein unwissender Schüler“.[394]

Ebenso wie die Papierkosten stiegen schließlich auch die Herstellungskosten für Druckwerke. Während die Kosten des Satzes eines Bogens in der Mitte des 18. Jahrhunderts noch ½ Rthl. betrug, erhöhte sich der Preis gegen Ende des Jahrhunderts auf 1 ½ bis 2 Rthl.[395] Die Druckkosten stiegen ebenfalls von durchschnittlich 10 gr. auf über 2 Rthl. bei einer Auflagenhöhe von 1.000 Exemplaren. Für den Korrektor bezahlte man um 1750 3 gr., um 1780 jedoch je nach Format 5 bis 10 gr.[396] Obwohl für die Nachdrucker selbst keine Rechnungsbücher überliefert sind, so bestätigen die Abrechnungen zwischen Cotta und Schramm und Balz diese Tendenzen.[397]

Henning summierte die Herstellungskosten eines Werkes im Umfang von 20 Oktavbögen um 1750 bei einer Auflage von 1.000 Bänden mit den Ausgabeposten Papier, Satz, Druck, Korrektur und Honorar auf circa 40 %.[398] Ähnliche Ergebnisse lieferte Lehmstedt, der die Kosten für Satz, Druck und Papier auf 44 %, die Kosten für Text- und Kupferhonorar auf 38 % und die Geschäftskosten auf 18 % der Gesamtkosten eines Werkes schätzte.[399] Diese Zahl dürfte gegen Ende des Jahrhunderts deutlich angestiegen sein, sodass die Gewinnmarge geringer ausfiel und das ‚Nachdruckzeitalter‘ gleichzeitig das „Zeitalter der teuersten Bücherpreise“ war.[400]

392 UAT 8/2,3, Nr. 192.
393 UAT 8/2,3, Nr. 192.
394 Zimmermann: Ueber die Einsamkeit, Anhang.
395 Goldfriedrich: Geschichte des Buchhandels, Bd. 3, S. 96.
396 Ebd.
397 So belief sich die Gesamtdruckkosten für die Verlagswerke Cotta, die er bei Schramm ab 1788 drucken ließ auf 5 bis 9 fl. je nach Format und Auflagenhöhe, vgl. Fischer: Cottas Verlagsbuch, Nr. 7a, 7b, 8a, 8b.
398 Henning, Paul: Durchschnittliche Herstellungskosten eines wissenschaftlichen Werkes im 18. und im 20. Jahrhundert, in: Vierteljahrsschrift für Sozial- und Wirtschaftsgeschichte, Bd. 7,1 (1909), S. 158–160, hier S. 160.
399 Lehmstedt, Mark: Struktur und Arbeitsweise eines Verlages der deutschen Aufklärung. Die Weidmannsche Buchhandlung in Leipzig unter der Leitung von Philipp Erasmus Reich zwischen 1745 und 1787, Leipzig 1990, S. 54.
400 Goldfriedrich: Geschichte des Buchhandels, Bd. 3, S. 96.

Unter Berücksichtigung der regionalen Preisunterschiede kann insgesamt gesehen eine enorme Preissteigerung registriert werden, die sich sicherlich auch in den Druckereien der Nachdrucker bemerkbar gemacht haben musste. Um die Kosten für die ohnehin günstigen Nachdrucke gering zu halten, lag es nahe, dass an verschiedenen Stellen die Kosten gesenkt wurden. Beim Satz herrschte das größtmögliche Einsparpotenzial vor, was zu Lasten der Ästhetik billigend in Kauf genommen wurde. Letztlich wurde es für die Drucker auch deutlich schwieriger, passendes Personal zu finden. Die größte Kostenersparnis der Nachdrucke dürfte schließlich die Auflagenhöhe gewesen sein. Obwohl es über die Auflagenhöhe der Nachdrucker nur spärliche Informationen gibt, konnte einige konkrete Auflagenhöhen eruiert werden. So druckten J.U. Cotta und Fleischhauer 1778 *Sophiens Reise von Memel nach Sachsen* in einer Auflage von 2.000 Exemplaren, die unter den Nachdruckern verteilt wurde: Schmieder und Cotta erhielten jeweils 500 Exemplare, Fleischhauer demnach die anderen 1.000. Für einen einzigen Nachdrucker wäre eine Auflagenhöhe von 2.000 Exemplaren ein zu großes Risiko, durch die Aufteilung des Druckes und Vertriebes konnten somit das Risiko und die Kosten drastisch reduziert werden. Ähnliche Risikobeteiligungen gab es wohl auch bei dem Nachdruck der Goethe-Ausgabe Fleischhauers und Schmieders von 1778, die ebenfalls in einer höheren Auflage von bis zu 4.000 Exemplaren produziert werden konnte.[401]

Abschließend sei noch kurz auf das Buchformat der Nachdrucke hingewiesen, da sich im Laufe des 18. Jahrhunderts eine Veränderung ergab. Das Buchformat, welches die Nachdrucker verwendeten, orientierte sich ebenfalls an den Originalausgaben, wie Schmieder annotierte.[402] Die Nachdrucke wurden zumeist im Oktav- oder Duodezformat gedruckt.[403] Das als 8° [Oktav] bezeichnete Buch, bei dem das Papier drei Mal gefaltet und zu acht Blättern, also 16 Seiten gebrochen wurde, trat neben dem Duodezformat (12 Blätter und 24 Seiten) auf. Diese handlichen und zierlichen Formate lösten die schweren Folio- und Quartformate ab, da die kleingedruckten Schriften einfacher auf Reisen, oder innerhalb des Hauses oder im Garten rezipiert werden konnten.

401 Hagen nimmt diese Auflagenhöhe an und konstatiert, dass diese „weitgehend verkauft waren, bevor man an die Veranstaltung einer neuen Auflage ging", Hagen, Waltraud: Goethes Werke auf dem Markt des deutschen Buchhandels. Eine Untersuchung über Auflagenhöhe und Absatz der zeitgenössischen Goethe-Ausgaben, in: Goethe-Jahrbuch 100 (1983), S. 11–58, hier S. 19.

402 „Ferner sagt man, weil der Nachdrucker sich mehrentheils seines Verbrechens schäme, und den Namen des Orts und rechtmäßigen Verlegers, auch das Format nachahme, so bege er ein Falsum." Schmieder: Wider und Für den Büchernachdruck, S. 36.

403 Zum Buchformat im 18. Jahrhundert vgl. Boghardt, Martin: Das Buchformat und seine Variationsmöglichkeiten. Zur Technik der Buchgestaltung im 18. Jahrhundert, in: Raabe, Paul (Hg.): Buchgestaltung in Deutschland 1740 bis 1890. Vorträge des dritten Jahrestreffens des Wolfenbütteler Arbeitskreises für Geschichte des Buchwesens in der Herzog August Bibliothek Wolfenbüttel, 9. bis 11. Mai 1978 (= Vorträge des Jahrestreffens des Wolfenbütteler Arbeitskreises für Geschichte des Buchwesens; 3), Hamburg 1980, S. 68–88 und Wolffgers, Georg: Formatbücher und Buchformat, in: Ders. / Needham, Paul (Hrsg.): Archäologie des gedruckten Buches, Wiesbaden 2008, S. 78–97.

Buchillustrationen – Titelkupfer, Kupfertitel und Titelvignetten

Schwieriger als die Kopie des Druckes und des Drucksatzes gestaltete sich die Nachahmung der Titelkupfer, der Kupfertitel, der Titelvignette oder des Frontispizes.[404] So unterstrich Pütter in Bezug auf die Gestaltung der Bücher: „Gemeiniglich sind Bücher, die mit Kupfer versehen sind, für Nachdruck sicherer, als andere, weil dazu schon ein grösserer Aufwand erfordert wird".[405] Dieser Maxime folgend, machten es sich die Originalverleger zur Aufgabe, ihre Werke optisch zu perfektionieren durch „ausserwesentliche Zierathe und [...] dem schönen Druck und den Kupfern von Chodowiecki",[406] wodurch sie gar zu schmückenden Luxusartikeln wurden, mit denen öffentliche wie private Bibliotheken bestückt wurden.[407]

Aus den dargelegten Herstellungskosten für Druckwerke ging bereits hervor, dass die Illustrationen der Werke mit Zeichnung, Stich und gegebenenfalls Nachstich etwa 15–20 % eines Druckwerkes ausmachten. Die Nachdruckbefürworter hielten dies ohnehin als „überflüssige Accessoria" die ein Buch durch teures Papier und kostspielige Vignetten und Kupfer unnötig im Preis erhöhe.[408] In der Wieland'schen Satire *Schreiben eines Nachdruckers,*[409] in der er fiktiv für den Nachdruck Position einnahm, war dieser Umstand einer der Argumentationsbausteine der Befürworter.[410]

---

404 Zur Unterscheidung der Illustrationen vgl. Krünitz: Titelkupfer in: Oekonomische Encyklopädie, Bd. 185, S. 347. Zur Thematik vgl. Lehmstedt, Mark: „Ich bin nicht gewohnt, mit Künstlern zu dingen ...". Philipp Erasmus Reich und die Buchillustration im 18. Jahrhundert, Leipzig 1989.

405 „Wenn aber die Kupfer nur zur Verziehrung eines Werkes, um das Auge zu ergötzen, oder um die Einbildungskraft zu reitzen, in Vignetten oder auch ganzen Blättern angebracht sind, so daß sie, ohne im wesentlichen Gebrauche des Werkes Abbruch zu thun, wegbleiben können; so ist die Gefahr für Nachdruck desto grösser, je erheblicher alsdann der Unterschied im Preise seyn kann; daher auch in solchen Fällen nichts rathsamer und gewöhnlicher ist, als daß der Originalverleger selbst zweyerley Abdrücke mit und ohne Kupfer veranstaltete, um darunter jedem Käufer die Wahl zu lassen, und allem Vorwande zum Nachdrucke vorzubeugen." Pütter: Büchernachdruck, S. 89.

406 Anmerkungen des Herausgebers des Teutschen Merkur, in: N. N. Etwas zum Behuf des Nachdrucks, in: Der Teutsche Merkur 1785, S. 85–96, hier S. 95.

407 Insbesondere bei der Ausgestaltung der hauseigenen Privatbibliothek: „Man findet seinen Ehrgeiz beleidiget, wenn es heißt, der Mann hat in seiner Büchersammlung nichts als Nachdrucke; man sucht also (oft zum Nachtheil seiner Familie) nach und nach seine Bibliothek mit den theuren Original-Ausgaben zu zieren, die Nachdrücke werden ausgemustert, und müssen schönern Bänden mit Vignetten und Kupfern von Chodowiecki Platz machen", N. N.: Erinnerungen eines Buchhändlers, S. 382.

408 Anmerkungen des Herausgebers des Teutschen Merkur: Etwas zum Behuf des Nachdrucks, S. 88.

409 Wieland wollte mit der Satire die Befürworter dekuvrieren und die Argumentationen ad absurdum führen. Die Strategie ist den Zeitgenossen nicht aufgefallen, sodass die Schrift lange Zeit als Schrift für den Nachdruck gewertet wurde, vgl. Ungern-Sternberg, Wolfgang von: Christoph Martin Wieland: Schreiben eines Nachdruckers. An den Herausgeber des Teutschen Merkur. Ein Beitrag zur Geschichte der Spätaufklärung, in: Frühwald, Wolfgang/Martino, Alberto (Hrsg.): Zwischen Aufklärung und Restauration. Sozialer Wandel in der deutschen Literatur (1700–1848); Festschrift für Wolfgang Martens zum 65. Geburtstag (= Studien und Texte zur Sozialgeschichte der Literatur; 24), Tübingen 1989, S. 177–210.

410 „Der Verleger kann noch mehr thun; er kann das Buch auf holländisch Papier mit Baskervillischen Typen drucken, kann Kupfer von Chodowiecki oder Bartolozzi dazu machen lassen, kann

Eine kostengünstige, dennoch schmückende Variante der Buchverschönerung waren die Vignetten: Die Titelvignette war das Charakteristikum der Bücher im 17. und 18. Jahrhundert.[411] Darstellungen von Blumen, Putten, Bienenstöcken, Vasen oder Kränzen waren die gängigen Motive auf den Titelvignetten und fungierten als schlichte und schmückende Illustration.[412] Auch szenische oder figürliche Darstellungen konnten als Titelvignette dienen und erfüllten den Zweck einer „kommentierenden, allegorischen Illustration des Buchinhalts".[413] Um dies zu realisieren griffen die Nachdrucker teilweise auf eigene, teilweise auf fremde Bebilderungen zurück. Breitenbruch stellte heraus, dass Schmieder in seltenen Fällen eigene Kupferstecher engagierte. Bis etwa 1776 arbeiteten die Gebrüder Facius für Schmieder, ehe sie nach London auswanderten, daraufhin der Frankfurter Georg Joseph Cöntgen und gegen Ende seines Geschäfts der Mannheimer Anton Karcher.[414]

Bei ihnen gab Schmieder die Ausgestaltung von manchen Illustrationen in Auftrag. Für Wielands *Sammlung prosaischer Schriften* aus dem Jahr 1777 ließ der Karlsruher sich gar eine eigene Titelvignette anfertigen:[415] Auf einem Wappen sind seine Initialen ‚CGS' zu sehen, das von einer Putte gehalten wird. Eingerahmt wird das Wappen auf der linken Vignettenseite durch Bücher und eine Schriftrolle und auf dem Boden durch drei Briefe sowie den Hermes- beziehungsweise Merkurstab als Symbol des Handels. Diese allegorischen Attribute verwiesen auf die Profession Schmieders als Buchhändler.

Darüber hinaus ließ Schmieder von den Kupferstechern vereinzelte Autorenporträts als Frontispiz und Abbildungen aus Szenen des Textes anfertigen.[416] Cöntgen lieferte für Schmieder Titelvignetten wie *Zum Werk Von der Güte und Weisheit Gottes in der Natur* von Heinrich Sander aus dem Jahr 1780, die als eine der wenigen persönlich signiert war.

---

es mit Vignetten von Meil und Geysern auszieren; und so das Buch noch um die Hälfte oder um soviel er will theurer machen." Wieland, Christoph Martin: Schreiben eines Nachdruckers an den Herausgeber des T.M., in: Der Teutsche Merkur 1780, 2, S. 258–281, hier S. 274.

411 Vgl. Friedrich-Rust, Silvia: Die Vignette – Text und Illustration im 17. und 18. Jahrhundert in Frankreich, München 1987.

412 Vgl. Keuchen, Marion: Bild-Konzeptionen in Bilder- und Kinderbibeln. Die historischen Anfänge und ihre Wiederentdeckung in der Gegenwart (= Arbeiten zur Religionspädagogik; 61), Gottingen 2016, S. 48.

413 Artikel „Vignette", zitiert nach Keuchen: Bild-Konzeption, S. 48. Vignetten konnten von Schriftgießerein auch als Bleilettern hergestellt werden und so relativ problemlos in den Satz eingefügt werden, sodass die schmückenden Vignetten auch im Text zu finden waren. Auch die Nachdrucker schmückten ihre Werke mit Kopf- oder Fußvignetten. Artikel „Vignette", zitiert nach Keuchen: Bild-Konzeption, S. 48.

414 Breitenbruch spezifizierte nicht, woher er diese Informationen bezog, er verweist lediglich auf die Biographien im Thiemers und Beckers Lexikon der bildenden Künstler, Breitenbruch: Schmieder, Sp. 691.

415 Die Vignette ist mit dem Initial ‚D.' signiert. Da das Werk aus dem Jahr 1777 war, fiel es genau in den Zeitraum, in dem die Gebrüder Facius auswanderten und Cöntgen möglicherweise noch nicht für Schmieder arbeitete und er somit einen nicht mehr ermittelbaren Illustrator für die Vignette beauftragte.

416 Vgl. Breitenbruch: Schmieder, Sp. 691.

Karcher stach im Zeitraum zwischen 1790 und 1792 insgesamt acht Kupfer für Schmieder.[417] Bezeichnenderweise ließ Schmieder vornehmlich die Werke bebildern, die in seinem Originalverlag entstanden, darunter Ernst Ludwig Posselts *Ueber Mirabeau's Histoire secrete de la Cour de Berlin*,[418] die *Geschichte Karls 12.*[419] oder die *Geschichte Gustavs III.*[420]

Anders als Schmieder legten sowohl Johann Jakob und Johann Georg Fleischhauer als auch Schramm, Frank und dessen Nachfolger Balz weniger Wert auf die Ausgestaltung ihrer Werke. Neben den notwendigsten Illustrationen – beispielsweise bei Raffs *Geographie für Kinder* – beschränkten sich die Tübinger zumeist auf schlicht gestaltete Titelvignetten, Kopf- und Fußvignetten und kleineren Verzierungen und Abbildungen im Text. Eine der wenigen signierten Darstellungen findet sich im Nachdruck der Seiler'schen Schrift *Religion der Unmündigen* von 1785: Die Kopfvignette zeigt eine Putte an einem Schreibtisch eine Feder in der Hand und auf ein Papier schreibend. Die Vignette ist signiert mit dem Namen Gritner. Hierbei handelte es sich um den Holzstecher J. Gritner,[421] einem Vignettenverfertiger, der 1788 auch für Johann Georg Cotta einen Holzstich lieferte.[422]

Die Herstellung der Vignetten und Kupfer waren zumeist kosten- und arbeitsintensiv, daher leihten die Nachdrucker Vignettenstöcke an andere Buchdrucker aus. Wie bereits gezeigt wurde, verliehen die Reutlinger und Tübinger Nachdrucke ihre Verlagsvignetten nach Schaffhausen, damit Hurter dort teilweise deren Nachdrucke produzieren konnte. Aus dem Abbildungsband der Wagner'schen Druckerei in Ulm, die von Elmar Schmitt reproduziert wurde,[423] konnte Breitenbruch eine Verbindung zu den Reutlinger und Tübinger Nachdruckern herausstellen. So hat Wagner „seine Vignettenstöcke gelegentlich an andere Druckereien ausgeliehen", so eben auch an Frank und Schramm und Fleischhauer, da sich Drucke mit identischen Vignetten finden ließen.[424] Wagner hatte teilweise seine Vignetten an die Nachdrucker verliehen, bevor er sie selbst verwendet

417 Vgl. Städtisches Reiss-Museum Mannheim (Hg.): Anton Karcher, 1760–1842. Druckgraphische Werke eines Mannheimer Kupferstechers: Ausstellung vom 12. Dezember 1990 bis 17. März 1991, Reiss-Museum Mannheim, Kunst- und Stadtgeschichtliche Sammlungen 1990.

418 Posselt, Ernst Ludwig: Ueber Mirabeau's Histoire secrete de la Cour de Berlin: aus authentischen Quellen. Carlsruhe: Schmieder 1789.

419 Posselt, Ernst Ludwig: Geschichte Karls 12. Königs von Schweden. Nach Voltaire, Karlsruhe: Schmieder 1791.

420 Hier findet sich ein Portrait Gustavs III. als Frontispiz, vgl. Posselt, Ernst Ludwig: Geschichte Gustaf's III. Königs der Schweden und Gothen, Karlsruhe: Schmieder 1792. Vgl. auch Breitenbruch: Schmieder, Sp. 726f.

421 Gritner arbeitete auch in Frankreich vgl. Thieme, Ulrich / Becker, Felix (Hrsg.): Allgemeines Lexikon der Bildenden Künstler von der Antike bis zur Gegenwart, Bd. 15, Leipzig 1922, S. 58.

422 Es zeigt eine Landschaft mit Festung und einem Fluß in: Breyer, Johann Gottlieb: Elementa Iuris Publici Wirtembergici Ac Ducum Privati, Tübingen: Johann Georg Cotta 1787, S. 21. Hierzu auch: Fischer: Cottas Verlagsbibliographie, Bd. 1, S. 96.

423 Vgl. Schmitt, Elmar: Die Drucke der Wagnerschen Buchdruckerei in Ulm 1677–1804 (= Veröffentlichungen der Stadtbibliothek Ulm; 4), Konstanz 1984.

424 Breitenbruch: Johann Martin Millers Romane, S. 103.

hat, womöglich um etwas Geld mit den ungenutzten Holzschnitten zu verdienen und sie vorab zu testen.

Ein unsigniertes Frontispiz findet sich im Tübinger Nachdruck des *Spitzbarts* von 1779. Während die Weygand'sche Ausgabe mit einem Kupfer Chodowieckis bestückt ist und ein Portrait eines älteren Mannes zeigt,[425] ist im Nachdruck ein orientalisch anmutender Reiter zu sehen, der sich vor einer Armee zum Kampf bereit macht.[426] Die Illustration ist nicht signiert und ohne künstlerische Feinheit mit hohem hell-dunkel Kontrast gedruckt, sodass nicht eindeutig hervorgeht, ob das Frontispiz selbst angefertigt oder nachgestochen wurde.

Doch ließen die Nachdrucker nicht immer eigene Druckillustrationen anfertigen. Sie griffen häufig aus Gründen der Kostenreduktion zum Hilfsmittel des Nachstichs.[427] Hierfür wurden die Kupfer abgepaust und häufig seitenverkehrt aufgedruckt oder nachgestochen. Dies war die simpelste Methode, dem Buch Illustrationen hinzuzufügen, insbesondere wenn es sich um eine enorm große Anzahl an nachzustechenden Kupfern handelte. Bei dem bereits erwähnten Tübinger Nachdruck der Raff'schen *Geographie für Kinder* mussten neben der Titelvignette vierzehn Kupfertafeln kopiert werden, die sich im Anhang des Werkes befanden.[428] Um die Kosten bei dieser großen Anzahl an Illustrationen gering zu halten, ließen die Tübinger Nachdrucker die meisten Kupfertafeln, auf denen exotische Insekten, Amphibien, Säugetiere oder Pflanzen abgebildet waren, spiegelverkehrt nachstechen.[429] Dabei haben die nachgestochenen Kupfer zumeist

425 Dies stellte der Autor Schummel in seiner *Warnung an das Publikum* hervor: Einen „[...] meisterhaften Chodowieckischen Kupfer[s]", Schummel: Warnung, S. 579. So hatte Chodowiecki schon zuvor für Crusius zwei Blätter für Schummel geliefert. Hierzu: Beaujean, Marion: Chodowiecki und die zeitgenössische Romanliteratur, in: Hinrichs, Ernst / Zernack, Klaus (Hrsg.): Daniel Chodowiecki (1726–1801). Kupferstecher, Illustrator, Kaufmann (= Wolfenbütteler Studien zur Aufklärung; 22), Berlin 1997, S. 143–156, hier 153f.

426 Eine Interpretation dieses Frontispiz steht aus, da sich nur vage Verweise im Werk auf diese Szenerie finden ließen. Schummel: Spitzbart, Tübingen 1779.

427 Eine Auseinandersetzung um den Nachstich der Kupfer zu Gellerts Werken des Verlegers Johann Wendler in Leipzig ab 1764 findet sich bei Kirchhoff, Albrecht: Selbstständige Illustration als Nachdruck des illustrirten Werkes, in: Archiv für Geschichte des Buchhandels 1894, S. 359–363. So wollte sich Wendler auch die Illustrationen für den Verkauf in Sachsen privilegieren lassen, was ihm gewährt wurde. Zum Nachstich schrieb Johann August Reuß: „Kupferstiche nachzustechen, erfordert immer eigne Talente und meistens eben den Fleiß, welcher auf das Original selbst verwendet worden ist. Es kann daher der Künstler gewissermassen den Nachstich für sein eigenes Werk ansehen, welches von dem Original immer verschieden bleibt, von dem Publikum selbst eine ihm eigne Würdigung erhält, und mit dem Originalkupfer nie in eben dem Verhältnis, das ein Nachdruck zu Originalausgabe hat, betrachtet werden kann." Reuß: Teutsche Staatskanzley, Bd. 18, Ulm 1791, S. 361.

428 Frank und Balz verzichteten auf die Kopfillustration der Vorrede, die in der Dieterischen Ausgabe ein Wappen in einer Palmenlandschaft zeigte.

429 Die XII. Tafel hingegen zeigt die Anatomie eines Menschen, während bei Dieterich dort Amphibien, Vögel, Insekten und Fische abgebildet sind.

eine deutlich mindere Qualität, sie weisen weniger Detailreichtum auf und sind in den Schattierungen häufig überschwärzt.

Der Nachstich des Titelkupfers zu Archenholz' zweitem Band *England und Italien*, ursprünglich bei Dyk in Leipzig 1787 abgedruckt, war konvergierend auf dem Titelblatt des Schmieder'schen Nachdrucks von 1791 zu finden.[430] Zu sehen sind die Figuren des Neptun, welcher der Britannia den Dreizack übergibt und Merkur, der sein Füllhorn vor ihr ausschüttet. Während auf dem Original die Blätter an den Bäumen genau erkennbar sind, wirken diese bei Schmieder ausschließlich schwarz gefärbt. Ebenso sind einzelne Attribute – wie das Schild mit dem englischen Georgskreuz – bei Schmieder offenkundig profaner gestaltet.

Ebenso deutlich wird dies bei der Betrachtung der Titelkupfer zu Meißners zweitem Teil des *Alcibiades* von 1783, gezeichnet von Johann Eleazar Zeissig, genannt Schenau (1737–1806) und gestochen von Christian Gottlieb Geyser (1742–1803). Zu sehen ist Amor in den Wolken, der eine Taube im Schoß, einen Bogen in der linken und einen Blitzbündel in der rechten Hand hält. Links unterhalb von ihm liegt eine Leier.[431] Im Schmieder'schen Nachdruck ist eine kleinformatige Version des ‚Amor in den Wolken' abgedruckt. Diese wurde notdürftig vom Original nachgestochen, da die Schattierungen äußerst dunkel sind, ist der Detailreichtum des Originalkupfers kaum mehr zu erkennen.

Im Gegensatz zu den Titelkupfern legte Schmieder Wert auf einen korrekten und sauberen Nachstich der Frontispize. So beauftragte er seinen Kupferstecher Cöntgen damit, Teile der sechs Frontispize der *Leben und Thaten des weisen Junkers Don Quixote von Mancha*, das er zwischen 1776 und 1778 nachdruckte, nachzustechen.[432] Die Originalkupfer der 1775er Ausgabe vom Verleger Fritsch stammten von Daniel Chodowiecki.[433] Bis auf wenige Ausnahmen, wie die Gesichtspartien und kleinere Detailfehler, sind die Nachstiche originalgetreu und im Vergleich zu den Titelkupfern sauber durchgeführt. Da Schmieder den *Don Quixote* außerhalb seiner Sammlung verkaufte, lag es – wie bereits dargelegt – nahe, dass er mehr Kosten und Mühen in Ausstattung und Gestaltung

430 Vgl. Staats- und Stadtbibliothek Augsburg, Sig. HV 48 –2.

431 Fröhlich-Schauseil, Anke: Schenau (1737–1806). Monografie und Werkverzeichnis der Gemälde, Handzeichnungen und Druckgrafik von Johann Eleazar Zeißig, gen. Schenau. Petersberg 2017, S. 503, GA 92.

432 Vier der sechs Frontispize sind mit dem Namen Cöntgen signiert, es besteht aber – auch aufgrund der Ausgestaltung der anderen Kupfer – kein Zweifel daran, dass Cöntgen diese auch nachgestochen hat.

433 Heinrich Heine lobte 1837 die Arbeit Chodowieckis: „Versucht haben sich übrigens viele Künstler an Zeichnungen zum Don Quixote. Was ich von englischen, spanischen und früheren französischen Arbeiten dieser Art gesehen habe, war abscheulich. Was deutsche Künstler betrifft, so muß ich hier an unseren großen Daniel Chodowiecki erinnern. Er hat eine Reihe Darstellungen zum Don Quixote gezeichnet, die, von Berger in Chodowiecki's Sinn radirt, die Bertuch'sche Übersetzung begleiten. Es sind vortreffliche Sachen darunter.", Nationale Forschungs- und Gedenkstätten der klassischen deutschen Literatur in Weimar (Hrsg.): Heinrich Heine. Säkularausgabe, Werke, Briefwechsel, Lebenszeugnisse, Bd. 1, Berlin 1979, S. 151.

der Werke legte, um dies als Verkaufsargumente nutzen zu können.[434] So vertrieb er den *Siegwart* Johann Martin Millers ebenfalls außerhalb der Sammlung und bewarb ihn als „neue verbesserte und mit schönen Kupfern versehene Ausgabe".[435]

Dass man die Titelkupfer auch als Angriff gegen die Nachdrucker verwenden kann, bewies Aloys Blumauer 1785 im zweiten Band seiner *Aeneis-Travestie*.[436]Auf diesem Titelkupfer ist zu erkennen, wie einige Hunde an einem menschlichen Schädel nagen. Auf den Halsbändern der Hunde sind die Initialen der Nachdrucker aufgedruckt, von denen sich (von rechts nach links) „T.v.T." = Thomas von Trattner,[437] „T.G." = Tobias Göbhardt,[438] „C.G.S." = Christian Gottlieb Schmieder, „I.G.F" = Johann Georg Fleischhauer, „I.G.T" = Joseph Georg Traßler (1759–1816) und „A.G." = Andreas Gerle identifizieren lassen.[439] Der Stich stellte die Allegorie zu den Verszeilen im Werk dar, in denen Aeneas den Nachdruckern in der Hölle begegnete.[440] Die Interpretation, dass die Nachdruckerhunde sich am Gehirn der Autoren labten, somit am geistigen Eigentum der Autoren, fokussierte sich auf den Schriftsteller und nicht auf den geschädigten Verleger. Während der Hund mit dem Halsband Schmieders am Kopf des Autoren nagte und damit nicht nur in der Bildebene, sondern auch in der öffentlichen Diskussion über den Büchernachdruck im Vordergrund positioniert war,[441] befindet sich der Hund mit dem

434 Schmieder verkaufte die sechs Teile des *Don Quixote* für einen Preis von 3 fl. vgl. Anhang Nr. 5 in der *Kurfürstlich gnädigst privilegirte* Münchner-Zeitung vom 8. Januar 1791, S. 28.

435 *Kurfürstlich gnädigst privilegirte* Münchner-Zeitung vom 29. Juli 1790, S. 620. Hierzu auch Kap. 4.2.4.

436 Blumauer, Aloys: Virgils Aeneis, travestirt von Blumauer, Wien: Gräffer 1785.

437 Dieser klagte wohl bei Joseph II. gegen diese Darstellung, doch seiner Klage gab der Kaiser nicht statt „mit der Begründung, die Buchstaben auf den Halsbändern seien so klein, daß sie ohne Vergrößerung nicht wahgenommen würden", Görres, Jörn (Hg.): Lesewuth, Raubdruck und Bücherluxus: das Buch in der Goethe-Zeit: eine Austellung des Goethe-Museums Düsseldorf, Anton-und-Katharina-Kippenberg-Stiftung, 26. Mai bis 2. Oktober 1977, Düsseldorf 1977, S. 108.

438 Vgl. Walther: „Eine kleine Druckerei, in welcher manche Sünde geboren wird" (wie Fn. 66).

439 Sickmann, Ludwig: „Wer sind denn diese Bestien…". Zum Titelkupfer des zweiten Bandes der Aeneis-Travestie von Aloys Blumaer (Wien 1785) mit Nachdrucker-Initialen auf Hundehalsbändern, in: Plassmann, Engelbert (Hg.): Buch und Bibliothekswissenschaft im Informationszeitalter. Internationale Festschrift für Paul Kaegbein zum 65. Geburtstag, München 1990, S. 378–389.

440 Die Verszeilen lauteten: „Allein nichts fand er gräßlicher / Im ganzen Höllengrunde / Als eine Koppel wüthiger / Ergrimmter Fleischerhunde, / Die mit heißhungriger Begier / Aus einem Menschenschädel hier / Das Hirn, ganz warm noch, frassen. / „Wer sind denn diese Bestien," / Begann der Held zu fragen: / „Die hier zu ganzen Dutzenden / An einem Schädel nagen? / Und ach! Wer ist der arme Tropf, / Der den Kanaljen seinen Kopf / Zum Futter geben mußte?" / „Nachdrucker sind (erwiederte / Sybille diese Hunde, / Das allerunverschämteste / Gezücht im Höllenschlunde, / Das stäts nur nach Autoren jagt, / Die Armen bey den Köpfen packt, / Und ihr Gehirn verzehret." / Auch ich, versetzt Aeneas, bin / Nicht sicher vor den Thieren / ließ von seiner Priesterinn / Sich eilends weiter führen." Blumauer: Virgils Aeneis, S. 136ff.

441 Ähnlich wie die anderen beiden Hundeallegorien Trattner und Göbhardt, die am Kopf nagten und das Angriffsziel der Nachdruckgegner waren, während Fleischhauer und Gerle im Hintergrund agierten.

Fleischhauer-Halsband im Hintergrund und wartete ab, welche Reste für ihn übrig blieben: Eine Allegorie auf die tatsächliche Aufgabenteilung Schmieders und Fleischhauers.[442]

Der geschädigte Nachdrucker Trattner ging sogar gegen die Verunglimpfung vor und legte bei der Hofkanzlei Beschwerde ein, die aber abgewiesen wurde, da „der Vergleich mit einem Räuber nicht unpassend und das Halsband des gezeichneten Hundes nicht leicht zu lesen sei".[443]

4.2.4 „Culture of the Upgrade" – Die Nachdrucker im Wettbewerb um Käufer

Wie die vielen hier dargestellten Bereiche der materiellen Seite der Nachdruckproduktion gezeigt haben, waren die Nachdrucker darauf bedacht, ihre Nachdrucke nicht nur als besonders günstig, sondern zumeist auch als ‚verbessert' ins Publikum zu geben. Dies war eine Art der Sublimierung, die Adrian Johns unter dem Begriff des „Culture of the Upgrade" zusammenfasst.[444] Darunter versteht er die hier aufgezeigten inhaltlichen Änderungen eines Buches wie die Anpassung der Schreibweise, die Verbesserung von Fehlern, eine neue Übersetzung, neue Illustrationen oder die materiellen Qualitätsmerkmale wie schöneres Papier, neues Format oder neue Lettern.[445] Damit konnten die Nachdrucker, aber auch die Buchhändler und Verleger generell ihre Werke beim Publikum als qualitativ hochwertiger bewerben.[446] In einer Phase des ausdifferenzierenden und umkämpften ‚modernen' Buchmarktes, bei dem das Buch zu einem Handelsprodukt wurde, waren dies stichhaltige Argumente, um Käufer von der eigenen ‚Ware' zu überzeugen.[447] Auch Schmieder und Fleischhauer bewarben ihre Nachdrucke damit,

---

442 Sickmann irrt in seiner Annahme (und dem uneindeutigen Verweis auf Breitenbruch), dass Fleischhauer derjenige war, der nach neuen Nachdruckobjekten Ausschau hielt und die Konzeption der Sammlung übernahm. Wie daregelgt wurde, war es im Gegenteil Schmieder, der für die Auswahl zuständig war, während Fleischhauer die Produktion der Nachdrucke übernahm und zumeist das nachdruckte, was zuvor bereits als Schmieder'scher Nachdruck erschienen war, vgl. Sickmann: „Wer sind denn diese Bestien…", S. 386 und Kap. 3.3.1.

443 Karstens: Sonnenfels, S. 215.

444 Johns, Adrian: Piracy. The intellectual property wars from Gutenberg to Gates, Chicago 2009, S. 49.

445 „Pirates did sometimes seek to ‚improve' an original, if only to be able to advertise their edition as improved. One might slightly abridge; another might translate creatively; a third might add material or critical comments. Booksellers competed to claim the latest, best, most complete, most authentic version. So a culture of the upgrade, as it were, took hold", Johns: Piracy, S. 49.

446 Für diesen Aspekt bei Trattner vgl. Frimmel: Trattner und die Materialität des Nachdrucks, S. 134–136.

447 Eine Charakterisiserung dieses Umstandes nahm der Übersetzer Johann Christian Hüttner (1766–1847) 1807 vor, der den Übergang des Geistesproduktes Buch zu einer Ware, die gehandelt wird, wie folgt beschrieb: „Jeder Kaufmann darf seine Waare loben: der Buchhändler ist auch Kaufmann, warum sollte es ihm minder erlaubt seyn? Wenn sich die Käufer dadurch anlocken lassen und sich hinterher betrogen finden, so ist es ihre eigne Schuld. Die vielen Buchhändler in Teutschland, Frankreich und England könnten zu jetziger Zeit gar nicht bestehen, wenn es ihnen nicht vergönnt wäre, ihren Verlag mit Trompeten und Pauken auszurufen." Hüttner, Johann Christian: Art der englischen Buchhändler ihre Waare zu preisen, in: London und Paris 19 (1807), S. 8–10, hier S. 8.

dass sie eine „neue verbesserte Auflage“ seien oder sie „mit schönen Kupfern“ versehen wurden.[448]

Dabei erstreckte sich diese nicht nur auf die Beseitigung von Druckfehlern, dem Zufügen neuer Illustrationen oder die Änderung des Satzes, sondern auch auf Zugaben, die sich nicht in den Originalausgaben finden ließen.

Bei der Schmieder'schen Gesamtausgabe der Werke Gellerts aus dem Jahr 1774 fügte Schmieder nicht nur zusätzlich die Schrift *Der Greis bei Gellerts Grabhügel* an, welche auch Fleischhauer in seinem Gellertnachdruck von 1776 abdruckte, sondern auch einen Anhang mit fünf Briefen Gellerts an den Schriftsteller Johann Friedrich von Cronegk (1731–1758).[449] Er hatte somit ein Alleinstellungsmerkmal seiner Gellertnachdrucke erreicht, die sich von den anderen Gelertausgaben absetzte. Darüber hinaus findet sich ein „Korrespondentenverzeichnis“, welches Schmieder in benutzerfreundlicher Absicht dem Nachdruck hinzugefügt hatte.[450]

Ohnehin war Schmieder darauf bedacht, seine Sammlung so zu konzipieren, dass der Leser eine kohärente, komplette und gut zusammengestellte Gesamtausgabe in den Händen hielt. Auch der Tübinger Schramm druckte 1790 die *Kurze Geographie von Asia, Afrika, Amerika und den Südländern: Versuch einer Fortsetzung von Raffs Geographie für Kinder* und fügte auf das Titelblatt den Werbevermerk „Mit einer neuen illuminirten Weltkarte“ hinzu, die dem Werk in guter Druckqualität angefügt war.[451]

Mit diesen Mitteln setzten die Nachdrucker einen „Wettbewerb um Authentizität und Qualität in Gange“.[452] Die Originalverleger nutzten gleichsam dieses Mittel, um die Nachdrucke zu diskreditieren und ihre prachtvoll ausgestatteten Werke zu preisen. So kündigte Friedrich Himburg seinem Publikum eine „neue“ und auf „schönes Papier mit ganz neuen Lettern gedruckte und verbesserte Auflage“ des *Handbuches der Religion* an und „warnet zugleich das Publikum für den Nachdruck, welchen die Buchdrucker Schramm und Franke zu Tübingen und Fleischhauer zu Reutlingen nach der alten Ausgabe angekündigt haben“.[453]

448 Vgl. zu den Kupferillustrationen Kap. 4.2.3. Fleischhauer bewarb das 1791 nachgedruckte Versepos *Oberon* von Wieland als „Neue und verbesserte Ausgabe“.

449 „Diese Briefe sind erstmals und nur dort abgedruckt worden, in die autorisierte Leipziger Ausgabe sind sie nicht aufgenommen worden.“ Arto-Haumacher, Rafael: Gellerts Briefpraxis und Brieflehre; der Anfang einer neuen Briefkultur, Wiesbaden 1995, S. 296.

450 „Überhaupt war Schmieder auf ‚Benutzerfreundlichkeit‘ aus. Er nahm auch eine andere Anordnung der einzelnen Teile gegenüber der Leipziger Ausgabe vor. Dadurch erreichte er – da die zehn Teile überlicherweise in fünf Bänden gebunden waren -, daß die in der Werkausgabe zweiteilige Briefsammlung in einem Band gebunden werden konnten, und nicht –wie in der Leipziger Ausgabe – ‚auseinandergerissen‘ wurde.“, Ebd., S. 296f.

451 Das Werk erschien unter den fiktiven Verlagsorten Frankfurt/Leipzig ebenfalls 1790 und in Nürnberg bei Bieling. Hinter der Verfasserschaft des Versuches der Fortsetzung wird der Pädagoge Christian Karl André (1763–1831) vermutet. Der anonyme Verfasser schreibt im Vorwort, dass er den zweiten Band der *Geographie* aufgrund des frühen Todes Raffs im Jahr 1788 vorgenommen hat.

452 Frimmel: Trattner und die Materialität, S. 136.

453 Allgemeines Verzeichniß neuer Bücher mit kurzen Anmerkungen. Nebst einem gelehrten Anzeiger, Fünfter Band, achtes Stück, Leipzig 1780, ohne Seitenzählung.

4.3 Wissensverbreitung durch den Nachdruck? – Distribution der Nachdrucke

Während in der Diskussion über den Büchernachdruck der günstige Preis zunächst als Mittel gegen die sächsische Handelspraxis angesehen wurde,[454] stellten gegen Jahrhundertende die Nachdruckbefürworter die sozioökonomischen Vorteile heraus, da durch die günstigen Nachdrucke erstens mehr Menschen und zweitens insbesondere die unteren Schichten überhaupt erst an Literatur gelangen können. Ebenso wurden die für die Obrigkeit entstandenen Nutzen der Untertanenbildung und der wirtschaftliche Nutzen betont.[455]

Die Lancierung von Wissen und aufklärerischen Ideen wurde nahezu einhellig auch von Nachdruckgegnern als positive Folgewirkung der günstigen Nachdrucke herausgestellt.[456] Der Nachdruckgegner Regius urteilte 1783:

> Alles will lesen, und nicht nur lesen, sondern auch Bücher besizen. Ich bin zu weit davon entfernet, das zu tadeln, so, daß ich es vielmehr mit ein bischen Auswahl für das erste Mittel der Aufklärung halte. Aber, wenn jeder empfindsame Bediente der mondigen Kammerjungfer den Sigwart u.s.w. schenken, oder jeder Schüler die zuckersüssen Dingerchen selbst besizen will, soll man deswegen die Nachdrucker auffordern, weil die guten Leute die ächten Ausgaben nicht bezahlen können?[457]

Auch andere Nachdruckgegner äußerten sich ähnlich wie Regius,[458] so mutmaßte Wagenseil, dass er nicht wisse, ob seine Landsleute den Nachdruck für rechtmäßig oder unrechtmäßig hielten, manche aber in ihren „Herzen demselben die Ausbreitung manches nützlichen aber theuren Buchs" danken.[459]

Zweifellos nutzte auch Schmieder das Argument der Wissensdistribution und der Lektüre für eine Vielzahl an Personen, um seine Nachdrucke zu legitimieren:

454 Vgl. Kap. 4.2.1.

455 Vgl. Kap. 4.5.

456 Eine der wenigen kritischen Stimmen hierauf bezogen kam vom Schreiben an den Verfasser der Erinnerungen eines Buchhändlers, der nicht davon überzeugt war, dass der Nachdruck zur „beförderten Aufklärung" beigetragen habe, ohne dies näher zu erläutern, vgl. N. N.: Schreiben an den Verfasser der Erinnerungen eines Buchhändlers, in: Ephemeriden der Menschheit, 1786, S. 562–575, hier S. 564f.

457 Regius: Ueber Bücherverlag und Nachdruck, S. 202.

458 So auch Ohlentorp, dass durch den Nachdruck „insbesondere die Aufklärung befördert werde, indem sich mehrere Menschen durch die wohlfeileren Preise der Bücher in den Stand gesetzt sähen, sich von dem Lichte der Schriftsteller erleuchten zu lassen, wovor ihnen sonst der Eigennutz der Herren Buchhändler einen dichten Vorhang gezogen haben würde", Ohlentorp: Vertheidigung des Büchernachdruckes, S. 31. Die soziale Reichweite stellte Knigge heraus: „Die höchst wohlfeilen Nachdrücke bringen Bücher, die ausserdem nur von reichen Leuten gekauft und gelesen werden würden, in die Hände ärmerer Classen, und befördern also die Cultur.

459 Wagenseil: Auch ein Vorschlag, dem Nachdruck der Bücher zu steuern, in: Olla Potrida 1780, S. 102–106.

> Wie sehr ist durch die wohlfeilen, bis in das Haus des Bürgers und in die Hütte des Bauern verbreitete Nachdrucke der besten und lehrreichsten deutschen Schriften die Aufklärung in den untern Klassen des Volkes unter uns gang und gäbe geworden! Wie viele unserer Landleute, die sonst des Sonntags in den Wirtshäusern spielten, oder rauften, bis Blut floß, sizen jetzt friedlich unter ihrer Familie und lesen da in dem ihnen so werthen und so verständlichen Gellert, den sie, ohne den Nachdruk, wohl nie, auch nur dem Namen nach, würden kennen gelernt haben![460]

Hier spielte er auf seine eigenen Nachdrucke der Gellert'schen Schriften an, die er als erste seiner Sammlung hinzugefügt und mehrfach erneut aufgelegt hatte. Schon gegenüber dem Markgrafen äußerte er die Vorzüge der Schriften Gellerts, die ungemein populär und dadurch einen hohen Absatz in der Bevölkerung finden würden.[461]

Der Autor der Schrift *Vertheidigung des Eigentums*, stellte ebenfalls die positiven Aspekte des Nachdrucks heraus, fragte aber gleichzeitig nach der Motivation:

> Er [=Schmieder] macht uns S. 48 eine Schilderung davon, welche zu bezweifeln mancher sich die Freyheit nehmen wird. Inzwischen wollen wir ihm gerne eingestehen, daß die Verbreitung der Gellertschen Schriften eine gute Seite des Nachdrucks sey, aber es sey uns erlaubt, ihn zu fragen, nicht: ob Moralität und Beförderung derselben der Maastab sey, den die Herren Nachdrucker annehmen? sondern: ob nicht bey den meisten Gewinnsucht allein der Bestimmungsgrund sey, und ob nicht daher das Unmoralische eben so werth und ihres Nachdrucks würdig werde, als die Schrift eines Gellerts?[462]

Die Maxime hinter dieser Aussage war es, die Absichten des Nachdruckers zu demaskieren. Seiner Meinung nach waren es weniger die aufklärerischen Intentionen als vielmehr die monetären Aspekte, die für Schmieder im Vordergrund standen. Deckungsgleich äußerte sich im gleichen Jahr der Verfasser des populären *Noth- und Hilfsbüchleins* Rudolf Zacharias Becker über Schmieder und dessen Nachdrucke, die er lediglich aus „Gewinnsucht" veranstalte.[463]

Das Pseudonym Bonaventura Biedermann stellte in seiner Schrift heraus, dass der Nachdruck „alle diese Werke weiß leichter und schneller verbreite[n]t: er stellet mehrere

460 Schmieder: Wider und Für den Büchernachdruck, S. 48.

461 So schrieb Schmieder, er nahm „bona fide die Gellertsche Schriften zu meiner Samlung zuerst in Abdruck, welche wegen ihres großen nuzens und weil der Verf. Gellert bey dem publico ungemein beliebt ist, einen fast unglaublich schnellen Abgang finden." GLA 206,702.

462 N. N.: Vertheidigung des Eigentums, S. 58f.

463 „um die Zeit der Krönung Leopolds II. in Verbindung mit dem preuß. Legationsr. Ganz in Regensburg einen Versuch […], ein Reichsgesetz wider den Nachdruck auszuwirken. Ich spendirte an jeden kurfürstl. Wahlbotschafter I auf holländisch Papier gedrucktes und sauber gebundenes Noth. und Hülfsbüchl. als Beleg, daß die Theuerung der Bücher nicht der Grund des Nachdrucks sey, sondern die Gewinnsucht der Schmieder und Consorten", Brief R. Z. Becker an F. J. Bertuch, Gotha den 13.6.1814, zitiert nach Siegert: Aufklärung und Volkslektüre, Sp. 719. Zur Krönung Leopolds II. und der Nachdruckdebatte vgl. Kap. 4.1.2.

Leute an Beschäftigung: er eröffnet mehrere und ausgedehntere Wege, und bringt auch da die Lecktür zum Leben, wo sie ohne ihn in ewiger Vergessenheit geblieben wäre".[464] Damit spielte Biedermann auf die Distributionsnetzwerke der Nachdrucker an, die scheinbar einen Markt bedienten, den der reguläre Buchhandel nicht erschlossen hatte oder nicht erschließen konnte. Doch wie sahen die Vertriebswege der Nachdrucker aus?

4.3.1 Die Distributionsnetzwerke der Nachdrucker

Mit dem kursächsischen Mandat von 1773 wurden die Nachdrucker und diejenigen Buchhändler, die mit Nachdrucken handelten, von der Leipziger Messe ausgeschlossen.[465] Auch die zur Bedeutungslosigkeit herabgesunkene Frankfurter Buchhandelsmesse versprach keinen vielversprechenden Absatz ebenso wenig wie die kurzlebige Nachdruckermesse in Hanau.[466] Die Nachdrucker waren schließlich darauf angewiesen, andere Vertriebswege zu finden, auf denen sie ihre Nachdrucke an den Leser bringen konnten. Der Verfasser der *Erinnerungen eines Buchhändlers* beschrieb diese Entwicklung folgendermaßen:

> Den Verkauf des Nachdrucks hindert er [= ein günstigerer Preis der Bücher] eben so wenig; denn die Herren Nachdrucker gehen nicht blos auf der gebahnten Landstraße hausiren, sondern durchkriechen alle Fußsteige und Schlupfwinkel, haben fast alle Pfarrer und Schulmeister, alle Buchbinder, Bücherkrämer und Bücherjuden,[467] und Gott weis, was für Leute in ihrem Solde, und so sind sie ihres Absatzes gewiß [...]. Durch diesen Weg drangen die Nachdrücke in wenig Jahren bis in die entferntesten und dunkelsten Winkel aller Provinzen, wohin nie ein Buchhändler mit aller Mühe kommen konnte".[468]

Insbesondere den letzten Satz nutzten die Nachdrucker in ihrer Argumentation für die Legitimation des Nachdrucks. Schmieder führte den Beweis auf, dass die Nachdrucker nur an denjenigen Orten ihre Bücher verkaufen würden, an denen die Buchhändler

464 Biedermann, Bonaventura: Zirkular über Nachdruck. An meine Herren Freunde und Konsorten in Schwaben, Bayern, Österreich, Franken, am Rheine, und der Schweiz, Redlichhausen in Schwaben 1791, S. 17. Bislang konnte nicht geklärt werden, wer sich hinter dem Pseudonym Bonaventura Biedermann verbarg. Die amikale Anrede im Untertitel an die anderen Nachdrucker sowie der fiktive Verlagsort ‚Redlichhausen in Schwaben' deuten darauf hin, dass es sich bei der Schrift ebenfalls um einen satirischen Beitrag – wie der Wielands – wider den Nachdruck handele. In der Schrift selbst legte Biedermann die gängigen Argumente für und wider den Büchernachdruck dar, ohne, dass es einen offensichtlich satirischen Charakter hatte, sodass anzunehmen gilt, dass die Verfasserschaft auf einen Nachdruckbefürworter zurückfällt.

465 Vgl. zum kursächsischen Mandat Kap. 2.2.1.

466 Vgl. Kap. 4.5.3.

467 Nach Campes Wörterbuch der deutschen Sprache war ein Bücherjude, spöttisch eine Person, die mit alten, gebundenen Büchern handelte, ein Büchertrödler, vgl. Campe, Joachim Heinrich: Artikel ‚Bücherjude', in: Wörterbuch der deutschen Sprache, A bis E, Braunschweig 1807, S. 639.

468 N. N.: Erinnerungen eines Buchhändlers, S. 364 und 367.

ohnehin keinen Absatz einkalkulieren würden.[469] Welche vielseitigen Vertriebsmöglichkeiten die Nachdrucker nutzten, wird in den folgenden Kapiteln näher erörtert.

4.3.2 Verbreitung über den stationären und Kommissionsbuchhandel

Die Vertriebswege im klassischen Buchhandelssystem führten über den stationären Buchhandel vor Ort – insbesondere in der Stadt – ergänzt durch das Vorabverkaufsverfahren der Subskription beziehungsweise der Pränumeration. Insbesondere der Verkauf im Buchladen war vornehmlich der gebildeten Bürger- oder Beamtenschicht vorbehalten.[470]

Über die Tübinger Buchdrucker Schramm, Frank und Balz ist bekannt, dass sie keine eigene „Lade", also keine Offizin besaßen, wie sie selbst angaben.[471] Sie vertrieben ihre Verlagsartikel über die Subskription und über Annoncen in den periodischen Schriften, worauf im weiteren Verlauf noch eingegangen wird. Der zweite Vertriebsweg war der Verkauf an andere in- und ausländische Buchhändler und das bereits erwähnte Mittel des Kommissionsverkaufs insbesondere beim Reutlinger Nachdrucker Johann Jakob Fleischhauer.[472]

Anders gestaltete sich der Verkauf der Werke bei dem Buchhändler Schmieder. Er verfügte über eine Buchhandlung in Karlsruhe und konnte seine Nachdrucke so an das lokale Lesepublikum verkaufen. Da damit aber nur ein sehr begrenzter Umsatz einzufahren war, weiteten die Nachdrucker ihr Geschäftsnetzwerk auf in- und ausländische Filialen aus.

Es ist bekannt, dass Schmieder seine Sammlung auch außerhalb Karlsruhes in Buchhandlungen zum Verkauf anbot, er teilweise sogar in die Städte reiste, um bei bekannten oder befreundeten Buchhändlern für eine begrenzte Zeit seine Bücher zu verkaufen oder diese seine Werke auf Kommission für ihn verkauften. So waren beispielsweise bei Wucherer in Wien, bei Reuss in Hamburg oder bei Ruff in Frankfurt die Nachdrucke Schmieders zu bekommen.[473] Mithilfe dieses Netzwerkes konnte er seine rasch produzierten Nachdrucke schnell an das Publikum liefern, ein Vorteil im Wettbewerb um die Leserschaft, die die neueste Literatur möglichst schnell in den Händen halten wollte. So äußert Wagenseil „[...] im Gegenteil aber ist es höchst verdrüsslich, immer zu hören: , es ist grad ausgegangen', und oft 6, 8 oder mehrere Wochen warten zu müssen, bis man endlich das sehnlich gewünschte Buch erhalten kann".[474]

Um seine Nachdrucke in weiteren Städten absetzen zu können, besuchte er andere Buchhändler im Reichsgebiet auch persönlich, um sie als Kommissionäre zu gewinnen. Im Juli 1782 residierte Schmieder zum ersten Mal nachweislich in München bei „dem berühmten Gastgeber zum schwarzen Adler Hn. Albert" und offerierte dort 110 Teile seiner Sammlung.[475] Anscheinend lohnte sich diese Art des Verkaufes, da er in den

469 Schmieder: Wider und Für den Büchernachdruck, S. 55f.
470 Zur Rezeption vgl. Kap. 2.2.3.
471 Vgl. UAT 8/2,3, Nr. 192.
472 Vgl. Kap. 3.3. Kap. 3.4.
473 Vgl. Kap. 4.3.2.
474 Wagenseil: Auch ein Vorschlag, S. 104.
475 Beilage zu den Münchener wöchentlichen Anzeigen, 31. Juli 1782, Nr. CXVI. Der Gasthof

kommenden Jahren mehrfach bei Albert ‚logierte'.[476] In München verkaufte Schmieder seine Sammlung in Kommission zudem bei Joseph Lentner,[477] aber auch der Augsburger Buchhändler Konrad Heinrich Stage handelte mit Schmieder'schen Verlagsartikeln.[478]

Es konnte nicht hinreichend geklärt werden, ob Schmieder möglicherweise die Messen in Wien und die Jakobidult in München besuchte und dabei seine Verlagsartikel auf Kommission bei den befreundeten Buchhändlern zurückließ.[479] Aus den gezeigten Bücheranzeigen der Münchener periodischen Presse ging hervor, dass Schmieder immer mal wieder im Zeitraum zwischen 1782 und 1789 im Juli in München weilte und dort seine Nachdrucke veräußerte. Womöglich reiste Schmieder zunächst nach Wien und auf dem Rückweg nach München oder gelangte über München nach Wien und nutzte diese Reise, um auf dem Weg seine Kommissionshändler mit seinen Nachdrucken zu versorgen. Doch selbst wenn Schmieder nicht persönlich in München war, so lieferte er seine Nachdrucke „ohne die mindeste Frachtkosten ganz frei nach München" zu den dort mit ihm kooperierenden Kommissionsbuchhändlern.[480] Doch nicht nur im Reichsverbund verkauften die Nachdrucker ihre Waren, auch in den angrenzenden Territorien waren ihre Buchartikel zu haben.

4.3.3 Der ausländische Absatzmarkt für Nachdrucke

Schmieder behauptete in seiner Schrift, dass die Originalverleger ihre Werke dort absetzen können, wo kein Nachdruck je hinkomme

> Ober- und Niedersachsen, wo die Leselust mehr, als sonst irgendwo zu Hause ist, Schlesien und überhaupt die ganze Preussische Monarchie, Dänemark, Polen, Schweden, Rußland, welchen Saaten allen soviel deutsch gelesen wird!! Der Nachdruck schränkt sich also blos auf denjenigen Theil Deutschlands ein, den man gewöhnlich das Reich zu nennen pflegt".[481]

Tatsächlich ließen sich in den angesprochenen Ländern Polen und Russland, aber auch im skandinavischen Raum sowie in England deutsche Buchhändler nieder,[482] die mit

‚Schwarzer Adler' lag in der Kaufingerstraße in München, in dem auch Mozart und 1786 Goethe auf seiner Reise nach Italien nächtigte.

476 Rückschlüsse hierauf geben die Nachrichten in den Münchener Zeitungen, die hier bereits mehrfach Erwähnung fanden. So war Schmieder ab 1782 mehrfach in München anzutreffen, vgl. die Münchener Presse in den Jahrgängen 1782–1789.

477 Vgl. Kurfürstlich gnädigst privilegirte Münchner-Zeitung vom 6. Januar 1790, S. 5.

478 Vgl. Anhang Münchener Zeitung vom 10. Januar 1784, Nr. V.

479 Junger berichtet davon, dass Schmieder „wie andere deutsche Drucker und Händler" nach Wien zur Messe gekommen sei und die nicht verkauften Bücher bei Wucherer gelassen habe. Er nennt keine Quellen für seine Behauptung, sodass dies nur vermutet werden kann, vgl. Junger: Wucherer, S. 37.

480 Münchner staats-, gelehrte, und vermischte Nachrichten vom 19. Januar 1782, Anhang, o.S.

481 Schmieder: Wider und Für den Büchernachdruck, S. 46f.

482 „Mindestens zehn Druckereien bzw. Buchhandlungen in London wurden in der Zeit ab ca. 1710 bis 1811 von Deutschen und Schweizern gegründet", wobei diese „ihre Angebote und Sortimente diversifizieren" mussten, um am englischen Buchhandel partizipieren zu können. Jefcoate, Graham: Deutsche Drucker und Buchhändler in London 1680–1811: Strukturen und Bedeutung

den Leipziger Messkatalogen handelten und die interessierte Käuferschaft mit deutscher Literatur versorgten.[483]

Dass die Nachdrucker den ausländischen Absatzmarkt für sich entdeckten, konstatierte auch der Verfasser der Gegenschrift Schmieders:

> Allein ich kann dem Verfasser nicht nur sagen: was noch nicht ist, kann werden, sondern ihm auch sagen, daß unsere Nachdrucker sich bereits dahin wenden, wo die Leselust zum Deutschen sogar erst erweckt werden soll. Wenigstens erinnere ich mich aus dem Brief eines Freundes, der sich in Geneve aufgehalten hatte, daß er auf eine Ankündigung in einer Zeitung, daß bey einem gewissen Buchbinder die besten deutschen Schriften zu haben seyen, begierig zu diesem gelaufen sey, und zu seinem großen Erstaunen nichts als Schmiederische oder Fleischhauerische Nachdrucke angetroffen habe. Der Herr Verfasser wird also wohl von selbst einsehen müssen, daß auf diese Weise die Folge des Nachdrucks nicht nur ein unterbleibender Gewinn, sondern ein sich ergebender Schaden werden müsse.[484]

Schmieder sollte sich angeblich selbst auf eine Reise nach Holland begeben haben „um die Holländer durch Nachdrücke mit der deutschen Litteratur bekannt zu machen".[485]

Die Karlsruher, Reutlinger und Tübinger Nachdrucker verkauften ihre Sammlungen teilweise in die Schweiz und in die habsburgischen Erblande.[486] In Wien hatten Schmieder und Fleischhauer ab den 1780er Jahren mit dem Großhändler Georg Phil-

---

des deutschen Anteils am englischen Buchhandel (= Archiv für Geschichte des Buchwesens – Studien; 12), Berlin / New York 2015, S. 416f.

483 „Für den Buchhandel waren in dieser Beziehung vor allem drei Momente wichtig: das im Zuge der Aufklärung in ganz Europa wachsende Lesebedürfnis, die gegenüber staatlich oder kirchlich kontrollierten Unternehmen größere Leistungsfähigkeit privater Geschäfte und die Randlage des osteuropäischen Buchhandels in einer Zeit, in der Leipzig immer deutlicher das Zentrum dieses Geschäftszweigs wurde. Das sind die Voraussetzungen, welche die neue Epoche in der Geschichte des osteuropäischen Buchwesens bestimmten." Für das gesamte osteuropäische Buchwesen vgl. umfassend Ischreyt: Kommunikationssystem, S. 256f. Für den skandinavischen Markt lassen sich ähnliche Tendenzen wahrnehmen, so in Schweden: „After the Nordic War three stationary bookshops run by Germans were established in Uppsala and Stockholm. Georg Moritz Weidmann opened a branch of his well known Leipzig firm in Stockholm in 1726 with the bookkeeper Örttel as agent. He published extensive catalogues of his stock […]". Erstaunlicherweise war der Leipziger Buchhändler Weidmann auch im europäischen Ausland aktiv und eröffnete dort seine Buchläden und versorgte den dortigen Markt auch mit deutschen Autoren, vgl. im selben Sammelband Lindberg, Sten G.: The Scandinavian Book Trade in the Eighteenth Century, in: Barber, Giles / Fabian, Bernhard (Hrsg.): Buch und Buchhandel in Europa im 18. Jahrhundert, Hamburg 1981, S. 225–248, hier S. 231. Über den französischen Absatzmarkt wurde in der Auseinandersetzung zwischen Schmieder und Beauchmarchais berichtet, vgl. Kap. 3.1.3.

484 N. N.: Vertheidigung, S. 52f.

485 N. N.: Auszüge aus Briefen: Deutsches Museum 1780, S. 101. Schmieder selbst schrieb im Kontext eines Nachdruckverbotes, dass der Nachdruck dadurch nicht in den angrenzenden „Niederlanden, der benachbarten Schweiz, dem benachbarten Elsas" verhindert werden würde, Schmieder: Wider und Für, S. 52. Einen stichhaltigen Beweis für diese Reise gab es hingegen nicht.

486 Vgl. Kap. 4.3.3.

ipp Wucherer einen Kommissionär, der einen stetigen Absatz garantierte.[487] Und auch die Tübinger Verlagswerke fanden regen Absatz im nahen Ausland. Nicht ohne Grund druckten Schramm, Frank und Balz einen Großteil der Schriften des Schweizer Theologen Johann Jakob Hess' ebenfalls für den dortigen Absatzmarkt nach.

Der Theologe und Gelehrte Friedrich Münter (1761–1830) bemerkt auf seiner Reise nach Italien durch die habsburgischen Erblande im Herbst 1784: „Auch der Messias izt allgemeine Literatur, alle Schüler in Presburg haben ihn, u. viele 100 Ex. des Karlsruher Nachd{rucks} [sic] wurden verkauft. Alles was lesen kann, es mag Katholisch oder Protestantisch seyn, ließt ihn".[488] Aufgrund der geographischen Nähe Preßburgs zu Wien liegt der Verdacht nur allzu nahe, dass es ebenjener Wucherer war, der die Messiasnachdrucke in Kommission auch nach Preßburg verkauft hatte.[489]

Im schwedischen Lund wurde am Ende des 18. Jahrhunderts an der dortigen Universität eine Professur für Ästhetik und moderne Literatur und Sprachen errichtet.[490] In diesem Zuge erwarb man die Schmieder'sche Sammlung mit insgesamt 127 Bänden mit den bereits bekannten Autoren, die den Grundstock der deutschen klassischen Literatur in der Bibliothek bildete.[491] Die Sammlung ist noch heute im Bestand der Universitätsbibliothek überliefert. Es liegt nahe, dass diese Bücher aus dem nicht weit entfernten Kopenhagen und den dort ansässigen deutschen Buchhändlern bezogen worden sind oder von Professoren, die Beziehungen hatten, um deutsche Literatur anwerben zu können.[492]

Es gibt Hinweise darauf, dass deutsche Nachdrucke auch in Russland, Polen und im Baltikum rezipiert wurden. So setzte Anton von Klein seine *Sammlung ausländischer schöner Geister* in Russland und Polen ab.[493] Zudem soll die philanthropistische Literatur bekannter Autoren wie Basedow, Rochow und Campe im „deutschsprachigen Nachdruck" gelesen worden sein, was auf die Sammlung der Tübinger Nachdrucker hinweist.[494]

---

487 Vgl. Kap. 3.1.4.

488 Friedrich Münter, Brief an seinen Vater Balthasar Preßburg, 1.10.1784, in: Rosenstrauch-Königsberg, Edith: Brief und Briefwechsel im 18. und 19. Jahrhundert als Quellen der Kulturbeziehungsforschung (= Studien zur Geschichte der Kulturbeziehungen in Mittel- und Osteuropa; 7,2), Essen 1987, S. 170.

489 Vgl. zum Buchhandel in Preßburg und der ‚Provinz': Heydemann, Klaus: Buchhändler in der Provinz, in: Kriegleder, Wynfrid (Hg.): Deutsche Sprache und Kultur im Raum Pressburg (= Presse und Geschichte – neue Beiträge; 4), Bremen 2002, S. 127–154.

490 Undorf, Wolfgang: Universitätsbibliothek Lund, in: Handbuch der historischen Buchbestände in Deutschland, Österreich und Europa (Fabian Handbuch), Digitalisiert von Günter Kükenshöner. Hrsg. von Bernhard Fabian. Hildesheim 2003.

491 Ebd.

492 Grønbæk, Jacob H.: Dänemark, in: Fabian Handbuch. Lehmstedt hat herausgefunden, dass auch Trattner 1765 seine Nachdrucke in Kopenhagen absetzte, so liegt es durchaus nahe, dass auch andere Nachdrucke in Dänemark guten Absatz gefunden haben, vgl. Lehmstedt: „Ein Strohm", S. 212f.

493 Willenberg: Distribution und Übersetzung englischen Schrifttums, S. 214.

494 Koch, Kristine: Deutsch als Fremdsprache im Russland des 18. Jahrhunderts. Ein Beitrag zur Geschichte des Fremdsprachenlernens in Europa und zu den deutsch-russischen Beziehungen, Berlin 2002, S. 298.

Wenngleich es sich bei den Nachdrucken, die ins Ausland gelangt sind, um einen vergleichsweise geringen Anteil handelte, so beweist es doch, dass ein Bedarf an günstiger deutscher Lektüre im Ausland herrschte und dass die Nachdrucker – und insbesondere Schmieder – über ein Distributionsnetzwerk verfügten, welches über die Reichsgrenzen hinausreichte.[495]

4.3.4 Subskription und Pränumeration – Die Buchwerbung

Bei der Vermarktung ihrer Bücher beschritten die Nachdrucker ähnliche Wege wie die Originalverleger und offerierten ihre Titel insbesondere im letzten Drittel des 18. Jahrhunderts über die Wege der Pränumeration beziehungsweise der Subskription. Während bei der Pränumeration oder auch ‚pränumerierende Subscription' sich der Interessent im Vorfeld verpflichtet, den günstigeren Pränumerationspreis zu bezahlen, so wurde bei der Subskription keine finanzielle Vorauszahlung geleistet, sondern nur die schriftliche Verpflichtung gegeben, das Buch nach Erscheinen zu erwerben.[496] Etwa ein Sechstel der verkauften Bücher, so Bürger, wurden über diese Verkaufsverfahrensweise in den letzten Dezennien des 18. Jahrhunderts abgesetzt.[497] Um die Pränumeration durchführen zu können, bedurfte es zweier Grundvoraussetzungen, die die Buchhändler dem Interessenten zur Verfügung stellen mussten. Einerseits einen Bücherkatalog oder eine Anzeige derjenigen Bücher, die zur Pränumeration ausgeschrieben waren und andererseits vertrauenswürdige Kollekteure, die die Beträge einsammelten und diese, bei Erscheinen des Buches, den Käufern zukommen ließen oder bei denen man diese abholen konnte.[498]

Schon in der Frühphase des Diskurses über den Nachdruck wurde sich seitens der ‚redlichen Buchhändler und Verleger' über das Subskriptions- beziehungsweise das Pränumerationsverfahren echauffiert. Anlass hierzu gab die *Gelehrtenrepublik* Klopstocks sowie weitere Unternehmungen emanzipierter Autoren, ihre Werke nicht mehr über die Verleger, sondern über den Selbstverlag zu vertreiben.[499] Das letzte Projekt dieser Art war die Buchhandlung der Gelehrten zu Dessau, welches jedoch 1785 aufgrund finanziellen, konzeptionellen und unternehmerischen Misserfolgs scheiterte.[500]

Das Subskription- und Pränumerationsverfahren war ein Ausdruck der emanzipierenden Autoren gegen das statische Buchhandelssystem, in dem sie mehr Partizipation forderten.[501] So nutzten auch Buchhändler, Verleger und Nachdrucker dieses Vertriebs-

495 Eine Abnehmerschaft der Nachdrucke wird im Kapitel der Rezeption der Nachdrucke behandelt, hierbei besonders die Lesegesellschaften in den angrenzenden Nachbarländern, vgl. Kap. 4.4.2.2.

496 Wittmann, Reinhard: Subskribenten- und Pränumerantenverzeichnisse als Quellen zur Lesergeschichte, in: Wittmann, Reinhard (Hg.): Buchmarkt und Lektüre im 18. und 19. Jahrhundert. Beiträge zum literarischen Leben 1750–1880 (= Studien und Texte zur Sozialgeschichte der Literatur; 6), Berlin 1982, S. 46–68, hier 48f.

497 Bürger: Aufklärung in Zürich, S. 130.

498 Zum Vertriebsnetzwerk der Nachdrucker vgl. Kap. 4.3.

499 Vgl. Kap. 4.1.1.

500 So verfügte die Buchhandlung nicht über die Vertriebskanäle, um ihre Bücher über Subskription- und Pränumeration absetzten zu können, vgl. zu den Gründen Rahmede: Die Buchhandlung der Gelehrten zu Dessau, S. 128ff.

501 Vgl. Wittmann: Geschichte des Buchhandels, S. 173ff.

system, da sie hierüber besser kalkulieren konnten, welche Bücher aufgrund der Rückmeldung der Käufer lohnenswert erschienen. Des Weiteren konnten sie – mithilfe ihres weitgespannten Vertriebsnetzwerkes – über Avertissements, Annoncen und befreundete Kollekteure ihre Waren theoretisch im gesamten Reichsgebiet und dem Ausland anbieten. Gleichzeitig mussten die Projekte in besonders hohem Maße beworben werden, da man dem potenziellen Käufer ein noch nicht existierendes Produkt verkaufen musste.[502] Dabei unterlagen die Subskriptionsanzeigen einem allgemeingültigen Schema, in dem das Werk, der Preis und etwaige Vergünstigungen deklariert wurden.[503] Gegen Ende des 18. Jahrhunderts, in denen die Subskriptions- und Pränumerationsanzeigen stetig im Ansehen fielen, fügte man den schematischen Anzeigetexten persönliche oder verkaufsfördernde Elemente hinzu, wie etwa Hintergrundinformationen zur Qualität des Werkes (so wie die Qualität des Papiers), Autoreninformationen, Rabatte oder das baldige Erscheinungsdatum.[504]

Auch die Nachdrucker nutzen bei der Werbung ihrer Nachdruckprojekte Subskriptions- und Pränumerationsanzeigen, um auch interessierte Käuferschaft außerhalb des lokalen Absatzmarktes anzusprechen. Zwei identisch lautende Pränumerationsanzeigen Schmieders hängte der Weimarer Bertuch seiner Klage beim Markgrafen an, in der Schmieder in höchsten Tönen den Nachdruck des *Don Quixote* beim Publikum bewarb:

> Weil das Leben und die Thaten des berühmten Ritter Don Quixotte von Mancha sich seit einigen Jahren, besonders in teutscher Sprache sehr rar gemacht hat, so haben viele Freunde gewünschet, dieses zur Aufheiterung des Gemüths so lebhaft geschriebene Buch in einem billigen Preise zu bekommen; Herr Professor Bertuch hat auch wirklich solches mit schönen Anmerkungen versehen neu herausgegeben, und der Verleger den Preis der in 6. Bändchen gedruckten neuen Ausgabe vor 6 fl. bestimmt. Da nun denen Freunden dieses angenehmen Werks der Preis noch zu hoch scheinet, so habe mich entschlossen, solches um die Helfte, nemlich vor 3 fl. in dem Druck, Pappier und Format zu liefern [...].[505]

Die standardisierte Buchanzeige wurde – wie in diesem Fall – um weitere schmückende Elemente erweitert. Diese sogenannten „Kanzleianzeigen" wurden im Laufe des 18. Jahrhunderts vielfach genutzt,[506] um „den Ankündigungen einen seriösen Anstrich zu geben".[507] Neben Hintergrundinformationen zum Autor oder zum Werk wurden auch Angaben über die Qualität des Drucks oder zum Preis gemacht. Der Karlsruher

502 Hauke, Marie-Kristin: „In allen guten Buchhandlungen ist zu haben ...": Buchwerbung in Deutschland im 17. und 18. Jahrhundert, Erlangen 1999, S. 110.

503 Ebd., S. 111.

504 Diese Kanzleianzeigen variierten in Länge und Vielfalt, waren bei den Nachdruckern aus genannten Gründen unbeliebt, vgl. zu den Kanzleianzeigen Ebd., S. 112.

505 GLA 206, 702.

506 Bendel, Sylvia: Werbeanzeigen von 1622–1798. Entstehung und Entwicklung einer Textsorte (= Reihe Germanistische Linguistik; 193), Tübingen 1998, 111f.

507 Dies nutzten die Buchhändler mehr und mehr, da die Subskription und Pränumeration bei dem Publikum „zunehmend in Verruf geriet", Hauke: Buchwerbung, S. 112.

schnitt seine Anzeige auf die Bedürfnisse des Publikums zu. Neben der amikalen Anrede des Publikums als „Freunde", lobt er die herausragende Arbeit Bertuchs, nur um im nächsten Satz zu monieren, dass das Originalwerk viel zu teuer sei. Sein Nachdruck könne nun die Bedürfnisse des Publikums befriedigen, da er eine um 50 Prozent günstigere Edition liefere, die über den „angenehmen Weg der Praenumeration für das geehrte Publikum" bestellt werden könne.[508] Pro Band seien 30 kr. im Vorraus zu bezahlen, ehe nach sechs Wochen der neue Band erscheine: „Wer davon 9. Exemplar anbringt, bekommt das 10te umsonst".[509] Er schloss seine Anzeige mit der Warnung, dass das Werk nach der Pränumeration nicht unter 45 Kr. zu bekommen sei.[510]

Damit erfüllte Schmieder nahezu alle Elemente, die den Leser davon überzeugen sollten, das Werk im Voraus zu bestellen: Es war begehrt, günstig, der Käufer erhielt einen Treuerabatt und würde sich im Nachhinein ärgern, es teurer erstanden zu haben.[511] Der Übersetzer Bertuch war von der Annonce des Nachdruckers hingegen wenig begeistert.[512] Interessanterweise unterzeichnete Schmieder seine Anzeige – ganz im Sinne des Kanzleistils – mit Vollnamen sowie Orts- und Datumsangabe, obwohl es sich um einen Nachdruck handelte. Schmieder hatte vor einer rechtlichen Auseinandersetzung schließlich keine Sorgen, da das Werk weder durch Bertuch noch durch den Verleger Fritsch privilegiert worden war.

Die Tübinger Frank und Schramm bauten auf eine Verbreitung ihrer *Sammlung theologischer und philosophischer Schriften* durch auswärtige Kollekteure und öffentliche Werbung. Dies lag ursächlich darin begründet, weil sie über kein weiträumiges Vertriebsnetzwerk verfügten und dieses über Werbeanzeigen etabliert werden musste:

> Alle Freunde der theologischen und philosophischen Litteratur werden ersucht unsere Unternehmung bekannt zu machen, und Subscribenten auf jedes ganze Werk zu sammeln; denn Subscription ist uns unumgänglich nöthig, und wir hoffen, daß sie den Liebhabern unsrer Sammlung nicht mißfällig seyn werde [...]. Alle Monathe erscheienen zwey Bände; jeder Band wird ohngefähr ein Alphabet enthalten, für welches 24 kr. bezahlt werden.[513]

Das dreiseitige *Avertissement* illustrierte die Notwendigkeit der Tübinger Nachdrucker für einen überregionalen Absatzmarkt auf die Subskription zurückzugreifen.[514] Dabei

508 GLA 206,702.

509 GLA 206,702.

510 GLA 206,702.

511 Vgl. Hauke: Buchwerbung, S. 113.

512 Vgl. zur Auseinandersetzung Kap. 3.1.1.

513 HStASt A 213, Bü 8936. Wo und in welchem Medium genau diese Anzeige veröffentlicht wurde, konnte indes nicht geklärt werden. Sie wurde von Heerbrandt und Cotta an deren Reskript an den Herzog Karl Eugen angehängt. Wie bereits ermittelt wurde, verfügte insbesondere Heerbrandt über ein weitverzweigtes Netzwerk zu anderen Buchhändlern im gesamten Reichsgebiet, sodass die Anzeige entweder lokal oder überregional publiziert wurde.

514 Schramm selbst rief für sein verlegtes Werk *Predigten für Kinder* zur Subskription in der Allgemeinen Literatur Zeitung vom 21. November 1786 auf. Bei dem Werk handelte es sich jedoch

verwendeten sie gleichlautende Formulierungen, die auch Schmieder in seiner Anzeige verwendete wie die Bezeichnung der Subskribenten als ‚Freunde' und ‚Liebhaber der Sammlung'. Sie versprachen preisliche Vergünstigungen für diejenigen, die sich frühzeitig zum Kauf der *Sammlungen* entschlossen. Obwohl sie als Buchdrucker arbeiteten, erhielten die Käufer keine Informationen über die Qualität der Nachdrucke – anders als bei Schmieder – dafür erklärten sie extensiv die Auswahl ihrer Werke und den Nutzen ihrer Sammlung.[515]

Neben den selbstständigen Subskriptionsaufrufen der Nachdrucker inserierten auswärtige befreundete Buchhändler über ihr Kommissionsangebot, welches sich auch aus Nachdrucken zusammensetzte. So finden sich für den Zeitraum ab 1782 vermehrt Anzeigen in den Münchener Zeitungen, in denen Buchhändler die Nachdrucke Schmieders anboten.[516] Und auch *in Frankfurter Journal* und dem *Frankfurter Intelligenzblatt* inserierte vielfach entweder Schmieder selbst oder der Buchhändler Johann Christian Ruff, der dann die Kommissionsartikel Schmieders in seiner Offizin verkaufte.[517] Auch in Schmieders Geburtsstadt Stuttgart wurde dessen und Fleischhauers französische Sammlung per Avertissement beworben: Der Stuttgarter Buchhändler Erhard, der Vetter Schramms, verkaufte die Bände des *Receuil* in seiner Buchhandlung für 24 Kreuzer.[518]

Über die hier aufgezeigten Buchhandelskataloge und den Buchanzeigen in den Periodika gab es noch weitere materielle Werbemittel, die eigenen Verlagsartikel anzupreisen, die heute aufgrund ihrer Kurzlebigkeit und Flüchtigkeit nur in den seltensten Fällen überliefert sind. Dazu zählen Kleindrucke wie Handwerbezettel, Werbebriefe, Leseproben oder Bücherplakate.[519] Ob und inwieweit die Nachdrucker von diesen Werbemitteln Gebrauch machten, darf bezweifelt werden, da eine flächendeckende Werbung ihrer Artikel nicht vorgesehen war, da weder Logistik noch Kapazitäten hierfür ausreichend gewesen wären. Möglich dürfte Werbung im lokalen Umfeld, wie Johann Jakob Fleischhauer dies bei seiner Bücherlotterie probierte, gewesen sein, doch gibt es keine Hinweise auf andere Werbemittel als die Subskription der Nachdrucker.[520]

---

nicht um einen Nachdruck, vgl. Allgemeine Literatur Zeitung vom 21. November 1786, S. 360.

515 Vgl. Allgemeine Literatur Zeitung vom 21. November 1786, S. 360.

516 So in der Kurfürstlich gnädigst privilegirte Münchner-Zeitung vom 3. Januar 1789: „Bey Schmieder, Buchhändler in Carlsruhe sind nachstehende Bücher verlegt, und in München bei J. Lentner, Buchhändler nächst dem schönen Thurme um beigesetzte Preise zu haben […]", Münchener Nachrichten vom 3. Januar 1789, o. S.

517 „Johann Christian Ruff an der Catharinen Pforth, hat in Commission erhalten. Sammlung der besten Prosaisch und Poetischen Schriftstreller von Herrn Christian Gottlieb Schmieder in Carlsruhe", Frankfurter Intelligenzblatt vom 16. Februar 1781.

518 Avertissement, in: Schwäbisches Magazin von Gelehrten Sachen auf das Jahr 1779, Erstes Stück, S. 134.

519 Vgl. zum Werbeaspekt Haug: Bücherwerbung in Deutschland, S. 121ff; Winkler, Karl Tilman: Handwerk und Markt. Druckerhandwerk, Vertriebswesen und Tagesschrifttum in London 1695–1750, Stuttgart 1993, S. 613ff.; Bendel: Werbeanzeigen von 1622–1798, 23ff.

520 Zur Bücherlotterie Fleischhauers vgl. weiter unten: Bücherlotterien.

Allein die Anzahl der überlieferten Bücherinserate beweisen, wie viel Schmieder investierte, um seine Nachdrucke außerhalb Badens zum Verkauf anzubieten, besonders im Vergleich mit den Tübinger und Reutlinger Nachdruckern. Nichtsdestoweniger war bei allen das Vertriebsnetz darauf angelegt, auch außerhalb des eigenen Territoriums und des stationären Buchhandels die Nachdrucke in dezentraleren Gegenden bis hin zur Peripherie zu vertreiben. Diese Vertriebswege erforderten Personen in entfernteren Städten und Regionen, die den Handel für die Nachdrucker vor Ort abwickelten.

4.3.5 Der Wanderhandel – Hausierer, Kollekteure und Bücherlotterien

Die Nachdrucke wurden nicht nur im stationären Buchhandel, sondern auf ‚Nebenwegen' ans Publikum geliefert. Eine Vertriebsweise, die aus Sicht der Buchhändler und Verleger zu den klandestinen Methoden der Nachdrucker passte:

> Schmieder vertreibt seine Nachdrucke nicht durch die Buchhandlungen, sondern durch herunter gekommene Buchdrucker, bankerottierte Kaufleute und schlecht denkende Post-Bediente. Er selbst und seine Leute ziehen von Stadt zu Stadt, bleiben in jeder nur einige Wochen und ruinieren, wo sie hinkommen, den Buchhandel auf lange Zeit, wie Heuschrecken die junge Saat. Dies ist der Mann, den man ein Privilegium über alle deutschen Schriften gegeben hat, die existierten und noch existieren werden bis ans Ende der Welt und den man an vielen Orten zum Nachtheile der etablierten Buchhandelungen, welche mit hohen Abgaben beschwert sind, schützt

– so schilderte Dyck das Distributionsnetzwerk des Karlsruher Nachdruckers.[521]

Die Bedeutung des Wanderhandels für die Verbreitung von Literatur ist mittlerweile unbestritten.[522] Hierbei kam den Kolporteuren, aber auch den lokal ansässigen Bildungspersonen, Buchtrödlern und insbesondere den Buchbindern eine Schlüsselrolle zu.[523] Diese Personenkreise waren bis weit in das 19. Jahrhundert hinein die „einzigen potenziellen Lesestofflieferanten für mindestens drei Viertel der mittel- und mittelosteuropäischen Bevölkerung".[524] Denn Ortschaften und Städte, die über keine Buchdruckerei verfügten, waren auf die Literaturversorgung durch die Hausierer angewiesen. Darüber hinaus fungierten die Hausierer als Nachrichtenüberbringer des politischen Geschehens, vielmehr noch als ‚Ideenträger'. Durch sie gelangten, so Schenda, religiöse und politische Literatur und Theorien wechselseitig in protestantische und katholische

521 Dyck: Buchhändler-Rechtfertigung, S. 789.

522 Vgl. Siegert: Aufklärung und Volkslektüre, Sp. 689; Schenda: Volk ohne Buch, S. 266ff; zuletzt Bangert, Julia: Buchhandelssystem und Wissensraum in der Frühen Neuzeit (= Kommunikations- und buchwissenschaftliche Perspektiven; 7), Berlin / Boston 2019, S. 142f. und 215.

523 „Die Nachdrucker, die ihre Nachdrucke nicht zur Messe bringen durften, und also solche nicht durch den geraden Weg des Buchhandels ins Publikum bringen konnten, mußten allerhand Nebenwege suchen; und die fanden sie gar leicht in der Bereitwilligkeit besonders armer, oder auch eigennütziger Landgeistlichen, der Schulmeister, Buchbinder und hundert anderer Personen, die, um das zehnte Exemplar zu gewinnen, gar gern die Mühe übernahmen, neun Exemplare bei ihren Freunden und Verwandten unter zu bringen." N.N: Erinnerungen eines Buchhändlers, S. 367.

524 Wittmann: Der lesende Landmann, S. 160.

Territorien oder revolutionäre Gedanken in das Alte Reich. Ebenso bot der Hausierer Bücher für alle Lebenslagen an, Gebete, Predigten, Schulliteratur, Trost für Kranke, Andachten, fromme Lieder oder Unterhaltungsliteratur.[525]

Durch die äußeren und inneren Einflüsse, die das Lesen bei der Landbevölkerung behinderten, musste der Kolporteur bei der Auswahl seiner Werke auf die Bedürfnisse der Leser eingehen. Dabei reichte sein Angebot an Unterhaltungsliteratur von kurzen Geschichten über zeitraubende Romane bis hin zu mehrbändigen Teilen wie beispielsweise den Nachdrucksammlungen.

Diese Auswahl spiegelte auch die unterschiedlichen Preiskategorien wider, die der Kolporteur bediente, nämlich Bücher für den armen Landmann bis hin zum kleinbürgerlichen Leser.[526] Der Kolporteur selbst nahm dabei aber keineswegs die Rolle eines ‚Volksaufklärers' oder ‚Bildungsvermittlers' ein, sein Ziel war der finanzielle Profit eines Marktes, den er bediente. Exemplifizieren lässt sich diese Thematik am Beispiel des Dorfes Eningen.

In Eningen, unweit von Reutlingen gelegen, blühten ab dem letzten Drittel des 18. und im Verlauf des 19. Jahrhunderts der Land- und der Kolportagehandel auf, sodass schon bald ein Großteil der Bevölkerung von diesem Geschäftszweig lebte.[527] Es gilt als sicher, dass sich auch Reutlinger Verlagsartikel in den Krätzen – den süddeutschen verschließbaren Holzkästen,[528] in denen Bücher und andere Waren transportiert werden konnten – wiedergefunden haben.[529] 1812 wurde ein Kolporteur aus Eningen festgenommen, der angab, seine Bücher von Fleischhauer dem Jüngeren – das war der Sohn Johann Jakob I. Fleischhauers – bezogen zu haben.[530] Es liegt daher nahe, dass der Vater

525 Schenda: Volk ohne Buch, S. 268f.

526 Vgl. Ebd., S. 270.

527 Gustav Schwab und Karl Klüpfel schrieben im 19. Jahrhundert in ihren *Wanderungen durch Schwaben* über Eningen: „am Fuße der Achalm, das meist von Kleinhändlern bewohnt ist, welche als Hausirer in aller Welt herumkommen und früher zum Theil große Geschäfte machten. Von Eningen ist es nur noch eine halbe Stunde bis Reutlingen [...]". Schwab, Gustav / Klüpfel, Karl: Wanderungen durch Schwaben. Wegweiser durch Würtemberg und Baden, Leipzig 1851, S. 85.

528 Eine solche „Eninger Krätze" findet sich im Heimat- und Geschichtsverein Eningen. Dass sich in den Krätzen auch Geheimfächer und doppelte Böden für anstößige oder politische Literatur befunden haben, wurde bereits herausgestellt. Generell zur Thematik der anstößigen Literatur vgl. Haug, Einleitung. Topographie des literarischen Untergrunds im Europa des 18. Jahrhunderts: Produktion, Distribution und Konsumption von „verbotenen Lesestoffen", 2011.

529 So bemerkte der Theologiestudent Friedrich August Köhler 1790 über die Ware der Eninger Kolporteure: „schlechte Bücher, Volksmärchen und Lieder, wie sie nur dem rohen Landmann schaurig genug sein mögen". Auch Karl Julius Weber schrieb über die Eninger: „Diese Leute handeln auch mit Reutlinger Volksbücher, die wohl mitunter der Aufmerksamkeit hochlöblicher Polizei zu empfehlen wären", zitiert nach Schenda: Volk ohne Buch, S. 233.

530 So ein „verhafteter Kolporteur aus dem Händlerdorf Eningen das damals zum Oberamt Urach gehörte. Es handelte sich um den Invaliden Johann Sauter; er wurde am 16. Juni 1812 in Möggingen, Oberamt Gmünd von einem Gendarmen angehalten und, da er keine Hausiererlaubnis hatte, nach Gmünd geschafft. Dem dortigen Bücherfiskal, Cooperator Vogt, erklärte er, ‚er habe nicht gewußt, daß ihm ein solches [Certificat] nöthig sey, Fleischhauer der Jüngere in Reutlingen habe ihm diese Bücher gegeben, und was er nicht verkaufe, dürfe er demselben wieder

wie auch der Bruder (Johann Georg) ebenfalls die Kolportage als Vertriebsinstrument genutzt haben[531] und dabei nicht nur einige Bücher, sondern „Nahezu die ganze Produktion der Reutlinger oder der Épinaler Buchdrucker wurde durch Hausierer abgesetzt; dabei handelte es sich jährlich nicht um tausende, sondern um hunderttausende von Druckwerken".[532] Angeblich war der Hausierhandel im Südwesten so verbreitet, dass es zu sogenannten „Nachdrucker-Kongressen" kam. Im Räuberroman *Rinaldo Rinaldini* spielt der Reutlinger Nachdrucker auf einen ebensolchen „Nachdrucker-Kongress" an, der in Spa stattgefunden haben soll.[533] Einen historischen Beleg für diesen Kongress konnte bislang nicht vorgelegt werden.[534] Laut Goldfriedrich tagten im 19. Jahrhundert aber solche Kongresse in ebenjenem Dorfe Eningen, wo sich die ambulanten Verkäufer trafen, um die Nachdrucke zu vertreiben.[535]

Neben den Hausierern versorgten auch die ambulanten „Landgeistlichen, die Schulmeister, Buchbinder und hundert anderer Personen, die, um das zehnte Exemplar zu gewinnen, gar gern die Mühe übernahmen, neun Exemplare bei ihren Freunden und Verwandten unter zu bringen", die Menschen mit den Nachdrucken.[536] Tatsächlich versuchten Frank und Schramm Kollekteure für ihr Subskriptions- und Pränumerationswesen über diesen Weg an sich zu binden. Sie offerierten ihnen Freiexemplare und Rabatte, wenn sie vor Ort für sie den Handel abwickelten. So schrieben sie im Avertissement „Für 9 Exemplare erhalten die Herrn Collekteurs das 10te frey, für 50 ziehen sie 15, für 100, 20 pro Cent ab".[537]

---

zurückgeben.' In der Tat hatte Sautier einen von Fleischhauer am 2. Juni 1812 unterzeichneten Lieferschein mit 36 Titeln bei sich." Zitiert nach Ebd., S. 250. Weitere Berichte über verhaftete Hausierer liefert ebenfalls Schenda, Rudolf: Bücher aus der Krämerkiste, in: Hebsaker, J. U. (Hg.): Rückblick für die Zukunft. Berichte über Bücher, Buchhändler und Verleger zum 150. Geburtstag des Ensslin-Verlages, Reutlingen 1968, S. 107–134, hier 110f.

531 So hat neben Johann Jakob II. Fleischauer auch Justus Jacob Fleischhauer mit seinen zwei Pressen verbotene Literatur gedruckt und über den Hausierhandel vertrieben: So schrieb der Reutlinger Bücherfiskal Johann Ludwig Baur im Mai 1809:„Königliche Majestät! Bei den Buchdruckern Justus und Jacob Fleischhauer trag ich unter anderem beiliegende 11 Exemplarien von Liedern an, wovon mehrere [...] für die Moralität und das feinere Gefühl nachteilig scheinen. Da aber neben diesen verderblichen Liedern mehrere sind, welche nicht gerade anstößig scheinen, so wage ich die alleruntertänigste Anfrage, wie es mit der Konfiskation dieser Lieder gehalten werden solle [...]", zitiert nach Schenda: Bücher aus der Krämerkiste, S. 155f.

532 Épinal und insbesondere Chamagne sind Orte in den Vogesen, an der Mosel gelegen, die ebenfalls für ihren Hausierhandel berühmt wurden. Chamagne hat im Stadtwappen ein Buch und einen Hausierstab, die auf die Tradition noch heute hinweisen. Schenda: Volk ohne Buch, S. 267.

533 Vgl. zum Rinaldo Rinaldini und den Nachdruckern Kap.4.6.4. und Kap. 4.6.2.

534 Widmann: Die Beschimpfung der Reutlinger Nachdrucker durch Christian August Vulpius, Sp. 1538f.

535 Vgl. Goldfriedrich, Johann: Geschichte des deutschen Buchhandels, Bd. 4: Geschichte des deutschen Buchhandels vom Beginn der Fremdherrschaft bis zur Reform des Börsenvereins im neuen deutschen Reiche (1805–1889), Leipzig 1913, S. 169f.; Widmann: Beschimpfung der Reutlinger Nachdrucker, Sp. 1544f.

536 N. N.: Erinnerungen eines Buchhändlers, S. 367.

537 HStASt A 213, Bü 8936.

Doch nicht nur Volksbücher und Nachdrucke vertrieben die Hausierer. Aus dem beginnenden 19. Jahrhundert sind zahlreiche Berichte über Kolporteure überliefert, die mit verbotenen Heften, Büchern und Verlagsartikeln handelten und damit in den Fokus der territorialen Polizei- und Zensurüberwachung gelangten.[538] Neben dem bereits erwähnten Personenkreis, wurden Artikel auch durch Hausiererinnen und Kinder vertrieben, [539] doch ein Verbot des Hausierhandels wurde nicht angestrebt, da die Produktion der Reutlinger Verlagsartikel einen nicht unerheblichen Wirtschaftsfaktor darstellte und Menschen ein – wenn auch geringes – Einkommen sicherte: „in Stuttgart hätte niemand gewußt, was man mit so vielen Arbeitslosen in Eningen und in Reutlingen hätte anfangen sollen".[540]

Die Buchbinder

Eine ebenso herausragende Stellung wie die Kolporteure bei der vorwiegend ländlichen Literaturdistribution nahmen die Buchbinder ein.[541] So wurde berichtet, dass „an vielen Orten, wo wegen geringen Verdienstes sich kein Buchhändler halten könne, holten die Buchbinder die nöthigen Bücher in fremden Orten und nährten sich damit neben ihrem Handwerk".[542]

Die Buchbinder besaßen jedoch eine andere Stellung im Dorfleben als die Hausierer. Buchbinder banden nämlich nicht nur die Bücher, sie handelten auch mit ihnen und verkauften Schreibwaren und Schulartikel sowie Dinge des täglichen Bedarfs, sodass sie ihren Lebensunterhalt nicht nur vom Buchhandel bestritten.[543] Darüber hinaus besuchten sie die umliegenden Märkte und konnten dort ihre Waren anbieten. Doch auch in

538 Vgl. Schenda: Bücher aus der Krämerkiste, S. 112ff.

539 Vgl. Kienitz, Sabine: Hausiererinnen. Einblicke in mobile Lebensformen Anfang des 19. Jahrhunderts, in: L'Homme 6 (1995), S. 6–22.

540 Schenda: Bücher aus der Krämerkiste, S. 112. Ähnliche Entwicklungen gab es auch in Baden, wo über ein Verbot diskutiert wurde: „Damit auch in unserm Lande nicht etwa von Buchbindern und andern inn- und ausländischen böse ärgerliche Bücher offent- oder heimlich feil gethan, und unter die Leute gestecket gleichfalls ihr besondere Aufsicht zu geben, und solche Einschleichung den Buchdruckern, Buchführern und Buchbindern alles Ernstes zu verbieten. Gutachten Brauers vom 21.10.1797 zu der bisher in Baden statthabenden Zensur und ihrer Organisation." Zitiert nach Landgraf: Moderate et Prudenter, S. 90.

541 Siegert stellte die Rolle der Buchbinder gesondert hervor, denen Schenda in seiner Abhandlung kaum Beachtung schenkte, vgl. Siegert: Aufklärung und Volkslektüre, Sp. 968f. Zur Buchbinderei, der Organisation und Regelungen vgl. Bücher, Karl: Deutsche Buchbinder-Ordnungen, in: Archiv für Geschichte des deutschen Buchhandels 1897, S. 305–376.

542 Meyer, F. Hermann: Buchbinder und Buchhandel, in: Archiv für Geschichte des deutschen Buchhandels, 1886, S. 159–173, hier S. 159.

543 Vgl. Siegert: Aufklärung und Volkslektüre, Sp. 969. Krünitz beschreibt den Buchbinder als „kramender Handwerksmann, welcher nicht allein rohe Bücher, geschriebene Sachen, oder auch weißes Papier zusammenheftet, und ihnen einen Band, Schale, und dergleichen, verfertiget, […] sondern auch die von ihm gebundenen Bücher, es bestehen solche entweder nur in weißen oder bedruckten Papieren (unter welche leztere insonderheit Abc=Bücher, Catechismi, Bibeln, Gesang= Gebet= und Communion=Bücher, Schul= Schreib= und Rechenbücher, Kalender etc. gehören) öffentlich feil zu haben." Krünitz: Buchbinder, in: Ökonomisch-technologische Ecyclopädie, Bd. 7, S. 160–171, hier S. 160f.

der Stadt erfüllten die Buchbinder eine wichtige Funktion, so offerierten sie häufig das Angebot entfernt gelegener Nachdrucker.[544]

Gleichzeitig waren die Buchbinder für die Nachdrucker die ersten Ansprechpersonen für ihre Bücherwaren: Sie waren mit dem lokalen Buchhandel vertraut, ohne, dass sie den stationären Buchhändlern unterworfen waren, was mitunter zu Streitigkeiten zwischen Buchbindern und Buchhändlern führte.[545] Zudem waren sie in den kleinsten Ortschaften oder in weit entlegenen Gegenden sesshaft, sodass man über einen langen Zeitraum eine vertrauensvolle Kontaktperson in der Peripherie hatte und über sie ihre Nachdrucke an den ‚gemeinen Mann' bringen konnte. Die Buchbinder profitierten schließlich ebenfalls vom Nachdruck, da sie teils Provisionen, teils Bücher als Lohn für ihre Vermittlertätigkeit erhielten. Zudem erweiterte sich durch die Nachdrucke das Bücherangebot der die Buchbinder: neben den Schulbüchern, Kalendern, Gesangbüchern oder Erbauungsbüchern, konnten so auch gefragte Romane und Populärliteratur offeriert werden.

Eine solche Verbindung zu einem Buchbinder unterhielt Schmieder zum Lübecker Krahnstöver, wie aus der Auseinandersetzung zwischen der Witwe Dyck und Schmieder hervorging.[546] Damit belieferte er nicht direkt in ein ländliches Absatzgebiet, aber er konnte ein Absatzgebiet im norddeutschen Raum erschließen, darunter auch den Hamburger Buchmarkt durch den Buchhändler Reuss.

Die Bücherlotterien

Der dritte und bisher nur unzureichend beleuchtete Verbreitungsmethode der Nachdrucke, abseits des stationären Buchhandels, waren Bücherlotterien beziehungsweise Bücherverlosungen.[547] Dieser durchaus ungewöhnliche Weg der Bücherdistribution – im Urteil einiger Zeitgenossen auch der Bücherentsorgung – wurde im Reichsgebiet Anfang des 18. Jahrhunderts populär und war für viele Buchhändler eine gewinnversprechende Möglichkeit, Verlagswerke aus dem Bücherlager an den Lotterieteilnehmer zu bringen.[548] Einer, aber nicht der einzige Grund für solche Lotterien, war sicherlich das im Alten Reich praktizierte Tauschhandelsgeschäft auf den Messen: Da die Buchhändler Bogen für Bogen tauschten, konnten durchaus schwer bis unverkäufliche Bücher ertauscht werden. Da diese Bücher ebenso wie Überproduktionen in den Lagern Platz wegnahmen, versuchte man nun über die Lotterien die Bücher über Gewinnlose zu vertreiben.[549]

544 Vgl. so bspw. Pelgen, Franz Stephan: Das Meisterstück-Missale von Jakob Veit Zech, in: Pelgen, Franz Stephan / Hatáková, Jana / Gau, Annamarie (Hrsg.): Einblicke in die (zünftige) Geschichte des Mainzer Buchbinder-Handwerks, Roßdorf 2006, S. 68–77, hier S. 76.

545 Vgl. Gramlich: Rechtsordnungen, S. 103f.

546 Vgl. Reichsgerichtliche Protokollauszüge, in: Der Illuminat. Eine Monatsschrift, August 1788, S. 80

547 Siegert nennt diesen überhaupt nicht in seiner Aufzählung der Distributionswege, vgl. Siegert: Aufklärung und Volkslektüre, Sp. 968. Zur Unterscheidung von Bücherlotterie und Bücherverlosung, vgl. Quedenbaum, Gerd: Glücksspiel und Buchhandel: deutsche Bücherlotterien des 18. Jahrhunderts, Düsseldorf 1977, S. 26f.

548 Eine erste Lotterie fand in England bereits 1661 statt, vgl. zu den Bücherlotterien mit zahlreichen Beispielen Pelgen, Franz Stephan (Hg.): Bücherlotterien des 18. Jahrhunderts, Roßdorf 2008.

549 Teilweise konnte auch eine geographisch ungünstige Lage den Buchhändler zu Lotterien zwingen, da das zahlungskräftige Publikum schlichtweg nicht vorhanden war.

Bücherlotterien waren zudem Werbeveranstaltungen, bei denen die Buchhändler verschiedene Ansätze wählten, ihre Gewinne auszuschütten. Manche setzten auf hohe und attraktive Gewinne bei einer geringeren Gewinnchance, manche auf kleinere Gewinne bei günstigeren Preisen pro Los, wobei darunter häufig Trostpreise zu finden waren: „Dem Publikum wird suggeriert, wohlfeile Ware zu erwerben, denn es gibt keine Nieten, und der Mindestgewinn entspricht mehr oder weniger dem Loseinsatz, worüber dann vergessen wird, daß man unter anderen Umständen diese Bücher kaum erwerben würde".[550]

Unter den Nachdruckern war die Bücherverlosung ein probates Mittel, überschüssige, überproduzierte oder veraltete Literatur zu veräußern. So nutzte der Frankenthaler Buchdrucker Gegel, der auch für seine Nachdrucke berühmt geworden ist, Bücherlotterien, um „neue Märkte für seine Druckerei zu erschließen", aber auch als Mittel der „Lagerräumung".[551] Er schrieb selbst, dass er zwölf Bücherlotterien durchgeführt habe,[552] bei denen die Teilnehmerinnen und Teilnehmer beispielsweise auch Bände seiner Nachdrucke gewinnen konnten.[553]

Der Reutlinger Nachdrucker Johann Jakob Fleischhauer nutzte ebenfalls die Bücherlotterie, um Nachdrucke über dieses Vertriebssystem an den ‚gemeinen Mann' zu bringen. Mitte März 1787 versuchte Fleischhauer seine Lotterie im Oberamt Winnenden zu etablieren und kündigte dies vorher dem Stadtpfarrer Georg Christoph Scharfenstein an, um interessierte Teilnehmer über seine Lotterie zu informieren, denn die zur Lotterie bestimmten Bücher setzten sich vornehmlich aus theologischen Titeln zusammen. Daraufhin notierte der Stadtpfarrer: „Er hat dabei geäußerst, daß sich verschiedene Liebhaber angegeben und besonders Arme, die ein gutes Buch um die geringe Beilage von 12 g. zu erlangen hoften".[554]

In der beigefügten Bücherliste, die zur Lotterie bestimmt waren, fanden sich auch Tübinger Nachdrucke theologische Schriften wie Seilers *Versöhnungstod Jesu*, Arndts *Wahres Christentum* oder Hess' *Geschichte der letzten Lebensjahre Jesu*.[555] Alle Bücher wurden von Fleischhauer mit Preisen taxiert, die im Schnitt etwas mehr als 57 Kreuzer betrugen, wobei der Gesamtwarenwert der Lotterie mit 1832 Kreuzern beziffert wurde. Die Hauptgewinne, die mit über zwei bis sechs Gulden bewertet wurden, waren der 18-teilige *Kinderfreund* – ebenfalls ein Nachdruck der Tübinger Kollegen – die Regensburger Foliobibel und die Übersetzung Thomas Stachkouses (1677–1752) *Lehrbegriff der ganzen christlichen Religion*. Dieses Werk hatte er bereits 1771/72 in sieben Teilen gedruckt und besaß 16 Jahre später noch immer nicht verkaufte Bestände in seinem Lager.[556]

550 Behrens: Gegel, S. 18.
551 Ebd.
552 „vier in Stuttgart, drei in Kürnbach und fünf in Speyer. Mindestens noch zwei weitere sind danach von ihm veranstaltet worden: 1773 in Speyer und 1776 in Frankenthal." Ebd., S. 16.
553 Ebd., S. 19. Vgl. hierzu auch Rink, Sabrina: Ludwig Bernhard Friedrich Gegel als umtriebiger Bücherlotterie-Unternehmer, in: Pelgen, Franz Stephan: Bücherlotterien des 18. Jahrhunderts, Berlin 2008, S. 22–27.
554 HStASt A 213, Bü 6629.
555 Vgl. zu den Nachdrucken Kap. 3.2.
556 HStASt A 213, Bü 6629. Hierzu auch Kap. 3.3.

Fleischhauer schien sich bei der Festsetzung der Preise dennoch größtenteils an den tatsächlichen Preisen für die Werke orientiert zu haben, da die meisten der Bücher einen Warenwert in Höhe eines Nachdrucks von etwa 30 bis 40 Kreuzer besaßen. Denn nicht selten kam es vor, dass die Lotteriebetreiber ihre Werke viel zu hoch einschätzten, um die Lospreise entsprechend höher ansetzen zu können. So bepries Gegel in seiner Lotterie nahezu willkürlich ein „Looß aus einem geistreichen Buch im Werth a 25. fl." oder „jedes ein Buch im Werth a 10 fl." ohne das Buch näher zu beschrieben, geschweige denn dafür einen Preis anzusetzen.[557] Der Preis für ein Los betrug bei Gegel 30 Kreuzer, während dieser bei Fleischhauer auf zwölf Groschen, also 36 Kreuzer, festgesetzt wurde. Während bei Fleischhauer nicht hervorging, wie oft und wie viele Lose verkauft werden sollten, plante Gegel, dass die Lotterie „bei acht Ziehungsterminen alle sechs Monate wiederholt werden" solle.[558] Wahrscheinlich ist aber, dass die Fleischhauer'sche Lotterie einmalig stattfand.

Da der Reutlinger Fleischhauer die Lotterie auf württembergischem Territorium veranstalten wollte, erstattete der Winnender Stadtpfarrer Scharfenstein Bericht beim Oberamtmann Johann Philipp Daniel, da er nicht wisse, ob die Lotterie nicht unter das Generalverbot der Lotterien falle oder ob Fleischhauer ein Privileg dafür habe.[559] Unmittelbar schaltete sich die württembergische Regierung ein, die deutlich herausstellte, dass Fleischhauer „als einem Ausländer die Verschließung seiner Bücher-Lotterie-Losen diesseitigem Herzogtum gantz verbotten" sei, es sei denn, er besorge sich hierzu eine ‚Concession'.[560]

Mit der Erteilung solcher Genehmigungen versuchten die Obrigkeiten einerseits eine gewisse Kontrolle über die vielen dubiosen Waren-Lotterien zu gewinnen, andererseits profitierten sie auch in finanzieller Sicht, da sie für die Konzessionen Gebühren verlangten. Ob Fleischhauer sich die württembergische Konzession besorgt hatte, lässt sich anhand der Akten nicht mehr nachvollziehen. Je nach Höhe der Gebühr erschien dies – aufgrund des geringen Loswertes – als nicht rentabel. Zudem gibt es keine weiteren archivalischen Hinweise auf die Lotterie, die ein Zustandekommen dokumentiert.

557 Zitiert nach Behrens: Gegel, S. 17.

558 Ebd., S. 18.

559 HStASt A 213, Bü 6629. Vermutlich bezog sich Scharfenstein auf das Generalreskript, die Aufhebung und das Verbot des Zahlen-Lotto betreffend vom 19. April 1779 und es war nicht klar, ob die Bücherlotterien ebenfalls darunter fallen, vgl. Reyscher, August Ludwig: Vollständige, historisch und kritisch bearbeitete Sammlung der württembergischen Gesetze, Bd. 6, Tübingen 1835, S. 623.

560 HStASt A 213, Bü 6629. In Tübingen veranstalteten in der ersten Hälfte des 18. Jahrhunderts die beiden Buchdrucker Joseph Siegmund und Johann David Bauhoff ebenfalls Bücherlotterien, vgl. Büschelberger, Lisa: Rechnung zum Erfolg oder Ladenhüter? Die Bücherlotterie des Joseph Sigmund in Tübingen 1721, in: Pelgen, Franz Stephan: Bücherlotterien des 18. Jahrhunderts, Berlin 2008, S. 82–83 und Veith, Nicola: Die Tübinger Bücherlotterien von Johann David Bauhoff 1748–1751 – Undurchsichtige Pläne eines Buch- und Nachdruckers, in: Ebd., S. 84–88.

Das Lotteriewesen war in der Meinung der Zeitgenossen ebenso umstritten wie der Nachdruck. Einerseits wurde gelobt, wenn die Einnahmen der Lose an gemeinnützige Einrichtungen gespendet wurden, andererseits wurden die vielfach angewandten dubiosen Methoden und der mögliche Verfall in eine Spielsucht kritisiert.[561]

So konstatierte der Baseler Philosoph Isaak Iselin (1728–1782) kurz vor seinem Tod 1781 zum Büchernachdruck und zur Lotterie:

> Suchen Sie [...] zwei redliche tapfere Ritter auf, und frischen Sie sie an, zwei Ungeheuer zu bekämpfen, die unendliches Unheil anrichten. Dem stärksten und muthigsten geben Sie auf, die Hyder Lotto zu erlegen, die bald alles verschlingen wird, wenn man sie noch zehn Jahre fort wüthen lässt. Dem anderen empfehlen Sie den Eber Nachdruck, welcher das Feld der Gelehrsamkeit durchwühlt, und alle Früchte auffrißt, welche Gelehrte säen. Sie werden ein Wohltäter der Menschheit und der Gelehrsamkeit seyn, wenn sie diese Helden ausfündig machen [...].[562]

4.4 „Vom Throne bis zur Hütte herab“ – Die Rezeption der Nachdrucke

Nachdem die potenziellen Distributionswege und Absatzmöglichkeiten der Nachdrucke aufgezeigt wurden, soll im nächsten Schritt die Rezeption der Nachdrucke näher beleuchtet und danach gefragt werden, wer und in welchem Rahmen die nachgedruckte Literatur besessen und gelesen hat. Bei Beantwortung dieser Frage stößt man jedoch schnell an die Grenzen der Analyse, da eine Lesergeschichte des Untersuchungszeitraumes nur in sehr begrenztem Umfang möglich ist, vor allem bei der Analyse von Lesestoffen für die untern Bevölkerungsschichten, weil nur in den seltensten Fällen valide Quellen zum Besitz und zur Rezeption von Büchern überliefert sind.[563] Noch schwieriger erscheint dies speziell für die Rezeption von Nachdrucken. Im Folgenden werden zunächst die bürgerlichen und bäuerlichen Nachdruckrezipienten in den Blick genommen, ehe die gesellschaftlich organisierten Abnehmer der Nachdrucke im In- und Ausland untersucht und schließlich die Nachdruckbestände in einzelnen Privatbibliotheken aufgezeigt werden.

561 So schrieb zu dieser Thematik – ebenso wie zum Nachdruck – der Justizrat Pütter eine rechtliche Abhandlung, vgl. Pütter, Johann Stephan: Ueber die Rechtmäßigkeit der Lotterien, insonderheit der Zahlenlotterien, eine rechtliche Eröterung vom geheimen Justizrath Pütter, in: Göttingisches Magazin der Wissenschaften und Litteratur, 1780,1, S. 339–369. Eine umfassende Untersuchung des Diskurses über die Lotterie fehlt indes noch.

562 Iselin, Isaak: Lotto. Nachdruck. Schreiben an Herrn von M. Basel den 25. Heumon. 1781, in: Ephemeriden der Menschheit 1781, 2, S. 746–747, hier S. 746. Die Anspielung auf zwei der zwölf Heldentaten des Herkules, darunter die Erlegung des erymanthischen Ebers und der lernäischen Hydra, verdeutlichten die Unmöglichkeit der Aufgabe.

563 Bücherbesitz bedeutete im Umkehrschluss nicht unbedingt, dass die Bücher auch gelesen worden sind, vgl. Martino, Alberto: Die deutsche Leihbibliothek: Geschichte einer literarischen Institution (1756–1914) (= Beiträge zum Buch- und Bibliothekswesen; 29), Wiesbaden 1990, S. 47. Zu den Entwicklungen vgl. auch Kap. 2.2.3.

4.4.1 Nachdrucke als Volkslesestoffe? Der bürgerliche und bäuerliche Leser

Eine umfassende Untersuchung über die Distribution und Rezeption von Rudolf Zacharia Beckers *Noth- und Hülfsbüchlein* hat Siegert vorgelegt, worin er zu dem Schluss kommt, dass „keine einzige Quellengattung“ existiert, die „über die Lektüre von Volkslesestoffen befriedigende Auskunft gibt“.[564] Und Wittmann fügte dieser Einschätzung hinzu, dass eine Rekonstruktion des empirischen Lesens nahezu unmöglich sei, da es keine Äußerungen über das Lesen der ländlichen Bevölkerung gebe und auch die Fähigkeit zum Lesen im 18. Jahrhundert noch sehr gering war.[565] So schätzt Wittmann die Zahl der Analphabeten im ländlichen Raum in Mittel- und Osteuropa in der zweiten Hälfte des 18. Jahrhunderts auf über 70 %,[566] während Schenda sogar nur von etwas mehr als 10 % der lesenden Bevölkerung ausgeht.[567] Die Gründe hierfür waren vielfältig. Schon bei den ‚Landkindern‘ fehlte es häufig an Schulbildung, die es ihnen ermöglicht hätte, lesen und schreiben zu können. Dementsprechend war die Schulstruktur – wenn sie überhaupt vorhanden war – mangelhaft, sodass die Kinder kaum die Möglichkeit erhielten mehr als rudimentäre Lese- und Schreibekenntnisse zu erwerben.[568]

So verwundert es auch nicht, dass die Lesemöglichkeiten der ländlichen Bevölkerung unterentwickelt blieben. Es gab von obrigkeitlicher Seite aus kaum ein Interesse daran, den ‚Landmann‘ weitreichend zu bilden, für sie stand die Produktivität an oberster Stelle:

> Wenn schon Schulen für die ländliche Bevölkerung zur Steigerung der Agrarproduktion förderlich schienen, dann durften dort nur Kenntnisse vermittelt werden, die keinesfalls ihre ‚fürs gemeine Beste so nützlichen nötigen Hände und Kräfte lähmen‘ konnten. Zu diesem Zweck sollten sie möglichst wenig von ihren Rechten erfahren […]“.[569]

In diesem Sinne verstanden auch die Volksaufklärer ihre Aufgabe der Bauernaufklärung.[570] Erstens sollte der Bauer „in kameralistisch-physiokratischem Sinn eine möglichst umfassende Berufsbildung erfahren, um seiner Rolle als wichtigster Faktor in einer agrarisch bestimmten Gesellschaft besser gerecht zu werden und damit die staatliche Wirtschaftskraft zu stärken“ und zweitens dem Topos des „Landmann[es] als reinem, naivem und unverdorbenen Bewahrer menschlicher Tugenden“ gerecht werden.[571]

Gegenüber der theoretischen Überlegungen über die Lesemöglichkeiten der ländlichen Bevölkerung war die praktische Situation vieler Bauern eine völlig andere. Diese

564 Siegert: Aufklärung und Volkslektüre, Sp. 992.

565 Wittmann: Der lesende Landmann, S. 144.

566 Ebd., S. 146.

567 Schenda: Volk ohne Buch, S. 443.

568 So resümiert der Aufklärer und Landpfarrer J.F. Mayer 1793: „Kaum lernt das Kind buchstabiren, nie mit Verstand lesen, kaum seinen Namen schreiben, niemals aus seinem Kopf etwas zu Papier bringen, es stammlet seinen Katechismus, ohne etwas vom Inhalt zu wissen, her; dabei bleibts in seinem Leben“, Zitiert nach Wittmann: Der lesende Landmann, S. 149.

569 Ebd., S. 153.

570 Hierzu umfassend Alzheimer, Heidrun: Handbuch zur narrativen Volksaufklärung. Moralische Geschichten 1780–1848, Berlin 2004, 68ff.

571 Witmann: Der lesende Landmann, S. 156.

war geprägt von äußeren Einflüssen, die eine mögliche Lektüre häufig verhinderten. Die tägliche Arbeitszeit reichte von Sonnenauf- bis Sonnenuntergang und das abendliche Lesen entfiel häufig aufgrund der physischen Erschöpfung oder aufgrund mangelnder beziehungsweise unzureichender Lichtquellen, die das Lesen ermöglicht hätten.

Aus diesen Gründen war das gemeinschaftliche Lesen im bäuerlichen Bildungsbereich viel häufiger verbreitet als das individuelle Lesen. Mündliche Kommunikation als Informations- und Unterhaltungselement war im gesamten bäuerlichen Leben gestaltungsweisend, „von der täglichen Arbeit über nachbarschaftliche Feierabendgruppen in Spinnstuben, Gasthäusern und auf der Hausbank bis hin zum religiösen Leben mit der Predigt“.[572] Das Vorlesen einer Autoritätsperson, des Pfarrers, des gebildeten Lesers oder teilweise des Hausvaters, der seiner Familie vorliest, war bis in das 19. Jahrhundert prägend.[573] Im Privaten konnte das Vorlesen zudem ökonomische und praktische Gründe haben, da nur eine Lichtquelle gebraucht wurde und zumeist nur ein Wohnraum zur Verfügung stand.[574]

Mittlerweile liegen einige Studien zu Auswertungen von Teilungs- und Inventurakten in Altwürttemberg vor, die belegen, dass auch auf dem Land gelesen wurde und Bücherbesitz dort durchaus verbreitet war.[575] Auch in anderen Teilen des Reiches waren ‚Bauernbibliotheken‘ und bäuerlicher Bücherbesitz keine Seltenheit.[576] Für diese Arbeit ist jedoch vornehmlich interessant, welche Bücher überhaupt auf dem Land zunächst einmal gekauft wurden und ob die Landbevölkerung – aufgrund des günstigeren Preises und der Verfügbarmachung durch den Wanderhandel – auf die Nachdrucke zurückgriff.

Die erste Frage lässt sich deutlich einfacher beantworten als die zweite. Es wurde mittlerweile herausgestellt, dass die Lektüre des ‚Landmannes‘ – und besonders in evangelisch geprägten Gegenden – aus Büchern bestand, die sich „über spezielle, ihn beschäftigende Themen“ wie „die extremen Situationen des Menschen: Elend, Krankheit und Tod“ zusammensetzten.[577] Ratgeber für diese Situationen fand die ländliche Bevölkerung in den Andachts-, Erbauungs- und Gebetsbüchern, Katechismen oder Kalendern.

Bei der Auswertung der Literaturtitel, die sich in den Inventurakten wiederfanden, kommen Medick und Schad für die Dörfer Bissingen an der Enz und Laichingen sowie

572 Ebd., S. 175.

573 Schön: Der Verlust der Sinnlichkeit oder die Verwandlungen des Lesers, 177ff.

574 Vgl. Uphaus-Wehmeier, Annette: Zum Nutzen und Vergnügen – Jugendzeitschriften des 18. Jahrhunderts. Ein Beitrag zur Kommunikationsgeschichte (= Dortmunder Beiträge zur Zeitungsforschung; 38), Berlin 1984, S. 195; Goetsch, Paul (Hg.): Lesen und Schreiben im 17. und 18. Jahrhundert. Studien zu ihrer Bewertung in Deutschland, England, Frankreich (= Script-Oralia; 65), Tübingen 1994, S. 18f.

575 Medick, Hans: Ein Volk „mit“ Büchern: Buchbesitz und Buchkultur auf dem Lande am Ende der Frühen Neuzeit: Laichingen 1748–1820, in: Aufklärung 6,1 (1992), S. 59–94; Schad, Petra: Buchbesitz im Herzogtum Württemberg.

576 Siegert, Reinhart: Buchbesitz und Büchernutzung von Bauern und Handwerkern im 18. und 19. Jahrhundert: zur Bedeutung von Büchern für die Geisteswelt des „gemeinen Mannes“, in: Internationales Archiv für Sozialgeschichte der deutschen Literatur 39 (2014), 1, S. 184–203.

577 Schenda: Volk ohne Buch, S. 474.

die Amtsstadt Wildberg in Altwürttemberg zu ähnlichen Ergebnissen. Demnach fanden sich neben den Bibeln, Gesangbüchern und Postillen die Autoren, Starck, Arndt oder Schaitberger am häufigsten in den Inventarlisten der Bewohner.[578] Potenziell könnten somit die Druckwerke aus den Tübinger und Reutlinger Druckereien über die bereits genannten Distributionswege auf die Dörfer gelangt sein.[579]Aufgrund der bei Medick angegebenen Preise der einzelnen Werke kann man zudem schließen, dass es sich bei den Büchern um preiswerte Ausgaben handelte, da diese als Einzelband selten über 50 Kreuzer gekostet haben.[580] Dies bestätigt die Einschätzungen Schendas, dass der Preis einer der Exigenzen der einfachen Leser war,[581] den die Nachdrucker mit ihren günstigen Werken adäquat bedienen konnten.[582] Gleichwohl kann auch dieses nicht pauschalisiert werden. Legt man den Taglohn eines Handlangers in Karlsruhe Mitte des 18. Jahrhunderts zu Grunde, so verdiente dieser 18 Kreuzer am Tag. Um sich einen Nachdruck anzuschaffen, musste dieser nach Abzug der Kosten für Verpflegung, Logis, eventuelle Ausgaben für die Familie mehrere Tage arbeiten, um sich lediglich einen Nachdruck leisten zu können. Daher bleibt die Frage, ob sich ein Tagelöhner – wenn er denn lesen konnte – überhaupt für eine Lektüre entschied oder mit dem Geld Zerstreuung in anderen Dingen fand.

Für diejenigen, die Bücher besessen haben, steht dennoch fest:

> der Bücherbesitz des kleinstädtischen protestantischen Handwerkers ist mehr Hausrat als aktueller Lesestoff. Er ist respektabel als Beweis für eine weitverbreitete Frömmigkeit, für häusliche Andacht und für Familientradition, nicht aber für eine lebendige Leseaktivität, für eine Lust an Büchern oder für einen hohen Buchkonsum".[583]

In anderen klein- und mittelgroßen Städten kommt man zu ähnlichen Ergebnissen in der Literaturauswahl. Walter Wittmann hielt für Frankfurt am Main fest, dass bei über 65 % der Nachlassinventare von Handwerkern überhaupt keine Bücher nachzuweisen waren, in 71 der insgesamt 299 Inventare waren nur religiöse Werke verzeichnet.[584] Auch bei den Kaufleuten, niederen und mittleren Beamten und Arbeitern waren entweder keine oder hauptsächlich religiöse Werke überliefert.[585]

578 Vgl. Medick: Ein Volk „mit" Büchern, S. 77, 79, 83, 85, 87, 91; Schad: Buchbesitz im Herzogtum Württemberg, S. 128f., 135.

579 Zu den Druckwerken vgl. Kap. 4.3.1.

580 Höhere Preise erzielten nur mehrbändige Ausgaben, Großformatige Werke oder prachtvoll ausgestattete Bibeln.

581 Zu den anderen Exigenzen vgl. Schenda: Volk ohne Buch, S. 473–479.

582 Ebd., S. 473.

583 Ebd., S. 463f.

584 Wittmann, Walter: Beruf und Buch im 18. Jahrhundert: ein Beitrag zur Erfassung und Gliederung der Leserschaft im 18. Jahrhundert, insbesondere unter Berücksichtigung des Einflusses auf die Buchproduktion, unter Zugrundelegung der Nachlaßinventare des Frankfurter Stadtarchivs für die Jahre 1695–1705, 1746–1755 und 1795–1805, Frankfurt am Main 1934.

585 „Von 115 Nachlaßinventaren von Kaufleuten nennen 50 (49,6 %) überhaupt keine Bücher. In 42 der 58 Inventare, die Bücher enthalten sind sowohl geistliche wie weltliche Texte verzeichnet. In

Also selbst in der Buchhandelsstadt Frankfurt am Main, wo Bücher ohne Weiteres zu beschaffen waren, war die Lesebereitschaft nicht so verbreitet, als dass sie sich im Bücherbesitz der einfachen Bevölkerung niederschlug.

Eine – wenn auch statistisch ungenaue –[586] für diesen Kontext aber hilfreiche Studie über den Bücherbesitz der Tübinger Bürger offenbart ähnliche Ergebnisse.[587] Auch die Tübinger Bürger besaßen deutlich mehr religiöse als weltliche Literatur im Zeitraum zwischen 1750 bis 1810.[588] Unter den religiösen Büchern fanden sich die gleichen Autoren, die auch auf dem Land rezipiert wurden: Arndt,[589] Seiler, Schaitberger und Starck, also hauptsächlich Autoren von Erbauungsliteratur und Vertreter des Pietismus mit Predigten und Andachtsbüchern.[590] Darüber hinaus fanden sich die Werke Hermes *Handbuch der Religion* (10-mal), Lavaters *Predigten* (6-mal), Less' *Christliche Moral* (2-mal) und Sturms *Unterhaltungen mit Gott* (22-mal), die allesamt im Kontext des tübingischen Nachdrucks standen.[591]

In diesem Fall besonders aufschlussreich sind zudem die weltlichen Werke, die die Tübinger Bürger zwischen 1800 und 1810 besaßen. Neben diversen Landrechtsordnungen, Lexika und Wörterbüchern fanden sich dort einige Titel, die ebenfalls von den Karlsruher, Reutlinger und Tübinger Nachdrucker in ihre Sammlungen aufgenommen worden sind. Darunter Archenholz' *Geschichte des Siebenjährigen Krieges in Deutschland* (5-mal), Gellerts Werke (insgesamt 15-mal), Rabeners *Satiren* (4-mal) und Meissners *Skizzen* (4-mal).[592] In den Tübinger Druckerpressen entstand auch: Stillings *Lebensbeschreibungen* (2-mal), Büschings *Neue Erdbeschreibung* (2-mal) und die philanthropistische Literatur Raffs *Geographie für Kinder* (2-mal), *Naturgeschichte für Kinder* (2-mal) und Campes *Columbus oder die Entdeckung von Amerika* (2-mal) sowie dessen *Theophron*.[593]

Es kann in hohem Maße davon ausgegangen werden, dass sich unter den dargestellten Titeln Nachdrucke aus den Pressen der ‚Nachdruckergesellschaft' befanden. Durch die bereits dargestellten Verbindungen unter den Nachdruckern und den gegenseitigen Kommissionshandel lag es nahe, dass über diese Vertriebswege die Bücher in den

---

den übrigen 16 Inventaren sind nur geistliche Werke genannt. Von 66 Nachlaßinventaren von unteren und mittleren Beamten nennen 47 (71,2 %) überhaupt keine Bücher; 8 geistliche und weltliche; 11 nur geistliche Werke. Von 47 Inventaren von Arbeitern (Kutscherknechten, Taglöhnern, Bedienten, Dienstmägden u.ä.) verzeichneten 32 (68 %) kein Buch. Nur in zwei Inventaren sind weltliche Werke aufgeführt", zitiert nach Martino: Leihbibliothek, S. 45f.

586 Schenda verwies auf die statistischen Ungenauigkeiten sowie die Tatsache, dass sich der Bücherbesitz „im Laufe von hundert Jahren bei wachsender Bevölkerungszahl die Zahl der Inventare ohne Bücherangaben nicht vermindert, sondern verdreifacht", was der Autorin nicht aufgefallen sei, vgl. Schenda: Volk ohne Buch, S. 462.

587 Vgl. Neumann: Der Bücherbesitz (wie Fn. 656).

588 Ebd., S. 17–32.

589 Seine *Vier* Bücher vom wahren Christentum finden sich insgesamt 198-mal in den Überlieferungen.

590 Vgl. Neumann: Der Bücherbesitz, S. 26ff. Die Ergebnisse decken sich auch mit Breining: Die Hausbibliothek des gemeinen Mannes vor 100 und mehr Jahre, in: Blätter für württembergische Kirchengeschichte, NF 13 (1909), S. 48–63, hier S. 55ff.

591 Vgl. Kap. 3.2.

592 Neumann: Der Bücherbesitz, S. 30f.

593 Ebd., S. 30f.

Besitz der Tübinger Bürger gelangten. Die *Sammlung philosophischer Schriften* aus der Schramm-, Frank- und Balz'schen Druckerei fand sich im Jahr 1800 beispielsweise bei einem Tübinger Konditor.[594]

Obwohl insgesamt mehr pietistische Titel überliefert sind, konnte dennoch eine Veränderung des Lesegeschmacks im Vergleich zu den umliegenden Dörfern feststellt werden, sodass in Tübingen vermehrt auch aufklärerische Literatur gekauft wurde. Am häufigsten fanden sich Gellerts, gefolgt von Rabeners Schriften. Ein Spezifikum in Tübingen, welches durchaus mit den Nachdrucken in Tübingen korrelieren könnte, war die Rezeption philanthropischer und geographischer Schriften wie die Werke Campes, Büschings oder Raffs, die allesamt vor Ort nachgedruckt worden sind. Diese fanden sich laut Neumann verständlicherweise vorwiegend in den Beständen des oberen Bürgertums, denn „der Kleinbürger empfing seine Bildung nach wie vor aus den christlichen Hauspostillen".[595]

Eine interessante Studie über die Dienstbotenlektüre im 18. und 19. Jahrhundert von Engelsing untermauert die Annahmen zu Lektüregewohnheiten der zumeist städtischen Bevölkerung. Dienstboten fungierten häufig als Vorleser für die Herrschaften oder als Lehrer für die Kinder und kamen so in permanenten Kontakt mit Literatur:

> Seit dem Ende des 18. Jahrhunderts hatten die Dienstboten vielfach Gelegenheit, ohne größere Umstände auch an diejenige Literatur heranzukommen, die sie weder selbst besaßen noch empfohlen und zugesteckt erhielten. Die Bücher und Bibliotheken der Herrschaft standen vielen im eigenen Hause zur Verfügung, und teils wurde ihnen die Benutzung erlaubt, teils ließ sie sich praktisch kaum verhindern. Die traditionellen bürgerlichen Hausbibliotheken hatten zwar in der Regel nur wenige Texte – hauptsächlich die christliche Lehr- und Erbauungsliteratur, einen Kalender und vielleicht ein paar Volksbücher und ein Historienbuch – enthalten. Aber seit dem Ende des 18. Jahrhunderts vergrößerten, vervielfältigten und modernisierten sie sich allenthalben. Damit besaß auch das häusliche Personal die Voraussetzungen zur extensiven Lektüre.[596]

Durch ihre Tätigkeit als Lehrer lasen sie den Kindern aus dem *Kinderfreund* oder anderen philanthropistischen Werken vor, bis diese Schriften den Einfluss des Dienstboten schließlich radikal ablösten.[597] Die wachsende Popularität der Romane und der Trivialliteratur strahlte gleichermaßen auf Teile des Bürgertums ebenso wie auf die Dienstboten aus und sie lasen die Werke, die beispielsweise Schmieder in seiner Sammlung als Nachdrucke herausgab.[598]

---

594 Ebd., S. 92.

595 Ebd., S. 94.

596 Engelsing, Rolf: Dienstbotenlektüre im 18. und 19. Jahrhundert, in: Ders. (Hg.): Zur Sozialgeschichte deutscher Mittel- und Unterschichten (= Kritische Studien zur Geschichtswissenschaft; 4), Göttingen 1978, S. 180–224, hier S. 212.

597 Ebd., S. 188f.

598 Ebd., S. 212f. und 215f. Zur Definition der Trivialliteratur vgl. Fn. 558.

Die hier dargestellten Ergebnisse zur Verbreitung und zum Bücherbesitz der Nachdrucke auf dem Land und in den Kleinstädten sind keineswegs repräsentativ. Um präzisere Aussagen machen zu können, müssten weitere Quellenbestände zum privaten Buchbesitz und zur individuellen Lektüre auf dem Land und in der Stadt erschlossen werden, was ohnehin schon eine Schwierigkeit darstellt. Noch komplizierter ist es nachzuprüfen, ob es sich bei den überlieferten Literaturtiteln dann auch noch um Nachdrucke handelte. Wie in obigem Fall liegt es nahe, dass es sich aufgrund der geographischen Nähe,[599] des Preises und der Titelauswahl um mögliche Nachdrucke aus Tübingen oder Reutlingen handelte. Nur vereinzelt konnten Nachdrucke im Buchbesitz einzelner Personen evident nachgewiesen werden.

Präzisere Ergebnisse zum Erwerb von Nachdrucken liefern Institutionen, die sich dem gemeinschaftlichen Lesen, Exzerpieren und der gesellschaftlichen Kommunikation gewidmet haben. Aufgrund der deutlich besseren Quellenüberlieferung bilden die Leihbibliotheken und Lesegesellschaften den zweiten Baustein der Rezeptionsgeschichte der Nachdrucke.

4.4.2 Gesellschaftliche Formen des Lesens: Lesevereine, Lesegesellschaften, Leih- und Privatbibliotheken

> [Eine] Lesegesellschaft ist eine gewisse Anzahl an Personen, welche sich verbunden haben, gewisse Bücher und Schriften zu lesen. Man hat verschiedene Einrichtungen in den Lesegesellschaften, und es giebt einige, wo jedes Mitglied z. B. ein Journal oder ein Buch hält, und solches in seiner Ordnung rund gehen läßt, andere wieder, worin aufs Jahr ein gewisses Geld bezahlt wird, wofür einer aus der Gesellschaft Bücher und Journale angeschafft, und diese gehen in einer bestimmten zeit in der Gesellschaft herum. Sowohl in den Städten, als auf dem Lande trifft man nun schon Lesegesellschaften an, und es ist dieses das beste Mittel, wohlfeil mit der neuern Literatur fortzurücken, da es manches Einzelnen Vermögen übersteigen würde, wenn er sich alles das allein anschaffen sollte, welches er nun durch Behülfe anderer erhält".[600]

Die organisierte Form der Literaturrezeption in Form von Lesegesellschaften bildete sich im Alten Reich vornehmlich ab der zweiten Hälfte des 18. Jahrhunderts heraus, wobei sich Frühformen schon ab 1720 etablierten.[601] Unter dem Begriff Lesegesellschaften subsumierten sich verschiedene Typen organisierter Gesellschaften, die ein Bedürfnis

599 Die analysierten Orte Bissingen an der Enz, Wildberg und Laichingen lagen im Umkreis von Reutlingen und Tübingen, sodass es wahrscheinlich war, dass über die oben genannten Vertriebswege die Titel in die Dörfer gebracht worden sind.

600 Krünitz, Johann Georg: Lesegesellschaft, in: Ökonomisch-technologische Encyklopädie, Bd. 77, Berlin 1799, S. 278–284, hier S. 278f.

601 Vgl. Stützel-Prüsener, Marlies: Die deutschen Lesegesellschaften im Zeitalter der Aufklärung, in: Dann, Otto (Hg.): Lesegesellschaften und bürgerliche Emanzipation: ein europäischer Vergleich, München 1981, S. 71–86.

nach Literatur und Informationsaustausch hatten.[602] In einer einfachen Typologie der Lesevereinigungen können drei unterschiedliche Formen unterschieden werden: Lesezirkel, Lesebibliothek und Lesegesellschaft.[603] Die früheste Erscheinungsform war der Lesezirkel als eine Art Umlaufgesellschaft, bei der Bücher und Zeitschriften in bestimmten Zeitabständen und Reihenfolgen unter den Lesern zirkulierten. Bei der Lesebibliothek, die sich von der Leihbibliothek darin unterschied, dass die Leser selbst Miteigentümer der Bücher und Periodika waren, sodass keine Organisationsformen wie beim Lesezirkel getroffen werden mussten, um Literatur unter den Mitgliedern zu verteilen. Die Leihbibliotheken waren auch für diejenigen offen, die keinen Zugang zu einer Lesegesellschaft hatten und differenzierten sich ebenfalls von einfachen Wanderleihbibliotheken[604] bis hin zu luxuriösen Lesekabinetten aus. [605] Darüber hinaus gab es Spezialbibliotheken, die Literatur zu verschiedenen Fachgebieten beherbergten sowie dezidiert christliche Leihbibliotheken, die sich insbesondere im 19. Jahrhundert etablierten.[606] Als

> die entwickelteste Form einer Leservereinigung und als Lesegesellschaft im eigentlichen Sinne können alle Gesellschaften bezeichnet werden, die über die Bereitstellung von Literatur hinaus noch weitere Funktionen und Leistungen für ihre Mitglieder erbringen – von gemeinsam benutzten Klubräumen bis hin zu einem differenzierten Veranstaltungsprogramm.[607]

602 Der Begriff Lesegesellschaft etablierte sich erst in den 1770er Jahren. Parallel waren auch andere Begriffe geläufig wie „Lesezirkel, Leseinstitut, Leseverein, Lesekabinett oder später auch Ressource, Societät, Klub, Kasino, Museum, Harmonie". Im Folgenden soll der Begriff Lesegesellschaften als Sammelbegriff für alle Unter- und Nebenformen verwendet werden, Stützel-Prüsener: Die deutschen Lesegesellschaften, S. 71.

603 Stützel-Prüsener: Die deutschen Lesegesellschaften, S. 72.

604 Neben wandernden Leihbibliothekaren, die Bücher zu den Kunden brachten und abholten, wurden in Sortimentsbuchhandlungen oder von Buchbindern oder Antiquaren Leihbüchereien betrieben, solche ‚Winkelleihbibliotheken' konnten an jeglichen Buchbetrieb angegliedert werden, vgl. Jäger, Georg / Schönert, Jörg: Die Leihbibliothek als literarische Institution im 18. und 19. Jahrhundert – ein Problemaufriß, in: Dies. (Hrsg.): Die Leihbibliothek als Institution des literarischen Lebens im 18. und 19. Jahrhunderts. Organisationsformen, Bestände und Publikum Arbeitsgespräch in der Herzog August Bibliothek Wolfenbüttel 30. September bis 1. Oktober 1977 (= Wolfenbütteler Schriften für Geschichte des Buchwesens; 3) 1980, S. 7–62, hier S. 8.

605 „Die vornehmen Lesekabinette und Lesemuseen boten ihren Subskribenten und Gästen in stilvoll eingerichteten Lese- und Kontertsälen, in Rauch- und Billiardzimmernm in eleganten Ausstellungs- und Unterhaltungsräumen die Möglichkeit der ungestörten Lektüre, des Exzerpierens, der gepflegten Konversation, des geselligen Umgangs und des Zeitvertreibs (Musik, Schachspiel, Billard, Betrachtung von Gemälden, Stichen, Zeichnungen, astronomischen Instrumenten, geographischen Karten usw.)", Martino: Leihbibliothek, S. 59.

606 Vgl. Rüppel, Rudolf: Christliche Leihbibliotheken im 19. Jahrhundert im Gefolge der Erweckungsbewegung, in: Jäger, Georg/Schönert, Jörg (Hg.): Die Leihbibliothek als Institution des literarischen Lebens im 18. und 19. Jahrhunderts. Organisationsformen, Bestände und Publikum; Arbeitsgespräch in der Herzog August Bibliothek Wolfenbüttel 30. September bis 1. Oktober 1977 (= Wolfenbütteler Schriften für Geschichte des Buchwesens, Band 3) 1980, S. 349–398.

607 Dann, Otto (Hg.): Lesegesellschaften und bürgerliche Emanzipation, S. 18.

All die dargestellten Organisationsformen des gesellschaftlichen Lesens und Diskutierens dienten dem Zweck, die Diskrepanz zwischen den wirtschaftlichen Möglichkeiten und dem Bedürfnis nach neuester Literatur und Informationen zu überwinden. Das Auftreten der Leihbibliotheken und Lesegesellschaften war Ausdruck des sich verändernden Konsumentenverhaltens. Erstens wuchs die Anzahl der potenziellen Leser und Leserinnen und zweitens stieg gleichzeitig die Nachfrage nach aktueller Literatur. Hinzu trat das Bedürfnis nach Informations- und Gedankenaustausch und der kulturellen Vergnügung. Die Lesegesellschaften können somit als das „gesellschaftliche Korrelat der Leserevolution“ angesehen werden.[608]

Durch den gemeinsamen Lektürekauf verbilligte sich das Lesen für den einzelnen. Dieser finanzielle Vorteil war, wie Krünitz es pointierte, der ursprüngliche Beweggrund für die Errichtung der Leihbibliotheken und Lesegesellschaften“.[609] Es wurde argumentiert, dass die Lesegesellschaften ständeübergreifend die Lust am Lesen fördern würden:

> Unsere Zeiten können wohl mit volle Recht die leselustigen genannt werden. Vom Throne bis zur Hütte herab wird gelesen; und es ist nicht leicht eine beträchtliche oder nur mittelmäßige Stadt Deutschlands zu finden, in welcher nicht eine oder mehrere Lesegesellschaften existirten.[610]

Über die Mitgliederstruktur der Lesegesellschaften und deren Literaturauswahl liegen bereits zahlreiche Studien vor.[611] Inwieweit aber die Nachdrucke Einzug in die Bibliotheken der in- und ausländischen Lesegesellschaften, Leihbibliotheken und Privatbibliotheken erhalten haben, wird im Folgenden geklärt.

4.4.2.1 Lesegesellschaften und Nachdruckbestände

Den Hauptteil der meisten Lektürebestände in den Lesegesellschaften machten Periodika aus, da diese in regelmäßigen Abständen neueste Lektüre lieferten und Anstoß zur Diskussion gaben.[612] Von besonderem Interesse sind für diese Untersuchung hingegen

---

608 Dann, Otto: Die Lesegesellschaften des 18. Jahrhunderts und der gesellschaftliche Aufbruch des deutschen Bürgertums, in: Göpfert, Herbert G. (Hg.): Buch und Leser. Vorträge des ersten Jahrestreffens des Wolfenbütteler Arbeitskreises für Geschichte des Buchwesens, 13. und 14. Mai 1976 (Wolfenbütteler Arbeitskreis für Geschichte des Buchwesens; 1), Hamburg 1977, S. 160–193, hier S. 161.

609 Stützel-Prüsener: Die deutsche Lesegesellschaft, S. 72.

610 Mirus: Etwas über Lektüre, in: Braunschweigisches Magazin vom 9. Oktober 1790, 41. Stück, Sp. 603–616, hier Sp. 603f.

611 Neben den hier bereits genannten einschlägigen Arbeiten zu den Lesegesellschaften gibt es zu einzelnen Lesegesellschaften in den jeweiligen Territorien einschlägige Studien exemplarisch: Krispin, Stefanie: „Bei seinem Vergnügen in müßigen Stunden unterhalten seyn“. Lesegesellschaften in Detmold um 1800 (= Sonderveröffentlichungen des Naturwissenschaftlichen und Historischen Vereins für das Land Lippe; 56), Bielefeld 1999. Vgl. zur Mitgliederstruktur von Aufklärungsgesellschaften: Zaunstöck, Holger: Sozietätslandschaft und Mitgliederstrukturen. Die mitteldeutschen Aufklärungsgesellschaften im 18. Jahrhundert (= Hallesche Beiträge zur europäischen Aufklärung; 9), Berlin 1999. Dann (Hg.), Lesegesellschaften und bürgerliche Emanzipation, 1981; Dann, Otto: Eine höfische Gesellschaft als Lesegesellschaft, in: Aufklärung 6,1 (1992), S. 43–57.

612 Stützel-Prüsener fand bei ihrer Untersuchung rund 500 verschiedene Periodikatitel in den Lese-

die Bücher, die die Lesegesellschaften in ihre Bestände implementierten. Die Buchbestände der Lesegesellschaften lassen sich vereinfacht in drei Hauptgruppen gliedern,

> in bürgerliche Bildungslektüre, d. h. Bücher, deren Hauptzweck auf Allgemeinbildung, moralische Aufklärung und politische Information zielt, in wissenschaftliche Fachliteratur und in Literatur zur ‚Verschönerung der Mußenstunden', zu der sowohl Dichtung als auch leichtere Unterhaltungslektüre zu rechnen sind".[613]

Die gesamte Literatur, die in den Lesegesellschaften besorgt werden musste, war kostspielig und ließ sich nur in begrenztem Umfang durch die Mitgliedsbeiträge decken. Es ist evident, dass Lesegesellschaften einen extrem hohen Bedarf an Lektüre hatten, wobei auch immer wieder neue Werke beschaffen und auch die Wünsche der Mitglieder berücksichtigt werden mussten. Es war ebenso offenkundig, dass auch die Lesegesellschaften mit ihren begrenzten finanziellen Mitteln haushalten mussten und da, wo es möglich war, Einsparungen vornahmen. Am ehesten konnten diese Einsparungen schließlich beim teuersten Posten, den Büchern, vorgenommen werden, indem man auf günstige Nachdrucke zurückgriff.

Verdeutlichen lässt sich dieses Problem anhand der Trierer Lesegesellschaft, die 1783 gegründet wurde. Die Trierer Mitgliederliste von 1793 verzeichnet insgesamt über 70 Personen, davon waren die meisten „nobles and the remainder were either court and local officials or men of high social standing, such as professors and physicans".[614]

Ein Jahr nach Gründung am 1. Dezember 1784 diskutierten die Mitglieder darüber, wie die große Anzahl an Büchern über die ‚schönen Künste' für die Lesegesellschaft angeschafft werden könnten:

> Schließlich kam es zur Proposition, ob nicht räthlich wäre, die deutschen classischen Schriftsteller zum besten der Gesellschaft anzuschaffen, worauf Hofgerichtsschöffen Linz erklärte, dass er aus Verehrung gegen die hohe Gesellschaft diese Bände, so er würklich sie vorräthig hätte, zur Gesellschaft hier gegen Rückerlag der baaren Auslagen verabfolgen lassen, den Einband aber nachzugeben und ein dessolchige Verzeichniss vorzulegen wäre, welchen Vortrag einhellig als gemeinnützig von gesamten anwesenden Mitgliedern angenommen so und zugleich beschlossen wurde, mit der Fortschaffung dieser Werke in der Folge fortgefahren werden solle.[615]

Und tatsächlich folgte man dem Vorschlag des Mitgliedes Linz und griff auf die Schmieder'schen *Sammlung der besten deutschen prosaischen Schriftsteller und Dichter* zurück:

---

gesellschaften, die sie in gelehrte Zeitungen, historisch-politische Periodika, Organe der schönen Künste und Wissenschaften, Fachwissenschaftliche Blätter und Unterhaltungsblätter untergliedert, vgl. [Stützel-]Prüsener: Lesegesellschaften, Sp. 427–436.

613 Ebd., Sp. 435.

614 Milstein, Barney M.: Eight Eighteenth Century Reading Societies: a sociological contribution to the history of German literature, Frankfurt am Main / Bern 1972, S. 54f. Zur Auflistung der Mitglieder vgl. S. 174ff.

615 Zitiert nach: Milstein: Reading Societies, S. 62.

> Diese Sammlung findet sich fast vollständig in der Bibliothek der Trierer Lese wieder. Nach einem von Schmieder 1779 veröffentlichten Katalog umfasste die Sammlung damals 88 Bände für einen Preis von 32 fl 52 xr [Kreuzer], so daß die Kosten pro Band im Mittel bei 22,4 xr lagen. Wenn man berücksichtigt, daß eine regulär erschienene Klopstock-Ausgabe damals 47 Reichstaler (über 70 fl) kostete, so wird verständlich, daß die Lesegesellschaft, die nur über einen durchschnittlichen Jahresetat von 530 Reichstalern verfügte, wovon noch 25 bis 30 % auf die Miete sowie die Entlohnung des Provisors Fischer entfielen, auf die Schmiedersche Sammlung zurückgriff.[616]

Die Trierer Lese bezog ihre Werke anhand der von Schmieders vielfach annoncierten Bücherlisten direkt beim Karlsruher oder über einen Kommissionär.[617] Denn die Titel, die sich in Trier wiederfinden ließen, beschränkten sich allein auf die *Sammlung* und inkludierte nicht die Werke, die Schmieder auch außerhalb der Sammlung verkaufte, darunter die beliebten Romane Johann Gottwerth Müllers.[618]

Trotz der Diversität in Schmieders Sammlung konnte er der Trierer Lesegesellschaft nicht all diejenigen Titel anbieten, die sich die Mitglieder wünschten, insbesondere Übersetzungen und ausländische Werke, die Schmieder nur vereinzelt und eben außerhalb der Sammlung veräußerte, wie den *Don Quixote* oder Fieldings *Tom Jones*. Um dennoch insbesondere die englische Literatur zur Lektüre anbieten zu können, griff man auf die *Sammlung der Werke ausländischer schöner Geister* vom Mannheimer Anton von Klein zurück, die Schmieder in Kommission ebenfalls in seiner Buchhandlung verkaufte.[619] Neben ausländischer Literatur wuchs das Interesse an der beliebten Gattung der Reiseliteratur. Aus dem Protokoll vom 20. Dezember 1786 geht hervor, dass die Mitglieder sich die gerade erst erschienene *Sammlung interessanter und durchgängig zwekmäßig abgefaßter Reisebeschreibungen für die Jugend* von Campe wünschten.[620] Erst fünf Jahre später entsprach man diesem Wunsch und erwarb die 34-bändige *Neue Sammlung der merkwürdigsten Reisegeschichten*, da diese zu einem günstigen Preis zu haben war.[621]

Der Preis als Kennzeichen für die Literaturbeschaffung wurde auch bei der Bonner Lesegesellschaft diskutiert. 1787 vereinigten sich in Bonn unter anderem Adelige, Beamte und Geistliche zu einer Lesegesellschaft, die aufgrund ihrer Mitgliederstruktur und ihrer Nähe zum Kurfürsten Max Franz von Österreich (1756–1801) als höfische

616 Hilmar Tilgner: Lesegesellschaften an Mosel und Mittelrhein im Zeitalter des Aufgeklärten Absolutismus. Ein Beitrag zur Sozialgeschichte der Aufklärung im Kurfürstentum Trier (= Geschichtliche Landeskunde; 52), Stuttgart 2001, S. 200.

617 Vgl. Kap. 4.3.

618 StATr Hs 1793 2°, 1795 4°.

619 [Stützel-]Prüsener: Lesegesellschaften, Sp. 491. Zu Anton von Kleins Verlag vgl. Hartwieg: Nachdruck oder Aufklärung, S. 12ff.

620 Vgl. Milstein: Reading Societes, S. 62.

621 Verlegt wurden die *Reisegeschichten* von den Gebrüdern van Düren mit den Verlagsorten Frankfurt und Leipzig. Es handelte sich hierbei sehr wahrscheinlich um Nachdrucke aus Holland. Die Gebrüder waren schon mit Franz Varrentrapp aufgrund eines Nachdrucks in Konflikt geraten, vgl. Koppitz: Kaiserlichen Druckprivilegien, S. 555, Nr. 16.

Gesellschaft beschrieben wurde.[622] Trotz des durchaus vorhandenen monetären Kapitals der Gesellschaft wurde über die Anschaffung der Literatur – im Detail ging es um den Erwerb der Wieland'schen Werke – diskutiert. Göschen hatte 1793 den Plan gefasst, eine Prachtausgabe, auch Fürsten-Ausgabe genannt, der Werke Wielands zu veranstalten, „in 42 Bänden in 4°, mit Antiqua gedruckt und mit 36 Kupfern geschmückt" und erwarb für dieses Vorhaben nicht nur eine Konzession für eine eigene Druckerei, sondern geriet auch in Auseinandersetzung mit den Originalverlegern der Weidmann'schen Buchhandlung über die Rechte an Teilen der Werke.[623] Ab 1794 erschienen die ersten Bände der Prachtausgabe Wielands und in Bonn entbrannte eine intensive Debatte, ob diese Anschaffung notwendig sei. Voraussetzung für diese Entscheidungsfindung war, dass die Mitglieder entweder selbst oder über einen Ausschuss Wünsche über mögliche Akquisen äußern konnten, dies zur Diskussion gestellt und bei Stimmmehrheit das Werk gekauft wurde.[624]

Die Kritiker der Prachtausgabe äußerten, dass man eben nicht eine „wenigstens 200 schwere Thaler' kostende, bei Göschen in Leipzig angekündigte illustrierte Prachtausgabe" kaufen wolle und so eine „ganze Hand Voll geld für ein Buch holländisch papier und ein paar dutzend Bildergen weg zu werfen".[625] Die Mitglieder verwiesen auf die Karlsruher Sammlung Schmieders, die im Preis deutlich günstiger wäre und „worin Wielands Sämtliche Werke mit einbegriffen waren".[626] Trotz der Einwürfe der Kritiker entschied sich die Lese letztlich für den Kauf der prachtvollen Göschenausgabe der Werke Wielands. Nichtsdestoweniger zeigte diese Episode doch, dass die Preisgestaltung einen erheblichen Einfluss auf die Kaufentscheidung der Bonner Lesegesellschaft ausübte.[627]

Ein weiteres Beispiel für den Nachdruck in Lesegesellschaften liefert die Gesellschaft in der Heimatstadt des Nachdruckers Schmieder. Im Spätherbst 1784 gründete der Hofrat und Vikar Christoph Friedrich Rinck in Karlsruhe eine Lesegesellschaft, der dafür im Wirtshaus ‚Zum goldenen Löwen' ein großes Zimmer mit Präsensbibliothek und Zeitschriftenauslage mietete. Unter der Protektion des Markgrafen von Baden fanden sich im Dezember 1784 40 Mitglieder im Wirtshaus ein, um die erste Sitzung der Lese zu veranstalten.[628] Der Mitgliedsbeitrag wurde auf 30 Kreuzer pro Monat festgesetzt, was

---

622 Max Franz erklärte sich selbst zum Beschützer der Gesellschaft und unterstützte sie bis an sein Regierungsende, vgl. Dann: Eine höfische Gesellschaft als Lesegesellschaft, 1992, S. 44.

623 Lorck, Carl Berendt: Die Druckkunst und der Buchhandel in Leipzig durch vier Jahrhunderte, Leipzig 1879, S. 25 und Füssel: Studien zur Verlagsgeschichte, S. 94.

624 Dann: Höfische Gesellschaft, S. 49f.

625 Zitiert nach [Stützel-]Prüsener, Marlies: Lesegesellschaften im 18. Jahrhundert. Ein Beitrag zur Lesergeschichte, in: Archiv für Geschichte des Buchwesens 13 (1973), Sp. 369–594, hier Sp. 490.

626 Ebd.

627 Fälschlicherweise stellte Tilgner dar, dass man letztlich doch auf die Schmiedersche Sammlung zurückgriff, was jedoch nicht der Fall war, vgl. Tilger: Lesegesellschaften, S. 200.

628 Vgl. Liesegang, Torsten: Lesegesellschaften in Baden 1780–1850. Ein Beitrag zum Strukturwandel in der literarischen Öffentlichkeit (= Schriften des Museums für Literatur am Oberrhein; 1), Berlin 2000, S. 94.

in etwa dem Gegenwert eines Bandes der Schmieder'schen Sammlung entsprach[629] und damit – nach der Berechnung Prüseners – im Normalbereich für Mitgliedsbeiträge lag.[630]

Vier Jahre nach Gründung der Lese hatte sich die Anzahl der Mitglieder fast verdreifacht.[631] Unter den Mitgliedern fanden sich Personen der mittleren und höheren Bürgerschicht, darunter hauptsächlich Ärzte, Anwälte, Regierungsmitglieder wie der badische Hofgerichtsassesor Carl Friedrich Gerstlacher[632] oder Professoren.[633] 1787 weist das überlieferte Verzeichnis den Buchhändler Schmieder als Mitglied der Gesellschaft aus.[634] Für die Lesegesellschaft hatte die Mitgliedschaft des Nachdruckers durchaus positive Vorteile. Schmieder bot nämlich unmittelbar nach Eintritt an, „Bücher aus seinem Verlag, ungebunden, der Gesellschaft zu verehren“, was die Gesellschaft dankend annahm.[635]

Anhand des überlieferten Bücherverzeichnisses kann nicht nur der Lesegeschmack und die Titelauswahl der Karlsruher Lesegesellschaft nachvollzogen werden, sondern es kann – aufgrund der Provenienzangabe – auch geprüft werden, ob der Titel von der Lese gekauft oder ihr geschenkt wurde.

Es finden sich ab Stelle Nummer 97 der Bücherliste: „Claudius Schriften, od. sämtl. Werke des Wandsbecker Bothen, 4. Teile in einem Band. Schmieders Ausgabe“, die der Lese „verehrt“ wurde.[636] Außerdem schenkte Schmieder der Lese 1787 vermutlich August Gottliebs Meissners *Alcibiades* und *Dialoge*,[637] Johann Jakob Engels *Philosoph für die Welt*,[638] Helferich Peter Sturz' *Schriften*,[639] Moses Mendelssohns *Phädon* und seine *philosophische Schriften*[640] und Johann Wilhelm Archenholz' Über *England und Italien*.[641] 1788 folgten von Schmieder: Zimmermann *Ueber Friedrich den Großen*[642] und Büschings *Charakter Friedrichs II.*[643]

Schmieder versorgte die Lesegesellschaft somit mit einem nicht unerheblichen Teil der Literatur, die folglich allen Mitgliedern als Ausleihe zur Verfügung stand. Inwieweit der Buchhändler Johann Michael Macklot, der ebenfalls Mitglied war, Bücherspenden

629 So kosteten beispielsweise Wielands Oberon 24 kr., vgl. Anhang der Münchner staats-, gelehrte, und vermischte Nachrichten, 31. Juli 1782, Nr. CXVI.

630 Lesegesellschaften und Lesezirkel konnten durch die Erhöhung der Beiträge Mitglieder von der Gesellschaft ausschließen, in Karlsruhe war dies indes nicht der Fall, vgl. Stützel-Prüsener: Die deutschen Lesegesellschaften, S. 76f.

631 Vgl. die überlieferten Mitgliederverzeichnisse GLA 69 Museum 2.

632 Zu der Verbindung zwischen Schmieder und Gerstlacher vgl. Kap. 3.1.

633 Zur Mitgliederliste, GLA 69, Museum 1.

634 GLA 69 Museum 1.

635 GLA Museum 1. Die Bedeutung des Wortes ‚verehren‘ meint in diesem Kontext jemandem etwas schenken, vgl. Deutsches Wörterbuch von Jacob Grimm und Wilhelm Grimm, Bd. 25, Sp. 266–269, online unter: https://www.woerterbuchnetz.de/DWB [letzter Abruf am 11.03.2021].

636 GLA Museum 2.

637 Vgl. Zu den bibliographischen Angaben der Nachdrucke Breitenbruch: Schmieder, Sp. 713f.

638 Ebd. Sp. 714.

639 Ebd. Sp. 717.

640 Ebd. Sp. 711f.

641 Ebd. Sp. 718.

642 Ebd. Sp. 719.

643 Ebd.

der Lese zukommen ließ, bleibt ungeklärt, zumindest geben die Aufzeichnungen – im Gegensatz zu Schmieder – keine Auskunft darüber.[644]

Insgesamt bestätigen die Liste der abonnierten Periodika und die Bücherliste die Tendenzen, die Prüsener und Dann in ihren Analysen zu den Lesegesellschaften herausgearbeitet hatten:[645] Der Fokus lag deutlich auf historisch-politischen, philosophischen, theologischen, medizinischen und juristischen Werken, was den Lesegeschmack der Mitglieder widerspiegelte. Anders als Prüsener konstatierte, finden sich in der Karlsruher Lese vermehrt Titel, die der Belletristik zuzuordnen sind und einen unterhaltenden Charakter besaßen.[646]

> Bei den historisch-analytischen Aussagen über die Lesegesellschaften sollte stärker als bisher von einer sozialgeschichtlichen Typologie ausgegangen werden, in der der soziale Charakter einer jeden Gesellschaft, „die Schichtung ihrer Mitglieder und deren leitende Interessen Berücksichtigung finden.[647]

Dies gilt für die Karlsruher Lesegesellschaft in hohem Maße, da nicht nur die Mitgliederstruktur und deren partizipatorische Mitwirkung auf die Auswahl der Literatur, wie dies in der Satzung festgelegt worden war, ausschlaggebend war, sondern auch Buchschenkungen und eigene Werke der Mitglieder ebenfalls in die Auswertung einfließen.

So war die Anschaffung und Bereitstellung von Literatur die eine Seite der Verfügbarmachung der Literatur. Auf der anderen Seite soll nun anhand der Trierer Ausleihliste in einem kleinen Rahmen nachvollzogen werden, welche Werke wirklich rezipiert und von den Mitgliedern ausgeliehen worden sind und in welcher Korrelation dies mit den Nachdrucken stand.

Die Ausleihliste der Trierer Lesegesellschaft

Hier bietet die Trierer Lese einen Einblick in die Ausleihvorgänge der rezipierten Literatur. Zu den populärsten – weil meistgelesenen – Autoren gehörten die Werke Johann Jakob Duschs,[648] darunter die *Geschichte Carl Ferdiners*, die *Moralischen Briefe zur Bildung des Herzens* und die *Stärke der edlen und reinen Liebe*, die Schmieder zwischen 1778 und 1779 seiner Sammlung hinzugefügt hatte und die allesamt in der Trierer Lese vorhanden waren. Ein weiterer beliebter Romanautor war Johann Timotheus Hermes mit *Sophiens Reise von Memel nach Sachsen*, „eines der meistgelesenen Werke des ganzen Jahrhunderts“ und sein Werk *Für Töchter edler Herkunft*, das 1787 in drei Teilen

644 Eine weitere Schenkung erhielt die Lese durch ihr Mitglied Ernst Ludwig Posselt, der seine Übersetzung der *Lieder der Liebe* von Ovid und die *Geschichte der Deutschen* der Lese schenkte, vgl. GLA Museum 2.

645 Vgl. Dann: Eine höfische Gesellschaft, S. 52.

646 [Stützel-]Prüsener: Die deutschen Lesegesellschaften, S. 81.

647 Dann: Eine höfische Gesellschaft, S. 53.

648 Deicke, Gustav: Johann Jakob Dusch, Straßburg 1910.

erschien. Ein aufsehenerregender Roman, der aufgrund seines sexualisierenden Charakters durchaus anstößig,[649] gleichzeitig aber als Erziehungsroman gefragt war.[650]

Wie bereits gezeigt wurde, besaß die Trierer Lesegesellschaft *Sophiens Reise* aus dem Grunde nicht, da dieses Werk 1778 von Schmieder außerhalb der Sammlung nachgedruckt worden war. Überliefert hingegen sind die innerhalb der Sammlung nachgedruckten Werke *Für Eltern und Ehelustige unter den Aufgeklärten im Mittelstande* und *Zween litterarische Märtyrer und deren Frauen* von Hermes. Die vom Karlsruher außerhalb der Sammlung nachgedruckten Werke Hermes fanden sich hingegen in der Lesegesellschaft in Wunstorf bei Hannover.[651]

Ebenso wie in der Karlsruher Lesegesellschaft war auch in der Trierer Lesegesellschaft Meissner ein viel gelesener Autor und seine *Skizzen* ein vielfach rezipiertes Werk. Darüber hinaus fanden sich in den Lesegesellschaften in Wunstorf und Bayreuth der *Alcibiades* und *Erzählungen und Dialoge* Meissners in den Beständen als Schmieder Nachdruck.[652]

Anspruchsvollere Prosaliteratur traf man in den Lesegesellschaften deutlich weniger an. Zu den mitgelesenen Autoren gehörten in Trier und – wenn man die Anschaffung der Prachtausgabe hinzuzieht – auch in Bonn Wielands Werke, die den Grundkanon der Sammlung Schmieders ausmachten.[653] Übertroffen wurde die Ausleihquote Wielands nur durch die Werke August von Kotzebues. Seine *Kleinen gesammelten Schriften* druckte Schmieder 1787, 1788, 1789, 1791 und 1792 nach, was zeigte, dass eine außergewöhnliche Nachfrage an den Schriften bestand. Dies schlug sich auch im Ausleihverhalten der Mitglieder nieder, wo Kotzebues Schriften „sowohl mit 50 Eintragungen die höchste Ausleihquote als auch mit 17 verschiedenen Lesern den größten Interessentenkreis" aufwies.[654] Die Anschaffung der Werke Kotzebues stieß bei der Bonner Lese jedoch auf Protest. So notierte der Protokollführer der Ausschusssitzung am 29. Januar 1791:

> Es fande sich eine Note vor, die auf die bei H. Langen in Kölln angekündigte Comoedien des von Kotzebue anzuschaffen anträgt, gleichwie aber letzhin schon gegen Romanen und derley Wercke Protestiret wurde, also findet mann von Seiten des Ausschusses gegründetes edencken diese Comoedien anzukaufen".[655]

649 Grenz: Mädchenliteratur, S. 118f.

650 1790 erschien das Gegenstück für die Jungen, vgl. Fn. 547.

651 Die Wunstorfer Lesegesellschaft war ein klassisches Beispiel für eine provinzielle Lesegesellschaft. Die Kleinstadt mit etwa 1600 Einwohnern verfügte über keine überregionale Behörde oder ein Amt, es lag in der Nähe eines Stifts, sodass auch die Stiftsdamen Zugang zur Gesellschaft hatten. Das Verzeichnis der Bücher, die überliefert sind, verdankt man einer Zensurverordnung vom 19. Oktober 1794, bei der alle vorhandenen Bücher und Broschüren der örtlichen Polizeiaufsicht anzuzeigen und Neuanschaffungen vorher bekannt waren, Haase, Carl: Der Bildungshorizont der norddeutschen Kleinstadt am Ende des 18. Jahrhunderts: zwei Bücherverzeichnisse der Lesegesellschaften in Wunstorf aus dem Jahre 1794, in: Brunner, Otto / Kellenbenz, Hermann / Maschke, Erich / Zorn, Wolfang (Hrsg.): Festschrift Hermann Aubin zum 80. Geburtstag, Bd. 2., S. 511–525, hier S. 522–525.

652 Ebd.

653 Mit 29 Teilen war Wieland durch die Schmieder'schen Nachdrucke in der Trierer Lese präsent, sodass die Ausleihe der Werke einen Großteil der Gesamtausleihe ausmachte, StATr Hs 1796 2°.

654 [Stützel-]Prüsener: Lesegesellschaften, Sp. 463.

655 Zitiert nach Ebd.

Einen geringen Stellenwert besaßen die lyrischen Werke, die als Lektüre in den Lesegesellschaften kaum gefragt waren. Gottfried August Bürgers Gedichte, die Schmieder 1789 und nochmals 1792 nachgedruckt hat, oder auch Johann Adolf Schlegels (1721–1793) *Vermische Gedichte*, die 1788 und 1790 aus der Nachdruckpresse kam, erfreuten sich in der Trierer Lesegesellschaft nur zurückhaltender Lesefreude.[656]

4.4.2.2 Nachdrucke in Schweizer Lesegesellschaften

Nicht nur im Reich versorgten sich die Lesegesellschaften mit kostengünstigen Nachdrucken, auch in Schweizer Lesegesellschaften und Bibliotheken konnten zahlreiche Karlsruher, Tübinger und Reutlinger Nachdrucke nachgewiesen werden.

In Basel etablierte sich 1787 eine ‚Allgemeine Lesegesellschaft', deren Zweck die „Beförderung der Geselligkeit, wechselseitige Mittheilung gemeinnütziger Gedanken, Rückerinnerungen an die besten Werke der älteren Literatur und Bekanntschaft mit neueren verschiedenen Nationen" war.[657] Die Mitglieder waren Professoren der Universität, Kaufleute, Pfarrer und Ratsmitglieder. Bei der Auswahl der Literatur lag der Fokus auf der periodischen Presse, gefolgt von historischen und geographischen Werken sowie Reiseliteratur. 1792 entschlossen sich die Mitglieder, die ‚deutschen Klassiker' anzuschaffen: „Als über den Vorschlag die Anschaffung deutscher klassischer Schriftsteller vorzunehmen umgefragt wurde, wird die Ausführung dieses Vorschlages der Gesellschaft als zweckmäßig empfohlen, und angerathen bey vorkommenden Gelegenheiten mit Einkauf der vorzüglichsten anzufangen".[658]

Zwei Jahre später, am 11. Dezember 1794, ergab sich die Gelegenheit, Teile der Schmieder'schen Sammlung anzukaufen: „Herr Merian legt ein Verzeichnis Schmieders Nachdrucke vor. Sollen nach diesem Plan angeschafft werden".[659] Tatsächlich wurden daraufhin knapp über 40 Bände der Sammlung besorgt, darunter mehrere Teile der Werke Gellerts, Rabeners, Klopstocks, Weissens, Ramlers, Cronegks sowie Gleims Schriften.[660] Des Weiteren findet sich ein Band der Gedichte Bürgers im Katalog, der scheinbar ebenfalls ein Nachdruck des Karlsruhers war.[661] Woher sie die Nachdrucke bezogen haben, ob von Schmieder direkt oder über einen Kommissionär ist unklar, da keine Überlieferungsgeschichte oder Hinweise darauf existieren. Fest steht, dass mit der Anschaffung die Gesellschaft ihren Mitgliedern eine Auswahl an deutscher, aufklärerischer Literatur anbieten konnte.

Ein weiteres Beispiel bietet die Zuger Lesegesellschaft: Diese wurde 1806 Träger der öffentlichen Bibliothek, die vom Dekan und Stadtpfarrer Beat Karl Anton Wolfgang

656 Vgl. StATr StATr Hs 1796 2°.

657 Meissner, Fritz: Geschichte der Lesegesellschaft zu Basel. Zur Erinnerung an ihr hundertjähriges Bestehen, Basel 1887, S. 3.

658 Zitiert nach: Milstein: Reading Societies, S. 137.

659 Zitiert nach Ebd.

660 Ebd., S. 308f.

661 Schmieder druckte Bürgers Gedichte zum ersten Mal 1789 und dann erneut 1792 nach, vgl. Breitenbruch: Schmieder, Sp. 720.

Wickart (1689–1758) kurz vor seinem Tod 1758 auf Grundlage seiner privaten Büchersammlung gegründet wurde. Nachdem sich in der Zeit der helvetischen Republik niemand um die Bibliothek gekümmert hatte, entschloss sich 1803 der Stadtpfarrer Johann Konrad Bossard (1765–1830) dazu, die Bibliothek wieder zu pflegen.[662] 1806 wurde verfügt, dass die Gemeinde Zug Eigentümer der Büchersammlung wurde und die Lesegesellschaft diese beaufsichtige. Neben Buchgeschenken durch Pfarrer und Geistliche, erwarb man „gezielt aufklärerische Werke und Unterhaltungsliteratur, Schriften, die bei einer breiten Leserschaft Anklang finden sollten“.[663] Aus diesem Grund griffen sie auf Nachdrucke zurück, die sich vielfach im Bestandkatalog von 1807 wiederfinden. Aus Schmieders Sammlung erwarben sie an Reise- und Historienliteratur beispielsweise Archenholz‘ *England und Italien* in fünf Bänden, die *Annalen der brittischen Geschichte* und seine *kleinen historischen Schriften*.[664] Das geschichtsphilosophische Werk Herders *Ideen zur Philosophie der Geschichte der Menschheit* und die Anakreontik Johann Peter Uz sind ebenfalls Schmiedernachdrucke sowie Meissners Kriminalgeschichten in den *Skizzen*, die in sieben Bänden überliefert sind.[665] Die Lese verfügte über die Originalausgabe der *Theatralischen Bibliothek* Lessings, daher liegt es nahe, dass sie aus Gründen der Kostenersparnis die günstigeren Nachdrucke erwarben, um so den Mitgliedern weitere Werke Lessings zur Verfügung stellen zu können.[666] So griff sie bei den *Lustspielen* Lessings auf den Schmieder'schen Nachdruck zurück, während die *Trauerspiele* und dessen *sämtliche Gedichte* die Fleischhauer'sche Provenienz hatten.[667]

Im Fachgebiet der Pädagogik, die jedoch nur einen kleinen Teil des Bibliothekbestandes ausmachte, erwarb die Lesegesellschaft unter anderem die Tübinger Nachdrucke des *Kinderfreundes* von Weiße: Sechs Bände im Zeitraum zwischen 1778 bis 1781 sind in der Bibliothek überliefert.

Die Tübinger Nachdrucker hatten, wie bereits gezeigt wurde, Verbindungen in das grenznahe Schaffhausen, in dem es zwei nebeneinander existierende Lesegesellschaften gab. Die erste Lesegesellschaft ‚Die Gesellschaft der Freunde‘ wurde um 1770 gegründet, der zweite Lesezirkel ‚Musis et amicis‘ 1775.[668] Die Vermutung liegt nahe, dass auf-

662 Eine nicht unbedeutende Rolle dürfte hierbei die Furcht vor der Säkularisation gewesen sein: „It might thus be possible that the more intellectual clergy transformed the library intp a private institution to insure ist protection“, Ebd., S. 75.

663 Zentralbibiliothek Zürich: Stadt- und Kantonsbibliothek Zug, in: Handbuch der historischen Buchbestände in der Schweiz, Bd. 3, S. 196.

664 Milstein: Reading Societies, S. 195.

665 Ebd., S. 211.

666 Eine andere Möglichkeit könnte sein, dass die Bücher als Geschenke der Lese überlassen wurden. Jedoch waren die Büchergeschenke zuvor meist theologische oder philosophische Literatur, vgl. Zentralbibiliothek Zürich: Stadt- und Kantonsbibliothek Zug, in: Handbuch der historischen Buchbestände in der Schweiz, Bd. 3, S. 196.

667 Mit Ewald Christian von Kleists (1715–1759) *Sämmtliche Werken* in zwei Teilen besaß die Lese weitere Fleischhauer'sche Nachdrucke.

668 Eine erste lose Versammlung des Lesezirkels bestand bereits 1775, drohte sich aber jäh aufzulösen. 1786 war die Gruppe wieder auf zwölf ordentliche und 20 außerordentliche Mitglieder angewachsen. Zu beiden Gesellschaften, ihren Mitgliedern, Beiträgen und Entwicklungen vgl.

grund der Geschäftsverbindungen nach Tübingen günstige Nachdrucke Einzug in die Bibliotheken der Lesegesellschaften erhielten. Doch genau das Gegenteil war der Fall.

Die *Gesellschaft der Freunde* diskutierte bei den monatlichen Zusammenkünften über Neuanschaffungen und versah die gekauften Exemplare mit einem Exlibris, was die Zugehörigkeit, gleichzeitig aber auch die Wertigkeit des Bandes widerspiegelte. Durch großzügige Spenden, der zumeist reichen Mitglieder und die Mitgliedsbeiträge konnten fast durchweg die Originalausgaben, teilweise – bei entsprechender Geldspende – sogar Prachtausgaben oder ganze Büchersammlungen gekauft werden.[669] Aus diesem Grund verzichtete die Gesellschaft darauf, günstige Nachdrucke anzuschaffen, und griff trotz des höheren Preises zu den Originalverlagen.

Der Lesezirkel, dem zunächst deutlich weniger Geldmittel zur Verfügung standen als der Gesellschaft der Freunde, konnte sich bis kurz vor Jahrhundertende eine ebenfalls beachtliche Zirkelbibliothek aufbauen. Dabei bezog man die Bücher teilweise von der Buchhandlung Steiner in Winterthur und konnte 1796 ein Teil der Bibliothek der typographischen Gesellschaft in Bern ankaufen.[670] Durch die Kriegswirren ab 1798 und der Zerstörung der Rheinbrücke in Schaffhausen war der Zirkel bei der Bücherbeschaffung eine Zeit lang von den Schweizer Buchhändlern abgeschnitten und konnte keine Bücher mehr von dort ankaufen. Aus diesem Grund trat der Zirkel mit der Tübinger Buchhandlung Cottas in Verbindung. „Dieser Kontakt mit einem führenden Verlag trug zum weiteren Aufschwung bei, denn das Angebot an Büchern und ausländischen Zeitschriften wurde breiter".[671] All diese Entwicklungen schlugen sich auch im Bibliothekskatalog des Lesezirkels ‚Musis et amicis' nieder, denn – wie bei der Lesegesellschaft – findet sich ausschließlich Originalverlag aus der Schweiz, Frankreich und aus Sachsen und Brandenburg und eben keine Nachdrucke.[672]

Es bleibt festzuhalten, dass die Schaffhauser Lesegesellschaften trotz der geographischen Nähe zu den Nachdruckerzentren Wert auf Originalverlag und auf Wertigkeit der Bücher legte und nicht den schnell wechselnden Geschmack der Mitglieder mit günstigen Nachdrucken zu bedienen.[673]

Bächtold, Kurt: Zwei Lesegesellschaften in Schaffhausen. Ein Beitrag zum Einfluss der Aufklärung, in: Schaffhauser Beiträge zur vaterländischen Geschichte 48 (1971), S. 247–281, hier S. 248.

669 Die sogenannten ‚Honoranzen' die in einem Fond gesammelt wurden, stiegen bis zum Jahr 1797 auf 1542 Gulden, womit prachtvolle Bücher gekauft werden konnten. Man erwarb ebenso zwei Büchersammlungen aus Privatbibliotheken. Die Bücher selbst bezog die Gesellschaft von den angesehenen Verlagen OGF in Zürich oder aus Basel sowie bei zumeist deutschen Werken den Originalverlag aus den sächsisch-brandenburgischen Verlagen vgl. Bächtold: Lesegesellschaften in Schaffhausen, S. 252 und für den Bücherkatalog Milstein: Reading Societies, S. 237ff.

670 „Nicht selten besuchte der Bibliothekar Auktionen in Zürich und an anderen Orten, auch wurden ausgeschiedene Bücher durch Lotterien in Schaffhausen abgesetzt. Als Johann Georg Müller die Leitung der Stadtbibliothek übernahm, kam es zu einer fruchtbaren Zusammenarbeit, indem Doubletten ausgetauscht und die Anschaffungen koordiniert wurden." Bächtold: Lesegesellschaften in Schaffhausen, S. 268.

671 Bächtold: Lesegesellschaften in Schaffhausen, S. 271.

672 Milstein: Reading Societies, S. 282ff.

673 So wurde im Protokoll des Lesezirkels am 16. März 1797 festgehalten: „Endlich vereinigte man

Zuletzt sei noch auf die bereits 1660 gegründete Stadtbibliothek Winterthur, damals ‚Bürgerbibliothek‘ genannt, verwiesen. Zu Beginn der zweiten Hälfte des 18. Jahrhunderts fristete die Bibliothek ein Schattendasein, da aktuelle Bücher oder Periodika fehlten und die bereits vorhandenen Werke nicht mehr den Bedürfnissen der Bürger entsprachen. Um das Interesse an der Bibliothek zu steigern, begannen die Mitglieder der Bibliotheksbehörde damit, neue Bücher anzuschaffen. Die Ausgaben hierfür stiegen so hoch an, dass man in den späten 1770er Jahren in finanzielle Nöte geriet.[674] In diesem Kontext muss schließlich die Implementierung der circa 140 Bände der Schmieder'schen Sammlung gesehen werden. Aufgrund des finanziellen Engpasses griff man auf die Nachdrucke zurück, die circa ein Zehntel der zwischen 1751 und 1800 eingegliederten Werke der Signaturgruppe H: Ältere deutsche Literatur, ausmachte.

Die hier dargestellten Ergebnisse über Nachdrucke in den Schweizer Lesegesellschaften, Lesebibliotheken und Lesezirkeln sind exemplarisch für viele weitere überlieferte Nachweise der Nachdrucke von Schmieder, Fleischhauer und Schramm, Frank und Balz in weiteren Gesellschaften und Bibliotheken. Anhand des *Handbuches der historischen Buchbestände in der Schweiz* konnten Nachdrucke verortet und systematisiert werden, die über unterschiedliche Überlieferungswege in den Bibliotheken erhalten sind. Darunter befanden sich zudem vereinzelte Nachdrucke in Privat-,[675] insbesondere aber auch in Kloster-[676]

---

sich, in der Folge der Zeit bey der Auswahl neuer Bücher sich weniger nach dem verwohnten Geschmack vieler zu richten, und mehr hingegen nach einem dem räthlichen Wohlstand und Vortheil des gesellschaftlichen Instituts selbst besser entsprechenden Plan Wert zu geben; d.h. mehr für Anschaffung solcher Bücher besorgt zu seyn, die einen bleibenden Wert behaupten und wesentliche Lücken ausfüllen helfen, als solche, dessen Werth fast aus Reiz der Neuigkeit besteht und mit dem ersten Genuss wieder wegschneidet“, zitiert nach Ebd., S. 114.

674 „Da in der zweiten Hälfte des 18. Jhs die Menge der anzuschaffenden Neuerscheinungen ständig wuchs, geriet der Konvent in einen finanziellen Engpass. Er verzichtete daher 1777 demonstrativ auf seine einzige Entschädigung, ein Mahl bei der jährlichen Rechnungsabnahme, und bat den Rat, die für dieses Essen aufzuwendende Summe jährlich der Bibliothek zu schenken. Die Behörde erliess daraufhin dem Konvent eine Schuld von 125 Gulden, spendete als einmalige Zuwendung 100 Gulden und sagte überdies 20 Gulden als jährlichen Beitrag zu.“, Winterthurer Bibliotheken, in: Handbuch der historischen Buchbestände in der Schweiz, Bd. 3, S. 223.

675 Im Folgenden sei nur kurz auf die Nachdrucke in den jeweiligen Bibliotheken verwiesen, die sich im Handbuch der Historischen Buchbestände finden ließen. So in der Privatbibliothek im Haus „In der Wiese“ in Glarus des Kaufmannes Johann Jakob Blumer (1756–1825) ein Nachdruck Zimmermanns Ueber die Einsamkeit (Schmieder: Karlsruhe 1785), vgl. Privatbibliothek im Haus „In der Wiese“ in Glarus, in: Handbuch der Historischen Buchbestände der Schweiz [im Folgenden: HBdHBS], Bd. 1, S. 415–420, hier S. 415.

676 In der Bibliothek des Dominikanerklosters St. Peter und Paul in Cazis fand sich ein Nachdruck Frank und Schramms: Sturms *Unterhaltungen mit Gott in den Morgenstunden* (Tübingen 1782), vgl. Bibliothek des Dominikanerklosters St. Peter und Paul in Cazis, in: HBdHBS, Bd.1, S. 430–431, hier S. 431. Ein Fleischhauer Nachdruck Klopstocks *Messias* von 1782 war in der Bibliothek des Benediktinerinnenklosters Fahr überliefert, vgl. HBdHBS, Bd. 1, S. 47–48, hier S. 48. Herders *Ideen zur Philosophien der Geschichte der Menschheit* (Schmieder, 3 Teile 1790), Bibliothek des ehemaligen Kapuzinerklosters Solothurn, in: HDbHBS, Bd.2, S. 340–347, hier S. 343. In der Bibliothek des Dominikanerinnenklosters St. Katharina in Wil ein Nachdruck Campes *Kolumbus*

und Stiftsbibliotheken.[677] Letztere waren genuin nicht dafür bekannt, Horte aufklärerischer Literatur zu sein, doch findet sich auch hier aufklärerische – darunter auch protestantische – Literatur in vielen Sachgebieten.[678] Die Stiftsbibliothek des Klosters Einsiedeln besaß Werke aufklärerischer Autoren darunter Bodmers, Gellerts, Gottscheds oder Hagedorns.[679] Einige in der Bibliothek vorhandenen Titel waren Nachdrucke, so Fleischhauers 1788 angefertigter Nachdruck der *Poetischen Schriften* Lessings, oder Schillers *Dom Karlos* von Schmieders zweitem Nachdruck 1792. Ein Nachdruck der protestantischen Erbauungsliteratur *Unterhaltungen mit Gott* von Christoph Christian Sturm, die Schramm und Frank 1782 vervielfältigt haben, findet sich ebenso in der Bibliothek wieder.[680]

4.4.2.3 Leihbibliotheken und Nachdruckbestände

Es wurde schon dargestellt, dass die Leihbibliotheken ab 1750 im Reich sprunghaft zunahmen. In Karlsruhe errichtete Michael Macklot 1757 eine Leihbibliothek, die damit eine der frühesten Leihbibliotheken im Alten Reich war.[681] Ihm folgten weitere Leihbibliotheksgründungen im gesamten Reichsgebiet, hauptsächlich in den 1770er und 1780er Jahren,[682] wobei ab 1780 vermehrt Leihbibliotheksgründungen in kleine-

---

oder die Entdeckung von Westindien (Frank und Schramm 1783), in: Bibliothek des Dominikanerinnenklosters St. Katharina, Wil, in: HBdHBS, Bd. 2, S. 256–259, hier S. 259. Eine Sammlung von Wielands Schriften in 19 Bänden als Schmieder Nachdruck (1777) übernahm die Bibliothek des Kapuzinerklosters Wesemlin in Luzern vom Lehrer und Litteraten Franz Regis Crauer (1739–1806), vgl. Bibliothek des Kapuzinerklosters Wesemlin, Luzern, in: HBdHBS, Bd. 2, S. 22–36, hier. S. 34. Schließlich ein Nachdruck Schmieders des *Phädon* Mendelssohns, in: Bibliothek des ehemaligen Kapuzinerklosters Stans, in: HBdHBS, Bd. 2, 168–173, hier S. 172.

677 Ein Fleischhauer-Nachdruck Klopstocks in der Stiftbibliothek St. Gallen von 1776/1777 in drei Bänden, vgl. Stiftsbibliothek St. Gallen, in: HBdHBS, Bd. 2, S. 211–245, hier S. 239.

678 Zu diesem Aspekt vgl. Geissler, Jonas: Regionale Formen europäischer Aufklärung zum Diskurs der Moderne in geistlichen Staaten. Aufklärung in den Hochstiften Bamberg und Würzburg (= Geschichtswissenschaften; 49), München 2019, insbesondere S. 177–231; Klüting, Harm: Katholische Aufklärung – Aufklärung im katholischen Deutschland (= Studien zum 18. Jahrhundert; 15), Hamburg 2016.

679 Stiftsbibliothek Einsiedeln, in: HBdHBS, Bd. 2, S. 303–331.

680 Da es nur vereinzelte Nachdrucke waren, ist es eher unwahrscheinlich, dass diese einzeln angeschafft worden sind, obwohl– aufgrund des Kloster- und Bibliotheksausbau – nur wenig Geldmittel für den Ankauf von Büchern zur Verfügung standen und dies für den Kauf der günstigen Nachdrucke spräche. Eine weiter Möglichkeit wäre, dass die Nachdrucke durch Tausch erhalten worden sind, da das Kloster über eine eigene Druckerei verfügte: „Die Bedeutung der Klosterdruckerei für die Klosterbibliothek darf nicht unterschätzt werden, da ihre Produkte oft zum Austausch mit anderen Verlagen benützt wurden". Wahrscheinlicher ist es jedoch, dass die Bücher den Weg über diversen Schenkungen in die Bibliothek gefunden haben, wie dies auch bei den anderen Klosterbibliotheken der Fall war. Stiftsbibliothek Einsiedeln, in: HBdHBS, Bd. 2, S. 306.

681 Martino: Leihbibliothek, S. 65.

682 In Itzhoe wurde eine Buchhandlung mit Leihbibliothek 1772 durch den bereits bekannten Schriftsteller und Nachdruckgegner Johann Gottwerth Müller gegründet, vgl. Ebd., S. 73.

ren Städten nachgewiesen werden konnten, die von Buchbindern und lokal ansässigen Buchhändlern betrieben wurden.[683]

Vermutlich wurde durch diese ‚Buchbinder-Gründungen' das Bild gezeichnet, Leihbibliotheken seien „Vermittler von heillosem Schund", gar „moralische Bordelle und moralische Giftbuden".[684] Es führte zu der Annahme, dass in den Leihbibliotheken nur Trivialliteratur, Romane und ‚verderbliche' Bücher auszuleihen seien. So schrieb der in Würzburg weilende Heinrich von Kleist an seine Verlobte Wilhelmine von Zenge (1780–1852) im Jahr 1800:

> Nirgends kann man den Grad der Kultur einer Stadt und überhaupt den Geist ihres herrschenden Geschmacks schneller und doch zugleich richtiger kennen lernen, als in den Lesebibliotheken. Höre was ich darin fand, du ich werde Dir ferner nichts mehr über den Ton von Würzburg zu sagen brauchen. „Wir wünschen ein paar gute Bücher zu haben.
> – *Hier steht die Sammlung zu Befehl.*
> – Etwa von Wieland.
> – *Ich zweifle fast.*
> – Oder von Schiller, Goethe.
> – *Die möchten hier schwerlich zu finden sein.*
> – Wie? Sind all diese Bücher vergriffen? Wird hier so stark gelesen?
> – *Das eben nicht.*
> – Wer liest denn hier eigentlich am meisten?
> – *Juristen, Kaufleute und verheiratete Damen.* [...]
> – Aber sagen Sie uns, wenn so wenig gelesen wird, wo in aller Welt sind denn die Schriften Wielands, Goethes, Schillers?
> – *Halten zu Gnaden, diese Schriften werden hier gar nicht gelesen.*
> – [...] Was stehn denn also eigentlich für Bücher hier an den Wänden?
> – *Rittergeschichten, lauter Rittergeschichten, rechts die Rittergeschichten mit Gespenstern, links ohne Gespenster, nach Belieben.*[685]

Sahen die Bestände der Leihbibliotheken tatsächlich so aus, wie in den Ausführungen Kleists zynisch bemerkt wurde? In seiner Analyse der Kataloge der Leihbibliotheken konnte Martino nachweisen, dass „sich die Bestände der Leihbibliotheken normalerweise aus Belletristik und aus allen Sparten der Gelehrsamkeit – auch der entlegensten – zusammensetzten".[686] Darunter fanden sich demnach theologische, historische, moralische, geographische und medizinische Schriften in unterschiedlichem Ausmaß. Bei dem Blick auf die Autoren derjenigen Bücher, die am häufigsten in den Leihbibliotheken vertreten waren, fiel auf, dass eine Korrelation zu den Nachdrucken der Reutlinger, Tübinger und des Karlsruhers bestand. Die von Martino eruierten Autoren deckten sich in

683 Ein Jahr bevor Metzler eine Lesegesellschaft in Stuttgart gründete, errichtete er 1784 ein Lesekabinett, vgl. Ebd., S. 86.

684 Ebd., S. 106f.

685 Ebd., S. 107.

686 Ebd., S. 133.

vielfacher Hinsicht mit den Schriftstellern, die in den Nachdrucksammlungen gedruckt worden sind. In den Leihbibliotheken vertreten waren die Schriftsteller: Archenholz, Wieland, La Roche, Büsching, Kotzebue, Campe, Cramer, Meißner, Schiller, Goethe, Gellert, Klopstock, Lessing, Claudius, Gleim, Weiße und Zachariae, von denen fünf oder mehr Bände in den Bibliotheken überliefert sind.[687]

Schmieder druckte mehr und mehr Trivialromane sowie geschichtsphilosophische Abhandlungen und Populärphilosophie nach, während Schramm und Balz die pädagogischen Werke Campes mehrfach auflegten.[688]

Da es ohnehin eine Schwierigkeit darstellt, die Bestände der Leihbibliotheken zu rekonstruieren, so erscheint es nahezu unmöglich, die Bestände auf mögliche Nachdrucke zu untersuchen.

Zwei Fälle belegen aber die Erkenntnisse, die bereits aus der Bücherbeschaffung der Lesegesellschaften gewonnen worden sind: Nämlich, dass auch die Leihbibliotheken aus Gründen der Kostenersparnis auf die günstigeren Nachdrucke zurückgriffen und dem Publikum zum Verleih zur Verfügung stellten. Der Verleger Johann Christian Conrad Krieger (1746–1825) bestückte seine „Leihbibliothek" in Gießen und seine „Lesebibliothek von Büchern zur Aufklärung und Erholung" in Marburg teilweise mit Nachdrucken, darunter Wielands Werke im Reutlinger und Karlsruher Nachdruck.[689] Die Auswertung der inhaltlichen Zusammenstellung der Bibliotheken bestätigt die Annahme, dass dort überwiegend belletristische Literatur zu finden war, gefolgt von einem wesentlich kleineren Teil an Sachliteratur.[690]

Betrieben wurden die Leihbibliotheken zumeist von mittellosen Buchhändlern, Buchbindern oder Krämern, die ein noch größeres Interesse daran hatten, ihre Bibliotheken wirtschaftlich und möglichst kostensparend zu führen.[691] Dies bedeutete auch, dass der Einkauf der Bücher, bei einer nur geringen Leihgebühr ebenfalls möglichst

687 Vgl. die Auswertung der Kataloge der Leihbibliotheken im Alten Reich und der Schweiz zwischen 1756 und 1814 in: Ebd., S. 110–132.

688 Vgl. Kap. 3.1. und Kap. 3.2.

689 So beispielsweise Wielands *Don Sylvio von Rosalva* im Schmieder'schen Nachdruck aus dem Jahr 1800, *Geschichte des Fräuleins von Sternheim*, ein Fleischhauer-Nachdruck aus dem Jahr 1788, vgl. Haug, Christine: Das Verlagsunternehmen Krieger 1725–1825. Die Bedeutung des Buchhändlers, Verlegers und Leihbibliothekars Johann Christian Konrad Krieger für die Entstehung einer Lesekultur in Hessen um 1800, in: Archiv für Geschichte des Buchwesens 49 (1998), S. 1–170, hier S. 75.

690 So war in Gießen der Anteil der Belletristik im Vergleich zur Sachliteratur 6:1 in Marburg 11:1, vgl. Haug: Das Verlagsunternehmen Krieger, S. 76 und 78. Dazu auch: Sirges, Thomas: Die Bedeutung der Leihbibliothek für die Lesekultur in Hessen-Kassel 1753–1866 (= Studien und Texte zur Sozialgeschichte der Literatur; 42), Tübingen 1994, insb. S. 80, 93, 101, 105 und 113.

691 Interessant ist es, wenn ein Nachdrucker selbst eine Leihbibliothek oder in diesem Fall ein Lektürekabinett betreibt. In Wien übernahm Trattner 1777 das LecturCabinet des Rechtsgelehrten und Wirtschaftspolitikers Karl von Zahlheims (1746–1787), mit dem er wohl zuvor schon in geschäftlicher Verbindung stand, schließlich siedelte das Kabinett schon 1775 in Trattners Haus ‚Auf dem Graben' über. Seine ersten Handlungen nach der Übernahme waren es, die Abonnementpreise zu verdoppeln, die Bücherbestände mit seinen eigenen Verlagstiteln zu erweitern und Zeitungen dazu zu bestellen, vgl. N. N.: Erinnerungen eines Buchhändlers, S. 382.

günstig sein musste. Darüber hinaus fürchteten die Betreiber der Bibliotheken, dass Bücher nicht zurückgegeben werden, wie die mehrfachen Klagen Kriegers eindrucksvoll illustrierten: „Bey meiner Leihbibliothek sind mir durch meine Gutherzigkeit und Nachsicht, die ich gegen einen großen Theil der Leser gehabt habe, wenigstens auf 3-400 Bücher verlohren gegangen".[692] Es war daher kaum verwunderlich, dass die Eigentümer der Leihbibliotheken bei Verlust oder Beschädigung ihres Eigentums lieber auf schnelle und günstig zu ersetzende Nachdrucke als auf teure Originalausgaben zurückgriffen.

4.4.2.4 Lesesalons und Privatbibliotheken

Weitere, weniger allgemein zugängliche, sondern sozial begrenzte Möglichkeiten der Buchlektüre ergaben sich in literarischen Salons, die – im Gegensatz zu Lesegesellschaften und Leihbibliotheken – zumeist in städtischen Zentren und als private Hausbibliotheken errichtet wurden. Letztere wurden sicherlich auch durch günstige Nachdrucke bestückt, wie aus mehreren Schriften über den Büchernachdruck hervorging. So schrieb Regius 1781: „Man prahlt damit, eine weitläufige Bibliothek zu besizen, und weil man doch nicht Geld genug zu den ächten Ausgaben hat, so kauft man, um Shakespears sämtliche Werke auf dem Bücherbrete glänzen zu lassen, den Nachdruck".[693]

Doch daraus ergab sich bald schon eine neue Herausforderung, wie ein anonymer Verfasser 1786 konstatierte:

> Mischt sich nun gar die Eitelkeit mit ins Spiel, wie das leider der Fall nur gar zu oft ist, so wird die Bibliothek bald zu einer ansehnlichen Größe heranwachsen, und nun wird man nur Bücher kaufen, um eine Bibliothek zu haben, nicht um sie zu lesen. Ist man einmal bis auf diesen Punkt; so geht man auch weiter; Man findet seinen Ehrgeiz beleidiget, wenn es heißt, der Mann hat in seiner Büchersammlung nichts als Nachdrücke; man sucht also (oft zum Nachtheil seiner Familie) nach und nach seine Bibliothek mit theuren Originalausgaben zu zieren, die Nachdrücke werden ausgemustert, und müssen schönern Bänden mit Vignetten und Kupfern von Chodowiecki Platz machen.[694]

Die nahezu unüberwindbare Schwierigkeit besteht – wie bereits bei den Lesegesellschaften und Leihbibliotheken gezeigt – darin herauszufinden, ob die vorhandenen Bücher in den privaten Bibliotheken Nachdrucke waren oder nicht. Die überlieferten Auktionskataloge geben über die Provenienz der Bücher keine oder nur unzureichende

692 Über die Nichtrückgabe hinaus, gab es eine Klage über das „Herausschneiden von Kupferstichen" aus den ausgeliehenen Werken, Haug: Das Verlagsunternehmen Krieger, S. 76 und dort Anm. 167.

693 „Nicht jeder Gelehrter muß eine grosse Bibliothek, oder alle Bücher in seinem Fache haben; es ist sogar in unsern Zeiten eine baare Unmöglichkeit. Es ist schon genug, wenn er die besten und brauchbarsten hat." Regius: Ueber Bücherverlag und Nachdruck, S. 203. Zu den Shakespearenachdrucken vgl. Hartwieg: Nachdruck oder Aufklärung, S. 12ff.

694 N. N.: Erinnerungen eines Buchhändlers, S. 382. Zur Ausstattung der Nachdrucke vgl. 4.2.3. Druck, Satz und Illustrationen – Die Druckereien der Nachdrucker.

Auskünfte.[695] Nur in seltenen Fällen gelingt es, Nachdrucke zweifelsfrei identifizieren und zuzuordnen.[696]

Ein besonders prominenter Fall ist aus der Privatbibliothek Kaiser Franz II. (1768–1835) überliefert. Laut Moritz Alois Becker (1812–1887) verwaltete Franz die Bibliothek selbst und war bis zum Jahr 1806 „sein eigener Bibliothekar", ehe der Kabinettsekretär und Hofrat Thomas Peter Young (1764–1829) mit der Leitung der Bibliothek beauftragt wurde.[697]

Am 4. März 1785 bestellte der damals 17-jährige Erzherzog beim Wiener Verleger und Buchhändler Rudolf Gräffer (1734–1817) die 156 Bände umfassende *Sammlung der besten prosaischen Schriftsteller und Dichter* Schmieders. Es liegt nahe, dass die Sammlung auf Anraten von Johann Baptist Schloissnig (1746–1804), dem Lehrer des Erzherzogs, angeschafft wurde.[698] Die Sammlung Schmieders machte „26,9 % der auf Deutsch gedruckten Werke der Anschaffungen aus den Jahren 1784–1791" in der gesamten Bibliothek Franz' aus.[699]

Das Ziel war es sicherlich, die bekanntesten deutschen Autoren kompakt in die Bibliothek zu integrieren. So fanden sich der bekannte Kanon der Autoren in der Bibliothek

695 So konstatiert Bödeker für die Bibliothekssammlung Georg Forsters: „Über Entstehung einer Bibliothek sagt der Auktionskatalog zunächst nichts aus. Seine Untersuchung ermöglicht keine Aussage darüber, wann und in welchem Zusammenhang ein Buch in die Bibliothek gelangte, mit welcher Sorgfalt eine Sammlung aufgebaut und gepflegt wurde. Die Bestimmung der Herkunft einzelner Bücher oder ganzer Bestandkomplexe bedeutet eine unüberwindbare Schwierigkeit, wenn in die Analyse nicht weitere Quellen zum Bucherwerb, also Rechnungen, Korrespondenzen, Ausgabebücher, Zugangsbücher und so weiter herangezogen werden". Dies war bei Nachdrucken logischweise selten der Fall, da über die Anschaffung günstiger Nachdrucke nur in Einzelfällen, wie beispielsweise bei den Lesegesellschaften durch Abstimmung durch die Mitglieder, verhandelt oder korrespondiert wurde. Bödeker, Hans Erich: Die Bibliothek eines Aufklärers: Georg Forster, in: Ders. (Hg.): Aufklärung 6,1: Lesekulturen im 18. Jahrhundert, Hamburg 1992, S. 95–124, hier S. 98.

696 In den vergangenen Jahren widmeten sich mehrere Analysen den Autoren-, Gelehrten- und Privatbibliotheken, dabei lag der Fokus aber – wie bereits dargelegt – weniger darauf zu eruieren, ob es sich bei den Beständen um Nachdrucke handelte. In Auswahl: Pawollek, Christian: Die Bücher eines Berliner Aufklärers: Wiederentdeckung und Rekonstruktion der Privatbibliothek Friedrich Gedikes (1754–1803), Hannover 2020; Häfner, Ralph (Hg.): Meine Bücher: Herders Bibliotheksverzeichnis von 1776, Heidelberg 2020; Pozzo, Annette: Membra disiecta: Inhalt und Wirkung der Bibliothek des Göttinger Professors Lüder Kulenkamp (1724 – 1794) (= Berliner Arbeiten zur Bibliotheks- und Informationswissenschaft; 25), Berlin 2014; Fink, Verena (Hg.): Die Bibliothek des Caspar Voght (1752–1839), Petersberg 2014. Zur Thematik generell: Brinker-von der Heyde, Claudia / Wolf, Jürgen / Vogel, Marie Isabelle / Inder, Annekatrin (Hrsg.): Frühneuzeitliche Bibliotheken als Zentren des europäischen Kulturtransfers, Stuttgart 2014.

697 Becker, Moritz Alois: Die Sammlung der vereinten Familien- und Privat-Bibliothek Sr. M. des Kaisers, Bd. 1, Wien 1873, Vorwort.

698 Huber-Fritscheis, Thomas / Knieling, Nina / Valenta, Rainer (Hrsg.): Privatbibliothek Franz' I. von Österreich 1784–1835. Bibliotheks- und Kulturgeschichte einer fürstlichen Sammlung zwischen Aufklärung und Vormärz (= Veröffentlichungen der Kommission für Neuere Geschichte Österreichs; 111,1), Wien / Köln / Weimar 2015, S. 240f.

699 Ebd., S. 241.

wieder, darunter Wieland, Gellert, Goethe, Haller, Klopstock, Meißner, Rabener, Ramler oder Weiße.[700] Am katholischen Herrscherhaus wurde somit auch protestantische Literatur des Sturm und Drang rezipiert. Welche Erkenntnisse lassen sich aus der Tatsache folgern, dass Schmieders Sammlung sogar Einzug in die erzherzogliche Bibliothek erhielt?

Zunächst einmal bestätigt sich, dass Schmieders *Sammlung der besten deutschen prosaischen Schriftsteller und Dichter* den Namen zum Zeitpunkt der Anschaffung im Jahr 1785 durchaus verdient hatte. Schmieder schaffte es, eine Kompilation der Schriftsteller zu erschaffen, die den Zeitgeist widerspiegelten und sich besonderer Beliebtheit erfreuten. Der Preis spielte bei der Anschaffung für den Erzherzog, im Gegensatz zu anderen hier aufgezeigten Institutionen und Personen, eine sekundäre Rolle, vielmehr war die Zusammenstellung der *Sammlung* das überzeugendere Argument für die Anschaffung. Dieses Faktum bewies, dass Nachdrucke zwar hauptsächlich aufgrund des Preises, jedoch auch aufgrund ihrer Zusammenstellung als Anthologie der Klassiker beliebt waren, wobei die Qualität beim Kauf zweitrangig war.[701]

Erstaunlich ist die Tatsache, dass Erzherzog Franz die *Sammlung* bei Gräffer in Wien angeschafft haben soll, da Gräffer, der ein Freund Reichs in Leipzig war, bei der Auseinandersetzung um die Gellert'schen Nachdrucke Schmieders und Fleischhauers involviert war.[702] Ebenso erschien bei ihm 1785 die *Aeneis-Travestie* Blumauers und dessen Titelvignette wider die Nachdrucker.[703] Dass ausgerechnet er die Sammlung Schmieders besorgt haben soll, stellt durchaus ein Kuriosum dar. Möglicherweise führen die Spuren aber zu Schmieders Kommissionär in Wien, nämlich Wucherer. Es erscheint nicht abwegig, dass Wucherer, der zu dieser Zeit die Schmieder'schen Nachdrucke in Kommission in Wien verkaufte, die Sammlung an den Kaiser oder an ebenejenen Gräffer vermittelt hatte.

Neben der umfangreichen Sammlung Schmieders sind auch die Reutlinger Nachdrucke Fleischhauers – teilweise parallel zu den Schmieder'schen Nachdrucken – in der kaiserlichen Bibliothek zu finden. Darunter Weisses *Lustspiele* von 1782, Wielands *Agathon* von 1782 und Rabeners *Satiren*.[704]

Darüber hinaus sind zwei Nachdrucke der Tübinger Schramm und Balz ebenso in der Bibliothek überliefert. So besaß Franz II. den Tübinger Nachdruck Campes *Columbus oder die Entdeckung von Westindien* von 1782 und Campes *Theophron* von 1789, der offensichtlich später hinzugekauft wurde.[705]

700 Vgl. Ebd., S. 571.

701 „Im Gegensatz zu der Annahme, dass die Exemplare der Sammlung „schnell zerlesen waren und weggeworfen wurden", ist die kaiserliche Privatbibliothek ein gegenteiliges Beispiel, dies mag aber auch der exklusiven Nutzung der Werke durch einen eingeschränkten Personenkreis geschuldet sein". Ebd., S. 242.

702 Vgl. Buchner: Beiträge zur Geschichte des Deutschen Buchhandels, S. 50.

703 Vgl. Kap. 4.6.2.

704 Moritz Alois: Die Sammlung der vereinten Familien- und Privat-Bibliothek Sr. M. des Kaisers, Bd. 2, Sp. 768, 811 und 838.

705 Ebd., Sp. 409 und 410.

Nicht nur in der kaiserlichen Bibliothek wurden Nachdrucke rezipiert, auch in anderen privaten Büchersammlungen innerhalb und außerhalb des Reiches lassen sich Hinweise auf die hier untersuchten Nachdruckersammlungen finden. So besaß auch Wolfgang Amadeus Mozart einen Nachdruck des *Oberon* von Wieland aus der Sammlung Fleischhauers, die sich in der Privatbibliothek des Salzburgers befand.[706]

In der Schlossbibliothek von Gaußig in Sachsen wurde durch den kurfürstlich-sächsischen Kammerrat und Bankier Peter Freiherr von Riaucour ab 1766 eine prachtvolle und gepflegte Büchersammlung etabliert, die sich im ersten Stock des Schlosses befand. Der Buchbestand von mehr als 7500 Bänden bis zum 19. Jahrhundert umfasste nach einem um 1800 angefertigten Katalog theologische, juristische, wissenschaftliche, künstlerische und geschichtliche, jedoch hauptsächlich französische Werke.[707] Die deutschen Dichter sind vornehmlich durch die Sammlung Schmieders vertreten, dessen Bände von 1774 bis 1794 angeschafft worden sind.[708]

Eine ähnliche Bibliothek, die auf die Schmieder'sche Anthologie zurückgriff, findet sich im niederösterreichischen Weitra. In der Fürstenbergeschen Schlossbibliothek, einem Nebensitz der Familie Fürstenberg und ab 1755 landgräfliche Linie Fürstenberg-Weitra, finden sich hauptsächlich belletristische Werke, was auf den persönlichen Lesegeschmack der Schlossbewohner zurückzuführen ist.[709] Das Inventar der Schlossbibliothek umfasste für den Altbestand bis 1900 insgesamt 2850 Titel, von denen 1100 aus dem 18. Jahrhundert stammten. Fast zwei Drittel der Werke war deutschsprachig, gefolgt von französischen, lateinischen und einem geringen Anteil an italienischen und englischen Titeln. Der hohe Anteil an deutschsprachigen Werken erschließt sich durch die Reihenwerke, die für die Bibliothek im 18. Jahrhundert gekauft wurden. Neben Teilen der Karlsruher Sammlung findet sich auch die Wiener *Sammlung der vorzüglichsten Werke deutscher Dichter und Prosaisten* des Nachdruckers Franz Anton Schrämbls (1751–1803).[710]

Teile der Nachdrucke erhielten auch Einzug in schulische Einrichtungen. Das Passauer Gymnasium *Leopoldinum*, welches 1612 zunächst als Jesuitenkolleg gegründet wurde, 1773 im Zuge der Aufhebung des Jesuitenordens aufgelöst und als fürstbischöfli-

706 Konrad, Ulrich / Staehelin, Martin / Raabe, Paul: Allzeit ein Buch. Die Bibliothek Wolfgang Amadeus Mozarts (= Ausstellungskataloge der Herzog-August-Bibliothek; 66), Weinheim 1991, S. 70.

707 Handbuch der historischen Buchbestände in Deutschland, Österreich und Europa. Digitalisiert von Günter Kükenshöner. Hrsg. von Bernhard Fabian. Hildesheim 2003, online unter: https://fabian.sub.uni-goettingen.de/fabian [letzter Abruf am 22.03.2021].Weiterhin zitiert als Fabian-Handbuch.

708 Ferner sind die Werke Wielands in der Prachtausgabe vorhanden gewesen, Debes, Dietmar: Die Schloßbibliothek Gaußig. Ein Bei.trag zur sächsischen Bibliotheksgeschichte, in: Jacobi, Johannes (Hg.): Bibliothek als Lebenselixier. Festschrift zum 65. Geburtstag von Gottfried Rost. Leipzig 1996, S. 17–28

709 Vgl. zum Adelsgeschlecht Fürstenberger: Eltz, Erwein H./Strohmeyer, Arno (Hg.): Die Fürstenberger. 800 Jahre Herrschaft und Kultur in Mitteleuropa (= Katalog des NÖ Landesmuseums, N.F., 342), Korneuburg 1994, S. 231ff.

710 Vgl. Katzenschlager, Wolfgang: Fürstenbergsche Schloßbibliothek, in: Fabian-Handbuch.

ches Gymnasium weitergeführt wurde, verfügte über einen barocken Bibliothekssaal.[711] Neben philologischen und klassischen Werken sind auch Werkausgaben Gellerts, Gleims, Hagedorns, Rabeners, Zachariaes und Ramlers in 26 Bänden aus der *Sammlung der poetischen und prosaischen Schriften der schönen Geister in Deutschland* von Johann Georg Fleischhauer überliefert.[712]

Der katholische Theologe und spätere Bischof von Regensburg Johann Michael Sailer (1751–1832) besaß in seiner Privatbibliothek nicht nur Schmieder'sche Nachdrucke von Klopstocks Werken,[713] sondern auch eine umfassende Sammlung evangelischer theologischer Literatur, darunter die Werke Leß' mit einem Schaffhauser Nachdruck der *Christlichen Lehre vom Gebet und der Bekehrung*.[714]

Nachdem die Rezeption der Nachdrucke verfolgt wurde, soll nun dazu übergegangen werden zu zeigen, inwiefern in den Nachdruckterritorien eine intendierte Nachdruckpolitik der Obrigkeit forciert wurde und welche Konsequenzen sich daraus wirtschaftlich und sozio-kulturell ergaben.

4.5 „Gute und wohlfeile Bücher?" – Obrigkeitliche Nachdruckpolitik

„Vier Regierungen sind es jetzt in Deutschland, welche den Nachdruck beschützen: Oesterreich, Bayern, Würtemberg, Baden", urteilte Johann Gottfried Dyk 1786.[715] Während die Voraussetzungen für den Nachdruck in Österreich deutlich andere waren als in den anderen genannten Reichsteilen,[716] so ergeben sich doch Gemeinsamkeiten in der staatlichen Buchhandelspolitik mit den anderen ‚Nachdruckerterritorien'. Dies lässt sich – wie schon in den frühen Schriften zum Nachdruckdiskurs zu erkennen ist – auf die Bereiche der Wirtschafts- und der Kulturpolitik eingrenzen, die durchaus interdependent waren.

---

711 Vgl. Kastner, Jörg: Die Staatliche Bibliothek Passau, in: Bibliotheksforum Bayern 11 (1983), S. 177–189.

712 Vgl. Schmeissler, Johann: Bibliothek des Europäischen Gymnasiums Leopoldinum, in: Fabian-Handbuch.

713 Zur Überlieferungsgeschichte der Bibliothek und dessen Bestand, der sich größtenteils auch aus Schnekungen zusammensetzte vgl. Scheuchenpflug, Peter (Hg.): Die Privatbibliothek Johann Michael Sailers. Nachdruck des Verzeichnisses von Büchern aus Sailers Nachlass (Sulzbach/Oberpfalz 1833) (= Regensburger Beiträge zur deutschen Sprache und Literaturwissenschaft. Reihe A, Quellen), Frankfurt a. M. 2006, S. 16–20, zum Schmiedernachdruck S. 54 der Reproduktion.

714 Ebd., S. 68 der Reproduktion.

715 Dyk: Buchhändler-Rechtfertigung, S. 792. Mit Bayern meinte Dyk insbesondere die Nachdrucktätigkeiten Göbhardts in Bamberg und die Nachdrucktätigkeiten Johann Baptist Strobls in München. Zu Göbhardt vgl. Walther: „Eine kleine Druckerei, in welcher manche Sünde geboren wird", insb. S. 58–76 zu Strobl vgl. Lochbrunner, Anja: Der Münchner Verleger Johann Baptist Strobl und die bayerische Zensur im 18. Jahrhundert, [Magisterarbeit] München 2012 und Wittmann, Reinhard: Eine bayerische Inquisitionsgeschichte: die Fehde zweier Münchner Aufklärungsverleger, in: Barbier, Fréderic et. Alt. (Hrsg.): Le livre et l'historien. Études offertes en l'honneur du Professeur Henri-Jean Martin (= Historien et civilisation du livre; 24) Genf 1997, S. 381–399.

716 Vgl. Fn. 63.

4.5.1 Obrigkeitlich-wirtschaftliches Interesse am Nachdruck

Es wurde schon herausgestellt, dass die Regierungen in Württemberg und Baden den Nachdruckern keinen uneingeschränkten Schutzstatus zusprachen und eine umfassende Protektion boten, so hatten die beiden Territorien und gesondert auch die Reichsstadt Reutlingen ein wirtschaftliches Interesse daran, dass die Nachdrucker und damit der Buchhandel im eigenen Territorium gefördert wurden. Das Ziel war eine merkantilistische Buchhandelspolitik, die die Bücher für das eigene Volk günstig zur Verfügung und im eigenen Land gedruckt und ins Ausland teuer verkauft werden sollten,[717] so argumentierte der Verfasser der Schrift *Ueber den Buchhandel in den kaiserlich-königlichen Erblanden* 1774.[718] In Bezug auf den Nachdruck sah er den einzigen positiven Aspekt darin, dass dieser die Nachfrage nach ausländischen Büchern schnell und durch heimische Mühlen und Pressen gestillt werden konnte.[719] Doch die Nachteile überwogen für ihn: Da man selber ausländische Bücher nachdrucke, so eröffne man den Ausländern die Möglichkeit, die heimischen Bücher ebenfalls nachzudrucken, was im Sinne der merkantilistischen Wirtschaftstheorie zu einem Exportrückgang führen würde.[720] Eine Konsequenz, die in der ersten Hälfte des 18. Jahrhunderts bereits Gundling und Thurneysen befürchtet hatten.[721]

Lessing hingegen vertrat die Ansicht, dass der Buchhandel nicht als Gewerbe angesehen werden sollte, der in die Handelsbilanz der einzelnen Territorien fiel, und sprach sich somit gegen eine merkantilistisch ausgerichtete Buchhandelspolitik aus, da diese in Anbetracht der territorialen Zersplitterung ohnehin kaum praktikabel sei:

> Daß der Nachdruck unbillig sei, daß der Nachdrucker sich schämen sollte, zu ernten, wo er nicht gesäet hat, und der faulen Hummel gleich über den Honig der fleißigen Bienen herzufallen: wer leugnet das? Aber was hilft das, dem Nachdruck zu steuern? Freilich, wenn Deutschland unter *einem* Herrn stünde, welcher der natürlichen Billigkeit durch positive Gesetze zu Hülfe kommen könnte und wollte! Aber bei dieser Verbindung unter Deutschlands Provinzen da die menschlichsten das Principium haben, des baren Geldes so wenig als möglich aus ihren Grenzen zu lassen: wer wird ihren Finanzräten begreiflich machen, daß man allein den Buchhandel unter dieses Principium nicht ziehen müßte?“ [722]

Neben den volksaufklärerischen Vorzügen der Nachdrucke, verwiesen die Befürworter auf die wirtschaftlichen Vorteile, die der Nachdruck den Territorien lieferte:

> Aber der Nachdruck hat auch eine ausnehmende politische Wichtigkeit für die einzelnen Länder des Reichs. Das Geld, das alles durch eben so viel Röhren, als

717 Der Kameralismus „umschreibt die spezielle Ausformung des Merkantilismus in den deutschen Kleinstaaten“, Walter, Rolf: Wirtschaftsgeschichte. Vom Merkantilismus bis zur Gegenwart (= UTB Geschichte, Wirtschaftswissenschaften; 3387), Köln 2011, S. 46.

718 N. N.: Ueber den Buchhandel in den kaisl. königl. Erblanden, Berlin/Leipzig 1774, S. 46ff.

719 So auch N. N.: Ueber den schlechten Bücherdruck in Deutschland, S. 544.

720 N. N.: Ueber den Buchhandel in den kaisl. königl. Erblanden, S. 59ff.

721 Vgl. Kap. 4.1.

722 Gotthold Ephraim Lessing: Werke. Bd. 5, München 1970 ff., S. 784.

> Bücher von Wichtigkeit verlegt werden, nach Sachsen geleitet würde, bleibt jetzt im Reich und macht, daß wir in der Handlungsbilanz mit Sachsen nicht mehr, wie sonst, verliehren. Es ist dadurch ein neuer Zweig von Industrie, der so vielen und so vielerlei Arten von Bürgern Nahrung schafft und mit in die Kassen der Fürsten einfließt, eröffnet worden. Wie viele neue Papiermühlen! Wie viele Druker, Sezer, Buchbinder, Paker![723]

Mit dieser Aussage wiederholte Schmieder im Grunde das, was er mehrfach in seinen Briefen an den Markgrafen schon geäußert hatte, nämlich, dass durch seine Drucke das Geld im Land erhalten bliebe und die badischen Drucker in Lohn und Brot gesetzt werden können.[724]

Darauf antwortete Miller lakonisch:

> Scharfsinninger, weiser Mann! Wie wäre doch das arme Frankreich so glücklich, wenn es unsern blauen Mann zu seinem Finanzminister hätte! Bald würde es sich aus seiner Finanzverlegenheit retten, und die unter dem Namen Nationalbankerut [sic!] berüchtigte Sache [...] würden sie bald nicht mehr so anstößig finden. [...].[725]

Einen Blick auf die kameralistische Politik der Nachdruckerterritorien warf Wieland in seiner Satire *Schreiben eines Nachdruckers*, in der er fingiert die Position eines Nachdruckbefürworters einnahm.[726] Darin bemerkte er, dass „die Einfuhr fremder Bücher in diese Kreise, kein geringfügiges Objekt“ sei. In den vergangenen 50 Jahren seien für eine Millionen Gulden Bücher aus Ober- und Niedersachsen in den schwäbischen Kreis eingeführt worden. Doch „der Nutzen den unsre wakern Schwaben von dieser Einfuhr für ihren Verstand und Witz gezogen haben mögen, dürfte wohl schwerlich mit einer so ansehnlichen Summe baaren Geldes, das dafür ausser Landes gegangen, in gehörigem Verhältnis stehen“.[727] Die Obrigkeiten im schwäbischen Kreis seien nun ‚endlich‘ auf die Vorteile aufmerksam geworden, die Förderung der eigenen Industrie auch auf den Buchhandel auszuweiten und explizit den Nachdruck zu fördern.[728]

---

723 Schmieder: Wider und für den Büchernachdruck, S. 50.

724 So im Brief vom 7. Oktober 1775: „Da ich durch den Abdruck derselben höchst dero hochfürstlichen Landen nicht nur einen großen Nuzen solche sehr stark gesucht werden, und ich sie in dem praenumerations Preis von 4 fl verkauffe, der sonsten in denen Buchläden 10 fl davor bezahlet werden muß, mithin das publicum nicht nur mehr als das altrum tantum erstehet, sondern auch das Geld durch meinen Druck im Land erhalten, darüber auch denen darinnen sich etablierten Buchdruckern ein ansehnliches Stück Brod von mir zugewendet wird [...]“. Des Weiteren im Brief vom 20. Oktober 1787 GLA 206,702.

725 N. N.: Vertheidigung des Eigenthums, S. 60.

726 Vgl. Wieland: Schreiben eines Nachdruckers, S. 258–293.

727 Ebd., S. 287.

728 „Ueberall in jedem kleinen Winkel Teutschlands ist man auf diese Art von Ersparnis, auf eigene Fabriken und Manufakturen so wohl für die nothwendigen als eingebildeten Bedürfnisse, kurz auf Beförderung der Industrie und Circulation in allen nur ersinnlichen Artikeln, gestellt – wie sollten also nur unsre Fürsten zu verdenken seyn, wenn sie eine so patriotische und unserm Lande so augenscheinliche Vortheile bringende Unternehmung, wie der wohlfeilere Nachdruck der gang-

Das Pseudonym Bonaventura Biedermann äußerte sich 1791 in ähnlicher Art und Weise wie Schmieder zum Sachverhalt. Auch er stellte fest, dass die Herrschaftskasse dadurch profitiere, dass Menschen erst durch den Nachdruck in Arbeit gesetzt werden konnten.[729] Für ihn war der Nachdruck die gerechtfertigte Reaktion auf das Monopol der sächsischen Buchhändler: „er mäßigt den sächsischen, und befreyt den deutschen seiner Ketten".[730]

Dies wiederum veranlasste einen unbekannten Rezensenten zu einer Gegendarstellung, in der er bekräftigte, dass der Nachdruck nur „ein Vehikel" sei, „die südlichen oder sogenannten Reichsbuchhändler zu einer Conföderation gegen die sächsischen und nördlichen Buchhändler überhaupt in neuen Umlauf zu bringen".[731]

Knigge konkretisiert die obrigkeitliche Buchhandelspolitik an der Markgrafschaft Baden und am Nachdrucker Schmieder, den er keineswegs unkritisch sah. Doch in Bezug auf die Handelsbilanz eines Territoriums befürwortet er den Nachdruck:

> [...] wenn man überlegt, daß der Spitzbube Schmieder jährlich die Summe, welche sonst für die Werke der besten Schriftsteller aus den markgräflichen Landen gehen würde, tausendfach in das Land zieht, und daraus wird es begreiflich, daß wohl schwerliche alle teutsche Fürsten ein gleiches Interesse haben können, den Nachdruck zu verbiethen.[732]

Inwieweit die Obrigkeit einen wirtschaftlichen Profit aus den Nachdruckunternehmungen zog, wird im Folgenden Kapitel näher beleuchtet.

4.5.2 Der Nachdruck als wirtschaftspolitischer Faktor der Nachdruck-Territorien

Wittmann annotierte: durch „die Überlegenheit des sächsischen Verlagswesens, das nahezu ein Monopol auf alle attraktiven, in Deutschland begehrten Neuerscheinungen besaß, wurde die Außenhandelsbilanz gerade kleinerer Länder beeinträchtigt".[733] Bedeutete der Nachdruck somit gleichsam die Möglichkeit, mithilfe des Buchhandels

---

barsten Bücher ist, wonicht öffentlich begünstigen, doch wenigstens nicht wie [...] mit Gewalt verhindern? Denn das wäre doch, cameralistisch betrachtet, nicht um ein Haar klüger, als wenn sie eine einheimische Strumpf-Fabrik unterdrücken wollten, aus der großmüthigen Absicht, damit nicht etwa den sächsischen Fabriken Abbruck dadurch gethan werden möchte." Ebd., S. 288.

729 Biedermann: Zirkular, S. 16f.

730 Ebd., S. 17.

731 Rezension zu: Zirkular über den Nachdruck, in: Allgemeine Literatur-Zeitung, 1791,2, Jena/ Leipzig, Sp. 591.

732 Knigge, Johann Gottwerh: Ueber den Büchernachdruck, Hamburg 1792, S. 27. In ähnlicher Weise argumentiert auch Zimmermann, der den Markgrafen von Baden einerseits für seine Fürsorgepflicht lobte – „ein ausgezeichnet guter Regent, ein Vater seines Volkes, und ein liebenswürdiger und sehr vortrefflicher Herr" – andererseits konstatierte, dass „der Buchhandel doch beinahe die einzige schwache Stütze ist, welche die Deutsche Gelehrsamkeit hat, und daß ihr der diebische Nachdrucker diese Sützte raubt. Eben der in Carlsruhe so vorzüglich begünstigte Nachdruck, ist die Ursach, warum so mancher deutscher Gelehrter die Früchte seines Fleißes für eine erbärmliche Kleinigkeit hingeben muß", Zimmermann: Ueber die Einsamkeit, Anhang.

733 Wittmann: Nachdrucker, S. 301.

wirtschaftlichen Profit für das eigene Territorium zu erzielen, wie Schmieder oder Knigge in ihren Schriften propagierten?

Über die Zensurmaßnahmen der einzelnen Nachdruckerterritorien wurde bereits berichtet.[734] Sicherlich begünstigte die teilweise lasche Zensurpolitik in Baden die Geschäfte der Karlsruher Nachdrucker, während in Württemberg die landesherrliche wie die universitäre Zensur dafür sorgte, dass eine moderate Zensurpolitik der Nachdrucke stattfand.

Auf produktionstechnischer Seite war das Papier für den Buchdrucker von essenzieller Wichtigkeit und auch die Obrigkeit registrierte mit der steigenden Produktion der Bücher, dass Lumpen als Rohstoff und Papier als Zwischenprodukt für das Endprodukt Buch eine immer größer werdende wirtschaftliche Bedeutung zukam.[735] Es lag in der Natur der Sache, dass bei erhöhtem Papierverbrauch der Rohstoff Lumpen für das Druckpapier knapper und somit teurer wurde.

So gab es in der Markgrafschaft Baden als auch im Herzogtum Württemberg intensive obrigkeitliche Bemühungen, den Lumpenhandel durch Verordnungen und Reskripte vor Export zu schützen und den Markt vor Lumpenmangel zu regulieren:

> So alt wie die Klagen der Papiermüller über den Lumpenmangel sind auch die Bemühungen der jeweiligen Obrigkeiten, diesem Mangel abzuhelfen und durch Lumpensammel-Privilegien, Lumpenexport-Verbote, Zuteilung von Lumpensammel-Distrikten, Verbote des Lumpensammelns und ähnliche Regulierungsversuche.[736]

Folglich wurden auch seitens der württembergischen Regierung „Districtabgrenzungen" für die benachbarten Reutlinger Lumpensammler erlassen, die ihre Lumpen teilweise an die württembergische Pfullinger Papiermühle lieferten.[737] Entsprechend wurden Patente, kurzzeitige Privilegien und Verpachtungen zum Lumpensammeln an Privatpersonen erteilt, die häufig verletzt worden sind. Die Markgrafschaft Baden erließ mehrfach Verbote,[738] die die Ausfuhr von Lumpen untersagte und kontrollierte ebenfalls, ob sich neue Lumpensammler in Baden niederlassen wollten.[739]

Während im Alten Reich

> jeder Herrscher versuchte, diesen kostbaren Rohstoff innerhalb seines Territoriums zu halten, hob Frankreich 1741 alle Lumpenhandelsbeschränkungen innerhalb des Königreichs auf, und in Holland war im 17./18. Jahrhundert der Lumpenhandel völlig frei".[740]

---

734 Vgl. Kap. 2.3.

735 Vgl. zu diesem Aspekt auch Kap. 4.4.2.

736 Siemers: Die Förderung der Papiermühlen, S. 80.

737 StARt A1, Bd. 6, Nr. 13090.

738 GLA 77 Nr. 7546.

739 So etwa „Maßregeln zur Abhaltung des fremden Lumpen-, Bettel- und Hurengesindels, welches sich unter dem Vorwand des Heumachens und Fruchtschneidens einschleicht", GLA 77 Nr. 5033.

740 Siemers: Die Förderung der Papiermühlen, S. 80. Da der Bedarf an Lumpen jedoch nicht durch die inländischen Lumpen gedeckt werden konnte, entwickelte sich ein reger (Schmuggel-)Handel an der Grenze, hierzu auch: Bellingradt: Vernetzte Papiermärkte, S. 151f.

Die Steigerung der Papierpreise bedeutete gleichzeitig die Chance für die Landesobrigkeit, am Papierhandel mitzuverdienen und das eigene Territorium im Sinne einer merkantilistischen Wirtschaftspolitik vom Import des Papiers unabhängiger zu machen. So durch Papiermühlen, die von der Obrigkeit selbst betrieben wurden:

> Zu Ettlingen, im Badenschen, ist eine vortrefliche Papiermühle. Auch selbst der kleinste Theil der Millionen Papierbögen, die Carlsruh jährlich, nicht zu rechtsmäßigen Verlagsbüchern, sondern zum schändlichen Nachdruck verbraucht, wird auf dieser Papiermühle gekauft.[741]

Die Ettlinger Papiermühle soll 1776 von der Markgräfin Karoline Luise (1723–1783) errichtet und daraufhin unter ihrer Verwaltung geführt worden sein.[742] Es war eine der fünf Badener Papiermühlen, die um 1800 in Markgrafschaft Baden betrieben worden sind.[743] In den badischen Papiermühlen standen um 1800 in der Regel zwei Bütten und es waren jeweils mehr als 30 Mitarbeiter pro Papiermühle beschäftigt,[744] womit sie nach der Unterscheidung der Betriebstypen Bayerls zu den Großbetrieben zählten.[745]

Mit diesen Papiermühlen gelang es Schmieder, die große Auflagenanzahl für seine *Sammlung* herstellen zu können, wobei der Markgraf ebenfalls profitierte, da Schmieder – neben Macklot – wohl zu den wichtigsten Abnehmern der Papierbögen zählte. Daher hielt man auch außerhalb Badens nicht mit der Kritik an dem Wirtschaftsverhältnis zwischen den Parteien zurück. So notierte Göschen:[746]

> Auf den Markgrafen bin ich böse. Er tollerirt den Nachdrucker Schmieder, weil er den Papiermühlen von Ihro Durchlaucht das Papier abnimt. Er wird dann auch

---

741 Wehr, Georg Friedrich: Supplemente zu dem voriges Jahr in Halle herausgekommenen Buche vom Papier den vor der Erfindung desselben üblich gewesenen Schreibmassen und sonstigen Schreibmaterialien, Hannover 1790, S. 29.

742 Breitenbruch: Schmieder, Sp. 690. Schon im 15. Jahrhundert wurde in Ettlingen eine der ersten Papiermühlen Deutschlands errichtet, die auch als Obere Papiermühle bezeichnet wurde. Die 1776 errichtete Papiermühle war die untere Papiermühle, sodass insgesamt zwei Papiermühlen in Ettlingen betrieben wurden. Der Papiermacher der beiden Mühlen ab etwa 1790 war Franz Albert Buhl, vgl. Schmidt: Von der Mühle zur Fabrik, S. 62.

743 Nach der Erhebung der Markgrafschaft zum Großherzogtum Baden erhöhte sich durch den territorialen Zuwachs auch die Anzahl der Papiermühlen auf über 20, vgl. Schmidt: Von der Mühle zur Fabrik, S. 56.

744 Ebd., S. 71.

745 Bayerl, Günter: Die Papiermühle. Vorindustrielle Papiermacherei auf dem Gebiet des alten deutschen Reiches: Technologie, Arbeitsverhältnisse, Umwelt (= Europäische Hochschulschriften Reihe 3, Geschichte und ihre Hilfswissenschaften; 260), Frankfurt am Main 1987, S. 588ff.

746 Auch andere Personen äußerten Kritik an der Handlungspraxis des Markgrafen: „Es giebt Fürsten in Deutschland, deren Bibliotheken größtentheils aus solchen gestohlenen Producten bestehn, ja ein regierender Fürst deutscher Nation ist so herablassend, zu einer Diebsmanufactur dieser Art, das Papier zu liefern. Was können geschworne Feinde des deutschen Genies, um es zu unterdrücken, mehr thun?“, Archenholz, Johann Wilhelm von: Anecdote, den Büchernachdruck betreffend, in: Litteratur und Völkerkunde 1785, S. 405–406, hier S. 406. Archenholz‘ Werke wurde ab 1787 von Schmieder nachgedruckt, darunter *England und Italien* und die *Brittischen Annalen*, vgl. Breitenbruch: Schmieder, Sp. 718f.

> bald über die Oden herfallen, wenn sie einmal am Hofe sind. Die Papiermühlen gehören einer Persohn von der Durchlauchtigen Familie.[747]

Dass Schmieder nicht nur das Papier von der der Markgräfin Karoline Luise abnahm, sondern sie als Buchhändler zuvor schon mit Büchern belieferte, beweisen Rechnungen im Großherzoglichen Familienarchiv des Hauses Baden, die jedoch vor die Nachdrucktätigkeit Schmieders fallen.[748] Schmieder erwarb das markgräfliche Papier, da er aber über keine eigene Druckerei verfügte, ließ er außerhalb Badens – mit hoher Wahrscheinlichkeit zum größten Teil bei Fleischhauer in Reutlingen – drucken, wie er dem Hofrat Zimmermann in den *Fliegenden Blättern* mitteilte: „Sein Fürst (= Karl Friedrich) habe vom Nachdruck keinen Profit, weil der Druck meistens außer Landes geschehe“.[749] Damit zeigte Schmieder unvermittelt an, dass er eben nicht in Karlsruhe oder Baden, sondern bei Fleischhauer in Reutlingen drucken ließ. Bestärkt wird diese Annahme durch die Beobachtung eines Anonymus, der dies in den *Briefen aus Carlsruhe* festhielt:

> Dagegen geht aber auch Vieles wieder hinaus [aus Baden], weil von den Millionen Bögen, die jährlich unter diesem Druckorte erscheinen, kein Einziger im Lande, sondern auswärts, hauptsächlich im Württembergischen gedruckt wird. Auch selbst der kleinste Theil des Papiers wird im Lande, auf der schönen Papiermühle in Ettlingen gekauft.[750]

Obwohl Schmieder deklamierte, dass der Markgraf ‚keinen Profit‘ aus dem Nachdruck zöge, überwogen die finanziellen Vorteile durch die Papierherstellung und den Verkauf deutlich.

Die Lage im Herzogtum Württemberg gestaltete sich dabei ähnlich, ohne explizit den Nachdruck zu fördern, verbot man den Nachdruck auch aus wirtschaftlicher Sicht nicht, wie in dem Schreiben an Johann Friedrich Cotta vom 17. März 1790 herauszu-

747 Georg Joachim Göschen an Friedrich Gottlieb Klopstock vom 30. März 1798, in: Klopstocks Briefe, Nr. 186, S. 234. Mit den Oden sind Klopstocks Oden gemeint, die Göschen zunächst 1787, dann ein weiteres Mal 1798 in zwei Teilen herausgab. Die von Göschen geäußerte Befürchtung des Nachdrucks durch Schmieder bewahrheitete sich nicht, Schmieder hatte die Oden 1776 und 1785 schon nachgedruckt, jedoch nicht mehr nach 1798.

748 Es sind dort zwei Rechnungen überliefert, beide aus dem Jahr 1773, also kurz vor Etablierung der Nachdrucksammlung. In dem Jahr bestellte die Markgräfin drei Bücher bei Schmieder: 1.) Johann Ludwig Leberecht Lösekes *Materia medica oder Abhandlung von den auserlesenen Arzneymitteln nach derselben Ursprung, Güte, Bestandtheilen, Maaße und Art zu würken: nebst Vorschriften wie dieselben aus der Apotheke zu verschreiben sind* für 1 Th. 30 kr. 2.) *Der chursächsische Landphysikus, eine medicinisch-physikalische Monatsschrift* für 1 Th. 30 kr. und 3.) Geßners *Sammlung von Beobachtungen aus der Arzneygelahrheit* für 40 kr., GLA FA Nr. 5 A Corr 148, 63 und 185.

749 Fliegende Blätter, in: Allgemeine Literatur-Zeitung 1785, 3. Bd., S. 252. Die von Schmieder verwendete Einschränkung ‚meistens‘ konnte bereits dadurch geklärt werden, dass er eventualiter auch bei seinem Karlsruher Konkurrenten Macklot drucken ließ. Zu Schmieder und Zimmermann vgl. auch Kap. 4.2.3.

750 N. N.: Briefe über Carlsruhe, Fünfter Brief, in: Berlinisches Journal für Aufklärung, 4. und 5. Bd., Berlin 1789, S. 214–227, hier S. 218.

lesen ist.[751] Dort argumentierte die Regierung schließlich, dass ein Gesetz wider den Nachdruck keine Vorteile bringen würde. Vielmehr verfuhr die Obrigkeit nach dem Prinzip, dass, wenn ohnehin in Karlsruhe, Reutlingen, Mannheim und der Schweiz nachgedruckt würde – und diese Nachdrucke schließlich auch in das Herzogtum kamen – der Nachdruck dann im eigenen Territorium nicht prinzipiell verboten sein solle.[752] Somit konnte man zumindest den eigenen Untertanen günstige Bücher offerieren und die Herstellungs- und Druckkosten, die ins Ausland geflossen wären, blieben somit im Herzogtum.

Insgesamt 22 Papiermühlen wurden um 1800 im Herzogtum Württemberg betrieben, wobei Oberschwaben das Zentrum des Papierhandels war.[753] Die für die Tübinger Nachdrucker relevanten Papiermühlen waren die nächstgelegenen Mühlen in Pfullingen, Gönningen und die älteste Papiermühle Württembergs in Urach, die 1477 gegründet wurde und wo bis zum 18. Jahrhundert drei Papiermühlen standen.[754]

Trotz der – im Vergleich mit Baden – höheren Dichte an Papiermühlen, konnte beispielsweise Cotta den Papierbedarf für Schillers *Musenalmanach* von 1797 mit württembergischen Papier allein nicht decken. Bereits 1794 schrieb er an Schiller, dass er das Buntpapier für die Horen aus Basel kommen lassen müsse, während er den Druck vom Tübinger Nachdrucker Balz besorgen ließ.[755]

Aus dem Teilungsinventar Wilhelm Heinrich Schramms von 1778 geht hervor, welches Papier er teilweise in seiner Druckerei verwendete. So waren neun Ballen Bibelpapier und sechs Ballen Schreibpapier in seiner Druckerei vorhanden.[756] Das Bibelpapier, auch Dünndruckpapier genannt, war ein sehr leichtes und fast durchsichtiges Papier, welches für Bücher verwendet wurde, die eine hohe Seitenzahl aufwiesen, aber nicht zu dick und schwer werden sollten, wie Bibeln, aber auch Gesangbücher oder Nachschlagewerke. Da sich gleichsam Bibeln und Gesangbücher im Verlagsbuchinventar befanden, wurde dieses Papier für die ‚Brotartikel' der Schramm'schen Druckerei genutzt.

---

751 „Hat sich die herzogl. Regierung in der Anlage dahin untherst gutächtlich geäußert, daß, da der Nachdruck in den herzogl. Landen durch kein Gesez verbotten seye, und ein solches Gesez in den herzogl. Landen, in dessen Umfang so manche fremde territoria begriffen, nicht einmal von Nuzen wäre, dem unthersten Supplcanten in seinem Gesuch, so wie er solches angebracht habe, nicht zu willfahren seye dürfte […]", HStASt A 202, Bü 2539.

752 So liest sich die württembergische Resolution vom 22. März 1779 auf die Beschwerde ausländischer Buchdrucker: „Im übrigen wann auch gleich denen dießseitigen Buchdruckern allen Nachdruck in distincte verbotten worden wollte, so würde derselbe doch nicht abgestellt und verhindert werden können, weil in Carlsruhe, Reuttlingen Eßlingen, Mannheim in der Schweiz und noch in vielen anderen Orthen und Länder überall nachgedruckt wird." HStASt A 202, Bü 2539.

753 Kaeding, Peter: Die Hand über der ganzen Welt. Johann Friedrich Cotta, der Verleger der deutschen Klassik, Stuttgart 2009, S. 94.

754 Frauenknecht, Erwin: Papiermühlen in Württemberg. Forschungsansätze am Beispiel der Papiermühlen in Urach und Söflingen, in: Meyer, Carla / Schultz Sandra / Schneidmüller Bernd (Hrsg.): Papier im mittelalterlichen Europa. Herstellung und Gebrauch (= Materiale Textkulturen; 7), Berlin / Boston 2015, S. 93–114.

755 Vollmer, Wilhelm (Hg.): Briefwechsel zwischen Schiller und Cotta, Stuttgart 1876, S. 31. Zur Verbindung zwischen Cotta und den Nachdruckern Balz und Schramm vgl. Kap. 3.2.5.

756 StATü E 101/236

Die Reichsstädte waren schon früh darum bemüht, Papiermühlen in ihren Territorien anzusiedeln. Die ersten Papiermühlen entstanden beispielsweise in Ravensburg, Offenburg, Giengen an der Brenz oder auch Reutlingen schon gegen Ende des 15. Jahrhunderts.[757] Die Papierproduktion korreliert somit mit der vergleichsweise hohen Dichte an Buchdruckern in Reutlingen.[758] Daher erscheint es nur verständlich, dass die Fleischhauer ihr Papier größtenteils von den Reutlinger Papiermüllern abnahmen. Doch der erhöhte Papierverbrauch führte dazu, dass auch Papier aus der württembergischen Herrschaft gekauft werden musste. So ist eine Forderung für eine Papierlieferung in Höhe von 96 Gulden vom Pfullinger Papiermüller Imanuel Kostenbader an Johann Jakob Fleischhauer aus dem Jahr 1798 überliefert.[759] Auch geben die Reutlinger Akten darüber Auskunft, dass es Verbindungen zur Papiermühle in Urach gegeben hatte. In die württembergische Herrschaft wurde Reutlinger Papier verkauft, wenn auch nur in geringeren Abnahmemengen wie Sporhan-Krempel darlegte.[760] Unter den Abnehmern fanden sich aber auch die Tübinger Buchdrucker Bauhof und Frank, hier jedoch der Senior Johann Peter Gottlieb Frank.[761] Ob auch ab 1770 Schramm, Frank oder Balz Reutlinger Papier gekauft haben, lässt sich hingegen nicht mehr nachweisen. Dass aber gerade der Buchhandel und damit auch der Nachdruck für die kleineren Reichsstädte und in diesem besonderen Fall für Reutlingen eine enorm wichtige wirtschaftliche Säule darstellte, steht außer Frage. Nicht zuletzt der schon 1741 ratifizierte *Oeconomieplan*, der die Stadtfinanzen sanieren sollte, beeinflusste auch noch die Wirtschaftspolitik des späten 18. Jahrhunderts.[762] Daher waren der Buchdruck und die Papiermacherei wichtige finanzielle Stützen der Gesamtwirtschaft der Reichsstadt, was sich in der enorm hohen Anzahl an Papiermühlen und Druckereien in Reutlingen widerspiegelt. Dieser Fakt unterstreicht einmal mehr die Gründe, warum die sächsischen und brandenburgischen Buchhändler sich an den Markgrafen in Baden wandten und eben nicht an den Stadtmagistrat in Reutlingen, da die Erfolgsaussichten auf ein Verbot in Baden wesentlich höher waren.

Neben der Ansiedlung von Papiermühlen war es im Interesse der Regenten und Obrigkeiten, Buchhändler und Verleger in das eigene Territorium zu locken. Aus den Akten und Gravamina der Nachdrucker ging bereits hervor, wie Konkurrenz zu einer Angst vor Geschäftseinbußen- oder Verlust führte. Illustriert sei dies anhand der Fleischhauer'schen

757 Vgl. Frauenknecht: Papiermühlen in Württemberg, S. 93.
758 Vgl. Kap. 2.3.3.
759 StART A 1, Bd. 4, Nr. 7710.
760 Sporhan-Krempel: Papiermacherei in Reutlingen, Sp. 1566f.
761 Ebd., Sp. 1567.
762 Der Oeconomieplan wurde 1741 durch die kaiserliche Kommission entworfen, um die Schulden der Stadt nach dem Dreißigjährigen Krieg, den Türkenkriegen und dem Stadtbrand 1726 zu verringern und den Verwaltungsapparat effektiver zu strukturieren, sodass das gesamte Haushalts- und Rechnungswesen schließlich dem Oeconomieplan unterworfen waren, vgl. Stähle, Sybille: Verfassung und Verwaltung der Reichsstadt Reutlingen zwischen 1740 und 1770. Aspekte reichsstädtischer Geschichte im 18. Jahrhundert, in: Reutlinger Geschichtsblätter NF 23 (1984), S. 7–208, hier 68ff.

Winkeldruckerei in Wankheim, gegen die die Tübinger protestierten,[763] die Geschäftsaufnahme Müllers in Karlsruhe gegen die Schmieder und Macklot gleichsam intensiv beim Markgrafen Beschwerde einlegten[764] oder die Ansiedlung der Beaumarchais'schen Druckerei in Kehl.[765] Ebenjene Typographische Gesellschaft diente als Beispiel einer merkantilistisch-badischen Politik, wie der Herausgeber des *Teutschen Merkur* ebenfalls feststellte.[766] Dies führte zwar für die beteiligten Buchhändler zu einer Konkurrenzsituation, für den Markgrafen jedoch bot es eine lukrative Einnahmemöglichkeit, da von badischem Territorium aus der heimische sowie der angrenzende französische Buchmarkt bedient werden konnte.

Neben den wirtschaftlichen Vorteilen durch Papierherstellung, Druck, Satz und gegebenenfalls Illustration konnte die lokale Obrigkeit auch Einnahmen über andere Vertriebswege erzeugen, die indirekt dem Nachdruck im Zusammenhang standen. Darunter fielen die Taxen und Zölle sowie die Erteilung von Druckprivilegien. Während sich Erstere insbesondere aus dem Import von Papier, Büchern und Lumpen generierten, waren Letztere für die hier untersuchten Nachdrucker nur von sekundärer Bedeutung. Denn wie in den vorigen Kapiteln gezeigt wurde, erhielten die hier untersuchten Nachdrucker keinerlei landesherrliche Privilegien für ihre Sammlungen, obwohl sie es – wie beispielsweise Schmieder 1774/75 – durchaus versucht hatten.[767] Doch anstatt ein *privilegium generale* gegen den Nachdruck auszustellen, wie Cotta es 1790 gefordert hatte, antwortete die württembergische Regierung, er könne für jedes neue Buch ein Privileg gegen den Nachdruck einholen.[768] Dies wiederum sicherte der herzoglichen Landeskasse regelmäßige Einnahmen, ähnlich wie die Vergabe von Privilegien für Kalender, Gesangbüchern, Katechismen oder Bibeln.[769] Der ansbachische Jurist Johann Jakob Cella (1756–1820) sah hinter diesem Vorgehen eine „kameralistische Politik" seitens der Landesherren, da durch die stetige Erneuerung der Privilegien die „Konzessionsgelder" für ebendiese vervielfältigt werden konnten.[770]

Eine solche obrigkeitliche Politik, um mit den Nachdrucken Geld zu verdienen, ereignete sich in Hanau.

4.5.3 Exkurs: Eine ‚Nachdruckermesse'? – der Hanauer Bücherumschlag

Im Kontext des wirtschaftlichen Interesses des Herrschers am Nachdruck wird ein Blick auf den Hanauer Bücherumschlag geworfen, der erstmals als sogenannte ‚Nachdruckermesse' 1775 stattgefunden hatte und exemplarisch für die prekäre buchhändlerische

763 Vgl. Kap 3.2.1.
764 Vgl. Kap. 3.1.5.
765 Vgl. Kap. 3.1.3.
766 N. N.: Etwas zum Behulf des Nachdrucks, S. 86f.
767 Vgl. Kap. 3.1.
768 Vgl auch: Schad: Buchbesitz im Herzogtum Württemberg, S. 39.
769 Zur Auseinandersetzung wegen der Tübinger Handbibel vgl. Fn. 783
770 Cella, Johann Jakob: Vom Büchernachdruck, in: Johann Jakob Cella's fremyüthige Aufsätze, Bd. 1, Anspach 1784, S. 75–168, hier S. 132.

Lage des Reichsbuchhandels war. Während Frankfurt als Buchhandelsmesse immer mehr an Bedeutung verlor, gab es – ebenfalls durch das Kursächsische Mandat bedingt – Pläne, eine konkurrierende Messe zur Leipziger Messe zu errichten.[771] Der apostolische Bücherkommissar Franz Anton Freiherr von Scheben (1711–1779) wollte zusammen mit dem Mainzer Kurfürst und Erzbischof eine Nachdruckmesse in Erfurt,[772] in direkter Konkurrenz zu Leipzig errichten, auch um ein Gegengewicht zu der uneingeschränkten „kirchen- und glaubensfeindlichen Literatur" [773] aufzustellen und die eigene „Machtposition im deutschen Buchhandel zu bewahren".[774] Dieser Plan wurde indes nie realisiert.

In die Tat umgesetzt wurde 1774/75 jedoch eine Konkurrenzmesse unweit der Mainmetropole. Auf Betreiben des Frankfurter Buchhändlers Franz Varrentrapp[775] sowie Franz Joseph Eckebrecht[776] und unter der Schirmherrschaft des Erbprinzen Wilhelm I. von Hessen-Kassel (1743–1821), der in Personalunion der Graf von Hanau war, wurde der sogenannte ‚Hanauer Bücherumschlag' etabliert.[777] Der Messeort Hanau eignete sich aus mehreren Gründen hierfür: Die günstige verkehrstechnische Lage war für die Reichsbuchhändler – wie bei Frankfurt – weiterhin gegeben, sodass die Transportkosten für die anreisenden Buchhändler stabil blieben und im logistischen Ablauf keine großen Änderungen auftraten.[778] Zudem unterlagen die Verleger und Buchhändler – im Gegensatz zu Frankfurt – nicht der unmittelbaren Aufsicht der kaiserlichen Bücherkommission und nicht dem Reichsrecht der Reichsstadt Frankfurt, welches einen Handel mit Nachdrucken verboten hätte.[779]

Mehr als 70 Buchhändler schlossen sich zusammen, um drei Wochen nach Pfingsten eine Buchmesse abzuhalten.[780] Hierfür erhielten sie zusätzlich vom Erbprinzen umfas-

---

771 Schon in den 1740er Jahren wurde eine Nachdruckermesse gegen die Tätigkeit der Bücherkommission angedacht, vgl. Goldfriedrich: Geschichte des Buchhandels, Bd. 3, S. 63.

772 Scheben stand in brieflichem Kontakt mit Philipp Erasmus Reich, war somit auch mit den sächsischen Verlegern in Kontakt, vgl. Kirchoff: Beiträge zur Geschichte des deutschen Buchhandels, S. 248ff.

773 Raab, Heribert: Apostolische Bücherkommissare in Frankfurt am Main, in: Historisches Jahrbuch 87 (1967), S. 326–354, hier S. 349.

774 Andersch: Büchernachdruck, S. 211.

775 Zu Varrentrapp vgl. Arnswald, Werner Constantin von: Aus der Geschichte der Familie Varrentrapp, Frankfurt a. M. 1908, S. 48–64.

776 Vgl. Kap. 4.1.1.

777 Er war ab 1760 Wilhelm IX. Graf von Hanau, vgl. Goldfriedrich: Geschichte des deutschen Buchhandels, Bd. 3, S. 64–71.

778 So erklärte der Initiator des Bücherumschlags Varrentrapp: „kein Mensch könne ihm verbieten, statt einer weiten, beschwerlichen und teuren Reise nach Leipzig die bequemere und billigere nach Hanau zu machen." Zitiert nach Goldfriedrich: Geschichte des Buchhandels, Bd. 3, S. 65.

779 Vgl. Eisenhardt: Die kaiserliche Aufsicht, S. 90f und Goldfriedrich: Geschichte des Buchhandels, Bd. 3, S. 63f.

780 Eisenhardt, Ulrich: Ein Eingriff in das Kaiserliche Bücherregal: die Begründung des „Hanauer Bücherumschlages" in der zweiten Hälfte des 18. Jahrhunderts, in: Archiv für Urheber- Film- Funk- und Theaterrecht (UFITA), 50 (1967), S. 625–636, hier S. 627f. Laut der Krünitz'schen Encyklopädie waren aber „sicheren Privatnachrichten zufolge nur acht" Buchhändler anwesend. Krünitz: ‚Buchhandel', in: Oeconomische Encyklopädie, Siebter Theil, Berlin 1776, S. 190–210, hier S. 207.

sende Freiheiten, die in einem Zirkular öffentlichkeitswirksam angepriesen wurden.[781] Dazu zählte §. 1) die Befreiung von „allem und jedem Zoll und Accisen, auch sonstigen Abgaben“ §. 2) Ein eigenes Handelsgericht aus gewählten Buchhändlern, bei dem Schuld- und andere Forderungen verhandelt werden sollten. Vollstreckt wurden die Urteile des Gerichts durch obrigkeitliche Hilfe. §. 3) Die Erlaubnis „Verabredungen und Anordnungen“ selbst zu bestimmen §. 4) Jeder Buchhändler darf Originalbücher oder Nachdrucke, „ohnangesehen, ob ein anderer ein Privilegium Impressorium darauf erhalten hatte, öffentlich feil haben und verhandeln“. §. 5) Die Abschaffung der Zensur für Buchdruckerei, die in Hanau errichtet werden. §. 6) Die Erlaubnis für die katholischen Buchhändler, einen Geistlichen kommen zu lassen, der in „bürgerlichen Hausse [sic!] den Gottesdienst“ abhalten darf.[782]

Mit diesen Zugeständnissen verstießen die Initiatoren der Messe und der Erbprinz in zahlreichen Punkten gegen die Reichsgesetze, insbesondere die Missachtung der reichsrechtlichen Zensurverordnungen sowie des groben Verstoßes gegen das kaiserliche Bücherregal. Diese Rechtsbrüche führten dazu, dass die kaiserliche Bücherkommission Anzeige über das Vorgehen in Hanau beim Reichshofrat in Wien machte.[783] Es wurde verfügt, dass die Teilnahme an der Messe bestraft werden würde und auch der Magistrat in Frankfurt wurde um Mithilfe bei der Verhinderung der Messe gebeten: „Kaiser Joseph II. und der Reichshofrat befürchteten zu Recht, daß das Hanauer Beispiel Schule machen und das Bücher- und Pressewesen betreffende rechtliche System im Reich zusammenbrechen würde“.[784]

Trotz der angedrohten Strafen und des kaiserlichen Verbots fand der Hanauer Bücherumschlag 1775 statt. Doch die Drohgebärden verfehlten ihre Wirkung bei den Buchhändlern und Verlegern nicht, sodass die Teilnahme an der Messe deutlich geringer ausfiel als von den Initiatoren angenommen und viele der Messe fern blieben. Obwohl die Messe nicht verboten wurde, berichtete die Bücherkommission an den Mainzer Kurfürsten ein Jahr nach Errichtung des Bücherumschlags, dass diese „nunmehr seinem gänzlichen Verfalle nahe seye und daher also diesseits nicht viel zu besorgen stehe“ und 1778 sei die Messe völlig zum Erliegen gekommen.[785]

Anhand der Bücherverzeichnisse von 1775 und 1776, die die auf dem Umschlag angebotenen Bücher auflisteten, können Rückschlüsse auf diejenigen Buchhändler und Verleger gezogen werden, die die Messe besucht oder ihre Bücher angeboten haben. So nutzten weder Schmieder noch Fleischhauer den Bücherumschlag, um ihre Nachdrucke zu vertreiben. Schmieder verkaufte seine Bücher zunächst weiterhin in Frankfurt beim

781 Zusammengetragen bei Meyer, F. Hermann: Der Hanauer Bücher-Umschlag von 1775, in: Archiv für Geschichte des Buchhandels 1879,4, S. 242–249.

782 Zu den genannten Punkten: N. N.: Hanauer neuer Bücher-Umschlag, Erstes Jahr 1775, Hanau / Frankfurt a. M. 1775, § 1–6.

783 Vgl. zu den Verstößen Eisenhardt: Hanauer Bücherumschlag, S. 629f. und HHStA RHR Bücherkommission im Reich 9–13.

784 Eisenhardt: Hanauer Bücherumschlag, S. 631.

785 Ebd., S. 634.

Buchhändler Johann Christian Ruff, später auch bei anderen Buchhändlern im gesamten Reichsgebiet.[786]

Die Intention des Erbprinzen, eine solche Nachdruckermesse – entgegen aller Reichsgesetze – in seinem Territorium zuzulassen und mit weitreichenden Privilegien auszustatten, hatte vordergründig eine ökonomische Motivation. Bei einer erfolgreichen Messe konnte die kleine Grafschaft Hanau auf prosperierende Einnahmen hoffen. Obwohl zunächst keine Steuern oder Abgaben gefordert wurden, brachten auswärtige Buchhändler durch Übernachtungen, Lagerung, Transport, Verpflegung und Verkauf Gelder in die Stadt.

Schließlich diente der Verzicht auf die Zensurüberwachung und die Ordnungen der Buchdruckerzunft – wie im fünften Artikel der ‚Freyheiten' deklamiert wurde – dem Zweck, Buchdruckereien in der Grafschaft anzusiedeln.[787] Dies bot die Möglichkeit, die Wirtschaft im Land zu fördern, da das Lesepublikum bereits vorhanden war, wie die ersten Leihbibliotheken in Hanau bewiesen.[788] Ähnliche Anwerbungsversuche seitens der landesherrlichen Regierung auch für Nachdrucker waren schließlich nicht unüblich.

Auf die Ankündigung einer Nachdruckermesse reagierte Georg Christoph Lichtenberg argwöhnisch: „Man sollte die Schleichdrucker in Hanau schützen? Das ist unmöglich. Sie wollten vermuthlich sagen, man will es dort nicht so genau nehmen [...]".[789]

Obwohl der Erfolg der Nachdruckermesse bescheiden ausfiel und diese sich nicht etablieren konnte, so zeigte sich doch – auch anhand der Reaktionen der Zeitgenossen – wie die Buchhandelszentren im nordostdeutschen Raum und im Gebiet des Reichsbuchhandels auseinanderstrebten. Für die Reichsbuchhändler war die Messe sicherlich auch ein Akt der Provokation gegenüber der Handelspraxis der sächsischen Buchhändler, die beim Erbprinzen von Hessen-Kassel wohlwollenden Anklang fand. Dieser sah im Bücherumschlag die Chance, Buchdruckereien in seiner Grafschaft anzusiedeln, und erhoffte sich durch die Messeaktivität florierende Einkünfte.

4.5.4 Kulturpolitisches Interesse am Nachdruck: Obrigkeitliche Aufklärung der Untertanen durch günstige Nachdrucke oder Aufklärung von unten?

In direktem Zusammenhang mit den wirtschaftlichen Vorteilen steht auch das kulturpolitische Interesse an den Nachdrucken für die Obrigkeit. Wie bereits in den frühen Schriften über den Nachdruck geäußert wurde, wollten die Fürsten und Magistrate das volksaufklärerische Potenzial der günstigen Literatur nutzen:

> Soll eben diesem Publikum die Freyheit benommen seyn, sich um einen wohlfeilen Druck bey eignen Landsleuten umzusehen? [...] Nein, dazu werden unsre Fürsten desto minder stimmen, je aufgeklärter sie selbst denken; jemehr sie

786 Breitenbruch: Schmieder, Sp. 652. Zu den anderen Niederlassungen vgl. Kap. 4.3.2.

787 N. N.: Hanauer neuer Bücher-Umschlag, Copia.

788 Schon in den 1750er und 1760er Jahren konnten die ersten Bücherverleiher in Hanau nachgewiesen werden, vgl. Sirges: Die Bedeutung der Leihbibliothek für die Lesekultur in Hessen-Kassel, S. 30f.

789 Lichtenberg, Georg Christoph: Epistel an Tobias Göbhardt in Bamberg über eine auf Johann Christian Dieterich in Göttingen bekannt gemachte Schmähschrift, o. O. 1776, S. 27f.

> es für Naturpflicht erkennen, Unterricht und Kenntnisse in ihren Staaten zu verbreiten, der Betriebsamkeit, dem Gewerbe hilfreiche Hände zu bieten, der Handlung nöthige Freyheit zu ertheilen, und die sie erstickende Monopolien zu unterdrücken.[790]

Biedermann stellte die Interdependenz des günstigen Preises in Verbindung mit der Verbreitung von gemeinnützig-ökonomischer Aufklärung der Untertanen heraus[791] und sah dies sogar als Pflicht des Landesherren an, da die ‚Monopolien' – gemeint war die sächsische Buchhandelspraxis – die Handlungsfähigkeit einschränke.

Schmieder, der bereits in seinen Schreiben an den Markgrafen die mannigfaltigen Vorteile des Nachdrucks für den Landesherren hervorhob, schrieb, dass der Nachdruck „auf die allgemeine Aufklärung den wohlthätigsten Einfluß hat". [792] Selbstverständlich wollte Schmieder den Nachdruck in das bestmögliche Licht rücken, doch war selbst für die Landesregierung der Nachdrucke ein Mittel, um eine „den Staat finanziell nicht belastende Verbreitung von Aufklärung" zu fördern.[793] So lassen die bereits präsentierten Ergebnisse Rückschlüsse für die aufgeklärte Handelspraxis der Obrigkeit in den hier analysierten Territorien des Reiches zu.

Der Markgraf von Baden förderte nicht nur eine Wirtschafts- sondern auch eine Kulturpolitik, die partiell auf den Nachdrucken beruhte. Karl Friedrich beherbergte drei Nachdrucker in seinem Territorium: Die Karlsruher Schmieder und Macklot, die vorrangig die deutschen Schriften nachdruckten,[794] und die Typographische Gesellschaft in Kehl unter der Leitung Beaumarchais, der die französische Literatur nachdruckte. Mit der Förderung von kulturellen Produkten und dem Blick für den wirtschaftlichen Nutzen daraus, wurde das Bild Karl Friedrichs als „ein wohlmeinender, nachdenklich-pietistischer Landesvater, dessen ‚Aufgeschlossenheit gegenüber geistigen Strömungen seiner Zeit' vor allem im Hinblick auf die aufblühende deutsche Literatur und die physiokratische Wirtschaftslehre belegt ist" gezeichnet.[795]

---

790 Biedermann: Zirkular über den Nachdruck, S. 23f.

791 So auch von Krohne, Johann Wilhelm Freiherr von: Etwas vom Nachdrucken der Bücher, ob es Dieberey oder erlaubter Erwerb sey, Berlin 1786, S. 25f.

792 „Sollten also wohl jemals die erhabenen und aufgeklärten Fürsten des Reichs einstimmen, daß eine Sache, die an sich nothwendig war, die nirgends verboten ist, die den Schriftstellern nicht schadet, die auf die allgemeine Aufklärung den wohlthätigsten Einfluß hat, den innern Nahrungsstand bessert und nur die Verleger beugt, daß sie nicht Fürsten werden, daß diese Sache, berüchtigt unter dem Namen Nachdruk […] vertilgt werde? – Gewiß nicht!", Schmieder: Wider und Für den Büchernachdruck, S. 50f. In dieser Richtung auch Heinzmann: Apell an meine Nation, S. 217.

793 Wittmann: Der gerechtfertigte Nachdrucker, S. 79.

794 Vgl. Bender, Helmut: Macklot und Schmieder in Karlsruhe, in: Colloquia Germanica 12 (1979), S. 112–118.

795 Zitiert nach: Birtsch, Günter: Der Idealtyp des aufgeklärten Herrschers. Friedrich der Große, Karl Friedrich von Baden und Joseph II. im Vergleich, in: Aufklärung 2 (1987), 1, S. 9–47, hier S. 24 Der Markgraf von Baden beteiligte sich – ebenso wie andere Fürsten im Reich – an einer Buchschenkung an die Untertanen, bei der er angeblich 20.000 Exemplare des Becker'schen *Noth- und Hülfbüchleins* den Untertanen zukommen ließ. Siegert misstraut dieser hohen Zahl,

Ein Indiz für die aufklärungsfreundliche Haltung des Markgrafen war die Zensur in Baden. Nach der Zensurverordnung von 1766, die nebenberuflich von höheren Beamten vollzogen wurde, erfolgte keine Modifikation derselben in den folgenden dreißig Jahren, auch nicht während des Beginns der Französischen Revolution. Lediglich die periodische Presse, also das Karlsruher Wochenblatt und die Karlsruher Zeitung, wurden gelegentlich auf anstößige Inhalte überprüft, ansonsten baute die Regierung auf das Mittel der Selbstzensur.[796] Die aufklärungsfreundliche Haltung der Regierung kam Schmieder, Macklot aber auch Beaumarchais in Kehl zugute.[797] Sie konnten – trotz auswärtiger Anklagen und Unterlassungsbitten – ihr Verlagsprogramm nahezu ungehindert abdrucken. Die Haltung der badischen Regierung gegenüber Schmieder bewies dies eindrücklich, da nur in den wenigen Fällen eingeschritten wurde, in denen Schmieder außerhalb seiner Sammlung und damit außerhalb seines Privilegs, nachdruckte.

Exemplarisch für die kulturpolitische Haltung der markgräflichen Regierung war der Umgang mit der Karlsruher Lesegesellschaft. War die Lesegesellschaft 1784 noch „Mit besonderem höchstem Beyfall unsers gnädigsten Landesfürsten“ gegründet worden und konnte sich in den darauffolgenden Jahren zum kulturellen Zentrum der Fächerstadt entwickeln, geriet sie mit der Zensurordnung von 1797 und den politischen Umwälzungen im Nachbarland Frankreich auch in den Fokus der badischen Regierung. Um den Verdacht auszuräumen, dass in der Lesegesellschaft revolutionäres Gedankengut verbreitet wurde, benannten sie sich etwa Mitte der 1790er Jahre in Museumsgesellschaft um. Damit verlagerte die Gesellschaft den Fokus von einem Ort des literarisch-politischen Austauschs zu einem Ort der schönen Künste und entzog sich der staatlichen Überwachung.[798]

Anders gestaltete sich die Situation in Württemberg und in der Reichsstadt Reutlingen. Die Produktion der Nachdrucke hatte einen ökonomischen Mehrwert für die Staatsfinanzen und es wurde weniger eine intendierte volksaufklärerische Politik verfolgt. So sorgten schon die Zensurverhältnisse in Württemberg und die Stellung der Universität in Tübingen als eigenes Rechtsprechungsorgan für deutliche andere publizistische Voraussetzungen, als dies beispielsweise in Baden der Fall gewesen ist. Auch die Literatur, die durch die Tübinger nachgedruckt worden ist, orientierte sich an dem Lesegeschmack und den Absatzmöglichkeiten eines pietistischen Publikums. Die philoso-

da somit jeder 10. Einwohner ein Exemplar erhalten hätte, was durchaus zu bezweifeln ist, vgl. Siegert: Aufklärung und Volkslektüre, Sp. 1089ff.

796 Vgl. Landgraf: Moderate et Prudenter, S. 95; Arnold: Pressefreiheit und Zensur im Baden des Vormärz, S. 50.

797 In Bezug auf Beaumarchais konstatiert Landgraf: „Nach längeren Verhandlungen wurde badischerseits eine Spezialzensurkommission eingerichtet, die den Verlegern eine fast unbeschränkte Druckfreiheit für die Werke Voltaires garantierte. Bezeichnenderweise wurde selbst die Bedingung des Markgrafen, die *Pucelle d'Orleans* und den *Candide* nicht in Kehl zu drucken, ohne irgendwelche Konsequenzen für die Verleger, nicht eingehalten“, Landgraf: Moderate et Prudenter, S. 95f.

798 Vgl. Pachnicke, Claudine: „Geschlossene Gesellschaft“, Lesegesellschaft und Museum, in: Württembergischen Landesmuseum (Hg.): Baden und Württemberg im Zeitalter Napoleons, Bd. 2, Stuttgart 1987, S. 1035–1040.

phische Sammlung mit besonders philanthropischer Literatur hatte in gewissem Maß eine volksaufklärerische Komponente.[799] Und auch die theologische Sammlung war Spiegelbild des Zeitgeistes. Waren zunächst noch Bibeln, Kalender, Gesang- und Erbauungsbücher die Lesestoffe der hausväterlichen Bibliothek, kam es um 1770 zu einem Paradigmenwechsel. Mehr und mehr Personen, die geistlich ausgebildet waren oder ein geistliches Amt bekleideten, waren auch als Schriftsteller tätig, darunter Johann Martin Miller, Herder oder Hermes, deren Werke zum größten Teil nachgedruckt worden sind.[800] Über die Landgeistlichen erhielt diese Literatur auch Einzug bei der ländlichen Bevölkerung:

> Die Haupt-Träger der ‚Leserevolution' sowohl im erngeren Sinn der Alphabetisierung als auch im weiteren Sinn einer Horizonterweiterung durch Lektüre, waren im deutschen Sprachraum die aufklärerischen Pfarrer aller Konfessionen. Sie setzen bei ihrem Wirken bei der Religiosität der Bevölkerung ein und holten ihre Leser dort ab, wo sie tatsächlich standen: bei der religiösen Wiederholungslektüre. Von diesem Ausgangspunkt führten sie sie zu neuen Lesestoffen, geistlichen wie weltlichen.[801]

So wurde auch auf die steigende Bedeutung des Wanderhandels hingewiesen und es war für die württembergische Regierung insbesondere am Ende des 18. und beginnenden 19. Jahrhunderts ein immer größer werdendes Problem, da so Schriften unkontrolliert an den Leser gelangen konnten, gleichzeitig bot es aber die Möglichkeit, dass gerade ärmere Personen etwas Geld verdienen konnten.

Im Vergleich zu den ökonomischen Vorteilen, die der Nachdruck für die Landesobrigkeit mit sich brachte, waren die kulturpolitischen Auswirkungen sekundär. Dabei hatten die aufgeklärt-absolutistischen Monarchen durchaus ein Interesse an der Aufklärung ihrer Untertanen, wie dies beim Markgrafen von Baden der Fall war. Eine intendierte praktische Aufklärung fand hingegen nur in sehr begrenztem Umfang statt, sie beschränkte sich erstens auf eine nicht allzu strenge Zensur, zweitens darauf, dass der Nachdruck im eigenen Territorium gefördert wurde und drittens, dass Literatur für die Bevölkerung günstig und vor Ort zu erwerben war. Obrigkeitliche Einzelinitiativen wie Buchschenkungen fanden in nur sehr begrenztem Umfang statt. Inwieweit die Bevölkerung tatsächlich zum Lesen fähig war und dann beispielsweise die Schmieder'schen Nachdrucke gekauft hat, wurde bereits thematisiert.[802] Hingegen war die Rolle von volksaufklärerischen Privatinitiativen wie die der ‚Volksaufklärer' oder Ökonomen, sogar der einfachen Dienstboten bei der Verbreitung von aufklärerischer Literatur deutlich höher einzuschätzen als die Bemühungen der Obrigkeit.[803]

---

799 Vgl. Fertig, Ludwig: Campes politische Erziehung. Eine Einführung in die Pädagogik der Aufklärung (= Impulse der Forschung; 27), Darmstadt 1977.

800 Vgl. Siegert: Theologie und Religion, S. 27.

801 Ebd., S. 29.

802 Vgl. Kap. 4.4.

803 Siegert, Reinhart: Die „Volkslehrer": Zur Trägerschicht aufklärerischer Privatinitiative und ihren Medien, in: Jahrbuch für Kommunikationsgeschichte 1 (1999), S. 62–86, hier besonders S. 68f.

4.6 ‚Redliche Buchhändler und Autoren‘ versus ‚diebische Nachdrucker‘: Literarische und bildliche Verarbeitungen des Büchernachdrucks als Spiegel der Praxis

Im letzten Drittel des 18. Jahrhunderts versuchten die Nachdruckgegner, da sie mit juristischen Mitteln den Nachdruck nicht, oder nur unzureichend verhindern konnten, alle literarischen Kanäle zu nutzen, um die Unrechtmäßigkeit des Nachdrucks zu offenbaren.[804] Sie gingen dazu über, ein „Problembewusstsein im Publikum zu erzeugen, [und] vermeintliche Vorteile des Nachdrucks zu widerlegen und diesen als zumindest langfristig schädlich darzustellen“.[805]

Der Diskurs über den Nachdruck war zunächst eine gelehrte Diskussion, an der sich betroffene Berufsgruppen beteiligten, – Schriftsteller, Verleger, Autoren, Philosophen, Juristen und die Nachdrucker selber.[806] Die geschädigten Autoren und Verleger sahen in der Aufklärung und Sensibilisierung des Publikums einen Ausweg darin, dass diese die Nachdrucke nicht kauften und pochten darauf, die Unterstützung des Publikums im Kampf gegen den Nachdruck zu gewinnen. Sie nutzten verschiedene Literaturgattungen und Textsorten aus Prosa und Lyrik wie Lieder, Satiren, Parabeln, Reiseberichte, Gedichte, fiktiven Gespräche und Nachrufe, eigenständige Schriften und Nachdruckkapitel in Romanen bis hin zu bildlichen Darstellungen wie Radierungen und Stiche. Hier können und sollen nicht alle Mittel aufgezeigt werden, die zur Diskreditierung der Nachdrucker dienten.[807] Im Folgenden werden einige prägnante Beispiele aus dem vielschichtigen Kanon dokumentiert, die einen Bezug zu den hier dargestellten Nachdruckern aus Karlsruhe, Reutlingen und Tübingen hatten.

4.6.1 Belletristische Auseinandersetzungen zwischen Johann Gottwerth Müller und Schmieder

Die Heftigkeit, mit der mitunter diskutiert wurde, entstand nicht zuletzt auch aufgrund der misslichen Lage der sogenannten Aufklärer, die aufgrund der sich ändernden Bedingungen des Marktes sich mehr und mehr „ihre literarischen Mittel vergröbern und

804 Ploucquet beschrieb es so: „Kein Wunder demnach; wenn beynahe alle Schriftsteller Partie wider die Nachdruker nahmen, und bald rechtliche Gründe gegen sie aufsuchten und zusammenhäuften, bald das Ehrgefühl rege zu machen suchten. Aber helas! In diesem Unternehmen waren sie gar nicht glücklich, indem die Worte nicht wie zwischen Dornen, sondern auf wahre Felsen fielen [...]. Da nun Satiren und Declamationen nichts verfangen wollten, fieng man an zu versuchen, ob man etwa durch Schimpfen die harte Rinde durchdringen könnte, aber auch die stärkste Doses der ausgesuchtesten Schimpfformeln wollten nicht anschlagen, man druckte nach ohne sich das mindeste daran zu kehren, wie denn die in ihrer Art einzige und musterhafte Philippica des guten Müllers in seinem Emmerich durchaus in den Wind gestreut ware“, Ploucquet: Unfehlbares Mittel, S. 5.

805 Andersch: Büchernachdruck, S. 288.

806 Ebd.

807 Eine Auswahl bietet Ebd., ab S. 275 sowie Einzelstudien zu den genannten Textsorten, darunter zur Satire Wielands Ungern-Sternberg, Christoph Martin Wieland: Schreiben eines Nachdruckers. An den Herausgeber des Teutschen Merkur, 1989, S. 177–210.

verschärfen“ mussten, sodass „ihre Kritik […] mitunter maßlos, zum artifiziellen Habitus“ wurde.[808] In den späten 1780er Jahren manifestierte sich dies deutlich anhand eines Streites zwischen dem Schriftsteller Johann Gottwerth Müller, genannt von Itzehoe und Christian Gottlieb Schmieder, der sich in die generelle Auseinandersetzung um die Rechtmäßigkeit des Nachdrucks einfügte.[809]

Müller war einer der feurigsten Verfechter des ‚redlichen‘ Buchhandels und stellte den Typus des emanzipierten Schriftstellers dar. Er äußerte sich über die ‚Schmiederey‘ – ein von ihm erfundener Neologismus des Nachdrucks in Anlehnung an die Tätigkeit Schmieders – immer wieder in seinen eigenen Werken. Alle Begriffe des Nachdrucks wurden durch den Eigennamen Schmieders ersetzt, die Nachdrucker hießen ‚die Schmieder', der Nachdruck ‚die Schmiederey‘ und nachdrucken ‚schmiedern‘.[810] Trotz der Antipathie dem Karlsruher gegenüber soll Müller zwischenzeitlich in geschäftlicher Verbindung mit Schmieder gestanden haben und von ihm sogar ein Honorar angenommen haben.[811] Dennoch schrieb Müller im 5. Band des *Emmerich: eine komische Geschichte* von 1787 ein Kapitel gegen den Nachdruck, welches er gezielt gegen die Nachdrucker, insbesondere aber gegen Schmieder selbst richtete. Sein Vorhaben beschrieb er in einem Brief an Friedrich Nicolai:

> Mit dem Emmerich werden Sie von dieser Seite etwas zufriedener seyn, und nur selten auf eine Ausschweifung stoßen; die einzige beträchtliche steht zu Anfange des fünften Bandes, sie war aber nöthig, denn sie enthält mein Privilegium das ich H. Dietrich wider den Generaldieb in Karlsruhe gab. Mit dem Menschen will ich doch einmal die Probe machen, wie weit die Unverschämtheit eines Nachdruckers geht?[812]

Diese Probe fand sich tatsächlich im „Emmerich“ von 1788, in der Müller über hundert Seiten gegen den Nachdrucker aus Karlsruhe wetterte:

> Schmieder, der Auswurf aller Nichtswürdigkeit? – Schmieder, dem in ganz Deutschland nicht heilig, nichts unverletzlich ist? – Schmieder, der Generaldieb, der Weidmanns Erben und Reich in Leipzig […], der Nicolai in Berlin, und Voss

808 Walther, Gerrit: Aufklärung, Art. Die Aufklärung als Epoche, in: Enzyklopädie der Neuzeit, Bd. 1, Stuttgart 2005, Sp. 826–828, hier Sp. 827.

809 Vgl. Münch: Nachdruck und literarischer Markt im späten 18. Jahrhundert.

810 Müller, Johann Gottwerth: Ueber den Verlagsraub, oder Bemerkungen über des Herrn D. Reimarus Vertheidigung des Nachdrucks im April des deutschen Magazins 1791. Vom Verfasser des Siegfried von Lindenberg, Leipzig 1792, S. 23,81,97.

811 Im Zuge der vierten Auflage des *Siegfried* schrieb Müller an seinen Verleger Dietrich im November 1789, dass Schmieder ihm eine Auflage „sehr ansehnlich bezahle“, Ritter: „In tiefster Devotion…“, S. 184.

812 Brief J. G. Müller an Friedrich Nicolai, Itzehoe, 5. November 1787, abgedruckt in: Annette Antoine (Hg.): Literarische Unternehmungen der Spätaufklärung. Der Verleger Nicolai, die Straußfedern und ihre Autoren, 2. Bd. Editionsband Die Korrespondenz Johann Gottwerth Müller (1743–1828) und Friedrich Nicolai (1733–1811) (= Literarische Unternehmungen der Spätaufklärung; 2), Würzburg 2001, S. 11–18, hier S. 17.

> in Berlin, der Breitkopf in Leipzig, und Crusius in Leipzig und Dyk's Witwe in Leipzig, und Vanedenhoecks Witwe in Göttingen und Dietrich in Göttingen – und wen nicht? – bestohlen hat? – Schmieder, der Wieland, Lessing, Göthe, Mendelsson, Zimmermann, Meißner, Engel, Klopstock, und jeden großen Schriftsteller und jeden um die Wissenschaften verdienten Mann, und jeden Buchhändler, und jede Witwe, und jeden Waisen bestohlen hat, so weit er mit seiner ehrlosen Hand reichen konnte? – Schmieder, die personificirte Schamlosigkeit? [...] Schmieder, den so viele rechtschaffene Leute in deren Rechte er griff, den hundert Familien die er plünderte verfluchen müssen? – Schmieder, der schwerlich so viele Haare auf seinen Kopfe als ungerechte Thaten in seinen Leben zählet? [...].[813]

Neben den rhetorischen und sprachlichen Mitteln, die der Schriftsteller Müller zur Diskreditierung des Karlsruhers nutzt, fällt auf, wie gut Müller über die Nachdruckertätigkeit Schmieders unterrichtet war. Er konnte nicht nur einige Schriftsteller nennen, die Schmieder nachdruckte, sondern auch eine Fülle von Verlegern, die durch den Nachdruck geschädigt wurden. Müller stand in engem und regem Kontakt mit den Verlegern, darunter Friedrich Nicolai und Johann Christian Dieterich (1722–1800). Darüber hinaus fällt die derbe Wortwahl ins Auge: Nicht nur, da Schmieder in diesem Abschnitt sieben Mal namentlich erwähnt wird, sondern zur Diffamierung dienen auch die Konnotationen, mit denen Müller ihn versieht.

Dies wurde schließlich auch von einem Rezensenten der Schrift bemängelt: „nur deucht uns, das wider den Nachdrucker Schmieder in Karlsruhe gerichtete ein und sechzigste Kapitel zu lang und zu heftig, obgleich wir in Rücksicht der Sache selbst, Hr. M. völlig beypflichten".[814]

Schmieder druckte den fünften Band des *Emmerich* noch im selben Jahr nach. Ob er den Auszug Müllers unediert nachgedruckt hat, lässt sich nicht nachweisen, da kein Exemplar des Nachdruckes erhalten ist.[815] Wahrscheinlich ist aber, dass ihm oder einem seiner Korrektoren dieser Kunstgriff Müllers aufgefallen war, da einerseits in den weiteren Briefen Müllers keine Reaktion darauf zu finden war und andererseits die ‚Probe' gleich das erste Kapitel des fünften Bandes darstellte und dies zusätzlich zu der Länge des Kapitels den Setzern schlicht auffallen musste.[816]

---

813 Müller: Emmerich, S. 20f.

814 Rezension zum Emmerich, in: Allgemeine deutsche Bibliothek, Bd. 83 (1788), S. 448.

815 Der Nachdruck konnte nur als Anzeige im Frankfurter Journal von 1788 nachgewiesen werden, vgl. Alexander Ritter: Johann Gottwerth Müller (gen. von Müller Itzehoe, 1743–1828). Bibliographie der Werke, Korrespondenz und Forschungsliteratur, in: Lichtenberg-Jahrbuch 2004, S. 221–237, hier S. 225.

816 Dies war jedoch nicht immer der Fall. Bürger implementierte in seine Vorrede zu seinen *Gedichten* aus dem Jahr 1789 eine Äußerung gegen die Nachdrucker und gegen Schmieder, welche von Schmieder 1792 abgedruckt wurde. Im erneuten Nachdruck von 1799 (Herausgegeben von Karl Reinhard), war die Äußerung hingegen nicht mehr vorhanden. Vgl. Bürger, Gottfried August: Gedichte, Göttingen 1789, S. 11f. und den Schmieder'schen Nachdruck unter VD18 90604636. Fälschlich dargestellt bei Eckardt, Johann Heinrich: Johann Christian Dieterich und seine Auto-

Nachdem Schmieder selbst zur Feder griff und seine Befürwortung des Nachdrucks in seiner Schrift *Für und Wider den Büchernachdruck* von 1790 darlegte,[817] fühlte sich Müller erneut durch den Karlsruher herausgefordert und ließ sich in seinem Roman des *Herrn Thomas* über dessen Ausführungen aus:

> [...] eben so übel als es jenen, dieser Tage von Schmieder oder einem anderen Nachdrucker in Gold genommenen neuen Meister Blaubart kleidet, wider mich und meinen Freund Dietrich, zunächst, sodann wider jeden ehrlichen und ehrliebenden Mann in Deutschland das Räuberhandwerk und Schmiedern zu vertheidigen. Mein Emmerich und die fünfte Ausgabe des Siegfried von Lindenberg, nebst den Vorschlägen von des Herrn Legationsrath Ganz in Regensburg müssen diesem lichtscheuen Skribler wohl heftigste Indigestionen verursacht haben, das beweisen die Kruditäten, die er unter der Auffschrifft: Wider und Für den Büchernachdruck, aus den Papieren des blauen Mannes Bey Gelegenheit der künftigen Wahlkapitulation. Gedruckt im Reich und für das Reich, 1790 auf 79 Oktavseiten durch die Feder von sich gegeben hat.[818]

Doch war die Auseinandersetzung zwischen Schmieder und Müller mit diesem ‚Schriftgefecht' von 1790 noch nicht beendet. Schmieder druckte die fünfte Ausgabe des *Siegfried von Lindenberg* 1791 nach, „einschließlich des Nachdruckerkapitels im 4. Teil".[819] In diesem ließ Müller den braunen Mann mit dem ‚Herrn Fir' über die Unrechtmäßigkeit des Büchernachdrucks diskutieren, wobei Schmieder als der Prototyp des diebischen Nachdruckers dargestellt wurde. Im letzten Kapitel seines Romans, „welches den Leser nichts angehet", lässt er den Sultan Abd-ul-Hamid auftreten, den das lyrische Ich ebenfalls von Verlags- und Nachdruckangelegenheiten unterrichtet[820] und Analogien zur Bestrafung von Räubern – damit sind die Nachdrucker gemeint – herstellt.[821]

ren. Aus der Geistesgeschichte des 18. Jahrhunderts. I. Dieterich und Bürger, in: Börsenblatt für den deutschen Buchhandel Nr. 100 vom 2. Mai 1906, S. 4377–4383, hier S. 4381.

817 Vgl. Kap. 4.1.3.

818 Müller, Johann Gottwerth: Herr Thomas (= Komische Romane aus den Papieren des braunen Mannes und des Verfassers des Siegfried von Lindenberg; 7) Göttingen 1790, S. 364.

819 Münch: Müller, S. 230. Dieses Nachdruckkapitel findet sich bspw. in der 1790er Ausgabe ab S. 370.

820 So griff er nicht nur die Nachdrucker, sondern auch seinen eigenen Verleger an: „Mein Verleger druckte beyde (i. e. die dritte und vierte Auflage seines Buches) aus habender Macht ohne mein Vorwissen und die vierte war von außen so häßlich wie eine Fakirseele von innen, weil sie zu Verhütung des Nachdrucks spottwohlfeil seyn sollte. Ferner will ich Dir erzählen, daß ich mit der Herausgabe der fünften Ausgabe, die schon vor ein paar Jahren nöthig gewesen wäre, deswegen bis in dieses 1790ste Jahr gezögert habe, weil der Mensch in Wien seine Diebsfinger nach dem Büschel ausstreckte. Denn da wider die s.v. Gastel, Wicherer, Gegel, Göbhardte, Mangoldte, gegen die eingefleischte Schamlosigkeit in Karlsruhe, (es ist vor hübschen Leuten immer decenter ihn so zu nennen, als seinen famösen Namen auszusprechen) und gegen die ganze Legion dieser Elenden", Müller: Siegfried von Lindenberg, 1790, S. 434.

821 „Wenn bey Dir ein Räuber sich reichgestohlen hat, so begnadigst du ihn unter Aufsicht eines Kapidschi mit einer seidnen Schnur, die so genau um seinen Hals schließet, daß kein bischen Luft jemals mehr weder aus noch einpassieren kann. Stirbt er, wie immer der Fall ist, an dieser kaiserlichen Gnade, so erzeigest Du ihm zum Reost der Nachgelassenen die Ehre, ihn bis auf den

Schmieder, um „die völlig negative Einschätzung seiner Person durch Müller zu bestätigen und gleichzeitig ad absurdum zu führen",[822] fügte seinem Nachdruck von 1791 in gleicher Weise wie Müller ein Nachwort mit der Überschrift „Auch ein Wörtgen an weiland Seine Sultanische Majestät Abd-ul-Hamid" an.[823] In diesem Nachwort spricht Schmieder selbst zum Sultan und äußert sich zum Nachdruck, zu den Schriftstellern und den Verlegern.[824] In seiner Apologetik empfiehlt das lyrische Ich dem Sultan:

> Du erhabender Kaiser vieler Kaiserthümer und König vieler Königreiche! Du kümmerst Dich wohl nicht viel um all den Schnickschnack von Druck und Nachdruck, sonst könnt ich Dir durch den ersten besten Gros Wesir, der mit einem seidenen Strick um den Hals die Reise zum grossen Propheten macht, ein Büchlein schicken, heißt Für und Wider den Nachdruck, daraus Du Dich bey guter Muse des mehreren ersehen könntest. [...] Deiner weiland Hoheit. Mitmensch und Stammvetter in Adam C. G. Schmieder.[825]

Mit dieser Finte schaffte es Schmieder, sich selbst in einem Werk Müllers gegen den Nachdruck zu verteidigen und ferner in dem fiktiven Gespräch mit dem Sultan, diesem seine Schrift nahezulegen, damit dieser sich selbst ein Bild über den Nachdruck machen könne und er letztlich von seiner Auffassung überzeugt werde.

Ebenfalls 1791 erschien anonym das Lustspiel *Die Habsüchtigen oder die Nachdrucker. Ein Lustspiel in zwei Aufzügen* mit dem fingierten Verlagsort Philadelphia.[826] Obwohl es anonym veröffentlicht wurde, wird das Lustspiel ebenfalls J.G. Müller zugeschrieben.[827]

Die Hauptfiguren waren: ‚Herr Schmiederfeld, Herr Grözingermanns, Herr Göbhardtseisen, Herr Gastelnheim, Herr Gögelndorf, Herr Mangoldsburg und Herr Wucherius, allesamt Nachdrucker'. Viele von den aufgeführten Namen haben eine verdächtige

letzten Parah zu beerben. Ländlich, sittlich. Bey uns stirbt der Nachdrucker verachtet in seinem Bette wie(ohne dem ehrlichen Esel durch diese Vergleichug an die Ehre zu greifen!) wie der Esel auf seiner Streu, wenn er sich auch noch so reich gestohlen hat." Müller: Herr Thomas, S. 435.

822 Ebd., S. 231.

823 Müller, J. G.: Siegfried von Lindenberg, dritter Theil, Karlsruhe (bey Christian Gottlieb Schmieder) 1791, S. 499, verfügbar unter VD18 90679644.

824 „Die Sache ist noch dazu so seltsam; denn da ziehen die Schriftsteller in ganzen Schaaren zu Felde und schreyen wunderweise wie sie dadurch befährdet würden, und ich kann Dir auf Koran und auf Bibel und noch überdies auf Erfahrung betheuern, daß vor dem Nachdruck die Schriftsteller eben so wenig, Kapitalisten waren wie jetzt. Aber freilich die Buchhändler häuften sich damals Schäze troz deinen Pascha's, und hätten sie in deinen Staaten gelebt – lieber Sultan! Ich traue Dir sonst alles Gute zu, aber dennoch fürcht' ich sehr, Du hättest ihnen wohl in allerhöchsten Gnaden den seidnen Strick zugeschickt, um – die grundreiche Herren zu erben.", Ebd., S. 501.

825 Ebd., S. 503f.

826 Auf dem Titelblatt steht das Zitat Virgils aus der Aeneis (3,57): „auri sacra fames, quid non mortalia cogis pectora!", N. N. [vermutlich Müller, Johann Gottwerth]: Die Habsüchtigen oder die Nachdrucker. Ein Lustspiel in zwei Aufzügen, Philadelphia 1791.

827 So beispielsweise schon 1810 bei Lincke, Carl: Bibliothek für Liebhaber der Lectüre bestimmt, Leipzig 1810, S. 496.

Ähnlichkeit zu den bereits genannten Nachdruckern Schmieder, Grözinger, Göbhardt, Gegel, Mangold oder Wucherer.

Das Lustspiel beginnt mit dem Auftritt Schmiederfelds, der in einem Monolog seinen Gewinn durch die Nachdrucke kalkuliert und schon das nächste Nachdruckobjekt ins Auge gefasst hat: Beckers *Noth- und Hülsbüchlein.*[828] Bei jedem Anklopfen an der Tür rechnet Schmiederfeld mit seiner Verhaftung durch die Regierung, den Rat oder dem Amtsmann.[829] Im ersten Aufzug tritt zudem das Haushaltsmädchen Julchen auf, eine verwaiste Tochter eines Buchhändlers, der durch den Nachdruck zu Grunde ging und starb. Julchen wird als naiv und infantil dargestellt, doch durchschaut sie die unehrbaren Tätigkeiten der *Raubvögel* und verlässt die Anstellung bei ihrem Hausherren Schmiederfeld angewidert.

Es sind die Bediensteten wie der ‚Handlungsdiener Reichold' und der ‚Buchdruckersetzer Elwing' der Wirt namens ‚Doppeltschreiber' sowie Julchen, die „die Stimme der Vernunft und des ehrbaren Gewerbes darstellten, um den Kontrast zur Verwerflichkeit des nachdruckerischen Treibens zu betonen".[830] So werden im Verlauf des Lustspiels die negativen und teilweise hinterlistigen Methoden der Nachdrucker aufgedeckt, mit denen sie den Buchhandel schädigen, ihre eigenen Taschen füllen und keine Rücksicht auf die von ihnen angebotenen Bücher geben. Der Setzer Elwing weist die Nachdrucker mehrfach auf die schlechte Materialität des Nachdrucks hin, dass der Nachdruck „eine schlechte Arbeit" sei, mit „schwarzem Papier, alte Schrift", woraufhin Schmiederfeld entgegnet „Soll ich etwa Landcharten-Papier kaufen; wenn ich es aus den Händen habe, mag es einer lesen können oder nicht; was geht das mich an […]".[831] Eine eindeutige Anspielung auf den Topos der schlechten Materialität der Nachdrucke.[832]

Selbst bei unvorhersehbaren Änderungen wissen die Nachdrucker noch einen findigen und intriganten Weg, ihre Nachdrucke in das Publikum bringen zu können: Gerade als ein neuer Nachdruck bei Schmiederfeld erscheint, erfährt dieser, dass der Autor – nachdem die erste Auflage vergriffen war und um sich vor Nachdruck zu schützen – eine zweite, umgeänderte Auflage herausbringen will.[833] Schmiederfeld und Gögelndorf sinnieren nun, wie man die frischgedruckten Nachdrucke dennoch verkaufen könne. Während Schmiederfeld eine Preissenkung vorschlägt,[834] pocht Gögelndorf darauf, die Titelbögen umzudrucken und „auf den Titel neue und verbesserte Auflage" zu setzen.[835]

Der letzte Auftritt des Lustspiels findet in einem Wirtshaus statt, in dem der Wirt ‚Doppeltschreiber', sich mit allen anwesenden Nachdruckern über die rechtlichen

828 Ein Nachdruck seitens Schmieder ist nicht überliefert, obwohl das Werk mehrfach nachgedruckt worden ist, vgl. Siegert: Aufklärung und Volkslektüre.

829 N. N.: Die Habsüchtigen, S. 3f.

830 Andersch: Büchernachdruck, S. 304.

831 N. N. : Die Habsüchtigen, S. 10.

832 Vgl. Kap. 4.2.

833 N. N.: Die Habsüchtigen, S. 15.

834 Ebd. S. 16.

835 In diesem Kontext wird auch gemutmaßt, warum Schmiederfeld keine Messen besuche, da er fürchten müsse, dass die Originalverleger ihn „vors Handlungsgericht fordern" und ihn festsetzen lassen würden, Ebd. S. 20.

Grundlagen des Nachdrucks unterhält und sich als Nachdruckgegner entpuppt. Nachdem der Wirt mit den Nachdruckern über Eigentumsrechte, den befristeten Schutz und die Verstümmelungen am Werk diskutiert hat, kommen die Nachdrucker, darunter Wucherius zu der Einsicht,[836] dass der Nachdruck unmoralisch sei und die Zeiten sich derart geändert hätten, dass die Nachdrucker mehr und mehr in das Visier der Justiz kämen. Er appelliert an die anderen Nachdrucker, ihre Tätigkeit aufzugeben, was eine eindeutige Analogie zur tatsächlichen Biographie Wucherers darstellte.[837]

Das Lustspiel war, wie schon die Nachdruckkapitel in den anderen Romanen gezeigt haben, ein Versuch, die Nachdruckproblematik einem breiten Publikum zugänglich zu machen. In diesem Fall versuchte der Autor, mit einfacher Sprache und simplen Beispielen die negativen Folgen aufzuzeigen und vielmehr die Hinterlistigkeit und Skrupellosigkeit der Nachdrucker zu dekuvrieren, wie auch schon der Titel des Werkes verdeutlicht. Sollte *Die Habsüchtigen* tatsächlich aus der Feder Müllers stammen, so verzichtete er in diesem Fall auf seine sonst gebräuchliche derbe und angriffslustige Sprache, mit denen er zuvor die Nachdrucker zu diskreditieren versuchte.

Ähnlich wie im letzten Aufzug des Lustspiels ebbte auch die Auseinandersetzung zwischen Schmieder und Müller im weiteren Verlauf der 1790er Jahre – wie die generelle Auseinandersetzung um den Büchernachdruck – ab, einerseits aufgrund des stetigen Niedergangs des Schmieder'schen Unternehmens und andererseits aufgrund der Tatsache, dass Schmieder nach 1791 keinen Nachdruck der Verlagswerke Müllers mehr unternahm. In Müllers Roman *Ferdinand* von 1802 ließ Müller es sich dennoch nicht nehmen, eine letzte Spitze gegen Schmieder in sein Werk einzubauen. Im achten Kapitel, in dem es um Rechtschaffenheit und Ehrhaftigkeit geht, führt er den ‚Schinderhannes' Johannes Bückler (vermutlich 1779–1803) als Beispiel eines räuberischen, aber nicht menschenverachtenden Mannes an.[838] Da er glaubte, dass künftige Leser den Namen ‚Schinderhannes' nicht mehr kennen könnten, so wollte er vermeiden, dass Leser hinter dem

836 „Ich habe mich aus der Hauptstadt W.** scitisiren müssen, meine Nachdrucke, und eine Scarteque brachten mich in Arrest, Wucherius ist mein Name, ich führe ihn aber auch mit der That, und dieses bringt mich in alle Fatalitäten; zwar bin ich des Arrests loß, aber wenn mich die Advokaten nicht retten, und die hohe Obrigkeit mich nicht begnadigt, bin ich verlohren; eine starke Geldbuße wird mir wohl aufgelegt werden, und diese will ich herzlich gerne geben. Meine Herren, rette sich ein jeder von Ihnen so viel es möglich ist, es steht uns ein Großes vor. In allen Schriften werden wir verfolgt, aber auch bei Gerichten sind wir der Gegenstand", Ebd. S. 32.

837 Wucherer, der zunächst ebenfalls mit Nachdrucken handelte, ehe er Wien 1790 verlassen musste und sich auf andere Berufszweige fokussierte, vgl. zu Wucherer und Schmieder vgl. Kap. 3.1.4.

838 „[...] wenigstens erlaubt Schinderhannes seinen Leuten nicht, zu morden, wo niemand sich wehrt, und er wagte oft sein Leben für einen seiner Kameraden; mithin geht er mit dem Leben der Menschen bey weitem nicht einmal so leichtsinnig um, als mancher lüderliche Quacksalber; mihin ist ihm der Mensch doch etwas", Müller, Johann Gottwerth: Ferdinand. Ein Originalroman in vier Büchern. Vom Verfasser des Siegfried von Lindenberg, 1. Bd., Altona 1802, S. 189. Zum Schinderhannes vgl. neben zahlreichen anderen Fleck, Udo: „Ein Messer in der Hand und eins im Maul!" – Die Schinderhannesbande (1796–1803), in: Sigrid Schmitt/Michael Matheus (Hrsg.): Kriminalität und Gesellschaft in Spätmittelalter und Neuzeit, Stuttgart 2005, S. 95–117.

‚Schinderhannes' den Nachdrucker Schmieder in Karlsruhe vermuten: Doch „So tief herabgewürdigt zu werden, verdient der wenigstens muthige Schinderhannes nicht".[839]

4.6.2 Epische Kleinformen, dramatische und lyrische Verarbeitungen: Briefauszüge, Lieder, Romane, Dramen und Gedichte über den Nachdruck

Im *Deutschen Museum* wurden ab 1780 vereinzelte *Auszüge aus Briefen* veröffentlicht, die mit dem Initial ‚P.' schlossen. Wer sich hinter den Briefen verbarg und ob sie anonym oder kryptonym publiziert wurden, ließ sich bislang nicht ermitteln.[840] Aus dem Kontext könnte geschlossen werden, dass der Verfasser aus dem süddeutschen, insbesondere schwäbischen Raum stammte, da er sich mit den Gegebenheiten vor Ort und in erster Linie dem Tübinger Buchhandel auffallend gut auskannte.

Ebenfalls ungewiss ist die Tatsache, ob es sich bei den abgedruckten Briefen um tatsächliche Briefe handelte oder um das „beliebte zeitgenössische Mittel der Meinungsbildung", bei dem versucht wurde, anhand der Briefe eine Authentizität und Exemplarität zu schaffen.[841]

Im ersten Briefauszug, der auf den 3. Oktober 1779 datiert ist, schildert der Verfasser „einige Nachdruckeranekdötchen", die sich mit den Nachdruckern Schmieder, Fleischhauer Schramm und Frank befassten. Während Schmieders Sammlung bis auf 88 Teile angewachsen sei, habe sich in Tübingen eine „neue Rotte zusammengethan, die beiden Buchdrucker Schramm und Frank", die „ihren Raub unter zweierlei Fahnen" betreiben, „eine Sammlung theologischer und eine philosophischer Schriften".[842] Und Fleischhauer in Reutlingen drucke eine ‚verhunzte' Ausgabe von *Sophiens Reise von Memel nach Sachsen* nach, um so das Publikum zu ‚betrügen'.[843]

Für den Verfasser sind somit Straßenräuber weniger Diebe als die Nachdrucker, womit er das gängige Bild des Nachdruckers als Räuber *Primus inter Pares* bestätigt, welches ihren Höhepunkt in Vulpius Räuberroman *Ronaldo Rinaldini* fand.[844] Daher war für ihn auch völlig klar, dass die Nachdrucker die sächsischen und preußischen Buchhändler um ihren rechtmäßigen Absatz bringen und sich gleichsam kaiserliche Privilegien beim Reichshofrat ausstellen lassen und von ihren Landesherren und Obrigkeiten Protektion erfahren. Schließlich fügt der Verfasser noch ein Verzeichnis an, in

839 Müller: Ferdinand, S. 191.

840 Vgl. Andersch: Büchernachdruck, S. 283.

841 Ebd. Zum literarischen Mittel des Briefes als Kommunikationsform in periodischen Schriften im 18. Jahrhundert vgl. Essig, Rolf-Bernhard: Der Offene Brief. Geschichte und Funktion einer publizistischen Form von Isokrates bis Günter Grass (= Epistemata Reihe Literaturwissenschaft; 267), Würzburg 2000, S. 103–138.

842 N. N.: Auszüge aus Briefen, den 3.10.1779, in: Deutsches Museum 1780,1, S. 98–103, hier S. 98f.

843 Bonter, Urszula: Die drei Fassungen von „Sophiens Reise von Memel nach Sachsen" von Johann Timotheus Hermes im Spiegel der Briefe des Autors an seinen Verleger Junius in Leipzig und andere Zeitgenossen. Ein Beitrag zur Buch und Verlagsgeschichte des 18. Jahrhunderts, in: Archiv für Geschichte des Buchwesens 65 (2010), S. 172–212.

844 Vgl. Kap. 4.6.2.

dem einige der Nachdrucke der oben genannten Nachdrucker aufgelistet sind, mit der Intention, potenzielle Käufer zu warnen.[845]

Der zweite Brief folgte etwas mehr als einen Monat später am 26. November 1779 und schloss unmittelbar an den ersten an und behandelte die von Frank und Schramm begangenen Druckfehler in Raffs *Geographie für Kinder*.[846]

Im dritten Brief vom 28. Juli 1780 identifizierte der Verfasser einen neuen Nachdrucker, dem er dem Publikum bekannt machen wollte. In München drucke nun auch der Buchhändler Johann Baptist Strobl Bücher ohne Rücksicht auf sein buchhändlerisches Ansehen nach.[847] Auch über die neuesten Tübinger Nachdruckaktivitäten weiß er zu berichten, sodass nicht nur ein erneuter Nachdruck des *Kinderfreundes* erscheine, sondern die Tübinger mittlerweile auch ein kaiserliches Privileg vorweisen können. Da aber schon die vierte Auflage des Originalwerkes in Göttingen erschienen sei, schneiden die Nachdrucker „die Vorrede zur dritten Auflage weg, damit sie ihre Auflage für die vierte verkaufen können".[848]

Von einer Reise durch Karlsruhe berichtete der Absender der Briefe am 16. März 1781, bei der er sich aus des „Generalnachdrucker Schmieders Fabrik Herrn Prof. Sanders Güte und Weisheit Gottes" bringen ließ und diese auf seiner weiteren Reise studierte. Ähnlich wie bei dem zweiten Brief stellte er die Druckfehler heraus, die Schmieders Setzern unterlaufen sind und konnte diese mit passender Seitenzahl dem Leser präsentieren.

Insgesamt waren die Auszüge aus Briefen eine Form der Informationsvermittlung, bei der dem Leser suggeriert wurde, der Adressat zu sein, dem der Brief zugedacht war. In diesem Diktum wurden die Nachdrucker für ihre schlechten und fehlerhaften Nachdrucke angeprangert und der Rezipient erhielt illustre Beispiele für die Inkorrektheiten. Darüber hinaus offenbarte der anonyme Verfasser ein außerordentliches Wissen über die Vorgänge und die Produktion der Tübinger Nachdrucker, was darauf schließen lässt, dass er in geographischer oder persönlicher Nähe zu den Tübingern stand.

Besondere Berühmtheit erlangten die Nachdrucker in den Verarbeitungen in den Werken Goethes und Schillers. Während mittlerweile herausgestellt wurde, dass es sich bei dem Goethe-Zitat zum Nachdruck in Baden in *Dichtung und Wahrheit* tatsächlich um Michael Macklot und eben nicht um Schmieder handelte,[849] verwies Schiller in seinem

845 Ein ähnlicher Fall wurde bereits im Eingangszitat der Arbeit geschildert, vgl. Kap. 1.1.

846 Vgl. Kap. 4.2.3.

847 Zu Johann Baptist Strobl vgl. Lochbrunner: Der Münchner Verleger Johann Baptist Strobl.

848 N. N.: Auszüge aus Briefen, 28.7.1780, in: Deutsches Museum 1780,2, S. 471–473, hier S. 473.

849 Goethe schrieb in *Dichtung und Wahrheit* zum Nachdruck: „Denn nicht allein in Berlin hielt man den Nachdruck für etwas zulässiges [hiermit verwies Goethe auf den Raubdruck Himburgs], ja Lustiges, sondern der ehwürdige wegen seiner Regententugenden gepriesene Markgraf von Baden, der so vielen Hoffnungen berechtigende Kaiser Joseph begünstigten, jener seinen Macklot, dieser seinen Edlen von Trattner, und es war ausgegeben, daß die Rechte sowie das Eigentum des Genies dem Handwerker und Fabrikanten unbedingt preisgegeben seien", aus: Goethe, Johann Wolfgang von: Aus meinem Leben. Dichtung und Wahrheit, hrsg. von Guth, Karl-Maria, Berlin 2016, S. 562. Zunächst wurde angenommen, dass es sich bei Macklot um eine Verwechslung handelte und Goethe eigentlich den berühmtesten Nachdrucker Karlsruhe

Drama *Kabale und Liebe* auf die Tübinger Nachdrucker Frank und Schramm. Als der Major Ferdinand von Walter den Brief findet, der an den Hofmarschall von Kalb gerichtet ist, fordert er diesen zum Duell. Dem verängstigten Hofmarschall entgegnet er:

„Ferdinand: Wie er dasteht, der Schmerzenssohn! Dasteht dem sechsten Schöpfungstag zum Schimpfe! Als wenn ihn ein Tübinger Buchhändler dem Allmächtigen nachgedruckt hätte!“[850]

Dem „schwächliche Hofmarschall“ wurde die Verachtung Ferdinands zuteil, da er vom „reinen Bild des (nach Genesis 1 von Gott am sechsten Schöpfungstag erschaffenen) Menschen um soviel ab[weiche] wie ein nachgedrucktes Werk vom Original“.[851] Die Anspielung auf die Tübinger Nachdrucker Frank und Schramm war ohne nachweisbaren Zusammenhang zwischen Schiller und den beiden Nachdruckern, hing aber wohl mit der Verachtung gegenüber dem Nachdruck und dem ambivalenten Verhältnis zur württembergischen Heimat zusammen, die Schiller 1782, also zwei Jahre vor Veröffentlichung des Dramas, fluchtartig verlassen musste.

Eine Anfeindung gegen die schwäbischen Nachdrucker implementierte auch der Schwager Goethes Christian August Vulpius (1762–1827). Im Räuberroman *Rinaldo Rinaldini, der Räuberhauptmann* von Vulpius zum ersten Mal 1799 erschienen, fügte er in der vierten Auflage, die 1802 bei Gräff in Leipzig veröffentlich wurde, eine Szene hinzu, in der er die Reutlinger Nachdrucker offensiv angriff:

> Als er auf den gewöhnlichen Versammlungsplatz kam, stellte man ihm einen Rekruten vor. Rinaldo examinierte ihn. Seine Antworten waren:
> ‚Ich bin desertiert von dem Deutschen Regimente, welches in Cagliari in Besatzung liegt. Das Schultern stand mir nicht länger an. Ich lief davon und habe Lust, ein Handwerk zu treiben, das mir, obwohl in anderer Art, von jeher sehr gefiel und behagte. Mit einem Worte, das Rauben war vorlängst schon meine

---

Schmieder meinte, wie bspw. Breitenbruch behauptete (vgl. Breitenbruch: Schmieder, Sp. 644). Fürst fand jedoch heraus, dass tatsächlich Macklot gemeint war: „Wenige Monate vor Goethes erstem Besuch in Karlsruhe hatte Macklot den anonym erschienenen erfolgreichen Briefroman *Die Leiden des jungen Werthers* nachgedruckt und ihn in seiner Buchhandlung zum Verkauf angeboten. […] Das Wertherfieber muß auch in Karlsruhe so stark umgegangen sein, daß Macklot nicht widerstehen konnte, den angebotenen fremden Nachdruck mit dem fingierten Verlagsort Freystadt in seiner eigenen Druckerei noch einmal setzen und unter die Presse bringen zu lassen. In der Tat kennt die Goetheforschung zwei verschiedene Ausgaben *Freystadt 1775*. Den eigenen Nachdruck konnte er schon deswegen für 24 statt 36 Kreuzer anpreisen, weil seine Druckvorlage 232 Seiten stark war, sein Druck aber mit 143 Seiten auskam. In späteren Jahren hat Michael Macklot, am 8. September 1788 zum fürstlichen Rat erhoben, nur noch gelegentlich einmal einen „Bestseller“ nachgedruckt. Dennoch zielte Goethes ganze Wut über diese Praxis nur auf ihn. Es erscheint gut möglich, daß dieser „Werther“-Nachdruck einer der wenigen unter den zahlreichen Raubdrucken seiner Werke war, den der Autor im Ladengeschäft des Nachdruckers selbst zu Gesicht bekommen hatte.“ Fürst: Buch und Druck, S. 63ff.

850 Ursprünglich: Ein Tübinger Buchdrucker [!], Schiller: Friedrich: Kabale und Liebe. Ein bürgerliches Trauerspiel, hrsg. von Kämper, Max, Stuttgart 2014, 4. Szene, 3. Akt.

851 Widmann: Tübingen als Verlagsstadt, S. 134.

Sache. Von Geburt bin ich ein Deutscher, geboren in Reutlingen, wo ich das Zugreifen lernte. Ein Buchdrucker von Profession erhob ich mich bald zum Nachdrucker. Es ist dies ein sehr leichtes Geschäft, zwar unerlaubt, trägt aber etwas ein. Man braucht nur zu vigilieren, welches Buch Aufsehen macht, und guten Abgang verspricht. Gleich fährt man darüber her, druckt es auf Löschpapier mit abgestumpften Lettern nach, schickt's in die Welt und streicht's Geld ein. Dabei lebt es sich gut und ruhig, denn es ist bei uns erlaubt, dies zu tun. Man fürchtet keine Strafe, weil keine zu fürchten ist, und lacht darüber, daß man uns Diebe, Piraten, Schufte, Schurken und schlechte Menschen nennt. Zwar weiß man wohl, daß man das ist, aber man lacht dennoch und nachdrucket immer fort. So stiehlt sich es wirklich gut!'
‚Warum aber', – fragte Sanardo, – ‚bliebst du denn nicht bei deinem eleganten Handwerke?'
Der Reutlinger fuhr mit der Hand übers Gesicht, zuckte mit den Achseln und sagte:
‚Wie das nun geht! Ich hatte Geld erworben und machte mich auf, meinen Kollegen in Bamberg, Karlsruhe u. a.a.O. zuzusprechen. Wir sahen, sprachen uns und lebten herrlich und in Freuden. Einen allgemeinen Nachdrucker-Kongreß schrieben wir aus und kamen im Bade zu Spa zusammen. Hier führte mich der Böse an eine Farobank, und was ich mir erstohlen hatte, ging in drei Abenden fort. Meine Kollegen waren großmütig, bezahlten meine Zeche und reichten mir eine Kollekte. Sie verließen in Equipagen das Bad, und ich verließ es zu Fuße. Die Kollekte war bald aufgezehrt. Ich ließ mich unter die Soldaten anwerben. Man schickte mich nach Mailand. Ich lief zu den Piemontesern über und ward mit nach Cagliari abgeschickt. – Jetzt komme ich zu euch: denn ich will nun einmal meinen Galgen haben.'
‚Den sollst du haben!' – rief Rinaldo und ging mit Sanardo auf die Seite.
Dieser kam zurück, Rinaldo aber hatte kaum seine Burg erreicht, als schon der Reutlinger an einem Baume hing, weil er, meinten sie, für ihre Gesellschaft zu schlecht sei.[852]

Diese Szene wurde bereits mehrfach analysiert, bislang aber nie eruiert, ob Vulpius einen bestimmten Nachdrucker oder die gesamten Reutlinger Nachdrucker Pars pro Toto angreifen wollte.[853] Es konnte bislang kein Reutlinger Nachdruck des *Rinaldo Rinaldini* ausfindig gemacht werden, was im Umkehrschluss aber nicht bedeutete, dass es diesen

852 Vulpius, Christian August: Rinaldo Rinaldini der Räuberhauptmann, eine romantische Geschichte des achtzehnten Jahrhunderts, vierte Auflage Leipzig 1802, S. 164.

853 Kunze, Horst: Rinaldo Rinaldini und die Nachdrucker. Ein Beitrag zur Geschichte des Nachdrucks, in: Börsenblatt für den deutschen Buchhandel 104 (1937), S. 830–831; Widmann: Die Beschimpfung der Reutlinger Nachdrucker; Meier, Andreas: Die ‚Triviale Klassik' – Unterhaltungsliteratur als kulturelles Komplement, in: Meier, Andreas (Hg.): Eine Korrespondenz zur Kulturgeschichte der Goethezeit. Band 1: Brieftexte. Band 2: Kommentar (= Christian August Vulpius, Band 1+2), Berlin, Boston 2003, hier S. CXXV.

nicht gab. Unter Berücksichtigung des Erscheinungsjahres kann davon ausgegangen werden, dass Vulpius die Reutlinger Nachdrucker Mäcken oder Grözinger angreifen wollte.

Die Nachdruckgegner nutzten insbesondere ab den 1780er auch die Lyrik, um ihren Unmut über die Nachdrucker zu äußern. Wie bereits gezeigt wurde, fügten einige Autoren ihren Werken kürzere und längere Verszeilen hinzu, um die Nachdrucker zu diskreditieren. Darunter Johann Wilhelm Franz Freiherr von Krohne (1738–1787)[854] oder – wie bereits gezeigt – Blumauer, der die Titelvignette seiner *Aeneis* auch in Versform verbalisierte.[855]

Im Jahr 1787 erschien anonym im *Journal von und für Deutschland* das *Lied der Nachdrucker. Gleich nach der Leipziger Ostermesse zu singen*, dem auch ein Notenblatt angefügt wurde:[856]

> Die Ostermesse ist vorbey / Die reichste aller Messen, / Frisch auf ihr Brüder im Merkur, / und rüstet eure Pressen! / Viel schöne Büchlein mancher Art / Sind wiederum geboren, / Auf Brüder! Keine Zeit gespart, / Und sie flugs nachgeboren! / Ihr guten Sachsen! – ha, ihr sollt / Noch brav die Haare lassen! / Und wärt ihr noch so aufgebracht, / Ihr könnt euch wieder fassen! / Wir züchtigen euch für und für, / Deß könnt ihr euch getrösten, / Denn gleich den Bienen sammelt ihr / Allein zu unserm Besten. / Zwar lärmt Herr Campe jämmerlich, / Und thut uns weidlich schimpfen; / Doch drucken seine Büchlein wir / Trotz seinem Naserümpfen. / Sein Kortes und sein Robinson / Trug uns manch schönen Batzen; / Drum lachen wir des Mannes Hohn. / Was kümmert uns sein Schwatzen? / Hoch lebe Preußens Friederich! / Noch nach dem Tod uns Segen! / Sind nur erst seine Werke da, / Wie wollen wir uns regen! / Manch blanker Thaler soll dafür / In unsre Beutel springen, / Und froh und dankbar wollen wir / In süßem Jubel singen: / Es leben alle Fürsten hoch, / Die unser Handwerk ehren! / O daß sie niemahls ihre Huld / Für uns in Haß verkehren! / Sie wissens: Die Aufklärung Licht / Verstehn wir gut zu putzen, / Drum leiden sie es weislich nicht / Die Flügel uns zu stutzen. / Drum Brüder, immer nachgedruckt, / So lang uns Fürsten schützen! / Druckt fort, und kehrt euch nicht daran, / Wenn Sachs und Preuße

854 So streute Krohne seiner Abhandlung *Etwas vom Nachdrucken der Bücher* einige Verszeilen über den Büchernachdruck in seine Eröterung ein: „War Alexander gleich der beste Ritter: / So wohnt hier doch der beste Seifenfieder. Der Andere hing gegen über eine Kleine Tafel aus worauf geschrieben war: / Behüte Gott in Gnaden: / Hier wird auch Seife gefaden. Setzet der Drucker über seine Thüre: Nur ich druck schön, und hab allein das Recht: / Wer nachdruckt raubt mirs Brod, und / drucket schlecht. So lasse der andere über die seinige Schreiben: Ich, mein Gesell und Jung will essen: / Was? Knarrten nicht auch meine Pressen. / Man lasse also drucken und nachdrucken, Gewinnen und verlieren, wer da will; das Publikum gewinnet bey dem Nachdruck allemal.", Krohne: Etwas vom Nachdrucken der Bücher, S. 25f.

855 Vgl. Kap. 4.2.3. und Kap. 4.6.2.

856 Widmann vermutete hinter dem Verfasser des Liedes Gottfried August Bürger, vgl. Widmann: Reutlinger Druck- und Verlagswesen, S. 79f.

blitzen! / Hohn ihnen! Die Genügsamkeit / Und Billigkeit nie lernten / Und laßt uns ferner ungescheut, / Wo wir nicht säten, ernden. [857]

Im *Nachdruckerlied* werden satirisch neben den gängigen Stereotypen des raubenden Nachdruckers, der die Verlagswerke, sobald sie auf der Messe vorgestellt worden sind, kopiert, auch bestimmte Ereignisse und Werke sowie Argumente der Nachdruckerdiskussion angesprochen. So findet sich der „Anklang an *Lessings* Bild von den Nachdruckern als faule Hummeln und den Originalverlegern als fleißige Bienen" und des Erntediebes.[858] Außerdem wird das Bild des Nachdruckers, der sich scheinheilig damit brüstet, durch die günstigen Nachdrucke die Aufklärung der Bevölkerung voranzutreiben, vermittelt.[859] Dabei werden diese durch die Fürsten protegiert und können so die angesprochenen Verlagswerke nachdrucken.

Im Lied wird explizit auf drei Nachdrucke angespielt: Die beiden Werke Campes *Robinson der Jüngere* und *Kortes* und die zukünftigen Werke Friedrichs II., der kurz zuvor im Jahr 1786 verstarb. *Kortes* wurden unter anderem von Schramm und Frank 1782 nachgedruckt,[860] vom *Robinson* erschien beispielsweise ab 1781 mehrfach ein Nachdruck mit den fiktiven Verlagsorten Frankfurt und Leipzig, die jedoch keinem bestimmten Nachdrucker zugeordnet werden konnten.

Der Verfasser spekuliert auf Nachdrucke der Werke Friedrichs II., auf die sich die Nachdrucker stürzen werden, sobald diese auf dem Markt erscheinen. Tatsächlich erschienen 1788 die *Hinterlassene Werke Friedrichs II. Königs von Preussen* in 15 Bänden als Übersetzung aus dem Französischen bei den Berliner Buchhändlern Voß und Decker. Unmittelbar nach Erscheinen der Berlin'schen Ausgabe druckte der Wiener Buchhändler Johann Baptist Wallishauser (1757–1810)[861] und das Kemptener Zeitungscomptoir die Werke ab 1788 nach, sodass sich die im Lied geäußerte Befürchtung bewahrheitete. Schmieder stellte in seiner Schrift *Wider und Für den Büchernachdruck* über die Werke Friedrichs wiederum die betrügerischen Absichten der Originalverleger und die positiven Aspekte des Nachdrucks heraus:

857 N. N.: Lied der Nachdrucker, in: Journal von und für Deutschland 1787, S. 488, mit beiliegendem Notenblatt Ein Jahr darauf wurde das Lied in *Litteratur und Völkerkunde* erneut abgedruckt. Es wurden jedoch insbesondere die letzten beiden Strophen abgeändert: Anstellte des Verses „Es leben alle Fürsten hoch" wurde er auf Kaiser Joseph II. gemünzt, sodass dort steht: „Es leben Kayser Joseph hoch". Die weiteren Verse wurden dementsprechend an Joseph angepasst. Es wurde ein Hinweis angegeben, der diese Änderung erklärt: „Man sehe Sr. Majestät Antwort auf des Herrn von Sonnenfels Vorstellung gegen den Nachdruck". Verwiesen wird hier auf Joseph von Sonnenfels, der sich mit der Schrift *Ueber den Nachdruck fremder Bücher* 1785 gegen einen Nachdruck aussprach und gar ein Nachdruckverbot erreichen wollte und dies Joseph II. vorlegte. Dieser lehnte den Vorschlag ab und verfügte weiterhin, dass ausländische Schriften in den Erblanden nachgedruckt werden dürfen, vgl. Karstens: Sonnenfels, S. 215f.

858 Andersch: Büchernachdruck, S. 302.

859 Vgl. Kap. 4.1.3.

860 Ein Nachdruck des *Robinsons* verließ 1794 unter Schramm und Balz die Tübinger Pressen.

861 Zu Wallishauser vgl. Bauer: Die Verleger und Drucker Joseph Vinzenz Degen und Johann Baptist Wallishauser und ihre Stellung in der österreichischen Literatur ihrer Zeit.

> Was das liebe Publikum zu erwarten haben möchte, wenn vollends gar kein Nachdruck wäre, davon sind das neueste und auffallend'ste Beispiel die hinterlassenen Werke Friedrichs II. Königs von Preußen. Welche ungeheure Einnahme haben diese Werke ihren Verlegern, den Herren Voß und Decker gebracht! Tausende haben darauf, jeder drey Friedrichsd'or, pränumerirt [...], die gar bald das Vergnügen hatten, zu sehen, daß das, wofür sie aus gutherzigem Zutrauen, noch eh es an's Tageslicht gekommen war, [...] nunmehr in eben derselben Buchhandlung und in allen Buchhandlungen Deutschlands völlig um die Hälfte dieses Preises so oft man wollte, zu haben war!.[862]

Zwei Jahre nach Veröffentlichung des *Liedes der Nachdrucker* erschienen in der *Olla Potrida* zwei Nachdruck-Gedichte: *Grabschrift auf einen Nachdrucker* und *An einen Nachdrucker.*[863] Schöpfer der Gedichte war der Theaterdichter Johann Friedrich Schink (1755–1835),[864] der 1780 nach Wien zog, dort aber erfolglos blieb und über Graz im Jahr 1789 an das Hamburger Theater gerufen wurde. Möglicherweise erklärt sich dadurch auch das erste Gedicht *Grabschrift*:

> Ein Edler von liegt hier begraben,
> Der Galgen ziemt ihm eigentlich:
> Denn er stahl ärger, wie die Raben,
> Und mästete mit fremden Guthe sich;
> Allein er ist dem Strick entgangen,
> Nachdrucker werden hier zu Lande nicht gehangen.[865]

Wem das Gedicht gewidmet war, ging aus dem ersten Vers hervor, auf das die Grabinschrift verwies: Thomas Trattner, seit 1764 Thomas Edler von Trattnern. Es waren Werke Schinks überliefert, die kein eindeutiges Impressum auf dem Titelblatt aufwiesen, sondern nur den Verlagsort Wien angaben, was darauf hindeutete, dass es sich um einen Nachdruck handelte. Womöglich bezog sich Schink auf Nachdrucke seiner Werke durch ebenjenen Trattner.

Er verglich die Nachdrucker in ähnlicher Art und Weise wie andere Nachdruckgegner mit den schlimmsten Räubern, die seiner Meinung nach den Tod durch Erhängen verdient hätten. Eine Strafe, welche ebenfalls schon artikuliert und im fiktiven Falle *Rinaldo Rinaldinis* vollzogen wurde. Trattner drohte aber kein solches Schicksal, da die

862 „Wenn dies mit dem Publikum artig umgegangen heißt --- wenigstens wird wohl nicht leicht ein Fall zu finden seyn, wo das Publikum irgend veranlaßt worden wäre, so gegen einen Nachdrucker zu murren, wie hier gegen die Herren Voß und Decker geschah." Schmieder: Wider und Für den Büchernachdruck, S. 52f.

863 Schink, Johann Friedrich: Gedichte, in: Olla Potrida 1789,3, S. 7.

864 Unter dem ersten Gedicht steht kein Name, jedoch veröffentliche Schink dieses Gedicht 1793 in seinem Sammelband Laune, Spott und Ernst. Schink, Johann Friedrich: Laune, Spott und Ernst, 2. Bd., Hamburg 1793, S. 480.

865 Schink, Johann Friedrich: Grabschrift auf einen Nachdrucker, in: Olla Potrida 1789,3, S. 7.

protektionistische Politik im Josephinismus Nachdrucker nicht als Räuber verurteile, wie aus dem letzten Vers hervorging.

Das zweite Gedicht *An einen Nachdrucker* wurde unter einem anderen Titel schon zwei Jahre zuvor 1787 in *Neue Litteratur und Völkerkunde* veröffentlicht. Dort hieß das Quartett jedoch noch *An den Wuchrer Flapp.*[866]

> Daß du beim dicken Gastwirth, Stich,
> Hast Raben jüngst, statt Tauben, müssen essen,
> Das ärgert mich so sehr, wie dich,
> Viel besser wär's, sie hätten dich gefressen.[867]

Die Kontextualisierung dieses Gedichts erscheint schwieriger als das obige. Der Adressat *Wuchrer Flapp*, der ein Nachdrucker sein sollte, konnte nicht ermittelt werden. Möglicherweise war hiermit der bereits vielfach zitierte Wucherer gemeint, der mit Schmieder in Verbindung stand und in Wien bis 1790 als Nachdrucker tätig war. Dem Nachdrucker wurde im Gedicht gewünscht, dass dieser von Raben gefressen werden soll, womit erneut auf das Bild des diebischen Raben angespielt wurde.

4.6.3 Bildliche Verarbeitungen des Nachdrucks: Stiche und Illustrationen

Die Bandbreite, mit der gegen die Nachdrucker vorgegangen wurde, zeigte sich nicht nur auf die literarischen Ebene, sondern die Nachdruckgegner nutzten vereinzelt auch bildliche Verarbeitungen, um die Nachdrucker zu diskreditieren.

Der Stich, den Blumauer seinem zweiten Band der *Aeneis-Travestie* als Kupfervignette beigab, fand bereits Erwähnung.[868] Die Allegorie der Hunde, die am Kopf des Autoren nagten und sich somit am geistigen Eigentum bedienten, war ein besonders makabres Zeugnis einer solchen bildlichen Auseinandersetzung mit dem Nachdruck.

1781 gab der Berliner Verleger Friedrich Himburg eine Radierung bei Daniel Chodowiecki in Auftrag. Der Titel lautete *Wercke der Finsternis oder Beytrag zur Geschichte des Buchhandels in Deutschland. Allegorisch vorgestellt zum besten, auch zur Warnung aller ehrliebenden Buchhändler.* In seinem Verlagskatalog von 1789 wurde der zwölf Zoll Breite und acht Zoll Hohe Kupferstich für einen Preis von 16 Groschen angeboten.[869]

Die Interpretation Johann Georg Meusels aus dem Jahr 1782 für diese Allegorie lautete:

> Ein Nachdrucker, galant und wohlbeleibt, hat einen ehrlichen Buchhändler bis auf das Hemde ausgezogen, und ist im Begrif, auch dieses ihm vom leibe zu reissen. Der Buchhändler steht steif und gelassen da, und läst sich ruhig plündern,

866 Schink, Johann Friedrich: An den Wuchrer Flapp, in: Neue Litteratur und Völkerkunde 1787,2,1, S. 103.

867 Ebd.

868 Vgl. Kap. 4.2.3.

869 Verlagskatalog von Christian Friedrich Himburg, Buchhändler in Berlin 1789, in: Journal des Luxus und der Moden, Jg. 4 1789, S. (LXXXVI)-(XCIV) [sic], hier. S. XCIV.

> ohne die minderste Miene zu seiner Vertheidigung zu machen. Er begnügt sich, auf die heilige Gerechtigkeit zu appelliren, auf welche er mit der rechten Hand zeigt. [...] Schwerdt und Waage liegen neben ihr, wenn sie nicht bald erwacht: so ist sehr zu wünschen, daß es keinem losen Vogel einfallen möge, sie gar zu stehlen. [...] Die beyden Spottvögel von Räuberkonsorten, die sich noch in der Höhle befinden, und die Kleider der beraubten unter sich theilen, machen sich auch weidlich lustig über die Verschlafenheit der unsterblichen Göttin. Weiterhin laufen drey schon ausgeplünderte Buchhändler in einer Direktionslinie, in gleichen Distancen, und in so voller Karriere davon, als ob sie ein Wettrennen anstellen wollten. [...] Ein besonderer witziger Einfall des Verfassers [...] der vermuthlich viele Zuschauer belustigen und den Beyfall der ganzen Gallerie erhalten wird, ist der: daß der Wind einem der davonlaufenden Buchhändler das Hemde in die Höhe hebt, und dadurch die reizende volle Ausicht in die blosen Posteria eröfnet, welche sich gerade über dem Kopf der heiligen Justiz erheben.[870]

Aus der Höhle flogen „der eselsohrige Dämon der Raubsucht und ein ‚Uhu" heraus.[871]

Die Darstellung der raubenden Nachdrucker, die den Buchhändler sprichwörtlich bis aufs Hemd ausziehen, während die schlafende Justitia vom Raub nichts mitbekommt, nutzte der Auftraggeber Himburg, um die Verhältnisse im Reich satirisch widerzuspiegeln. Während die vier Buchhändler – aufrecht stehend, beziehungsweise laufend – im Licht dargestellt wurden, agierten die Nachdrucker – hakennäsig und wohlbeleibt in der Finsternis. Die Allegorie der Höhle als „Räuberhöhle" oder als „Räubernest" fand sich mehrfach in den Wendungen gegen die Nachdrucker, damit nutzte Chodowiecki das Spiel mit Licht und Schatten, um die ‚redlichen Buchhändler' eindeutig von den finsteren Nachdruckern abzugrenzen.

Anders als Blumauer, der das Eigentum der Autoren sichern wollte, stellte der Künstler den Buchhändler in den Mittelpunkt als denjenigen, der durch den Nachdruck am meisten geschädigt wurde.

Auf die ambivalente Position Himburgs hinsichtlich des Nachdruckes wurde schon hingewiesen: Einerseits druckte er selbst Goethes Schriften nach, andererseits beschwerte er sich beim Markgrafen von Baden und beim Herzog von Württemberg über die Nachdrucker. Dies veranlasste Schleif zu der Einschätzung, dass Himburg geltungsbedürftig, bigott, gar ein „Heuchler" war, zumal er angeblich „Nachdrucke seines Nach-

870 Meusel, Johann Georg: Miscellaneen artistischen Inhalts, Zehntes Heft, Erfurt 1781, S. 246–247. Ob es sich bei dem dargestellten und von den Nachdruckern ausgeraubten Buchhändler um Himburg selbst handelte – wie Ehler vermutete – ist nicht belegbar, Ehler, Melanie: Daniel Nikolaus Chodowiecki. „Le petit maître" als großer Illustrator, Berlin 2003, S. 243.

871 Aus der Berliner Litteratur- und Theaterzeitung zitiert nach: Kutschmann, Theodor: Geschichte der deutschen Illustration, vom ersten Auftreten des Formschnittes bis auf die Gegenwart, Bd. 1 Berlin / Goslar 1899, S. 114f. Ob es sich tatsächlich um einen Uhu, also dem klassischen Symbol der Weisheit handelte und nicht doch eher um eine Fledermaus, die als Symbol der Sünder und häufig mit dem Teufel in Verbindung gebracht wird, erscheint in diesem Kontext durchaus fragwürdig.

drucks veranstaltete".[872] So bezahlte er die Autoren, die er beraubte entweder gar nicht oder nur mit kleinen Beträgen und stellte sich dennoch als rechtschaffenen Buchhändler dar, der mit einem Stich gegen den Nachdruck noch Geld verdiente.[873]

4.6.4 „Diebe", „Piraten", „Räuber" oder „Höllenhunde": Die sprachliche Diffamierung der Nachdrucker

Was bei der Auseinandersetzung mit dem Büchernachdruck auffällt, ist die diffamierende Wortwahl, mit der die Nachdrucker bedacht wurden. Diese beschränkte sich nicht nur auf die Äußerungen in Schriften, Periodika oder literarischen Werken, sondern fand sich auch in der Privat- und Amtskorrespondenz. Wie bereits in zahlreichen Beispielen gezeigt worden ist, wurde die Beschaffenheit der Nachdrucke, der Vorgang des Nachdruckens und schließlich die Nachdrucker selbst diffamiert.

In Bezug auf die Erteilung der kaiserlichen Druckprivilegien wurden die Nachdrucker ebenfalls verunglimpft. Der Vorwurf der Buchhändler war der bereits vorgetragene, wonach sich die Nachdrucker Schmieder, Fleischhauer, Schramm als auch Frank alle ihre Privilegien „erschlichen" hätten, da ein Nachdruck kein Privileg erhalten konnte. In dem Vorwurf lag gleichzeitig das konspirative Element, das den Nachdruckern anhaftete. Folglich ließ die Leipziger Buchhänderlin Dyck über ihren Anwalt verlauten, dass Schmieder ein „bekannte[r] kayserl.[icher] Privilegienstöhrer", sogar ein „Usurpant" des Buchhandels" war.[874]

Auf den Vergleich der Nachdrucker mit dem Piraten- und Korsarentum verwiesen unter anderem Gundling 1774 und der Verfasser der Antwortschrift Schmieders von 1790.[875]

Gundling resümierte, dass die Menschen, die anderen Eigentum stehlen,

> sich zu den Tartaren begeben, welche man nicht bereden kann, daß Stehlen Sünde und Unrecht sey: weil sie von Jugend auf dazu gewöhnet werden". Und etwas weiter: „Denn in dem [ersten] Fall getrauete ich mir, alle Bössewichter und Räuber zu entschuldigen, welche das Leder stehlen, und solches entweder gar verschenken oder wohlfeil verkaufen. Die Algierer und Einwohner zu Salee, Tunis und Tripoli lieben und exerciren dergleichen Philosophie. Sie verkauffen wohlfeil: weil ihnen dasjenige, was sie verkaufen nichts, oder wenig kostet.[876]

Den Vergleich griff der Verfasser der Schrift *Vertheidigung des Eigenthums gegen den Raub* auf:

---

872 Schleif, Walter: Christian Friedrich Himburg, der Raubdrucker von Goethes früheren Schriften, und der Kampf der Schriftsteller jener Zeit um ihre Autorenrechte, in: Goethe 27 (1965), S. 253–278, hier S. 271. Dass Himburg Nachdrucke seiner Nachdrucke veranstaltete, entnahm Schleif dem Vortrag des Professors Witkowski aus dem Jahr 1906 und gab zu, dass er dies nicht nachprüfen konnte.

873 Ebd., S. 272.

874 RHR Fiskalarchiv 15–35.

875 Vgl. Kap. 4.1.3.

876 Gundling: Rechtliches und verbunftmäßiges Bedenken, S. 11f.

> Wenn unsere Fürsten den Nachdruck ausrotten, so rotten sie dasjenige aus, was nach allen Europäischen Rechten unrecht ist. Dürfen wir also wohl glauben, daß wenn es unsern Fürsten, den Vormündern unserer Rechte, ernstlich darum zu thun seyn sollte, den Nachdruck auszurotten, sie nicht im Stande seyn würden, ihn in alle die Freystätte zu verfolgen, welche ihm Aufenthalt geben? Oder meynen wir, daß auch in der litterarischen Welt ein Algier, Tunis und Tripoli sich enthalten werde, daß es auch da Räuberstaaten geben werde?“ [877]

Die nordafrikanischen Städte in den Barbareskenstaaten und die Tataren wurden als Simile zu den Nachdruckern herangezogen, um nicht nur deren Handlungsweise als Räuber zu illustrieren, sondern auch, um die Rolle der Obrigkeit aufzuzeigen. Nachdruckerterritorien wie Baden, Österreich, Württemberg oder die Reichsstadt Reutlingen wurden so zu den genannten Räuberstaaten, die offensichtlich den Nachdruck protegierten. Das Erzählmotiv der Nachdrucker als Piraten oder Korsaren fand in England schon Ende des 17. Jahrhunderts Einzug in die Literatur.[878] Die Intention hinter dem Vergleich war die Offenlegung der unsittlichen und rechtsfreien Tätigkeit, derer sich die Nachdrucker bedienten, um sie somit als skrupellos und verbrecherisch darzustellen. So nannte auch ein Rezensent der Skizzen Meißners die Tübinger Nachdrucker ‚Freybeuter‘, die in einem württembergischen Schutzloch sitzen.[879]

Selbst in den 1830er Jahren spottete der Gothaer Schriftsteller Friedrich Jacobs (1764–1847) in Bezug auf den Büchernachdruck und die hohen Bücherpreise noch:

> Dann werden die vornehmen Leipziger-Meßhändler wohl aufhören müssen, Honorare zu zahlen, da Niemand im Publicum so einfältig seyn wird, ein Buch in Leipzig zu kaufen, das er nach einer kleinen Weile um Vieles wohlfeiler aus Algier oder Reutlingen zugeschickt bekommt“.[880]

Buchhändler, Verleger, Autoren und am Buchhandel Beteiligte versuchten in ihren Ausführungen die Nachdrucker als homogene Gruppe darzustellen. So wurden die Nachdrucker als ‚gefräßige Höllenhunde‘ und verschworene und listige ‚Konsorten‘ porträtiert, die in ‚Räuberhöhlen‘ oder ‚Räubernestern‘ hausten.[881] Die hier dargestellten Verbindungen der Nachdrucker untereinander sollte dieses Bild verstärken und die Nachdruckgegner wurden nicht überdrüssig, dies in den periodischen Zeitschriften zu desavouieren.

Die Gründe für die Infamie waren dabei äußerst heterogen und speisten sich nicht immer aus der blinden Wut über den Büchernachdruck. Hierbei war die Rolle der Autoren durchaus interessant, da diese sich – wie Wittmann für die Buchhändlerzeitschriften

877 N. N.: Vertheidigung des Eigenthums, S. 63f.

878 Vgl. Johns: Piracy, S. 41ff. Die Urheberrechtsdiskussion endete mit der *Statue of Anne* von 1710, vgl. Fn. 11.

879 Vgl. Kap. 3.2.4. Das Motiv des ‚Schutzloches‘ korreliert mit den bereits dargestellten Vergleichen wie den Räuberhöhlen, in denen die Nachdrucker hausten.

880 Jacobs, Friedrich: Vermischte Schriften, sechster Theil: Zerstreute Blätter, Leipzig 1837, S. 403.

881 Vgl. bspw. Archenholz, Johann Wilhelm von: Patriotischer Versuch des Herausgebers, in: Neue Litteratur und Völkerkunde, 4 (1790), S. 261–272, hier S. 262.

herausgefunden hat – nur äußerst selten über den Nachdruck beschwerten, von dem sie nicht unmittelbar betroffen waren.[882] So wurde hier bereits aufgezeigt, dass die Autoren aufgrund des Nachdruckes ihrer Werke nur in sehr geringen Maß wirtschaftlichen Schaden erlitten haben, sodass sich ihre Kritik vornehmlich auf die ‚Verstümmelung' ihrer Werke beschränkte. Vielmehr erkannten die Schriftsteller das Kalkül der Verleger, den Nachdruck als Scheingrund zu nehmen, um ihr Honorar möglichst niedrig zu halten. Eine persönliche Fehde zwischen Autor und Nachdrucker – wie zwischen Müller und Schmieder – bildete dabei lediglich die Ausnahme.

Die Buchhändler, Verleger, Juristen und manche Gelehrte griffen zu deutlich härteren Worten, um ihre Kritik am Nachdruck zu äußern. Auf der einen Seite aufgrund der wirtschaftlichen Not, auf der anderen Seite aufgrund der rechtlichen Situation, die den Nachdruck überhaupt ermöglichte. Da der Weg einer gerichtlichen Klage langwierig und aufgrund der erteilten Privilegien an die Nachdrucker wenig erfolgversprechend war, besann man sich darauf, die Nachdrucke und die ‚diebischen' Nachdrucker möglichst schlecht zu reden und gleichzeitig die eigenen Produkte aufgrund ihrer Ausstattung zu loben und so für das Publikum interessant zu machen. So versuchten die Buchhändler und Verleger den Nachdruck „wenn auch nicht in der Geburt zu ersticken, doch seinem Eigenthümer minder erträglich zu machen".[883]

Die Originalverleger gefielen sich scheinbar in der Rolle der Benachteiligten: Sie sahen sich

> von einer Unzahl an Feinden umgeben, die am schlechten Zustand ihres Geschäfts schuld hatten: skrupellose Konkurrenten, habgierige Nachdrucker, eine verständnislose Obrigkeit, aufdringliche und überhebliche Autoren und gar [...] ein undankbares Publikum; ein bellum omnium contra omnes aller Beteiligten des literarischen Marktes schien ihnen überall zu herrschen".[884]

Zu drastischen Beleidigungen ließen sich die Nachdrucker nur in den seltensten Fällen hinreißen. Sie gebrauchten für die Nettohändler die Termini ‚Großisten', ‚Fabriquanten', oder ‚Monopolisten'. Damit referierten sie auf die Verhältnisse im Reich und verdeutlichten einmal mehr, dass der Nachdruck gegen die sächsische Übermacht ein legitimes Mittel darstellte, da sie sich durch diesen benachteiligt sahen.

Bezeichnenderweise reagierte Schmieder auf die Kritik gegen sich und seine Tätigkeit lakonisch: „Mögen ein paar hundert Verleger den Nachdruck, weil er ihnen die Quelle zu unermeßlichen Reichthümern abgräbt, mit Farben der Hölle malen".[885] Dass auch an ihm die Invektiven nicht wirkungslos vorbeigingen, bewiesen seine variantenreichen schriftlichen Repliken darauf.

---

882 Vgl. Wittmann: Die frühen Buchhändlerzeitschriften, Sp. 720f. und Ders.: Goethe und seine Verleger. „Die Buchhändler sind alle des Teufels", in: Börsenblatt für den Deutschen Buchhandel 38 (1982), S. 821–825.

883 Ankündigung von C.G. Strauß auf einen Verlagsartikel, zitiert nach Wittmann: Buchhändlerzeitschriften, Sp. 711.

884 Wittmann: Buchhändlerzeitschriften, Sp. 710.

885 Schmieder: Wider und Für den Büchernachdruck, S. 49.

5 Ausblick: Der Büchernachdruck am Ende des Alten Reiches

Mit den gescheiterten Bemühungen um ein einheitliches Reichsgesetz wider den Büchernachdruck 1790 und 1792 bemühten sich die Nachdruckgegner nicht mehr weitere reichsweite und territoriale Initiativen gegen den Nachdruck zu initiieren.[1] So war das Allgemeine Preußische Landrecht von 1794 das Produkt eines Prozesses, welches weit früher begonnen hatte, ebenso die sächsische Regelung von 1798, die „lediglich Klarstellungen und Auslegungsfragen des Kursächsischen Mandats von 1773 enthielt".[2]

Wie bereits dargelegt wurde, ließen die politischen, wirtschaftlichen und sozialen Folgen der Jahre zwischen 1792 und 1806 die Nachdruckproblematik generell in den Hintergrund treten.

> In der Endphase und spätestens mit dem Ende des Alten Reiches setzte sich zudem bei den Zeitgenossen die Überzeugung durch, dass eine deutschlandweite Regelung nicht mehr zu erwarten war und dass ein effektives Vorgehen gegen den Nachdruck (vorerst) nur durch die Territorialgesetzgebung möglich sein würde.[3]

Mit der Eroberung der linksrheinischen Gebiete durch Napoleon, traten dort die Regelungen zu literarischem Eigentum und Nachdruck in Kraft.[4]

Der zunächst von 1803 bis 1806 zum Kurfürsten, ab 1806 dann zum Großherzog erhobene Karl Friedrich von Baden erließ am 8. September 1806 eine Verordnung mit dem Titel den „Bücher-Nachdruck betreffend". In dieser wurde eingehend beschrieben, dass die badische Regierung „so lange der Verband des teutschen ReichsLande bestand, über die Rechte des Verlags und dessen Verhältnisse gegen den Nachdruck [...] in mancher Hinsicht unthunlich und unräthlich befunden" habe.[5] Diese sah vor, dass Autoren und Verleger im eigenen Territorium vor Nachdruck geschützt seien, der Nachdruck ausländischer Werke jedoch weiterhin erlaubt sei.[6] Es war somit nur eine partielle Ab-

1 Vgl. Kap. 4.1.2.

2 Andersch: Büchernachdruck, S. 454f.

3 Ebd., S. 455.

4 Vgl. zum Buchhandel im napoleonischen Deutschland Popkin, Jeremy: Buchhandel und Presse im napoleonischen Deutschland. In: Archiv für Geschichte des Buchwesens 26 (1986), S. 285–296.

5 Verordnung den Bücher-Nachdruck betreffend, in: Grossherzoglich-Badisches Staats- und Regierungs-Blatt, 4. Jg., Karlsruhe 1806, S. 65.

6 „2.) Jeder innländische PrivatSchriftsteller, der ein Werk unter seinem Namen herausgiebt, genießt die Freiheit gegen alle innländische Verfertigung und gegen allen inländischen Verkauf eines auswärts gefertigten Nachdrucks, die OriginalSchrift desselben mag inn- oder ausser Lands gedruckt

kehr der vorherigen Handlungsweise, da die Verordnung von 1806 lediglich das Ziel hatte, die badische Buchproduktion weitestgehend zu schützen.

Drei, beziehungsweise vier Jahre später trat zum Neujahr 1810 das Badische Landrecht (BLR) in Kraft,[7] das im zweiten Teil *Von dem Eigenthum und Besitz* unter den Artikeln 577da–577dh das *Schrift-Eigenthum* behandelt[8] und als „das erste in einem deutschen Staats geltende Urheberrecht bezeichnet wird".[9] Das BLR sicherte dem Autor das Recht an dem Inhalt seines Werkes und somit nicht mehr nur an dem Manuskript als Sache. Der Schutz endete jedoch – im Vergleich zu Frankreich – mit dem Tod des Autors und garantierte eben kein postmortales Eigentumsrecht am Werk.[10] Somit entwickelte sich in Baden, in dem Territorium, in dem der Nachdruck über 30 Jahre lang gefördert wurde, ein erstes Gesetz, welches den Nachdruck einschränkte.

Schmieder haben die badischen Regelungen, wenn überhaupt, nur noch am Rande betroffen. Aus der Unternehmenshistorie ging bereits hervor, dass am Anfang des 19. Jahrhunderts das Schmieder'sche Nachdruckunternehmen kaum mehr existent war. Schmieder selbst hatte mit neuer Konkurrenz in Karlsruhe und drückenden Schulden zu kämpfen.[11] Der Verkauf seiner Buchhandlung erfolgte 1809, also noch bevor das BLR endgültig in Kraft trat. Damit zählte Schmieder eindeutig zu den buchhändlerischen Verlierern nach 1800, denn durch den Gebietszuwachs erhöhte sich für die beiden verbliebenen Karlsruher Buchhändler Müller und Macklot ihr Produktionsaufkommen um ein Vielfaches. Zudem erteilte der Großherzog beiden Privilegien, beispielsweise über das BLR, welches Müller in Großoktav und Macklot in Duodezformat vertreiben durften.[12] Dass Karlsruhe weiterhin als ‚Nachdruckernest' nicht an Berühmtheit verlor,

worden seyn, auf die Zeit seines Lebens, diese Freiheit dauert noch bis ein Jahr nach seinem Tode zu etwaigen Debit der vorhandenen Exemplare fort […]", Ebd. S. 65.

7 Das Druckjahr war bereits 1809, in Kraft trat das BLR jedoch erst am 1.1.1810, sodass es zu unterschiedlichen Datenangaben kommt. Zum BLR gibt es zahlreiche Forschung in Auswahl: Löhnig, Martin: „Vom Schrift-Eigenthum." – Das erste deutsche Urheberrecht in Art. 577da–577dh des Badischen Landrechts, in: UFITA (2007), S. 783–793; Hattenhauer, Christian (Hg.): 200 Jahre Badisches Landrecht von 1809/1810. Jubiläumssymposium des Instituts für geschichtliche Rechtswissenschaft der Ruprecht-Karls-Universität Heidelberg und der Heidelberger Rechtshistorischen Gesellschaft vom 23. bis 26. September 2009 (= Rechtshistorische Reihe; 415), Frankfurt am Main 2011; Gergen, Thomas: Badisches Urheberrecht im 19. Jahrhundert: Die Fälle Pestalozzi, Allioli, Schleiermacher, Grillparzer sowie Goethe und Schiller, in: Archiv für Geschichte des Buchwesens 66 (2011), S. 109–143.

8 Code Napoleon mit Zusäzen und Handelsgesezen als Land-Recht für das Großherzogtum Baden, Karlsruhe 1809, S. 161–162.

9 Löhning: Vom Schrift-Eigenthum, S. 783. „Die Regelungen fügte der badische Staatsrat Johann Nikolaus Friedrich Brauer (1754–1813) in das BLR ein, da der Code Civil, den Baden mit dem BLR grundsätzlich übernahm, dazu keine Regelung vorsah", Andersch: Büchernachdruck, S. 477.

10 Brauer kannte sich eingehend mit den französischen Rechten und insbesondere mit dem Code Civil aus, da er diesen in sechs Bänden erläuterte. Inwieweit der Code Civil das BLR beeinflusste, wurde in der Forschung intensiv diskutiert, vgl. Andersch: Büchernachdruck, S. 480. Umfassend auch Müller-Wirth/Wagner, (Hrsg.): Code Napoléon – Badisches Landrecht.

11 Vgl. Kap. 3.1.5.

12 Fürst: Buch und Druck, S. 87.

lag an ebenjenem Müller. Dieser hatte, in wohlwissender Kenntnis der Gesetzeslage in Baden, eine Tochterfirma unter dem Namen *Büreau der deutschen Classiker gegründet.*[13] Da das BLR dem Autor kein postmortales Recht am Werk zugestand, druckte Müller ab 1813, quasi 40 Jahre nach Schmieder, die deutschen Klassiker erneut nach:

> Am 20. Januar [1813] war Christoph Martin Wieland gestorben, und just die ersten 45 Bände seiner *Sammlung der vorzüglichsten deutschen Classiker* brachte [Müller] *C.M. Wielands sämmtliche Werke*, bis Bd. 28 noch unter dem weniger griffigen Titel *Sammlung der vorzüglichsten deutschen classischen Schriftsteller und Dichter* heraus.[14]

Müller und Macklot bedienten den wachsenden Buchmarkt im Großherzogtum mit ihren Verlags- und Graphikartikeln. Bei drohender Konkurrenz – so 1813 als der Buchhändler Gottlieb Braun in Karlsruhe Fuß fassen wollte – schlossen sich Macklot und Müller zusammen.[15] Sie verfuhren damit genauso, wie es Schmieder und Macklot vergebens gegen den Karlsruher Konkurrenten Christian Friedrich Müller bereits Ende des 18. Jahrhunderts getan hatten.[16]

Zusammenfassend resümiert der Verleger Friedrich Christoph Perthes (1772–1843) zur Situation in Baden 1818:

> In Baden, wo sonst dem Karlsruher Nachdrucker Alles Preis gegeben war, ist ein Gesetz erschienen: nur Werke verstorbener Autoren nachdrucken zu dürfen; ein großer Fortschritt auf der Bahn des Rechts! – aus ist dasselbst dieß Gewerbe in den Händen eines Mannes (Hofbuchdrucker Müller), der talentvoll und höchst geschickt in seinem Fach, künftig allgemein Regeln folgen, und zu seinem eigenen Vortheil mit dem allgemeinen Teutschen Buchhandel gern sich vereinigen wird.[17]

Wie sah die Handhabung mit dem Nachdruck in Württemberg aus, einem Territorium, das den Büchernachdruck ebenfalls protegiert hat?

Anders als Baden oder Preußen positionierte sich das seit 1806 zum Königreich erhobene Württemberg nicht offensiv für ein Nachdruckverbot. Virulent wurde dies im Zuge des Wiener Kongresses, in dem – nach 1790 erneut – über ein einheitliches Nachdruckverbot diskutiert wurde. König Friedrich I. von Württemberg erließ am 25. Februar

13 Vgl. Fürst, Rainer: Das „Bureau der Deutschen Classiker“ in Karlsruhe. 1813–1834; eine Dokumentation zur Verlagsgeschichte (= Publikationen zur Verlagsgeschichte C. F. Müller; 5), Karlsruhe 1992.

14 „Die ebenfalls Ende 1813 errichtete Steindruckerei trug das ihre dazu bei, daß die Bände in ganz Deutschland schnell beliebt wurden. Denn die Stücktitelblätter eines jeden Einzelbandes waren in ansprechender, stets gleichbleibender Gestaltung gänzlich lithographiert. Außerdem gab es im Letterndruck ein Titelblatt mit der Bandzählung der gesamten Sammlung und ein weiteres für die Bände der jeweiligen Werkausgaben innerhalb der Sammlung, die insgesamt auf 173 Bände kam.“ Fürst: Buch und Druck, S. 88.

15 Diese Allianz formierte sich jedoch ebenfalls vergeblich, vgl. Ebd., S. 89.

16 Vgl. Kap. 3.1.5.

17 Perthes, Friedrich Christoph: Bücher-Nachdruck (Aus einem Brief des Herrn Perthes zu Hamburg im Teutschen Beobachter), abgedruckt in: Beilage zum Oppositions-Blatte, Nr. 79 (1818), Sp. 627–629, hier Sp. 629.

1815, also noch während des Wiener Kongresses (dazu weiter unten), ein königliches Reskript, das den Status quo in Württemberg festigte und kein Nachdruckverbot ausgab.[18] Vielmehr wurden die Interessen der Schriftsteller und Autoren denen der Wirtschaftlichkeit und des Publikums gegenübergestellt, wobei Letztere überwogen.[19] Weiterhin konnte der König Privilegien üblicherweise über eine Dauer von sechs Jahren erteilen. Nach Ablauf des Privilegs wurde das Werk gemeinfrei.[20] „Der Möglichkeit des Nachdrucks waren damit weiterhin Tür und Tor geöffnet. Sächsische Verleger erklärten mit Recht, in Württemberg sei der Nachdruck durch das Rescript von 1815 gesetzlich erlaubt".[21]

Schramm, der um 1800 hauptsächlich für Cotta druckte, ebenso wie der letzte Bürgermeister der Reichsstadt Reutlingen Johann Georg Fleischhauer wandten sich vom Nachdruck ab. Dies bedeutete im Umkehrschluss jedoch nicht, dass der Nachdruck in Württemberg zum Erliegen kam, denn andere nahmen ihre Plätze ein.[22] So erschienen im seit 1803 württembergischen Reutlingen und auch in Tübingen im 19. Jahrhundert zahlreiche Nachdrucke. Hier sei auf die Namen Jacob Ulrich und sein Sohn Johann Jakob Mäcken verwiesen, die ab 1800 mit dem *Comptoir der deutschen Classiker* das württembergische Äquivalent zu Müllers Projekt in Baden bildeten und auch Johannes Grözinger oder Jacob Noah Ensslin, gehörten zu den bislang kaum erforschten Nachdruckern, die beispielsweise im *Rinaldo Rinaldini* verunglimpft wurden.[23]

Wie bereits 1790 versammelten sich auch 1814 Buchhändler auf der Leipziger Messe, um ihr Vorgehen abzustimmen,[24] da „ein energisches gemeinsames Handeln notwendig sei, um in der Folgezeit Einfluss auf Situation und rechtliche Ausgestaltung des deutschen Buchhandels zu nehmen".[25] Infolgedessen wurden der Stuttgarter Johann Friedrich Cotta und der Weimarer Friedrich Justin Bertuch als Deputierte ausgewählt, ihre Interessen auf dem Wiener Kongress einzubringen.[26] Ihre Forderungen ließen die Buch-

18 Gergen, Thomas: Die Nachdruckprivilegienpraxis Württembergs im 19. Jahrhundert und ihre Bedeutung für das Urheberrecht im Deutschen Bund (= Schriften zur Rechtsgeschichte), Berlin 2010.

19 Vgl. Andersch: Büchernachdruck, S. 495.

20 Gergen, Thomas: Das württembergische Privilegiensystem gegen den Büchernachdruck im 19. Jahrhundert und die Privilegien zugunsten der Schiller-Erben, in: UFITA 1 (2006), S. 189–227.

21 Gieseke: Vom Privileg zum Urheberrecht, S. 186.

22 Vgl. Wittmann, Reinhard: Das Buchgewerbe im Königreich Württemberg, in: Buchhandelsgeschichte 2/5 (1980), S. B 257-B 263.

23 Vgl. Kap. 4.6.2. Zur Reutlinger Nachdruckgeschichte überblicksartig: Widmann, Aus der Geschichte des Reutlinger Druck- und Verlagwesens, 1968, hier insbesondere S. 61ff. und Widmann: Die Beschimpfung der Reutlinger Nachdrucker.

24 Vgl. zur Diskussion über den Büchernachdruck im Zuge des Wiener Kongresses Widmann, Hans: „Die Krisis des deutschen Buchhandels". Bemerkungen zu einer Apologie für den Büchernachdruck aus dem Jahre 1815, in: Gutenberg Jahrbuch (1968), S. 257–261.

25 Andersch: Büchernachdruck, S. 498.

26 Infolge einer Erkrankung übernahm Bertuchs Sohn Carl Bertuch diese Aufgabe. Anders als 1790, wo man den Legationsrat Ganz beauftragte, wählte man nun Vertreter aus den eigenen Reihen, um den Forderungen Nachdruck und Expertise zu verleihen. Die Deputation selbst bestand aus sechs Verlegern, vgl. Ebd.

händler – wie schon 1790 – in eine Programmschrift einfließen:[27] *Denkschrift gegen den Büchernachdruck; zugleich Bittschrift um Bewürkung eines deutschen Reichsgesetzes gegen denselben.* Diese wurde vom Buchhändler und Verleger Paul Gotthelf Kummer (1750–1835)[28] und Kotzebue verfasst. Letzterer war ein angesehener Autor und Theaterschriftsteller und Ende des 18. und zu Beginn des 19. Jahrhunderts selbst vom Nachdruck seiner Schriften betroffen.[29]

In dieser forderten sie „eine gänzliche Abschaffung des Privilegienwesens und stattdessen den Erlass eines allgemein gültigen Gesetzes gegen den Nachdruck".[30] Nach weiteren Schriften zur Thematik, intensiven Verhandlungen die sich auch mit der Frage der Zensur beschäftigten, wurde im Artikel 18d der Schlussakte festgelegt, dass sich die Bundesversammlung bei ihrer ersten Zusammenkunft mit der Pressfreiheit und die Rechter der Schriftsteller und Verleger gegen den Büchernachdruck beschäftigen wird. Somit wurde erneut kein einheitliches Verbot erlassen, sondern lediglich ein Versprechen gegeben, dass „den Erlass eines Verbotes erst als Aufgabe künftiger gesetzgeberischer Tätigkeit festlegte".[31] Die grundsätzliche Anerkennung der Rechte der Autoren an ihren Geistesprodukten und deren Schutz wurde hingegen mit der Aufnahme in die Bundesakte 1815 abgeschlossen.[32] Das Versprechen eines einheitlichen und überregionalen Nachdruckverbots wurde jedoch erst im Laufe des 19. Jahrhunderts erfüllt.[33]

27 Vgl. Gieseke, Ludwig: Der Wiener Kongress und die Bemühungen deutscher Buchhändler um zeitgemäße Regelungen für den Buchhandel, in: Zeitschrift für geistiges Eigentum 9,2 (2017), S. 173–187.

28 Kummer war über dreißig Jahre lang Kotzebues Verleger.

29 Schmieder druckte die Werke Kotzebues mehrfach ab 1787 nach. Im Hauptstaatsarchiv Stuttgart findet sich eine Beschwerde aus Preußen an den württembergischen Staatsminister Georg Ernst Levin von Wintzingerode (1752–1834) über den angeblichen Nachdruck einer Schrift Kotzebues aus dem Jahr 1802, bezichtigt wird der Buchbinder Uebel in Stuttgart, der sich dazu äußern sollte. Eine weitere Korrespondenz über die Sache findet sich nicht, vgl. HStASt A 205 II, Bü 423.

30 Andersch: Büchernachdruck, S. 500.

31 Ebd., S. 504.

32 Gieseke: Vom Privileg zum Urheberrecht, S. 205f.

33 Zur weiteren Entwicklung vgl. unter anderem Ebd., S. 223ff.

6 Fazit

Bei der Auseinandersetzung über den Büchernachdruck lässt sich zusammenfassend konstatieren, dass die Nachdrucker teilweise neue, teilweise bereits gängige Wege beschritten, um mit ihren Nachdrucken am Buchmarkt zu partizipieren und sich dabei nicht selten den Anfeindungen der Nachdruckgegner ausgesetzt sahen.

Alle hier dargestellten Nachdrucker entschlossen sich – zumeist erst kurz nachdem sie im Buchhandel Fuß gefasst hatten – dazu, eine Nachdrucksammlung auf den Markt zu bringen und sich diese durch ein kaiserliches Privileg schützen zu lassen. Die Auseinandersetzungen zwischen den Reichsbuchhändlern und den ‚Nettohändlern', die im kursächsischen Mandat 1773 gipfelten, bildeten für Schmieder und Fleischhauer einen idealen Einstiegspunkt, ihre Sammlungen zu vertreiben. Sie traten dabei aber zunächst nicht wie andere Reichsbuchhändler in einen offenen Konflikt mit den sächsischen Verlegern, sondern hielten sich weitestgehend an die Vorgaben, die ihnen der Reichshofrat auferlegte. Im Gegensatz dazu pochten die nordostdeutschen Buchhändler und Verleger darauf, dass die ausgestellten Impressorien für die Nachdrucker aufgrund einer offensichtlichen Täschung bei der Antragsstellung zurückgezogen werden sollten.

Da dies nicht geschah, legten die geschädigten Verleger Klage bei den jeweiligen Territorialherren ein und hofften, dass der Nachdruck durch sie untersagt werde. Dabei kam es jedoch nicht zu einer generellen Protektion der Nachdrucker, vielmehr wurde jeder Fall für sich geprüft, doch hatte man aufgrund des ausgestellten kaiserlichen Privilegs einerseits keine rechtliche Grundlage gegen den Nachdruck und andererseits mangelte es an Motivation den prosperierenden Wirtschaftszweig dadurch zu schwächen. Eine Sonderstellung hatten die Tübinger Nachdrucker inne, die als Buchdrucker der Rechtsprechung der Universität unterstanden, doch auch hier konnte aufgrund des kaiserlichen Privilegs nur in den seltensten Fällen gegen den Büchernachdruck vorgegangen werden.

Es ist deutlich herausgestellt worden, dass die Nachdrucker für ihre Unternehmungen Geschäftsverbindungen zu anderen Personen des Druck- und Buchhandelsgewerbes gesucht und gefunden haben. Einige der Geschäftsverbindungen beschränkten sich auf die Produktion, andere auf die Distribution und einige umfassten beide Aspekte des Nachdruckgewerbes. Dabei muss im vorliegenden Fall unterschieden werden, welchen Bedarf die jeweiligen Nachdrucker hatten. Während Schmieder über keine eigenen Pressen verfügte und auf auswärtige Druckereien angewiesen war, als Buchhändler jedoch ein weitreichendes Distributionsnetzwerk besaß, verhielt es sich bei den Buchdruckern Frank, Schramm, Balz und Johann Georg und Johann Jacob Fleischhauer diametral.

Sie konnten die Nachdrucke produzieren, unterhielten aber zumeist kein umspannendes Distributionsnetzwerk.

Um seine Nachdrucke produzieren zu können, benötigte Schmieder eine Buchdruckerei. Noch bevor er sein kaiserliches Privileg über seine Sammlung 1774 erlangt hatte, ließ er 1773 beim Tübinger Johann Adam Sigmund sein erstes Buch im Originalverlag verlegen. Bei ebenjenem Sigmund druckte Schmieder dann fast zwanzig Jahre später Campes *Väterlichen Rath* in einer Auflagenhöhe von 1.500 bis 2.000 Exemplaren. In der Zwischenzeit ließ er seine meisten Bücher wohl bei Johann Georg Fleischhauer oder Johann Ulrich Cotta drucken, mit denen er umfassende geschäftliche Beziehungen unterhielt, während die Tübinger ihre Nachdrucke selbest produzieren konnten.

Bei der Auslese und Ausrichtung ihrer Anthologien gab es Überschneidungen, aber auch deutliche Unterschiede. Während Fleischhauer und Schmieder für einen überregionalen, diversifizierenden Markt eine breite Auswahl an Literatur verschiedener Gattungen druckten, nahmen Schramm, Frank und Balz eine Zweiteilung ihrer Sammlung vor: eine philosophische und eine theologische Sammlung. Mit Letzterer bedienten sie vor allem den regionalen Markt – inklusive der Theologiestudenten an der Universität – mit vornehmlich pietistischer Literatur. Bei der philosophischen Sammlung legten sie den Fokus auf philanthropistische sowie geographische Kinder- und Jugendliteratur. Diesen Markt bediente auch Schmieder gegen Ende des Jahrhunderts. Während die Sammlungen der Tübinger Nachdrucker willkürlich aus gut verkäuflichen Titeln kompiliert waren, legte Schmieder lange Wert darauf eine Anthologie zusammenzustellen, die dem Namen *Sammlung der besten deutschen prosaischen Schriftsteller und Dichter* entsprach. Dies war schließlich auch ein Grund für die Popularität der Sammlung.

Spätestens mit der Bewilligung des Verlängerungsantrages für die Karlsruher und Reutlinger Sammlung 1784 durch den Reichshofrat fand eine Zäsur in der Auseinandersetzung mit dem Nachdruck statt. Da die Nachdruckgegner über den rechtlichen Weg und die Klage bei den Obrigkeiten kaum oder nur mäßigen Erfolg hatten, begannen sie die materiellen Aspekte des Nachdrucks zu diskreditieren und ein Unrechtsbewusstsein beim Publikum zu evozieren. Abseits der Unrechtmäßigkeit des Nachdrucks stellten sie die vermeintlich schlechte Papierqualität, die etlichen Druckfehler, den schlechten Satz und die abgestumpften Lettern heraus, die den günstigen Preis der Nachdrucke ermöglichen würden. Dass sich die Qualität der Nachdrucke nicht in dem Ausmaße vom Original unterschied, wie die Kritiker es allzu häufig dazustellen versuchten, konnte bewiesen werden. Denn auch die Originalverleger waren Rohstoffknappheiten und den daraus resultierenden Papierteuerungen und -krisen unterworfen. Im Gegensatz zu den Nachdruckern griffen diese jedoch auf ausländisch importierte Papierwaren zurück, die sie als Qualitätsmerkmal dem Publikum in zahlreichen Bücheranzeigen offerierten, während sie die Qualität der Nachdrucke als ‚Schrenz' diskreditierten. Die Qualitätsunterschiede hatten schließlich ihren Preis, den das Publikum teilweise zu zahlen nicht bereit war und stattdessen auf den günstigeren Nachdruck zurückgriff. Die Nachdruckbefürworter stellen die Preispolitik der Nettohändler heraus und sahen es als ein legitimes Mittel an, Nachdrucke der beliebtesten Werke herzustellen, um das lokale Publikum mit der neuesten Ware versorgen zu können. Dafür waren sie auch bereit Einbußen beim Druck, Satz und den kostspieligen Illustrationen zu machen. Schließlich beförderte die Konkurrenzsituation sogar die Qualität der Werke, zum Vorteil des Publikums. Durch die „Culture of the Upgrade" wurden teilweise neue, verbesserte oder preislich gestaffelte Ausgaben publiziert, die je nach Geldbeutel unterschiedliche Käuferschichten ansprechen sollten. Über verschiedene Distributionswege, die auch abseits des regulären Sortimenthandels über Hausierer, Buchbinder und lokal ansässige Personen stattgefunden haben, gelangten die Nachdrucke zu einer vielfältigen Käuferschicht.

So waren die Abnehmer der Nachdrucke neben Einzelpersonen – gleichwohl in der Stadt und auf dem Land – besonders Lesegesellschaften und -vereine, die mithilfe der Nachdrucke ihren Mitgliedern eine breite Auswahl an Literatur anbieten konnten. Entgegen der Annahme, dass nur finanziell minderbemittelte, aber lesekundige Handwerker und Bauern auf die Nachdrucke zurückgriffen, konnte herausgestellt werden, dass sich die Nachdrucke in Fürstenbibliotheken ebenso wie in der kaiserlichen Bibliothek wiedergefunden haben. Die soziale Reichweite des Nachdrucks war in dieser Dimension bislang völlig unbekannt. Somit wurden die Nachdrucke tatsächlich ‚vom Throne bis zur Hütte herab' rezipiert.

Und auch für die Territorialherren hatte der Büchernachdruck positive Auswirkungen, die sich primär auf wirtschaftliche, sekundär auf soziokulturelle, aufklärerische Vorteile beschränkte. Im Sinne einer merkantilistischen Wirtschaftspolitik wurden die Nachdruckunternehmungen im Land gefördert, teilweise – wie im Beispiel Schmieders – partizipierte die Obrigkeit sogar am Nachdruck, indem Papiermühlen für die Nachdrucke Papier lieferten. Auch für den Wirtschaftsstandort Reutlingen waren der Buch- und besonders der Nachdruck eine solide finanzielle Einnahmequelle, von der viele Reutlinger Bürger lebten. Die Verbreitung von aufklärerischen Schriften und Ideen war weniger intendiert, sondern wurde vielmehr durch den günstigen Preis intrinsisch hervorgerufen.

Durch Illustrationen, mehr noch durch die Beschimpfungen in Romanen, Gedichten und Liedern, teilweise durch prominente Persönlichkeiten der Weimarer Klassik, manifestierte sich das jahrhundertelang tradierte Bild der ‚raubenden' und ‚niederträchtigen' Reutlinger, Tübinger und Karlsruher Nachdrucker, deren Galionsfigur Christian Gottlieb Schmieder wurde.

Es kann nicht genug betont werden, dass die hier analysierten Nachdrucker die ihnen zur Verfügung stehenden Mittel optimal genutzt haben, um ihre Nachdrucke zu produzieren und zu distribuieren und sich dabei – trotz der Klagen der Originalveleger und der Diskussion über die Rechtmäßigkeit – im rechtlichen Rahmen bewegten. Mit der Privilegierung der Nachdrucksammlung wurde die rechtliche Grundlage geschaffen, dass die Nachdrucker innerhalb ihrer Sammlung all diejenigen Bücher nachdrucken durften, die nicht bereits ein Impressorium besaßen. Obwohl die Druckprivilegien als Schutzmechanismus gegen den Büchernachdruck fungieren sollten, erhielten alle Nachdrucker das Impressorium, da sie einerseits nur nicht privilegierte Werke nachdruckten und andererseits nur innerhalb dieser Sammlung verkauften. Juristisch bewegten sich die Nachdrucker somit im rechtlichen Rahmen. Die erneute Privilegierung aller

Sammlungen bestätigt diese Annahme. Dass dies nicht bedeutete, dass der Büchernachdruck moralisch korrekt war, wurde in den Diskussionen des 18. Jahrhunderts eindeutig bewiesen. Der einfachste Schutzmechanismus für die Verleger wäre es indes gewesen, ihre Werke ebenfalls mit Druckprivilegien zu versehen, doch wählten nur die wenigsten diese Methode des Nachdruckschutzes. In den Fällen, wo dies vonseiten der Originalverleger praktiziert worden ist, bekamen sie entweder Recht zugesprochen – wie im Falle Reichs versus Schmieder – oder sie schützten dadurch ihre Werke vor dem Nachdruck, wie Vandenhoeck und Dieterich in den späten 1780er Jahren gegen die Tübinger Nachdrucker. Dies wiederum führt zu der Annahme, dass der wirtschaftliche Schaden für die Originalverleger doch nicht so hoch gewesen war, wie in den Äußerungen zum Büchernachdruck scheinbar deklamiert wurde, sondern es sich eher um ein wirtschaftlich verkraftbares Ärgernis handelte. Der Aufwand und die Kosten für ein Impressorium waren deutlich höher als der Schaden durch den Büchernachdruck.

Zudem wurde herausgestellt, dass auch die ‚redlichen' Buchhändler und Verleger vielfach Mittel nutzten, um auf dem Buchmarkt partizipieren zu können. Johann Friedrich Cotta erwarb bereits gedruckte Nachdrucke, um sich diese im Nachhinhein von Campe legitimieren zu lassen, Philipp Erasmus Reich drohte mit Vergeltungsnachdrucken und Friedrich Himburg druckte die Werke Goethes nach.

Bei der Auseinandersetzung über die Nachdrucker war es erstaunlich, wie sie untereinander und mit anderen Buchhändlern und Verlegern im gesamten Reichsgebiet und den Nachbarländern kooperierten, um Produktions- oder Vertriebsmöglichkeiten zu erschließen. So wurden Druckmaterialien getauscht, Druckaufträge übernommen oder Drucke in Kommission verkauft. Sobald es zu einer Nachverfolgung durch intermediäre Gewalten kam, denunzierten sich die Buchführer gegenseitig, um größtmögliche Verwirrung zu stiften und sich so der Zensurverfolgung zu entziehen. Der Büchernachdruck war für die analysierten Protagonisten– trotz ihrer vielfach rezitierten Rolle als Verbreiter der Aufklärung – vor allem ein Geschäft, welches gewinnbringend geführt werden musste. Als dies – aufgrund der politischen Umstände um 1800 – nicht mehr in dem Umfang möglich war, zogen sich die hier untersuchten Buchhändler und -drucker vom Nachdruck zurück.

7 Quellen- und Literaturverzeichnis

[Weitestgehend nicht aufgenommen wurden die Titel der Nachdrucke der Karlsruher, Tübinger und Reutlinger Unternehmen. Die einzelnen Ausgaben der periodischen Presse wurden ebenso wie die Signaturen der Bibliotheksbestände nicht separat aufgeführt.]

7.1 Quellenverzeichnis

Ungedruckte Quellen

Haus-, Hof- und Staatsarchiv Wien (HHStA)
Reichshofrat (RHR) Impressoria: 12–25 / 19–70 / 19–71 / 19–72 / 19–73 19–74 / 20–22 / 20–23/ 20–24 / 30–46 / 33–3 / 39–20 / 49–41 / 49–42 / 49–43 / 62–2,12 / 62–2,17 / 64–12 / 64–13 / 75–3,9 / 75–3,11 / 75–3,12
RHR Fiskalarchiv: 15–34 / 15–35
Denegata Recentiora: Kar. 1770/1
Bücherkommission im Reich: 9–13

Hauptstaatsarchiv Stuttgart (HStASt)
Geheimer Rat: A 202, Bü 2539
Oberrat (Jüngere Ämterakten): A 213, Bü 6629 / A 213, Bü 7423 / A 213, Bü 7437 / A 213, Bü 7439 / A 213, Bü 7440 / A 213, Bü 8936
Oberrat (Ältere Ämterakten): A 206, Bü 4885
Oberrat (Handwerker): A 228, Bü 233
Staats- und Konferenzminister Graf Georg Ernst Levin von Wintzingerode: A 205 II, Bü 423
Herzog Karl Eugen (1728–1793): G 230, Bü 73.
Herzog Karl Friedrich von Württemberg-Öls (1690–1761): G 205, Bü 2.
Ministerium des Innern III: E 146, Bü 4880

Generallandesarchiv Karlsruhe (GLA)
Stadt Karlsruhe: 206,697 / 206,699 / 206,702 / 206,704 / 206,705 / 206,707
Pfalz Generalia: 77 Nr. 5033
Museumsgesellschaft Karlsruhe: 69 Museum 1&2
Familien- und Herrschaftsarchiv von Oberndorff: 69 von Oberndorff 2152
Verlag Christian Friedrich Müller: 69 Verlag CMF 35&36; 183; 802; 804
Baden-Baden: 37/ 2478 / 37/2477 / 37/2481
Badische Diener- und Personalakten: 76, 6946
Markgräflich Herzogliches Familienarchiv (FA): Nr. 5A (Karoline Luise), Corr 148,63 / 148,185

Stadtarchiv Karlsruhe (StAKa)
Rechnungen Stadt Karlsruhe: 2/R 134, Bürgermeisterrechnung 1769/1797.

Universitätsarchiv Tübingen (UAT)
Baustreitigkeiten, Untergangssachen: 7/6, Nr. 27
Buchbinder: 7/12,2, Nr. 65,25
Buchhändler und Buchdrucker: 8,2,2, Nr. 161,163,177 / 8,2,3: Nr. 187,191,192
Bücherverlag und Verlagsprivilegia: 44/118,1, Nr. 23, 1–8 / 44/118,2, Nr. 53 / 44/118,1 (2), Nr. 29,1,2 / 44/118,1 (2), Nr. 26,1–6 / 44,118,4, 78, 84, 87 / 44,118,5, 97 /
Calendersachen: 8/8, Nr. 31–34
Cives recepti: 9/6, Nr. 22
Intercessionales, Promotoriales: 25/3,3, Nr. 319, 328–331
Buchdrucker: Kranken- und Leichenkasse der Buchdrucker: 44, 35a
Verschiedene Registranda und Solvenda: UAT 44/147c, Nr. 162

Stadtarchiv Tübingen (StATb)
Inventuren und Teilungen von Universitätsverwandten (1525–1827): E 101–037 / E 101–040 / E 101–041 / E 101–042 / E 101–224 / E 101–236

Stadtarchiv Reutlingen (StARt)
Akten aus der Reichsstadtzeit:
A1, Bd. 4, Nr. 7710
A1, Bd. 5, Nr. 10545, 10617, 11057, 11073, 11075, 11086, 11300, 11305, 11311
Registratur Syndikus: A9, Nr. 1418
Reichsstädtische Urkunden und Akten Bd. 9 Buchdrucker, Buchbinder, Nr. 3004, 3013, 3015
Inventuren und Teilungen II: 045, Bl. 080 / 047, Bl. 316 / 072, Bl. 557

Landeskirchliches Archiv Stuttgart (LkASt)
Kirchenbücher des Kirchenbezirks Tübingen: Bd. 52 Totenregister 1737–1766, Nr. 356

Staatsarchiv Ludwigsburg (StAL)
Oberregierung Stuttgart: Allgemeines: D 41 Bü 5096

Stadtarchiv Trier (StATr)
Handschriften und Archivalien: Hs 1793 2° / 1795 4° / 1796 2°

Verlagsarchiv Gebauer – Schwetschke Halle
A 6.2.6, Nr. 15363, 15364, 15423, 15965, 16846, 17089b, 17097, 17508, 24456.

Bibliotheken
Universitätsbibliothek Tübingen
Württembergische Landesbibliothek
Badische Landesbibliothek
Bayrische Staatsbibliothek
Universitätsbibliothek Basel
Sächsischen Landesbibliothek
Staats- und Stadtbibliothek Augsburg

Universitätsbibliothek Freiburg i. Br.
Staats- und Universitätsbibliothek Göttingen

Konsultierte Datenbanken

Digitalisierung und Erschließung der im deutschen Sprachraum erschienenen Drucke des 18. Jahrhunderts (VD 18).

Gelehrte Journale und Zeitungen als Netzwerke des Wissens im Zeitalter der Aufklärung (GJZ).

Retrospektive Digitalisierung wissenschaftlicher Rezensionsorgane und Literaturzeitschriften des 18. und 19. Jahrhunderts aus dem deutschen Sprachraum (UB Bielefeld).

Zentrales Verzeichnis digitalisierter Drucke (ZVDD).

Gedruckte Quellen
[Anzeigen und Avertissements in der periodischen Presse]

Allgemeine Literatur Zeitung
Allgemeiner Anzeiger der Deutschen
Allgemeines Intelligenz- und Wochenblatt für sämtliche Hochfürstliche Badische Lande
Frankfurter Gelehrte Anzeige
Gothaische Gelehrte Zeitung
Intelligenz-Blatt der freien Stadt Frankfurt
Kurfürstlich gnädist privilegirten Münchner Zeitung
Magazin des Buch- und Kunsthandels
Münchener Intelligenzblatt
Münchener Zeitung
Münchner Staats- gelehrte und vermische Nachrichten, aus Journalen, Zeitungen und Correspondenzen
Provinzal-Blatt der Badischen Markgraffschaft
Schwäbisches Magazin von Gelehrten Sachen
Tübingische Gelehrte Anzeigen

Abel, Jakob Friedrich: Ueber Hofackers Leben und Charakter: Ein Denkmal für seine Freunde und ein Beytrag zur Gelehrtengeschichte, Tübingen 1793.

Adelung, Johann Christoph: Grammatisch-kritisches Wörterbuch der hochdeutschen Mundart, Erster Theil, Wien 1793.

Aechtes vollständiges Protokoll des kurfürstlichen hohen Wahlkonvents zu Frankfurt im Jahre 1790, Frankfurt/Leipzig 1791.

Allgemeines Verzeichniß neuer Bücher mit kurzen Anmerkungen. Nebst einem gelehrten Anzeiger, Fünfter Band, achtes Stück, Leipzig 1780.

Anmerkungen des Herausgebers des Teutschen Merkur, in: N. N. Etwas zum Behuf des Nachdrucks, in: Der Teutsche Merkur 1785, S. 85–96.

Archenholtz, Johann Wilhelm von: Patriotischer Versuch des Herausgebers, in: Neue Litteratur und Völkerkunde, 4 (1790), S. 261–272.

Ders.: Beytrag zur Geschichte des Büchernachdrucks, in: Neue Litteratur und Völkerkunde 1790,2, S. 358–364.

Bartenschlager, Johann Ludwig: Das noch lebende Schaffhausen oder Beschreibung aller dermahlen zu Schaffhausen sich befindenden sowohl Edlen als sonst Burgerlichen Geschlechtern. Wie solche aus denen Regiments- Tauff und Copulations Büchern von Stadt und Land zusammen getragen, Schaffhausen 1744.

Becher, Johann Joachim: Politischer Discurs Von den eigentlichen Vrsachen/ deß Auf- und Abnehmens/ der Städt/ Länder/ und Republicken in specie, Wie ein Land Volckreich und Nahrhaft zu machen/ und in eine rechte Societatem civilem zu bringen, Frankfurt 1688.

Becker, Ruolf Zacharias: Das Eigenthumsrecht an Geisteswerken mit einer dreyfachen Beschwerde über das Bischöflich-Augsburgische Vikariat wegen Nachdruck, Verstümmelung und Verfälschung des Noth- und Hülfsbüchleins, Frankfurt und Leipzig 1789.

Behmer, Friedrich Ehrenreich: De eo, quod justum est, circa librorum privilegio carentium reimpressionem spuriam, fugitivam, promiscuam aut anomalan; Vulgo: Vom Gewinnsüchtigen Nachdruck unprivilegierter Bücher, Berlin 1744.

Beier, Adrian: Kurtzer Bericht von Der Nützlichen und Fürtrefflichen Buch-Handlung und Deroselben Privilegien, Jena 1690.

Beneken, Friedrich Burchard: „Vielleserey“ in: Ders. (Hg.): Weltklugheit und Lebensgenuß; oder praktische Beiträge zur Philosophie des Lebens, 1. Bd., Hannover 1806, S. 247–255.

Bertuch, Justin: Erniedrigt oder erhöht der Nachdruck die Bücherpreise? in: Der Teutsche Merkur, 1784,2, S. 189–191.

Birnbaum, Johann Abraham: Eines Aufrichtigen Unpartheyische Gedancken über einige Quellen und Wirckungen des Verfalls der ietzigen Buch-Handlung, Worinnen insonderheit die Betrügereyen der Bücher-Pränumeration entdeckt und zugleich erwiesen wird, daß der unbefugte Nachdruck unprivilegierter Bücher ein allen Rechten zuwiderlauffender Diebstahl sey, Schweinfurth 1733.

Böhmer, Justus Henning: „Sendschreiben“, in Abgesonderte Bibliothec, 8. Stück, Halle 1718, S. 661–691.

Ders.: Kurtze Einleitung zum Geschickten Gebrauch der ACTen / worinn deutlich gezeiget wird, Wie man Acta lesen / extrahiren / referiren, beurtheilen, darüber decretiren und davon iudiciren solle, Frankfurt am Main 1732.

Köster, Heinrich Martin Gottfried / Roos, Johann Friedrich (Hrsg.): Artikel Buchhandel, in: Deutsche Encyclopädie oder Allgemeines Real-Wörterbuch aller Künste und Wissenschaften, 4. Bd., Frankfurt a. M. 1780, S. 528–533.

Bürger, Gottfried August: Vorschlag, dem Büchernachdrucke zu steuern, in: Deutsches Museum 1777, S. 435–455.

Campe, Joachim Heinrich: An Joseph den Einzigen, in: Deutsches Museum, 2. St. 1784, S. 101–104.

Ders.: Artikel ‚Bücherjude‘, in: Wörterbuch der deutschen Sprache, A bis E, Braun-schweig 1807, S. 639.

Cella, Johann Jakob: Vom Büchernachdruck, in: Johann Jakob Cella's fremyüthige Aufsätze, Bd.1, Anspach 1784, S. 75–168.

Denis, Michael: Einleitung in die Bücherkunde, 1. Th.: Bibliographie, Wien: Trattner 1777.

Dyck, Johann Gottfried: Buchhändler-Rechtfertigung gegen die vorgeblich kaiserliche Erklärung zu Gunsten des Nachdrucks, in: Litteratur und Völkerkunde 1786,4, S. 775–794.

Ders.: Ueber Bücher-Privilegium und Bücher-Nachdruck, in: Litteratur und Völkerkunde, Bd. 5, 4. St. 1784, S. 273–286.

Feder, Johann Georg Heinrich: Neuen Versuch einer einleuchtenden Darstellung der Gründe für das Eigenthum des Bücherverlags, nach Grundsätzen des natürlichen Rechts und der Staatsklugheit. In: Göttingisches Magazin der Wissenschaften und Litteratur 1 (1780), S. 1–37, S. 220–242 und S. 459–466.

Feders, Johann Michael: Soll ein Theologe auch ein Belletrist seyn? Ein Programm, Würzburg 1787.

[Fezer, Johann Jakob]: Wucherers Vertheidigung gegen Rautenstrauch, o. O. 1786.
Fritsch, Ahasver: Tractatus De Typographis, Bibliopolis, Chartariis, Et Bibliopegis, Hamburg 1675.
[Full]: Briefe über den gegenwärtigen Zustand der Litteratur und des Buchhandels in Oesterreich, o. O. 1788.
Ganz, Johann Friedrich Ferdinand: Kurze Uebersicht der Gründe der Schädlichkeit des Büchernachdrucks für die Litteratur, den Buchhandel, und das lesende Publicum im Deutschen Reiche nebst Vorschlägen, dieses Uebel durch eine zweckmäßige Verfügung in der zukünftigen Kaiserlichen Wahlkapitulation von Grund aus zu heben, in: Journal von und für Deutschland, 1790.
Gerstlacher, Karl Friedrich: Sammlung aller Baden-Durlachischen, das Kirchen- und Schulwesen, das Leben und die Gesundheit der Menschen [...] und endlich die Aufnahme der Professionen und Handwerker betreffenden Anstalten und Verordnungen, Carlsruhe, zu finden in der Schmiederischen Buchhandlung 1773.
Gräff, Ernst Martin: Kritisches Verzeichniß aller deutschen besonderen Schriften und in periodischen und anderen Werken stehenden Auffsätze über das Bücherwesen überhaupt, und den Büchernachdruck insbesondere, in: Ders.: Versuch einer einleichtenden Darstellung des Eigenthums und der Eigenthumsrechte des Schriftstellers und Verlegers und ihrer gegenseitigen Rechte und Verbindlichkeiten, Leipzig 1794.
Gundling, Nicolaus Hieronymus: Rechtliches und Vernunfft-mäßiges Bedencken eines ICTI, Der unpartheyisch ist, Von dem Schändlichen Nachdruck andern gehöriger Bücher, o. O. 1726.
Güntherode, Karl von: Korrespondenz der Heiligen aus dem Mittelalter; und Briefe der Narren aus den neueren Zeiten, 2. Paket, Leipzig 1787, S. 38–41.
Haller, Gottlieb Emanuel von: Bibliothek der Schweizer-Geschichte und aller Theile, so dahin Bezug haben, Bd. 6, Bern 1787.
Hanzely, Vincenz: Grundlinien der heutigen Reichshofrathspraxis im Allgemeinen, mit erläuternden Anmerkungen und Beyspielen, Frankfurt / Leipzig 1785.
Ders.: Grundriß des Reichshofräthlichen Verfahrens in Justiz- und Gnaden-Sachen mit den nöthigen Formeln, Stuttgart 1788.
Hauffe, Christian Gotthold: Meine Reisen zu Fuß. Oder Beobachtungen über menschliche Schwachheiten, Frankfurt und Leipzig 1789.
Heinsius, Wilhelm: Allgemeines Bücher-Lexicon oder alphabetisches Verzeichniß der in Deutschland und den angrenzenden Ländern gedruckten Büchern, nebst beygesetzen Verlegern und Preisen, Vierter Band: S-Z, Leipzig 1793.
Heinzmann, Johann Georg: Über die Pest der deutschen Literatur. Appel an meine Nation über Aufklärung und Aufklärer; über Gelehrsamkeit und Schriftsteller; über Büchermanufakturen, Rezensenten, Buchhändler; über moderne Philosophen und Menschenerzieher; auch über mancherley anderes, was Menschenfreyheit und Menschenrechte betrifft, Basel 1795.
Hoche, Johann Gottfried: Vertraute Briefe über die jetzige abentheuerliche Lesesucht, und über den Einfluß derselben auf die Verminderung des häuslichen und öffentlichen Glücks, Hannover 1794.
Hüttner, Johann Christian: Art der englischen Buchhändler ihre Waare zu preisen, in: London und Paris 19 (1807), S. 8–10.
Iselin, Isaak: Lotto. Nachdruck. Schreiben an Herrn von M. Basel den 25. Heumon. 1781, in: Ephemeriden der Menschheit 1781, 2, S. 746–747.
Jacobs, Friedrich: Vermischte Schriften, sechster Theil: Zerstreute Blätter, Leipzig 1837.
Jenaisches Responsum Juris: Samt völligen Beyfall Dreyer Juristen-Facultäten, Worinne dargethan wird, Daß deren Avtoribvs derer in Druck gegebenen Bücher Und deren Cessionariis, Welche von hohen Obrigkeiten keine Privilegia darüber ausgewürcket, Kein Monopolivm sol-

chen Bücher-Verkauffs zustehe, noch vor weltlichen Gerichten ein Recht zukomme, Andern den Nachdruck solcher Bücher zu verbieten, oder wider selbige deßhalben um Bestraffung nachzusuchen, Erfurt 1726.

Kant, Immanuel: Von der Unrechtmäßigkeit des Büchernachdrucks, in: Berlinische Monatsschrift 1785, 5. Bd., S. 403–417.

Weber, Karl Julius: Deutschland, oder Briefe eines in Deutschland reisenden Deutschen. Bd. 1, Stuttgart 1826.

Kayser, Albrecht Christoph: Die Abstellung des Büchernachdrucks als ein in der neuesten kaiserlichen Wahlkapitulation der reichsoberhauptlichen Abhilfe eben so nöthig als undbedenklich zu übertragender Gegenstand, Regensburg 1790.

Kehr, Ludwig Christian: Vertheidigung des Bücher-Nachdruks, Kreuznach 1799.

Klemm, Johann Christian: Das Angedencken des dritten Jubel-Fests der Edlen Buchdrucker-Kunst auf der Universität Tübingen, Tübingen 1740.

Knigge, Adolph, Freiherr von: Geschichte Peter Clausens, Dritter Theil, Frankfurt am Main 1794.

Krohne, Johann Wilhelm Freiherr von: Etwas vom Nachdrucken der Bücher, ob es Dieberey oder erlaubter Erwerb sey, Berlin 1786.

Krünitz, Johann Georg: Ökonomisch-technologische Encyklopädie oder allgemeines System der Land-, Haus- und Staats-Wirthschaft: in alphabetischer Ordnung, Berlin 1773–1858.

Buchbinder, Bd. 7 (1776), S. 160–171.

Buchhandel, Bd. 7 (1776), S. 190–210.

Lesegesellschaft, Bd. 77 (1799), S. 278–284.

Nachdruck, Bd. 99 (1805), S. 684–781.

Papier, Bd. 106, S. 490–888, hier S. 839f.

Titelkupfer, Bd. 185 (1844), S. 347.

Less, Gottfried: Christliche Religions-Theorie fürs gemeine Leben, oder Versuch einer praktischen Dogmatik, Schaffhausen, 1781.

Lichtenberg, Georg Christoph: Epistel an Tobias Göbhardt in Bamberg über eine auf Johann Christian Dieterich in Göttingen bekannt gemachte Schmähschrift, o. O. 1776.

Lincke, Carl: Bibliothek für Liebhaber der Lectüre bestimmt, Leipzig 1810.

Ludewig, Johann Peter von: Reliquiae manuscriptorum omnis aevi diplomatum ac monumentorum ineditorum adhuc, Frankfurt / Leipzig 1720.

Meusel, Johann Georg: Miscellaneen artistischen Inhalts, Zehntes Heft, Erfurt 1781, S. 246–247.

Ders.: Materialien zu einer Geschichte des Buchhandels, Leipzig 1795, S. 68–89.

Mirus: Etwas über Lektüre, in: Braunschweigisches Magazin vom 9. Oktober 1790, 41 Stück, Sp. 603–616.

Mosheim, Johann Lorenz von: Pastoral-Theologie von denen Pflichten und Lehramt eines Dieners des Evangelii, Frankfurt / Leipzig [„Auf Kosten guter Freunde"] 1754.

Müller, Johann Gottwerth: Die Herren von Waldheim 2 Teile (= Komische Romane aus den Papieren des braunen Mannes und des Verfassers des Siegfried von Lindenberg; 1), Göttingen 1784.

Ders.: Emmerich, eine komische Geschichte (= Komische Romane aus den Papieren des braunen Mannes und des Verfassers des Siegfried von Lindenberg; 5) Göttingen 1788.

Ders.: Herr Thomas (= Komische Romane aus den Papieren des braunen Mannes und des Verfassers des Siegfried von Lindenberg; 7) Göttingen 1790.

Ders.: Ueber den Verlagsraub, oder Bemerkungen über des Herrn D. Reimarus Vertheidigung des Nachdrucks im April des deutschen Magazins 1791. Vom Verfasser des Siegfried von Lindenberg, Leipzig 1792.

Ders.: Ferdinand. Ein Originalroman in vier Büchern. Vom Verfasser des Siegfried von Lindenberg, 1. Bd., Altona 1802.

Neuer vollständiger Catalogus aller Bücher, welche bei George Peter Monath Buchhändler in Nürnberg und Altendorf zu haben sind, 2. Bd. 1783.

Nicolai, Friedrich: Beschreibung einer Reise durch Deutschland und die Schweiz im Jahre 1781. Nebst Bemerkungen über Gelehrsamkeit, Industrie, Religion und Sitten, 11. Bd., Berlin/Stettin 1796.

N. N.: Unpartheyische Bedenken worinnen aus allen Nützlichen, Göttlich- und Menschlich Civil- und Criminal-Rechten und Gesetzten klar und deutlich ausgeführet und bewiesen wird, daß der unbefugte Nachdruck privilegirter und unprivilegirter Bücher Ein grob- schändliches, allen Göttlich und Menschlichen Rechten und Gesetzen zuwider lauffendes Verbrechen, und infamer Diebstahl sey, Cölln 1742.

N. N.: Rezension zu ‚Der Bibelfreund, eine theologische Wochenschrift', in: Johann Friedrich Hirt: Orientalische und Exegetische Bibliothek, 1. Theil, Jena 1772, S. 162–187.

N. N.: Rezension, in: Wöchentliche Nachrichten von gelehrten Sachen auf das Jahr 1772, 3. St., Regensburg 1772, S. 20–21.

N. N.: Kennicotische Variantensammlung und Ausgabe der Bibel, in: Johann David Michaelis Orientalische und Exegetische Bibliothek, 5. Th., Frankfurt am Main 1773, S. 217–220.

N. N.: Ueber den Buchhandel in den kaisl. königl. Erblanden, Berlin/Leipzig 1774.

N. N.: Hanauer neuer Bücher-Umschlag, Erstes Jahr 1775, Hanau/Frankfurt a. M. 1775.

N. N.: Rezension in: Allgemeine Deutsche Bibliothek, Bd. 36,1 (1778), S. 426–433.

N. N.: [Orell, Gessner, Füssli & Comp.]: An die Freunde der Billigkeit und der Buchhändler, o. O. 1779.

N. N.: Auszüge aus Briefen, in: Deutsches Museum 1780,1, S. 98–104.

N. N.: Auszüge aus Briefen, 28.7.1780, in: Deutsches Museum 1780,2, S. 471–473.

N. N.: An den Verfasser des Aufsatzes über den Büchernachdruck, in: Deutsches Museum 1784,1, S. 125–163.

N. N.: Rezension zu ‚Skizzen' von A.G. Meißner, in: Litteratur- und Theaterzeitung, Bd. 7 (1784), S. 123–125.

N. N. [Eckebrecht, Franz Joseph]: Defensions-Schrift einer schwäbischen Buchhandlung gegen die gerichtliche Klage einer Niedersächsischen Buchhandlung wegen eines von erster zum Nachtheil der letern unternommenen oder beförderten Bücher-Nachdrucks. Ein Actenstück mit Anmerkungen des Herausgebers, in: Berichte der Buchhandlung der Gelehrten 1784, 9. St., S. 893–910, 10 St., S. 1020–1034, 11 St., S. 1134–1157, 12. St., S. 1267–1304.

N. N.: Ueber den schlechten Bücherdruck in Deutschland, in: Journal von und für Deutschland 1785,4, S. 544–547.

N. N.: Vollständige Anzeigen und unpartheiische Beurteilung der neuesten juristischen Literatur, 1785.

N. N.: Denkschrift für den Groß- und Buchhändler Georg Philipp Wucherer gegen das Klaglibell „Wie lange noch" etc. etc, Wien 1786.

N. N.: Erinnerungen eines Buchhändlers, an seine Herren Kollegen, den Nachdruck betreffend, in: Ephemeriden der Menschheit, 1786,2, S. 361–386.

N. N.: Schreiben an den Verfasser der Erinnerungen eines Buchhändlers an seine Herren Kollegen, den Nachdruck betreffend, welche er dem zehnten Stück der Ephemeriden der Menschheit einverleiben lassen, in: Ephemeriden der Menschheit, 1786,2, S. 562–575.

N. N.: Warum bekommt Wucherer nicht fünfzig Prügel??? Ein Pendant zu der Frage: warum wird Kaiser Joseph von seinem Volke nicht geliebt? Nebst einer vertrauten Epistel an Wucherer von seinem Geheimsetzer, o. O. 1787.

N. N.: Briefe aus Wien über den Zustand der Litteratur und des Buchhandels in Oesterreich, in: Der deutsche Zuschauer, Bd. 8, 22.–24. Heft 1788, S. 1–81; 137–335.

N. N.: Lied der Nachdrucker, in: Journal von und für Deutschland 1787, S. 488.

N. N.: Briefe über Carlsruhe, Fünfter Brief, in: Berlinisches Journal für Aufklärung, 4. und 5. Bd., Berlin 1789, S. 214–227.

N. N.: [vermutlich Miller, Johann Martin]: Vertheidigung des Eigenthums gegen den Raub, oder Prüfung der Schrift: „Wider und für den Büchernachdruck aus den Papieren des blauen Mannes usw.", Schwaben 1790.

N. N.: [Büschel, Johann Gabriel Bernhard]: Ueber die Charlatanerie der Gelehrten seit Menken, Leipzig 1791.

N. N.: Von den Ursachen der überhandnehmenden Vielschreiberey in Deutschland, in: Journal von und für Deutschland, 8. Jhg., 7. St. 1791, S. 701–704.

N. N. [vermutlich Müller, Johann Gottwerth]: Die Habsüchtigen oder die Nachdrucker. Ein Lustspiel in zwei Aufzügen, Philadelphia 1791.

N. N.: Betrachtungen eines aufmerksamen Weltbürgers über den Verfall der Litteratur und des Buchhandels in Deutschland, in: Der Weltbürger oder deutsche Annalen der Menschheit und Unmenschheit, der Aufklärung und Unaufgeklärtheit, der Sittlichkeit und Unsittlichkeit für die Jetztwelt und Nachwelt / gesammelt von Freunden der Publicität, 2. Bd. 1792, S. 3–27; 288–298 und Fortsetzung 3. Bd., S. 541–550; 611–617.

N. N.: Dekret des französischen National-Konvents gegen den Bücher-Nachdruck, in: Deutsches Magazin, Bd. 6 (1793), S. 1243–1245.

N. N.: „Eine Damen-Bibliothek", in: Journal des Luxus und Moden, 11. Bd. 1796, S. 381, Taf. 21.

N. N.: Freimüthige Bemerkungen über einige Gegenstände des Böhmischen Handlungs- und Fabrikwesens. Von einem Patrioten, in: Journal für Fabrik, Handlung und Mode 13 (1797), S. 401–424.

N. N.: „Eine Bewegliche Bibliothek", in: Journal des Luxus und der Moden 13. 1798. S. 102f. Taf. 6.

N. N.: „Langer Stuhl zum Lesen eingerichtet", in: Journal des Luxus und der Moden, 14. 1799, S. 107, Taf. 6.

N. N.: Litteratur und Buchhandel, am Schlusse des XVIII. Jahrhunderts, in: Allgemeiner Litterarischer Anzeiger 1801, Nr. 8. Sp. 65–70.

N. N.: Offene Nachdrucker-Fehde. Für Buchhändler. Ueber Bücher-Nachdruck und unmaßgeblicher Vorschlag, ihn nach und nach zu unterdrücken, in: Nemesis. Zeitschrift für Politik und Geschichte 1815, 5 Bd., S. 110–116.

N. N.: Auch ein Wort des deutschen Publikums über den Bücher-Nachdruck und ein Vorschlag, wie bei einer darüber zu erwartenden allgemeinen Gesetzgebung, Schriftsteller, Publikum und Verleger befriediget werden können, Frankfurt 1817.

Ohlentorp, Siegmund Balthasar: Jedermänniglich sonnenklar einleuchtende Vertheidigung des Büchernachdruckes, o. O. 1790.

Orell, Gessner, Füssli und Comp.: Briefwechsel über den Nachdruck von Shakespears Theater, [vermutlich Zürich] 1778.

Papst, Johann Georg Friedrich: Gegenwärtiger Zustand der Friedrich Alexanders Universität zu Erlangen, Erlangen 1791.

Perthes, Friedrich Christoph: Bücher-Nachdruck (Aus einem Brief des Herrn Perthes zu Hamburg im Teutschen Beobachter), abgedruckt in: Beilage zum Oppositions-Blatte, Nr. 79 (1818), Sp. 627–629.
Ploucquet, Wilhelm Gottfried: Unfehlbares Mittel den Bücher-Nachdruk zu verhindern: Zum Besten rechtmässiger Verleger und der Schriftsteller, Tübingen [Heerbrandt] 1790.
Pressel, Johann Gottfried (1789–1848): Worte des Trostes bei der Beerdigung des Herrn Wilhelm Heinrich Schramm, Buchdruckerherrn, gesprochen den 9ten Jul. 1823, Tübingen 1823.
Pütter, Johann Stephan: Der Büchernachdruck nach ächten Grundsätzen des Rechts geprüft, Göttingen 1774.
Ders.: Ueber die Rechtmäßigkeit der Lotterien, insonderheit der Zahlenlotterien, eine rechtliche Eröterung vom geheimen Justizrath Pütter, in: Göttingisches Magazin der Wissenschaften und Litteratur, 1780,1, S. 339–369.
Rautenstrauch, Joseph: Wie lange noch? Eine Patriotenfrage an die Behörde über Wuchrerers Skarteken Großhandel, Wien 1786.
Regius, Friedrich August: Ueber Bücherverlag und Nachdruck, Deutsches Museum 1783, 1. Bd., S. 197–207.
Reich, Philipp Erasmus: Der Bücher-Verlag in allen Absichten genauer bestimmt. An den Herrn Verfasser des Bücher-Verlags in Betrachtung der Schriftsteller, der Buchhändler und des Publikums erwogen, o. O. 1773.
Ders.: Zufällige Gedanken eines Buchhändlers über Herrn Klopstocks Anzeige einer gelehrten Republik, o. O. 1773.
Reichsgerichtliche Protokollauszüge, in: Der Illuminat. Eine Monatsschrift, August 1788, S. 80.
Reimarus, Johann Albert Heinrich: Der Bücherverlag in Betrachtung der Schriftsteller, der Buchhändler und des Publikums erwogen, Hamburg 1773.
Ders.: Der Bücherverlag in Betrachtung der Schriftsteller, der Buchhändler und des Publikums abermals erwogen, in: Deutsches Magazin 1791, S. 383–414.
Reuß, Johann August: Teutsche Staatskanzley, 18. Theil, Ulm 1791.
Reyscher, August Ludwig: Vollständige, historisch und kritisch bearbeitete Sammlung der württembergischen Gesetze, Bd. 6, Tübingen 1835.
Rezension zu *Geschichte und Schriften der Apostel Jesu*, in: Der Teutsche Merkur 1775, 3. St., S. 284–285.
Rezension zum *Emmerich*, in: Allgemeine Deutsche Bibliothek, Bd. 83 (1788).
Roth, Johann Richard: Wahlkapitulation des römischen Kaisers Leopolds des Zweiten nach dem kurmainzischen Originale, Mainz / Frankfurt 1790.
Salzmann, Christian Gotthilf: Carl von Carlsberg oder ueber das menschliche Elend, 4. Th., Carlsruhe: Schmieder 1797.
Sander, Heinrich: Von der Güte und Weisheit Gottes in der Natur und Predigt gehalten in der Schloßkirche zu Carlsruhe am Charfreytag Nachmittag 1780, Karlsruhe 1780.
Scherer, Johann Ludwig Wihlem: An das Publikum, in: Intelligenz-Blatt der Allgemeinen Literatur-Zeitung, Nr. 120 (1799), S. 976.
Schink, Johann Friedrich: An den Wuchrer Flapp, in: Neue Litteratur und Völkerkunde 1787,2,1, S. 103.
Ders.: Grabschrift auf einen Nachdrucker, in: Olla Potrida 1789,3, S. 7.
Ders..: Laune, Spott und Ernst, 2. Bd., Hamburg 1793.
Schmauss, Johann Jacob: Corpus Iuris publici S.R. Imperii Academicum, enthaltend des Heil. Röm. Reichs deutscher Nation Grund-Gesetze, nebst einem Auszuge der Reichs-Abschiede anderer Reichs-Schlüsse und Vergleiche, Leipzig 1774.

Schmieder, Christian Gottlieb: Fliegende Blätter. Carlsruh. An Hrn. Hofrath und Leibarzt Zimmermann in Hannover, von C.G. Schmieder. Den 12. Jul. 1785, in: Allgemeinen Literatur Zeitung, Bd. 3 1785, S. 252.

Ders.: Wider und Für den Büchernachdruck aus den Papieren des blauen Mannes. Bei Gelegenheit der zukünftigen Wahlkapitulazion, gedruckt im Reich und für das Reich 1790.

Schummel, Johann Gottlieb: Spitzbart eine komi-tragische Geschichte, Tübingen: Frank und Schramm 1779.

Ders.: Warnung an das Publikum, in: Deutsches Museum 1779,2, S. 579–580.

Schwäbisches Magazin von Gelehrten Sachen auf das Jahr 1779, Erstes Stück, Stuttgart 1779.

Starck, Johann August: Über Krypto-Katholicismus. Prselytenmacherey, Jesuitismus, geheime Gesellschaften und besonders die ihm selbst von den Verfassern der Berliner Monatsschrift gemachte Beschuldigungen mit Acten-Stücken belegt, 1. Th., Frankfurt/Leipzig 1787.

Storr, Gottlob Christian: doctrinae christianae pars theoretica e sacris literis repetita, Stuttgart 1793.

Strelin, Georg Gottfried: Realwörterbuch für Kameralisten und Oekonomen, Bd. 2, Nördlingen 1785, S. 618–619.

Sturm, Christoph Christian: Betrachtungen über die Werke Gottes im Reiche der Natur, 2 Th. Tübingen und in Kommission in Reutlingen 1782.

Thurneysen, Johann Rudolf: De Cecusione Librorum Furtiva, Basel 1738.

Verlagskatalog von Christian Friedrich Himburg, Buchhändler in Berlin 1789, in: Journal des Luxus und der Moden, Jg. 4 1789, S. (LXXXVI)–(XCIV).

Verordnung den Bücher-Nachdruck betreffend, in: Grossherzoglich-Badisches Staats- und Regierungs-Blatt, 4. Jg., Karlsruhe 1806.

Villers, Charles de.: Der gegenwärtige Zustand der deutschen Literatur, in: Minerva 1799,4, S. 377–425.

Vulpius, Christian August: Rinaldo Rinaldini der Räuberhauptmann, eine romantische Geschichte des achtzehnten Jahrhunderts, vierte Auflage, Leipzig 1802.

Wagenseil, Christian Jakob: Auch ein Vorschlag, dem Nachdruck der Bücher zu steuern, in: Olla Potrida 1780, S. 102–106.

Warbuton, William (Hg.): Sammlung der poetischen und prosaischen Schriften ausländischer schöner Geister, Bd. 8, Mannheim 1779.

Wehr, Georg Friedrich: Supplemente zu dem voriges Jahr in Halle herausgekommenen Buche vom Papier den vor der Erfindung desselben üblich gewesenen Schreibmassen und sonstigen Schreibmaterialien, Hannover 1790.

Wieland, Christoph Martin: Schreiben eines Nachdruckers an den Herausgeber des T.M., in: Der teutsche Merkur 1780, S. 258–293.

Ders.: Ueber den allerhöchsten Bescheid Sr. Kays. Maj. Auf die Vorstellung der K.K. Studien und Censur-Hofcommission den Bücher-Nachdruck betreffend, in: Der Teutsche Merkur 1783,3, S. 177–186.

Wilcke, Christian Heinrich: Der gerechtfertigte Nachdrucker, oder Johann Thomas von Trattners, des Heil. Röm. Reichs Ritters, wie auch Kayerl. Königl. Hofbuchdruckers und Buchhändlers in Wien erwiesene Rechtmäßigkeit seiner veranstalteten Nachdrucke. Als eine Beleuchtung der auf ihn gedruckten Leipziger Pasquille, Wien und Leipzig 1774.

Wucherer, Georg Philipp: Eine Beilage zum Pasquill von dem Verläumdeten. Samt dem angehängten und mit Erläuterungen versehene Pasquille, Wien 1786.

Zedler, Johann Heinrich:, in: Grosses vollständiges Universal-Lexicon aller Wissenschaften und Künste, Halle/Leipzig 1731–1754.

Nachdruck derer Bücher, Bd. 24, 1740, Sp. 60–79.

Privilegien, Bd. 29, 1741, S. 589–593.
Zimmermann, Johann Georg: Ueber die Einsamkeit, 4. Th. Leipzig 1785.
Zinkes, Georg Heinrich: Mirmidons Abhandlung von der heutigen Buchhandlung und derselben Verbesserung, Frankfurt/Leipzig 1756.

Edierte Quellen

Becker, Moritz Alois: Die Sammlung der vereinten Familien- und Privat-Bibliothek Sr. M. des Kaisers, Bd.1 & 2, Wien 1873.
Deutschen Literaturarchiv Marbach/Fischer, Bernhard (Hg.): Johann Friedrich Cottas Verlagsbuch von 1787 bis 1806, Stuttgart 2011.
Fischer, Bernhard: Der Verleger Johann Friedrich Cotta. Chronologische Verlagsbibliographie 1787–1832, 3 Bde., München 2003.
Friedrich Münter, Brief an seinen Vater Balthasar Preßburg, 1.10. 1784, in: Rosenstrauch-Königsberg, Edith: Brief und Briefwechsel im 18. und 19. Jahrhundert als Quellen der Kulturbeziehungsforschung (= Studien zur Geschichte der Kulturbeziehungen in Mittel- und Osteuropa; 7,2), Essen 1987, S. 170.
Georg Joachim Göschen an Friedrich Gottlieb Klopstock vom 30. März 1798, in: Groneymeyer, Horst/Höpker-Herberg, Elisabeth/Hurlebusch, Klaus/Hurlebusch, Rose-Maria (Hrsg.): Friedrich Gottlieb Klopstock. Werke und Briefe. Historisch-Kritische Ausgabe, Abteilung Briefe: VII,1, Berlin/New York 1975, Nr. 186, S. 234.
Goethe, Johann Wolfgang von: Aus meinem Leben. Dichtung und Wahrheit, Hrsg. von Guth, Karl-Maria, Berlin 2016.
Gotthold Ephraim Lessing: Werke. Bd. 5, München 1970.
Habersaat, Sigrid: Verteidigung der Aufklärung. Teil 2: Editionsband: Friedrich Nicolai (1733 – 1811) in Korrespondenz mit Johann Georg Zimmermann (1728–1797) und Christian Friedrich von Blanckenburg (1744–1796); Edition und Kommentar, Würzburg 2001.
Hamel, Richard: Klopstocks Werke. Erster Teil: Der Messias, Bd.1 (= Deutsche National-Litteratur. Historisch-Kritische Ausgabe; 46), Berlin/Stuttgart 1900.
Handbuch der historischen Buchbestände in Deutschland, Österreich und Europa (Fabian Handbuch), Digitalisiert von Günter Kükenshöner. Hrsg. von Bernhard Fabian. Hildesheim: Olms Neue Medien 2003.
Heinzmann, Johann Georg: Appell an meine Nation. Über die Pest der deutschen Literatur. Mit einem Nachwort von Reinhard Wittmann (= Texte zum literarischen Leben um 1800, Bd. 1), Hildesheim 1977.
Historische Kommission der Königlichen Akademie der Wissenschaften (Hrsg.): Deutsche Reichstagsakten. Jüngere Reihe, Bd. 4, bearb. von Adolf Wrede, Gotha 1905.
Mojem, Helmuth/Fischer, Bernhard (Hg.): Der Verleger Johann Friedrich Cotta (1764–1832). Repertorium seiner Briefe (= Verzeichnisse, Berichte, Informationen/Deutsches Literaturarchiv, Bd. 24), Marbach am Neckar 1997.
Motschmann, Uta (Ed.): Wielands Briefwechsel, Bd. 9,1 (Juli 1785- März 1788), Berlin 1996.
Müller, Johann Gottwerth an Friedrich Nicolai, Itzehoe, 5. November 1787, abgedruckt in: Annette Antoine (Hg.): Literarische Unternehmungen der Spätaufklärung. Der Verleger Nicolai, die Straußfedern und ihre Autoren, Bd.2: Die Korrespondenz Johann Gottwerth Müller (1743–1828) und Friedrich Nicolai (1733–1811) (= Literarische Unternehmungen der Spätaufklärung; 2), Würzburg 2001, S. 11–18.
Nationale Forschungs- und Gedenkstätten der klassischen deutschen Literatur in Weimar (Hrsg.): Heinrich Heine. Säkularausgabe, Werke, Briefwechsel, Lebenszeugnisse, Bd. 1, Berlin 1979.

Riege, Helmut: Friedrich Gottlieb Klopstock Briefe 1783–1794, Bd. 2 Apparat/Kommentar, Berlin / New York 1999.

Rietzschel, Evi (Hg.): Gelehrsamkeit ein Handwerk? Bücherschreiben ein Gewerbe? Dokumente zum Verhältnis von Schriftsteller und Verleger im 18. Jahrhundert in Deutschland, Leipzig 1982.

Scheel, Heinrich (Hg.): Jakobinische Flugschriften aus dem deutschen Süden Ende des 18. Jahrhunderts, Berlin 1965, S. 205–209.

Scheuchenpflug, Peter (Hg.): Die Privatbibliothek Johann Michael Sailers. Nachdruck des Verzeichnisses von Büchern aus Sailers Nachlass (Sulzbach/Oberpfalz 1833) (= Regensburger Beiträge zur deutschen Sprache und Literaturwissenschaft; Reihe A, Quellen), Frankfurt a. M. 2006.

Schiller: Friedrich: Kabale und Liebe. Ein bürgerliches Trauerspiel, Hrsg. von Kämper, Max, Stuttgart 2014.

Schmitt, Hanno (Hg.): Briefe von und an Joachim Heinrich Campe. Band 1. Briefe von 1766–1788 (= Wolfenbütteler Forschungen, Bd. 71,1), Wiesbaden 1996.

Stosch, Manfred von (Hg.): Der Briefwechsel zwischen Johann Martin Miller und Johann Heinrich Voß, Berlin / Boston 2012.

Vollmer, Wilhelm (Hg.): Briefwechsel zwischen Schiller und Cotta, Stuttgart 1876.

Widmann, Hans: Der deutsche Buchhandel in Urkunden und Quellen, 2 Bde., Hamburg 1965.

Wittmann, Reinhard: Quellen zur Geschichte des Buchwesens, 22 Bde., München 1981.

7.2 Literaturverzeichnis

Ackva, Friedhelm: Johann Jakob Hess (1741–1828) und seine Biblische Geschichte: Leben, Werk und Wirkung des Zürcher Antistes (= Basler und Berner Studien zur historischen und systematischen Theologie; 63), Bern / Frankfurt am Main 1992.

Adam, Albert Eugen: Artikel Stockmayer, in: Allgemeine deutsche Biographie, Bd. 54, Nachträge bis 1899, Leipzig, 1908, S. 536–542.

Adams, Thomas R. / Barker, Nicolas: „A New Model für the Study of the Book“, in: Barker, Nicolas (Hg.): A Potencie of Life: Books in Society, London 1993, S. 5–43.

Adel, Kurt: Johann Karl Wezel: Ein Beitrag zur Geistesgeschichte der Goethezeit, Wien 1968.

Alzheimer, Heidrun: Handbuch zur narrativen Volksaufklärung. Moralische Geschichten 1780–1848, Berlin 2004.

Andersch, Ulrike: Die Diskussion über den Büchernachdruck in Deutschland um 1700 bis 1815 (= Geistiges Eigentum und Wettbewerbsrecht; 138), Tübingen 2018.

Arnold, Martin M.: Pressefreiheit und Zensur im Baden des Vormärz. Im Spannungsfeld zwischen Bundestreue und Liberalismus (= Juristische Zeitgeschichte; 15) Berlin 2003.

Arnswald, Werner Constantin von: Aus der Geschichte der Familie Varrentrapp, Frankfurt a. M. 1908.

Arto-Haumacher, Rafael: Gellerts Briefpraxis und Brieflehre; der Anfang einer neuen Briefkultur, Wiesbaden 1995.

Bachleitner, Norbert / Eybl, Franz M. / Fischer, Ernst (Hrsg.): Geschichte des Buchhandels in Österreich (= Geschichte des Buchhandels; 6), Wiesbaden 2000.

Bächtold, Kurt: Zwei Lesegesellschaften in Schaffhausen. Ein Beitrag zum Einfluss der Aufklärung, in: Schaffhauser Beiträge zur vaterländischen Geschichte 48 (1971), S. 247–281.

Bangert, Julia: Buchhandelssystem und Wissensraum in der Frühen Neuzeit (= Kommunikations- und buchwissenschaftliche Perspektiven; 7), Berlin / Boston 2019.

Bappert, Walter: J.A. Birnbaum. Ein nahezu moderner Verlagsrechtler?, in: Archiv für Geschichte des Buchwesens 6 (1966), Sp. 1263–1296.

Barner, Wilfried / Grimm, Gunter E. / Kiesel, Helmuth / Kramer, Martin / Badstübner, Volker: Lessing. Epoche – Werk – Wirkung (= Arbeitsbücher zur Literaturgeschichte), München 1998.
Bauer, Werner M.: Die Verleger und Drucker Joseph Vinzenz Degen und Johann Baptist Wallishauser und ihre Stellung in der österreichischen Literatur ihrer Zeit, in: Zeman, Herbert (Hg.): Die österreichische Literatur. Ihr Profil an der Wende vom 18. zum 19. Jahrhundert (1750–1830), Graz 1979, S. 179–202.
Bayerl, Günter: Die Papiermühle. Vorindustrielle Papiermacherei auf dem Gebiet des alten deutschen Reiches: Technologie, Arbeitsverhältnisse, Umwelt (= Europäische Hochschulschriften Reihe 3, Geschichte und ihre Hilfswissenschaften; 260), Frankfurt am Main 1987.
Beaujean, Marion: Chodowiecki und die zeitgenössische Romanliteratur, in: Hinrichs, Ernst / Zernack, Klaus (Hrsg.): Daniel Chodowiecki (1726–1801). Kupferstecher, Illustrator, Kaufmann (= Wolfenbütteler Studien zur Aufklärung; 22), Berlin 1997, S. 143–156.
Becker, Moritz Alois: Die Sammlung der vereinten Familien- und Privat-Bibliothek Sr. M. des Kaisers, 2 Bde., Wien 1873.
Becker-Cantarino, Barbara: Schriftstellerinnen der Romantik. Epoche – Werke – Wirkung (= Arbeitsbücher zur Literaturgeschichte), München 2000.
Behrens, Klaus: Der Buchdrucker Ludwig Bernhard Friederich Gegel und der Nachdruck in Südwestdeutschland Ende des 18. Jahrhunderts, Speyer 1989.
Bellingradt, Daniel: Wenig Papier, viel Aufwand. Öffentliche Buchverbrennungen der Frühen Neuzeit als materielles Problem, in: Jahrbuch für Kommunikationsgeschichte 16 (2014), S. 28–48.
Ders. / Nelles, Paul / Salman, Jeroen (Hrsg.): Books in Motion in Early Modern Europe. Beyond Production, Circulation and Consumption (= New Directions in Book History), Cham 2017.
Ders.: Vernetzte Papiermärkte. Einblicke in den Amsterdamer Handel mit Papier im 18. Jahrhundert, Köln 2019.
Bendel, Sylvia: Werbeanzeigen von 1622–1798. Entstehung und Entwicklung einer Textsorte (= Reihe Germanistische Linguistik; 193), Tübingen 1998.
Bender, Helmut: Thomas Trattner – „Klassiker“ unter den Nachdruckern, in: Aus dem Antiquariat 33 (1977), A12-A15.
Ders.: Macklot und Schmieder in Karlsruhe, in: Colloquia Germanica 12 (1979), S. 112–118.
Benne, Christian / Spoerhase, Carlos: Materialität. Von Blättern und Seiten, in: Dies. (Hrsg.): Kodex. Jahrbuch der Internationalen Buchwissenschaftlichen Gesellschaft, Bd. 9: Materialität: Von Blättern und Seiten, Wiesbaden 2019, S. 3–6.
Berg, Gunter: Die Selbstverlagsidee bei deutschen Autoren im 18. Jahrhundert, in: Archiv für Geschichte des Buchwesens 6 (1966), Sp. 1371–1396.
Bermann, Hans: Autorenhonorare und Verlegergewinne, Frankfurt am Main 1933.
Berndt, Frauke / Fulda, Daniel (Hrsg.), Die Sachen der Aufklärung. Beiträge zur Jahrestagung 2010 der Deutschen Gesellschaft für die Erforschung des 18. Jahrhunderts, Hamburg 2012.
Bettelheim, Anton: Beaumarchais. Eine Biographie, Frankfurt am Main 1886.
Beutel, Albrecht: Johann Joachim Spalding. Populartheologie und Kirchenreform im Zeitalter der Aufklärung, in: Walter, Peter / Jung, Martin H. (Hrsg.): Theologen des 17. und 18. Jahrhunderts. Konfessionelles Zeitalter – Pietismus – Aufklärung, Darmstadt 2003, S. 226–243.
Bidlingmaier, Rolf: Inventuren und Teilungen. Entstehung und Auswertungsmöglichkeiten einer Quellengruppe in den württembergischen Stadt- und Gemeindearchiven, in: Bickhoff, Nicole / Trugenberger, Volker (Hrsg.): Der furnehmbste Schatz. Ortsgeschichtliche Quellen in Archiven, Stuttgart 2001, S. 71–81.
Birkhold, Matthew H.: Characters before copyright. The rise and regulation of fan fiction in eighteenth-century Germany (= Law and Literature), Oxford 2020.

Birn, Raymond: Forging Rousseau. Print, commerce and cultural manipulation in the late Enlightenment (= Studies on Voltaire and the eighteenth century, 2001:08), Oxford 2001.

Birtsch, Günter: Der Idealtyp des aufgeklärten Herrschers. Friedrich der Große, Karl Friedrich von Baden und Joseph II. im Vergleich, in: Aufklärung 2 (1987), 1, S. 9–47.

Bland, Mark: Paper and related materials, in: Ders. (Hg.): A Guide to early printed books and manuscripts, London 2010, S. 22–48.

Bödeker, Hans Erich: Die bürgerliche Literatur- und Mediengesellschaft, in: Hammerstein, Notker / Herrmann, Ulrich (Hrsg.): Handbuch der deutschen Bildungsgeschichte: Bd. 2: 18. Jahrhundert. Vom späten 17. Jahrhundert bis zur Neuordnung Deutschlands um 1800 (= Handbuch der deutschen Bildungsgeschichte; 2), München 2005, S. 499–520.

Boghardt, Martin: Das Buchformat und seine Variationsmöglichkeiten. Zur Technik der Buchgestaltung im 18. Jahrhundert, in: Raabe, Paul (Hg.): Buchgestaltung in Deutschland 1740 bis 1890. Vorträge des dritten Jahrestreffens des Wolfenbütteler Arbeitskreises für Geschichte des Buchwesens in der Herzog August Bibliothek Wolfenbüttel, 9. bis 11. Mai 1978 (= Vorträge des Jahrestreffens des Wolfenbütteler Arbeitskreises für Geschichte des Buchwesens; 3), Hamburg 1980, S. 68–88.

Ders.: „Meiner Freundin gewidmet". Buchdruck, Raubdruck, Nachdruck, dargestellt am Beispiel von Klopstocks Messias, in: Leipziger Jahrbuch zur Buchgeschichte 2 (1992), S. 43–53.

Böning, Holger / Siegert, Reinhart: Die Genese der Volksaufklärung und ihre Entwicklung bis 1780 (= Volksaufklärung, biobibliographisches Handbuch zur Popularisierung aufklärerischen Denkens im deutschen Sprachraum von den Anfängen bis 1850; 1), Stuttgart-Bad Cannstatt 1990.

Ders.: Aufklärung und Presse im 18. Jahrhundert, in: Jäger, Hans-Wolf (Hg.): „Öffentlichkeit" im 18. Jahrhundert (= Das achtzehnte Jahrhundert Supplementa; 4), Göttingen 1997, S. 151–164.

Ders.: Aufklärung auch für das Volk? Buchhandel, Verleger und Autoren des 18. Jahrhunderts entdecken den gemeinen Leser (= Vorträge – Reden – Berichte / Bibliotheksgesellschaft Oldenburg; 25), Oldenburg 1998.

Bonter, Urszula: Die drei Fassungen von „Sophiens Reise von Memel nach Sachsen" von Johann Timotheus Hermes im Spiegel der Briefe des Autors an seinen Verleger Junius in Leipzig und andere Zeitgenossen. Ein Beitrag zur Buch und Verlagsgeschichte des 18. Jahrhunderts, in: Archiv für Geschichte des Buchwesens 65 (2010), S. 172–212.

Borst, Otto: Buch und Presse in Esslingen am Neckar: Studien zur städtischen Geistes- und Sozialgeschichte von der Frührenaissance bis zur Gegenwart, Esslingen, 1975.

Bösinger, Stephan: Aufklärung als Geschäft. Die Typographische Gesellschaft Bern, in: Berner. Zeitschrift für Geschichte 73,1 (2011), S. 3–46.

Bosse, Heinrich / Lucius, Wulf D. von: Autorschaft ist Werkherrschaft. Über die Entstehung des Urheberrechts aus dem Geist der Goethezeit, Paderborn 2014.

Brauer, Adalbert: Die Hamburger Buchhändlerfamilie Bohn und ihre Verzweigungen, in: Archiv für Geschichte des Buchwesens 11 (1971), Sp. 1769–1772.

Ders.: Die kaiserliche Bücherkommission und der Niedergang Frankfurts als Buchhandelsmetropole, in: Genealogisches Jahrbuch 19 (1979), S. 185–199.

Ders.: Weidmann, 1680–1980: 300 Jahre aus der Geschichte eines der ältesten Verlage der Welt, [Zürich] 1980.

Breining: Die Hausbibliothek des gemeinen Mannes vor 100 und mehr Jahre, in: Blätter für württembergische Kirchengeschichte, NF 13 (1909), S. 48–63.

Breitenbruch, Bernd: Der Karlsruher Buchhändler Christian Gottlieb Schmieder und der Nachdruck in Südwestdeutschland im letzten Viertel des 18. Jahrhunderts, in: Archiv für Geschichte des Buchwesens 9 (1969), Sp. 643–732.

Ders.: Johann Martin Millers Romane und ihre Nachdrucke. Mit Beiträgen zu den Reutlinger und Tübinger Nachdruckern, in: Jahrbuch des freien deutschen Hochstifts (2013), S. 83–145.

Bremer, Thomas (Hg.): Materialitätsdiskurse der Aufklärung. Bücher – Dinge – Praxen (= Wissensdiskurse im 17. und 18. Jahrhundert; 4), Halle an der Saale 2016.

Brendecke, Arndt: ‚Durchschossene Exemplare'. Über eine Schnittstelle zwischen Handschrift und Druck, in: Archiv für Geschichte des Buchwesens 59 (2005), S. 91–105.

Brinker-von der Heyde, Claudia / Wolf, Jürgen / Vogel, Marie Isabelle / Inder, Annekatrin (Hrsg.): Frühneuzeitliche Bibliotheken als Zentren des europäischen Kulturtransfers, Stuttgart 2014.

Brinkhus, Gerd: Zwischen Privilegien und Zensur. Das Verhältnis von Buchgewerbe und Universität, in: Brinkhus, Gerd / Lagler, Wilfried/Schreiner, Klaus (Hg.): Eine Stadt des Buches. Tübingen 1498–1998 (= Tübinger Kataloge; 50), Tübingen 1998, S. 11–20.

Brown, Gregory S.: A field of honor. Writers, court culture and public theater in French literary life from Racine to the Revolution, New York 2014.

Brune-Heiderich, Gabriele: Die Begegnung Europas mit der überseeischen Welt. Völkerkundliche Aspekte im jugendliterarischen Werk Joachim Heinrich Campes (= Europäische Hochschulschriften Reihe 11: Pädagogik; 385), Frankfurt a. M. 1989.

Brüstle, Wilhelm: Klopstock und Schubart, Beziehungen in Leben und Dichten, München 1917.

Bücher, Karl: Deutsche Buchbinder-Ordnungen, in: Archiv für Geschichte des deutschen Buchhandels 1897, S. 305–376.

Buchner, Karl: Wieland und Georg Joachim Göschen, Stuttgart 1874.

Ders.: Beiträge zur Geschichte des deutschen Buchhandels, 2. Heft: Aus dem Verkehr einer deutschen Buchhandlung mit den Geschäftsgenossen, Gießen 1874.

Bülow, Michael: Buchmarkt und Autoreneigentum. Die Entstehung des Urhebergedankens im 18. Jahrhundert (= Buchwissenschaftliche Beiträge aus dem Deutschen Bucharchiv München; 30), Wiesbaden 1990.

Bürger, Thomas: Die Aufklärung in der deutschen Schweiz aus buchhandelsgeschichtlicher Sicht, in: Thomke, Hellmut (Hg.): Helvetien und Deutschland. Kulturelle Beziehungen zwischen der Schweiz und Deutschland in der Zeit von 1770–1830 (= Amsterdamer Publikationen zur Sprache und Literatur;109), Amsterdam 1994, S. 105–114.

Ders.: Aufklärung in Zürich. Die Verlagsbuchhandlung Orell, Gessner, Füssli & Comp. in der zweiten Hälfte des 18. Jahrhunderts; mit einer Bibliographie der Verlagswerke 1761–1798 (= Archiv für Geschichte des Buchwesens Sonderdruck; 48), Frankfurt am Main 1997.

Büschelberger, Lisa: Rechnung zum Erfolg oder Ladenhüter? Die Bücherlotterie des Joseph Sigmund in Tübingen 1721, in: Pelgen, Franz Stephan (Hg.): Bücherlotterien des 18. Jahrhunderts, Berlin 2008, S. 82–83.

Cast, Friedrich: Historisches und genalogisches Adelsbuch des Königreichs Württemberg, Stuttgart 1844.

Cieslik, Karin / Perplies, Helge / Schmid, Florian (Hrsg.): Materialität und Formation: Studien zum Buchdruck des 15. bis 17. Jahrhunderts: Festschrift für Monika Unzeitig, Bremen 2016.

Cloeter, Hermine: Johann Thomas Trattner: ein Grossunternehmer im theresianischen Wien, Graz / Köln 1952.

Collet, Dominik: Die doppelte Katastrophe. Klima und Kultur in der europäischen Hungerkrise 1770–1772 (= Umwelt und Gesellschaft; 18), Göttingen 2018.

Dambach, Otto: Wider den Nachdruck! Aussprüche berühmter deutscher Gelehrter, Schriftsteller, Dichter etc. älterer und neuerer Zeit über Nachdruck und Nachbildung, Berlin 1872.

Dann, Otto: Die Lesegesellschaften des 18. Jahrhunderts und der gesellschaftliche Aufbruch des deutschen Bürgertums, in: Göpfert, Herbert G. (Hg.): Buch und Leser. Vorträge des ersten Jahrestreffens des Wolfenbütteler Arbeitskreises für Geschichte des Buchwesens, 13. und 14. Mai 1976 (= Jahrestreffen / Wolfenbütteler Arbeitskreis für Geschichte des Buchwesens; 1), Hamburg 1977, S. 160–193.

Ders. (Hg.): Lesegesellschaften und bürgerliche Emanzipation. Ein europäischer Vergleich, München 1981.

Ders.: Eine höfische Gesellschaft als Lesegesellschaft, in: Aufklärung 6,1 (1992), S. 43–57.

Darnton, Robert: The business of enlightenment. A publishing history of the Encyclopédie, 1775–1800, Cambridge 1979.

Ders.: What is the history of books?, in: Daedalus 111,3 (1982), S. 65–83

Ders.: Glänzende Geschäfte. Die Verbreitung von Diderots „Encyclopedie", oder: Wie verkauft man Wissen mit Gewinn?, Berlin 1993.

Ders.: „What is the history of books?" revisited, in: Modern Intellectual History 4,3 (2007), S. 495–508.

Debes, Dietmar: Die Schloßbibliothek Gaußig. Ein Beitrag zur sächsischen Bibliotheksgeschichte, in: Jacobi, Johannes (Hg.):Bibliothek als Lebenselixier. Festschrift zum 65. Geburtstag von Gottfried Rost. Leipzig 1996, S. 17–28

Denzler, Alexander / Amend-Traut, Anja/Bongartz, Josef/Franke, Ellen/Stodolkowitz, Stefan Andreas: Unter der Linde und vor dem Kaiser. Neue Perspektiven auf Gerichtsvielfalt und Gerichtslandschaften im Heiligen Römischen Reich (= Quellen und Forschungen zur höchsten Gerichtsbarkeit im Alten Reich; 73), Gottingen 2019.

Dettmar, Ute: Aufgeklärte Kindheit. Christian Felix Weiße als Autor für Kinder, in: Löffler, Katrin / Stockinger, Ludwig (Hrsg.): Christian Felix Weiße und die Leipziger Aufklärung, Hildesheim 2006, S. 71–94.

Deutsches Buch- und Schriftmuseum der Deutschen Bücherei Leipzig (Hg.): Internationale Bibliographie zur Papiergeschichte, Bd. 1, München 2003.

Deutsches Literaturarchiv Marbach / Fischer, Bernhard (Hrsg.): Johann Friedrich Cottas Verlagsbuch von 1787 bis 1806, Stuttgart 2011.

Diestelkamp, Bernhard: Zur ausschließlichen Zuständigkeit des Reichshofrates für die Kassation kaiserlicher Privilegien, in: Auer, Leopold (Hg.): Höchstgerichte in Europa. Bausteine frühneuzeitlicher Rechtsordnungen (= Quellen und Forschungen zur höchsten Gerichtsbarkeit im Alten Reich; 53), Köln 2007, S. 163–176.

Dietz, Alexander: Zur Geschichte der Frankfurter Buchmesse 1462/1792, Frankfurt am Main 1921.

Dittler, Erwin: Kehl als Druckort in den Meßkatalogen 1782–1786, in: Die Ortenau 53 (1973), S. 178–189.

Dittrich, Robert (Hg.): Woher kommt das Urheberrecht und wohin geht es? Wurzeln, geschichtlicher Ursprung, geistesgeschichtlicher Hintergrund und Zukunft des Urheberrechts (= Österreichische Schriftenreihe zum gewerblichen Rechtsschutz, Urheber- und Medienrecht; 7), Wien 1988.

Donato, Clorinda: From Switzerland to Europe through Leipzig. The Swiss Book Trade and the Leipziger Messe 1770–1780, in: Leipziger Jahrbuch zur Buchgeschichte 4 (1994), S. 103–133.

Dorsch, Rudi: Christian Friedrich Schwan: kurfürstlicher Hofbuchhändler zu Mannheim 1733–1815, Mannheim 1991.

Dünnhaupt, Gerhard: Barthold Heinrich Brockes d. Ä. (1680–1747), in: Ders. (Hg.): Personalbibliographien zu den Drucken des Barock, Bd. 2. Stuttgart 1990, S. 816–838.

Eckardt, Johann Heinrich: Johann Christian Dieterich und seine Autoren. Aus der Geistesgeschichte des 18. Jahrhunderts. I. Dieterich und Bürger, in: Börsenblatt für den deutschen Buchhandel Nr. 100 vom 2.Mai 1906, S. 4377–4383.

Ehler, Melanie: Daniel Nikolaus Chodowiecki. „Le petit maître“ als großer Illustrator, Berlin 2003.

Eichacker, Thomas: Die rechtliche Behandlung des Büchernachdrucks im Nürnberg des 17. Jahrhunderts. Ein Beitrag zur Frühgeschichte des Urheberrechts in Deutschland (= Schriften zur Rechtsgeschichte; 162), Berlin 2013.

Eisenbach, Heinrich Ferdinand: Beschreibung und Geschichte der Stadt und Universität Tübingen, Tübingen 1922.

Eisendle, Reinhard: Der einsame Zensor: Zur staatlichen Kontrolle des Theaters unter Maria Theresia und Joseph II. (= Specula Spectacula; 8), Wien 2020.

Eisenhardt, Ulrich: Ein Eingriff in das Kaiserliche Bücherregal: die Begründung des „Hanauer Bücherumschlages“ in der zweiten Hälfte des 18. Jahrhunderts, in: Archiv für Urheber- Film- Funk- und Theaterrecht (UFITA), 50 (1967), S. 625–636

Ders.: Die kaiserliche Aufsicht über Buchdruck, Buchhandel und Presse im Heiligen Römischen Reich Deutscher Nation (1496–1806). Ein Beitrag zur Geschichte der Bücher-und Pressezensur, Karlsruhe 1970.

Ders.: Der Reichshofrat als kombiniertes Rechtsprechungs- und Regierungsorgan, in: Hausmann, Jost / Krause, Thomas (Hrsg.): Zur Erhaltung guter Ordnung. Beiträge zur Geschichte von Recht und Justiz. Festschrift für Wolfgang Sellert zum 65. Geburtstag, Köln 2000, S. 245–267.

Elck, Paul: Der Nachdruck aus zürcherischer Sicht (1944), in: Archiv für Theater- und Urheberrecht (UFITA) 2005,2, S. 521–537 [Nachdruck].

Eltz, Erwein H./Strohmeyer, Arno (Hg.): Die Fürstenberger. 800 Jahre Herrschaft und Kultur in Mitteleuropa (= Katalog des NÖ Landesmuseums, N.F., 342), Wien 1994.

Emrich, Gabriele: Die Emigration der Salzburger Protestanten 1731–1732. Reichsrechtliche und konfessionspolitische Aspekte, Münster 2002.

Engelsing, Rolf: Der Bürger als Leser: Lesergeschichte in Deutschland 1500–1800, Stuttgart 1974.

Ders.: Dienstbotenlektüre im 18. und 19. Jahrhundert, in: Ders. (Hg.): Zur Sozialgeschichte deutscher Mittel- und Unterschichten (= Kritische Studien zur Geschichtswissenschaft; 4), Göttingen 1978, S. 180–224.

Essig, Rolf-Bernhard: Der Offene Brief. Geschichte und Funktion einer publizistischen Form von Isokrates bis Günter Grass (= Epistemata Reihe Literaturwissenschaft; 267), Würzburg 2000.

Estermann, Monika: Buchhandelsgeschichte in kulturhistorischer Absicht. Johann Goldfriedrich und Friedrich Kapp, in: Dies. / Schneider, Ute / Fischer, Ernst (Hrsg.): Buchkulturen. Beiträge zur Geschichte der Literaturvermittlung; Festschrift für Reinhard Wittmann, Wiesbaden 2005, S. 1–36.

Ewers, Hans-Heino / Brüggemann, Theodor: Handbuch zur Kinder- und Jugendliteratur. Von 1750 bis 1800, Stuttgart 1982.

Ders.: Erfahrung schrieb's und reicht's der Jugend. Geschichte der deutschen Kinder- und Jugendliteratur vom 18. bis zum 20. Jahrhundert. Gesammelte Beiträge aus drei Jahrzehnten (= Kinder- und Jugendkultur, -literatur und –medien; 68), Frankfurt a. M. 2010.

Falk, Rainer: Crowdsourcing: Möglichkeiten der (Zusammen-)Arbeit an Brief-Editionen im Internet, in: Bohnenkamp-Renken, Anne / Richter, Elke (Hrsg.): Brief-Edition im digitalen Zeitalter (= editio, Beihefte; 34) Berlin / Boston 2013, S. 35–42.

Fankhauser, Gertrud: Der Kinderfreund (1775–1784). Die Kinderzeitschrift von Christian Felix Weisse als Spiegelbild der Erziehungs- und Gesellschaftsideale des deutschen Bürgertums am Ende des Aufklärungszeitalters, New York 1975.

Faulstich, Werner: Die bürgerliche Mediengesellschaft (1700–1830) (= Die Geschichte der Medien; 4), Göttingen 2002.

Febvre, Lucien / Martin, Henri-Jean: L'Apparition du Livre, Paris 1958.

Fecht, Karl Gustav: Geschichte der Haupt- und Residenzstadt Karlsruhe, Karlsruhe 1887.

Fertig, Ludwig: Campes politische Erziehung. Eine Einführung in die Pädagogik der Aufklärung (= Impulse der Forschung; 27), Darmstadt 1977.

Ders.: Buchmarkt und Pädagogik 1750–1850. Eine Dokumentation, in: Archiv für Geschichte des Buchwesens 57 (2003), S. 1–142.

Feuerstein-Herz, Petra: Seitenwechsel. Handschrift und Druck in durchschossenen Buchexemplaren der frühen Neuzeit, in: Spoerhase, Carlos / Benne, Christian (Hrsg.): Kodex. Jahrbuch der Internationalen Buchwissenschaftlichen Gesellschaft, Bd. 9: Materialität: Von Blättern und Seiten, Wiesbaden 2019, S. 9–26.

Fink, Verena (Hg.): Die Bibliothek des Caspar Voght (1752 – 1839), Petersberg 2014.

Fink, Wolfgang (Hg.): Vernunft und Gefühl : Christian Fürchtegott Gellert und die Umbruchperiode der deutschen Aufklärung (1740–1763) (= Wissensdiskurse im 17. und 18. Jahrhundert; 7), Halle a.d. Saale 2020.

Fischer, Bernhard: Der Verleger Johann Friedrich Cotta. Chronologische Verlagsbibliographie 1787–1832, 3 Bde., München 2003.

Ders.: Johann Friedrich Cotta. Verleger – Entrepreneur – Politiker, Göttingen 2014.

Fischer, Ernst: „Immer schon die vollständigste Preßfreiheit" ? Beobachtungen zum Verhältnis von Zensur und Buchhandel im 18. Jahrhundert, in: Haefs, Wilhelm / Mix, York-Gothart (Hrsg.): Zensur im Jahrhundert der Aufklärung. Geschichte – Theorie – Praxis, Göttingen 2007, S. 61–78.

Fischer, Hannes: „... den Anwalt des Teufels noch einmal zu machen" Wieland, Krause und Knigge als Spieler der Debatte um die Legitimität des Büchernachdrucks im späten 18. Jahrhundert, in: Bremer, Kai / Spoerhase, Carlos (Hg.): Von „Theologisch-polemisch-poetische Sachen". Gelehrte Polemik im 18. Jahrhundert (= Zeitsprünge, 19.2015,1/4), Frankfurt am Main 2015, S. 168–188.

Flachmann, Holger: Martin Luther und das Buch (= Spätmittelalter und Reformation. Neue Reihe; 8), Tübingen 1996.

Fleck, Udo: „Ein Messer in der Hand und eins im Maul!" – Die Schinderhannesbande (1796–1803), in: Sigrid Schmitt / Michael Matheus (Hrsg.): Kriminalität und Gesellschaft in Spätmittelalter und Neuzeit, Stuttgart 2005, S. 95–117.

Fleischer, Dirk: Zwischen Tradition und Fortschritt. Der Strukturwandel der protestantischen Kirchengeschichtsschreibung im deutschsprachigen Diskurs der Aufklärung, Bd.1, Waltrop 2006.

Fleischhauer, Werner: Vorgeschichte und Aufstieg des Fleischhauer & Spohn Verlages, in: Stammler, Wolfgang (Hg.): Damals für Heute. Historisches und Nachdenkliches zum 150jährigen Bestehen des Verlages, Reutlingen 1980, S. 5–32.

Frank, Peter R. / Frimmel, Johannes: Buchwesen in Wien 1750–1850. Kommentiertes Verzeichnis der Buchdrucker, Buchhändler und Verleger (= Buchforschung; 4), Wiesbaden 2008.

Franz, Gunther: Bücherzensur und Irenik. Die theologische Zensur im Herzogtum Württemberg in der Konkurrenz von Universität und Regierung, in: Brecht, Martin (Hg.): Theologen und Theologie an der Universität Tübingen. Beiträge zur Geschichte der Evangelisch-Theologischen Fakultät (= Contubernium; 15), Tübingen 1977, S. 123–194.

Frauenknecht, Erwin: Spurensuche in Papier. Reutlinger Papiermühlen und ihre Wasserzeichen, in: Reutlinger Geschichtsblätter NF 53 (2014), S. 65–84

Ders.: Papiermühlen in Württemberg. Forschungsansätze am Beispiel der Papiermühlen in Urach und Söflingen, in: Meyer, Carla / Schultz Sandra / Schneidmüller Bernd (Hrsg.): Papier im mittelalterlichen Europa. Herstellung und Gebrauch (= Materiale Textkulturen; 7), Berlin / Boston 2015.

Ders. / Maier, Gerald / Rückert, Peter (Hrsg.): Das Wasserzeichen-Informationssystem (WZIS). Bilanz und Perspektiven, Stuttgart 2017.

Friedemann Berger: Die bürgerliche Emanzipation und ihr komischer Held. Größe und Grenzen Siegfried von Lindenbergs, in: Alexander Ritter (Hg.): J.G. Müller von Itzehoe und die deutsche Spätaufklärung. Studien zur Literatur und Gesellschaft im 18. Jahrhundert (= Steinburger Studien; 1), Heide / Holstein 1978, S. 136–145.

Friedländer, Max: Der einheimische und ausländische Rechtsschutz gegen Nachdruck und Nachbildung, Leipzig 1857.

Friedrich-Rust, Silvia: Die Vignette – Text und Illustration im 17. und 18. Jahrhundert in Frankreich, München 1987.

Frimmel, Johannes: Trattner und die Materialität des Nachdrucks, in: Frimmel, Johannes / Augustynowicz, Christoph (Hrsg.): Der Buchdrucker Maria Theresias. Johann Thomas Trattner (1719–1798) und sein Medienimperium (= Buchforschung; 10) 2019, S. 131–146.

Fritsch, Johann Heinrich: Johann August Hermes, Doctor der Theologie, Consistorialrath, Oberhofprediger und Superintendent zu Quedlinburg nach seinem Leben, Charakter und Wirken dargestellt, Quedlinburg / Leipzig 1827.

Fritz, Eberhard: Christliche Nächstenliebe oder ökonomisches Kalkül? Probleme der Aufnahme von Salzburger Exulanten im Herzogtum Württemberg, in: Blätter für württembergische Kirchengeschichte 110 (2010), S. 241–263.

Fritz, Thomas: Die Reichsstadt Reutlingen im 16. und 17. Jahrhundert, in: Dillinger, Johannes / Fritz, Thomas / Mährle, Wolfgang (Hrsg.): Zum Feuer verdammt. Die Hexenverfolgungen in der Grafschaft Hohenberg, der Reichsstadt Reutlingen und der Fürstpropstei Ellwangen (= Hexenforschung; 2), Stuttgart 1998, S. 170–182

Fröhlich-Schauseil, Anke: Schenau (1737–1806). Monografie und Werkverzeichnis der Gemälde, Handzeichnungen und Druckgrafik von Johann Eleazar Zeißig, gen. Schenau. Petersberg 2017.

Frohne, Renate: Ahasver Fritsch und das Urheberrecht, in: Wadle, Elmar (Hg.): Historische Studien zum Urheberrecht in Europa. Entwicklungslinien und Grundfragen (= Schriften zur europäischen Rechts- und Verfassungsgeschichte; 10), Berlin 1993, S. 11–20.

Fuchs, Karlheiz: Bürgerliches Räsonnement und Staatsräson: Zensur als Instrument des Despotismus dargestellt am Beispiel des rheinbündischen Württemberg (1806–1813), Göppingen 1975.

Fürst, Rainer: Das „Bureau der Deutschen Classiker" in Karlsruhe. 1813 – 1834; eine Dokumentation zur Verlagsgeschichte (= Publikationen zur Verlagsgeschichte C. F. Müller; 5), Karlsruhe 1992.

Ders.: Christian Friedrich Müller. Ein Lebensbild, in: Müller-Wirth/ Wagner (Hrsg.): Müller-Wirth, Christof / Wagner, Christina (Hrsg.): Code Napoléon – Badisches Landrecht. Wegbereiter deutscher Rechtsgeschichte: Ausstellung in der Badischen Landesbibliothek anläßlich des 200. Jahrestages der Gründung des Verlages C. F. Müller 1797, Heidelberg 1997, S. 42–61.

Ders.: Buch und Druck in der Residenz, in: Müller-Wirth / Wagner (Hg.): Code Napoléon – Badisches Landrecht, S. 14–23.

Ders.: Die Diskussion um Nachdruck und Urheberrecht, in: Müller-Wirth / Wagner (Hrsg.): Code Napoléon, S. 96–107.

Ders.: Buch und Druck in der Residenz. Verlage in Karlsruhe 1719–1806. Von den Anfängen bis zur Gründung des Großherzogtums. Mit einem Ausblick auf das 19. Jahrhundert, Karlsruhe 2012.

Füssel, Stephan: Verlagsbibliographie Göschen 1785 bis 1838 (= Georg Joachim Göschen Ein Verleger der Spätaufklärung und der deutschen Klassik; 2), Berlin / New York 1998.

Ders.: Georg Joachim Göschen, Bd. 1: Studien zur Verlagsgeschichte und zur Verlegertypologie der Goethe-Zeit: Ein Verleger der Spätaufklärung und der deutschen Klassik, Berlin 1999.

Ders.: Schiller und seine Verleger, Frankfurt am Main 2005.

Ders.: Johann Friedrich Cottas ‚Neuerfindung' des Verlages seit 1787 vor dem Hintergrund des Strukturwandels im Buchhandel, in: Mojem, Helmuth / Potthast, Barbara (Hrsg.): Johann Friedrich Cotta. Verleger-Unternehmer-Technikpionier, Heidelberg 2017, S. 13–32.

Geissler, Jonas: Regionale Formen europäischer Aufklärung zum Diskurs der Moderne in geistlichen Staaten. Aufklärung in den Hochstiften Bamberg und Würzburg (= Geschichtswissenschaften; 49), München 2019.

Geldner, Ferdinand: Die ältesten Buchdrucker als „Cives academici". Ein Nachtrag, in: AGB 11 (1971), Sp. 373–380.

Gemeinhardt, Heinz Alfred: Reutlingen, in: Schwarzmaier / Taddey (Hrsg.): Handbuch der baden-württembergischen Geschichte, Bd. 2, S. 697–703.

Gergen, Thomas: Das württembergische Privilegiensystem gegen den Büchernachdruck im 19. Jahrhundert und die Privilegien zugunsten der Schiller-Erben, in: UFITA 1 (2006), S. 189–227.

Ders.: Johann Stephan Pütter (1725–1807) und der Büchernachdruck, in: UFITA 3 (2009), S. 715–744.

Ders.: Die Nachdruckprivilegienpraxis Württembergs im 19. Jahrhundert und ihre Bedeutung für das Urheberrecht im Deutschen Bund (= Schriften zur Rechtsgeschichte;137), Berlin 2010.

Ders.: Badisches Urheberrecht im 19. Jahrhundert: Die Fälle Pestalozzi, Allioli, Schleiermacher, Grillparzer sowie Goethe und Schiller, in: Archiv für Geschichte des Buchwesens 66 (2011), S. 109–143 .

Ders.: Kaiserliche Privilegien gegen den Nachdruck unter Maximilian I. (1493–1519): Frühneuzeitliches Urheberrecht, humanistische Bildungspolitik, habsburgische memoria-Kultur? in: Archiv für Urheber-Film-Funk- und Theaterrecht (UFITA) 2 (2012), S. 425–444.

Ders.: Druck und Nachdruck von Büchern und Zeitungen im gegenreformatorischen Köln. Ein Beitrag zum Umbruch der Wissensgesellschaft in der Frühen Neuzeit, in: Archiv für Urheber-Film-Funk- und Theaterrecht (UFITA) 1 (2013), 87–151.

Ders. (Hg.): Vom Reichshofrat zur Reichsfilmkammer. Privilegienpraxis und Urheberrechte an Büchern und Filmen (16.–20. Jahrhundert) (= Schriften zur Rechtsgeschichte; 186), Berlin 2019.

Germann, Martin: Johann Jakob Thurneysen der Jüngere, 1754–1803. Verleger, Buchdrucker und Buchhändler in Basel; ein Beitrag zur Geschichte der Spätaufklärung in Basel und zur Geschichte des Eindringens der englischen und französischen Aufklärung im deutschen Sprachgebiet am Ende des 18. Jahrhunderts (= Basler Beiträge zur Geschichtswissenschaft; 128), Basel 1973.

Gierke, Wilhelm: Johann Gottlieb Schummel und seine Romane. Ein Beitrag zur Geschichte der Literatur und Pädagogik im 18. Jahrhundert, Borna 1915.

Giese, Ursula: Johann Thomas Edler von Trattner. Seine Bedeutung als Buchdrucker, Buchhändler und Herausgeber, in: Archiv für Geschichte des Buchwesens 3 (1961), Sp. 1013–1454.

Gieseke, Ludwig: Vom Privileg zum Urheberrecht. Die Entwicklung des Urheberrechts in Deutschland bis 1845, Göttingen 1995.

Ders.: Der Wiener Kongress und die Bemühungen deutscher Buchhändler um zeitgemäße Regelungen für den Buchhandel, in: Zeitschrift für geistiges Eigentum 9,2 (2017), S. 173–187.

Glas, Christine: Johann Jacob Palm (1750–1826). Ein Erlanger Verleger und Buchhändler; mit einer Verlagsbibliographie von 1780 bis 1826 (= Erlanger Studien; 78), Erlangen 1988.

Goetsch, Paul (Hg.): Lesen und Schreiben im 17. und 18. Jahrhundert. Studien zu ihrer Bewertung in Deutschland, England, Frankreich (= ScriptOralia; 65), Tübingen 1994.

Goldfriedrich, Johann: Geschichte des deutschen Buchhandels, Bd. 2: Geschichte des deutschen Buchhandels vom Westfälischen Frieden bis zum Beginn der klassischen Literaturperiode (1648–1740), Leipzig 1908.

Ders.: Geschichte des deutschen Buchhandels, Bd. 3: Geschichte des deutschen Buchhandels vom Beginn der klassischen Literaturperiode bis zum Beginn der Fremdherrschaft (1740–1804), Leipzig 1909.

Ders.: Geschichte des deutschen Buchhandels, Bd. 4: Geschichte des deutschen Buchhandels vom Beginn der Fremdherrschaft bis zur Reform des Börsenvereins im neuen deutschen Reiche (1805–1889), Leipzig 1913.

Göpfert, Hebert G. / Vodosek, Peter / Weyrauch, Erdmann / Wittmann, Reinhard (Hrsg.): Beiträge zur Geschichte des Buchwesens im konfessionellen Zeitalter (= Wolfenbütteler Schriften zur Geschichte des Buchwesens; 11), Wiesbaden 1985.

Görres, Jörn (Hg.): Lesewuth, Raubdruck und Bücherluxus: das Buch in der Goethe-Zeit: eine Austellung des Goethe-Museums Düsseldorf, 26. Mai bis 2. Oktober 1977, Düsseldorf 1977.

Götz von Olenhusen, Albrecht: „Aufklärung durch Aktion." Kollektiv-Verlage und Raubdrucke, in: Estermann, Monika / Lersch, Edgar (Hrsg.): Buch, Buchhandel und Rundfunk 1968 und die Folgen, Wiesbaden 2003, S. 196–212.

Ders. / Götz von Olenhusen, Irmtraud: Geistiges Eigentum – von der Piratenflagge zum globalen Spinnennetz, in: Dies. / Ders. (Hrsg.): Von Goethe zu Google. Geistiges Eigentum in drei Jahrhunderten, Düsseldorf 2011, S. 17–30.

Gramlich, Jürgen: Rechtsordnungen des Buchgewerbes im Alten Reich. Genossenschaftliche Strukturen, Arbeits- und Wettbewerbsrecht im deutschen Druckerhandwerk, Frankfurt am Main 1994.

Grenz, Dagmar: Mädchenliteratur. Von den moralisch-belehrenden Schriften im 18. Jahrhundert bis zur Herausbildung der Backfischliteratur im 19. Jahrhundert. (= Germanistische Abhandlungen; 52) Stuttgart 1981.

Gschließer, Oswald von: Der Reichshofrat. Bedeutung und Verfassung, Schicksal und Besetzung einer obersten Reichsbehörde von 1559 bis 1806. Mit einer Vorbemerkung von Wolfgang Sellert, Wien 1970.

Haase, Carl: Der Bildungshorizont der norddeutschen Kleinstadt am Ende des 18. Jahrhunderts: zwei Bücherverzeichnisse der Lesegesellschaften in Wunstorf aus dem Jahre 1794, in: Brunner, Otto / Kellenbenz, Hermann / Maschke, Erich / Zorn, Wolfang (Hrsg.): Festschrift Hermann Aubin zum 80. Geburtstag, Bd. 2, S. 511–525.

Habermas, Jürgen: Strukturwandel der Öffentlichkeit. Untersuchungen zu einer Kategorie der bürgerlichen Gesellschaft, Neuwied 1962.

Haefs, Wilhelm / Mix, York-Gothart (Hg.): Zensur im Jahrhundert der Aufklärung. Geschichte – Theorie – Praxis (= Das achtzehnte Jahrhundert Supplementa; 12), Göttingen 2007.

Häfner, Ralph (Hg.): Meine Bücher: Herders Bibliotheksverzeichnis von 1776, Heidelberg 2020.

Hagen, Waltraud: Goethes Werke auf dem Markt des deutschen Buchhandels. Eine Untersuchung über Auflagenhöhe und Absatz der zeitgenössischen Goethe-Ausgaben, in: Goethe-Jahrbuch 100 (1983), S. 11–58

Hartwieg, Ursula: Nachdruck oder Aufklärung? Die Verbreitung englischer Literatur durch den Verlag Anton von Kleins am Ende des 18. Jahrhunderts, in: Archiv für Geschichte des Buchwesens 50 (1998), S. 1–146.

Hattenhauer, Christian (Hg.): 200 Jahre Badisches Landrecht von 1809/1810. Jubiläumssymposium des Instituts für geschichtliche Rechtswissenschaft der Ruprecht-Karls-Universität Heidelberg und der Heidelberger Rechtshistorischen Gesellschaft vom 23. bis 26. September 2009 (= Rechtshistorische Reihe; 415), Frankfurt am Main 2011.

Haug, Christine: Das Verlagsunternehmen Krieger 1725–1825. Die Bedeutung des Buchhändlers, Verlegers und Leihbibliothekars Johann Christian Konrad Krieger für die Entstehung einer Lesekultur in Hessen um 1800, in: Archiv für Geschichte des Buchwesens 49 (1998), S. 1–170.

Dies.: „Die kleinen französischen Schriften gehen zur Zeit ungleich stärker als aber andere solide Werke …" – Der Buchhändler Johann Georg Esslinger (1710–1775) in Frankfurt am Main und sein florierender Handel mit Geheimliteratur im 18. Jahrhundert, in: Jahrbuch für Kommunikationsgeschichte 4 (2002), S. 104–135.

Dies.: Einleitung. Topographie des literarischen Untergrunds im Europa des 18. Jahrhunderts: Produktion, Distribution und Konsumption von „verbotenen Lesestoffen", in: Haug, Christine / Mayer, Franziska / Schröder, Winfried (Hrsg.): Geheimliteratur und Geheimbuchhandel in Europa im 18. Jahrhundert (= Wolfenbütteler Schriften zur Geschichte des Buchwesens; 47), Wiesbaden 2011, S. 9–48.

Dies.: Das hallesche Verlagsunternehmen Johann Justinus und Johann Jacob Gebauer: ein Baustein zur transnationalen Buchhandels- und Verlagsgeschichte im 18. Jahrhundert, in: Merkur und Minerva 89 (2014), S. 13–40.

Dies.: Nicolaus Hiernonymus Gundlings (1671–1729) Positinierung in der Debatte über Nachruck und geistiges Eigentum im frühen 18. Jahrhundert, in: Häfner, Ralph / Multhammer, Michael (Hg.): Nicolaus Hieronymus Gundling (1671–1729) im Kontext der Frühaufklärung (= Myosotis; 4), Heidelberg 2018, S. 187–218.

Hauke, Marie-Kristin: „In allen guten Buchhandlungen ist zu haben…": Buchwerbung in Deutschland im 17. und 18. Jahrhundert, Erlangen 1999.

Heinze, Diethard: Johann Martin Millers „Siegwart. Eine Klostergeschichte". Der „Trivialroman" und seine Leser, in: Zeitschrift für Germanistik 1992,2, S. 51–62.

Helm, Wiebke: Vom Lesen, Sehen und Begreifen. Intermedialität im Kinder- und Jugendsachbuch der Aufklärung, in: Berndt, Frauke/Fulda, Daniel (Hg.): Die Erzählung der Aufklärung. Beiträge zur DGEJ-Jahrestagung in Halle a. d. Saale (= Studien zum 18. Jahrhundert; 38), Hamburg 2018, S. 440–448.

Henning, Paul: Durchschnittliche Herstellungskosten eines wissenschaftlichen Werkes im 18. und im 20. Jahrhundert, in: Vierteljahrsschrift für Sozial- und Wirtschaftsgeschichte, Bd. 7,1 (1909), S. 158–160.

Herrmann, Ulrich: Die Kodifizierung bürgerlichen Bewußtseins in der deutschen Spätaufklärung. Carl Friedrich Bahrdts „Handbuch der Moral für den Bürgerstand" aus dem Jahre 1789, in: Vierhaus, Rudolf (Hg.): Bürger und Bürgerlichkeit im Zeitalter der Aufklärung (= Wolfenbütteler Studien zur Aufklärung; 7), Berlin 1981, S. 321–334.

Hesse, Carla: Revolution in the printing trades. Economic Upheavals in Publishing, in: Robert Darnton / Daniel Roche (Hg.): Revolution in Print. The Press in France 1775–1800, Berkeley 1989, S. 69–97.

Heydemann, Klaus: Ein anderer Trattner. Zu den Anfängen der sogenannten Troppauer Bücherausgabe, in: Leipziger Jahrbuch zur Buchgeschichte 2 (1992), S. 115–133.

Ders.: Buchhändler in der Provinz, in: Kriegleder, Wynfrid (Hg.): Deutsche Sprache und Kultur im Raum Pressburg (= Presse und Geschichte – neue Beiträge; 4), Bremen 2002, S. 127–154.
Hilmar Tilgner: Lesegesellschaften an Mosel und Mittelrhein im Zeitalter des Aufgeklärten Absolutismus. Ein Beitrag zur Sozialgeschichte der Aufklärung im Kurfürstentum Trier (= Geschichtliche Landeskunde; 52), Stuttgart 2001.
Hilpert, Johanna: Neologie in Jena: Johann Christoph Döderleins Wirken in Theologie und Universität (= Beiträge zur historischen Theologie; 96), Tübingen 2020.
Historische Kommission der Bayerischen Akademie der Wissenschaften (Hg.): Voß, Christian Friedrich, in: Allgemeine Deutsche Biographie, Bd. 40 (1896), S. 328–334.
Hohenstein, Sieglinde: Friedrich Justin Bertuch (1774–1822) – bewundert, beneidet, umstritten, Berlin / New York 1989.
Höpfner, Ludwig: Der Nachdruck ist nicht rechtswidrig. Eine wissenschaftliche Erörterung, Grimma 1843.
Huber-Fritscheis, Thomas / Knieling, Nina / Valenta, Rainer (Hrsg.): Privatbibliothek Franz‘ I. von Österreich 1784–1835. Bibliotheks- und Kulturgeschichte einer fürstlichen Sammlung zwischen Aufklärung und Vormärz (= Veröffentlichungen der Kommission für Neuere Geschichte Österreichs; 111,1), Wien / Köln / Weimar 2015.
Hühn, Helmut / Blechschmidt, Stefan (Hrsg.): Goethes „Wahlverwandtschaften". Werk und Forschung, Berlin 2010, S. 49–66.
Hurrelmann, Bettina: Jugendliteratur und Bürgerlichkeit. Soziale Erziehung in der Jugendliteratur der Aufklärung am Beispiel von Christian Felix Weißes „Kinderfreund" 1776–1782 (= Informationen zur Sprach- und Literaturdidaktik; 5), Paderborn 1974.
Jäger, Georg / Schönert, Jörg: Die Leihbibliothek als literarische Institution im 18. und 19. Jahrhundert – ein Problemaufriß, in: Jäger, Georg / Schönert, Jörg (Hrsg.): Die Leihbibliothek als Institution des literarischen Lebens im 18. und 19. Jahrhunderts. Organisationsformen, Bestände und Publikum ; Arbeitsgespräch in der Herzog August Bibliothek Wolfenbüttel 30. September bis 1. Oktober 1977 (= Wolfenbütteler Schriften für Geschichte des Buchwesens; 3) 1980, S. 7–62.
Jaklin, Ingeborg: Das österreichische Schulbuch im 18. Jahrhundert. Aus dem Wiener Verlag Trattner und dem Schulbuchverlag (= Buchforschung; 3), Wien 2003.
Jarzebowski, Claudia: Kindheit und Emotion. Kinder und ihre Lebenswelten in der europäischen Frühen Neuzeit, München/Wien 2018.
Jefcoate, Graham: Deutsche Drucker und Buchhändler in London 1680–1811: Strukturen und Bedeutung des deutschen Anteils am englischen Buchhandel (= Archiv für Geschichte des Buchwesens – Studien; 12), Berlin / New York 2015.
Jeggle, Utz: Geld und Geltung – Eine historische Analyse und einige subjektive Anmerkungen zur 150-jährigen Geschichte der Museumsgesellschaft, in: Tübinger Blätter 58 (1971), S. 35–42.
Johns, Adrian: Piracy. The intellectual property wars from Gutenberg to Gates, Chicago 2009.
Jung, Wolfgang: Der Niedergang der Reichsstadt, in: Borth, Wilhelm / Breyvogel, Bernd / Jung, Wolfgang: Reutlingen. Vergangenheit trifft Zukunft. Von der Reichsstadtherrlichkeit zur selbstbewussten Großstadt, Reutlingen 2013, S. 97–126.
Junger, Gerhard: Georg Philipp Wucherer (1734–1805). Ein Reutlinger Kaufmann als Großbuchhändler, Nachdrucker und Verleger in Wien zur Zeit Maria Theresias und Josephs II. (1768–1789), in: Reutlinger Geschichtsblätter NF 27 (1988), S. 31–57.
Ders.: Johann Jacob Fezer als Spätaufklärer und frühliberaler Publizist im Zeitalter der Französischen Revolution in Reutlingen und Wien (1760–1844), Reutlingen 1988.

Just, Thomas: Das Haus-, Hof- und Staatsarchiv im Verbund des Österreichischen Staatsarchivs, in: Elbel, Petr (Hg.): Die österreichischen Archive. Geschichte und Gegenwart (= Opera Facultatis philosophicae Universitatis Masarykianae; 498), Brno 2019, S. 73–138.

Kaeding, Peter: Die Hand über der ganzen Welt. Johann Friedrich Cotta, der Verleger der deutschen Klassik, Stuttgart 2009.

Kaiser, Gerhard R. / Seifert, Siegfried (Hrsg.): Friedrich Justin Bertuch (1747 –1822): Verleger, Schriftsteller und Unternehmer im klassischen Weimar, Tübingen 2000.

Kalmbach, Gabriele: Der Dialog im Spannungsfeld von Schriftlichkeit und Mündlichkeit (= Communicatio; 11), Tübingen 1996.

Kapp, Friedrich: Geschichte des deutschen Buchhandels, Bd.1: Geschichte des deutschen Buchhandels bis in das siebzehnte Jahrhundert, Leipzig 1886.

Karmarsch, Karl: Papierfabrikation, in: Prechtl, Johann Joseph (Hg.): Technologische Encyklopädie oder alphabetisches Handbuch der Technologie, der technischen Chemie und des Maschinenwesens, Bd. 10, Stuttgart 1840, S. 414–655.

Karstens, Simon: Lehrer – Schriftsteller – Staatsreformer. Die Karriere des Joseph von Sonnenfels (1733 – 1817) (= Veröffentlichungen der Kommission für Neuere Geschichte Österreichs; 106), Wien 2011.

Kastner, Jörg: Die Staatliche Bibliothek Passau, in: Bibliotheksforum Bayern 11 (1983), S. 177–189.

Kertscher, Hans-Joachim: Der Verleger Johann Justinus Gebauer. Mit einem Anhang: Ungedruckte Briefe aus dem Geschäftsnachlaß der Druckerei Gebauer & Schwetschke u. a., Halle 1998.

Ders.: Hallesche Verlagsanstalten der Aufklärungsepoche: Die Verleger Carl Hermann Hemmerde und Carl August Schwetschke, Halle (Saale) 2004.

Keuchen, Marion: Bild-Konzeptionen in Bilder- und Kinderbibeln. Die historischen Anfänge und ihre Wiederentdeckung in der Gegenwart (= Arbeiten zur Religionspädagogik; 61), Gottingen 2016.

Kienitz, Sabine: Hausiererinnen. Einblicke in mobile Lebensformen Anfang des 19. Jahrhunderts, in: L'Homme 6 (1995), S. 6–22.

Kiesel, Helmuth / Münch, Paul: Gesellschaft und Literatur im 18. Jahrhundert. Voraussetzungen und Entstehung des literarischen Markts in Deutschland, München 1977.

Killius, Christina: Die Antiqua-Fraktur Debatte um 1800 und ihre historische Herleitung (= Mainzer Studien zur Buchwissenschaft; 7), Wiesbaden 1999.

Kirchhoff, Albrecht: Zur älteren Geschichte der kursächsischen Privilegien gegen Nachdruck, in: Archiv für Geschichte des deutschen Buchhandels 7 (1882), S. 146–162.

Ders.: Selbständige Illustration als Nachdruck des illustrirten Werkes, in: Archiv für Geschichte des Buchhandels 1894, S. 359–363.

Klippel, Diethelm: Das Privileg im deutschen Naturrecht des 18. und 19. Jahrhunderts, in: Dölemeyer, Barbara (Hg.): Das Privileg im europäischen Vergleich, Frankfurt am Main 1997, S. 329–346.

Ders.: Das deutsche Naturrecht am Ende des Alten Reiches, in: Schmidt-von Rhein, Georg / Cordes, Albrecht (Hg.): Altes Reich und neues Recht. Von den Anfängen der bürgerlichen Freiheit, Wetzlar 2006, S. 27–42.

Klüting, Harm: Katholische Aufklärung – Aufklärung im katholischen Deutschland (= Studien zum 18. Jahrhundert; 15), Hamburg 2016.

Knödler, Stefan: „Alles ohne Maaß! Im Reutlinger Ton". Der Reutlinger Volksbuchdruck um 1800, in: Reutlinger Geschichtsblätter 58 (2019), S. 85–115.

Knudsen, Jonathan B.: On Enlightenment for the Common Man, in: Schmidt, James (Hg.): What is Enlightenment? Eighteenth-Century Answers and Twentieth-Century Questions, Berkeley 1996, S. 270–290

Koch, Adolf: Zur Geschichte des Nachdrucks, in: Archiv für Geschichte des deutschen Buchhandels 1891, S. 142–154.

Ders.: Geschichte des Kirchenlieds und Kirchengesangs mit besonderer Rücksicht auf Württemberg, Bd.1, Stuttgart 1847.

Koch, Kristine: Deutsch als Fremdsprache im Russland des 18. Jahrhunderts. Ein Beitrag zur Geschichte des Fremdsprachenlernens in Europa und zu den deutsch-russischen Beziehungen, Berlin 2002.

Koebner, Thomas: Lektüre in freier Landschaft. Zur Theorie des Leseverhaltens im 18. Jahrhundert, in: Arbeitsstelle 18. Jahrhundert (Hg.): Leser und Lesen im 18. Jahrhundert, Heidelberg 1977, S. 40–57.

Kohl, Katrin: Friedrich Gottlieb Klopstock (= Sammlung Metzler; 325), Stuttgart/Weimar 2000.

Konrad, Ulrich/Staehelin, Martin/Raabe, Paul: Allzeit ein Buch. Die Bibliothek Wolfgang Amadeus Mozarts (= Ausstellungskataloge der Herzog-August-Bibliothek; 66), Weinheim 1991.

Koppitz, Hans-Joachim: Zur Form der Anträge auf Bewilligung kaiserlicher Druckprivilegien durch den Reichshofrat und zu den Gründen ihrer Ablehnung, in: Dölemeyer, Barbara (Hg.): Das Privileg im europäischen Vergleich (= Ius commune Sonderhefte, Studien zur europäischen Rechtsgeschichte; 93), Frankfurt am Main 1997, S. 347–376.

Ders. (Hg.): Die kaiserlichen Druckprivilegien im Haus-, Hof- und Staatsarchiv. Verzeichnis der Akten vom Anfang des 16. Jahrhunderts bis zum Ende des Deutschen Reichs (1806) (= Buchwissenschaftliche Beiträge aus dem Deutschen Bucharchiv München; 75), Wiesbaden 2008.

Korber-Kraneis, Beatrix: Spitzbart. Eine komi-tragische Geschichte für unser pädagogisches Jahrhundert, in: Pädagogische Korrespondenz 7 (1990), S. 50–60.

Kottmann, Carsten: Wissensspeicher für das lutherische Württemberg – Die Konsistorialbibliothek, in: Trost, Vera/Pust, Hans-Christian (Hrsg.): Carl Eugens Erbe. 250 Jahre Württembergische Landesbibliothek; eine Ausstellung der Württembergischen Landesbibliothek aus Anlass ihrer Gründung am 11. Februar 1765 vom 11. Februar bis 11. April 2015 (= Jahresgabe der Württembergischen Bibliotheksgesellschaft; 2015), Stuttgart 2015, S. 62–69.

Krieg, Walter: Materialien zu einer Entwicklungsgeschichte der Bücher-Preise und des Autoren-Honorars vom 15. bis zum 20. Jahrhundert, Wien 1953.

Krispin, Stefanie: „Bei seinem Vergnügen in müßigen Stunden unterhalten seyn“. Lesegesellschaften in Detmold um 1800 (= Sonderveröffentlichungen des Naturwissenschaftlichen und Historischen Vereins für das Land Lippe; 56), Bielefeld 1999.

Krükl, Karl: Leben und Werke des elsässichen Schriftstellers Anton von Klein. Ein Beitrag zur Geschichte der Aufklärung in der Pfalz, Strassburg im Elsass 1901.

Kuhles, Doris: Deutsche literarische Zeitschriften von der Aufklärung bis zur Romantik. Bibliographie der kritischen Literatur von den Anfängen bis 1990 (= Bibliographien und Kataloge der Herzogin-Anna-Amalia-Bibliothek zu Weimar), München 1994.

Kühnert, Jürgen: Die Geschichte der Buchpreisbindung in Deutschland: von ihren Anfängen bis ins Jahr 1945 (= Buchwissenschaftliche Beiträge; 79), Wiesbaden 2009.

Kunze, Horst: Rinaldo Rinaldini und die Nachdrucker. Ein Beitrag zur Geschichte des Nachdrucks, in: Börsenblatt für den deutschen Buchhandel 104 (1937), S. 830–831.

Landgraf, Gerald Maria: „Moderate et prudenter“. Studien zur aufgeklärten Reformpolitik Karl Friedrichs von Baden (1728 – 1811), Regensburg 2008.

Landwehr, Achim: Historische Diskursanalyse, Frankfurt a.M./New York 2009.

Laux, Stephan: Reformatorische Räume, in: Schnabel-Schüle: Reformation, S. 132–210, hier S. 185–189.

Le Vot, Valtérie: Wezels fiktive Bibliothek. Lektüreszenen, Leserfiguren und Bücher in „Lebensgeschichte Tobias Knauts", „Hermann und Ulrike" und „Wihelmine Arend", in: Wezel-Jahrbuch 1 (1998), S. 120–138.

Lehmstedt, Mark: „Ich bin nicht gewohnt, mit Künstlern zu dingen …". Philipp Erasmus Reich und die Buchillustration im 18. Jahrhundert, Leipzig 1989.

Ders.: Struktur und Arbeitsweise eines Verlages der deutschen Aufklärung. Die Weidmannsche Buchhandlung in Leipzig unter der Leitung von Philipp Erasmus Reich zwischen 1745 und 1787, Leipzig 1990.

Ders.: „Ein Strohm, der alles überschwemmt…" Dokumente zum Verhältnis von Philipp Erasmus Reich und Johann Thomas von Trattner. Ein Beitrag zur Geschichte des Nachdrucks in Deutschland im 18. Jahrhundert, in: Bibliothek und Wissenschaft 25 (1991), S. 176–267.

Ders.: Schweizer Literatur im Verlag der Weidmannschen Buchhandlung Leipzig 1750 bis 1787, in: Thomke, Hellmut/Bircher, Martin/Proß, Wolfgang (Hrsg.): Helevetien und Deutschland. Kulturelle Beziehungen zwischen der Schweiz und Deutschland in der Zeit von 1770–1830 (= Amsterdamer Publikationen zur Sprache und Literatur; 109), Amsterdam 1994, S. 115–129.

Ders.: Die Erste Buchhandelsgesellschaft in Deutschland, in: Aus dem Antiquariat. NF 13, 2 (2013), S. 57–66.

Lehne, Friedrich: Zur Rechtsgeschichte der kaiserlichen Druckprivilegien. Ihre Bedeutung für die Geschichte des Urheberrechts, in: Mitteilungen des Österreichischen Instituts für Geschichtsforschung 53 (1939), S. 323–409.

Liesegang, Torsten: Lesegesellschaften in Baden 1780–1850. Ein Beitrag zum Strukturwandel in der literarischen Öffentlichkeit (= Schriften des Museums für Literatur am Oberrhein; 1), Berlin 2000.

Lindberg, Sten G.: The Scandinavian Book Trade in the Eighteenth Century, in: Barber, Giles/Fabian, Bernhard (Hrsg.): Buch und Buchhandel in Europa im 18. Jahrhundert, Hamburg 1981, S. 225–248.

Lochbrunner, Anja: Der Münchner Verleger Johann Baptist Strobl und die bayerische Zensur im 18. Jahrhundert, [Magisterarbeit] München 2012.

Löffler, Katrin: Manuskripte in der Schublade. Autor sucht Verleger, in: Dies. (Hg.): Wissen in Bewegung. Gelehrte Journale, Debatten und der Buchhandel der Aufklärung (= Beiträge zur Kommunikationsgeschichte; 33) Stuttgart 2020, S. 91–106.

Loh, Gerhard: Verzeichnis der Kataloge von Buchauktionen und Privatbibliotheken aus dem deutschsprachigen Raum, 9 Bde., Leipzig 1995–2020.

Löhnig, Martin: „Vom Schrift-Eigenthum." – Das erste deutsche Urheberrecht in Art. 577da–577dh des Badischen Landrechts, in: UFITA (2007), S. 783–793.

Lohrer, Liselotte: Cotta – Geschichte eines Verlags, 1659–1959, Stuttgart 1959.

Lorck, Carl Berendt: Die Druckkunst und der Buchhandel in Leipzig durch vier Jahrhunderte, Leipzig 1879.

Lösel, Barbara: Die Frau als Persönlichkeit im Buchwesen. Dargestellt am Beispiel der Göttinger Verlegerin Anna Vandenhoeck (1709–1787) (= Buchwissenschaftliche Beiträge aus dem Deutschen Bucharchiv München; 33), Wiesbaden 1991.

Lück, Heiner: Nicolaus Hieronymus Gundling und sein „Rechtliches Und Vernunfft-mäßiges Bedencken… Von dem Schändlichen Nachdruck andern gehöriger Bücher", in: Pahlow, Louis/Eisfeld, Jens (Hrsg.): Grundlagen und Grundfragen des geistigen Eigentums. Diethelm

Klippel zum 65. Geburtstag (= Geistiges Eigentum und Wettbewerbsrecht; 13), Tübingen 2008, S. 9–34.
Lüsebrink, Hans-Jürgen / Haß, Annika: L'Almanach des Dames (1801–1840) als Medium weiblicher Geschmacksbildung und Forum ‚feministischer Debatten', in: Mix, York-Gothart / Lüsebrink, Hans-Jürgen (Hrsg.): Französische Almanachkultur im deutschen Sprachraum (1700–1815). Gattungsstrukturen, komparatistische Aspekte, Diskursformen (= Deutschland und Frankreich im wissenschaftlichen Dialog; 3), Bonn 2013, S. 279–308.
Lütcke, Klaus-Peter: Das Haushalts- und Rechnungswesen der Freien Reichsstadt Reutlingen im 18. Jahrhundert, Tübingen 1981.
Lütteken, Laurenz (Hg.): Urbanität als Aufklärung : Karl Wilhelm Ramler und die Kultur des 18. Jahrhunderts (= Das Gleimhaus; 2), Göttingen 2003.
Maar, Elke: Bildung durch Unterhaltung: Die Entdeckung des Infotainment in der Aufklärung. Hallenser und Wiener Moralische Wochenschriften in der Blütezeit des Moraljournalismus, 1748–1782 (= Bochumer Frühneuzeitstudien; 3), Herbolzheim 1995.
Magen, Ferdinand: Reichsexekutive und regionale Selbstverwaltung im späten 18. Jahrhundert. Zu Funktion und Bedeutung der süd- und westdeutschen Reichskreise bei der Handelsregulierung im Reich aus Anlass der Hungerkrise von 1770/72 (= Historische Forschungen; 48), Berlin 1992.
Maissen, Felici / Lieb, Hans: Schaffhauser Studenten an der Universität Tübingen 1477–1914, in: Schaffhauser Beiträge zur Geschichte 75 (1998), S. 183–236.
Mälzer, Gottfried: Johann Albrecht Bengel. Leben und Werk, Stuttgart 1970.
Marstaller, Tilmann: „Phönix" aus der Asche. Der Wiederaufbau der Reutlinger Altstadt nach dem Stadtbrand 1726 im Vergleich mit Beispielen aus Kirchheim unter Teck und Herrenberg, in: Reutlinger Geschichtsblätter NF 55 (2016), S. 67–118.
Martino, Alberto: Die deutsche Leihbibliothek: Geschichte einer literarischen Institution (1756–1914) (= Beiträge zum Buch- und Bibliothekswesen; 29), Wiesbaden 1990.
Mayer, Anton: Wiens Buchdrucker-Geschichte 1482–1882, Bd. 2, Wien 1887.
McCarthy, John A.: Literatur als Eigentum: Urheberrechtliche Aspekte der Buchhandelsrevolution, in: MLN 104,3 (1989), S. 531–547.
Meder, Stephan (Hg.): Geschichte und Zukunft des Urheberrechts (= Beiträge zu Grundfragen des Rechts; 26), Göttingen 2018.
Medick, Hans: Ein Volk „mit" Büchern: Buchbesitz und Buchkultur auf dem Lande am Ende der Frühen Neuzeit: Laichingen 1748–1820, in: Aufklärung 6,1 (1992), S. 59–94.
Meier, Andreas: Die ‚Triviale Klassik' – Unterhaltungsliteratur als kulturelles Komplement, in: Ders. (Hg.): Eine Korrespondenz zur Kulturgeschichte der Goethezeit. Band 1: Brieftexte. Band 2: Kommentar (= Christian August Vulpius, Band 1+2), Berlin, Boston 2003.
Meissner, Fritz: Geschichte der Lesegesellschaft zu Basel. Zur Erinnerung an ihr hundertjähriges Bestehen, Basel 1887.
Metelmann, Ernst: J.B. Metzlersche Verlagsbuchhandlung 1682–1957, in: Tradition. Zeitschrift für Firmengeschichte und Unternehmerbiographie 2,3 (1957), S. 247–264
Metzger, Heinz Dietrich: Gesangbücher in Württemberg. Bestandsverzeichnis (= Repertorien zur deutschen Literaturgeschichte; 20), Berlin / Heidelberg / Stuttgart / Weimar 2002.
Ders.: Die genossenschaftlichen und Gelehrten-Buchhandlungen des achtzehnten Jahrhunderts, in: Archiv für Geschichte des deutschen Buchhandels 1879,2, S. 68–124.
Ders.: Der Hanauer Bücher-Umschlag von 1775, in: Archiv für Geschichte des Buchhandels 1879,4, S. 242–249.

Ders.: Buchbinder und Buchhandel, in: Archiv für Geschichte des deutschen Buchhandels, 1886, S. 159–173.

Ders.: Papierfabrikation und Papierhandel. Beiträge zu ihrer Geschichte besonders in Sachsen, in: Archiv für Geschichte des deutschen Buchhandels 1888, S. 283–357.

Meyer, Steffen-Werner: Bemühungen um ein Reichsgesetz gegen den Büchernachdruck: anläßlich der Wahlkapitulation Leopolds II. aus dem Jahre 1790 (= Rechtshistorische Reihe; 291), Frankfurt am Main / Berlin 2004.

Mikus, Renate: Die Entwicklung der Honorarbeziehung zwischen Verleger und Verfasser und die verlegerische Treuepflicht, Freiburg 2002.

Milstein, Barney M.: Eight eighteenth century reading societies: a sociological contribution to the history of German literature, Frankfurt am Main / Bern 1972.

Mohnhaupt, Heinz: Erteilung und Widerruf von Privilegien nach der gemeinrechtlichen Lehre vom 16. bis 19. Jahrhundert, in: Dölemeyer (Hg.): Das Privileg im europäischen Vergleich, S. 93–121.

Mohr de Sylva, Heinrich: Die akademischen Buchdruckerherren Schramm in Tübingen von 1728 bis 1823, in: Tübinger Blätter (1967), S. 9–21.

Monika Szczepaniak: Männer in Blau: Blaubart-Bilder in der deutschsprachigen Literatur (= Literatur, Kultur, Geschlecht; 37), Köln 2005.

Müller, Max: Geschichte der Chr. Fr. Müller'schen Hofbuchhandlung in Karlsruhe: 1797–1897, Karlsruhe 1897.

Müller, Christina: Karlsruhe im 18. Jahrhundert. Zur Genese und sozialen Schichtung einer residenzstädtischen Bevölkerung (= Forschungen und Quellen zur Stadtgeschichte; 1) Karlsruhe 1991.

Mulsow, Martin: Freigeister im Gottsched-Kreis. Wolffianismus, studentische Aktivitäten und Religionskritik in Leipzig 1740–1745, Wallstein, Göttingen 2007.

Münch, Paul: Nachdruck und literarischer Markt im späten 18. Jahrhundert. J.G. Müllers, J.A.H. Reimarus, A.v. Knigge und die ‚Schmiederey', in: Ritter, Alexander (Hg.): J[ohann] G[ottwerth] Müller von Itzehoe und die deutsche Spätaufklärung. Studien zur Literatur und Gesellschaft im 18. Jahrhundert (= Steinburger Studien; 1), Heide in Holstein 1978, S. 228–247.

Müßle, Otto: 175 Jahre Macklot'sche Druckerei und Verlag Karlsruhe in Baden, Karlsruhe 1932.

N. N. [Initiale B.]: Der Büchernachdruck als buchgeschichtliches Problem, in: Börsenblatt für den deutschen Buchhandel, 18.8.1938, Nr. 191, 105 Jahrgang, S. 643–644

Nebrig, Alexander: „Neue Schriften" oder die Übersetzungsfreiheit der Romantik, in: Nebrig, Alexander / Vecchiato, Daniele (Hrsg.): Kreative Praktiken des literarischen Übersetzens um 1800. Übersetzungshistorische und literaturwissenschaftliche Studien (= Untersuchungen zur deutschen Literaturgeschichte; 152), Berlin / Boston 2019, S. 17–50.

Neumann, Hildegard: Der Bücherbesitz der Tübinger Bürger von 1750 – 1850, München 1978.

Nusser, Peter: Trivialliteratur (= Sammlung Metzler; 262), Stuttgart 1991.

Obersteiner, Gernot Peter: Das Reichshoffiskalat 1596 bis 1806. Bausteine zu seiner Geschichte aus Wiener Archiven, in: Baumann, Anette / Oestmann, Peter / Wendehorst, Stephan / Westphal, Siegrid (Hrsg.): Reichspersonal. Funktionsträger für Kaiser und Reich (= Quellen und Forschungen zur höchsten Gerichtsbarkeit im Alten Reich; 46), Köln 2003, S. 89–164.

Oelke, Harry: Die Konfessionsbildung des 16. Jahrhunderts im Spiegel illustrierter Flugblätter, Berlin / New York 1992.

Oschilewski, Walther G.: Der Buchdrucker. Brauch und Gewohnheit in alter und neuer Zeit, Itzehoe 1955.

Pachnicke, Claudine: „Geschlossene Gesellschaft“, Lesegesellschaft und Museum, in: Württembergischen Landesmuseum (Hg.): Baden und Württemberg im Zeitalter Napoleons, Bd. 2, Stuttgart 1987, S. 1035–1040.

Pahlow, Louis / Eisfeld, Jens (Hrsg.): Grundlagen und Grundfragen des geistigen Eigentums. Diethelm Klippel zum 65. Geburtstag (= Geistiges Eigentum und Wettbewerbsrecht; 13), Tübingen 2008.

Paisey, David L.: Deutsche Buchdrucker, Buchhändler und Verleger: 1701–1750 (= Beiträge zum Buch- und Bibliothekswesen; 26), Wiesbaden 1988.

Pape, Helmut: Klopstocks Autorenhonorare und Selbstverlagsgewinne, in: Archiv für Geschichte des Buchwesens 10 (1970), Sp. 1–268.

Pawollek, Christian: Die Bücher eines Berliner Aufklärers: Wiederentdeckung und Rekonstruktion der Privatbibliothek Friedrich Gedikes (1754–1803), Hannover 2020.

Pelgen, Franz Stephan: Das Meisterstück-Missale von Jakob Veit Zech, in: Pelgen, Franz Stephan / Hatáková, Jana / Gau, Annamarie (Hrsg.): Einblicke in die (zünftige) Geschichte des Mainzer Buchbinder-Handwerks, Roßdorf 2006, S. 68–77.

Ders. (Hg.): Bücherlotterien des 18. Jahrhunderts, Roßdorf 2008.

Perrey, Hans-Jürgen: Joachim Heinrich Campe (1746–1818). Menschenfreund, Aufklärer, Publizist (= Presse und Geschichte, Neue Beiträge; 56), Bremen 2010.

Peter, Emanuel: Geselligkeiten. Literatur, Gruppenbildung und kultureller Wandel im 18. Jahrhundert (= Studien zur deutschen Literatur; 153), Berlin 1999.

Plachta, Bodo: Damnatur – Toleratur – Admittitur. Studien und Dokumente zur literarischen Zensur im 18. Jahrhundert (= Studien und Texte zur Sozialgeschichte der Literatur; 43), Tübingen 1994.

Plumpe, Gerhard: Eigentum – Eigentümlichkeit. Über den Zusammenhang ästhetischer und juristischer Begriffe im 18. Jahrhundert, in: Archiv für Begriffsgeschichte 23,2, (1979), S. 175–196.

Polheim, Karl Konrad: Der Dichter Johann Christian Günther. Wirken und Wirkung, in: Stüben, Jens (Hg.): Johann Christian Günther (1695–1723). Oldenburger Symposium zum 300. Geburtstag des Dichters (= Schriften des Bundesinstituts für Ostdeutsche Kultur und Geschichte; 10), München 1997.

Popkin, Jeremy: Buchhandel und Presse im napoleonischen Deutschland. In: Archiv für Geschichte des Buchwesens 26 (1986), S. 285–296.

Pozzo, Annette: Membra disiecta: Inhalt und Wirkung der Bibliothek des Göttinger Professors Lüder Kulenkamp (1724 – 1794) (= Berliner Arbeiten zur Bibliotheks- und Informationswissenschaft; 25), Berlin 2014.

Puchta, Michael: Mediatisierung „mit Haut und Haar, Leib und Leben“: die Unterwerfung der Reichsritter durch Ansbach-Bayreuth (1792–1798), Göttingen 2012.

Pust, Hans-Christian: Frühe Pflichtablieferungen an die Herzogliche Öffentliche Bibliothek, in: Trost, Vera / Pust, Hans-Christian (Hrsg.): Carl Eugens Erbe. 250 Jahre Württembergische Landesbibliothek; eine Ausstellung der Württembergischen Landesbibliothek aus Anlass ihrer Gründung am 11. Februar 1765 vom 11. Februar bis 11. April 2015 (= Jahresgabe der Württembergischen Bibliotheksgesellschaft; 2015), Stuttgart 2015, S. 90–95.

Quarthal, Franz: Die „Hohe Carlsschule“, in: Jamme, Christoph (Hg.): „O Fürstin der Heimath! Glükliches Stutgard“: Politik, Kultur und Gesellschaft im deutschen Südwesten um 1800 (= Deutscher Idealismus; 15), Stuttgart 1988, S. 35–54.

Quedenbaum, Gerd: Glücksspiel und Buchhandel: deutsche Bücherlotterien des 18. Jahrhunderts, Düsseldorf 1977.

Raab, Heribert: Apostolische Bücherkommissare in Frankfurt am Main, in: Historisches Jahrbuch 87 (1967), S. 326–354.

Raabe, Paul (Hg.): Bücher und Bibliotheken im 17. Jahrhundert in Deutschland (=Wolfenbütteler Schriften zur Geschichte des Buchwesens; 6), Hamburg 1980.

Ders. / Haasis, Hellmut G. (Hrsg.): Der Zensur zum Trotz. Das gefesselte Wort und die Freiheit in Europa (= Ausstellungskataloge der Herzog-August-Bibliothek; 64), Weinheim 1991.

Rahmede, Stephanie: Die Buchhandlung der Gelehrten zu Dessau. Ein Beitrag zur Schriftstelleremanzipation um 1800 (= Mainzer Studien zur Buchwissenschaft; 16), Wiesbaden 2008.

Rattermann, Heinrich: Gustav Körner, deutsch-amerikanischer Jurist, Staatsmann, Diplomat und Geschichtsschreiber. Ein Lebensbild nach seiner unveröffentlichten Autobiografie, seinen Schriften und Briefen. Selbstverlag, Cincinnati (Ohio) 1902.

Rauscher, Otto: Der Büchernachdruck in Österreich, in: Zentralblatt für Bibliothekswesen 54 (1937), S. 236–240.

Reichelt, Dieter: „... da den hießigen Buchführern kein Jus contradicendi zustehet": zur Vergabe von königlich-preußischen Buchhändlerprivilegien in Berlin im 18. Jahrhundert, in: Leipziger Jahrbuch zur Buchgeschichte 10 (2000), S. 11–60.

Reisenleitner, Markus: Die Produktion historischen Sinnes: Mittelalterrezeption im deutschsprachigen historischen Trivialroman vor 1848 (= Europäische Hochschulschriften; 1338), Frankfurt am Main / Berlin 1992.

Reulecke, Anne-Kathrin: Täuschend, ähnlich. Fälschung und Plagiat als Figuren des Wissens in Literatur und Wissenschaften. Eine philologisch-kulturwissenschaftliche Studie (= Trajekte), Paderborn 2017.

Rink, Sabrina: Ludwig Bernhard Friedrich Gegel als umtriebiger Bücherlotterie-Unternehmer, in: Pelgen, Franz Stephan: Bücherlotterien des 18. Jahrhunderts, Berlin 2008, S. 22–27.

Ritter, Alexander: „In tiefster Devotion ersterbe ich Ew. Königlichen Hoheit unterthänigster Johann Gottwerth Müller". zur Existenzkrise des freien Schriftstellers um 1800; seine Abhängigkeit von einem Amt, Schmieders Nachdruckerhonorare, fürstlichem Mäzenat und adliger Mietfreiheit, in: Lichtenberg-Jahrbuch 2007, S. 177–212.

Rosenfeld, Hellmuth: Zur Geschichte von Nachdruck und Plagiat. Mit einer chronologischen Bibliographie zum Nachdruck von 1733–1824, in: Archiv für Geschichte des Buchwesens XI (1971), Sp. 337–372.

Rosenstrauch, Hazel: Buchhandelsmanufaktur und Aufklärung. Die Reformen des Buchhändlers und Verlegers Philipp Erasmus Reich (1717–1787). Sozialgeschichtliche Studie zur Entwicklung des literarischen Marktes, in: Archiv für Geschichte des Buchwesens 26 (1985), S. 1–129.

Rössler, Martin: Kirchengesangbuch als Kommunikationsträger des geistlichen Liedes (dargestellt an der württembergischen Gesangbuchgeschichte), in: Ragotzky, Hedda / Wolf, Gerhard / Vollmann-Profe, Gisela (Hrsg.): Frage der Liedinterpretation, Stuttgart 2001, S. 201–215

Roth, Rudolf: Das Büchergewerbe in Tübingen vom Jahr 1500 bis 1800, Tübingen 1880.

Rüppel, Rudolf: Christliche Leihbibliotheken im 19. Jahrhundert im Gefolge der Erweckungsbewegung, in: Jäger, Georg / Schönert, Jörg (Hg.): Die Leihbibliothek als Institution des literarischen Lebens im 18. und 19. Jahrhunderts. Organisationsformen, Bestände und Publikum; Arbeitsgespräch in der Herzog August Bibliothek Wolfenbüttel 30. September bis 1. Oktober 1977 (= Wolfenbütteler Schriften für Geschichte des Buchwesens, Band 3) 1980, S. 349–398.

Ruprecht, Wilhelm: Väter und Sohne. Zwei Jahrhunderte Buchhändler in einer deutschen Universitätsstadt, Göttingen 1935.

Schad, Petra: Buchbesitz im Herzogtum Württemberg im 18. Jahrhundert am Beispiel der Amtsstadt Wildberg und des Dorfes Bissingen/Enz, Stuttgart 2002.

Schellmann, Wolfgang: Betriebswirtschaftliche Analyse eines Lagerbuchs aus dem Buchgewerbe des frühen 18. Jahrhunderts, in: Archiv für Geschichte des Buchwesens 71 (2016), S. 43–82.

Schenda, Rudolf: Bücher aus der Krämerkiste, in: Hebsaker, Joachim Ulrich (Hg.): Rückblick für die Zukunft. Berichte über Bücher, Buchhändler und Verleger zum 150. Geburtstag des Ensslin-Verlages, Reutlingen 1968, S. 107–134.

Ders.: Volk ohne Buch: Studien zur Sozialgeschichte der populären Lesestoffe 1770–1910, Frankfurt am Main 1970.

Scherl, Sophia: Die deutsche Übersetzungskultur in der zweiten Hälfte des 18. Jahrhunderts, Berlin 2014.

Scheuchenpflug, Peter (Hg.): Die Privatbibliothek Johann Michael Sailers. Nachdruck des Verzeichnisses von Büchern aus Sailers Nachlass (Sulzbach/Oberpfalz 1833) (= Regensburger Beiträge zur deutschen Sprache und Literaturwissenschaft; Reihe A, Quellen), Frankfurt a. M. 2006.

Schiemenz, Günter Paulus: „Wenn des zärtlichen Glems Auge mir nun nicht mehr lächelt?". Schubarts Fehldruck von Klopstocks Ode an Ebert, in: Monatshefte 102,2 (2010), S. 133–146.

Schleif, Walter: Christian Friedrich Himburg, der Raubdrucker von Goethes früheren Schriften, und der Kampf der Schriftsteller jener Zeit um ihre Autorenrechte, in: Goethe 27 (1965), S. 253–278.

Schlesinger, Eugen: Johann Rautenstrauch. Biographischer Beitrag zur Geschichte der Aufklärung in Österreich, Wien 1897.

Schlieder, Wolfgang: Papier: Tradition eines alten Handwerks, Leipzig 1984.

Schmidt, Frieder: Die internationale Papierversorgung der Buchproduktion im deutschprachigen Gebiet vornehmlich während des 18. Jahrhunderts, in: Paper History 10,1 (2000), S. 2–24.

Ders.: Von der Mühle zur Fabrik. Die Geschichte der Papierherstellung in der württembergischen und badischen Frühindustrialisierung (= Technik + Arbeit; 6), Ubstadt-Weiher 1994.

Schmitt, Elmar: Die Drucke der Wagnerschen Buchdruckerei in Ulm. 1677–1804 (= Veröffentlichungen der Stadtbibliothek Ulm; 4), Konstanz 1984.

Ders.: Die Wohlersche Buchhandlung in Ulm, 1685–1985: ihr verlegerisches und buchhänderisches Wirken (= Veröffentlichungen der Stadtbibliothek Ulm; 6), Weißenhorn 1985.

Schön, Erich: Der Verlust der Sinnlichkeit oder die Verwandlungen des Lesers. Mentalitätswandel um 1800 (= Greif-Bücher; 12), Stuttgart 1987.

Schrader, Christine: Krise der Aufklärung und Neuansatz. Knigges ‚Geschichte Peter Clausens' im Spannungsfeld von Geheimbund und Öffentlichkeit, Stuttgart / Weimar 2001.

Schreiner-Eickhoff, Anette: Die Bücher- und Pressezensur im Herzogtum Württemberg (1495–1803), Hagen 1981.

Schultz, Sandra: Papierherstellung im deutschen Südwesten. Ein neues Gewerbe im späten Mittelalter (= Materiale Textkulturen; 18), Berlin / Boston 2018.

Schulz, Helga: Der Verleger Friedrich Justin Bertuch als Kaufmann und Literaturpolitiker, in: Kaiser, Gerhard R. (Hg.): Friedrich Justin Bertuch (1747–1822): Verleger, Schriftsteller und Unternehmer im klassischen Weimar, Tübingen 2000, S. 331–350.

Schulz, Manuel: Zur Rezeption der Papierkrise 1788–1793 im Hallenschen Verlag Gebauer, in: Leipziger Jahrbuch zur Buchgeschichte 20 (2011), S. 143–154.

Schulze, Renate: Justus Henning Böhmer und die Dissertationen seiner Schüler. Bausteine des Ius Ecclesiasticum Protestantium (= Jus ecclesiasticum; 90), Tübingen 2009.

Schürmann, August (Hg.): Magazin für den deutschen Buchhandel, 2. Bd., Leipzig 1875.

Schwab, Gustav / Klüpfel, Karl: Wanderungen durch Schwaben. Wegweiser durch Würtemberg und Baden, Leipzig 1851.

Schwarzmaier, Hansmartin: Baden, in: Schaab, Meinrad / Schwarzmaier, Hansmartin et. Al. (Hg.): Handbuch der baden-württembergischen Geschichte. Band 2: Die Territorien im alten Reich. Hrsg. im Auftrag der Kommission für geschichtliche Landeskunde in Baden-Württemberg, Stuttgart 1995, S. 164–246.

Seifert, Siegfried: „Commißiorischer Debit“ statt „ewigem Verlagsrecht“. Die Hoffmannsche Buchhandlung in Weimar, in: Greiling, Werner / Seifert, Siegfried (Hrsg.): „Der entfesselte Markt“. Verleger und Verlagsbuchhandel im thüringisch-sächsischen Kulturraum um 1800, S. 59–106.

Sellert, Wolfgang (Hg.): Die Akten des kaiserlichen Reichshofrats – Alte Prager Akten, Bd. 1–5, Berlin 2009–2019.

Setzler, Wilfried: Tübingen hat keine Universität, sondern ist eine Universität, in: Wehling, Hans-Georg (Hg.): Wegmarken südwestdeutscher Geschichte, Stuttgart 2004, S. 240–251.

Sickmann, Ludwig: „Wer sind denn diese Bestien…“. Zum Titelkupfer des zweiten Bandes der Aeneis-Travestie von Aloys Blumaer (Wien 1785) mit Nachdrucker-Initialen auf Hundehalsbändern, in: Plassmann, Engelbert (Hg.): Buch und Bibliothekswissenschaft im Informationszeitalter. Internationale Festschrift für Paul Kaegbein zum 65. Geburtstag, München 1990, S. 378–389.

Siebeck, Werner: Der Tübinger Buchhandel um 1800, in: Tübinger Blätter 19 (1927/28), S. 4–15.

Siegert, Reinhart: Aufklärung und Volkslektüre. Exemplarisch dargestellt an Rudolph Zacharias Becker und seinem „Noth- und Hilfsbüchlein“, in: Archiv für Geschichte des Buchwesens 19 (1978), Sp. 566–1344.

Ders.: Die „Volkslehrer“: Zur Trägerschicht aufklärerischer Privatinitiative und ihren Medien, in: Jahrbuch für Kommunikationsgeschichte 1 (1999), S. 62–86.

Ders.: Nachdruck und Reichsbuchhandel. Zu zwei Stiefkindern der Buchhandelsgeschichte, in: Estermann, Monika / Schneider, Ute / Fischer, Ernst (Hrsg.): Buchkulturen. Beiträge zur Geschichte der Literaturvermittlung; Festschrift für Reinhard Wittmann, Wiesbaden 2005, S. 265–282.

Ders.: Theologie und Religion als Hintergrund für die „Leserevolution“ des 18. Jahrhunderts, in: Friedrich, Hans-Edwin / Haefs, Wilhelm / Soboth, Christian (Hrsg.): Literatur und Theologie im 18. Jahrhundert. Konfrontation – Kontroversen – Konkurrenzen (= Hallesche Beiträge zur Europäischen Aufklärung; 41), Berlin / New York 2011, S. 14–31.

Ders.: Buchbesitz und Büchernutzung von Bauern und Handwerkern im 18. und 19. Jahrhundert:. zur Bedeutung von Büchern für die Geisteswelt des „gemeinen Mannes“, in: Internationales Archiv für Sozialgeschichte der deutschen Literatur 39 (2014), 1, S. 184–203.

Siemers, Victor-Ludwig: Die Förderung der Papiermühlen durch Herzog Karl I. (1735–1780) von Braunschweig. Ein Beispiel für merkantilistische Wirtschaftspolitik in einem deutschen Kleinstaat des 18. Jahrhunderts, in: Leipziger Jahrbuch zur Buchgeschichte 4 (1994), S. 79–112.

Ders.: Beziehungen in der Papiermacherei zwischen den Niederlanden und Deutschland im 17./18. Jahrhundert, in: Boer, Dick E. H. de (Hg.): „… in guete freuntlichen nachbarlichen verwantnus und hantierung …“: Wanderung von Personen, Verbreitung von Ideen, Austausch von Waren in den niederländischen und deutschen Küstenregionen vom 13.–18. Jahrhundert, Oldenburg 2001, S. 383–404.

Simon-Szabó, Agnes: Nach- und Raubdrucke deutscher Originalwerke als maßgebende Medien für die Herausbildung eines Deutsch lesenden Publikums um 1800 in Siebenbürgen, in: Ungarn-Jahrbuch 29 (2009), S. 99–110.

Sirges, Thomas: Die Bedeutung der Leihbibliothek für die Lesekultur in Hessen-Kassel 1753–1866 (= Studien und Texte zur Sozialgeschichte der Literatur; 42), Tübingen 1994.

Skalnik, Robert: Der Publizist und Journalist Johann Peter von Ludewig und seine Gelehrten Anzeigen: Ein Beitrag zur Geschichte der deutschen Presse, München 1956.

Sporhan-Krempel, Lore: Vier Jahrhunderte Papiermacherei in Reutlingen (ca. 1465–1863), in: Archiv für Geschichte des Buchwesens 13 (1973), Sp. 1513–1586.

Sparn, Walter: Vernünftiges Christentum. Über die geschichtliche Aufgabe der theologischen Aufklärung im 18. Jahrhundert in Deutschland, in: Vierhaus, Rudolf: Wissenschaften im Zeitalter der Aufklärung. Aus Anlaß des 250jährigen Bestehens des Verlages Vandenhoeck & Ruprecht, Göttingen 1985, S. 18–57.

Spoerhase, Carlos: Das Format der Literatur. Praktiken materieller Textualität zwischen 1740 und 1830, Göttingen 2018.

Städtisches Reiss-Museum Mannheim (Hg.): Anton Karcher, 1760–1842. Druckgraphische Werke eines Mannheimer Kupferstechers: Ausstellung vom 12. Dezember 1990 bis 17. März 1991, Reiss-Museum Mannheim, Kunst- und Stadtgeschichtliche Sammlungen 1990.

Stähle, Sybille: Verfassung und Verwaltung der Reichsstadt Reutlingen zwischen 1740 und 1770. Aspekte reichsstädtischer Geschichte im 18. Jahrhundert, in: Reutlinger Geschichtsblätter NF 23 (1984), S. 7–208.

Starnes, Thomas C.: Christoph Martin Wieland. Leben und Werk, aus zeitgenössischen Quellen chronologisch dargestellt Bd. 2: „Der berühmteste Mann in Teutschland", Sigmaringen 1987.

Steiner, Harald: „Die löbliche Vandenhoeck-Ruprechtsche Buchhandlung in Göttingen übernimmt (...) unter folgenden Bedingungen in Verlag...". Die Verlagsverträge des Verlags Vandenhoeck & Ruprecht der Jahre 1741–1850, in: Leipziger Jahrbuch zur Buchgeschichte 5 (1995), S. 135–165.

Steiner, Walter / Kühn-Stillmark, Uta: Friedrich Justin Bertuch. Ein Leben im klassischen Weimar zwischen Kultur und Kommerz, Köln / Weimar / Wien 2001.

Stein-Karnbach, Annegret: G.W. Leibniz und der Buchhandel, in: Archiv für Geschichte des Buchwesens 23 (1982), Sp. 1189–1416.

Ströbele, Werner: Stadt – Bild – Geschichte: Reutlingen in Ansichten aus fünf Jahrhunderten: Katalog und Ausstellung zum Stadtjubiläum „900 Jahre Reutlingen", Reutlingen 1990.

[Stützel-]Prüsener, Marlies: Lesegesellschaften im 18. Jahrhundert. Ein Beitrag zur Lesergeschichte, in: Archiv für Geschichte des Buchwesens 13 (1973), Sp. 369–594, hier Sp. 490.

Dies.: Die deutschen Lesegesellschaften im Zeitalter der Aufklärung, in: Dann, Otto (Hg.): Lesegesellschaften und bürgerliche Emanzipation: ein europäischer Vergleich, München 1981, S. 71–86.

Thiel, Carmen Maria: Das Urheberrecht und die 68er-Bewegung: Quantitative und qualitative Untersuchungen zur Rezeption und Bedeutung der Raubdruckbewegung zwischen 1967 und 1973 in der BRD, Leipzig 2007, [Masterarbeit] online unter: https://www.cultiv.net/cultranet/1220989347Thiel_MA.pdf. [letzter Abruf 22.11.2020].

Thieme, Hans: Zur Entstehung des internationalen Urheberrechts aus dem Kampf gegen den unerlaubten Büchernachdruck, in: Schweizerische Vereinigung für Urheberrecht (Hg.): Die Berner Übereinkunft und die Schweiz. Schweizer. Festschrift zum 100-jährigen Bestehen der Berner Übereinkunft zum Schutze von Werken der Literatur und Kunst (= Schriften zum Medien- und Immaterialgüterrecht; 16), Bern 1986, S. 1–12.

Thieme, Ulrich / Becker, Felix (Hrsg.): Allgemeines Lexikon der Bildenden Künstler von der Antike bis zur Gegenwart, Bd. 15., Leipzig 1922.

Thomke, Hellmut (Hg.): Helvetien und Deutschland. Kulturelle Beziehungen zwischen der Schweiz und Deutschland in der Zeit von 1770–1830 (= Amsterdamer Publikationen zur Sprache und Literatur; 109), Amsterdam 1994.

Ungern-Sternberg, Wolfgang von: Christoph Martin Wieland und das Verlagswesen seiner Zeit: Studien zur Entstehung des freien Schriftstellertums in Deutschland (=Archiv für Geschichte des Buchwesens; 14 Sonderdruck), Frankfurt am Main 1974.

Ders.: Christoph Martin Wieland: Schreiben eines Nachdruckers. An den Herausgeber des Teutschen Merkur. Ein Beitrag zur Geschichte der Spätaufklärung, in: Frühwald, Wolfgang / Martino, Alberto (Hrsg.): Zwischen Aufklärung und Restauration. Sozialer Wandel in der deutschen Literatur (1700–1848); Festschrift für Wolfgang Martens zum 65. Geburtstag (= Studien und Texte zur Sozialgeschichte der Literatur; 24), Tübingen 1989, S. 177–210.

Uphaus-Wehmeier, Annette: Zum Nutzen und Vergnügen – Jugendzeitschriften des 18. Jahrhunderts. Ein Beitrag zur Kommunikationsgeschichte (= Dortmunder Beiträge zur Zeitungsforschung; 38), Berlin 1984.

Veith, Nicola: Die Tübinger Bücherlotterien von Johann David Bauhoff 1748–1751 – Undurchsichtige Pläne eines Buch- und Nachdruckers, in: Pelgen, Franz Stephan: Bücherlotterien des 18. Jahrhunderts, Berlin 2008, S. 84–88.

Vierhaus, Rudolf: Wissenschaften im Zeitalter der Aufklärung. Aus Anlaß des 250jährigen Bestehens des Verlages Vandenhoeck & Ruprecht, Göttingen 1985.

Vogel, Martin: Deutsche Urheber- und Verlagsrechtsgeschichte zwischen 1450–1850. Sozial- und methodengeschichtliche Entwicklungsstufen der Rechte von Schriftsteller und Verleger, in: Archiv für Geschichte des Buchwesens 19 (1978), Sp. 1–190.

Volz, Gunter: Schwabens streitbare Musen. Schwäbische Literatur des 18. Jahrhunderts im Wettstreit der deutschen Stämme (= Veröffentlichungen der Kommission für Geschichtliche Landeskunde in Baden-Württemberg Reihe; 107), Stuttgart 1986.

Wadle, Elmar: Der langsame Abschied vom Privileg: Das Beispiel des Urheberrechts, in: Dölemeyer, Barbara (Hg.): Das Privileg im europäischen Vergleich (= Ius commune Sonderhefte, Studien zur europäischen Rechtsgeschichte; 93), Frankfurt am Main 1997, S. 377–400.

Ders.: Privilegia Impressoria vor dem Reichshofrat – eine Skizze, in: Auer, Leopold (Hg.): Höchstgerichte in Europa. Bausteine frühneuzeitlicher Rechtsordnungen (= Quellen und Forschungen zur höchsten Gerichtsbarkeit im Alten Reich; 53), Köln 2007, S. 203–214.

Wagner, Christina: Der Verlag C.F. Müller und die badische Zensur, in: Müller-Wirth, Christof / Wagner, Christina (Hrsg.): Code Napoléon – Badisches Landrecht, S. 82–95.

Wallmann, Johannes: Pietismus-Studien, Tübingen 2008.

Walter, Rolf: Wirtschaftsgeschichte. Vom Merkantilismus bis zur Gegenwart (= UTB Geschichte, Wirtschaftswissenschaften; 3387), Köln 2011.

Walther, Gerrit: Aufklärung, Art. Die Aufklärung als Epoche, in: Enzyklopädie der Neuzeit, Bd. 1, Stuttgart 2005, Sp. 826–828.

Walther, Karl Klaus: Zur Typologie fingierter Druck- und Verlagsorte des 17.–19. Jahrhunderts, in: Zentralblatt für Bibliothekswesen 91 (1977), S. 101–107.

Ders.: Die deutschsprachige Verlagsproduktion von Pierre Marteau, Peter Hammer, Köln: Zur Geschichte eines fingierten Impressums, Leipzig 1983.

Ders.: „Eine kleine Druckerei, in welcher manche Sünde geboren wird“. Bambergs erster Universitätsbuchhändler ; die Geschichte der Firma Göbhardt (= Bamberger Studien und Quellen zur Kulturgeschichte; 1), Bamberg 1999.

Weber, Hanna-Christina: Buchdrucker, in: Schnabel-Schüle (Hg.): Reformation. Historisch-Kulturwissenschaftliches Handbuch, Stuttgart 2017, S. 93–108

Weigand, Georg: Johann Gottlieb Schummel: Leben und Schaffen eines Schriftstellers und Reformpädagogen. Ein Beitrag zur Geschichte der pädagogischen Literatur der Aufklärungszeit, Frankfurt am Main 1925.

Weitensfelder, Hubert: Studium und Staat. Heinrich Graf Rottenhan und Johann Melchior von Birkenstock als Repräsentanten der österreichischen Bildungspolitik um 1800 (= Schriftenreihe des Universitätsarchivs; 9), Wien 1996.

Weller, Emil: Die falschen und fingierten Druckorte: Repertorium der seit Erfindung der Buchdruckerkunst unter falscher Firma erschienenen, deutschen, lateinischen und französischen Schriften, Bd. 1, Leipzig 1864.

Wendebourg, Valentin: Debatten um die Bibel: Analysen zu gelehrten Zeitschriften der Aufklärungszeit (= Beiträge zur historischen Theologie; 193), Göttingen 2020.

Werner, Sarah: Studing early printed books 1450–1800. A practical guide, Hoboken 2019.

Westphal, Siegrid: Der Reichshofrat – kaiserliches Machtinstrument oder Mediator?, in: Auer, Leopold (Hg.): Höchstgerichte in Europa. Bausteine frühneuzeitlicher Rechtsordnungen (= Quellen und Forschungen zur höchsten Gerichtsbarkeit im Alten Reich; 53), Köln 2007, S. 115–138.

Widmann, Hans: „Die Krisis des deutschen Buchhandels". Bemerkungen zu einer Apologie für den Büchernachdruck aus dem Jahre 1815, in: Gutenberg Jahrbuch (1968), S. 257–261.

Ders.: Aus der Geschichte des Reutlinger Druck- und Verlagwesens, in: Hebsaker, Joachim Ulrich (Hg.): Rückblick für die Zukunft. Berichte über Bücher, Buchhändler und Verleger zum 150. Geburtstag des Ensslin-Verlages, Reutlingen 1968, S. 27–106.

Ders.: Vom Büchernachdruck in Württemberg zu Ende des Achtzehnten Jahrhunderts, in: van der Vekene, Emil (Hg.): Refugium Animae Bibliotheca. Festschrift für Albert Kolb, Wiesbaden 1969, S. 511–527.

Ders.: Vom Buchwesen der alten Reichsstadt Reutlingen, in: Archiv für Geschichte des Buchwesens 9 (1969), Sp. 449–490.

Ders.: Zur Geschichte der Zensur in Tübingen, in: Gutenberg-Jahrbuch (1969), S. 168–173.

Ders.: Tübingen als Verlagsstadt (= Contubernium; 1), Sigmaringen 1971.

Ders.: Die Beschimpfung der Reutlinger Nachdrucker durch Christian August Vulpius. Mit einem Rückblick auf die württembergischen Verordnungen zum Nachdruck, in: Archiv für Geschichte des Buchwesens 14 (1974), Sp. 1535–1588.

Ders.: Geschichte des Buchhandels vom Altertum bis zur Gegenwart: Bis zur Erfindung des Buchdrucks sowie Geschichte des deutschen Buchhandels, Bd.1: Bis zur Erfindung des Buchdrucks sowie Geschichte des deutschen Buchhandels, Wiesbaden 1975.

Wilke, Jürgen: Pressezensur im Alten Reich, in: Haefs, Wilhelm / Mix, York-Gothart (Hrsg.): Zensur im Jahrhundert der Aufklärung. Geschichte – Theorie – Praxis, Göttingen 2007, S.27–44.

Willenberg, Jennifer: Distribution und Übersetzung englischen Schrifttums im Deutschland des 18. Jahrhunderts, München 2008.

Willnat, Elisabeth: Johann Christian Dieterich. Ein Verlagsbuchhändler und Drucker in der Zeit der Aufklärung, in: Archiv für Geschichte des Buchwesens 39 (1993), S. 1–254.

Winkler, Karl Tilman: Handwerk und Markt. Druckerhandwerk, Vertriebswesen und Tagesschrifttum in London 1695–1750, Stuttgart 1993.

Winter, Michael: Georg Philipp Wucherer (1734–1805). Großhändler und Verleger, in: Archiv für Geschichte des Buchwesens 37 (1992), S. 1–98.

Witte, Bernd (Hg.): Ein Lehrer der ganzen Nation: Leben und Werk Christian Fürchtegott Gellerts, München 1990.

Wittmann, Reinhard: Der Verleger Johann Friedrich Weygand in Briefen des Göttinger Hains, in: Archiv für Geschichte des Buchwesens 10 (1969), Sp. 319–344.

Ders.: Der lesende Landmann. Zur Rezeption aufklärerischer Bemühungen durch die bäuerliche Bevölkerung im 18. Jahrhundert, in: Berindei, Dan / Gesemann, Wolfgang / Ischreyt, Heinz (Hrsg.): Der Bauer Mittel- und Osteuropas im sozio-ökonomischen Wandel des 18. und

19. Jahrhunderts. Beiträge zu seiner Lage und deren Widerspiegelung in der zeitgenössischen Publizistik und Literatur (= Studien zur Geschichte der Kulturbeziehungen in Mittel- und Osteuropa; 2), Köln 1973, S. 142–196.

Ders.: Die frühen Buchhändlerzeitschriften als Spiegel des literarischen Lebens, in: Archiv für Geschichte des Buchwesens 13 (1973), Sp. 615–931.

Ders.: Das Buchgewerbe im Königreich Württemberg, in: Buchhandelsgeschichte 2/5 (1980), S. B 257-B 263.

Ders.: Der gerechtfertigte Nachdrucker? Nachdruck und literarisches Leben im achtzehnten Jahrhundert, in: Wittmann, Reinhard (Hg.): Buchmarkt und Lektüre im 18. und 19. Jahrhundert. Beiträge zum literarischen Leben 1750–1880 (= Studien und Texte zur Sozialgeschichte der Literatur; 6), Berlin 1982, S. 69–92.

Ders.: Goethe und seine Verleger. „Die Buchhändler sind alle des Teufels", in: Börsenblatt für den Deutschen Buchhandel 38 (1982), S. 821–825.

Ders.: Subskribenten- und Pränumerantenverzeichnisse als Quellen zur Lesergeschichte, in: Wittmann, Reinhard (Hg.): Buchmarkt und Lektüre im 18. und 19. Jahrhundert. Beiträge zum literarischen Leben 1750–1880 (= Studien und Texte zur Sozialgeschichte der Literatur; 6), Berlin 1982, S. 46–68.

Ders.: Ein Verlag und seine Geschichte: 300 Jahre J.B. Metzler, Stuttgart 1982.

Ders.: Eine bayerische Inquisitionsgeschichte: die Fehde zweier Münchner Aufklärungsverleger, in: Barbier, Fréderic et. Alt. (Hrsg.): Le livre et l'historien. Études offertes en l'honneur du Professeur Henri-Jean Martin (= Historien et civilisation du livre; 24) Genf 1997, S. 381–399.

Ders.: Geschichte des deutschen Buchhandels, München 1999.

Ders.: Gibt es eine Leserevolution am Ende des 18. Jahrhunderts?, in: Chartier, Roger / Cavallo, Guglielmo (Hrsg.): Die Welt des Lesen. Von der Schriftrolle zum Bildschirm, Frankfurt am Main 1999, S. 419–454.

Wittmann, Rudolf: Die Entwicklung der wirtschaftlichen Verhältnisse der Freien Reichsstadt Reutlingen 1648–1803, Reutlingen 1926.

Wittmann, Walter: Beruf und Buch im 18. Jahrhundert: ein Beitrag zur Erfassung und Gliederung der Leserschaft im 18. Jahrhundert, insbesondere unter Berücksichtigung des Einflusses auf die Buchproduktion, unter Zugrundelegung der Nachlaßinventare des Frankfurter Stadtarchivs für die Jahre 1695–1705, 1746–1755 und 1795–1805, Frankfurt am Main 1934.

Wolffgers, Georg: Formatbücher und Buchformat, in: Boghardt, Martin / Needham, Paul (Hrsg.): Archäologie des gedruckten Buches, Wiesbaden 2008, S. 78–97.

Wrage, Henning: Jene Fabrik der Bücher. Über Lesesucht, ein Phantasma des medialen Ursprungs und die Kinder- und Jugendliteratur der Aufklärung, in: Monatshefte 102,1 (2010), S. 1–21.

Wyler, Edwin: Die Geschichte des Basler Papiergewerbes, Basel 1927.

Zaunstöck, Holger: Sozietätslandschaft und Mitgliederstrukturen. Die mitteldeutschen Aufklärungsgesellschaften im 18. Jahrhundert (= Hallesche Beiträge zur europäischen Aufklärung; 9), Berlin 1999.

Ziegler, Edda: Buchfrauen. Frauen in der Geschichte des deutschen Buchhandels, Göttingen 2014.

Zimmermann, Clemens: ‚Noth' und ‚Theurerung' im badischen Unterland: Reformkurs und Krisenmanagement unter dem aufgeklärten Absolutismus, in: Aufklärung 2,1 (1987), S. 95–119.

Zöllner, Frank: „Überflüssig und unnütz"? Johann Georg Heinrich Feders Beitrag zum Urheberrecht, in: Nowitzki, Hans-Peter / Roth, Udo / Stiening, Gideon (Hrsg.): Johann Georg Heinrich Feder (1740–1821). Empirismus und Popularphilosophie Zwischen Wolff und Kant (= Werkprofile; 10), Berlin / Boston 2018, S. 273–293.

8 Register

[Nicht aufgenommen wurden die Namen der Nachdrucker Christian Gottlieb Schmieder, der Familie Schramm, der Familie Frank, Friedrich Balz und der Familie Fleischhauer sowie die Ortsnamen Reutlingen, Tübingen / Herzogtum Württemberg und Karlsruhe / Markgrafschaft Baden]

8.1 Personenregister

8.2 Ortsregister

Buchwissenschaftliche Beiträge

Herausgegeben von Christine Haug, Gerhard Lauer und André Schüller-Zwierlein

98: Carina Schmidt

Bücher für den Widerstand

Untergrundliteratur in den besetzten Niederlanden 1940–1945

2018. XII, 292 Seiten, 45 Abb., gb
170x240 mm
ISBN 978-3-447-11103-4
⊙E-Book: ISBN 978-3-447-19796-0 *je € 68,– (D)*

Heimlich produzierte Zeitungen, Zeitschriften und Flugblätter haben als Mittel zur Verbreitung von oppositionellem Gedankengut eine lange Tradition. In den von 1940 bis 1945 besetzten Niederlanden wurden neben diesen Medien vielfach auch Bücher instrumentalisiert, um den Widerstand gegen die nationalsozialistische Fremdherrschaft zu schüren: Mehr als 1000 literarische Veröffentlichungen brachten niederländische Verleger unter Umgehung von Zensurmaßnahmen in Umlauf, darunter eine große Anzahl an hochwertig gestalteten Büchern, mitunter sogar Drucke künstlerischen und bibliophilen Charakters.

Carina Schmidt analysiert in ihrer Untersuchung systematisch den Einfluss der Untergrundliteratur auf die Formierung des niederländischen Widerstandes am Beispiel der produktivsten Untergrundverlage De Bezige Bij, A.A.M. Stols, A.A. Balkema und De Blauwe Schuit. Unter Auswertung einschlägiger Quellen werden Produktions- und Distributionsprozesse nachvollzogen und Bezüge zu Widerstandsgruppen aufgezeigt. Gleichzeitig handelt es sich um eine exemplarische Studie, die aus der Erforschung des literarischen Widerstandes im ‚Reichskommissariat Niederlande' heraus grundsätzlichere Einsichten in die Rolle des Buches in unterdrückten Gesellschaften gewinnt und das Potential des Mediums offenbart, in staatlich repressiven Systemen zur Stimulierung von Widerstand beizutragen.

99: Johannes Frimmel

Das Geschäft mit der Unzucht

Die Verlage und der Kampf gegen Pornographie im Kaiserreich und in der Weimarer Republik

2019. VIII, 366 Seiten, 18 Abb., 1 Diagramm, gb
170x240 mm
ISBN 978-3-447-11269-7
⊙E-Book: ISBN 978-3-447-19932-2 *je € 78,– (D)*

Das Deutsche Kaiserreich erlebte eine heftige und andauernde Diskussion über die Gefährdung der Gesellschaft durch Pornographie. Die Diskussion um Pornographie fügte sich in die Diskurse um die Massenkultur ein: Man sah in der überzogen dargestellten pornographischen Massenproduktion eine Bedrohung des Nationalstaats und der bürgerlichen Ordnung. Daneben existierte der komplementäre und um soziale Distinktion bemühte, oft aber sexuell explizitere Texte bietende Nischenmarkt der erotischen Privatdrucke. Die Entwicklung in der Weimarer Republik war ambivalent, da es trotz Ansätzen zur Liberalisierung auch viele Kontinuitäten bei der Verfolgung des erotisch-pornographischen Verlagswesens gab.

Das Geschäft mit der Unzucht bietet erstmals einen umfassenden Überblick über die Geschichte der erotisch-pornographischen Lesestoffe im Deutschen Kaiserreich und in der Weimarer Republik. Die buchwissenschaftlich und wirkungsorientiert angelegte Untersuchung konzentriert sich auf die Verlagsprodukte, die Vertriebswege und die zeitgenössischen Diskurse über das Phänomen der Pornographie. Die archivalische Überlieferung ermöglicht hierbei exemplarische Rekonstruktionen von Produktion und Distribution der erotisch-pornographischen Literatur, die in Massenprodukte Privatdrucke und bibliophile Drucke sowie Sachbuch und Ratgeber unterteilt wird.